荊楚文庫

〔道光〕補修英山縣志

〔清〕萬年淳　纂修

〔道光〕英山縣志

〔清〕李文泉　纂修

荊楚文庫編纂出版委員會
武漢大學出版社

荆楚文库

〔道光〕補修英山縣志

DAOGUANG BUXIU YINGSHAN XIANZHI

〔道光〕英山縣志

DAOGUANG YINGSHAN XIANZHI

圖書在版編目(CIP)數據

〔道光〕補修英山縣志/〔清〕萬年淳纂修.

〔道光〕英山縣志/〔清〕李文泉纂修.

—武漢:武漢大學出版社,2023.6

ISBN 978-7-307-23416-1

Ⅰ.①道… ②道…

Ⅱ.①萬… ②李…

Ⅲ.英山縣—地方志—清代

Ⅳ.K296.34

中國版本圖書館 CIP 數據核字(2022)第 208312 號

責任編輯:黄河清

整體設計:范漢成　曾顯惠　思　蒙

責任校對:李孟瀟

出版發行:武漢大學出版社(中國・武漢)

地址:武昌珞珈山

電話:(027)87215822　　郵政編碼:430072

録排:武漢恒清圖文菲林輸出工作室

印刷:湖北新華印務有限公司

開本:787mm×1092mm　1/16

印張:45.25　插頁:6

版次:2023 年 6 月第 1 版　2023 年 6 月第 1 次印刷

定價:168.00 元

ISBN 978-7-307-23416-1

9 787307 234161

出版説明

湖北乃九省通衢，北學南學交會融通之地，文明昌盛，歷代文獻豐厚。守望傳統，編纂荆楚文獻，湖北淵源有自。清同治年間設立官書局，以整理鄉邦文獻爲旨趣。光緒年間張之洞督鄂後，以崇文書局推進典籍集成，湖北鄉賢身體力行之，編纂《湖北文徵》，集元明清三代湖北先哲遺作，收兩千七百餘作者文八千餘篇，洋洋六百萬言。盧氏兄弟輯録湖北先賢之作而成《湖北先正遺書》。至當代，武漢多所大學、圖書館在鄉邦典籍整理方面亦多所用力。爲傳承和弘揚優秀傳統文化，湖北省委、省政府決定編纂大型歷史文獻叢書《荆楚文庫》。

《荆楚文庫》以『搶救、保護、整理、出版』湖北文獻爲宗旨，分三編集藏。

甲、文獻編。收録歷代鄂籍人士著述，長期寓居湖北人士著述，省外人士探究湖北著述。包括傳世文獻、出土文獻和民間文獻。

乙、方志編。收録歷代省志、府縣志等。

丙、研究編。收録今人研究評述荆楚人物、史地、風物的學術著作和工具書及圖册。

文獻編、方志編録籍以一九四九年爲下限。

研究編簡體横排，文獻編繁體横排，方志編影印或點校出版。

《荆楚文庫》編纂出版委員會

二〇一五年十一月

總目録

荆楚文庫

〔道光〕補修英山縣志

〔清〕萬年淳 纂修

《荆楚文庫·方志編》編纂組

組　　長：劉偉成　陽海清（執行）

副 組 長：劉傑民（執行）　王　濤　謝春枝　郝　敏　嚴繼東（執行）

參編人員（以姓氏筆畫爲序）：

王　濤　李雲超　宋澤宇　范志毅　郝　敏　柳　巍　馬盛南　陳建勛

夏漢群　梅　琳　陽海清　彭余焕　彭筱澂　楊　萍　楊愛華　劉水清

劉偉成　劉傑民　謝春枝　戴　波　嚴繼東

編　　審：周　榮

顧　　問：沈乃文　李國慶　吴　格

前言

《〔道光〕補修英山縣志》二十六卷首一卷，清萬年淳纂修，清道光三年（一八二三）刻本。

萬年淳，號彈峰，清湖南華容人，乾隆舉人，道光元年（一八二一）始，歷任安徽霍山、巢縣知縣，兩署六安州知州，攝理英山縣事，有《巴陵縣志》《洞庭湖志》《易拇》等。

邑志始修於清康熙，續修於乾隆二十一年（一七五六）。時英山屬安徽六安州管轄，萬年淳到任後，以邑乘久歷七十餘年未有再修，又屢受修志之檄，於暇時延請邑之衆鄉紳設局纂修志書。是時有嘉慶十三年（一八〇八）之《六安州志》，年淳以之爲參考，補輯英邑自乾隆二十一年以來五十四年間事蹟，其後十五年間内容則搜羅於文獻。因是時英邑地瘠民貧，經費有限，又以舊志體例完備，是志多仍舊志，而正其舛誤，補其所缺，於道光三年成書付梓。是志卷首有康熙志及乾隆志纂修人員名單，無是志職員，僅每卷卷端下鐫「六安州同代理英山縣事萬年淳補修、英山縣知縣吴興陳彦參訂」。

志分二十六卷，共二十餘綱：沿革、星野、疆域、山川、建置、學校、典禮、賦役、古蹟、風俗、職官、選舉、武備、名宦、人物、忠烈、孝弟義行、隱逸流寓、仙釋、列女、藝文、雜紀，其體例與乾隆志幾乎完全一致，唯「孝弟」「義行」綱後增添「壽士附」「壽婦附」子目，而「藝文」增添「告示」「銘」二目。前志「選舉」與「列女」兩門目録與正文内容有所出入，是志據實更正。内容有完全仍舊者，如「圖考」「疆域」「山川」「建置」「風俗」「忠烈」「仙釋」，或因幾無變動或無可搜集之故。其餘綱目則在舊志基礎之上有所增改，其中多數綱下内容完全包含舊志，僅有寥寥正誤或增補乾隆志後英邑所增事蹟及舊志所缺漏者，唯「星野」一綱改動較大。

乾隆志現今所存藏本質量不佳，多處存在缺頁、破損及字跡印刷不清、大版面漫漶等現象，而是志大體保存了乾隆志原貌，可與乾隆志比對閱讀。

據《中國地方志聯合目録》，是志有清道光三年刻本，僅藏於上海圖書館，本次據此影印。（彭筱溦）

目録

卷之十二

卷之十三

卷之十四

卷之十五

卷之十六

卷之十七

卷之二十五上

卷之二十五下

卷之二十六

補脩英山縣志序

淳攝理英篆接閱邑
乘歎其久而未脩前
後寔事曠闕甚多去
年屢奉

上憲飭脩各府州縣志
以備省志之採擇因
於公務餘暇謀於衆
紳士犀慨然有脩輯
之志而英之地土瘠

民貧不能大爲更張
遂因仍舊貫悉心孫
補可遷就者遷就之
可輳合者輳合之擇
其舛錯之甚者而訂
正之如此而已書既
成遂門細繹凡一切
捐助叙置之係於公
與私者罔不舉凡一
切秩官之係於民與

士者罔不詳凡一切科名之係於鄉與會者罔不備凡一切忠義節烈之係於男與婦者皆不錄凡一切善

事業舉之係於地方風土人心者皆不悉遂烟銷易覩而成一完書矣剞劂之日聊附序緣於簡端抑以

示創始者難為功因仍者易為力也云耳雖然工縫紉者顧裁新衣不顧敝舊衣善匠斲者顧緻新屋不

顧葺舊屋謂其拘於邊幅限於尺寸截長補短穿心鬭角殘稜斷材俱收之而無遺其中大費經營焉不

得因仍之易也然而相衣者不以為邊幅之拘而反以為裁剪之不工相宅者不以為尺寸之限而反以為

匠石之大拙則淳之因仍舊貫而錄此書又安知工拙何如也

道光三年癸未孟夏月

六安州同攝英山縣事

萬年淳撰

英山縣志序

邑之有志非徒紀山川景物之盛也采風問俗因而興利除害胥於是乎在英邑志案自乾隆丙子錢塘張君重修之後閱今近七十年疆域川原雖依然如舊而生齒之繁盛科名之繼起

以及孝友貞節懿美可傳者正不乏人蓋

我

朝重熙累洽

聖治修明凡爲士庶被教養之澤者深矣方今各大憲勤求治理議重修省志飭諸郡縣以志獻州司馬萬彈峯先生負宏通淹雅

之才令年春攝理英
邑下車以後政通人
和慨然於舊志之失
脩因謀之廣文王余
兩君延集邑之紳士

設局纂脩籌書之暇
相與討論搜羅正訛
補缺文章經濟相輔
而行誠蔚乎可觀也
彥於夏杪檄來英是

書將次告竣取而讀
之體例謹嚴稽核詳
備較舊志尤爲完善
洵足以供輶軒之采
擇也竊思英邑雖僻

處山陬民風猶淳樸
近古彥承乏茲土愧
無作吏才幸彈峰先生
爲之先導諸惟率由
舊章期無隕越尤願

邑之人士蓋敦孝弟
務勤儉崇禮讓俾比
户可封而科第爾聯
翩日盛豈不休哉志
既竣謹綴數語於簡

端云時
道光三年歲次癸未仲夏
知英山縣事吳興陳彥
謹序

英山縣志序

邑之有志所以考天文審
地利驗民風也梅居省垣
嘗備閲
撫憲議修皖省通志釐

訂款式須行州縣將薈萃
而加删定斯蓋仰體乎
聖天子屢命黎元勤求上理之精
心爲省方觀民之助爾癸
未秋梅攝篆蘄春邑中纂

脩縣志已付梓人因取而觀
之覺綱舉目張條分縷晰
七十餘年之散佚一旦致獻
徵文瞭如指掌職星任者
前任萬彈峯司馬陳蓮

舫明府王滋園馬星槎余
守之諸廣文暨邑中搢紳
筆竭慮殫精共襄勝舉
不數月而功告蕨事佇見他
日輶軒有採雖山陬僻壤而

士淳民樸有古遺風自足
彙入通志　梅　下車伊始都
人士請序於余余雖不能文
而觀風問俗固樂此邦之純
良無事是書之足供採擇

也因不揣固陋而為之序
道光癸未穐菊署英山縣
事上海趙梅撰

英山縣志序

予供京職十數年知外官之好而不知外官之難知京官之苦而又知京官之易也京官俸米無多不濟於用勢不能不有所假貸而供職有期日值下班之時出海岱門而東看架松由西直門而出遊長春觀釣魚臺携酒一瓶趺坐長松下怡然自樂日暮忘返不知官之難爲也官之難爲者惟外州縣耳予初銓選英邑戚友輩皆道此缺之好而受上手之累不得不代爲擔夯加以自已身上百孔千瘡無病不發上下食

指于時形拮据益至是而始知外官之難也如是者數年猶喜地僻民醇安予之拙也而縉紳之士投契者多屢謀及地方公事若

武廟　文昌宮　火神　東嶽等祠宇與本衙署倉庫等工漸次就理煥然一新雖非一木之支而實官民相安有以致之其所未及理者有二事焉一曰邑志一曰奎星閣邑志之宜修也久矣而予雖由八股出身而纂輯未曾經手不肯輕舉又素不諳地理不知奎星閣之得地與否二者因而仍之不以此爲病而人亦不以此病予也今春萬彈峯司馬來攝茲邑勤勤然以此二事爲急以邑之餘力補修學宫益彈峯知堪輿而又屢修志乘故邑人大倚賴之雖卸篆之後猶相與留之期蕆此二事而後已然而彈峯雖卸篆固仍然州司馬也予去卸篆仍以京職用去難就易固所願也而爲英令十餘年於今前此爲人填坑補觖勉强支持今已身亦不能無坑觖而日夕焦思不能奮飛何時復携酒出都門箕踞長松下乎而且喜彈峯能補英邑二事之坑觖也卽謂爲予補英邑之坑觖也可呼奚

來浮一大白

道光三年歲次癸未仲夏月

前任英山縣知縣長白諸穆圖序

補脩英山縣志序

凡邑大事必乘時會時會之盛盛於人文我

朝壽考作人多歷年所矣文運運隆周於海表英山邑雖蕞爾而文人繼起蔚為國華甚盛事也癸未春初余來英司鐸是時州司馬

萬彈峰先生攝行縣事上丁之日集邑中諸生肄祀

聖廟祀事甫畢召偕以脩葺學宮圻毀戲臺改建奎閣纂脩縣志之說而諸生咸首肯焉越翌日余課諸生適值　彈峰小試之會試士濟濟多得偉人

爰勸捐輸舉行闔與
邑中人士咸欣欣然
同心協力扣與圖成
四月上澣奉諸紳董
相其陰陽圻基建閣

英山縣志　卷之首　王序　三

修葺學宮經營伊始
武廟至基即於是日
聚賢與賢館之宇章
程量才酌用修補志乘
圖不得謂非時會之

盛也繇是彈峰慷
孫自任力主補脩研
精覃思旁搜遠覽殘
缺者補失次者序魯魚
亥豕訂正舛謬越數

英山縣志　卷之首　王序　四

十寒暑而端緒已清
於斯時也
蓮舫陳父臺攝署縣
事彈峰形交底稿屬
去余備請坐坐

蓮舫以彈峰主持修
建之故環請
上憲留脩志乘俟蒞
功後回任　蓮舫喜之
且允多士之請懃懃

同余踵志館而屬爲之
志乘之脩補於是乎
脩先是邑侯劉公肇脩
舊志於康熙甲子延及
乾隆丙子七十餘年而

張公續脩之蒞於道光
癸未復纂其成而距今
幾七十年天地菁華
積久而蔚雖曰人事
豈非時會哉竊嘗嘆

天之生才爲非偶然矣
之多士時則有若出衆
之才克謀厥始而羈之
才克圖厥中濟世之
才克成厥終擇才作

合闈絀不負彈峰兼
綜之心有孚蓮舫協
濟之人心心相印胥
以仰副乎
聖天子雅化作人體國經
野之心豈不偉歟余
也忝居編脩之列桑
時會之盛羨人文之
與嘉同心之濟邑桑
修明闕典具舉當不

惟是圻臺建閣脩葺
學宮樂與觀成已也
是為序
道光三年歲次癸未仲
夏月上澣之吉
英山縣教諭潛園
王燮坊撰

補脩英山縣志序

天下事廢興有由也廢之久每缺而不全興之勃宜燦然而大備英山舊志無今七十餘年矣

前之作者原非於從簡省第相距時遠恒多闕畧況英地勢處山陬素稱膏壤其間峰巒之雄秀物產之豐饒風俗之淳厚遠近咸稱樂土而且文人學士名卿巨公孝子順孫義夫節婦代不乏人將於此而不補脩之不且積久而文獻

無徵乎予承司馬萬彌峰先生以湘南名宿作江左宰官今春攝篆英邑樂斯土之恬熙慨是書之殘缺因毅然以補脩

為邑侯邑之紳士莫不踴躍從事而王淡園余守之安先生並贊其成未三月而已規模備具邑令蓮舫先生下車以來又復極力董勸於是付諸梓人俾有成書奎海曲各雖素無聞見著作之乃尤不敢置議茲於蒞任伊始耻是書爲

缺之覺廣搜博訪考古訂今視舊志更加完備於是嘱諸君子之相與有成而並幸斯書之廢而復興者可以垂之久遠傳之無窮也是爲序

道光癸未夏月英山縣學教諭南通州馬映奎撰

補脩英山縣志序

我

皇上

御極之二年壬午冬奉

大憲檄諄諄以脩志相勗爾時即思敦延耆宿

纂羅舊聞折衷其是非而增益其所未備徵文考獻迄未成書蓋著述若是其難也亦越今正郡司馬萬彈峰先生董

理英篆博學宏材毅然以課農桑脩學校為已任刑清訟簡治近古云琴餘之暇語及志事彼此揚搉而闔邑紳士亦

以重脩志為請夫志猶史也而例與史異史以時代為斷而志則以封守為經史緣事以繫人而志則因人以繫事而

史莫詳於志英介蘄羅
太霍之間崇山峻嶺緜
橫二百餘里實為吳楚
闗鍵先生甫下車檢閱
邑志所以察地方之情

形而訪其利病者至詳
且悉舊志脩自乾隆丙
子距今已七十年計此
七十年中科目之蟬聯
人文之彪炳節義之宣

著戶口之蕃滋準昔視
今奚翅倍蓰自非採輯
而釐訂之後將有莫名
其先後相因之故者是
誠不可以不志先生不

憚心力手征檔案有遺
必增無諱不正為門二
十有四為卷二十有六
條分縷析綱舉目張蔚
然稱為善本丁未歲之

先生有東裝回任之行英紳士求所以留之者不可得商諸學舍請諸明府以達上司明府陳蓮舫先生以名進士作

宰蘄春與先生道相高意相合也卒者人士賦白駒之三章而卷帙觀厥成矣先生稟洞庭之秀鍾衡嶽之靈英古遥

令士林縉紳中奉為圭臬亦冀俟乎讜言碩徝樸陋不文章得操觚從事而與聞其略鼓舞奮興不能自已竊心羨私

衷懷滿若之果確無雜也他日輶軒有採外史小史有徵按其圖披其籍穆然想見其立心行事是編也其亦鼓吹

休明垂世行遠之一端乎
謙將偕多士執簡以俟
道光三年歲次癸未夏
敕諭衛英山縣訓導
恩加二級守之余道謙撰

英山縣志序

六安直隸州知州邵大業析津

英居蘄黃六蓼之間西屬楚東屬吳其地多崇山峻嶺四望鬱然其民人多負山而居蓺土而食其舊家著姓恂恂禮讓無綺羅狗馬之好其來受廛者率負耒之人大約資其山之間曠植木棉玉蘆之屬以贍其生非有舟車商賈輻輳其地以故耳目質實志欲愿謹不見異物而遷介吳楚之會而無吳楚獧薄浮靡之習余嘗按部其境見其鄉民洞洞屬屬有終身未識長吏者而士夫之家各集其族之明經上舍子衿之士以及丱角之輩具公服傴僂道左恭而有禮周巡四封閭庭鮮訐訟之風里有室家之樂宜乎卧治之有餘矣而近者楚黃遂民馬朝桂等謀爲不靖煽入於英英之人惑於既福或丐名入籍事既洩幸荷

聖朝祝網之仁矜憫無知自渠魁外咸與寬宥噫唯其地勢偏僻風俗樸魯是以昧於燭奸而易於受惑也夫爲治之道貴養其所有餘而調劑其所不足英之樸魯當使之可久英之樸魯昧於燭奸而易於受惑者當使之警而知覺此非守

士者之事歟乾隆甲戌西冷張君蒞茲邑慨然有良吏之用心旣爲之厲學校講法律捜緝遺孽以安善良矣旣而念邑乘荒畧無以彰前而傳後集紳士旁捜博採遠考近稽不三月舉前志之缺者補之譌者正之裒然成書事核於今而文詳於昔誠盛舉也余受而讀之則凡英之山川土物之盛風俗人心之美以及其所以因仍受敝之故咸釐然可觀張君誠探其本原而設施使英之人確然守其不雕不琢之素而又牖之於大道使其人曉然不惑不爲邪說所動則蕃庶蔚起將有過於今誌所載者俾蘄黃六蓼之間巍然稱望縣焉豈不隆乎因其乞序而書此以弁其首職思其居余與張君共勉之矣是爲序

英山縣志序

英山知縣　張　錢塘　海

考周官撢人小史之義郡縣皆得書其風土人物以備採風貢之天子匪獨潤色鴻業用爲觀美益一方之文獻係焉而爲治之因革損益補偏救弊之術即於是乎具故曰國奢示儉國儉示禮由此其選也我

朝定鼎百有餘年輕徭薄賦禮陶樂淑

各大憲勤宣

德意惟日孜孜凡山陬海隅輶軒所至類無不能歌咏盛德發抒廣謨以彰文明之治况大江南北中華奧區蒞斯土者尤樂於乘時奏績共勸推化乎先是乾隆巳巳

皇上將南巡江淮省方問俗　海時備員當塗敬修邑乘待供

睿覽及量移霍邱亦爲檢閱舊志纂輯成書甲戌秋承乏茲土詢風考政周覽城邑問故府之程章則尤卷帙簡陋且漶漫不可識葢英志修於康熙甲子劉君距今七十餘年雖川原星埜景物依然而時殊事異其間戶口之生聚十倍於昔矣俗尚之漸摩亦月異而歲不同矣倘莫爲之

前雖美弗彰幸際
國家同文之休而英猷因陋就簡誠都人士之羞
抑亦守土之責也爾時以諸務未遑闕明年百
度漸舉歲稔時和廣延紳士開局纂修闕畧者
補之失次者序之後起者續之存疑者辨之簿
書之暇詳加考訂視當塗翟邱兩志更有殫厥
心者今年春事始告竣余覆覽而讀之竊於此
有深念焉英邑界連荆楚爲吳會要區土壤多
磽确萬山環之兩河縈繞數十里以嶮隘不通
舟楫夏秋霪潦水湧沙淤民生易蹙其士人讀

書務學未必遠遜他邑而科第仕宦寥寥如晨
星其故安在昔趙廣漢爲潁川設缿筩匿名告
訐使強族相讎雖發奸摘伏如神而民俗固益
敗矣韓延壽乃始敎以文學禮讓遵制謹度黄
覇因其迹而大治則民風何常在長吏之轉移
化導何如耳海不敏夙夜黽勉懼忝厥職期上
副
聖天子壽考作人之化用慰
各憲欽承樂育之心而未之有逮繼自今願與
邑之學士耆老共相砥礪習俗之奢者世守而

勿替敝者去故而更新恬嬉在野師濟盈朝後
有作者視余今日所志有其過之無不及焉是
則余之所厚望也夫

英山縣志序

桐城　英山教諭方　超

自古忠臣孝子悌弟烈婦其志節卓然不敝於天壤者好學深思之士懼其湮沒而不彰或爲傳誌以紀載其事所以爲後世鏡者深遠矣志之作也將以備輶軒之採成一代之書以信今而傳後其視文人成一家之言者關係尤重也英邑僻介吳楚崇山峻嶺四方賓客之所不至故其民生不見外事而習尚醇樸余自癸酉司鐸是邑覽其山川人物意必有奇偉卓越之士可以不朽者稽舊志所載則畧而不詳蓋英自

有明以來屢遭兵燹文獻無徵不足異也我
國家重熙累洽生聚教訓夫斯民者百有餘年矣
甲戌六月適錢塘　張父臺撫蒞兹土不匝歲政和人浹簿書之暇慨然念英志殘闕而復修之辨正舊史得失延訪故老傳聞其發潛德之幽光者必信而有徵而虛構疑似者不與焉他若天文地理以及人物風土之所宜雖小必陳而考證尤詳蓋自是而英之忠臣孝子悌弟節婦磨滅而無稱者悉著而博物君子於名物象數之繁亦得所據以折衷剬　公之所以黼黻
皇猷爲邦家之光者豈區區一邑盛事哉余也厠校讐之列樂覩斯志告成愧無以助高深於萬一因叙其顛末俾後之作志者式焉

英山縣志序　　英山訓導李治隆靈陽

國家文治之洽久道斯成方隅明備之修循良
是賴英邑當吳楚之要衝奇峯秀巘疊翠盤旋
東澗西溪雙流曲抱其地僻故其風醇其民樸
故其俗簡余自壬申秉鐸來英每覽其風景川
原竊冀其間名勝之紀述先哲之流芳必卓然
有可觀者乃進稽邑乘殘編斷簡撫卷憫然雖
事多可紀不過都人士口傳耳授每懼其浸久
漸遠有美弗彰良可惜也歲甲戌錢塘
張老父臺來蒞茲邑釐剔拓清恤農惠士澤宮

式煥倉庾充盈不踰年而康阜歌頌聲作矣爰
因卧治之暇留心志乘重修而釐訂之既詳既
要亦精亦嚴以備採風以昭掌故甚盛舉也夫
志也者制之存也政之經也昔賈生有言曰使
天下回心而嚮道非俗吏所能爲則有趙杜之
績者斯能驂馬班之才蓋於茲益信焉先是我
公攝篆靈陽澤深桑梓沐厥休嘉年來同官之
庇彌切廸誨是役也　公總其成余亦忝承分
校第自撫荒落懼弗克任書既成因得附志於
簡端云

英山縣志原序　　劉五瓏

嘗讀周禮職方氏掌九州之圖籍天子巡方所
至蒇採士庶歌謡以周知十五國之風尙竊嘆
昔人之爲治道計何深且遠也嗣後地理志擧
自漢史沿及後代郡有書邑有紀上自星躔分
野下至山川形勝則壤物產以及人才之升降
民物之淳漓紀載詳悉靡不展卷列陳燦若指
掌稽前可以示後鑒古有以知今載乘煌煌誠
鉅典也余忝膺
簡命承乏英邑目擊凋殘情形諸務鞅掌之不暇遑

計及於志庚申秋史館承
旨纂修明史檄志甚廹因於蝟冗中約畧以應一時
之急然而實之無存文安用之頃於政治之暇
搜求古志僅得斷簡殘編數册缺畧失序無可
稽考爰謀諸薦紳博士討論舊稿增益時事復
不揣固陋謬加參訂授之剞劂雖未敢冀追前
蹤往史媲美前烈然使後之人開卷檢閱燎若
觀火舉百里於寸眸集往古於方幅稽其事以
考其人未必無小補焉若夫荒畧寡聞蒐羅未
備尙須黼藻潤色闡揚盛軌俾後之人觀覽靡

遺華實並茂用以垂百世之俘信昭一代之大
典余識疎且陋非史材不敢居也是不能無望
於後之君子
昔
康熙二十三年歲次甲子八月吉旦

補修英山縣志凡例

一英山縣志始創成於康熙二十三年中重修於乾隆二十年茲復補修於道光三年前後各七十年而修一次亦足以見修志之不易也

一修英山縣志已近七十年其間補輯亦自不易猶幸六安州志成於嘉慶十三年自乾隆二十年至嘉慶十三年其間五十四年尚有州志作粉本易於補輯十三年以後至於今纔十五年耳此文獻之足徵者故亦無難搜羅也

一州志詳於州而畧於縣其體裁本如此而大綱節目則已無不備其小不備而或前後參差更改者則不得不詳加分晰以備一縣之故實

一此志門類章程悉仍舊規非因循前人也前人修輯頗不苟且不必大爲更張非徒爲苦窳之地計捐費用已也

一舊志惟分星一門惑於兩岐茲特更正不以貽誤後人其他門類亦或小有更改移補亦有萬不可因仍者其說詳於各門不可一二舉惟期前後不相牴牾新舊不相蹈襲耳

一賦役宜列學校之前風俗宜附山川之末名宦

宜次職官人物宜次選舉各從其類忠孝義行隱逸等項宜統於人物舊志次序不倫分類繁贅然亦無大舛誤尚可因仍舊貫也

一舊志四序及其凡例十二條皆備於卷端不惟存舊亦所以備修志之原委使後之人一覽而得之凡丙子舊志有六安辛未志爲粉本相去只六年故易於補輯則康熙舊志頗爲詳實而丙子志概不及之掠人之善以爲已功吾所不取故凡新凡例之所未及者例已見於前可從略也至康熙舊志序例前志不載今亦無從查考矣

英山縣志凡例 原本

一英山前志成於康熙二十三年時晉陽劉公匆猝以應命僅有形似及雍正八年平越趙公曾設館修葺會除壽州牧未及成書因輿論不協中止生員傅有宣取歸補綴畢工藏於家今亦得備參攷焉

一府州志多總大綱英志既無底本而新修州志祗據舊廬州府志近事亦或未及細考今遍加採訪始得成書中有抵捂不能免也

一英邑雖創立未久然遍攷蘄羅各志漢唐以來令長人物蓋亦寥寥故今茲所紀仍以設縣後爲始

一英邑名宦鄉賢忠義孝弟節孝諸祠主位沿舊設立未經釐正不無跡漏今姑就現在開載仍俟查核更定

一鄉賢忠義孝弟節孝各祠已請
旨入祠者自應立傳但有現在查訪未經　題奏亦或子弟貧愚不能表彰懿美豈容聽其湮滅今先將各祠姓名備列學校而事實符傳例者仍採訪編入庶幾並行不悖云

一封爵多列職官之前蓋古者建邦分土各有民社與今牧守無異自唐以後僅有虛號偏州下邑亦或荒遠無稽今改入古蹟聊以備一方之紀述云爾

一各志人物分類甚多但一邑之中過爲區別難以成帙且著例或不合於古所分亦未必甚當今除隱逸外惟忠義孝弟

國家設有專祠仍特立傳餘一概入人物庶免葛藤

一生人例不立傳現任官不載名宦而劉公前志乃自列傳殊爲失體故現在諸賢或懿行昭著亦止因事附見不列傳也

一志書原以紀實而各原志所載名宦人物或乃年代舛謬流品混淆雖考之史策訪諸輿論非必無徵但相沿已久驟而易之反覺駭人耳目今姑畧示大概仍存舊志亦善善從長之意也

一英山前志所載官秩或得之斷碑殘簡或僅托諸傳聞時代事實亦間有附會然前志及州志所已載者今皆存而辨之闕疑焉可也

一英邑前代藝文遭明季兵燹所存無幾時賢著作尚未甚富故所紀不能備體然吉光片羽亦自可珍彩鳳聯飛在後人繼起耳

一志書務在考訂詳核敘事簡明而是非不謬若乃體式前後小有變更原無一定如祥異兵變或紀於前或列於後詩文或散見各項或統載藝文忠孝等傳即人物中摘出非在人物之外諸如此類不必多置論辨也

英山縣志

重修姓氏 乾隆丙子

總裁

英山縣知縣錢塘張海

編纂

戊午科舉人揀選知縣黃陂姚之琅

恊編

英山縣儒學教諭桐城方超

英山縣儒學訓導靈璧李治隆

監修

例貢生程光濂

儒學生員馬世欽

校訂

丁卯科舉人揀選知縣金序琎

候選訓導鄧玉

恩貢生劉鼎

歲貢生鄭元圭

歲貢生傅作樑

歲貢生胡延煌

儒學生員鄭一坊

採訪

儒學生員李世烱

儒學生員程明極

儒學生員王從龍

儒學生員沈書庠

儒學生員聞兆景

儒學生員金序瓐

儒學生員傅士煇

儒學生員鄧大龍

儒學生員方衍泌

儒學生員段祚譜

儒學生員鄭一鳴

儒學生員徐大斂

附貢生彭止中

例貢生鄭一增

候選州同馬道法

國子監生傅作滋

國子監生余龍

國子監生金掄爵

國子監生段祚炳

國子監生　彭正南
國子監生　胡華壁
國子監生　蕭方標
國子監生　王繼定
國子監生　杜興洪
國子監生　彭其河
督梓
七引店巡檢漢州　岳其萬
英山縣典史山陰　陳燦文

英山縣志
原修姓氏康熙甲子
編纂
文林郎知英山縣事晉陽　劉五瓏
叅訂
儒學教諭江都　周藩
儒學訓導潁州　甯摧
邑人豐城縣知縣　沈惟芳
儒學生員　鄧林棟

英山縣志目錄

補修英山縣志卷之首

六安州同代理英山縣事萬年淳補修
英山縣知縣吳興陳彦恭訂

圖考

周禮職方氏度天下山川險易畫爲版圖藏諸王府寰宇雖廣可按籍而稽也故志必有圖所以綜文獻實蒞斯土者覩幅員之廣狹疆界之險阻山川之流峙保障之術於是乎寓而城市官署壇遺祠宇舍圖曷辨即其間名區勝蹟足供憑眺謳吟者採風所必及焉繪圖於首

縣境之圖
北至霍山縣界一
東北至太湖縣界一百四十里
多雲山
西河
雞鳴山
蓮花尖
烏雲山
東門
羊角尖
倉
廳
監
英山縣
東至太湖縣界三十五里
樓子石
文峯
白雲砦
英山尖
太平坳
東河
南至蘄水縣界
東南至蘄州界三十里

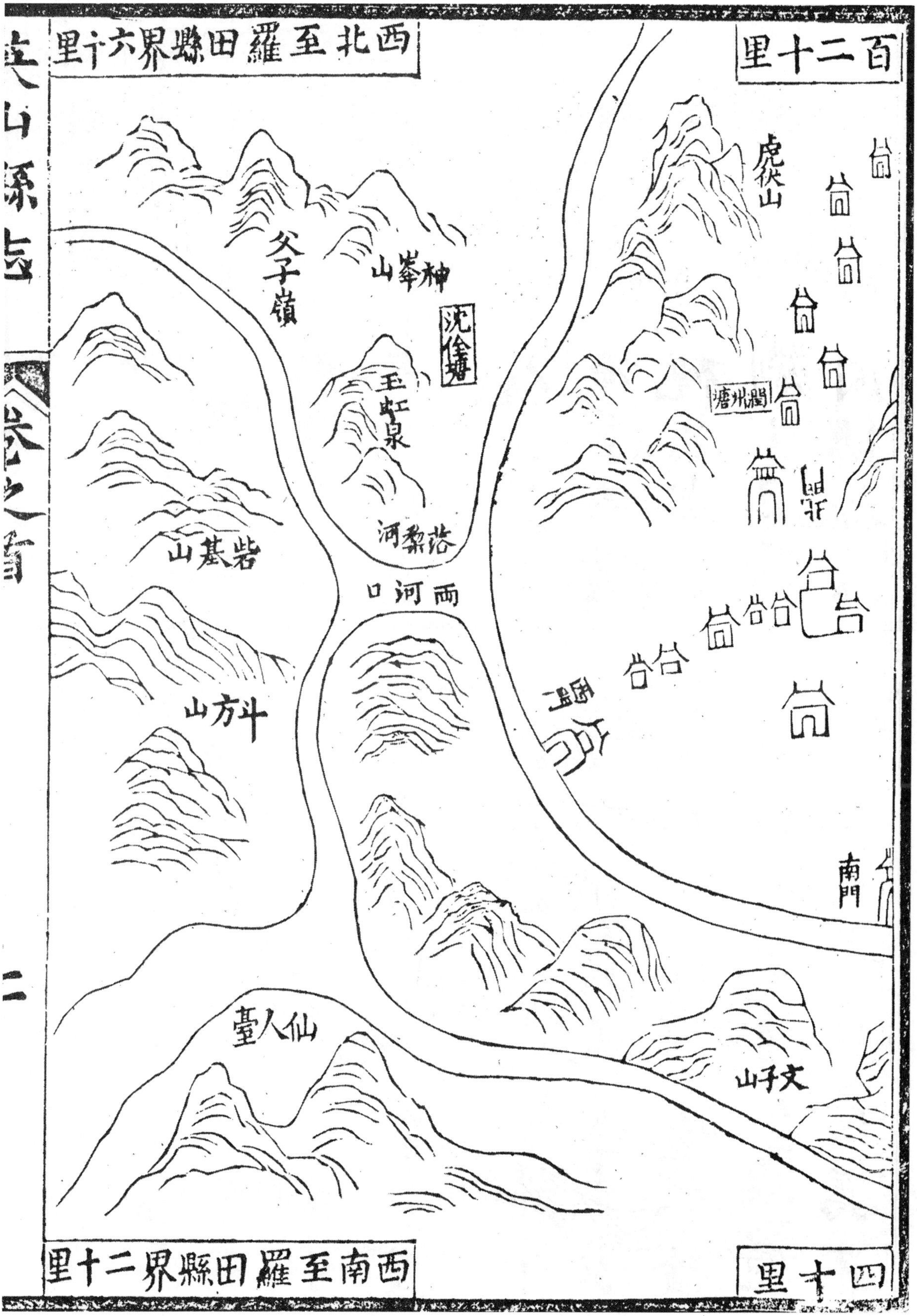
西北至羅田縣界六十里
百二十里
虎伏山
父子嶺
神峯山
沈倫塘
玉虹泉
落梨河
兩河口
岩基山
斗方山
南門
仙人臺
文子山
西南至羅田縣界二十里
四十里

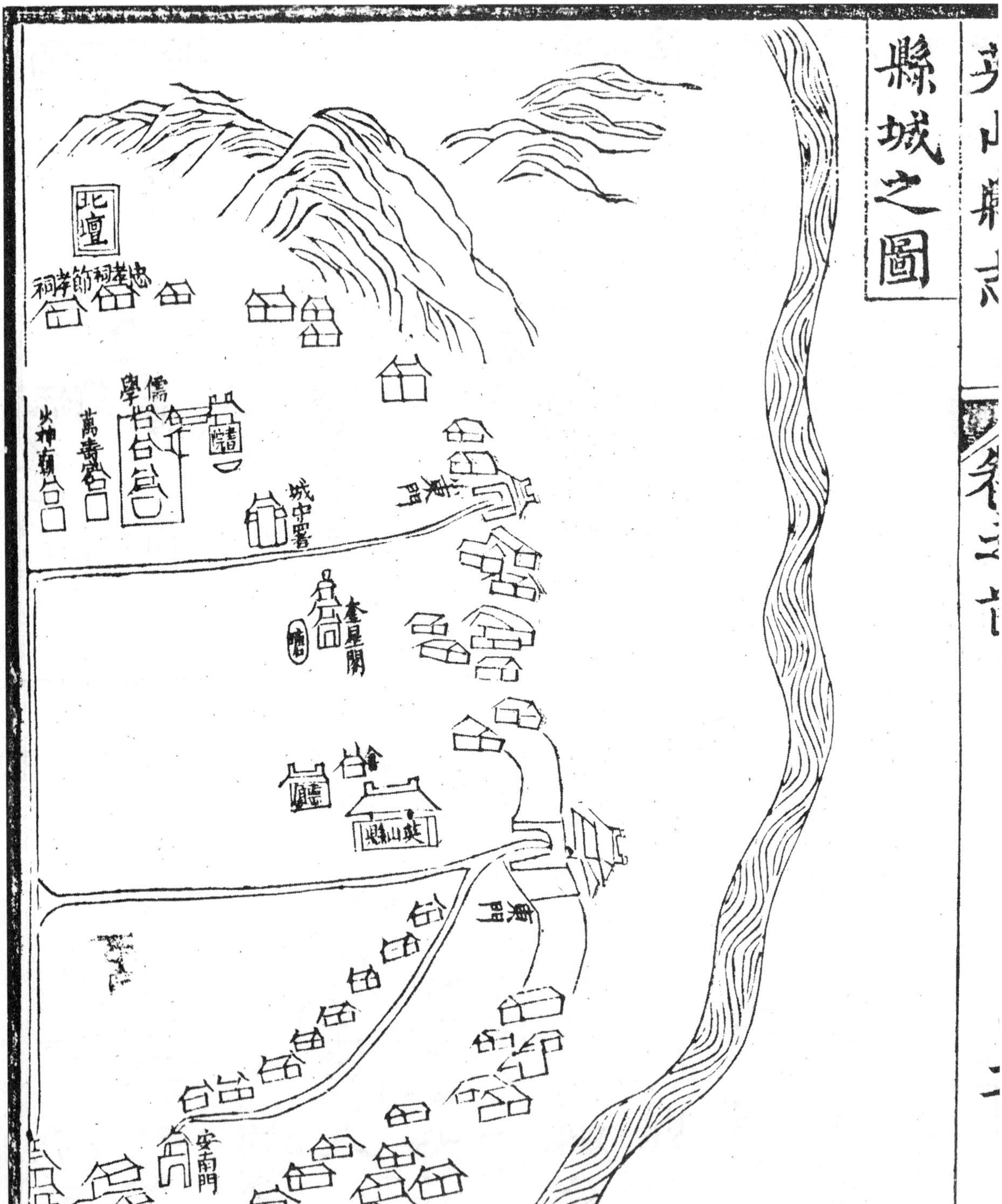
縣城之圖
北壇
忠孝祠
節孝祠
儒學
萬壽宮
火神廟
城守署
東門
奎星閣
倉
英山縣
安南門

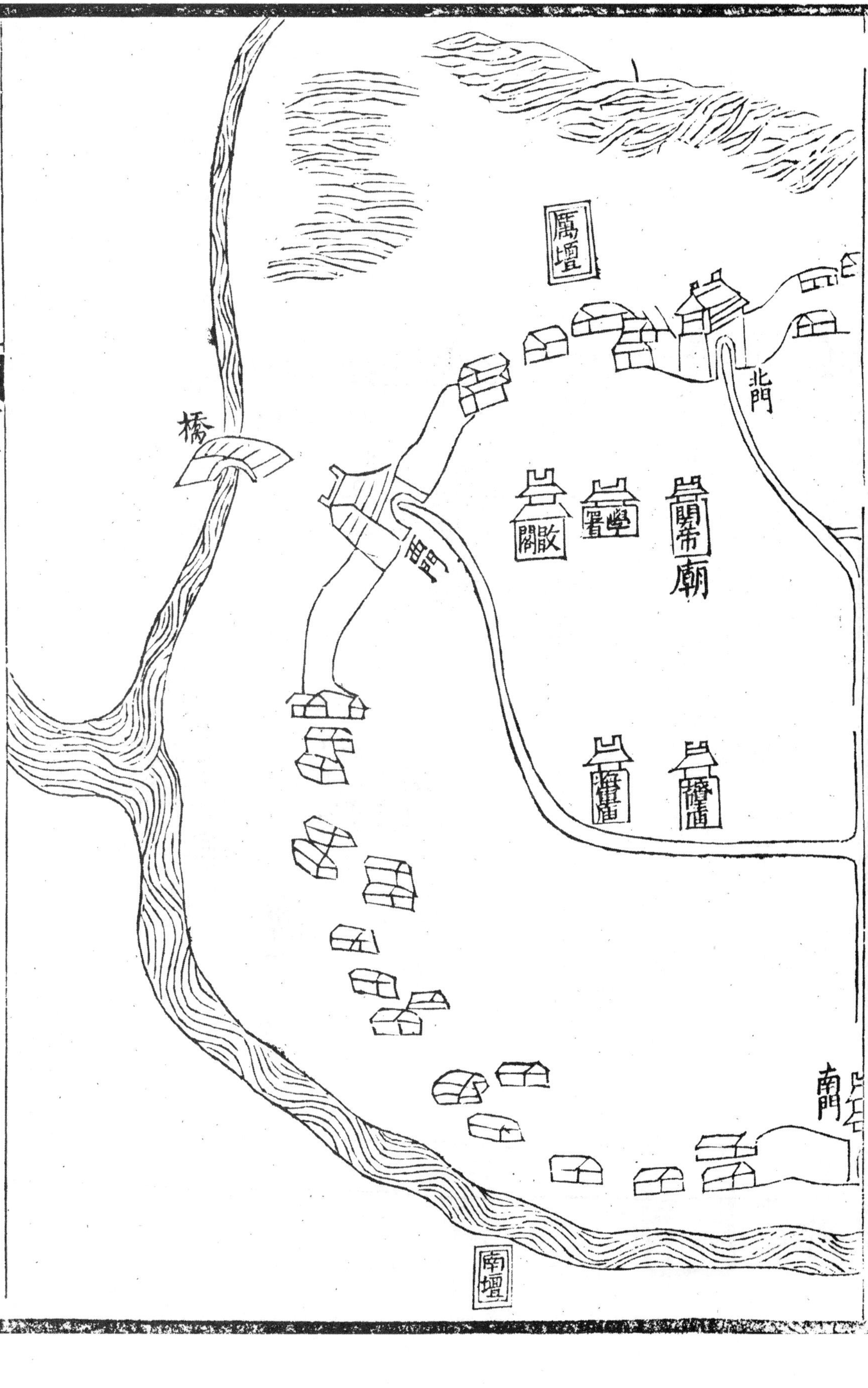
厲壇
北門
橋
西門
學署
關帝廟
南門
南壇

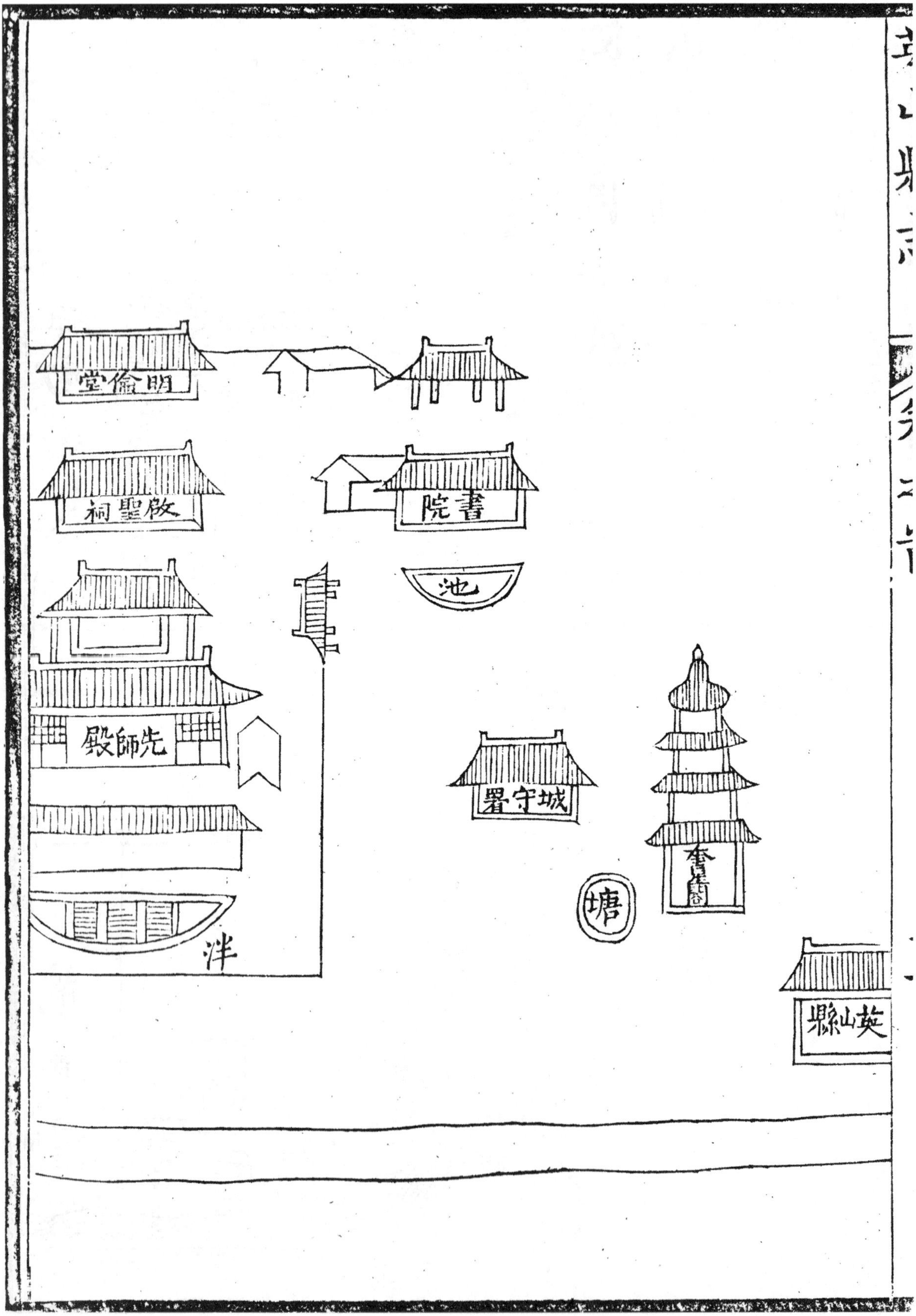
明倫堂
啟聖祠
先師殿
泮
書院
池
城守署
塘
英山縣

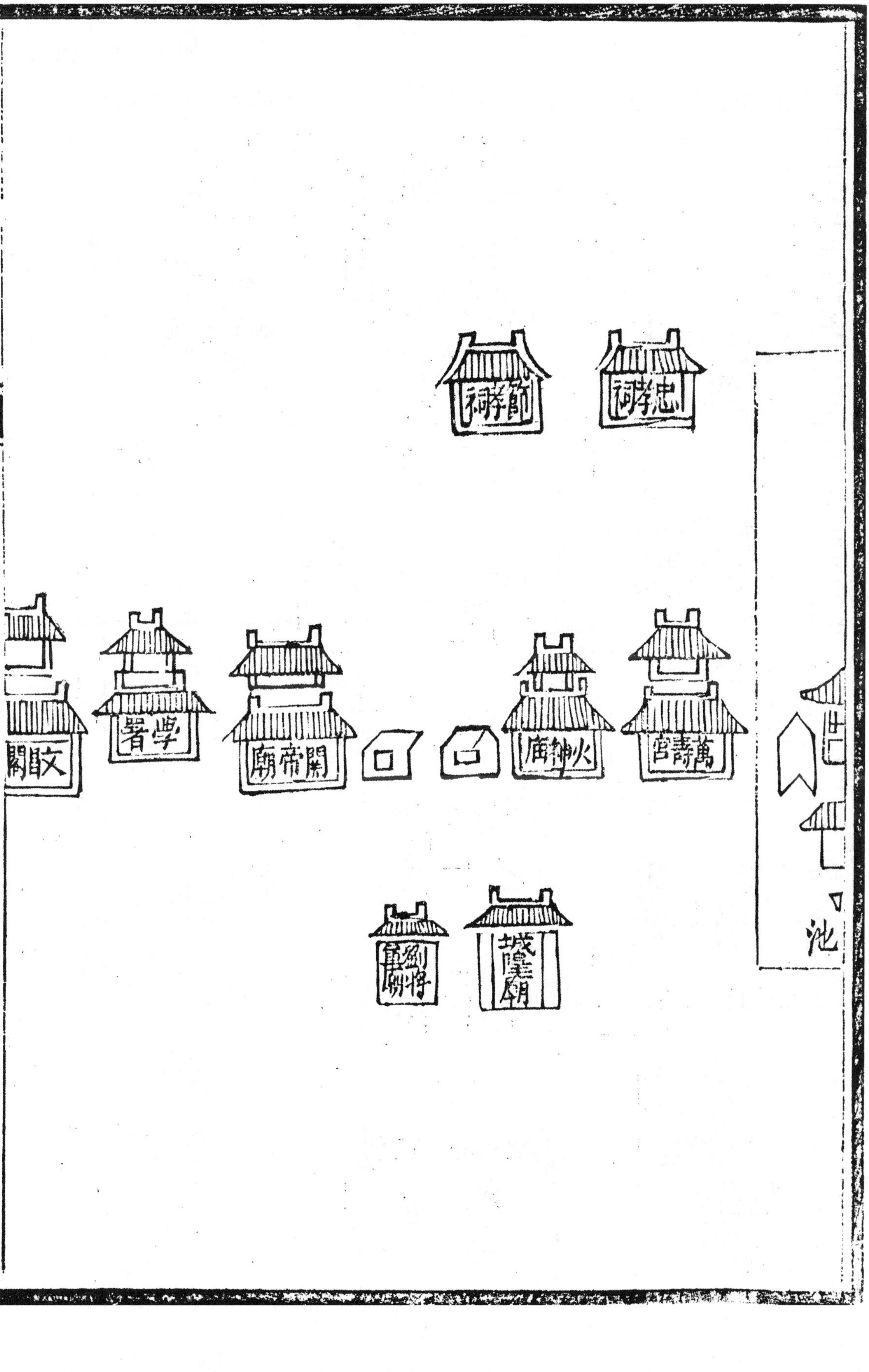
節孝祠
忠孝祠
學署
關帝廟
火神廟
萬壽宮
劉將軍廟
池

縣署之圖

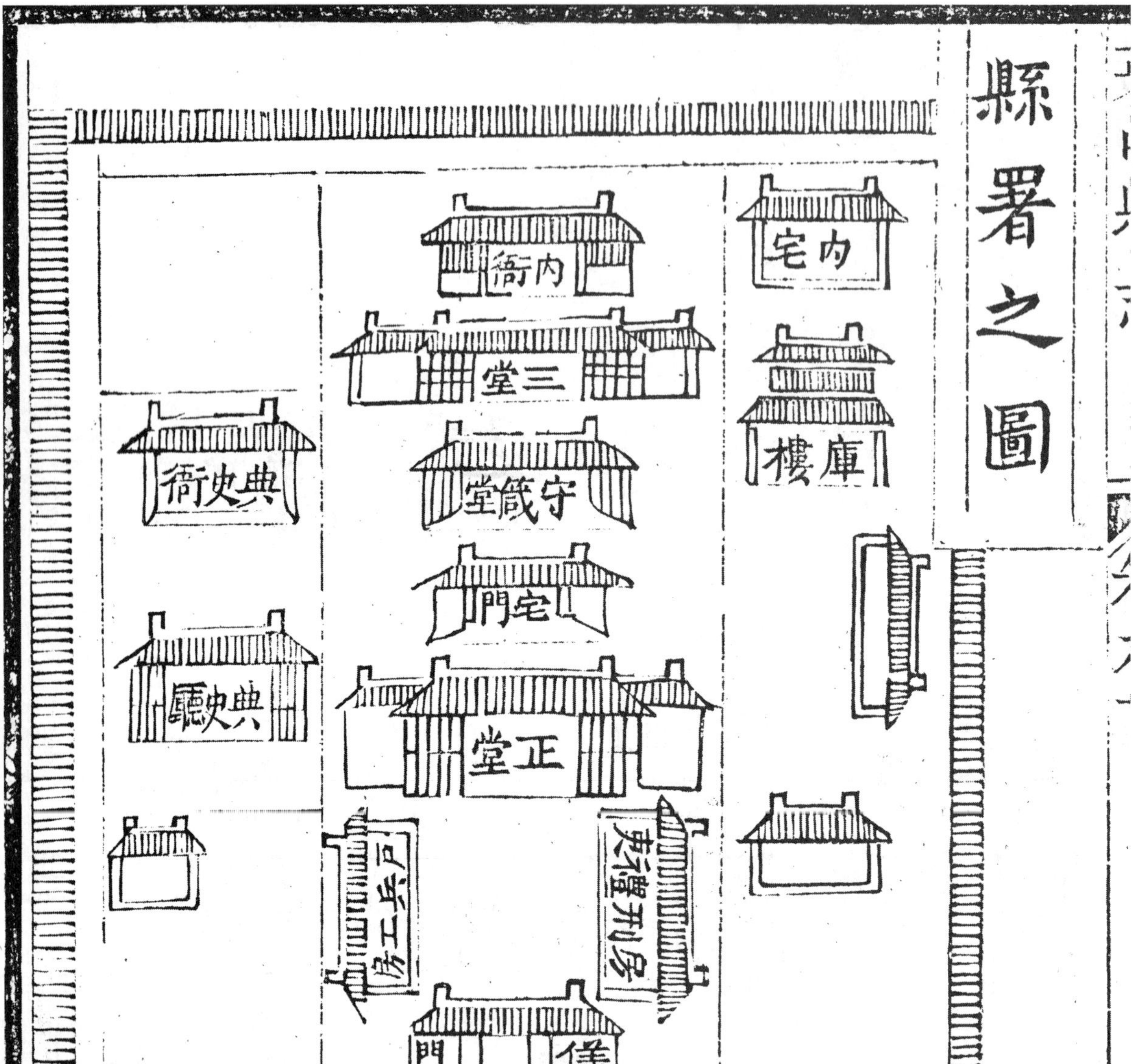

縣學之圖

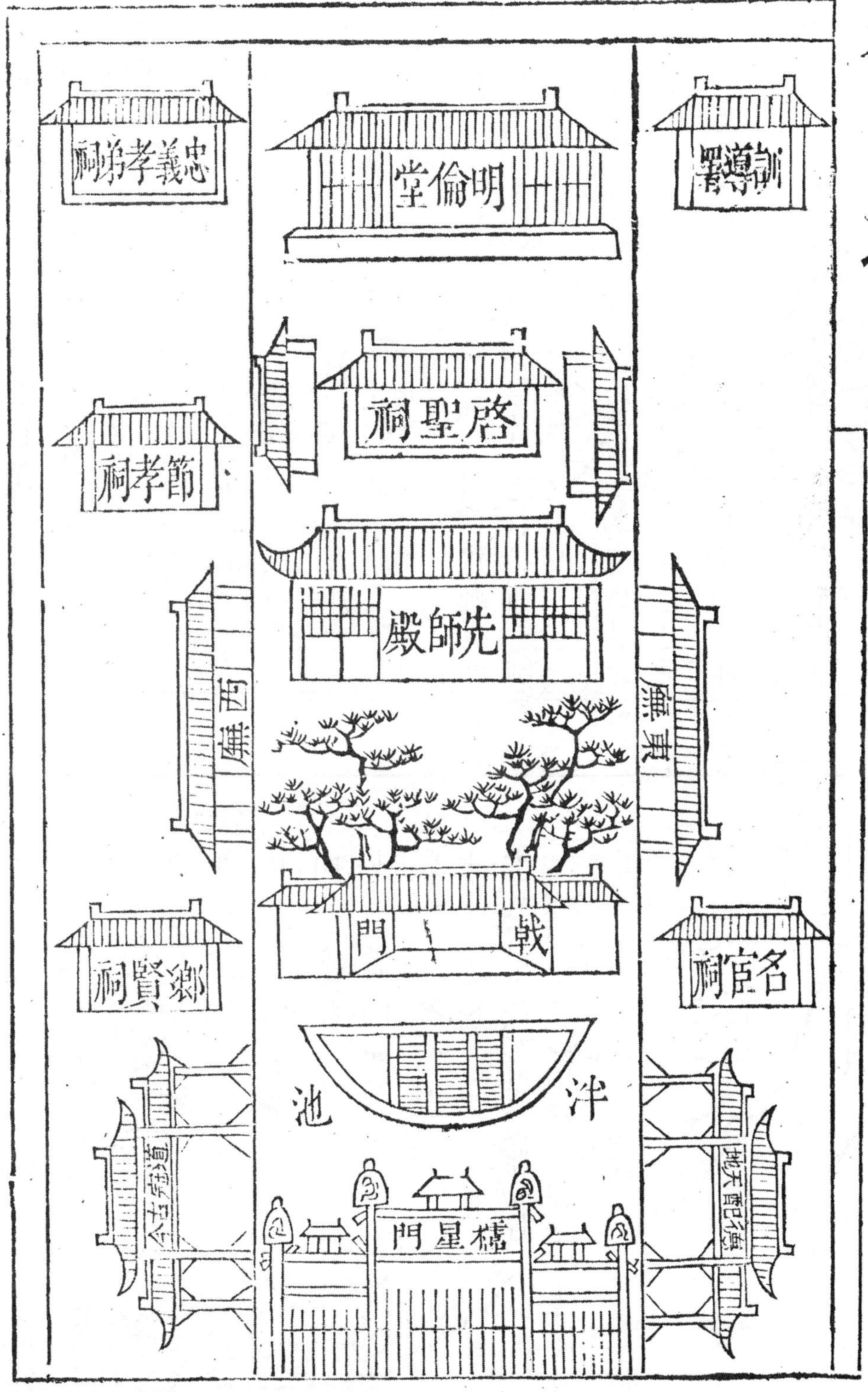

温泉春景

雞嘷效靈

九峰晴嵐

崑山縣志　卷之首　八

羊角嵯峨

懸岩風雨

麻姑
仙踪

卷之首
十二

烏靈硃蹟

英山縣志　卷之首　　三

補修英山縣志卷之一

六安州同代理英山縣事萬年淳補修

英山縣知縣吳興陳　彥參訂

沿革

古者分州建國大小相維秦漢以還更立郡縣犬牙相錯其疆域所屬一彼一此雖因時定制亦無得而稽焉英山相傳爲古英國又別爲英氏春秋時楚與國也古英國史記稱封皐陶之後此見於經傳確鑿可據者至漢地屬蘄春厥後或爲蘄水或爲羅田亦復廢置不常夫英山之設縣昉於元明其未設縣以前壤地必有所在大抵不出蘄羅之域也志沿革

英山縣古禹貢揚州之域按英山在春秋相傳爲楚與國地復入楚兩漢皆屬荊州部刺史當爲荊州之域但隋唐以後史志皆曰揚州今復屬江南省故前志相沿仍從之以俟考史記夏本紀帝禹立而舉皐陶薦之且授政焉而皐陶卒封皐陶之後於英六索隱曰英地闕不知所在以爲黥布是其後也正義曰英蓋蓼也按史記楚成王滅英穆王滅六蓼則英之非蓼明矣歷商至周襄王六年楚成王二十六年楚人滅英九年魯僖公十七年齊人徐人伐英氏按英與英氏本兩國前志及府州志俱誤以爲一舊稿不能辨且誤書滅英於伐英氏之後但英山之爲英與英氏俱無可考故兩存而辨之如此二國地皆入楚故英山爲楚地英山爲楚雖無明文然以四鄰壤地論之其屬楚無疑漢屬荊州江夏郡爲蘄春縣地前志云元狩中改屬江夏郡舊稿云秦隸九江郡漢初隸淮南及衡山王國武帝元狩元年改屬江夏郡　按漢書地理志江夏郡高帝置有蘄春縣其前後改屬俱無可考東漢爲蘄春侯國三國吳立蘄春郡晉武帝太康元年省郡以縣屬豫州弋陽郡永嘉之亂豫州淪沒石氏成帝乃僑立豫州於江淮之間孝武帝改蘄春縣爲蘄陽縣屬南豫州新蔡郡南北朝宋孝武帝大明八年改屬郢州荊州所分西陽郡又分立蘄水縣亦屬西陽蘄水縣始此　按英山分自羅田羅

田分自蘄水蘄水分自蘄春其序如此前志俱遺蘄水今特補入梁改蘄陽縣爲蘄水縣按隋書地理志蘄春蘄水俱注梁曰蘄水則梁時二縣仍合爲一後齊置羅州改縣曰齊昌置齊昌郡舊稿云梁大寶元年邵陵王綸屯於齊昌齊昌古地名係蘄春地遣使請降於北齊北齊置齊昌郡兼置羅州　按梁書邵陵王傳綸在郢州爲王僧辯所逼走武昌長史常質等迎之復收散卒屯於齊昌侯景將任約襲之敗走定州復歸齊昌行至汝南城主李素爲綸故吏開城納之後守汝南爲西魏大將軍楊忠等所執不屈死之無請解北齊等事梁齊書南北史帝紀本傳皆然梁齊亦無地志改置齊昌附見於隋書故記而辨之後周改羅州曰蘄州蘄州始此隋爲蘄春郡有蘄春蘄水羅田羅田始此三縣唐爲蘄州蘄春郡屬縣有蘄春武德四年省蘄水縣入焉蘄水

本浠水武德四年更名蘭溪省羅田縣入焉天寶元年又更名有鐵隸淮南道唐太宗十年分天下爲十道七日淮南明皇又分爲十五道五代初屬楊吳後屬南唐周世宗顯德五年唐改號江南遣使盡獻江北地時淮南惟廬舒蘄黃未下至是盡獻四州之地仍稱蘄州宋蘄州蘄春郡隸淮南路太宗至道三年分天下爲十五路神宗熙寧五年析淮南爲東西隸淮南西路其屬縣有蘄春　蘄水　羅田哲宗元祐八年以蘄水縣石橋爲羅田縣英山自是爲羅田縣地孝宗乾道元年四川宣撫使虞允文奏築黃鷹山城理宗淳祐間稱鷹山寨度宗咸淳元年更名英山立爲縣尋廢恭帝德祐元年

正月知蘄州管景模知六安軍曹明俱以城叛降元沿江諸郡皆望風降英山是年入於元元至元十二年即德祐元年前志載是年置縣其名宦傳所載則當爲至元十四年土人段朝立以羅田縣直河鄉復爲英山縣遂以朝立知縣事英山自是始定爲縣十五年縣治成後屬六安州隸淮西江北道肅政廉訪使廬州路而統屬於河南江北行中書省明太祖洪武元年建南京罷中書省以所領直隸六部英山屬廬州府四年改屬臨濠府七年改臨濠曰鳳陽府十四年仍屬廬州府爲六安州領縣

國朝因之隸江南布政使司康熙元年分設安徽布政使司雍正二年陞六安爲直隸州領英山霍山二縣今爲安徽直隸六安州英山縣

沿革表

夏	揚州	英				
商	揚州	英				
周	揚州	英		蓼		
漢	荆州	江夏	郡	蘄春		
東漢	荆州	蘄春	國			
三國吳	豫州	弋陽	郡	蘄春		
晉	南豫州	新蔡	郡	蘄陽		
南北宋	郢州	西陽	郡	蘄陽	蘄水	
後齊	羅州	齊昌	郡	齊昌		
隋		蘄春	郡	蘄春	蘄水	羅田
唐	淮南道	蘄春	郡	蘄春	蘄水	
五代	蘄州					
宋	淮南路	蘄春	郡	蘄春	蘄水	羅田 英山
	又分淮南	西路				
元	廬州路	六安	州	英山		
明	廬州	廬州	府	英山		

國朝江南安徽布政使司廬州府英山縣直隸六安州嵊

按英山之爲縣始於元明而英之爲國則肇於虞夏六與蓼相近蓼即今之霍邱亦皋陶之後故楚滅六蓼臧文仲歎皋陶之不祀也史記禹立薦皋陶皋陶卒封皋陶之後於英六是英六蓼三國皆皋陶之後其地近於楚其後皆爲楚附庸之國後楚漸強大蠶食小國周襄王六年楚人滅英襄王三十年楚人滅六蓼是先滅英而後滅六先滅六而後滅蓼也以地形言之英於楚近六於英近蓼於六近此相因而及者楚滅英英之子孫互相保聚於是又有英氏之名

周襄王六年楚滅英九年齊人徐人伐英氏時英之子孫已北徙故齊與徐伐之也此後英遂不見於春秋矣史記項羽封英布爲九江王都六史稱英布爲英後此確不可易者況英布本六人封英布都六以皋陶之後而復皋陶之封亦所以固英布之心也英之以山名亦所以存古英之舊而舊志乃以爲因鷹山而改名則惑矣而又謂邑實有布故址自相矛盾乃如此夫英之鑿確可考亦不係乎故址之存否與墳墓之有無也而後人必欲址其地以爲故址指其地以爲墳墓亦可以不必矣

補修英山縣志卷之二

六安州同代理英山縣事萬年淳補修

英山縣知縣吳興陳　彥參訂

星野

星野之說肇於周禮保章氏經籍所傳不可誣也雖天道幽遠而一州一縣所屬星度自有確不可易者古英國與六蓼相近史志多稱爲揚州之域而元明以後皆隸廬州六安今亦分省江南宜入星紀吳分當日舊稿本係吳分而丙子志以英山爲古蘄羅之域夾入楚分殊不知蘄黄倘當斗牛之末尚係吳分奈何反推吳分之地謬入楚分耶兩歧之見益形其惑茲一以吳分爲主志星野

周禮保章氏以星土辨九州之地所封封域皆有分星以觀妖祥

史記天官書斗江湖牽牛婺女揚州天官書註正義曰南斗牽牛婺女皆爲星紀於辰在丑越之分野而斗牛爲吳之分野

漢書地理志吳地斗分埜也今之九江廬江六安吳分也

晉書天文志自南斗十二度至須女七度爲星紀於辰在丑吳越之分野屬揚州費直起斗十度蔡邕起斗六度斗牽牛須女吳越揚州九江入斗一度廬江入斗六度六安入女六度

唐書天文志斗牽牛星紀也初南斗九度餘千四十二杪十二太中南斗二十四度終女四度自廬江九江負淮水南盡臨淮廣陵至於東海爲星紀之分古吳越羣舒廬桐六蓼南斗在雲漢下流當淮海間爲吳分

地理志淮南道蓋古揚州之域漢九江廬江江夏等郡廬壽爲星紀分

明史天文志斗三度至女一度星紀之次也直隸所屬之廬州府六安州皆斗分

按星野之說肇於周禮而見於左傳爾雅及史記漢書者分野止有分星如星紀吳越斗牽牛是也自晉以後度數之長短始著晉志星紀始斗十二度終女七度唐志星紀起斗九度終女四度至明志星紀起斗三度終女一度迄我

朝初年星紀起箕三度終斗二十三度乾隆庚辰以後起箕一度終斗二十一度嘉慶巳未以後又起箕初度終斗二十度天度有歲差而地道無盈朒斗牛爲吳越分野此一定而不可移易者再考十二分野一宮一國惟星紀一宮統兩國以度之前後配地之廣袤斗隸於吳牛隸於越此又一定而不可移易者傳曰越得歲而吳犯之是時歲星在牛歲星所在之國不可攻犯故吳犯之而凶也若吳越同一斗牛是越得歲即吳得歲也左氏此言最有分寸亦可知宜分其國二分其地以之上配天星其明徵也古之言分野者有分宮無分星有分星無分度有分

度無分分夫宮分其星星分其度度分其分言天事者可謂湛密矣在天一度其廣二千五百里約之於地祇百里之間耳蓋天遠地近遠者濶而近者狹其勢則然也故百里之間便可以分天一度而地之犬牙交錯不能與天度整齊故析一度爲六十分而地所配之分數又有一定而不可移易者矣竊嘗思之人在天地間如雀在籠中耳籠上之柱如天度然人不能出天度之外如雀之不能出籠柱耳豈惟人不能出天度之外即天地亦不能出天度之外此修志

乘者必先分野分野定而天星之遷變地理之災異與人事之吉凶皆可因分野占驗而得矣抑又考之天上有四大文星奎璧斗牛是也奎璧爲魯分乃聖賢叢起之地斗牛爲吳越分亦人文淵藪之區楚之蘄黃尚當牛斗之末故蘄黃人物亦甲於楚蘄黃尚接牛斗之秀氣而丙子志乃猶以蘄黃爲翼軫楚分而推英山附之則惑之甚者也而又以界嶺爲憑謂界嶺以北爲霍山者水皆入吳南爲英山者水皆入楚以此作山河兩戒之徵不知僧一行山河兩戒之

說乃言天下之大勢其說本於史記天官書天畢之間有兩街街南南國北北國此十二分野又分南北一大形勢也兩戒即兩街即兩界也一行以河漢甲沈定分野河漢起於天畢遂分兩戒以之定十二宮則得矣以之定十三國則茫無下落嗟乎以一行之智尙不足以盡天地之蘊況勦襲陳言而不知指歸者乎此種舛錯貽悞不小不可以不辨

補修英山縣志卷之三

六安州同代理英山縣事萬年淳補修

英山縣知縣吳興陳　彥參訂

疆域形勝附

疆域者所以愼封境昭職守也而壤地所接輪蹄所輳則一邑之形勝瞭然可睹焉英山爲江南西南邊邑距湖廣羅田界僅十餘里其餘遠者或百里而遙近者數十里雖僻處一隅舟楫有所不至而山嶺峻峇淮楚之交實要衝也我

國家德化涵濡太平百年之久海宇同風即間有

無知之徒狗偷鼠竊然未雨綢繆苞桑鞏固未可謂彈丸之地遂以久安長治忽之也志疆域

英山縣隷江南安徽等處承宣布政使司直隷六安州

東至隘口嶺安慶府太湖縣界三十五里

西至落梨河湖北黃州府羅田縣界一十五里

南至鷄兒河湖北黃州府蘄水縣界四十里

北至界嶺霍山縣界一百二十里

東南至山石嶺湖北黃州府蘄州界三十里

西南至張家河奎湖北黃州府羅田縣界二十

里

東北至界嶺安慶府太湖縣界一百四十里

西北至熊家河湖北黃州府羅田縣界六十里

東西廣五十里　南北袤一百六十里　東至安慶省城三百六十里　東北至江寧省城九百四十里　北至

京師二千八百八十五里

形勝附

東距隘口西阻界河南扼石險北跨兩淠淮楚之襟喉也廬州府志

背負晉熙面控黃鄂左六蓼右蘄春山環若城水繞如帶吳楚樞鍵舊稿

補修英山縣志卷之四

六安州同代理英山縣事萬年淳補修
英山縣知縣吳興陳　彥參訂

山川水利　關津橋梁附

一邑之地莫不有山川以鍾其靈淑之氣阜其財用物產流其惡而鍾其美且郡縣之迹有時而更山川之形終古不易則古今之封域可攷其秀異者足以供四方賓客之眺賞而要害之區設險守國之道尤古今所至重也英地崇巒疊嶂川環如帶雖非有奇材異產而一方之土物器用莫不依棲而仰賴焉其間林壑茂密或慮藏奸水道淺隘不利舟楫夏秋霖潦尤易漲

溢茲斯土者宜周知而慎爲之防也志山川

鷄鳴山在縣治後一名鷹山邑鎮山也由添樓山而來綿亘百餘里連峯忽起宛如屏障治後峯尤尖聳可愛舊爲伽藍寺基相傳有相地者尋山至此聞鷄鳴題云擊燈把火到雞鳴望見貪狼一木星今日暫爲香火地後來鐘鼓響鈴鈴宋淳祐中制置使吳淵於此立砦爲八景之一

烏雲山縣北十里自天人山發脉一峯卓立尖圓如削每晨雲氣上騰石壁有朱字見古蹟八景之一

英山一名英山尖縣東五十里山最高峯巒秀異上有井雲出則是年必豐下有九江王英國

公墓碑石尚存

石人山　縣東五十里第一峯有石丈餘如人立崖下有石人洞又羅漢洞深廣可容百許人光潔無塵內有井泉不溢不竭

得勝山　西門外明時羣盜攻城官吏率居民拒敵盜奔此山被擒故名舊有砦　按廬州府志明洪武丁巳知縣陸紀典史李華擒盜於此舊稿以爲弘治時知縣陸玘典史李華擒囘始賊張玘處今查職官洪武中無二人而弘治中有陸玘李華俱係知縣

樓子山　縣東北七十里自涤樓發脉而來山勢高峻絕頂二石大數百圍長百丈上有砦下爲葉家山明葉指揮居

羊角山　縣北四十里舊有砦至頂兩石如門外臨懸崖石壁窄徑盈尺倚壁行十數丈名鵝公頂一面皆懸崖復前行忽得平石昔老君降處見古蹟　八景之一

上羊角山　縣北六十里亦有砦三面有路西南石壁萬仞中有關帝廟明末鄉民避兵於此爲賊所破投崖死者數千人今圮

多雲山　縣北一百二十里接羅田界懸崖絕壁峯巒層叠綿亘數百里下有九井常出雲氣故以多雲名山餘見九井

天人山　縣北三十五里自羊角山發脉險峻有砦中有井泉宋鄉民避兵於此鄭天人建因名天人山明時名千人勝又史閣部指修築砦更名萬勝堡今圮

皐陶山　天人山下相傳皐陶曾居此邑儒士聞與鄰搆習靜齋于山麓吟咏徜徉有槃澗樂

寄峯尖山　縣東三十里峯巒羅列甚寄舊有砦今圮

三吳山　縣南三十里舊爲吳姓所居有砦名四口砦今圮

九龍山　縣東五里與蓮花山南北對峙俯瞰邑治瑰奇秀麗山半有雨淋崖禱雨立注絕頂

有廟樹林陰翳明聞一言讀書其中有未登虎榜不下龍山句爲八景之一

蓮花山　縣東五里大河繞麓如泛水蓮花巔際瞰邑治烟火氤氳亦佳境也

馬鞍山　縣東十五里兩峯並峙狀如馬鞍

崇山　一名松山縣南二十里極高峻

五峯山　一名五行山縣東北一百一十里五峯並列聳特異常

又五峯山　縣北七十里

神峯山　縣西三十里屹立河濱巔有古刹松栢蒼翠

麻姑山　縣西北六十里英羅二縣界山水秀雅林木蓊鬱相傳麻姑過此爲八景之一

白崖山　縣西三十里見府州志

香爐山　縣西十里張大悲修仙處山形靈秀亦有龍井祈雨輒應　府州志俱作香爐崖

紫臺山　縣東北九十里端秀穠麗舊有砦今圮

大陂山　縣東北一百里見府州志疑即椵皮嶺

黃尖山　縣東一百里上有紅髮比邱塔有庵名興福清幽絕倫學者多讀書其中

廣福山　縣東二十里山側有洞曰龍潭洞內深遠泉滴石成竅如盂盂

茅栗山　縣北十五里伊川十二世孫程居葬此見塚墓

文子山　縣南十里其山秀麗相傳爲皐陶故里

文峯山　縣南門外明知縣歐陽祥龍以堪輿家言改儒學向之

筆架山　縣東北八十里山峯並峙形如筆架俗傳唐畢相故里名畢家山無攷

涤樓山　縣北一百二十里自東界嶺高峯頓起層叠如樓閣迤邐而南俗謂爲天頭山

斷山　縣北六十里峯巒秀異絕頂平石數十丈登眺無際

皇農山縣北一百里石門關外

朝陽山縣北七十五里舊有砦明末鄉民避兵於此苦無水今廢

古勝山縣東北十里舊有砦今圮

橫山縣東四十五里山脊平直有巨圓石月明視之光彩灼爍石山如杜巘屹突兀土人呼爲蠟燭石又有一石橫出數丈自下望之若懸掛雲間者

黃栢山縣東二十五里

獨山縣東二十里

查家山縣東南二十里

游家山縣東南三十里

石灰山縣南三十五里

雲蓋山縣西五十里

又雲蓋山縣南二十五里石穴間雲霧湧出山頂有古井二歲旱鄉人取水以禱多應

白羊山一名白石山縣西南四十里上有龍泉古寺寺前井水烹茶氣香而味永祈雨汲作水母甘霖輒應

乘風山縣北四十里

團山城北四十五里

西峯山城北七十里

板蕩山縣東北三十五里

牛子山縣北九十里

太平山縣北九十里

月山縣西北四十五里有古栢古棗俱無枝葉而當春發生青蒼可愛

永興山縣治西南下有潭

芝山縣南三十里宋段璋廬墓處

滾石山燕子崖砦基山諸峯縣南三十五里自亭子嶺而西高峻秀麗明時居山麓者科第不絕

烏石尖縣北四十五里產烏石可鐫碑記山南慕峯明金太常故里

掛龍尖縣東北一百三十里

蘆花尖縣西北五十里尖峯聳秀東與上羊角山對峙雲表

叫雨尖縣西北四十里在父子嶺上沈正昱每遇歲旱於此禜雨今有沈真人廟靈應異常

望江尖縣南四十里

黃土嶺縣北五里有亭曰花涼迎送官長處

軍師嶺縣北七里

東界嶺縣北一百二十里

西界嶺縣北一百四十里

又東界嶺縣東北一百二十里通霍山

又西界嶺縣東北一百一十里通霍山

按二嶺卽府州志所稱界嶺東硔西硔抵霍山界者也

茶園嶺縣東二十里舊產茶

風波嶺縣東四十里有東嶽行祠見寺觀

門坎嶺縣東北一百六十里

椴皮嶺縣東北一百二十里有椴皮樹見古蹟

古方界嶺縣東北一百二十里通太湖

棗刺嶺縣東二十五里太湖界

隘口嶺縣東四十里通潛皖

新開嶺縣東三十五里山麓有廟名項家坪幽秀異常禪宗舊有講堂

清風嶺縣東十五里有洞名清風洞

白坊嶺縣東十里

山石嶺縣東南三十里

亭子嶺縣南三十里蘄州蘄水通衢

父子嶺縣西北四十里

楓香嶺縣西北三十八里

沙河嶺縣東北三十五里

州志又有天頭嶺府縣志俱不載疑卽㴴樓山譌爲天頭山者也

清風崖南門外河岸上爲八景之一

龔家崖縣北五十里有瀑布相傳爲龔元帥故里

鬼見崖縣北三十三里孔家坊大河岸上

佛塔崖縣東北七里明張參政葬其上見塚墓又有清風崖與之斜對

青峯崖東北六十里下臨東河其峯高險

曾家崖縣東北四十里

猿驚崖東北一百六十里懸崖峭壁峯嶺綿亘二十餘里

白巖縣東南三十里

黃金崖縣東南二十五里相傳有石刻藏金在內

鷹嘴崖縣東三十里

青林崖同上

銅鑼崖縣南三十五里有藏馬窩俗傳英布會戰藏馬於此鳴金其上或疑藤蘿二字之誤

硃砂崖縣南四十里崖壁懸絕赤光奪目相傳山下產硃砂　府州志在三吳山上

普庵崖縣西二十里

香子崖同上

擂鼓崖縣西北六十里半屬羅田有石外方中空其一下懸如鼓上有廟

金華巖縣北四十五里崖下有巨石直聳河中

龍秀崖縣東二十五里

龍井崖縣北六十五里

仙人崖縣北一百五十里

雨淋崖

龍崖縣北三十里上有古井禱雨輒應

州志又有石馬崖南十七里府縣志俱不載

僊人臺縣南四十里本屬蘄州上有古剎蒼杉二株亭亭如蓋絕頂祖師殿係英山境下視硃砂崖初日微照艷麗非常舊有砦宋明末鄉民俱避兵於此全活甚衆　八景之一

師姑坪鷄鳴山下見府州志

天花坪縣東十五里上有平陸可田可宅

又天花坪縣北八十里有龍井九昔建廟壓之然雲氣出沒日出時天色清朗少焉山鳴中白氣如線直上即為大霧迷漫對面不相見一時許復散居者衣被盡濕

火麻坪縣西八里有太乙觀

官坪在七引司見府州志

縣場坪縣北一百二十里見府州志

打虎廠縣東南三十五里峯巒迢遞林密山深通蘄州

五里排縣東北七十里山勢横列疊障相聯

太平坳縣東南三十八里

山溪坳縣南八里明正統時天下第二僧周和尚居此

黃連冲縣西北四十里見州志府縣志俱不載

龍潭洞見廣福山懸泉下滴終古不絕每逢歲旱禱雨於此

造錢洞在廣聚里郭家河河有三險為第二險瀑布如簾罩洞口冒水而入有級可升其中清明寬厰可坐卧過此則寒氣逼人莫敢入者

石人洞　羅漢洞二洞俱見石人山

翟鷄洞在造錢洞側

老虎洞有二一在蕭家河上一在同義里蘆花尖康熙五十九年虎傷人土人逐入其中遂殺四虎

熊洞廣聚里柳林關上

石屋洞在蘆花尖麓上下俱石壁中一洞容數十人旁有窄徑可通

石門洞在同義里石門關昔人鐫文石上

清風洞在清風嶺上可容千人明末居民避寇於洞寇塞其穴俱死洞中陰雨常聞鼓樂聲

風洞縣北一百五十里

仙人洞在安仁里赤樹山下門不盈尺中寬厰可席坐

燕子洞在安仁里北冲河邊上石壁人不可到下潭水數十丈中方正平濶二穴約二尺許冬間羣燕棲焉

古勝山洞在古勝山深數里不甚大明末土人避賊洞中賊以烟薰之死者無算間有口含蘿白者得全後舉以示人

石洞在同義里仙人崖下石壁于仞中一門不能到旁生古藤於石上攀藤而入可容數十人

老龍洞在仙人臺側深丈許有紫石如龍口中滴水下成小井不深不淺歲旱祈雨於此請水

獅子石鷄鳴山後

魚龍石西門外鎖水口旁有寺閣

樓子石見樓子山

馬踏石縣南三十里

紗帽石縣北七十五里形如紗帽在石頭嘴河中

跽人石縣東九十里形如人跪在陶家河

碧耳石縣東北一百四十里湯家河下

猪頭石湯家河上

蠟燭石見橫山

丫口石縣東二十里

望仙石在羊角山東南

懸棋石在紫臺山

鷹嘴石在柳林關後

嶮石縣南六十里崖南蘄水北羅田中大河英山諸水俱於此出巨石長五六丈高數十丈橫截河中三孔注水所以英山不通舟楫明知縣許有聲鳩工修鑿傷一目遂寢

四顧墩在城北金家鋪河中

方山砦縣東北一百一十里二面皆通霍山今圮

主簿砦即英武砦縣東四十里四面峭壁最後一徑可攀蘿而上今圮

白雲砦縣東南三十里今圮

章家砦縣西北十五里不甚高峻明史閣部可法築城建砦後砦破知縣高在嵛於此殉難

白巖砦縣西北三十五里西向石壁千仞砦今圮

師姑尖砦即樓子山

千年勝砦縣西北三十里見州志

古砦縣西北十五里

白牙砦即白崖庵縣西北四十五里明末避寇土人沈國建築石城設關門賊不能入全活甚衆今城基古井猶存

天八砦以下俱詳山內　三吳山砦　下羊角砦　上羊角砦　胡陽砦　古勝砦　紫臺山砦　客峯尖砦

東河在英山鄉源二其一蕭家河合霍潛太三縣諸水至柳林關其一西硔河發源霍山分水界及添樓山東至柳林關會蕭家河歷雷家店陽柳灣至縣東門北澗河來入繞南門西門至兩河口會西河名大河又四十里鷄兒河來入出險下過蘄水南門出蘭溪入大江

西河在添樓鄉源二其一源東硔界及添樓山西歷硔口鋪至劉家嘴其一源西硔界會多雲山水歷橫河至劉家嘴與東硔河會經七引司金家鋪至兩河口會東河入江

鷄兒河發源禿寺前至縣南五十里蘄水英山分界處入大河以下俱在安仁里

北澗河源出馬鞍山至縣東南里許入大河

北冲河縣南十五里入北澗河

西畈河縣南十里入大河

大畈河源出崇山至縣南十五里入大河

閔家河縣南三十里入大河

黑石河縣西七里入西河

喻益河縣南四十里入鷄兒河

下庄河縣南三十里

落梨河縣西十五里羅田英山交界處即西河也

宋家河縣西北二十五里以下俱入西河在同義里

黃家畈河西北二十八里

孔家坊河西北三十里

太平橋河西北二十七里英羅交界

房家冲河西北三十里
斗門河西北三十三里
四顧墩河西北三十八里
黃連冲河西北四十二里
龍潭河西北四十里
土門河縣西北四十七里
紫檀冲河西北四十八里
傅家雙河口西北五十八里
甘家冲河西北五十七里
花橋河西北六十里

會家畈河西北五十八里
汪家河西北六十里
青山溝河西北六十四里
夾鋪河西北六十五里
三官堂下河西北七十里
傅家壩河西北七十二里
板橋畈河西北七十五里
周家舖河西北七十七里
金龜河西北八十里
小石頭嘴河西北八十五里

雷家源河西北四十五里
程蚤冲河西北八十里
田家畈河西北八十八里
獅子橋河西北九十里
周家畈河西北九十二里
葉家畈河西北一百里
牛軛嶺橋河西北一百里
橫河西北一百二十里
陳家河在同義里父子嶺外西南至汪家舖入羅田縣河
許家河縣東北八里以下俱入東河在廣聚里

佛塔崖河縣東北十里
椰林河東北十五里
牛車河縣東十五里
詹家河縣東一百里
站前河縣東北二十里流通太湖界
北流河東北二十五里
東庄河東北三十里
茶園河東北二十五里
皮家河東北三十里
巖頭河東北十五里

陳家㘭河東北二十五里
黃泥畈河東北三十八里
雷家店河東北四十里
金華巖河東北四十五里
龍家套河東北五十里
五家河東北六十里
團山河東北六十五里
郭家河東北九十里
㶚家河俱同上
西磧河同上

蕭家河同上
夏家河東北一百里
橫河同上
湯家河東北一百四十里
猪頭河同上
五字河縣北五十里
處士河縣北四十五里
滿溪縣東五里地名滿溪坪在蓮花山之陽中爲巨流兩峯夾峙若門
黃溪縣南五里
色溪縣南四十里

綠溪縣東三十五里
鹿溪縣北六十里地極幽勝
蕭公潭縣西南河中永興山下舊有蕭公廟相傳此其修煉得仙處未詳何代
山陽潭縣東十五里
石壁潭縣東北八里
苦竹潭縣東北十里
白馬潭西南十五里潭側向有腴田數十畝後潭水泛漲至今亂石星列成廢土
鐵線潭縣西五里
土門潭縣北五十五里有山瀬水上二三里忽中斷如劈酷似門戶下爲潭深不可測有沒水者云至盡處見團口若甕內藏巨魚不敢入

祖師潭縣北九十里
洗馬潭縣北一百二十里在多雲山九龍井下水深黑土人言潭內時有大魚出水上不知者誤擊之天即陰晦雷電交作
踞魚潭縣北一百里中界嶺西界嶺兩河交會處
清風潭縣東北九十里潭下有坎坎中二石相對如門捕魚者出入其中再過則深不可測
李貢潭縣北九十里石壁舖河西舊爲李貢生住宅明萬曆四十八年爲蛟水所泛成潭全家俱溺死
青龍潭縣東北一百里
凼尺潭縣東北一百一十里
龍潭有四 一在縣南二十五里棘嶺溝懸崖萬仞下爲潭盛暑至其旁毛髮悚慄 一在縣

北龔家崖下一在縣東三十里龍門坳兩山峭立一水中流下臨龍潭飛布衝擊聲如桴鼓一在清風潭東絕壁數千丈下有懸崖中停盤石石中儼若甕口仰接碧流

石龍頭縣西南二十三里形似龍頭自西北而東南橫亘於河舟楫難過

三險在廣聚里郭家河十餘里皆石壁無泥沙兩岸峭削每險飛流直下數十丈奔射衝擊聲如洪鐘販木者於山中伐木騎其上乘流而下至險則騰躍登岸木投險竟墜其底閱一二時突起其人鈞致之仍騎其上三險皆然見者無不神搖目眩

五險在羊角山下每險相距里許水如三險但不甚大山雖高峻惟至險處陡峭其餘皆可登覽自頭險望五險如視釜底亦奇境也

過路灘縣東北六十里

北湯泉縣北三里鷄鳴山石中湧出如湯正中一池可以熟鷄子歷數坎溫涼漸別二月至

九月浣濯不絕水作雄黃氣瘡疥洗之立愈其下腴田數百畝較他處收穫獨豐至西門入東河爲八景之一

西湯泉縣西三里石竇湧沸下注池中廣竟畝狀如甕環池皆山左畔一池稍高溫涼各異若涇渭焉至雙河口入東河

溫泉在絲茅嶺下大河邊較西北二湯泉其熱稍減一方浣濯者賴之

玉虹泉在同義里太平橋有舒城何汝錫詩見藝文

董公泉在縣治內明弘治間典史董廷秀所浚廷秀有惠政去後人思之名其井曰董公泉

清泉在縣治內新文閣前相傳明嘉靖末以陰陽家言浚是井卽有連中鄉榜者附錄於此

九井在多雲山上三井中三井俱不可到下三井祈雨極驗在洗馬潭上潭深莫測後爲石壁中裂一罅僅容足登者必過此初爲風井或下以石狂風鬰句不歇次龍井形如甕四圍可席可凭禱雨者具文投井中並以繩繫竹筒置水上少焉竹筒旋轉沒入水有頃而出水已滿筒卽持歸雲罩其上隨之而走至祈禱處卽大小不等必有雨次頭井明秀爲沙淤止一栲栳地中有白沙虔禱則沙開水湧

龍井在縣北天花坪舊有九井中藏蟄龍昔有羽士用符咒覆土掩其八建廟壓之止存一井爲汲泉常有雲氣詳天花坪

狗耳井在縣東英山上深不盈尺廣三四圍泉水甘洌四時常滿

水利

潤州塘一名安山縣塘

休州畈塘卽沈佺塘縣北三十里

月形塘縣北九十里

長塘縣西三十里

黃家畈堰

官堰

梓山冲同義里

水灌冲

孔家堰

馬家畈同義里

青嵩

呂城畈

車門畈

石堰縣北二里

傅家壩七引司下

柴山

青河

黃家冲

程家堰同義里

難作堰同義里

千工堰一在難作堰上一在蕭家河

龍潭河堰同義里

大堰同義里

石壁堰同義里石壁舖下

觀音堰安仁里陶家坊下

楊家堰同義里父子嶺下

張家堰同義里　紙糊堰同義里魯家畈下

邱家崖堰安仁里　孺子堰廣聚里

大壁堰廣聚里　大畈河堰安仁里

石塔堰同義里聞家冲上　天作堰縣北八十五里

石鼓堰西北五十里　長子堰

團魚堰　豐城壩縣北六十里

江家堰縣西四十五里　閻公堰縣北六十里

按英山無平原曠野盡屬冲壠夾田皆山濵河者皆沙坪恒賴築堰灌漑然各堰興廢不常而沿溪河小堰不可枚舉今姑撮其大槪惟當事

者時加勸勵使人自爲謀隨宜修葺則土壤肥沃西成豐裕矣

關津橋梁附

七引關今七引司　石門關以上同義里

朱紫關　柳林關

古方關以上俱廣聚里

三河口渡縣西二里　南門河渡

金家舖渡

西門橋　石頭嘴橋縣北八十五里以上同義里

沈家橋在城北父子嶺南

硔口舖橋縣北一百五里今名太平橋乾隆年余延渾等捐建

永鎮橋舊名賀家橋歲久衝廢乾隆十五年貢生程光濂捐建

兩會橋在城北黄連冲節婦沈詩羣妻鄭氏捐建

金家橋今名安集橋城北四十里貢生金秉瑜捐建

梭子橋城北十五里今名瀾安橋舊橋衝廢乾隆十九年貢生金秉喻生員桀敷松仝捐建

傅家橋

鄭家橋縣北二十五里　花橋縣北五十里

太平橋西北二十里石壁刻玉虹泉有昔人題詠

包家橋縣北七十里　蔡家橋縣北十二里

獅子橋縣北九十里　界嶺橋縣北一百二十里

牛軛嶺橋縣西北一百里　龍泉橋縣北八十里

長春橋縣北一百二十里　延壽橋縣北一百十五里

新橋南三十里以下安仁里　伯仲橋城南二十里

金家橋縣南五里　四路橋

安同橋縣南三十里靈鷲菴前明方明安建後人重修改爲攸同橋

三通橋縣南三十五里明方義貫重修　永安橋

大竹橋縣南十五里乾隆十九年監生彭正經捐建

轉棚橋縣南三十五里　楊家橋縣東二十里以下廣聚里

水口橋　雷家河橋

李公橋　義橋縣東九十里

福壽橋縣東北八十里　延壽橋縣東北一百二十里
長壽橋縣東北八十五里　崇安橋縣西見州志今圮
觀化橋城內儒學前今圮　善福橋見府志

英山縣志卷之四終

補修英山縣志卷之五

六安州同代理英山縣事萬年淳補修
英山縣知縣吳興陳　彥參訂

建置

古者量地制邑度地居民自城郭宮府以至都鄙鄉遂之間辨方正位晝野分疆大小相維遠近聯絡莫非所以衛其生防其侵害而峙其政令也然春秋用民力必書故建置之際君子謹之我

國家加惠元元一切動支國帑惟恐耗民財方而

守土之吏亦莫不仰承

德意宪罔敢輕言興作顧圮者修之缺者補之不便者移易之其一時之經營拮据後人皆當愛惜而慎守焉雖時所當爲自有所以不得不爲而撙節休息之意即於此可見覩一邑可以知天下矣志建置

城池

英山縣城前無可考元至元十五年築土城周三里後圮以倚山帶河爲險不復議築明成化間知縣徐剛令民沿河植柳以薇宏治十二年盜

起主簿徐璋承檄重築高一丈二尺濶五尺設五門東曰迎暘西曰聚悅南曰來薰北曰拱辰東北曰通衢獨缺東南隅因河為濠嘉靖十九年知縣歐陽祥龍嫌西南水去不足衛城且地形弗吉累石為隄障之邑甚頼焉明末寇賊蹂躪遷徙不一

國朝仍復舊治然河水泛漲隨築隨圮惟藉民房環衛四面設栅門而已乾隆十四年署知縣王甌卜以西北一面空缺築垣六十餘丈重葺四門城樓表其額東曰慶春西曰賓成南曰迎薰北

曰拱宸乾隆三十年英山縣營汎把總馬請修四城土垣及各城門一次

公署

縣署在東門德化坊元初邑人知縣段朝立創建後燬於火明洪武三年知縣朱陵重建天順五年知縣朱瑀重修規制具備明末寇燬無遺

國朝順治二年知縣申鍾霍始蒞任僑治於同義里後仍入縣中改察院為縣署以舊署為典史衙雍正四年知縣趙宗晁以縣署立向不善悉改置之乾隆十四年署知縣王甌卜建申明亭土

地祠十八年署知縣李春明因紳士呈請自趙令改署後案牘煩巨重行改建仍復舊向中為大堂三楹內暖閣外遊亭三間東庫一間西庫一間前列甬道旁東吏禮刑書吏房五間西戶兵工書吏房五間又東西房各一間前為儀門樓三楹外東福德祠三間西祿位祠三間儀門前頭門樓三楹外左旌善亭三間右癉惡亭三間又前為照壁大堂後宅門三間廂房一間宅門內二堂三楹後三堂三楹東書室一間西書室一間後四堂三楹左右廂房各二間三堂東院內住宅五間（自此五間以下俱係舊屋未經改造）東側屋三間

前兩廂共四間庫樓一座後住宅三間兩耳房各一間住宅前東廚屋三間左右羣房六間二堂側自西迤北環列倉屋見倉廒乾隆二十四年六月蛟水冲塌知縣王格請修一次四十一年知縣周學元請修一次嘉慶十四年知縣諾穆圖捐廉修理一次東隅添修三間顏曰陶然居

按縣署遷改不一今署雖寬敞而地形低窪倉廒易於霉濕竊相此地形勢惟凌雲書院地形高明堂濶大可以遷建附志於此以俟後

之君子取擇焉可也

典史衙在縣治西即舊縣署中大堂三間偏房二間前爲儀門又前爲頭門堂後住屋三間西橫書屋二間後厨屋一間偏房上首福德祠一間康熙巳酉年典史林鴻猷請修一次乾隆五十八年典史陳化鵬請修一次

廵檢司原在七引店巳坍廢今議移駐暫賃民居俟查款興建乾隆五十七年廵檢陸紹寧請修一次

僧會司縣治北今改長石寺　道會司　醫學　陰陽學

惠民藥局久廢

察院舊縣治東今爲縣署　義館縣治西今廢

金家舖公館在金家舖東嶽禪院內大殿南側乾隆十九年金姓紳士捐合族公基一所創建內住宅二間中大廳三間前天井外照壁一座俱金姓捐造監生金掄爵監修

倉厫

常平倉　在縣署側西北原建倉厫二十八間內土倉十間板倉十八間共七座

雍正十二年知縣趙宗炅奉　文添建板倉一十九間共四座

乾隆五年知縣童宏先奉　文添建土坯倉二十間共三座

十三年知縣董艮弼奉　文添建土坯倉二十間共三座

按從前額設常平倉大小板倉土倉共七十四間乾隆五十九年知縣嚴克任請修一次領工料銀九百七十七兩零修大小板倉九間土倉二十一間嘉慶二十一年知縣詰穆圖請修一次領工料銀九百九十四兩零修大小板倉十

一間土倉二十一間

社倉　乾隆二年知縣鄭重奉　文建造社倉六間　一在安仁里彭家畈倉二間　一在廣聚里雷家店倉二間　一在同義里七引店倉二間

五年生員段桂捐建社倉一間在安仁里白年山　邑民徐大椿捐建社倉一間在廣聚里東庄畈

十六年邑民袁貴臣捐建社倉二間在廣聚里佛塔崖

二十年知縣張海詳請添建社倉十間　一在

安仁里山溪坳倉二間　一在廣聚里草棚地倉三間

一在同義里孔家坊倉四間

存留倉儀門左久廢

預備倉久廢

街巷

十字街　後街

上河街　下河街

新街　德化街

仁政街　政平街

青雲街　小南門街

小北門街　營房街

錢鑪巷　隍廟巷

土地巷　盛家巷

蔣家巷　程家巷

馬家巷　二南巷

坊表

承流　宣化

靈應　仁政

觀化　瀾芳

黃甲以上俱廢

學士坊為唐沈佺期立在黃連冲有聯云盧州管轄三千里英麓碑樓第一家久廢

青雲為明進士張禧劉會舉人段環等一十二人立廢

清卿為明太常卿金中剛立在西門廢　義坊明義民徐滄海捐賑奉勅立義門廢

節烈坊具詳列女傳　百歲坊為職員葉敷桂之妻鄭氏立在土門潭

舖遞

總舖　縣治前十五里至

二舖蔡家坊十五里至

三舖孔家坊十五里至

四舖金家舖十五里至

五舖花橋舖十五里至

六舖七引舖十五里至

七舖石壁舖十五里至

八舖硔口舖十五里至

九舖界嶺舖過此接霍山縣舖遞

里甲

英山縣里甲宋元無攷明洪武間分為三鄉一十七里在城一里同義八里安仁六里廣聚十二里有坊有都有圖至萬曆四十八年蛟水為災田地漂没遺沙糧數百頃人多逃散至崇禎八

年後流寇蹂躪加以旱蝗疫癘戶口散亡
國朝定鼎編爲三里三十甲
添樓鄉同義里縣治西北十甲一都十圖六十保
一都一圖金家鋪　一都二圖花橋鋪
一都三圖茆草畈　一都四圖孔家坊
一都五圖夾舖傅家壩　一都六圖獅子坳
一都七圖五顯廟石頭嘴
一都八圖砆口鋪張家嘴
一都九圖父子嶺　一都十圖西界嶺
八里山保縣北五十里　北湯河保縣北五里

樂家壠保縣北四十五里　金家冲保縣北四十五里
黃泥墻保縣北四十五里　金家鋪保縣北四十里
茅家坳保縣西北八十里　曾家畈保縣北一百里
陸家冲保縣北七十里　程章河保縣東北八十五里
大石頭嘴保縣東北八十五里　花屋壪保縣東北八十五里
茆草畈保縣北八十里　長嶺崗保縣北九十里
大屋冲保縣北八十里　爛柴溝保縣西北九十里
余家壪保縣北六十里　土地崗保縣北六十里
紫檀冲保縣西北四十五里　孔家坊保縣北三十里
鮑家鋪保縣北四十里　中界嶺保縣北一百二十里

新店保縣北三十里　龍潭河保縣北四十里
砆口鋪保縣北一百里　黃龍山保縣西北九十里
馬家畈保縣北三十二里　林家冲保縣北三十五里
黃連冲保縣北四十里　父子嶺保縣西北四十里
新舖保縣北四十五里　西界嶺保縣北一百四十里
張百樓保縣北一百二十里　栗樹嘴保縣北一百三十里
方家壪保縣北七十里　傅家橋保縣北六十五里
甘家冲保縣北六十里　夾舖保縣北六十里
土門潭保縣北五十里　大河冲保縣北一百二十里
橫河保縣北一百里　吳家山保縣北一百一十里

河沿套保縣北九十五里　葉家畈保縣北九十里
竹坳頭保縣北二十里　祠堂畈保縣北二十里
王家畈保縣北二十八里　樊家冲保縣西北三十五里
休州畈保縣西三十里　汪家鋪保縣西北五十里
清正街保縣北九十里　周家畈保縣北八十五里
腰磨畈保縣北九十里　楊家庄保縣北九十五里
大坳溝保縣北一百里　後花園保縣北九十里
葉家山保縣東北一百一十里　八仙畈保縣西二十里
芭茅冲保縣北八十里　宋家河保縣西二十五里
三吳鄉安仁里縣治南四分之三縣治北四分之一十甲三都十圖四十

保

三都一圖本城彭家畈　三都二圖百丈橋

三都三圖兎寺前　三都四圖方家嘴

三都五圖金盆地　三都六圖陶家坊

三都七圖賀家橋　三都八圖大畈河

三都九圖鷄兒河　三都十圖北冲河

彭家畈保縣南二十五里　塔兒畈保縣南二十五里

龍潭畈保縣東南四十里　金家橋保縣南三里

周家河保縣南十里　北冲河保縣東南三十里

羅塘坳保縣南三十五里　閔家河保縣南三十五里

界河保縣南四十里　青龍嘴保縣南四十里

側家園保縣南五十里　麻園墩保縣南三十里

兎寺前保縣南三十五里　鷄公石保縣南四十里

吳山寺保縣南四十里　火田冲保縣南四十里

方家嘴保縣南三十五里　龍潭河保縣南三十五里

陶家坊保縣南十里　老屋彎保縣南四十里

朱家彎保縣北十七里　葉家坊保縣西十五里

蔡家坊保縣北十五里　兩河口保縣西五里

落梨河保縣西十五里　西湯河保縣西五里

長冲保縣南五里　西畈保縣南十五里

大畈河保縣南十五里　石河冲保縣南二十里

白沙鋪保縣南四十里　茶園保縣南三十五里

赤波嶺保縣南四十五里　鷄兒河保縣南四十里

四路橋保縣南四十里　上馬坳保縣東一里

高家橋保縣東五里　皂角樹保縣南一里

王家臺保縣西十里　南冲畈保縣西十里

英山縣廣聚里縣治東北十甲二都十圖廣里不足十甲撥同里九甲之餘並

羅田寄庄地奏成一甲寄庄止納糧永不當差入考三十五保

二都一圖鐵爐坳　二都二圖東庄畈

二都三圖茶園嶺　二都四圖滿溪坪

二都五圖丫口石　二都六圖馬鞍山

二都七圖雷家店　二都八圖筆架山

二都九圖蕭家河　二都十圖柳林關

灌溪冲保縣東四十里　鐵爐坳保縣東三十五里

王家河保縣東三里　黃泥畈保縣東三十里

隘口嶺保縣東四十里　過路灘保縣東北六十里

茶園河保縣東北三十里　古磉保縣北二十五里

百澗河保縣東五里　柳林河保縣東十五里

查壁河保縣東十五里　烏木冲保縣東十里

夾鋪保縣東二十里　芭茅街保縣東二十里

雷家店保縣東北四十五里　龍家套保縣東北五十五里
大聞冲保縣東北四十里　汪家山保縣東北五里
萬家冲保縣東北四十五里　蕭家河保縣東九十里
紅花嘴保縣東九十五里　門檻嶺保縣東一百三十里
桃花冲保縣東一百二十里　草棚地保縣東北十五里
西硔河保縣北一百里　栗子坪保縣東四十五里
朱家山保縣東北五十里　東庄畈保縣東四十里
土門河保縣東五十里　陶家河保縣東七十里
板埸坳保縣北五十里　滿溪坪保縣東北七十里
許家河保縣東北十五里　鄢家坳保縣西北四十里

詹家河保縣東北八十里

按英邑三里照賦當差惟廣里之十甲獨名曰寄庄一切雜泛差徭概不與及溯厥由來葢因羅邑張方饒葉數姓三十二丁籍係羅田產置英邑既不便相冐應考公議止納英糧不當英役迨後外來之人既居英地置有英業亦藉不役之例列入寄庄甲內相沿至今未經分別釐定洵屬苦樂不均今細查該甲除實係寄庄之戶仍循舊外共八業俱在英地而不附籍者共八十二戶計正米三十六石有奇自乾隆丙子年爲始一例附籍編立成甲以均差役日後居住年久果符定例亦準一體收考示爲定案

鄉鎮村集亦有稱鎮今俗統稱曰舖

同義里

竹坳頭北同義里地南安仁里地　孔家坊舖縣北三十里
金家舖縣北四十里　土門潭舖縣北五十里
夾舖縣北六十里　傅家壩舖縣北六十里
七引司舖縣北七十里　茆草畈舖縣北七十五里
小石頭嘴舖縣北八十里　石頭嘴舖縣北八十五里
程章河舖縣北九十里　清正街舖縣北九十五里

硔口舖縣北一百里　新店縣北四十五里
界嶺舖縣北一百二十里以上通霍山　晉家畈舖縣北一百二十里
西界嶺舖縣北一百四十里二處通六安州霍邱縣
韓婆墩舖縣北四十里　父子嶺舖縣西四十里
汪家舖縣西五十里　新舖縣西北三十里以上通羅田縣

安仁里

河東街　河南街
陶家坊舖縣南十里　彭家畈舖縣南二十里
祟山舖縣南三十里　大畈河舖縣南十五里
鷄見河舖縣南四十里　方家嘴舖縣南三十里以上通圻州

蘄水

廣聚里

白坊嶺舖縣東十里　柳林河舖縣東十五里

夾舖縣東二十里　楊家橋舖縣東二十里

了口石舖縣東二十五里　芭茆街舖縣東二十八里

桐子坳舖縣東二十五里　王家河舖縣東二十五里

鐵爐坳舖縣東三十五里　隘口嶺舖縣東四十里以上通太湖路

楊柳壋舖縣東三十里

栗子坪舖縣東三十五里　雷家店舖縣東四十五里

過路灘舖縣東北六十里　柳林關舖縣東北七十五里

槐樹坪舖縣東北七十里　草棚地舖縣東北九十五里

界嶺舖縣東北一百里以上通霍山路

郵典

養濟院舊立北門外後廢雍正元年知縣趙宗炅捐建草屋三間地基係生員李世烱捐

育嬰堂在鷄鳴山下廢

漏澤園在縣治北三里石堰頭上後廢雍正年知縣趙宗炅清查復置

補義塚有二一在北門外一在西門外

英山縣志卷之五終

補修英山縣志卷之六

六安州同代理英山縣事萬年淳補修

英山縣知縣吳興陳　彥叅訂

學校義學　名宦鄉賢忠孝諸祠附

尊聖重道至我朝而極矣內則心源遙接敬事有加外則監於百踵事增美故禮制飭盡無可復議曁乎廣勵學宮教育多士敷宣文治壽考作人亦皆超越漢唐比隆三代雖偏隅一邑而宮墻所在或擇地卜遷或積年修建與夫勤政愛民有功茲土文行勲業光啟後人俱已垂馨俎豆增色山川尤

一方所當紀述者志學校

英山縣學在縣治西元至元十五年知縣段朝立建後燬於兵明洪武初知縣朱陵重建九年知縣隋贇葺補未備正統間知縣賀完弘治間知縣郭邪正德間知縣黃流相繼加修嘉靖八年知縣葉邦榮改建於東三十四年知縣李鳳復遷於西隆慶三年知縣葉世行教諭漆星大加修葺建正殿五間前為戟門為宰牲堂為泮池為月宮橋為櫺星門為祭器庫戟門左右為名

宦鄉賢祠正殿後爲啟聖祠殿左爲儒學大門
爲儀門爲明倫堂堂東爲進德齋西爲修業齋
後爲敬一亭爲魁星祠萬曆初知縣胡咸賓於
左建教諭廳右建訓導廳前爲膳堂爲學倉爲
射圃亭天啟三年知縣楊世祿改建北門外崇
禎四年署縣事府訓導丁立表復遷城中縣治
北冦燬止存 聖廟三間櫺星門三間
國朝順治十一年知縣王兆元復遷縣治西建正殿
三間十一年知縣陳震先建明倫堂三間二十
三年知縣劉五瓏建東西廡各三間櫺星門及

左右名宦鄉賢祠各三間殿後啟聖祠三間三
十七年知縣李澍於學前建屏墻南建魁星樓
四十年知縣林㢸教諭吳之騄始改建今學於
北門雞鳴山麓而以舊學宮爲文昌祠學博士
宅正中
先師廟舊爲大成殿明嘉靖九年更今名五楹前爲露臺下爲拜臺
左東廡五間右西廡五間前戟門三間門左名
宦祠三間右鄉賢祠三間又前爲泮池雍正七年知縣
趙宗炅重修池前爲屏墻雍正七年知縣趙宗炅重修戟門兩旁
繞以垣東西爲門各一殿後爲明倫堂五楹兩

旁繞以垣爲義路禮門殿西北爲啟聖祠今改名崇
聖祠三間爲屏墻爲門一間雍正七年知縣趙宗
炅於學前之東捐建雲路坊屏墻西復改向捐
建櫺星門乾隆十一年知縣董艮㢸於明倫堂
左右添建朝房各一間三年教諭陳益於櫺星
門外添建圍墻建東西門先後添建兩學署至
乾隆二十年漸就頹敝楹桯皆傷於蟻知縣張
海因紳士呈請重修移崇聖祠與明倫堂相接
遷正殿於後正坐雞鳴峰前對文子山衆論僉
同三閱月工竣 道光三年春六安州同代理

英山縣事萬年淳同教諭王夔坊訓導余道謙
及衆紳士因魁星樓不宜建於學宮之右乃移
建於左在城守營署之旁又舊火神廟戲臺亦
在學宮之右屢訟有案今春買得之以其臺基
之石作魁星樓之基以其臺之木料移作興賢
館後廳以爲小試衡文之所又學宮前右剪子
路亦甚不宜乃以戲臺之磚另立屏墻一座於
學宮之前一以斷剪刀路形一以障蔽街頭諸
屋脊形勝倣豁煥然改觀眞一舉而四善備焉
者

敎諭署在文昌閣東雍正年敎諭李宜瑞重修中廳堂三間內門屋一間住宅三間俱係舊屋左右廂房各三間宅西厨房一間堂前三間頭門一間乾隆二十年敎諭方超重修嘉慶二年敎諭戴沛霖請修一次

訓導署在明倫堂後中廳堂五間右修業齋三間內住宅五間四圍俱儒學舊基道光二年訓導余道謙邀邑紳士修明倫堂一次堂柱棟梁皆輸於公兩旁客廳亦俱修理

聖祖仁皇帝康熙二十五年奉頒

御書萬世師表匾額

御製至聖先師孔子贊並序

蓋自三才建而天地不居其功一中傳而聖人代宜其蘊有行道之聖得位以綏猷有明道之聖立言以垂憲此正學所以常明而人心所以不泯也粤稽往緒仰遡前徽堯舜禹湯文武達而在上兼君相之寄行道之聖人也孔子不得位窮而在下秉刪述之權明道之聖人也行道者勳業炳於一朝明道者敎思周於百世堯舜文武之後不有孔子則學術紛淆仁義湮塞斯道之失傳也久矣後之人而欲探二帝三王之心法以爲治國平天下之準其奚所取衷焉然則孔子之爲萬古一人也審矣朕巡省東國謁祀闕里景企滋深敬摛筆而爲之贊曰清濁有氣剛柔有質聖人參之人極以立行著習察舍道莫由惟皇建極惟后綏猷作君作師垂統萬古曰惟堯舜禹湯文武五百餘歲至聖挺生聲金振玉集厥大成序書刪詩定禮正樂旣窮象繫亦嚴筆削上紹往緒下示來型道不終晦秩然大經百家紛紜殊途異趣日月無踰羹墻可晤孔子之道惟中與庸此心此理千聖所同孔子之德仁義中正秉彝之好根本天性庶幾夙

夜勗哉令圖遡源洙泗景躅唐虞載歷庭除式觀禮器摛毫仰贊心焉遐企百世而上以聖爲歸百世而下以聖爲師非師夫子惟師於道統天御世惟道爲寶泰山巖巖東海泱泱墻高萬仞夫子之堂孰窺其藩孰窺其徑道不遠人克念作聖

顏子贊曰聖道早聞天資獨粹約禮博文不遷不貳一善服膺萬德來萃能化而齊其樂一致禮樂四代治法兼備用行舍藏王佐之器

曾子贊曰洙泗之傳魯以得之一貫曰唯聖學在茲明德新民止善爲期格致誠正均平以推至德要道

百行所基纂承統緒修明訓辭
子思贊曰於穆天命道之大原靜養動察庸德庸言
以育萬物以贊乾坤九經三重大法是存篤恭愼獨
成德之門卷之藏密擴之無垠
孟子贊曰哲人既萎楊墨昌熾子輿闢之曰仁曰義
性善獨闡知言養氣道稱堯舜學屏功利煌煌七篇
並垂六藝孔學攸傳禹功作配
世宗憲皇帝雍正三年奉頒
御書生民未有匾額
高宗純皇帝乾隆三年
御書與天地參匾額
仁宗睿皇帝嘉慶二年
御書聖集大成匾額
今上道光二年
御書聖協時中匾額
先師殿
唐開元二十年始正位南面明嘉靖九年改封
號撤塑像題以木主高二尺三寸七分濶四寸
厚七分座高四寸長七寸厚三寸四分朱地金
書籩豆用十樂用六佾四配主高一尺五寸闊

三寸二分赤地墨書崇聖王同十哲兩廡高一
尺四寸濶二寸六分厚五分座高二寸六分長
四寸厚二寸赤地墨書
國朝因之每春秋二仲月上丁日致祭先期致齋三
日前一日詣所省牲及期黎明知縣朝服率僚
屬師生行三獻禮雍正三年詔郡縣丁祭牲用
太牢乾隆三年奉部文頒定祭品祝文俱詳後
四配
復聖顏子
述聖子思子 殿內東旁西向
宗聖曾子
亞聖孟子 殿內西旁東向
十哲
國朝康熙五十一年進朱子次十哲稱先賢乾隆元
年進有子次十哲
先賢閔子損　先賢冉子雍
先賢端木子賜　先賢仲子由
先賢卜子商　先賢有子若 殿次東西向
先賢冉子耕　先賢宰子予
先賢冉子求　先賢言子偃

先賢顓孫子師　先賢朱子熹殿次西東向

兩廡

國朝康熙五十五年以宋儒范仲淹從祀雍正三年復祀先賢蘧瑗林放秦冉顏何先儒鄭康成范甯等六人增祀先賢縣亶牧皮樂正克公都子萬章公孫丑先儒諸葛亮尹焞黃幹陳淳魏了翁何基王栢趙復許謙金履祥陳澔羅欽順蔡清陸隴其等二十二人升周敦頤張載程顥程頤邵雍爲先賢道光二年御史馬步蟾奏請以劉宗周從祀兩廡先儒

上諭着從祀西廡列在明臣蔡清之次道光三年閣臣盧浙再請以湯斌從祀兩廡

東廡

先賢蘧瑗　先賢澹臺滅明

先賢原憲　先賢南宮适

先賢商瞿　先賢漆雕開

先賢司馬耕　先賢梁鱣

先賢冉儒　先賢伯虔

先賢冉季　先賢漆雕徒父

先賢漆雕哆　先賢公西赤

先賢任不齊　先賢公良孺

先賢公肩定　先賢鄔單

先賢罕父黑　先賢榮旂

先賢左人郢　先賢鄭國

先賢原亢　先賢廉潔

先賢叔仲會　先賢公西輿如

先賢邽巽　先賢陳亢

先賢琴張　先賢步叔乘

先賢秦非　先賢顏噲

先賢顏何　先賢縣亶

先賢樂正克　先賢萬章

先賢周敦頤　先賢程顥

先賢邵雍　先儒穀梁赤

先儒伏勝　先儒后蒼

先儒董仲舒　先儒杜子春

先儒范甯　先儒韓愈

先儒范仲淹　先儒胡瑗

先儒楊時　先儒羅從彥

先儒李侗　先儒張栻

先儒黃幹　先儒真德秀

先儒何基　先儒趙復

先儒吳澄　先儒許謙
先儒薛瑄　先儒王守仁
先儒羅欽順　先儒陸隴其
西廡
先賢林放　先賢宓不齊
先賢公冶長　先賢公皙哀
先賢高柴　先賢樊須
先賢商澤　先賢巫馬施
先賢顏辛　先賢曹卹
先賢公孫龍　先賢秦商
先賢顏高　先賢壤駟赤

先賢石作蜀　先賢公夏首
先賢后處　先賢奚容蒧
先賢顏祖　先賢句井疆
先賢秦祖　先賢縣成
先賢公祖句茲　先賢燕伋
先賢樂欬　先賢狄黑
先賢孔忠　先賢公西蒧
先賢顏子僕　先賢施之常
先賢申棖　先賢左邱明
先賢秦冉　先賢牧皮

先賢公都子　先賢公孫丑
先賢張載　先賢程頤
先儒公羊高　先儒孔安國
先儒毛萇　先儒高堂生
先儒鄭康成　先儒諸葛亮
先儒王通　先儒司馬光
先儒歐陽修　先儒胡安國
先儒尹焞　先儒呂祖謙
先儒蔡沈　先儒陸九淵
先儒陳淳　先儒魏了翁

先儒王栢　先儒許衡
先儒金履祥　先儒陳澔
先儒陳獻章　先儒胡居仁
先儒蔡清　先儒劉從周　湯斌

祭品

先師正位

制帛一　爵三　牛一
羊一　豕一　登一
鉶二　簠二　簋二
籩十　豆十　酒罇一

四配
每位 制帛一　爵三　羊一
豕一　鉶一　簠二
簋二　籩八　豆八
十二哲
東位 制帛一　爵各一　豕一
鉶各一　簠各一　簋各一
籩各四　豆各四 西同
兩廡
東廡 制帛一　爵各一　豕三

每案 簠一　簋一　籩四
豆四 西同
執事諸生一百一十六人
通贊二　引贊十　祝一
拂拭七　陳設十有二　監宰二
瘞毛血七　奉帛九　執爵九
接帛九　接爵九　司盥三
司尊三　司樂一　司班次二
司文榜一　司香燭六　司庫一
司厨一　飲福受胙四　司擂三

集禧一　司滌祭器二　撤饌十有一
樂舞
樂六奏舞六佾 樂生五十三人 舞生三十八人
麾幡一　敔一　琴六
瑟二　鐘一　磬一
塤二　篪二　鼗二
箾二　管六　簫六
笛六　笙六　搏拊二
應鼓一　工歌六
執節二　佾三十有六

迎神 樂奏咸和之曲無舞
大哉孔聖道德尊崇維持王化斯民是宗典祀
有常精純並隆神其來格於昭聖容
奠帛 樂奏寧和之曲舞
自生民來誰底其盛維師神明度越前聖粢帛
具成禮容斯稱黍稷非馨惟神之聽
初獻 樂奏安和之曲舞
大哉聖師實天生德作樂以崇時祀無斁清酤
惟馨嘉牲孔碩薦羞神明庶幾昭格
亞獻終獻 樂奏景和之曲舞

百王宗師生民物軌瞻之洋洋神其寧止酌彼
金罍惟清且旨登獻於三於嘻成禮
徹饌樂奏咸和之曲無舞
犧象在前豆籩在列以享以薦既芬既潔禮成
樂備人和神悅祭則受福率遵無越
送神望瘞樂奏咸和之曲無舞
有嚴學宮四方來宗恪恭祀事威儀雍雍歆格
惟馨神馭還復明禋斯畢咸膺百福

祝文

具官某等敢昭告於

至聖先師孔子曰惟
師德配天地道冠古今删述六經垂憲萬世維茲仲
春秋謹以牲帛醴齊粢盛庶品式陳明薦以
復聖顏子
宗聖曾子
述聖子思子
亞聖孟子配尚
饗

崇聖祠

明嘉靖十年制建啓聖祠祀　叔梁紇題曰啓
聖公孔氏神位以先賢先儒從祀
國朝雍正元年加封　孔子五代王爵改啓聖祠爲
崇聖祠增宋儒張廸從祀丁祭日五鼓知縣朝
服率屬先祭崇聖祠正殿行三獻禮三跪九叩頭
肇聖王木金父
裕聖王祁父
詒聖王防叔
昌聖王伯夏
啓聖王叔梁紇

配位

先賢顏無繇
先賢孔鯉皆西向
先賢曾點
先賢孟激皆東向

從祀

先儒周輔成
先儒程珦
先儒蔡元定皆西向
先儒張廸
先儒朱松皆東向

祭品

正位

每位制帛一　爵三　羊一

豕一　鉶一　簠二

簋二　籩八　豆八

酒鐏一

配位

制帛二　豕首二　每位爵三

簠一　簋一　籩四

豆四　豕肉一

從祀

制帛二　每位爵一　每案簠一

簋一　籩四　豆四

豕首一

祝文

具官某等敢昭告於

肇聖王木金父公

裕聖王祁父公

詒聖王防叔公

昌聖王伯夏公

啓聖王叔梁公曰恭惟

五王造家濬哲毓瑞文明五世其昌大儒宗於洙泗

千秋不朽隆祀事於彝章維茲仲春秋謹以牲帛

醴齊粢盛庶品式陳明薦以

先賢顔氏

先賢曾氏

先賢孔氏

先賢孟氏配尙　饗

文昌閣在縣治西舊儒學故殿康熙五十八年知

縣張顯遇改建樓三間嘉慶二十年知縣諾穆

圖增修一次共十七間每歲春秋仲月候

頒日各官致祭牲用太牢祝云惟　神權衡桂

籍文章司命時當仲春秋牲醴伸敬凡我多士賴

其有成尙　饗　按乾隆三年所頒英邑各祀儀注文昌閣未經開列今奉朔望

魁星樓在西道光三年移建於東祝云惟　神紫

漢流輝翊我文明茲當仲春秋用伸虔誠羣英得

意仰惟神功尙　饗

碑文

明洪武年間頒行卧碑

朝廷建立學校選取生員免其丁糧厚以廩膳

設學院學道學官以教之各衙門以禮相待含
要養成賢才以供朝廷之用諸生皆當上報國
恩下立人品所有條教開列於後
一今後府州縣學生員若有大事干於己家者許
父兄弟姪具狀入官辨別若非大事含情忍性
毋輕至公門
一生員之家父母賢智者少愚癡者衆其父母賢
智者子自外入必有家教之方子當受而無違
斯孝行矣何愁不賢者哉其父母愚癡者作爲
多非子既讀書得聖賢知覺雖不精通實愚癡

父母之幸獨生是子若父母欲行非爲子自外
入或就內知則當再三懇告雖父母不從致身
將及死地必欲告之使不陷父母於危亡斯孝
行矣
一軍民一切利病並不許生員建言果有一切軍
民利病之事許當該有司在野賢人有志壯士
質樸農夫商賈技藝皆可言之諸人無阻當惟
生員不許
一生員內有學優才贍深明治體果治何經精通
透徹年及三十願出仕者許敷陳王道講明治

化述作文詞呈稟本學教官考其所作果通性
理連僉其名具呈提調正官然後親賫赴京奏
聞再行面試如是眞才實學不待選舉即時錄
用
一爲學之道自當尊敬先生凡有疑問及聽講說
皆須誠心聽受若先生講解未明亦當從容再
問毋恃己長妄行辨難或置之不問有如此者
終世不成
一爲師長當體先賢之道竭忠教訓以導愚蒙勤
考其課撫善懲惡毋致懈惰

一提調正官務要常加考校其有敦厚勤敏撫以
進學懈怠不律愚頑奸詐以罪斥去使其學者
爲良善斯爲稱職矣
一在野賢人君子果能練達治體敷陳王道有關
政治得失軍民利病者許赴所在有司告給文
引親賫赴京面奏如果可采即便施行不許坐
家實封入遞
一前件事理仰一一講解如有不遵並以違制論
國朝順治九年頒行臥碑文首同前
一生員之家父母賢智者子當受教父母愚魯或

有非爲者子既讀書明理當再三懇告使父母不陷於危亡

一生員立志當學爲忠臣清官書史所載忠清事蹟務須互相講究凡利國愛民之事更宜留心

一生員居心忠厚正直讀書方有實用出仕必作良吏若心術邪刻讀書必無成就爲官必取禍患行害人之事者往往自殺其身常宜思省

一生員不可干求官長交結勢要希圖進身若果心善德全上天知之必加以福

一生員當愛身忍性凡有司官衙門不可輕入即

有切己之事止許家人代告不許干與他人詞訟他人亦不許牽連生員作証

一爲學當尊敬先生若講說皆須誠心聽受如有未明從容再問毋妄行辨難爲師者亦當盡心教訓勿致怠惰

一軍民一切利病不許生員上書陳言如有一言建白以違制論黜革治

一生員不許糾黨多人立盟結社把持官府武斷鄉曲所作文字不許妄行刊刻違者聽提調官治罪

御製學校論 康熙二十三年頒

治天下者莫急於正人心厚風俗其道在尚教化以先之學校者教化所從出將以納民於軌物者也是以古者家有塾黨有庠術有序國有學人生八歲自王公以下至於庶人之子弟皆入小學及其十有五年則自元子衆子以至公卿大夫元士之適子與凡民之俊秀皆入大學蓋自家至於國莫不有學自天子至於庶人莫不學自幼至於長莫不皆學凡學有詩書禮樂以爲之本干戈羽籥以爲之文父子君臣長幼之道於是焉觀之六德六行之教於是焉取之所以淑其耳目手足之舉

措而養其心以復其性以爲修己治人之大者可謂備至矣是以當時之君子履信思順以事其上小人亦皆樂循禮而恥犯法佚撻不事而至治以興後世學校寖廣博士之途寖繁所以立教之方失先王之遺意士之遊其中者直以爲利祿之階欲其道德之一詎不難哉且夫今之所謂教者誦讀焉而已爾而又弗實致其力以防其放僻邪侈之心使氣之充而職之明以漸求復其性其何以爲修己治人之道哉故曰教隆於上化成於下教

不明於上而欲化成於下猶卻行而求前也教化者爲治之本學校者教化之原欲敦隆教化而起學校者其道安在在務其本而不求其末尚其實而不務其華以內行爲先不汲汲於聲譽以經術爲要不屑屑於文辭如是則於化民成俗之道庶乎其有當也夫

御製訓飭士子文 康熙四十一年頒

國家建立學校原以興行教化作育人材典至渥也朕臨御以來隆重師儒加意庠序近復慎簡學使釐剔弊端務期風教修明賢材蔚起庶幾棫樸

作人之意乃比年士習未端儒效罕著雖因內外臣工奉行未能盡善亦由爾諸生積錮已久猝難改易之故也茲特親製訓言再加警飭爾諸生其敬聽之從來學者先立品行次及文學學術事功原委有敘爾諸生幼聞庭訓長列宮墻朝夕誦讀寧無講究必也躬修實踐砥礪廉隅敦孝順以事親秉忠貞以立志窮經考業勿雜荒誕之談取友親師悉化驕盈之氣文章歸於淳雅毋事浮華軌度式於規繩最防蕩軼子衿佻達自昔所譏苟行止有虧雖讀書何益若夫宅心弗淑行己多愆或蜚語流言脅制官長或隱糧包訟出入公門或唆撥姦猾欺孤凌弱或招呼朋類結社要盟乃如之人名教不容鄉黨弗齒縱倖逃褫扑濫竊章縫返之於衷寧無媿乎況乎鄉會科名乃掄才大典關係尤鉅士子果有真才實學何患困不逢年顧乃標榜虛名暗通聲氣夤緣詭遇罔顧身家又或改竄鄉貫希圖進取囂凌騰沸網利營私種種弊端深可痛恨且夫士子出身之始尤貴以正若茲厥初拜獻便已作姦犯科則異時敗檢踰閑何所不至又安望其秉公持正爲國家宣猷樹績膺後先

疏附之選哉朕用嘉惠爾等故不禁反覆惓惓頒茲訓言爾等務共體朕心恪遵明訓一切痛加改省爭自濯磨積行勤學以圖上進國家三年登造束帛弓旌不特爾身有榮即爾祖父亦增光寵矣逢時得志寧俟他求哉若仍視爲具文玩愒弗儆毀方躍冶暴棄自甘則是爾等冥頑無知終不能率教也既負栽培復干咎戾王章具在朕亦不能爲爾等寬矣自茲以往內而國學外而直省鄉校凡學臣師長皆有司鐸之責者並宜傳集諸生多方董勸以副朕懷否則職業弗修咎亦難逭勿謂

朕言之不預也爾多士敬聽之哉

書籍

御纂周易折衷貳部肆函　十三經拾貳函

御纂尚書傳說貳部肆函　廿一史伍拾函

御纂詩經傳說貳部肆函　明史拾貳函

御纂春秋傳說貳部捌函　性理精義貳部

日講四書解義貳部　朱子全書貳部

御批通鑑綱目貳部　學政全書一部

御製樂善堂集貳部　駁呂留良四書講義壹部

日知薈說貳部

欽定四書文貳部

上諭壹函

祭器

籩六十　豆六十

錫簠十八　錫簋十八

錫爵十五以上係雍正年知縣趙宗昊置

錫鉶一重三斤十四兩　錫簠四每件重二斤六兩

錫簋四每件重二斤二兩　錫爵十五每枚重五兩

黄綾紬帳一以上係乾隆年知縣鄭重置

試額

歲科兩試每試文童入縣學十二名州學一名與

霍山輪泒歲試武童入學八名

英山距州道遠山徑崎嶇童生赴考難於跋涉

乾隆十一年知縣董良弼詳州請於學院按臨

之時先期州試試畢卽應院考省其一次往返

經州批准詳院存案永遠遵行十四年署知縣

王匜卜據諸童稟詳州勒石試院以垂久遠

學田地

一蓮花山下田順治十七年按院衛公貞元置

一李樹坳田順治十八年按院何公可化置

以上二處共收租稻伍拾石租斛六斗爲一石實折倉斛四十石倉斛八斗爲一石雍正十一年奉撫以七石陞斗完賦一十一石二斗資給貧生餘二十一石二斗變價解安慶府爲安慶書院之資係本縣收解

一滑家冲田三畝八分七厘一毫二絲　租九石

一應壠灣田一畝三分四厘九毫三絲　租三石

一葉家畈田三畝七分四毫七絲　租十石

一腰磨畈田五畝二分一毫　租十石

一乾塘坳地一分　納黄豆二斗折稻三斗

一茅扎壠田六分八厘四毫　租伍石
一鐵匠灣田三畝三分六厘八毫　租拾石
一侯家山田三畝五分三厘六毫四絲　租七石
三斗
一善福橋田六分七厘三毫六絲　租八石
一張塘坳田七畝四分　租十八石
一曹家山田五畝二分一厘一毫　租五石
一賀家橋田三畝　租六石三斗
一豪栗山田一十四畝七厘二毫八絲　租四十石
一南冲田八畝一分　租十二石

春風嶺田八分　租二石
以上學田十五處共六十一畝七厘二毫共收
租稻黃豆所折三斗在外一百四十六石租斛六斗爲石實折市
斛市斛十斗爲石八十七石六斗內完正賦銀六兩二
錢二分九厘一毫四絲月米六斗二升解學租
銀二十兩仍歸儒學收解

義學

凌雲書院舊在東門外徐家塝雍正七年知縣趙
宗昃建後乾隆十六年知縣陳步青重修乾隆
五十八年知縣嚴克任移建城內明倫堂之左
前堂三楹後堂三楹前爲大門門左右屋各二
間左右房各一間右土庫三間左橫屋六間右
橫屋三間
德造鄉學舊在文昌閣西乾隆六十年知縣嚴克
任移建凌雲書院右側前爲堂三楹堂左門樓
一座後堂一間左右房各二間
興賢館考棚在城隍廟後乾隆三十七年知縣徐
曰紀倡建程行灶行厥馬道浩聞與坊與炳傳
以煉鄭一夔捐基前爲大門三間大門內龍門
一座東西考塲各四楹中轉蓬三楹轉蓬內堂

三楹堂內官廳三間廳西書房三間又西廚房
二楹外爲館人住屋八楹繚以垣墉後於堂東
西各建廳屋三楹官廳東建堂三楹以祀徐公
道光三年教諭王夔坊倡建館後花亭亭左右
廊各三楹

義學田

一徐家塝義學前七畝一分
一王家壠義學西南八里一十七畝三分
俱雍正年知縣趙宗昃捐置

義田

一乾隆二十年知縣張海移撥柯見臣控懇無糧酌納花課八十觔又乾隆二十四年知縣玉格撥南壇花課二百二十觔共歸凌雲書院資掌教膏火又乾隆三十三年原任知縣主講凌雲書院陳步青捐置郝家山田庄二處共穀課四十一担花課三十觔永資書院肄業生童膏火

一邑原任山西大同府同知鄭元昆捐施家胡田一十九畝爲合邑卷資後被水冲昆長子舉人一坊以該田變價無幾補捐樊家冲田課六十担花課四十觔

各祠附乾隆三年所頒儀注祝文各祠未經開入今仍其舊

名宦祠在戟門左歲以春秋仲月上丁日繼　文廟致祭主位十其各憲通祀一省者八茲不具載

明知縣高公諱在嵛

國朝知縣史公諱良楨

明知縣李公諱瑄

明知縣胡公諱成賓

明主簿李公諱杰

祝文亦係仍舊下同

惟　公善教淑士善政惠民功在當時澤流後人感念不替俎豆常新今茲仲春秋謹以牲帛醴齊用伸崇薦尚　饗

鄉賢祠在戟門右祭日同名宦主位三

元舊作宋論見傳中知縣邑人段公諱朝立

明叅政張公諱子貞

戶部主事劉公諱會

按州志及舊稿祠祀俱止列張劉二公且各志朝立俱傳列名宦不應復祀鄉賢餘見本傳

祝文

惟　公博學宏才德隆望重樹績於國著名於時隱顯不同咸歸於道今茲仲春秋謹以牲帛醴齊用伸崇薦尚　饗

忠義孝弟祠在明倫堂西內堂三間前門樓一座道光二年傅馬二姓將門樓改建前堂三間歲以春秋仲月上戊日繼　社稷壇致祭主位二

明庠生傅諱得年

明庠生馬諱應乾

祝文

惟　公學優質美竭力致身大節不一均爲偉

人存旣可仰歿則宜禋今茲仲春秋謹以牲帛醴
齊用伸崇薦尙饗
節孝祠在忠義孝弟祠西內堂三間前門三間祭
日同主位二
國朝節孝胡吳氏
沈鄭氏
祝文
惟 靈簪纓淑女巾幗賢媛矢志靡他白首全
松筠之操視死如脫碧血奪日月之光苦節堪
嘉貞風宜錄今茲仲春秋謹以牲帛醴齊用伸崇

薦尙 饗

英山縣志卷之六

補修英山縣志卷之七

六安州同代理英山縣事萬年淳補修
英山縣知縣吳興陳 彥參訂

典禮

祀事所以安民也禮制所以教民也古聖王貴
農重穀春祈秋報故諸侯皆得祭其境內社稷
山川與夫前哲有功於民者爲之崇德報功則
風雨時若災癘不生休徵所應可考而知也於
是又導之以禮使皆凜於上天下澤之分與其
尊君親上之心儀文末節具有深意存焉雖典

禮逼乎天下非一邑之所紀然日月經天容光
必照蠡測管窺亦未可盡廢也志典禮

祀典

文廟 文昌閣 魁星樓 名宦祠 鄉賢祠
忠義孝弟祠 節孝祠俱見學校
社稷壇舊在縣北門外久廢康熙四十二年知縣
林弼重建橫直各五丈周圍二十丈歲以春秋
仲月上戊日致祭知縣朝服率僚屬行三獻禮
三跪九叩首
祝文

具官某等敢昭告於
縣社之神　縣稷之神曰惟
神品物資生蒸民乃粒養育之功司土是賴維兹仲春秋謹以牲帛醴齊粢盛庶品用伸常祭尚
饗

風雲雷雨山川壇舊在南門外傍河今改建蕭公潭舊八蜡祠地横直各五丈周圍二十丈歲以春秋仲月上戊日致祭如社稷壇

祝文

具官某等敢昭告於

風雲雷雨　境内山川　本境城隍之神曰惟
神妙用神機生育萬物奠我民居足我民食惟兹仲春秋禮宜報祀謹以牲帛醴齊資盛庶品用伸常祭尚
饗

先農壇舊在東門外小教場坪耤田四畝九分
國朝雍正四年奉　文設立乾隆十五年殿宇被水冲塌田亦冲壓十八年改建於北澗河内殿宇三間壇一座横直各二丈前門樓一座圍墻周十九丈二尺地基係生員夏日炟捐耤田一畝生員李世炯捐置祭期每歲須行定以巳時致祭午時耕耤至期知縣朝服率僚屬行三獻禮三跪九叩頭禮畢更蟒袍耕耤行九推禮畢望
闕謝
恩

祝文

具官某等致祭於
先農之神曰惟
神肇興農事永足民天兹當東作之時式舉耤田之

禮所祈佑兹嘉種錫我豐年謹以牲帛醴齊用伸虔祭尚
饗

厲壇舊在縣北長石寺前廢康熙四十一年知縣林弼改建於北門外官道旁横直各二丈五尺周圍十丈每歲清明日七月望十月朔三次致祭先期牒告城隍廟至期迎神位於壇以爲主知縣官補服行四拜禮旁列無祀鬼神分男東女西致祭

先期牒城隍告文

維某年某月某日某州某縣某官臣某等遵奉
皇上欽頒旨意普天之下后土之上無不有人亦無不有鬼神故勅天下有司依時享祭命本處城隍以主此祭鎮壓壇塲鑒察諸鬼等類其中果有生爲良善悞遭刑禍死於無辜者神必達於所司使之還生人世以享太平之福如有素爲凶惡雖獲善終亦出僥倖者神當達於所司屏之物類善惡之報神必無私欽奉如此今某等不敢有違謹於某年月日於城北設壇置備牲醴羹飯享祭本縣無祀鬼神等衆幽冥異境人力難爲必藉神功庶得感動今特移文於神先期分遣諸神召集本縣闔境鬼神等衆至日悉赴壇所普享一祭神當欽承勅命鎮壓壇塲無私昭報爲此 云云

祝文

具官某等致祭於
本縣城隍之神曰切惟
神依人而饗血食人敬神而知禮節欽奉
聖旨憐念普天之下后土之上無不有人無不有鬼人鬼之道幽明雖殊其理則一故

天子祭
天地神祇及天下山川省城各府州縣祭境內山川及祀典神祇庶民祭其祖先及里社土穀之神上下之禮各有等第此祀神之道如此尚念冥冥之中無祀鬼神昔爲生民未知何故而歿其間有遭兵刃而橫傷者有死於水火盜賊者有被人取財而逼死者有被人强奪妻妾而死者有遭刑禍而負屈死者有天災流行而疫死者有爲猛獸毒蟲所傷害者有爲饑餓而凍死者有因戰鬬而殞身者有因危急而自縊者有因墻屋傾頹而壓死者有死後無子孫者此等鬼魂或終於前代或歿於近世或兵戈擾攘流移於他鄉或人烟斷絕久缺其祭祀姓名泯沒於一時祀典無聞而不載此等孤魂死無所依精魄未散結爲陰靈或依草附木或作爲妖怪悲號於星月之下呻吟於風雨之時凡遇人間節令心思陽世魂杳杳以無歸身墮沉淪意懸懸而望祭興言及此憐其慘悽欽遵如此不敢有違謹設壇於某處仍迎
尊神以主此祭維茲中元禁烟焚衣節屆置備牲醴羹飯專

祭本縣闔境無祀鬼神等衆靈其不昧來歆此
祭尙　饗
關帝廟舊在西門乾隆十四年知縣王㒺卜改建
文昌閣東中正殿三楹後殿三楹東廂房三間
前過亭三楹又前門樓三間
關帝廟田稞四十石花稞七十觔康熙五十五年知縣李延爽捐稞十八石花稞七十觔嘉慶十八年潛邑監生陳華慶捐西洪河田稞二石廣里監生楊煥捐棗木均田稞二十石
國朝雍正三年加封三代公爵八年　詔關帝並三
代公爵照　文廟崇聖祠例春秋二仲及五月

英山縣志　卷之七　典禮　六

十三日一體致祭至期知縣朝服率僚屬先祭
後殿二跪六叩首　前殿三跪九叩首俱行三獻禮
祝文
具官某等敢昭告於
關聖帝君之神曰惟
神忠昭日月義凜乾坤扶植人倫溯英風於廟貌
表揚正氣隆盛禮於明禋維茲仲春仲秋誕辰謹以牲帛
醴齊用伸時虔祭謹　告
後殿祝文
具官某等氣謹以犧牲幣帛之儀敢昭於

勅封光昭公
勅封裕昌公
勅封成忠公之神曰惟
神世篤忠貞誕生神武綱維宇宙昭奕葉之貽謀
俎豆春秋荷
聖朝之曠典溯鍾祥於所自用備物以薦馨尙　饗
火神廟在北門殿宇三間前門樓一座乾隆五十
八年縣儒生周祚楨捐黃泥岡下截水田十二
石納稞十石花稞五十觔於廟有碑每歲六月二
十三日誕辰致祭知縣官補服行一獻禮二跪六叩首

英山縣志　卷之七　典禮　七

祝文
具官某等致祭於
司火之神曰惟
神位正南離權司長夏六府修而功成既濟四序
紀而用在明時佐烹飪以攸資人安耕鑿欽烱
光而無警戸樂恬熙荷
神貺以清寧潔明禋於牲醴尙　饗
八蜡廟在南門外蕭公潭歲以臘月上戊日致祭
知縣官補服行一獻禮二跪六叩首乾隆十一年奉
文停祭廟亦圮今其地改建南壇

祝文
具官某等敢昭告於
八蜡之神曰嘉種百穀天施地生耕耘收穫惟
神之靈無災無害乂用乃成報功崇本享祀苾芬
四方九土來格來歆尚　饗
劉猛將軍廟在西門中正殿三楹東西廂房各一
間後重三間前門樓一座祀宋劉公錡因驅蝗宋理宗封爲揚威侯
天曹猛將之神載怡菴雜錄
國朝雍正二年飭祀每歲長至後第三戊日并正月
十三日致祭知縣官補服行一獻禮一跪三叩首

祝文
具官某等致祭於
劉猛將軍之神曰惟
神夙昭勇畧懋著靈威功殄螟蝗惠周原隰肅明
禋而備物兆嘉貺於豐年維茲誕辰季冬謹以牲帛
醴齊用伸虔祭尚　饗
城隍廟在西門中正殿五間後重五間西廂屋五
間前門樓三楹乾隆二年知縣鄭重修建二十
年知縣張海改建大殿三楹遊亭三間雨棚一
座乾隆四十五年知縣耿膺錫重修一次合邑
紳士齊心襄贊煥然一新年遠漸就摧頹於嘉
慶二十四年知縣諾穆圖勸邑之紳士新修一
次神祀未詳所始明洪武二年勅封縣城隍爲
鑒察司民顯佑伯三年定禮制去封號止稱某
縣城隍之神歲無特祀春秋二仲合祭於山川
壇厲祭則迎神主之新官到任必與神誓水旱
災眚先牒告而後立壇祈禱焉
旗纛神每歲霜降日與衙門同致祭
馬神廟在火神廟後
土地祠在縣儀門東

獄神祠在儀門西
二程祠在城隍廟後
忠臣祠在儒學東爲戸部主事劉會死國難立
禮儀
慶賀　順治年定　元旦　冬至
萬壽節在外直省文武官設香案具朝服望
闕行三跪九叩首
康熙二十三年定　元旦令節七日　上元節三日
皇太后萬壽七日
皇上萬壽七日

皇后千秋一日俱穿朝服不理刑名

雍正八年例朝賀之期州縣用教官一員糾儀

齋戒　各壇廟祭享齋戒日期不理刑名　忌辰素服一日不理刑名不報祭還願宴會作樂

每月初一初二日不理刑名正月初九二月十五日不宰牲四月初八日不宰牲不理刑名

開讀

詔到文武各官至城外路旁跪迎來使將

詔捧入　龍亭內各官排列進城至縣署供設行三跪九叩頭禮禮生上臺開讀跪聽宣讀畢行謝

恩禮

宣講

聖諭十六條康熙二十四年通行鄉約月吉申講如古讀法之禮察其勤怠以課殿最雍正二年

御製萬言廣訓頒行天下每月朔望各官齊集公所

恭迎

聖諭行三跪九叩頭禮擇鄉約登臺宣講乾隆元年

通行地方官於每月朔望宣講後將現行律例挈要提綱勤加講解使民知法

迎春　每歲先期造春牛及勾芒神其衣笠麻紼及牛之頭腹諸色視歲建干支所屬立春前一日知縣朝服率僚屬農民具綵亭儀導建青旛

迎春於東郊祭勾芒神行四拜禮祝曰職司春令德應蒼龍誕敷化育品彙萌生黍牧是邑具禮以迎育我黎庶仰戴神功尚饗迎還至儀門外土牛南向芒神西向次日立春時各官拜芒神環牛三匝鞭牛分於農

護日月食　至期知縣朝服同僚屬俟陰陽生報食初虧於大堂行三跪九叩頭禮正印官擊鼓三通救護僧道隨行救護再報食盡三報復圓

皆行禮如初

上任　新官先一日謁城隍廟齋戒廟宿次晨至縣署拜儀門行四拜禮易公服至大堂望

闕謝

恩行三跪九叩頭禮拜印行四拜禮始升堂任事

行香　每月朔望詣

文廟行香禮畢升明倫堂掣籤講書次謁　關帝廟

城隍廟回署升公座受參謁

賓興　每秋試年縣學官先期就學宮起送諸生筮吉行賓興禮諸生就縣廳事抗禮畢以次列

坐行酒張樂肅賓筵知縣及佐貳官正坐陪飲畢以次給送花紅盤纏銀有差辭出赴學宮謁
廟行香鼓吹前導諸生升頖池仙橋出學

鄉飲酒　每歲正月十五日十月初一日於儒學行鄉飲酒禮前一日執事者於儒學之講堂依
圖陳設坐次司正率執事習禮至日黎明執事者宰牲具饌主席及僚屬司正先詣學遣人速賓僎以下比至執事者先報曰賓至主席率僚屬出迎於庠門之外以入主居東賓居西三揖三讓而後升堂東西相向立贊兩拜賓坐執事

又報曰僎至主席又率僚屬出迎揖讓升堂拜坐如前儀賓僎介至既就位執事者唱司正揚觶執事者引司正由西階升詣堂中北向立執事者唱賓僎以下皆立唱揖司正揖賓僎以下皆揖執事者以觶酌酒授司正司正舉酒陳說孝弟忠信敦宗睦鄰之道執事者唱司正飲酒畢以觶授執事執事者唱揖司正揖賓僎以下皆揖司正復位賓僎以下皆坐唱讀律令執事者舉律令案於堂之中引禮引讀律令者詣案前北向立唱賓僎以下皆立行揖禮如前讀畢

復位執事者唱供饌案執事者舉饌案至賓前次僎次介次主三賓以下各以次舉訖執事者唱獻賓主起席北面立執事者斟酒以授主主受爵詣賓前置於席稍退贊兩拜賓答拜訖執事者又斟酒以授主主受爵詣僎前置於席交拜如前儀畢主退復位執事者唱賓酬酒賓起僎從執事者斟酒授賓賓受爵詣主前置於席稍退贊兩拜賓僎主交拜訖各就位坐執事者分左右立介三賓衆賓以下以次斟酒於席訖執事者唱飲酒或三行或五行供湯又唱斟酒

飲酒供饌三品畢執事者唱徹饌候徹饌案訖唱賓僎以下皆行禮僎主僚屬居東賓介三賓衆賓居西贊兩拜訖唱送賓以次下堂分東西行仍三揖出庠而退　坐席高年有德者居上高年淳篤者並之以次序齒主有司位東南大賓致仕官位西北僎賓鄉里年高有德位東北介賓以次長位西南三賓以賓之次者爲之位賓主介僎之後除賓僎外衆賓序齒列坐其僚屬則序齒司正以教職爲之主揚觶以罰贊禮老成生員爲之

補修英山縣志卷之八

六安州同代理英山縣事萬年淳補修

英山縣知縣吳興陳　彥棻訂

賦役

明自萬歷中葉履畝增加賦役頗重天崇之季旱蝗薦作兵餉俱絀於是流寇盤踞戶口散亡其幸存於流離鋒鏑之餘者固亦無幾矣英本瘠土也萬山環之其山又皆粗薄磽确未嘗有材木皮革之利寶藏之興而田畝之賦顧較重於他邑葢其時則壤定制謂不毛之山無可作

貢隨田均泒聊使備正供焉故英邑別無山澤之賦其舊例也乃前代兵燹土地荒蕪我
國家薄賦輕徭重熙累洽百餘年來田畝猶未復額地非有曠土也民非有餘力也毋亦明季官吏虛增頃畝以希報最重之孽蛟爲祟水冲沙壓固未可按圖索驥矣
聖朝槪以除荒免之恩德至優渥也顧歷歲滋久有司奉行不善墾荒加畝或踵弊風
純皇帝御極之初洞悉其故盡行蠲豁於是窮鄉僻壤共安耕鑿可不謂萬世永賴者哉志賦役

戶口

舊管戶口人丁壹千叁百貳拾伍丁 按舊全書刊載原額人丁一萬一千一百三十五丁該銀二千三百六十兩陸錢二分於順治五年審除故絕逃亡人丁一萬五百九十三丁該缺額徭銀二千二百四十五兩七錢一分六厘將缺額徭銀均攤原額田地之內帶徵續於順治十四年起至康熙十五年止歷次編審共增人丁七百八十三丁共增補徭銀一百六十五兩九錢九分六厘抵補逃亡外仍缺額人丁九千六百一十丁該缺額徭銀二千七十九兩七錢二分照數於田畝內帶徵俟下次編審增出徭銀照數於田畝內扣除止見在人丁一千三百二十五丁

新收戶口人丁一千一百三十九丁 內康熙十六年起至五十二年止丁冊定爲常額歷次編審增出人丁九百三十九丁康熙五十五年編審增出滋生人

丁一十八丁康熙六十年分編審增出滋生人丁二十丁雍正四年編審增出滋生人丁二十丁雍正九年編審增出滋生人丁三十五丁乾隆元年編審增出滋生人丁三十五丁乾隆六年編審增出滋生人丁二十二丁乾隆十一年編審增出滋生人丁二十四丁乾隆十六年編審增出滋生人丁二十六丁

開除戶口人丁貳百柒拾柒丁 查前訂全書內載原除優免人丁九十二丁續奉部文吏承不免見在鄉紳舉貢生員止免本身一丁查紳衿節年事故陞遷不一照見在紳衿實免人丁七十七丁該免銀一拾六兩三錢二分四厘仍餘人丁一十五丁該餘丁銀三兩一錢八分裁解充餉又
盛世滋生人丁二百丁於康熙五十二年欽奉
恩詔內開續生人丁永不加賦

實在常額當差戶口人丁併優免餘丁共貳千一
百捌拾柒丁一則起科每丁徵徭銀二錢一分二厘共徵銀四百六十三兩六錢四分四厘於丁隨田辦以廣
皇仁事案內題准自康熙五十九年爲始在於本縣成熟田地內攤徵

田賦

舊管熟田地塘陸百陸拾伍頃肆拾陸畝玖分陸
釐壹毫貳絲肆忽柒微按舊全書內開原額川地塘一千一百九十五頃八十一畝七分九厘九毫節因水旱災青兵燹之餘百姓逃亡田地荒蕪於順治十年併十三年內二次題將無主荒田地塘九百八十一頃二十八畝六分二厘四毫撥入與屯得熟田地塘二百一十四頃五十三畝一分七厘五毫續自順治十四年起至康熙十四年止開墾田地塘四百五十頃九十三畝七分八厘六毫二絲四忽七微實在成熟田地塘六百六十五頃四十六畝九分六厘一毫二絲四忽七微仍該未墾陞科田五百三十一頃三十四畝八分三厘七毫七絲五忽三微

新收熟田地塘叁拾玖頃捌拾肆畝捌分陸釐肆
毫壹絲貳忽貳微內於康熙十五年起至五十八年止開墾荒田地塘二十一頃八十八畝一分六厘四毫一絲二忽二微雍正六年欽奉
上諭事案內民人自首開墾荒田地塘一十七頃九十六畝六分八厘

實在成熟田地塘柒百伍頃叁拾壹畝捌分貳釐
伍毫叁絲陸忽玖微折實田陸百捌拾玖頃捌
拾叁畝伍釐伍毫壹絲肆忽肆微陸纖查前訂全書開載實在成熟田陸百六十五頃四十六畝九分六厘一毫二絲四忽七微每熟田地塘一畝科徵起存折色帶閏銀一錢二厘九毫九絲七忽八徵七纖六沙一塵三埃七渺五漠又科漕糧贈貼銀五毫八絲八忽四微四纖四沙一塵九埃七渺二漠共徵銀六千七百五十一兩四錢一分九厘二毫三絲五忽七微一纖四沙七塵五埃五渺九漠內原有優免田糧銀一九十二兩七錢一分一厘二絲五忽九纖六沙一塵三埃一渺三漠奉文停免裁解充餉續本色物料照依康熙十二年分題定時價折銀計應補徵銀一十三兩五錢八分七厘八毫八絲五忽一徵七纖三沙六塵一埃六渺九漠又於丁隨田辦等事案內攤徵人丁銀四百六十三兩六錢四分四厘又於援例詳請等事案內攤徵不在人丁田匠班銀四十兩五錢又節年墾增田銀二百五十兩八錢三分一厘四毫六絲一忽一微七纖二沙九塵一埃五渺三漠計每熟田一畝科徵折色銀一錢一厘七毫三忽七微九纖六沙二塵五渺五漠又科漕糧贈貼銀五毫八絲八忽四微四纖四沙一塵九埃七渺二漠又科補徵顏料時價銀一毫九絲六忽九微七纖二沙八塵二埃六渺二漠又科徵攤帶人丁銀六厘七毫二絲一忽一微二纖八沙八塵一埃九渺六漠又科攤徵匠班銀五毫七絲七忽一微七塵五渺通共科銀一錢九厘一絲二忽二纖五沙七塵二埃伍渺六漠共應徵銀七千五百一十九兩九錢八分二厘五毫八絲二忽六纖一沙二塵九埃八渺一漠內原優免田糧銀一九十二兩七錢一分一厘二絲五忽九纖六沙一塵三埃一渺三漠仍有原荒田地塘四百九十頃四十九畝九分七厘三毫六絲三忽一微

丁田貳頃共徵起存折色帶閏併漕糧贈貼匠班
共銀柒千伍百壹拾玖兩玖錢捌分貳釐伍毫
捌絲貳忽陸纖壹沙貳塵玖埃捌渺壹漠
按舊全書開載起存折色銀一萬一千三百四十六兩八錢六分七厘一毫六絲八忽七徵七

纖七塵七埃內奉文本折均平除六安州軍儲倉運軍月糧改徵半本減徵折色銀三百八兩八錢三分七厘六毫九絲二忽五微九纖八沙一塵八埃又於順治十四年奉文加增牛角正腳銀一十八兩一錢八分又於順治十四年奉文停免差徭銀九十二兩七錢一分一厘三絲五忽九纖六沙一塵三埃一渺二漠又於康熙六年更造全書查得驛站閏月銀兩照上一例每年帶徵俟閏月之年支給每年帶徵閏月銀一十五兩二錢八厘五毫八絲又於康熙十年奉文加增漕糧贈貼銀四十二兩共該額銀一萬一千二百六兩一錢二分九厘八毫八絲一忽二微六纖八沙七塵二埃一渺二漠內除拋荒田地塘四百九十頃四十九畝九分七厘三毫六絲三忽一微每荒田一畝應減徵除荒銀九分九厘三毫二絲七忽四微五纖九沙八塵共減除荒銀三千七百四十三兩七錢五分九厘二毫八忽四微三纖三沙八塵八埃一渺四漠止照實在田地塘共科徵銀七千二兩二錢五分六毫九絲六忽八微八纖七沙六塵八埃

一渺三漠續本色物料照依康熙十二年分題定時價折徵計應補徵銀一十三兩五錢八分七厘八毫八絲五忽微七纖三沙六塵一埃六渺九漠又雍正七年攤徵不在丁田匠班銀四十兩五錢又於康熙五十九年攤徵人丁銀四百六十三兩六錢四分四厘以上舊額新增共該額銀一萬一千二百六十三兩七錢四分一厘七毫九絲四微九纖五沙一塵七埃九渺五漠內除原荒續墾尚有荒田地塘四百九十頃四十九畝九分七厘三毫六絲三忽一微每畝應減除荒銀九分九厘三毫二絲七忽四微五纖九沙八塵共除荒銀三千七百四十三兩七錢五分九厘二毫八忽四微三纖三沙八塵八渺一漠照實在丁田併攤徵匠班共銀七千五百一十九兩九錢八分二厘五毫八絲二忽六纖一沙二塵九埃八渺一漠

一起徵本色米 每熟田地塘一畝科漕糧正耗米一升一合二勺三抄二撮二粟三顆三粒七穎三黍八稷科月米九合五勺八抄五撮八圭六粟七粒四顆八穎三黍科漕糧贈貼米五勺八抄八撮四圭四粟四粒一顆九穎七黍二稷

實徵本色正耗漕糧併贈貼存留共米壹千伍百玖石捌升壹合捌抄捌撮叁圭壹顆叁粒陸穎貳黍柒稷玖糠叁粃 查前訂全書開載原正耗閏漕月贈貼併存留額米一千八百七石五升八合九勺七抄五撮二圭二粟七粒二顆四穎又加漕糧贈貼額米四十二石內除荒田地塘減徵外實徵熟田地塘本色米一千五百九石八升一合八抄八撮三圭一顆三粒六穎二黍七稷九糠三粃因本縣不通河道舊在於折色銀內動給辦漕經承赴六安州地方買米交兌其不敷米價照時詳請攤徵

起運戶部丁地折色額銀陸千捌百叁兩肆錢陸分陸毫柒絲貳忽肆纖壹沙壹塵叁埃壹渺貳

漠帶徵閏月銀捌兩壹分叁厘肆毫肆絲鋪墊銀叁拾玖兩伍錢捌分陸厘捌毫貳絲伍微陸纖伍沙水腳銀肆拾肆兩肆錢柒厘伍毫捌絲玖忽肆微叁纖叁沙伍塵帶閏銀伍厘四絲除荒實徵銀四千一百五十八兩六錢五分九厘三毫一絲八忽二微一纖二沙一塵五埃一漠帶徵閏月銀四兩八錢八分五厘五毫六絲三忽七微六塵九埃二渺一漠鋪墊銀二十四兩一錢三分四厘九毫四絲四忽九微八纖九沙六塵八埃九渺一漠水腳銀二十七兩二錢四

分二厘六毫五絲一忽三纖七沙二塵五埃二渺四漠帶徵閏月銀三厘七絲二忽七微四纖二沙九塵二埃三渺三漠續裁免餘丁銀三兩一錢八分共實徵銀四千二百一十八兩一錢五厘五毫五絲六微八纖二沙七塵七渺戶部折色正賦地畝額銀八百八十六兩一錢一分九厘六毫五絲四忽七微水脚銀一十五兩九錢四分六厘四毫六絲三忽九纖四沙除荒實徵銀五百四十兩二錢四分一厘六毫四絲六忽四微六纖七沙九塵四埃七渺三漠水脚銀九兩七錢二分二厘九絲九忽五微二纖八沙六塵一渺舊改折銀硃等料額銀四百七兩二錢二分五厘五絲七微七纖五沙鋪墊銀二十九兩八錢一厘一毫二忽五微四纖三沙七塵五埃水脚銀八兩一錢四分四厘五毫一微一纖五

沙五塵除荒實徵銀二百四十八兩二錢七分三厘三毫六絲四忽二纖六沙九塵九埃一渺八漠鋪墊銀一十八兩一錢六分八厘八毫七絲五忽四沙二塵三埃一渺八漠水脚銀四兩九錢六分五厘四毫六絲七忽二微八纖五塵三埃九渺八漠順治十八年新改折銀硃等料額銀一百三十二兩三錢一分六厘三毫五絲五忽九微鋪墊銀八兩八錢五分四厘九毫二絲五忽二纖一沙二塵五埃水脚銀二兩六錢四分六厘一毫三絲一忽七微五纖三沙除荒實徵銀八十兩六錢六分九厘四毫七絲一忽三微五纖八沙七塵九漠鋪墊銀五兩三錢九分八厘五毫九絲二忽八微九纖五沙九塵五埃五渺九漠水脚銀一兩六錢一分三厘二毫七絲三微六纖七塵五埃七渺一漠奉戶兵二部　題准自康熙七年爲始將額設協站銀兩儘於本地動支其彼處協濟銀即抵止項起解所有本縣原編協濟三梅二驛正閏馬價鋪陳等銀抵兌代解舒城縣裁剩銀二百二十二兩八錢九分四厘六毫五絲二忽原編協濟滁陽驛騾價鋪陳等銀抵兌代解滁州漕標兵餉銀八十四兩九錢五分七厘六毫九絲二忽三微以上計二款共代解銀三百七兩八錢五分二厘三毫四絲四忽三微除荒實徵銀一百八十七兩六錢八分八厘七毫一絲二忽七微七纖三沙一塵七埃六漠又於康熙十五年奉裁本縣走遞夫馬額銀一百四十四兩八分九厘二毫三絲六微七纖除荒實徵併撥足夫馬新定實需工料外該銀五十四兩一分三厘三毫五絲七忽二微三纖四沙五塵九埃四渺二漠順治八年纂訂全書舊編裁剩俸工等額銀一千七十一兩七錢八分六厘七毫一絲順治九年奉裁本縣知縣書辦工食銀五十七兩六錢門子工食銀二兩四錢皂隷工食銀一十九兩二錢馬快工食銀九兩六錢民壯工食銀六十兩燈夫工食銀四兩八錢禁兵工食銀九兩六錢轎傘扇夫工食銀八兩四錢庫書工食銀六兩倉書工食銀六兩庫子工食銀四兩八錢斗級工食銀四兩八錢本縣典史書辦工食銀一兩二錢門子工食銀一兩二錢皂隷工食銀四兩

八錢馬夫工食銀一兩二錢本縣七引司書辦工食銀一兩二錢皂隷工食銀二兩四錢以上自知縣書辦工食起至七引司皂隷工食止計十八款共額銀二百五兩二錢順治十二年奉裁本縣知縣修宅家伙銀二十兩迎送上司傘扇銀八兩儒學廪生膳夫銀八十兩修理察院公館銀一十兩七引司弓兵工食銀一十二兩以上自知縣修宅家伙起至七引司弓兵工食止計五款共額銀一百三十兩順治十四年奉裁本縣知縣俸薪銀三十兩四錢九分本府進表長夫銀三兩武塲供應銀四兩七分二厘廪生廪糧銀一百六十兩每年帶徵閏月銀五兩三錢三分三厘六毫歲考生童文卷茶餅銀一兩四錢三分二厘五毫歲考花紅銀一兩五錢附季考茶餅銀一兩五錢須春芒神銀一兩鄉飲酒席銀三兩五錢本縣支應使客下程中伙等銀二十兩七引司弓兵工食銀三十兩蕭公潭渡夫工食銀一兩廪生膳夫銀二十六兩六錢六分六厘七毫以上自知縣俸薪起至廪生膳夫止計十三款共額銀二百八十四兩一錢

六分一厘二毫帶徵閏月銀五兩三錢三分三
厘六毫康熙二年奉裁儒學廩生廩糧銀八十
兩每年帶徵閏月銀二兩六錢六分六厘四毫
康熙三年奉裁本縣儒學教諭俸薪銀三十一
兩五錢二分門子工食銀一十一兩六錢齋夫
銀三十六兩騎馬草料銀一十二兩以上儒學
俸工計四款共額銀一百一兩一錢二分原裁
復徵運軍月糧銀一百四十兩以上自順治八
年纂訂全書舊編裁剩起至運軍月糧止通共
額銀二千一十二兩二錢六分七厘九毫一絲
帶徵閏月銀八兩除荒實徵銀一千二百二十
六兩八錢二分一厘八毫二絲一忽四微八纖
五沙三塵四埃八漠閏月銀四兩八錢七分七
厘三毫六絲九忽七微一纖九沙五塵六埃三
渺二漠停免差徭舊額銀九十二兩七錢一分
一厘二絲五忽九纖六沙一塵三埃一渺二漠
又續減免餘丁銀三兩一錢八分康熙五年續
裁本縣儒學廩生膳夫銀一十三兩三錢三分
三厘三毫除荒實徵銀八兩一錢二分八厘九
毫二絲九忽二微一纖二塵三埃一渺五漠康

熙六年裁抑本縣刑具銀一兩五錢除荒實徵
銀九錢一分四厘五毫六忽八微二纖二沙四
塵一埃八渺一漠改解南省留充兵餉額銀八
十八兩七錢六分七厘二毫九絲八忽六微除
荒實徵銀五十四兩一錢一分八厘八毫六絲
六忽七微八纖四沙八塵八埃三渺一漠漕標
兵餉額銀一千一百六十三兩六錢四分二厘
八毫除荒實徵銀七百九兩四錢三分九厘五
毫一絲九忽六微三纖八沙四塵六埃七渺一
漠　禮部折色藥材等額銀九十七兩二分三
厘七毫三絲四忽水腳銀一兩九錢一厘三毫
八絲九忽三微四纖包裹紙銀一分一厘除荒
實徵銀五十九兩一錢五分二厘五毫七絲七
忽七微八纖六沙三塵一埃九渺三漠水腳銀
一兩一錢五分九厘二毫二絲二忽三微四纖
九沙二渺包裹紙張銀六厘七毫六忽三微八
纖三沙三塵六埃四渺四漠　工部折色料價
等額銀一千三百七十九兩五錢七分二厘一
絲三忽每年帶閏銀一分三厘四毫四絲鋪墊
銀七錢三分五厘六絲四忽水腳銀一十四兩

七錢九分七厘一毫五絲一微三纖每年帶徵
閏月銀五厘四絲除荒實徵銀八百四十一兩
八分五厘三毫四絲五忽三微七纖三塵八埃
一渺二漠閏月銀八厘一毫三絲九忽八纖一
沙一塵二埃八渺九漠鋪墊銀四錢四分八厘
一毫四絲七忽三微六纖一沙九塵四埃二渺
六漠水腳銀九兩二分一厘三毫六絲九忽六
纖二沙二塵八埃二渺每年帶徵閏月銀三厘
七絲二忽七微四纖二沙九塵二埃三渺三漠
匠役衣裝額銀二十一兩六錢水腳銀四錢三
分二厘例不除荒鹿皮牛角額銀五十五兩四
錢四分鋪墊銀一錢八分四厘七毫二絲八忽
水腳銀五錢四分除荒實徵銀三十三兩八錢
一毫七絲二忽一微五纖六沙五塵七埃三渺
鋪墊銀一錢一分二厘六毫二絲三忽三微四
纖四沙一塵九埃四渺四漠水腳銀三錢二分
九厘二毫二絲二忽四微五纖六沙七埃五漠
通共額銀六千八百九十八兩六錢五分三厘
五毫六絲二忽三纖八沙六塵三埃一渺二漠
除荒實徵銀四千二百一十八兩一錢五厘五

毫五絲六微八纖二沙七塵七渺續康熙十四
年奉裁科場協濟銀五兩八錢八厘六毫一絲
八微七纖二沙七埃三渺七漠奉裁武場供應
銀一兩八錢六分八厘一毫七忽八微一纖八
沙七塵六埃九渺一漠五邀奉協濟邳徐州守
堤閘夫水腳銀一兩九錢五分四厘八毫一絲
五忽一微八纖六塵九埃一渺二漠康熙十五
年奉裁修理倉監銀九兩一錢七分五厘三毫
二忽二微一纖四沙六埃八渺五漠四邀康熙
二十七年奉裁歲貢盤纏銀一十一兩一分四
毫五絲八忽六微五纖六沙七塵四埃三渺六
漠八邀雍正六年奉裁本縣知縣員下燈夫四
名工食額銀二十四兩除荒實徵銀二十二兩
二分九毫一絲七忽三微一纖三沙五塵八埃
三渺八漠又全裁吏書工食除歸漕項撥外餘
剩額銀四十二兩五錢九分五厘二毫四絲九
忽六微二纖四沙除荒實徵銀三十四兩四錢
四分五厘一毫九絲四忽七纖二沙四塵一埃
四渺五漠雍正七年奉文攤徵不在丁田匠班
銀四十兩五錢雍正十一年奉裁本縣走遞六

馬工料銀二百一十一兩七錢三分九厘五毫八絲九忽四微八纖三塵八埃三渺二漠雍正十二年奉裁孤貧餘剩口糧銀一十三兩二錢乾隆八年奉裁文廟香燭銀三錢五分二厘六毫一絲四忽六微六纖四沙一塵九埃八渺節年開墾審增丁田陞科銀七百一十四兩四錢七分五厘四毫六絲一忽一微七纖二沙九塵一埃五渺三漠以上舊管新增共銀五千二百八十四兩二錢五分六厘六毫一絲三忽一微二纖八沙五塵四埃八渺一漠十逡內除康熙二十四年復留儒學廩生廩粮額銀八十二兩六錢六分六厘四毫撥補漕項不敷銀四十兩撥補河工荒缺銀三十一兩一分七厘九毫九絲八忽二纖六塵三埃五渺四漠又雍正八年奉文動辦三祭關帝祭祀銀四十二兩二錢七分乾隆元年奉文加添儒學改品俸銀四十八兩四錢八分又於實徵銀內補足儒學原編俸減荒銀七兩六錢三分五毫二絲九忽九微七纖三塵四埃四渺七漠乾隆五年撥補漕項門料銀一百五兩七錢七分八厘九毫八絲七忽

二微三纖三沙四塵九埃四漠四逡又撥各役工食荒缺銀一百四十七兩九錢七分三厘五毫六絲一忽七微四纖三沙九埃六渺九漠三逡乾隆八年奉文加增各壇祠祭祀銀三十六兩八錢又增添關帝三祭祀銀五兩五錢六分二厘九毫五絲八忽三微文廟祭祀荒缺銀九兩六錢八分三厘四毫八忽五微九纖一沙七塵九埃七渺列入存留項下開造外實該起運併匠班銀四千七百二十六兩一錢九分二厘五毫七絲三忽二微六纖九沙一塵八埃三渺七漠內續有奉動辦黃白蠟錫鐵硃桐油白蔴等項料價三十四兩六錢七分七厘九毫五絲一忽八微七纖五沙查本色物料目今辦解與否並無一定未便添列本色物料項下開造仍應統歸起運內分款起解

戶部項下原載本色物料甲丁二庫本色銀硃原額三十四觔一兩六錢三分一厘五毫每斤原編價銀五錢今照康熙十二年題定每觔時價銀一錢筭該額銀三十兩六錢九分一厘七毫七絲一忽八微二纖五沙除荒實辦二十五斤十三兩五錢四分二厘一毫八絲一忽六微三纖一沙五塵八埃五渺二漠該價銀二十三兩二錢六分一厘七毫四絲七忽七微一纖六沙七埃六渺七漠

本色光粉原額一十九斤五兩八錢四分六厘八毫每斤原編價銀四分七厘今照康熙十二年題定時價每斤一錢三分筭該額銀二兩五錢一分七厘五毫五忽二微五纖除荒實辦一十四斤十兩八錢二分七厘四毫七絲一忽八微一纖七沙八塵五渺二漠該價銀一兩九錢七厘九毫七絲三忽二微八沙五塵一埃九渺七漠

本色靛花青原額二十九斤十一兩七分四厘七

毫每斤原編價銀三分今照康熙十二年題定每斤時價三錢該額銀八兩九錢七厘六毫五絲六微二纖五沙除荒實辦二十二斤八兩六分六厘一毫三絲九忽陸微二纖八沙五塵八埃四渺六漠該價銀六兩七錢五分一厘二毫四絲一微一纖八沙三埃六渺

本色桐油原額一百三斤二分六厘七毫每斤原編價銀四分今照康熙十二年題定時價仍四分筭該銀四兩一錢二分六絲六忽七微五纖除荒實辦七十八斤一兩六分四厘三毫三忽八微七纖二塵三埃八渺六漠該價銀三兩一錢二分二厘六毫六絲七微五纖九沙六塵七埃五渺六漠

本色黃蠟原額七斤十五兩三錢四分二厘九毫每斤原編價銀二錢今照康熙十二年題定每斤時價二錢三分該額銀一兩八錢三分五厘五絲四忽一微八纖七沙五塵除荒實辦六斤五錢二分三厘五毫七絲六忽三微八纖七沙

六塵五埃三渺五漠該價銀一兩三錢八分七釐五毫二絲六忽四微一纖五塵七埃二渺五漠

本色黃熟銅原額三十五斤二兩一錢九分二釐八毫每斤原編價銀一錢一分今照康熙十二年題定每斤時價一錢三分該額銀四兩五錢六分七釐八毫一絲六忽五微除實辦二十六斤十兩九分四釐二毫三絲五忽八微三纖七沙三塵七埃五渺九漠該價銀三兩四錢六分二釐一絲五忽陸微六纖六沙一塵七埃八渺七漠

本色紅熟銅原額二十八斤三兩七錢九分三釐三毫每斤原編價銀一錢今照康熙十二年題定每斤時價銀一錢三分該額銀三兩六錢七分八毫二絲五微六纖二沙五塵除荒實辦二十一斤七兩四錢二分八毫二絲二忽二微五纖五沙九塵二埃九渺九漠該價銀二兩七錢九分二毫九絲四忽一微八纖一沙六塵四埃一渺九漠

本色錫原額五斤七錢五分二釐每斤原額價銀九分五釐今照康熙十二年題定每斤時價一錢一分該額銀五錢五分五釐一毫一絲除荒實辦三斤十三兩一錢六分二釐六毫八絲四忽五微八纖六塵二渺一漠該價銀四錢二分四毫九絲三忽四微五纖六沙四塵九埃一渺六漠

本色各款原編鋪墊額銀九兩二錢七分六釐四毫七絲一忽四微三纖五沙除荒實徵銀七兩八分七釐九毫六絲二微二纖二沙二塵三埃七渺三漠

供用庫本色黃蠟原額七十一斤八兩三錢三分二釐二毫每斤原編價銀二錢今照康熙十二年題定每斤時價二錢三分該額銀

一十六兩四錢四分九釐七毫一絲五忽三微七纖五沙除荒實辦五十四斤一兩一錢三分七絲七忽三微九沙三塵七埃五渺二漠該價銀一十二兩四錢三分五釐八毫五絲六忽七微六纖一沙一塵九埃一渺

本色芽茶原額四十九斤三兩二錢四分一釐八毫每斤原編價銀八分今照康熙十二年題定每斤時價一錢五分該額銀七兩三錢八分三毫九絲一忽八微七纖五沙除荒實辦三十七斤三兩四錢五分二毫九絲七忽四微一纖七沙五塵二埃六渺三漠該價銀五兩五錢八分二釐三毫四絲六忽五微三纖八沙二塵八埃九渺三漠

以上戶部項下本色物料自銀硃起至芽茶止計十一款照題定時價併鋪墊共額銀八十九兩九錢六分七釐九毫九絲四忽四微三纖五沙

除荒實徵銀六十八兩二錢一分一毫一絲五忽三微九纖六塵一埃三漠本色物料併鋪墊銀兩照舊全書刊定額數但目今辦解與否並無一定每年總將實徵價墊銀兩照數解交布政司如奉文採辦即動銀辦料解　部如奉文停辦即將價墊銀兩彙解　戶部統於每年奏銷冊內分晰報部

漕糧贈貼米銀數贈貼額銀四十二兩除荒實徵銀三十八兩六錢八分六釐一毫一絲七忽七微六纖八沙七渺八漠原贈貼額米四十二石除荒實徵米三十八石六斗八升六合一勺一

抄一撮七圭六粟八顆九黍八稷查漕糧贈貼米銀前訂全書原未刻載於康熙十年四月內奉文加贈同正項一例官徵官給以免多索私派那移之弊照漕糧正耗米每百石贈銀五兩贈米五石交給領官軍

隨漕起運折色銀數漕運船料旱脚賫額銀一十七兩四錢二分除荒實徵銀一十五兩九錢八分三厘五毫一絲五忽八微一纖六沙七塵七埃八渺四漠前訂全書內載徵解總漕部院續改解督糧道交納

本色三分蘆蓆額銀二兩二錢五分除荒實徵銀二兩六分四厘四毫六絲九微九纖八沙一塵四埃六渺七漠原解折色續奉文本色一分七厘給運官隨查赴北折色一分三厘解督糧道轉解交納

以上船料旱脚本折蘆蓆二款共額銀一十九兩六錢七分除荒實徵銀一十八兩四分七厘九毫七絲六忽八微一纖四沙九塵二埃五渺一漠

起解督糧道漕項銀數全裁吏書工食額銀併除荒實徵內撥給漕項不敷銀六十兩六錢四分四厘七毫伍絲三微七纖陸沙內康熙元年奉裁本縣知縣員下書辦工食銀七十二兩典史書辦工食銀六兩儒學書辦工食銀七兩二錢巡檢書辦工食銀六兩倉庫書辦工食銀一十二兩以上計五款共額銀一百三兩二錢原解布政司續於康熙二年奉總漕部院林題歸漕項之用徑解督糧道撥給省衛不敷行月銀六十兩六錢四分四厘七毫五絲三微七纖六沙餘銀四十二兩五錢五分五厘二毫四絲九忽二微二纖四沙解赴布政司充餉如遇閏科仍照額派閏統歸起運

撥解漕項不敷銀四十兩查前訂全書原未編載每年係於起運撥解督糧道漕項之用造入奏銷冊內報部查核今併增刻

英邑額銷綱鹽一千引因僻處萬山不通河道原在於霍邑口岸帶銷民人自赴買食

帶徵清河縣不准除荒銀三兩查帶徵銀兩原係本縣捐解督糧道交納

起解河工折色銀數舊額河工銀六兩除荒實徵銀五兩五錢五厘二毫二絲九忽三微二纖八沙三塵九埃六渺一漠前訂全書內載徵解河務廳今改解河庫道

改派抵補河工車盤額銀五十七兩一錢除荒實徵銀五十二兩三錢九分一厘四毫三絲二忽四微四纖一沙九塵三渺八漠前訂全書內載徵解河務廳今改解河庫道

堤夫額銀二百八十一兩二錢五分除荒實徵銀二百五十八兩五分七厘六毫二絲四忽七微六纖八沙五塵六埃八渺二漠前訂全書內載徵解河務廳今改解河庫道

閘夫額銀三十一兩八錢除荒實徵銀二十九兩一錢七分七厘七毫一絲五忽四微四纖四塵九埃六渺五漠前訂全書內載徵解河務廳今改解河庫道

以上自舊額河工起至閘夫止計四款共額銀三百七十六兩一錢五分除荒實徵銀三百四十五兩一錢三分二厘一忽九微七纖九沙三塵六埃四渺六漠前訂全書內開河道錢糧荒鈌銀三十一兩一分七厘九毫九絲八忽二纖六塵三埃五渺四漠在於地丁起運欵內照數撥補每年於奏銷冊內開除

起解外各衙門折色銀數科塲協濟額銀一十二兩六錢六分一厘二毫七絲五忽除荒實徵銀

一十一兩六錢一分七厘二毫三忽七微四絲四沙一塵四埃七渺四漠武塲額銀四兩七分二厘除荒實徵銀三兩七錢三分六厘二毫一絲五忽六微三纖七沙五塵三埃八渺三漠內續奉裁半歸入起運外實留科塲半留銀五兩八錢八厘六毫一忽八微七纖二沙七埃三渺七漠試塲半留銀一兩八錢六分八厘一毫七忽八微一纖八沙七塵六埃九渺一漠五逡照實徵數目彙解布政司文武科塲應用

經費項下本縣知縣員下編給俸工銀七百四十五兩四錢除荒實徵銀五百五十一兩二錢七分四厘四毫五絲七忽七纖七沙八塵九埃八渺八漠內俸額銀四十五兩除荒實徵支俸銀四十一兩二錢八分九厘二毫一絲九忽九微六纖二沙九塵六埃四渺　門子二名每名工食額銀六兩共銀一十二兩　皂隸十六名每名工食額銀六兩共銀九十六兩　馬快八名每名工食草料額銀一十六兩八錢共銀一百三十四兩四錢　民壯五十名每名工食額銀六兩共銀三百兩於雍正十三年奉文裁減民壯工食銀八十四兩存留民壯二十七名每名工食器械銀八兩共銀二百一十六兩　看監禁卒八名每名工食額銀六兩共銀四十八兩　轎傘扇夫七名每名工食額銀六兩共銀四十二兩　庫子四名每名工食額銀六兩共銀二十四兩　斗級四名每名工食額銀六兩共銀二十四兩以上工食俱於丁地內撥補按額支給　修理倉監額銀二十兩除荒實支銀九兩一錢七分五厘三毫八絲二忽二微一纖四沙六埃八渺五漠四逡以上俸工銀照額於丁地內扣足

每年知縣養廉銀六百兩在於丁地耗羨內支給

典史員下編給俸工額銀六十七兩五錢二分除荒實徵銀五十二兩三錢七分四厘七毫七絲四忽五微三纖六沙二塵一埃四渺七逡內俸額銀三十一兩五錢二分除荒實徵銀二十八兩九錢二分八毫四忽七微三纖八沙五塵六渺八漠七逡乾隆三年奉文撥補荒鈌銀二兩五錢九分九厘一毫一絲五忽二微六纖一沙四塵九埃三渺一漠三逡在於司庫請領足額　門子一名工食額銀六兩　皂隸四名每名工食額銀六兩共銀二十四兩　馬夫一名工食額銀六兩以上工食在於丁地內撥補按額支給

每年典史養廉銀六十兩在於丁地耗羨內支給

儒學原編併加添俸工額銀一百三十兩四錢除

荒實徵銀一百一十二兩四錢四分一厘八毫五絲六忽九微四纖四沙三塵五埃八渺九漠五逡內原編俸銀三十一兩五錢二分續奉文教諭訓導每員改食俸銀四十兩二員共俸銀八十兩門斗二名每名工食額銀七兩二錢共銀一十四兩四錢　齋夫三名每名工食額銀一十二兩共銀三十六兩查儒學荒缺俸銀併工食已於起運實徵數內撥補足額全支如遇懇陞所陞銀兩歸還起運

儒學廩生廩糧額銀八十二兩六錢六分六厘四毫除荒實徵銀五十三兩八錢五分七厘九絲二微四纖九沙九埃八渺七漠查係康熙二十四年分奉文起運項下挖出原裁復留支給於乾隆元年奉文照額支給丁地內撥補

七引店巡檢員下編給俸工額銀四十三兩五錢二分除荒實徵銀三十六兩七錢二分八厘七毫九絲四忽六微七纖一沙四塵六渺四漠七逡內俸額銀三十一兩五錢二分除荒實支俸銀二十八兩九錢二分八毫四忽七微三纖八沙五塵六渺八漠七逡乾隆三年奉文撥補荒缺銀二兩五錢九分九厘一毫一絲五忽二微六纖一沙四塵九埃三渺一漠三逡在於司庫請領足額　皂隸二名每名工食額銀六兩共銀一十二兩於丁地內撥補照額支給

每年巡檢養廉銀六十兩在於丁地耗羨內支給

以上各官員下俸工併廩生廩糧自知縣俸工起至巡檢俸工止計五款共額銀一千一百八兩五錢六厘四毫實徵銀七百三十六兩六錢八分六厘九毫七絲三忽四微七纖九沙二埃七渺三漠九逡

存留支給折色銀數本縣歲貢考貢盤纏額銀二十五兩除荒實徵銀二十二兩九錢三分八厘四毫五絲五忽五微三纖四沙九塵八埃三渺七漠五逡查歲貢盤纏銀內續奉酌裁額銀一十一兩一分四毫五絲八忽六微五纖六沙七塵四埃三渺六漠八逡歸入起運外實酌留銀一十一兩九錢二分七厘九毫九絲六忽八微七纖八沙二塵四埃七逡照實徵數目歸解

本縣

文廟香燭額銀三兩除荒實徵銀一兩九錢五分四厘四毫九絲七忽四微八纖三沙二塵二埃五渺二漠乾隆八年請酌均祭祀銀兩案內派

文廟香燭銀二兩四錢於丁地內支給

本縣三祭

關聖帝銀四十二兩二錢七分查前訂全書原未編載係於雍正八年奉文動辦致祭乾隆八年請酌均祭祀銀兩案內三祭　關帝共銀四十七兩八錢三分二厘九毫五絲八忽三微於丁地內撥給

本縣春秋二祭額銀四十兩除荒實徵銀二十六兩五分九厘九毫六絲六忽四微四纖三沙一

埃四渺二漠乾隆八年請酌均祭祀銀兩案內
文廟春秋二祭共銀四十八兩
社稷壇　風雲雷雨山川城隍壇　劉猛將
軍廟　名宦祠　鄉賢祠　忠義祠　節孝祠
春秋二祭共銀二十一兩　邑厲壇每歲三祭
共銀四兩五錢　常雩禮　火神廟　八蜡祠
獄神廟　土地祠　春祭旗纛秋祭霜降每
歲共祭銀一十二兩二錢內八蜡祠停止致祭
其祭銀歸於社稷壇內以上
祭祀銀兩均於丁地內撥給
鄉飲酒席額銀三兩五錢除荒實徵銀三兩二錢
一分一厘三毫八絲三忽七微七纖四沙八塵
九埃七渺七漠
孤貧八名口糧布花額銀四十二兩雍正十二年
奉文裁扣銀一十三兩二錢歸入起運充餉每

年支給銀二十八兩八錢
七引店巡檢弓兵十名每名工食額銀三兩共銀
三十兩除荒實徵銀一十九兩五錢四分四厘
九毫七絲四忽八微三纖三沙二塵五埃三渺
二漠於丁地內撥補照額支給
蕭公潭渡夫一名工食額銀一兩除荒實徵銀六
錢五分一厘四毫九忽一微六纖一沙七埃五
渺一漠於丁地內撥補照額支給
急遞舖司兵二十八名每名工食額銀五兩四錢
共銀一百五十一兩二錢除荒實徵銀九十八
兩五錢六厘六毫七絲三忽一微五纖四沙五
塵五埃二渺四漠於丁地內照額支給
以上自本縣歲貢起至舖兵工食止計九款共額
銀三百七兩九錢七分除荒實徵銀三百六十
二兩七分二厘三毫三絲八忽九微五纖三沙
一塵三埃七渺七漠七逡
通共存留項下自漕糧贈貼起至舖兵工食止共
額銀一千八百六十一兩七錢五分九厘六毫
七絲五忽實徵銀一千五百五十五兩三錢二
厘一絲五忽五微八纖五塵一埃七渺三漠六

逡以上俸工等銀俱於起運項下撥足照額支
給
本縣起運解北本色漕糧米數正兌漕糧額米六
百石加四耗米二百四十石除荒實徵正米五
百五十三石四斗四升二合三勺七抄八撮四
粟三顆三粒六穎五黍九稷九糠四粃耗米二
百二十一石三斗七升六合九勺五抄一撮二
圭一粟七顆二粒四穎六黍四稷一糠七粃
以上正耗漕糧共額米八百四十石除荒實徵正
耗共米七百七十四石八斗一升九合三勺二

抄九撮二圭六粟七粒一頴二黍四稷一糠一
粃查前訂全書開載漕糧本色米石因不通河道在於丁地折色銀內動支現今實徵額編米價銀三百七十六兩八錢四分六毫六絲二忽六微一纖二沙二塵四埃四渺買米交兌
漕糧贈貼米數漕糧贈貼額米四十二石除荒實
徵米三十八石六斗八升六合一勺一抄七撮
七圭六粟八顆九黍八稷查前訂全書內於康熙十年四月內奉文加增同正項一例官徵官給以免多索之弊照漕糧九耗米每百石增米五石交給領運官軍
六安州軍儲倉運軍半本色月糧額米一千二十
九石四斗五升八合七勺七抄二粟七顆二粒
四頴除荒實徵米六百六十一石二斗六升二

合四勺二抄五撮一圭八粟八顆六粒一頴六
黍九稷查運軍半本月糧舊刊全書原未載編即係折色銀兩改徵本色奉文派撥盧鳳二衛運漕官丁行月二糧五百六十石
存留餘剩月糧米一百一石二斗六升二合四勺
二抄五撮一圭八粟八顆六粒一頴六黍九稷
每石九錢折解督糧道交納
扣存潤米三十七石八斗除荒實徵米三十四石
三斗一升三合二勺一抄六撮八粟四顆二頴
三黍六稷八糠二粃查潤米歷不支給每年照例折銀同存留餘剩米折銀彙解督糧道交納

通計自正兌漕糧起至潤米止共額米一千九百
四十九石二斗五升八合七勺七抄二粟七顆
二粒四頴除荒實徵米一千五百九石八升一
合八抄八撮三圭一顆三粒六頴二黍七稷九
糠三粃
原係工部改解戶部匠班銀四十兩五錢前訂全書內載原係匠戶辦納續於雍正七年奉文攤入田畝徵收歸入起運項下
牙帖稅銀二兩二錢
典當稅銀五兩
契雜稅原無定額儘徵儘解

糧道項下
六安州軍儲倉米折額銀三百七十六兩三錢三
分一厘五毫五絲九微三纖四塵四埃除荒實
徵銀三百四十五兩二錢九分八厘五毫八絲
一忽八微九纖九沙五塵三埃七渺六漠
六安州軍儲倉馬草折額銀二兩三錢四分三厘
七絲除荒實徵銀二兩一錢四分九厘八毫五
絲六忽二微七纖九沙九塵七埃七渺九漠
以上軍儲倉米草折二欵共額銀三百七十八兩
六錢七分四厘六毫二絲九微三纖二沙四塵

四埃除荒實徵銀三百四十七兩四錢四分八
厘四毫三絲八忽一微七纖九沙五塵一埃五
渺五漠照數於地丁銀內徵解督糧道交納
以上係丙子舊志編稿今開現在戶口賦役
實數於後

戶口

舊管編戶二萬五千七百八十一戶大男五萬三
千三百六十六丁大婦四萬零二十四口小男
四萬三千八百六十七丁小婦二萬五千六百
三十四口共大小男婦一十六萬二千八百九

十一丁口除婦口計大小男丁共九萬七千二
百三十三丁

新收編戶四百四十六戶大男六百二十七丁大
婦四百六十八口小男六百一十一丁小婦四
百二十七口共大小男婦二千一百三十三丁
口除婦口計大小男丁共一千二百三十八丁

開除編戶二百四十七戶大男三百四十二丁大
婦二百七十二口小男三百二十九丁小婦二
百四十口共大小男婦一千一百八十三丁口
除婦口計大小男丁共六百七十一丁

實在編戶二萬五千九百八十戶大男五萬三千
四百五十丁大婦四萬零七十二口小男四萬
三千九百零六丁小婦二萬六千零六十一口
共大小男婦十六萬三千四百八十九丁口除
婦口計大小男丁九萬七千四百一十丁

田賦

原額田地塘一千五百九十五頃八十一畝八分
九厘應徵起存帶運並漕糧贈貼共額銀一萬
七百四十五兩六錢六分六厘內原無主荒田
地塘九百八十一頃二十六畝八分二厘自順

治四年起至雍正十年止共開懇過荒田地塘
八百三十七頃九十七畝二分二厘續於遵
旨議奏案內乾隆四年三月奉前撫部院孫
題准豁除虛捏不寔田地塘三百四十七頃一十八
畝五分七厘應免銀二千八百五十七兩八錢
九分二厘仍原荒田地塘四百九十頃四十九
畝九分八厘除荒銀三千七百四十三兩七錢
五分九厘

實在成熟田地塘七百五十頃三十一畝八分三厘
折寔銀六百八十九頃八十三畝六厘應征銀

七千一十五兩八錢三分九厘又應征丁地並
匠班共銀五百四兩一錢四分四厘
丁地二項除荒寔征起存帶運並漕粮贈貼顔料
等欵共銀七千五百一十九兩九錢八分三厘
一每年征收上下兩忙丁地正銀七千五百一十
九兩九錢八分三厘內一解上忙丁地正銀二千八百八十兩六分二厘　一解下忙丁地正銀一千六百五十五兩七錢三分六厘　一解奉裁僻驛夫馬工料銀八十六兩六錢八分　一解損脚銀四十兩九錢一分三厘　一解攤征匠班銀四十兩五錢　一解漕粮餘剩米價銀二十四兩六錢一分九厘　一解漕粮餘剩贈貼銀二兩五錢二分七厘一解孤貧餘剩口粮銀十三兩二錢　顔料項下一解現攤本色物價墊銀五十一兩五錢

英山縣志　卷之八　賦役　二七

七分四厘　一解折色顔料銀十三兩六錢九分一厘　一解停攤白蔴價銀四兩六錢二分　河工項下舊額河二銀六兩除荒寔征銀五兩五錢五厘　改派抵補河工車盤額銀五十七兩一錢除荒寔徵銀五十二兩二錢九分一厘　協濟邳州守堤夫額銀二百八十一兩二分五厘水脚銀一兩八錢一分三厘除荒寔征銀二百五十八兩五分八厘水脚銀一兩六錢六分三厘　協濟徐州閘夫額銀三十一兩八錢水脚銀三錢一分八厘除荒寔征銀二十九兩一錢七分八厘水脚銀二錢九分二厘二欵水脚銀一兩九錢五分五厘歸入各案裁扣充餉外以上四欵共除荒銀三十一兩一錢二分八厘在于地丁內仍撥補足額銀三百七十六兩一錢五分　漕粮項下漕運船料旱脚輕賫額銀一十七兩四錢二分除荒寔征銀十五兩九錢八分四厘　本色蔴片銀二兩二錢五分除荒寔征二兩六分四厘內除本色蔴片銀六錢七分七厘買備本色蔴片隨漕辦理外寔征銀一兩三錢八分八厘　仝裁吏書工食額銀

一百三兩二錢除荒寔征銀九十四兩六錢九分內除陞料銀三十四兩四分五厘歸入丁地充餉外寔征銀六十兩六錢四分五厘　丁地撥充漕項銀四十兩　六安州軍儲食米折額銀三百七十六兩三錢三分二厘除荒寔征銀三百四十五兩二錢九分九厘　六安州儲馬草折銀二兩三錢四分三厘寔征銀二兩一錢五分
漕粮項下漕粮米價額銀四百九兩一錢二分一
厘除荒實征銀三百七十六兩八錢四分一厘
每年某月日耑差經辦赴六安州採買漕粮正耗米七百七十四石八斗一升九合三勺運至正陽關水次于遞年某月日開兌本日兌完親交運官某等旂丁某等領訖掣獲通關領結存案　漕粮贈貼額米四十二石除荒寔征米三十八石六斗八升六合一勺　漕粮贈貼額銀四十二兩除荒寔征銀三十八兩六錢八分六厘前件每年于十二月日給旂丁某等領解

英山縣志　卷之八　賦役　二八

一動支本色蔴片銀六錢七分七厘每年于年底交給承辦經承帶赴水次給旗丁具領　六安州軍儲倉米本色月粮額米一千二百九石四斗五升八合八勺寔征米奉文撥給長淮衛宿州二帮旂丁月米二百四十石又奉文原編月粮改抵漕粮正耗米四百一石二斗二合三勺　一兌運五贈米二十石六升一勺前件于年底給領寔征潤米三十四石三斗一升三合二勺照例折銀十五兩九錢九分五厘前件于每年十一月批解粮庫交納
通縣寔征存留解支一切祭祀及各官俸役食等
銀一給　武廟前後殿三祭銀四十七兩八錢三分三厘　一給文昌帝春秋二祭銀三十兩　一給劉猛將軍春秋二祭銀三兩　一給厲壇三祭銀四兩五錢　一給風雲雷雨城隍壇春秋二祭銀三兩　一給社稷壇春秋二祭銀四兩六錢　一給鄉賢祠春秋二祭銀三兩　一給名宦祠春秋二祭銀三兩　一給節孝祠春秋二祭銀三兩　一給忠義祠春秋二

一祭銀三兩　一給土地祠祭祀銀一兩六錢
一給火神廟祭祀銀一兩六錢　一給常雩禮
祭祀銀一兩六錢　一給獄神廟祭祀銀一兩
六錢　一給霜降祭祀銀一兩六錢　一給春
祭喜神銀一兩六錢　以上各件每年于正七等
月給禮房領辦祭祀　一知縣俸薪額銀四十
五兩除荒寔征銀四十一兩二錢八分七厘內
一解奉文扣存縣四季分俸薪銀四十一兩二
錢八分九厘每年于三月批解司庫交納　一
給門子二名工食足額銀十二兩　一給皂隸一
工食足額銀九十六兩　一給馬快工食足額
銀一百三十四兩四錢　一給民壯五十名工
食足額銀三百兩內除裁減民壯工食銀八十
四兩於每年照數批解司庫交納寔給民壯工
食銀二百一十六兩　一給禁兵工食足額銀
四十八兩　一給轎傘扇夫工食銀四十二兩
一給斗級工食足額銀二十四兩　一給庫
子工食銀二十四兩以上各工食按季發給
修理倉監銀二十四兩除荒寔征銀十八兩三
錢五分一厘內奉文扣半歸入各案充餉外寔

征銀修銀九兩一錢七分五厘每年給刑房領
出修理　一典史俸薪銀三十一兩五錢二分除
荒寔征銀二十八兩九錢二分一厘　一解奉
文扣存典史四季俸薪銀二十八兩九錢二分
一厘每年批解司庫交納　一給典史皂隸工
食足額銀二十四兩　一給典史門子工食足
額銀六兩　一給典史馬夫工食足額銀六兩
巡檢俸薪銀三十一兩五錢二分除荒寔征
銀二十八兩九錢二分一厘　一解奉文扣存
巡檢四季俸薪銀二十八兩九錢二分一厘每
年批解司庫交納　一給巡檢皂隸工食足額
銀三十兩　一給巡檢弓兵工食十二兩以上
二件四季領給　一給儒學教諭俸薪銀四十
兩　一給儒學訓導俸薪銀三十六兩　一給儒
學齋夫工食足額銀三十六兩　一給儒學門
斗工食足額銀十四兩四錢以上按季領給
一給廩生廩糧銀八十二兩六錢六分六厘戶
部則例載明英學廩生各給廩糧四兩一錢三
分三厘有奇年底領給　一給　文廟春秋二
丁祭銀四十八兩　一給　文廟香燭銀二兩

四錢以上門斗禮房領辦祭祀　鄉飲酒席額
銀三兩五錢除荒寔征銀三兩二錢一分一厘
歲貢盤纏額銀二十五兩除荒寔征銀二十
二兩九錢三分八厘內除裁扣銀一十一兩一
分歸入各案充餉外酌留銀一十一兩九錢二
分八厘前件每年批解司庫　一給九鋪司兵
工食足額銀一百五十一兩　一給蕭公潭渡
夫工食足額銀一兩　一給孤貧八名口糧花
布額銀四十二兩內除裁扣銀十三兩二錢歸
入丁地充餉外每年支銀二十八兩八錢內除
小建四錢八分寔給孤貧口糧花布銀二十八
兩三錢二分每年四季領給

存留起解項下

科場協濟額銀一十二兩六錢六分一厘除荒寔征銀一十一兩六
錢一分七厘內奉文裁半歸入各案充餉外寔
存半銀五兩八錢九厘　武場供應額銀四兩
七分二厘除荒寔征銀三兩七錢三分六厘內
奉文歸半歸入各案充餉外寔存半銀一兩八
錢六分八厘前件每
年批解司庫交納

計開各官養廉已奉徑支
概縣額征丁地錢糧加一耗羨銀七百五十一
兩九錢九分八厘三毫額征減存米折耗銀九
兩一錢一分三厘每年征收上下兩忙丁地並
減存米折耗銀共七百六十一兩一錢一分一
厘三毫
一巡檢每年應支養廉銀六十兩　一典史每
年應支養廉銀六十兩　一知縣每年應支養
廉銀六百兩內不敷廉銀五兩六錢八分五厘
八毫在于減存米折耗銀內動支以湊廉銀不

敷之數　一本縣動支額編米價耗銀三十七
両六錢八分四厘一毫　一每年應解支剩減
存米折耗銀三兩四錢二分八厘每年批解司庫交納

附英山豁免捏報開墾田畝詳案

江南六安州英山縣爲遵例剴陳籲查　題豁
一視同仁以廣
皇恩以甦民累事案奉　本州正堂高　牌開奉
布政使晏　批據英山縣生員張可信呈控英
邑雍正八等年捏報加陞之糧一案仰六安州
確查速報轉飭確查到縣正在詳查閒又據生

員張可信呈爲籲查捏報援例詳豁以廣
皇恩以甦民累事竊英本彈丸東西兩河夾送楚界
高者盡山低者皆水其舊額田地塘畝原因高
就低墾成納賦自明末清初洪水暴漲人民逃
亡田地荒蕪於順治年間招徠開墾至順治十
二年始得成熟田地塘二百一十四頃五十三
畝零刊定全書額徵納粮自全書訂後從順治
十四年起歷年奉上開墾接續陞報至康熙十
七年查通英田地塘山毫無可墾隙地清丈註
冊共得成熟田地塘畝六百六十五頃四十六
畝零雖有缺額荒糧實無可墾之處誌載昭然
間有傍河淤沙亦隨流崩瀉遇水銷鎔故往昔
縣主目擊情形奉上查墾各詳水冲沙壓萬難
開墾在案是英無荒可墾已不待今始辨矣不
意雍正八年奉文勸墾前州主李不體
聖天子勤民至意不問荒畝坐落何所端借足額邀
榮於六安則押令各戶自報於英則羽檄嚴提
前縣主懼罹法網着令鄉約驀報土民恐遭湯
火吞聲受累誠如
上諭所云捏報墾荒以致糧無抵補者也茲幸恭逢

皇恩軫念民力艱難有司亦難賠墊將各省地方近
年新陞之糧概
諭豁免故山東河南淮安崑山等處已無不荷開除
之宏恩矣惟英僻處山陬疾苦未能上達生是
以情廹於衷冒罪剴陳　藩憲蒙送　州憲查
報生亦赴州具呈轉送天臺是英萬民之重累
解懸實所望於仁天理合剴呈賞查雍正八等
年新陞之糧果係生等有墾自報任土自應納
貢如屬鄉約指名捏報祈據實轉詳援例豁免
不特

皇恩不遺於僻壤而天德亦與並垂不朽矣又據合
邑士民馬世鈞等呈爲叩查詳豁均蒙
皇恩事任土納貢固有成規無墾加糧實惟重累英
居僻隅實屬彈丸兼之東西兩河夾送楚界山
水十居七八田畝十僅二三地瘠山稠原無隙
土若遇溪水暴漲熟產亦被沙荒即輸舊額尚
在艱据況再加陞則爲難何極不意雍正八年
奉文勸墾州憲之羽檄頻催本縣之攤陞愈急
鄉約明知無荒可墾被廹捏報栽名可憐英民
徒有報墾之虛名黙受重加之實累夫以舊額

不足之民更加額外之科呼訴無門亦惟吞聲
飲泣也今幸恭逢
皇上身居九重神周萬里軫念民瘼無微不入頃聞
各省陞糧地方槪予豁免即鄰邑六霍將奉開
除英雖僻壤亦何莫非王民應共沐
皇恩於無曁也然疾苦未能上達膏澤何由下逮茲
有生員張可信已經冐罪籲陳藩憲蒙送州憲
查報轉送仁天是欲甦英邑重累悉仰仁天移
山之力爲此合訟公叩賞查雍正八等年墾荒
報呈果屬生等自具抑係鄉約捏報據實加看

轉詳等情各前來據此卑職鄭重隨檢查雍正
八九十等年報墾卷案止據各該糧戶呈開荒
田若干畝地若干畝塘若干畝坐落某處並無
坵形段落隨即查訊經承據稟稱雍正八年奉
文報墾前任李州主催提急如星火將上手經
承江永麟提去責比前任趙縣主即押令各該
鄉約呈報鄉約具到報呈不過是照各糧戶本
身田畝上加的經承江永麟就照他各呈上數
目科算報上隨飭查各原報鄉約據鄉約段祚
崇等爲稟明事雍正八年奉文限年開墾前州

主李不查墾荒有無惟以足額是苛檄催首報
牌卷纍纍前縣主趙情難回覆以致提吏丈責
差押報陞赴主遂着令蟻等代各花戶首報蟻
等莫敢抗違又不按弓口止照原額舊糧十之
三四攤陞具報此實係捏報根由等情據此查
得英邑原舊缺荒除自順治十四年起至雍正
七年止節年陸續報墾陞科已無隙不闢外尚
有缺荒田畝塘共折實田三百八十二頃二十
二畝二分九釐九毫六絲三忽一微此項田畝
祗緣卑縣境處萬山重巒疊嶂每遇伏秋陰雨

過多山水汎發流急沙噴及至冬涸而流刷成
溪沙凝成磧縱欲挑培缺陷者難施填補之功
停積者莫展畚鍤之力是此項田畝原本水冲
沙壓萬難開墾迨雍正七年奉文於雍正八年
起限年墾荒前州憲李止知急公罔恤民隱羽
檄交馳提承血比前趙陞令恐干嚴譴遂嚴責
各該鄉約照其坐落按畝加派除不入年限田
八十九頃二十八畝八分四厘八毫外八九十
等年共報墾折實田二百九十二頃九十三畝
四分五厘一毫六絲三忽一微其實畝上加畝

糧上加糧報呈皆出自鄉約之手糧戶茫然不
知並無實有田地誠如　藩憲所議海市蜃樓
者也嗣奉　憲查小民遵守　功令咸謂已奉
題達之案孰敢挺身建白今生員張可信等
見
各省疊奉
恩綸遍沐雨露冀邀一視俯叩陳情奉　憲批查轉
行到縣卑職既經確查從前實係抑勒虛報則
此敬陳未見等事案內雍正八九十等年虛報
之田二百九十二頃九十三畝四分五厘一毫

六絲三忽一微所當急請　題豁以廣
皇仁以副　憲德以甦民困者也蒙州轉詳　藩憲
轉請　撫憲孫　題豁於乾隆四年八月十一
日遵
旨議奏事案內奉　本州正堂戚奉　布政使司晏
奉　安撫部院孫　抄案內開乾隆四年七月
十五日准　戶部咨江南司案呈戶科抄出安
慶巡撫孫　題前事乾隆四年三月二十一日
題四月十二日奉
旨該部議奏欽此於本月十三日抄出到部該臣等

會議得安慶巡撫孫以安屬各州縣從前報墾
田地一案奉准部咨議覆　大學士朱條奏案
內抑勒首報者嚴行飭禁其現在報墾之田逐
一詳查如果虛捏不實即行題請開除無得護
過文飾等因今查潛山縣民徐緣璞等田共十
頃五十四畝均於雍正六八九十一年經前參
革知縣胡瑄等勒令報墾陞科今勘明實係虛
賠糧賦又太湖縣前參革縊故知縣李佳士於
雍正七八九十十一等年勒比虛報不實田一
百七十一頃七十九畝八分零又六安州參革

知州李懋仁雍正六七等年勒令鄉民捏報墾田五百二十二頃一十五畝三分零又英山縣陞任知縣趙宗炅押比捏報雍正八九十等年共墾田二百九十二頃九十三畝四分零實係按畝加泒以上潛山等四州縣虛捏不實田地共九百九十七頃四十二畝九分零內未屆陞科田二十七頃八十四畝一分零已屆陞科田九百六十九頃五十八畝八分零查明原報頃畝數目陞科銀米各款備造清冊同道府州縣印結該司保結送部題請開豁以除民累再此

案係雍正十三年奉文查報今應豁銀米麥石請於乾隆元年爲始豁免統於起運項下劃除至從前捏報各官係潛山縣叅革知縣胡瑄署縣事按察使照磨劉成璠署事病故清查官沈夔桂叅革知縣魏其藻署事李弘儒毛兆鉠前叅知縣王康太湖縣叅革縊故知縣李佳士署縣事本府叅革通判牛射策告休知縣李賁署縣事李弘儒六安州叅革知州李懋仁英山縣陞任知縣趙宗炅各職名相應指叅但事俱在雍正十三年九月初三日

恩赦以前應邀免叅統聽部議等因會同兩江總督那合詞保　題前來查雍正十三年十月內總理事務王大臣等議原任大學士朱　條奏案內請將各省田地抑勒首報嚴行飭禁其現在報墾之田令各該督撫逐一確查如果虛捏不實者卽行題請開除毋得護過文飾等因奉

御批依議速行欽此行文遵照在案今該撫孫　等既稱安屬潛山太湖六安英山等四州縣雍正六七八九十十一等年報墾案內虛捏不實田地共九百九十七頃四十二畝九分零內已屆

陞科田九百六十九項
陞科田一十二項十六

原報陞科銀米數目各冊印甘各結保題豁除併請於乾隆元年爲始豁免於起運項下劃除等語查與各該年原報開墾數目併陞科入額奏銷案內均屬相符相應推廣

皇仁准其豁除以紓民累仍令該撫孫將前項捏報已屆陞科田地統於乾隆元年爲始除已完銀兩於各該年地丁登覆案內造報撥解其未完銀兩聲明照數開除至疏稱捏報各官係潛山縣叅革知縣胡瑄等職名相應開列指叅但事

在
恩赦以前應邀免叅統聽部議等語查揑報開墾之
潛山縣叅革知縣胡瑄等該撫旣稱事在雍正
十三年九月初三日
恩赦以前均應免其查議可也乾隆四年六月十七
日題本月十九日奉
旨依議欽此合咨前去欽遵施行等因奉此轉飭仰
縣官吏卽便欽遵原詳虛揑田地照數開除出
示曉諭咸使聞知毋得私徵肥己致貽民累有
于察咎其應豁錢糧於乾隆元年爲始統於起

運項下豁除仍將現今實徵冊內花名田畝銀
數悉行銷除具報並將出示緣由貼過告示處
所造冊報查均毋遲延等因當經鄭令遵奉出
示曉諭免徵在案

附知縣張海奉查英山荒畝詳案

乾隆十九年六月二十八日在於遵
旨奏覆事案內奉　本州正堂邵　奉　布政使司
高　牌開前據該州申送英霍二縣並無隱墾
田畝各結呈送等因到司當查英山縣奏冊內
有荒田四百九十頃四十九畝零節經檄飭遍
諭民人首報以裕　國課又據該州稟稱英邑
開種山田種植芋蘆居民俱爲成業等語查該
邑現在荒缺田地旣有開墾自應報陞何以據
稱並無隱墾且稱開種成業者相沿十餘年則
從前歷任各官隱匿未報可知隨又飭令該州
確勘據實詳覆未據詳報等因轉飭到縣奉此
備查歷年卷宗復親往四鄉悉心履勘併諮詢
鄉耆父老緣英邑自前明凡一切田地山塘槪
縣統計共有折實田畝一千一百八十頃有奇
嗣於萬歷四十八年龍水泛漲山崩田洗盡遭

冲壓從前一綫細流今遂成溪河之勢從前耕
鑿之田今冲成淤泥積石清流矣自
國朝順治年間開墾起至雍正六年止新墾成熟之
畝併未經龍水冲洗之田統計不及原額三分
之一復將各項山地池塘統折爲田僅得承糧
田畝六百八十九頃八十三畝零報部定額完
糧奏銷在案然此新墾之畝內有砂土成田者
東淤西補遷徙靡常如此等田畝時有轉賣更
新畝數總不及原契之多蓋淤沙無定址也嗣
於雍正八年前令趙宗炅於一件敬陳末議事

案內奉文報墾陞科其時限届嚴廹趙令親往四鄉查勘實無隱墾之田亦無可墾之地縱有山頭地角臨險可以開闢之處皆屬有主之山折入承糧田內並非無主官荒而趙令無可塞責一面先行申報已查有墾熟地一百餘頃及奉提四址段落清冊又不能憑空造報又僅以現又查有若干俟一併造報後　憲催急廹無可如何遂於原額六百八十九頃零之內按畝加派錢糧具報陞科開墾成熟田二百九十二頃徑行徵解入冊　奏銷迨至乾隆三年加派

之糧士民心旣不甘力又不能羣起而赴　各憲公籲請豁奉批確查加派實情經前令鄭重履勘確實加派情眞具結通詳蒙　前撫部院孫　題請豁免在案茲於乾隆十四年蒙　前藩憲李　於一件飭查事案內復又行查奏冊內現在荒田四百九十頃零有無報墾等因當經前令王颺卜查明並無餘地可墾緣由兩次詳明具結在案又於乾隆十七年一件密札事案內蒙　藩憲檄飭將隱墾未報陞科之地勸諭業戶自首免其治罪等因隨又經前令吳學

山查明並無隱墾緣由具結申詳各在案竊開墾田畝攸關國計民生敢不實心查報任聽民間隱匿透漏自甘咎戾惟是現在承糧之田時被沙淤水洗有絀無盈前趙令之揑報本出於不得已之思按畝加派揑作陞科所以並無切實坐落坵段冊報如果有地開墾糧賦分所當完該士民併何敢上瀆　大憲求豁而鄭令又何敢並不查明遽以加派情眞冒昧請豁至續後若開墾有地前縣王令吳令亦不敢聽從民間徒獲地利遽然具結率詳此民間無私墾隱

漏之弊固已明矣但各前任止將民無隱墾實情詳報並未將原額一千一百八十頃有其今現在承糧之田止有六百八十九頃八十三畝零尚有荒田四百九十頃四十九畝五分作何着落並未議及致蒙　藩憲屢次飭查卑職遂細確查從前英邑共止有一綫之流兩道自萬曆四十八年龍水泛漲山俱崩塌土被水冲廬室人民淹没幾盡昔時有土之山可以耕作今已洗作石田難於闢矣昔時一綫之流山石下崩今已爲巨浸矣此四百餘頃之荒田已久廢

於龍水泛漲山崩土薄中矣況此際四鄉之支
流小港何莫非從前耕作之處是以現在實無
民間隱墾陞科地畝理合據實備陳申詳
州憲轉詳在案

英山縣志卷之八終

附録開山議詳案

乾隆二十年五月十八日奉
本州牌爲遵批轉移事奉
布政使司高　憲牌奉
宮保尚書署總督部堂尹　批本司等會詳内
開該本司等查得英山縣前任知縣李春明以
開山有碍田畝河流禁止一案奉　前憲批司
查議遵卽移會鳳陽道並行六安州確查妥議
詳覆嗣據六安州邵大業以體訪民情未便禁
開具禀經鳳陽道禀奉　前憲批委廬州府趙

守會同勘詳復經本司等轉飭遵照去後今准
鳳陽道移據廬州府趙瓚會同六安州知州邵
大業會勘詳稱英邑境内山居十分之七田止
十分之三縣之東境西境有溪河二道臨河之
山僅止一面其餘皆不近河毫無碍於田畝河
流至於開山之人土著無田之民儘多賴山開
種以資衣食其間外來之人亦多係已成家業
歷數十年安居者卽或新來認佃之楚民雖不
乏人而倚傍親友未必全無根底況一切襍糧
與棉花等項無不產於山間是山產之利倍於

田疇且開山則遍處居民編聯保甲設立鄉保遇有事故官司經臨尚屬耳目易周稽查猶便若行禁止則人無所利勢必遷移彼崇山峻嶺盡成曠絕無人之境不數年草木叢茂巡察偶疎奸徒轉得潛踪托跡應請將沿河臨田一面之山及向來封禁未開山塲概行禁止不得開墾惟聽蓄留樹木以利民用其餘已墾成熟各山悉聽照舊開種至稽察外來佃種之人惟有責成山主遇有佃戶攬種必細查來歷明白及有室家者方准給佃仍編入保甲稽查如有爲

匪不法事犯山主照房主例一併懲治等情由道移請核轉前來本司等伏查英邑地方既經該府州查勘明確山多田少山産之利倍於田疇本地與外來佃種民人衣食用度多賴於此未便概行禁開以絕自然之利應如所請將該縣境内沿河臨田一面之山及向來未開山塲飭縣禁止不得開墾惟聽蓄留樹木以資民用其餘已墾成熟之山無碍田畝河流者悉聽照舊開種並令各山主遇有佃戶攬種務須細查來歷明白及有室家者方准給佃編入保甲一

體稽查如有爲匪不法事犯亦應如該府所請山主照房主例一併懲治仍將佃戶事犯山主連坐緣由并應開應禁山塲界址詳細開載出示廣爲曉諭俾窮鄉僻壤咸知遵守並嚴飭該縣不時留心實力稽查毋稍懈忽如此庶山主佃戶均不致有失業之虞而外來匪類亦得隨時稽查可免潛藏之患矣緣奉飭議事理理合具文詳覆是否有當仰祈

憲台俯賜鑒核批示遵行等情蒙批英邑境内山多田少既未便概行禁開如詳轉飭照舊佃

種仍飭該地方官力行保甲留心稽查併曉諭山主居民凡遇外來認佃之人務須實有室家而又有親族在英落業者方許給佃倘係外來無藉之徒濫行給種一經事犯山主地隣均干連坐再此等山塲所種何項穮糧現開是何地畝應否照例變則陞科未據聲明仍即查明逓

詳察奪並候

撫部堂批示繳又奉

安撫部堂鄂　批同前由如詳飭遵仍候

督部堂批示繳各等因批司行州劄縣奉此飭

知縣張海覆查英邑可開餘地久經開墾成熟按則陞科今所墾之處不過山頭岩隙僅種棉花玉蘆蘇豆之屬並無渠流可以灌溉全賴雨水調勻以冀薄有收穫且批佃各有年限限滿或退佃他徙即廢棄不耕非若平原田地墾熟可以經久似難責令陞科等情詳州核轉詳奉司批州詳內開查英邑賦役全書內載成熟田及地塘折田並無山塲折田在內則此山係不在全書額外之山所稱糧隨田派始於何年何案有無實據再行查詳等因到縣又經查得賦

役全書雖未載有山塲折田在內而英邑山地原係田主隨田冊業糧即按田陞納由來已久況現今開挖之山不成邱段佃民限年批種遷易靡常萬難責令陞科貽民後累等情詳奉

本州轉詳在案

英山縣志卷之八

補修英山縣志卷之九

六安州同代理英山縣事萬年淳補修

英山縣知縣吳與陳　彥參訂

古蹟

封爵　勝蹟　塚墓　寺觀

英地四面皆山雖有水道阨於石嶮舟楫弗利四方賓客罕至且置縣僅數百年趙宋以前無得而稱焉然而山川靈淑巖壑爭奇溫泉異井錯列境內時有方外好遊之士攬奇搜勝始得著聞耳目其掩抑於荒烟蔓草樵夫牧豎者益不知凡幾矣夫山水景物待人而顯固亦時會

使然至於梵宇琳宮雖未盡鉅麗之觀抑各據一方之勝而賢傑流風存有顯號沒傳遺壟皆足令人慷慨憑弔者備列於篇毋使後之視今若今之視古也志古蹟

封爵

按英伯英子於經傳無考姑仍其舊英山王見明史襄武侯亦無所見姑仍之

夏英伯仲甄臯陶次子大禹所封

周英子少昊後武王所封　三代以前仍府州舊志已詳見沿革內

明英山王太祖殤弟洪武中追封

英山襄武侯於顯湖廣黃梅人洪武中追封

勝蹟

老君鶴蹟在羊角山頂石上指爪宛然唐高祖時老君降羊角意即此地耶

藏馬窩見山川相傳淮南王英布屯牧處

英布故址在英山尖下舊傳石壁有英布記

烏雲朱字在烏雲山石壁坎內鐫字三行朱色壁險峻無可攀緣昔有人自絕頂縋而下摩搨竟莫能辨

玉虹泉在縣西北三十里太平橋傍山有石鐫玉虹二大字并刻有昔人題句

椴皮樹在椴皮嶺上高三丈許枝葉扶踈如蓋根露土面可環坐數十人明天啓間蕭泗遇八仙於此後亦仙去樹至今存人不敢犯

英山古砦宋末吳淵立

塔石在西門外

徐壽輝殿基在多雲山下

蘄山見山川層峯聳峭如削懸崖幽壑有泉甘冽石屋甚奇絕頂平石數十丈山花杜鵑尤盛有傳氏蘄山別墅

鹿溪見山川地極幽勝有精舍在溪上

茶園在縣南十五里舊產茶今無

後花園在縣北七十里

薔花園在縣西八里

花涼亭在北門外廢

塚墓

（唐）學士沈佺期墓在縣北四十里株林昔有祀田今廢

（宋）進士程居墓在縣西北茅栗山居伊川裔也

平章鄭進墓在縣西南青龍坡見州志府縣志俱不載

（元）徐壽輝墓在多雲山下相傳有盜塋其地者出紅蠅三日後有張姓塋妻於傍土輙崩

齊氏丁婦人墓在北門外未詳何代

九江王英國公墓在英山尖下塋碑尚存昔有人發其冢者見鐵灌甚堅內有箭出異之遂不敢發前志　按前志雖多缺畧然以英布故址入古蹟而以此入邱墓又見山川其分別甚明府志不載此條州志遂改合爲一誤矣查史記布死番陽茲鄉正義曰布冢在饒州鄱陽縣北百五十二里十三步安得在此況前志修於康熙二十三年塋碑尚在年代必不甚久遠蓋生封公死封王明制也如英國公張輔贈定興王子懋贈寧陽王安知其裔孫襲

封不有贈九江王塋英山者乎此等史氏遺落甚多前志不能詳考碑文紀其年代名姓殊爲可惜今姑存而論之俟查有碑記再爲訂正

（明）御史張禧墓在縣東古桑

叅政張子貞墓在縣東佛塔崖

戶部主事劉會墓主事死土木之難其家招魂塋衣冠處

太常寺卿金中剛墓在縣北金家鋪後

副使前廬州知府英山知縣邵起墓在胡家河坪

重慶府同知沈世傑墓

荊門知州程謨墓在縣北永鎮橋河西

國朝豐城知縣沈惟芳墓在縣北沈家冲

大同府同知鄭元昆墓 在縣北獅子坳

兵馬司副指揮程光泙墓 在縣東大文冲

鄖西知縣馬坦墓 在縣東窰頭河

進士安慶府教授金序瑽墓 縣北四十五里楊家河

進士馬道澍墓 縣南十五里茅草凼

刑部尚書金光悌墓 縣北四十五里楊家河

内閣中書金劭墓 縣北四十五里楊家河

原任永春州知州鄭一崧墓 縣東五里河西塝

蕪湖縣教諭傅以城墓 縣北六十里扁石畈

臨湘縣知縣金序璩墓 縣北四十里金家冲

五河縣教諭金光恒墓 縣北四十里龍潭河

塚墓補遺

明知英山縣事朱陵墓 城内儒學左側

知英山縣事高在嵛墓 縣西北十五里章家呰

孝子文庠傅得年墓 縣北七十里傅家垻

孝子文庠馬應乾墓 縣南十里陶家坊

興國州同知聞朝中墓 縣北三十里聞家冲

戸部郎中聞一言墓 縣北三十五里林家冲

寺觀

長石寺 縣治西北宋傳埜建明萬歷十五年傅姓重修更名長壽寺並捐置香火田六

十石寺内有黄楊一株數百年物古翠可愛

萬壽寺 縣南元時建廢　普陀寺 縣北十里　伽藍寺 縣治後雞鳴山廢

月明寺 縣北五十里　彌陀寺 即神峯寺縣西北三十五里

萬峯寺 縣北三十五里聞家冲層巒疊嶂寂靜異常元至正中聞匡程三姓共建香火

萬育寺 縣西四十里元時建　鐘興寺 縣西南四十五里

黄金寺 縣東十五里　五峯寺 縣北六十里

龍王寺 縣北一百里　集雲寺 縣北四十五里

高山寺 縣東北三十五里　鳳凰寺 縣南三十里

竹隱菴 縣北五十五里　圓通菴 縣北十二里王正世建

雲留菴 縣北五里夏景亨建　貲建菴 縣東十五里馬鞍山

紫雲菴 縣東南三十里嚴永泰建菴左半里許石上有烏雲山三字古蹟

五龍菴 縣東六十里姜志隨建　茶園菴 縣東三十里姜志陞建

白崖菴 縣西北四十五里明崇禎年貢生沈宗高重建

新建菴 在烏雲山　新蓮菴 縣東五里滿溪坪

婆娑菴 縣東北五里七樹坳明成化中土人爲陳仙媪立詳仙釋

靈鷲菴 縣南三十里明方文讖建　大悲菴 縣北一百二十里

雲裹菴 縣東北六十里時有雲覆其上因名左側石塔七層明萬歷元年杜姓建

永興菴 縣北四十里順治十年姜佑建　興蓮菴 縣東北五十里

龍井菴 縣東北八十里菴下有井常出雲霧土人相傳祈雨多應

新城菴 縣西北十五里章家呰明知縣高在嵛抗節處

西來菴縣東北四十里　崇慧菴縣東五十里英山尖下

茅菴縣北皋陶山下康熙三十年縣丞沈詩俊建

定慧菴縣北五十里　騎龍菴縣北六十里

雲葢山菴縣西六十里　果覺菴縣北一十里

觀音崖菴縣南十五里　碧雲菴縣南五里

朝陽菴縣北六十里　瀓蓮菴縣南六十里

上馬家菴縣南十五里　下馬家菴縣南三十里

雲影菴縣北五里　龍鳳菴縣東三十里

指月菴縣東四十里　太平菴縣東四十里

鳳龍菴縣東三十五里　重慶菴

土地嵩官菴縣北六十里舊名紫荆禪林雍正年知縣趙宗炅重建

栗林菴縣北三十五里聞世鼎建　雨花菴縣北六十里

諸佛菴縣東北一百里　報國菴縣北十五里

石梨菴縣北二十五里　古月菴縣北十五里

善教菴即栗林庵　桃園菴縣東三十里

蓮花菴縣東北四十里　西竹菴縣東三十五里

萬壽菴縣北三十五里　般若菴縣北二十五里

水口菴縣東北三十五里　優鉢菴縣東北四十里

文子菴城南十里康熙二十四年鄭西知縣馬坦建

楊家菴城南二十里順治十六年彭佳章建

曇華菴在馬鞍山東康熙年段思文建思文孫外售乾隆十八年段祚楷丞茂等贖歸

天符廟縣治西北　西嶽廟縣西門外今廢

東嶽廟二一在縣東二里北澗河一在北四十里金家鋪

聖帝廟在雷家店風波嶺上唐宋以來敕建東嶽行祠神極顯赫明洪武時賊兩犯英邑主簿隋贊禱於祠俱獲奇功　月山廟縣西北四十里父子嶺

羊虎冲廟縣西五十里　廣佑廟縣北三十五里臨河有石如龜蛇又有仙女仙虎足跡

仰山廟縣東北二十里雍正十二年知縣趙宗炅重建

九龍井龍王廟縣北一百里多雲山下

雙龍廟縣北六十里

王洋廟縣東二十里　大竹廟縣南十五里

祖師殿在羊角山岩中明戶部郎中聞一言建

太乙觀縣西火麻坪

英山縣志卷之九

補修英山縣志卷之十

六安州同代理英山縣事萬年淳補修
英山縣知縣吳興陳　彦參訂

風俗 物産附

記曰禮從宜使從俗葢天地山川之氣尚有東西南朔之殊民生其間豈能無異王者監於前代斟酌損益各成一朝之令典或有偏州下邑風俗所沿要皆總其大綱禁其太甚使不悖於道焉耳況邑乘所紀乃一邑之風俗拘儒或不攷於古不舉諸今徒據家禮一書稍有未合則

以爲非虚文詆飾欲以移風易俗葢亦疎矣至於物産所宜不貴珍異地雖僻陋撙節愛養其衣食器用所資未嘗匱也且物産之難易豐嗇實與風俗之勤惰奢儉相爲表裏可勿察歟志風俗

圖經云率性眞直輕商重農

州及二邑之俗自昔淳樸其儁秀者爲士勤於向學敦崇氣節農火耕而水耨窶者傭佃自給但山田磽瘠憂旱爲多工作技藝取辦外郡僦食者所在多有商鮮奇貨土居無興販者節州志

英僻處偏隅地瘠民貧胼手胝足韋帶布衣其風樸而不文其俗儉而不侈明季殘破之後土著者十無一二率多流寓四方風氣不一機變遂生俗之趨於偷也由來漸矣節前志

按英邑風俗之美者大較有五一曰急公賦二曰肅閨閫三曰少毆鬬四曰重農桑五曰喜讀書蓋英本瘠縣無他長物穀米外惟産木棉客商往來販易地鮮名園勝景不尚冶遊性柔弱憚遠出類多敦本務實最爲近古然人情莫不由勤而之惰由儉而之奢風俗遂有醇漓生産因

而興廢長民者固當孜孜化導亦賴邑之賢士大夫恪守前輩風規爲子弟表率則敦龐淳厚風氣日上矣

冠禮久廢不行兹不虚載

婚禮古有納采問名納吉納幣請期親迎六禮今止用納采納幣親迎以從簡便儀節大抵相同英俗之異者翌晨即廟見三朝惟入厨下及菜園以示婦職之始

喪禮士大夫家遵家禮行自始死以至除服皆不甚異亦有間用佛事者雍正元年定例官兵民

人或倣道場念經止許一次
祭禮士大夫有祠堂者春秋合族致祭其無祠堂者各於堂中設主位歲時供祀拜掃之禮漢唐以後無不行者英俗每歲上墓二次春以清明秋冬或以重九或以冬至
正月一日是三元之日也雞鳴而起爆竹以辟山魈惡鬼長幼悉盛衣冠盥沐焚香楮拜祖先謂之敬香拜畢開門向吉方拜過往及出行神祇長幼尊卑咸飲酒三盃謂之出方歸復拜祖先謂之賀年卑幼以次拜尊行鄰里交相慶祝俱

設酒食相欵
立春前一日裝飾擡閣官吏里民於東郊迎春祀芒神次蚤鞭春牛分農各家俱設蔬果以祭畢飲春酒
元宵比屋張燈羣兒迎巧燈雜戲放花賽爆竹簫鼓之聲達旦不絕
二月賽社十數家共立一社築室植樹其日首事偕衆祀神於社祭畢羣飲其家極歡而散至秋社另一首事儀亦如之即古春祈秋報也
三月清明並前一日寒食節各家詣墓所祭掃加土修墳掛紙標餕餘而返士女於清明日戴柳枝及插門之左右是月婦女製米繭祀蠶姑以祈蠶
四月八日寺僧造青精飯相餽遺
五月端午飲菖蒲雄黃硃砂酒啖角黍門懸蒲艾或製艾虎蜈蚣綵囊等物與小兒佩之日午採百草以備藥物
六月六日曬書籍曝衣俗呼半年
七月七日夜婦女結綵縷穿七孔針陳瓜果於庭望綵雲謂之乞巧

十五日各焚楮錢奠先人或設伊蒲塞之饌作盂蘭會超薦祖先父母及水陸孤魂
八月初戊賽社如春
十五日中秋節以月餅藕栗相餽送夜賞月或至達曙
九月九日爲重陽登高飲菊酒以辟不祥
十月十五夜多設饌賑孤
十一月冬至日祀先祖
十二月初八日以棗果薑椒和米煮粥爲臘八粥
二十四日送竈謂竈神是日五更上天庭奏人

閭善惡至晦夜始歸復迎竈

二十四日夜設饌盛衣冠拜迎祖先

晦日爲除夕貼門神春聯爆竹宰猪烹鮮舉室聚飲男女坐至夜分謂守歲

物產

穀屬

秥稻（多種） 稉稻（多種） 大麥 小麥 蕎麥 粟（有秥稉二種） 稷（俗名蘆粟） 黍（亦有秥稉二種） 芝蔴（一名巨勝有黑白二種） 黃豆 黑豆 菉豆 白豆（即飯豆） 紅豆 青皮豆 豇豆 扁豆 豌豆 刀豆

泥豆 蠶豆

貨屬

棉花（有紫白二種） 棉布 絲 絹 綿紬 葛（各志俱載英土產今績者甚少） 木油 桐油 棉油 蔴油 菜油 紙（各志載英產紙今止有皮紙） 靛 蜜 黃蠟 柿漆 香木

蔬屬

蕨 百合 薏苡 芋 萱 蘿蔔 芹 藝

薺 莙薘 萵苣 菠菜 茄 芥 莧 白菜 油菜 花兒菜 葫蘆 瓠子 冬瓜

南瓜 西瓜 絲瓜 菜瓜 王瓜 苦瓜

大蒜 小蒜 筍 薑 葱 薤 韭 蕪

木屬

松 栢 杉 梓 椿 柳 株 楊 桑

槐 桐 荏桐 檀 樺 樗 櫟 楓 檞

柏 桹 黃栗 槲栗 椴 榆 冬青

花屬

梅 桂 芍藥 牡丹 菊 蘭 蕙 葵

薔薇 十姊妹 月月紅 酴醾 紫薇 紫荊 玫瑰 芙蓉 玉蘭 金鳳 鷄冠 玉

簪 金銀 杜鵑花 虎茨 山丹 木槿

海棠 石竹 洛陽錦 秋海棠 罌粟 夜落金 金絲牡丹 臘梅 荷包牡丹 雁來紅 郁李 千葉石榴 千葉梔子 山茶

綉毬 荷 水仙 蘋藻 莎 荇 蘩 蒲

苔 萍 凌霄 虎耳草 鳳尾草 水蓼花

馬鞭草 芒稗 寄生草 秤星籐

果屬

藕 銀杏 杏 桃 李 梅 柿 胡桃

栗 榛 榴 棗 楂 櫻桃 梨 金橘

橘　橙　柚　蒲萄　校

藥屬

黃精　蒼樹　五倍子　細辛　藁本　桔梗
天南星　山查　獨活　香附子　玄參
五加皮　苦參　乾葛　地榆　車前子　茵
陳　芫花　牽牛　天門冬　芍藥　香薷
烏藥　草麻　白芨　天花粉　瓜蔞仁　桑
白皮　穀精草　夏枯草　稀簽草　木賊草
皂角　茯神　柴胡　艾　益母草　白合
常山　石菖蒲　何首烏　蚯蚓　蝌蚪

草烏　茜草　粟殼　青木香　紫花地丁
丹參　枸杞子　薏苡仁　蒼耳子　王不留
行　蒲公英　紫背天葵　玉竹　甘菊　地
骨皮　紫蘇　白茅根　薔薇根　芭蕉根
瞿麥　青蒿　土牛膝　山慈菰　白頭翁
土茯苓　松節

竹屬

苗竹　斑竹　水竹　紫竹　鳳尾竹　叢竹
白堂竹　淡竹　苦竹

獸屬

虎　豹　狐　狸　貛　鹿　麋　麂　麞
兎　獺　蝟　松鼠　菓貍

鳥屬

雞　鴨　鵝　鳧　野鷄　鸖　錦鷄　鶺
鳲鳩　鶯　鵓鴿　鴉　鴛　翠　鶉　畫眉
竹鷄　子規　鳦　鴿　鵲　鳩　鷹　鷂
鷺　梟　百舌　麻雀

鱗介屬

鰱　鱅　草魚　青魚　鯉　鯿　鯽　赤眼
花石板　石匾頭　鱔　鰕　鮎　鼈　螺

蚌

蟲豸屬有足曰蟲無足曰豸

蜥蜴　蛇　龜　蟋蟀　蟆　蜘蛛　伏翼
蠭　蚱蜢　螳螂　螢　蟰蛸　蟬　蠐螬
虰蛵　蝱　蜾蠃　螻蝈

英山縣志卷之十終

補修英山縣志卷之十一

六安州同代理英山縣事萬年淳補修

英山縣知縣吳興陳　彥參訂

職官

庶司小吏皆以爲民也況親民之吏乎庶民所以安其田里而無嘆息愁苦之聲者政平訟理也自一邑積之至於天下而太平之化洽矣民之秀者爲士又有師儒之官教育而董正之皆所以爲國家培植人才也英邑創設未久宋元以上令佐之見於各志者亦無攷焉故志乘之

修所關非淺今自元明迄當代政績之卓然者既別紀於名宦其凡涖任茲土亦皆詳其名籍次其歲時具列於篇雖居官行事世遠無稽抑或父老所傳猶有能言之者可不慎歟志職官

知縣

元段朝立邑人至元十四年任見名宦

明仵　璪太和人　朱　陵

隋　贇山東人詳名宦以上洪武年任

尙　彬福建侯官人　張　肅山東蒲臺人舉人

倪　秉陝西鄜州人監生以上永樂年任

劉　宏河南永寧人監生宣德年任

賀　完湖廣江夏人舉人正統年任

黎九清江西人詳名宦景泰年任

宋　瑀浙江金華人監生天順年任

周茂才湖廣石首人監生　完顏章江西清江人舉人

徐　綱四川遂寧人進士擢御史以上成化年任

楊　嵩四川合州人舉人　陸　玘浙江人舉人

李　華北直人　李　瑄北直元氏人舉人詳名宦

郭　郭北直肥鄉人進士擢御史　胡　瑞湖廣京山人監生以上弘治年任

李　全河南扶溝人舉人　黃　流北直鉅鹿人舉人

駱　汪浙江義烏人舉人　王時泰浙江餘姚人舉人

孫承祖山西不定人例監以上正德年任

王　欽浙江餘姚人舉人　葉邦榮福建閩縣人舉人

曾　沂福建泉州人舉人　時　紳湖廣棗陽人舉人

歐陽祥龍湖廣新化人監生　陶　秀江西南城人舉人

高　第北直深州人舉人　邱　經江西新淦人舉人

潘維藩浙江歸善人選貢　李　鳳廣東番禺人進士詳名宦

王　燧山東東平人舉人　王　惠河南祥符人舉人

周　南四川巴縣人舉人　吳尙禮廣西宜山人舉人

張岱 北直開州人舉人
陳儁 福建舉人詳名宦以上嘉靖年任
葉世行 浙江龍泉人舉人隆慶二年任
高維崧 江西盧陵人舉人隆慶六年任詳名宦
汪大經 浙江黃巖人舉人
胡咸賔 浙江德清人恩貢詳名宦
朱文策 河南固始人監生
蔣時梧 福建泉州人舉人
樂尚應 舉人
朱坤 浙江山陰人
麗尚鴻 廣東南海人選貢
萬邦獻 江西南城人舉人
仇際可 山東人舉人詳名宦
汪有蛟 山東人舉人
朱之楊 北直大名人舉人
曾思孔 江西南豐人舉人

劉光啓 北直無極人舉人詳名宦
向文謨 湖廣漵浦人舉人詳名宦以上萬曆年任
李日章 江西永豐人舉人泰昌年任
楊世祿 四川巫山人舉人
李喬楫 福建人
陳一驥 福建人貢生以上天啓年任
劉雲龍 江西人貢生
姚一慕 浙江諸暨人舉人
徐時鼎 浙江人舉人詳名宦
周學禹 北直人貢生
許有聲 北直人貢生
高在嵛 四川人舉人詳名宦
鄭有舉 四川人貢生崇禎十五年任
邵起 浙江人恩貢詳名宦以上崇禎年任

國朝
申鍾霍 直隸人舉人順治二年任詳名宦
史良楨 河南洛陽人進士四年任詳名宦
崔永祉 山西人貢生七年任
王兆元 陝西人舉人十年任陞禮部主事
周維新 直隸人
馮永璘 直隸人生員康熙六年任
陳震先 浙江錢塘人進士八年任詳名宦
楊忭 奉天人十四年任
張顧行 山西陽城人進士
劉五瓏 山西吉州人副榜十九年任詳名宦
于鵬翥 山東文登人舉人二十六年任
王之勳 陝西鄠縣人舉人二十七年任
李澍 山東招遠人舉人三十一年任詳名宦
林瑚 福建董田人監生二十九年任

李延埉 奉天人四十八年任
張顯遇 廣東新會人舉人五十五年任
趙宗炅 貴州平越人舉人雍正四年任
鄭重 江蘇高郵人進士乾隆元年任
童宏先 陝西咸寧人舉人五年任
董良弼 浙江烏程人舉人九年任
陳步青 廣東揭陽人進士十五年任
吳行遠 浙江烏程人舉人十七年任
李春明 湖北沔陽州人十八年任
張海 浙江錢塘人十九年任
玉格 滿洲鑲白旗人二十三年任
何揚牧 河南杞縣人舉人二十七年任
李鴻光 江西吉水人舉人三十一年任

徐日紀浙江桐廬人廩貢三十五年任
倪存謨四川威遠人舉人三十七年任
周學元廣東南海人舉人四十一年任
耿膺錫河南虞城人附貢生四十二年任
劉爲翰山東城武人舉人四十六年任
呂占建山東德州人舉人五十一年任
晁月令許州臨潁縣人舉人五十六年任
嚴克任岳州府華容縣人舉人五十七年任
李金臺太同府靈邱縣人嘉慶元年任
張著樸平陽府洪洞縣人拔貢二年任
丁應鑾雲南臨安府石屏縣人舉人三年任
李湘山東濟南府歷城縣人進士四年任
何孝達河南杞縣人從九
諸穆圖滿洲正白旗舉人十一年任　楊大縉直隸獻縣舉人道光元年任
張洛泉山東掖縣舉人道光二年任
陳彥浙江歸安進士三年任

縣丞

元張梓邑人舊作宋官者非
明張德成洪武年任
趙韓順天宛平人監生　祝安江西人

蘇人安浙江遂昌人以上永樂年任
張鱗山東壽光人宣德年任
孔詣山東曲阜人生正統年任
林綱浙江人監生　王彥弼以上成化年任
馮彰北直人監生　陳秀北直人監生
李政北直冀州人監生　辜[illegible]江西豐城人監生以上弘治年任
王璋北直滄州人監生　陳璡河南杞縣人監生
伍學貴湖廣廣濟人監生　馮鉞北直永平人監生以上正德年任
夏煥浙江仁和人監生　劉善河南鈞州人監生
楊泉河南汝寧人監生　何溥
羅尚魁四川人監生　陸春雲南楚雄人監生
盧景爵河南人例貢　胡德化山東人監生
王綸湖廣竹山人監生以上嘉靖年任以後裁缺

主簿

明隋贇見知縣洪武年任
唐敬北直良鄉人監生　邊煥以上永樂年任
孫浩北直良鄉人監生宣德年任
姜忠浙江遂安人監生正統年任

郭敎 山東人監生成化年任
高惟善 山東聊城人　徐杰 浙江上虞人詳名宦
常齡　董廷秀 山東長清人監生
余嶽　徐璋 遼東人監生以上弘治年任
甯瑛 山西蒲州人監生　姚玘 山東武城人監生以上正德年任
劉希賢　李珩 浙江縉雲人監生
楊永盛 山東曹州人　毛俊賢 浙江餘姚人監生
康永慶 黟縣人例貢　孫桂 河南人貢生
舒暘 湖廣荊門人監生　劉璉 河南人監生

陳鎮 浙江餘姚人監生　朱遇 河南人例貢
鄭傅 河南人例貢　李思敬 山東齊東人例貢以上嘉靖年任
武萬鑛 山西滎河人例貢　許希尹 以上隆慶年任
張汝容 江西泰和人　汪梁
王炯　曹應箕
宋炫　陳楫
李之祚　方權
沈應朝 江西新建人　沈應麒 浙江會稽人
張顯祖 江西人以上萬曆年任以後裁缺

典史

明
鄭衍 洪武年任
吳銘 北直武清人宣德年任
王傑 山東昌邑人正統年任
馮凱 浙江慈谿人　陳璽 北直人以上正德年任
郗銘 山東歷城人　唐憲 湖廣巴陵人
鄭誠 福建閩縣人　魏恩鄉 福建莆田人監生
王承惠 浙江餘姚人　黃大山 福建人
陳英選 福建人　胡守約 河南人
熊御 江西人　徐昻 湖廣黃岡人以上嘉靖年任

李生 湖廣孝感人隆慶年任
俞相 浙江仁和人　盧肅 廣西人監生
林汝高 江西永豐人　徐進賢 湖廣棗陽人
馬應祥 浙江仁和人　鄭邦傑
張冀　鄭尊周
陳國典 浙江平陽人　孫國珍
廖香　王端
何勸 以上萬曆年任
顧大受 泰昌年任
唐一桂 天啓年任

趙家旂浙江山陽人　趙惟孝浙江人
賴　福建龍巖人後家於英以上崇禎年任
國朝沇光圖直隸人爲寇所掠　沈以燦
王立貴直隸人　趙毓暹陝西人以上順治年任
方孟璉浙江人詳名宦　林鴻猷福建人
王紹益浙江會稽人　章　修順天大興人監生
王承恩湖廣人　徐　鎮順天梁城所人以上康熙年任
孫　溥順天順義人雍正六年任
李蘭芬河南鞏縣人乾隆八年任　周安邦順天大興人九年任
潙本誠浙江錢塘人十六年任　李顯章浙江會稽人二十年署任

陳燦文浙江山陰人二十年任　張九如西安府耀州人吏員二十三年
任　李　權宣化縣人監生三十三年任
陶　乾浙江會稽人供事三十五年任　陶文銳長沙府寧鄉縣人監生三十九
年任　陳化鵬福州府侯官縣人監生四十九
年任　閆　敏山東人
梁　鑄山西人供事道光元年任

巡檢

國朝笪文林順治年任
王仕俊陝西涇陽人　姜源溥直隸人
余文定浙江金谿人　衛　智順天宛平人

姚萬里順天人　王益華順天宛平人
周際隆山東高密人　謝芳亮貴州平遠人
孫叔大順天大興人以上康熙年任
魯文彬順天大興人雍正年任
陳廷梅浙江錢塘人乾隆元年任　岳其萬四川漢州人監生十七年任
高　照武進人供事十四年任　張繼昺青蒲人附監生三十三年任後
陞懷寧知縣署六安州知州　饒萬容長沙人監生三十七年任
王朝綱山陽人監生三十九年任　陳朝蕃廣寧人監生四十二年任
吳國望漢陽人監生四十二年任　陸紹寧元和人監生五十四年任
卜士俊順天大興人本籍江蘇供事四年任

陳永芳福建人　陳　圻浙江人

儒學

教諭

明陳鼎　孔善山東曲阜人舉人詳名宦以
上洪武年任
艾弘道江西豐城人儒士　蔣諒湖廣零陵人舉人以上永樂
年任
陳子章廣東南海人進士宣德年任
徐鼎江西吉水人舉人正統年任府州志皆注云有傳傳未見
許禎湖廣應山人成化年任
余洪廣東人　齊必奎四川蓬州人以上弘治年任

李邦傑福建長樂人舉人　劉怡浙江慈谿人
曹儒北直真定人　朱逵北直滄州人以上正德年任
吳惟學湖廣沔陽人　朱佐江西金華人
簡宗儀江西新喻人舉人　張黼浙江龍泉人
馮源浙江人　陳九成廣東高要人舉人歷陞御史
張其恭雲南昆明人舉人　鄭茂寬浙江黃巖人
王以莊福建惠安人舉人　王錫福建晉江人
顧堯輔山東清平衛人舉人陞知縣　秦文捷浙江會稽人舉人以上嘉靖
年任
朱彩江西貴溪人舉人　漆星湖廣巴陵人

石焜貴州人以上隆慶年任
沙奠蘭湖廣黃梅人　項元滄浙江秀水人
劉世光山陽人舉人陞知縣　謝誥河南永寧人
吳一仁浙江蘭溪人　張淇無錫人詳名宦
汪瀚浙江遂安人陞知縣　王褒山東人
余應魁湖廣黃人　顏佐江西進賢人
曹條埑江人陞教授　吳維聰浙江烏程人舉人
蔡夢暘福建延平人舉人　鄧憲中山東人以上萬曆年任
喻應桐四川榮昌人　劉蘊珍湖廣嘉魚人
諸葛柱湖廣武陵人以上天啓年任

王學項貴州人崇禎年任
國朝楊金鼐華亭人貢生陞教授詳名宦　王天璧桐城人舉人以上順治年任
劉心穀江都人副榜康熙三年裁十五年後設
宋駿業長州人陞翰林院待詔　周蕃江都人陞教授
吳之騄歙縣人舉人陞教授詳名宦　陸志默山陽人貢生
周士裕江都人貢生康熙五十六年任
姜彥渭丹陽人副榜雍正元年任　李宜瑞金壇人副榜三年任
程耀先太平人副榜九年任
施瀛選崇明人副榜乾隆元年任　胡天植高郵人副榜三年任
陳益吳縣人舉人十年任陞知縣　方超桐城人舉人十八年任

葉長禮 興化人副榜三十一年任　張之恒 豐縣人拔貢四十二年任
徐　佳 天長人拔貢四十六年任　于兆熊 盱眙人拔貢五十二年任
金拱閶 江蘇常州府江陰縣人副榜五十八年任
戴沛霖 來安人舉人嘉慶二年任　曹羽儀 全椒縣人舉人十九年任
王夔坊 懷寧人廪貢道光三年任　馬映奎 通州人舉人三年任

訓導
明胡　瑀 洪武年任
楊　暉　周良翰 四川人以上成化年任
盧　贊 湖廣麻城人　黄　偉 福建人以上弘治年任
韋　壽 湖廣壽寧人　王　厚 河南長葛人
劉　温 江西永新人　鄭　棻 福建邵武人
李天倫 河南汝寧人　許　岐 浙江海寧人
彭　焜 江西南康人以上正德年任
劉　明 北直開州人　桂　林 浙江開化人
李　鐸 雲南大理人　彭應奎 廣東遂寧人

吳廷秀 福建閩縣人　熊汝麟 廣西柳州人
沈　滄 湖廣茶陵人　許　誠 四川綿竹人
馬元俊 湖廣荊門人　袁　璧 湖廣蘄圻人
陳廷霖 江西樂安人以上嘉靖年任
周　銘 湖廣襄陽人　王　鈞 宿遷人以上隆慶年任
陳　棟 浙江昌化人　王九思 桃源人
趙乘珠 山東沂水人　顔顧行
許應箕　張　焜 宿遷人
張士魁 北直内邱人　張　守 四川蓬州人
趙廷對 河南寧陵人　周　易 黟縣人

陳汝節四川人　趙嘉鳳雲南人
趙思敬　黄　讓
馬　亮　竟　忠
李　綱　張景受
馮　仁　郭　學
高仁美　孫　汶
李　虎　王　鳳
楊　軸　王　信
歸有德　丁乩嘉
楊文魁　舒以化

陳用極以上萬歷年任以後失攷
國朝吳敬修武進人　徐應星
陳心學　湯調鼎以上順治年任
何景宣宿松人以下康熙年任　程今遇霍邱人
甯　擢潁州人歲貢　孫　玫宿州人恩貢
程　洒徽州人恩貢　胡尚翰涇縣人歲貢
江之謙黟縣人貢生　蔣同捷上元人貢生
徐文珩興化人歲貢　林　琦山陽人貢生康熙五十七年任
陳于清石埭人歲貢雍正三年任　章孫虔貴池人歲貢十一年任
邢孟麟高淳人歲貢乾隆元年任　周稚炳上海人歲貢二年任

喬阜起楊源人歲貢四年任　孫斗魁南陵人歲貢八年任
湯朝棟宜興人歲貢十三年任　李治隆靈璧人歲貢十七年任
李開進泗州人歲貢二十五年任　郎　輝溧水人歲貢二十八年任
顧　飛新陽人舉人三十四年任　張天鵠溧水人歲貢三十七年任
張　路丹徒人歲貢四十二年任　杜　澧太平人拔貢四十四年任
李聲震太湖人歲貢五十五年任　楊　振溧陽人舉人五十八年任
余道謙潛山縣人舉人三十四年任

補修英山縣志卷之十二

六安州同代理英山縣事萬年淳補修

英山縣知縣吳興陳　彦參訂

選舉 徵辟 科甲 貢生 例選 武科 封廕 出身無攷者附

三代取士鄉舉里選兩漢猶重徵辟隋唐以來設進士科士林出身強半猶此雖所試不同而歷代通行相沿最久明制甲乙科外又擇郡邑博士弟子之優異者貢入太學辟舉惟初年舉行中葉後有援例入貢監者武科明制武舉未得會者仍就鄉試或中式至五六次崇禎間始

殿試置鼎甲如文榜焉英邑文武甲乙科雖不乏人然較之他邑未得爲盛今

文治日隆諸生爭自砥濯雲蒸霞蔚固當肩案而日上矣志選舉

徵辟

宋鄭進舉文行累官同平章事英山人見府州志

按各志俱載宋平章官鄭進今英邑鄭氏舊有碑刻稱唐平章但世遠難攷以碑刻爲是

元段朝昇舉賢良官陝州通判

明樂仲禮舉孝廉官唐縣知縣　程希賢舉秀才官金華府推官

郝　棠舉文行官鴻臚寺少卿　段維新舉文行官禮部主事

李　鑑舉才能官嵩縣守禦所吏目　王寧甫舉才能官饒州府同知

李　澄舉才能官河陽州判　沈世傑舉才能官重慶府同知

李仲良舉才能官處州府同知

進士舊志有唐沈佺期已經府志辨訛

宋寧宗嘉定十年丁丑吳潛榜是時英山尚未置縣

段文煥

恭宗德祐府州志以前諸科皆列某科某人榜此獨不載他屬亦別無登第者

段朝佐廬州路將　程　居禮部尚書

按度宗咸淳十年甲戌省試以元兵下成都蜀

士未至廷試展至七月度宗崩恭宗即位乃倣召試館職之制行之府志王龍澤榜是也次年即德祐元年正月元兵下蘄黄二年二月入臨安毋論軍旅倥偬有所未暇而宋室定制英宗以後皆三歲一貢舉則德祐既無省試安有進士餘見徵辟所論宋以前諸科目暨羅志俱不載

明洪武二十一年戊辰任亨泰榜府州志俱作秦亨誤

張　禧御史

正統十年乙丑商輅榜

劉　會戶部主事詳忠烈

嘉靖州志作萬曆誤四十一年壬戌申府州志作徐誤時行榜

皮汝謙推官雲南蒙化籍中式

萬曆三十五年丁未黃士俊榜

陳于震巴縣知縣雲南蒙化籍中式府志入庚戌科

三十八年庚戌韓敬榜

程　詿工部尚書湖廣孝感籍中式

本朝乾隆三十四年己丑陳初哲榜

金序珽會魁安慶府教授

二十七年壬辰金榜榜

馬道河

四十五年庚子汪如洋榜

金光悌刑部尚書有傳

舉人

宋寧宗嘉定

段　瓌解元瓌一作環論見前

元成宗大德

王寧甫又見明才能州志云大德至明初計七十七年疑有一誤

順帝至正

聞　鎮六安志失載

明洪武二十年丁卯科

張　禧見進士

二十九年丙子科

黃　懷瓊州府同知

段　亮延平府同知

建文元年己卯科

王　恕項城知縣

王　休典史

永樂三年乙酉科

黃　晦嘉魚縣教諭

正統三年戊午科

黃　鐸亞元饒陽縣教諭晦之子

劉　會見進士

景泰七年丙子科

鮑　斂

天順三年己卯科

段　俑廣昌縣教諭

成化十三年丁酉科

夏　瓚永城縣教諭

嘉慶四十年辛酉科

皮汝謙見進士

段繼明 開封府同知
四十三年甲子科
金中剛 太常寺卿
萬歷四十年壬子科
聞一言 戸部郎中詳人物
四十六年戊午科
田宏恩 光祿寺署丞
國朝乾隆十二年丁卯科
金庤珽 見進士
三十三年戊子科

金光悌 順天榜
三十五年庚寅　恩科
鄭一崧 順天榜福建永春州知州
二十六年辛卯科
馬道濟 見進士
四十二年丁酉科
鄭一坊
四十五年庚子科
段承鐘
五十三年戊申科

沈　樸
五十七年壬子科
金　劭 順天榜內閣中書
傅以堦
六十年乙卯　恩科
傅以城
嘉慶五年庚申　恩科
李芝徽
張　鰲
十二年丁卯科

余維燿
十五年庚午科
金　勇
二十一年丙子科
李泌若

貢生

英之置縣治始於元末明初元以前選舉貢生俱無考自明洪武以後貢生舊志俱無年次至國朝始有年次矣

明

洪武　王宗寧上高知縣　江秉彝辰州府同知

余福延　張衡

陶廷璧　張子貞參政詳人物

汪正誼經歷　黃極御史極府志作丞

江大本壽光主簿　胡瑀本學訓導

舒文清　杜春

永樂　申從政　王暹都事

湯譬贊皇知縣　王繼昶慶陽府推官

陳希賢金華府推官　沈瑋保定府訓導

匡徵　王用

宣德　趙佺　余彬

包英　朱潤

正統　鮑斌陽武訓導　黃敬衡陽知縣

胡寧縉雲知縣　昌晶

景泰　劉文桐廬縣丞　程諒

張賢嘉魚教諭　姜衡建陽主簿

王南英恩貢山東巡按府志不載州志註云有傳傳亦未見今增入人物

天順　楊瓊處州府照磨　鄭玘納溪知縣

王邦憲選貢

成化　汪本教授　王瑀雙流知縣

段徽經歷　黃瓚瀘溪主簿

陶鎔館陶訓導　聞善河南府教授

王銓長樂縣丞府志云有傳傳未見　程福長史

蔣宗蘄州判詳隱逸　黃鍾太平府通判

王桂林教諭　胡啓蒙

黃上林都事

弘治　祖述訓導　段愚經歷

胡訊雲和主簿　鮑軫黃巖縣丞

沈大鵬布政司經歷

正德　聞緯訓導　段儼

吳安九江府知事　黃武林巴縣訓導

黃文會　黃貢林朝城訓導

段成公安縣丞　李玨蘄水知縣

李華

嘉靖　郝達嘉善訓導　王鈺

陶　佑 雄縣丞
徐　珍 贛縣主簿
程光先 邵武經歷
王元傳 容城知縣
龍君甫 教諭
汪惟定 贛州府經歷
汪惟和 南漳教諭
張　翀 東光知縣詳孝弟
鮑　倫
王　銓 府志亦註長樂縣丞疑係重出

王邦憲 金華府經歷
馬　清 鉅鹿知縣
匡　時
孔承祿 教諭善孫建始知縣
段弘仁 詳孝弟
王佩之 安遠訓導
胡　芳
方　榮
葉　敏
王　鐖 以下四人選貢

程　謨 壽昌知縣
陳　緯 武安教諭
程　誠 樂陵主簿
王廷璋
張振朝 桐鄉縣丞
吳夢昌
金　燦 萊蕪縣丞
王　琉
程尚貴 樂陵訓導
蕭　儀 秀水縣丞詳人物

程榮恩 歸德府同知府志作歸州同知
李文耀
吳尚文
夏　儒 贊子滄州判官
劉憲章
馮世寶 崇德縣丞
高　照 蒲臺縣丞
段景淳 博平訓導
李　暐 歸州訓導
王德新 清江訓導

程應麒 浦江教諭
鄭顯貴 陳州判
杜祥林
包　謨 德興縣丞
程　穩 解州判
萬歷
蕭尚格
劉端義
聞朝中 興國州同詳人物
胡昭祖 漳州府同知
沈大川 茶陵州同

高　廉 德化主簿
沈國遜 南陵教諭
李遇春 西城知縣
胡以徵 丹陽教諭
蕭尚孚 金鄉訓導
沈大孝 黃梅主簿
胡明相 邵武縣丞
喻尚文 來安訓導
黃建中 閩縣丞

鄭　邠 荊門州學正
鄭孔洙 雲夢知縣
王子貞 夜縣教諭
聞　部
劉　棨
郝　鑑 應天府訓導
李常泰
鄭際時
朱應聘
馬　周 澤州判

高撝謙 都昌知縣
鄧　郜 貴州府教授
郝　經 新建教諭
程伯乾 高安縣丞
趙應龍
徐時夏 學正
蕭希武 全椒訓導
王鼎臣
蕭尚振
杜述忠

泰昌朱 錫武進訓導　程大作
天啓沈再祥宛平縣丞詳人物　程子序
劉世芳五年拔貢詳忠烈　程子俊六合訓導詳人物
程子鐸　李 爕
蕭時霖副榜貢詳忠烈　沈惟鵬
崇禎李大成州志作大用誤　黃道元富川知縣
聞一本恩貢詳人物　鄭永松
鄭孔翰　余文淵
鄧清榮清江縣丞　鄧我榮經歷
鄧孚榮　蕭希彥

聞可宗詳人物　鄭萬合
余有珩詳隱逸　王子肖詳孝弟
郝朝瑾副榜貢　蕭 灝

國朝

順治鄭永翰二年　蕭汝藿四年詳人物
馬應羲五年東流訓導　余有璞五年拔貢
金元鳴七年睢寧訓導　程天麟七年恩貢
蕭汝榮七年詳人物　鄧賜榮十一年拔貢
沈惟芳十一年豐城知縣詳人物　鄭萬綸十三年太和教諭
劉應會十五年　鄭永彥十七年蒙城教諭

康熙郝遇元元年　蕭時琦元年恩貢州志云有傳傳未見
蕭時豐九年　蕭希鯉十二年
余有鼎十四年恩貢　余道焜十四年
賴泰滙十六年　傅繼訓十八年詳孝弟
李天錫二十年　段卜斐二十二年
彭佳章二十四年　段再麒二十六年
段肇修二十八年　張永祚三十年
沈三瑋拔貢詳人物　沈三接三十二年詳鄉飲賓
傅再祚三十四年　蕭和中三十六年
鄭同甸三十七年拔貢詳人物　樂文郁三十八年

蕭和讓四十年石埭訓導詳人物　傅有錦四十二年
鄧可熾四十四年　胡公行四十六年
沈三璋四十六年恩貢　王 章四十八年
王道大五十年詳義行　胡美廷五十二年潛山訓導
劉子綸五十四年　王道和五十六年
胡正南五十八年　張金貴六十年池州府訓導
劉光材六十年恩貢
雍正程光洛元年拔貢詳孝弟　江起鯤元年繁昌訓導
馬 坦三年鄖西知縣詳人物　沈有宏五年如皐訓導序姓傳
鄭元譜七年拔貢詳孝弟　蕭和聖七年桃源訓導

李　修九年詳人物　傅有宣十一年詳人物
鄭元啓十三年恩貢　劉　琪十三年拔貢
乾隆馬　垲元年合肥訓導詳人物　余良寀二年蕭縣訓導詳人物
王　斑四年　王錫楚六年
馮夔學六年拔貢　鄭元圭八年
鄭元功十年詳人物　鄧　玉十二年選訓導候
劉　鼎十五年恩貢　金紹僑十五年
馬世鎮十七年　程明柱十七年恩貢詳人物
鄧昌鍇十七年拔貢銅陵教諭　傅作樑十九年
胡延煌二十一年　王　琯二十三年

金紹熇二十五年　黃遵良二十七年
彭正時二十九年　鄭一崧三十年選拔景山教習任永春州知州
馬道澍乾隆丙子副榜　鄭一坊三十一年
段　元三十三年　鄭一彬恩貢
沈書庠三十五年　鄭一淮三十七年
金序璥三十九年　傅士焜四十一年
金光恆四十二年選拔五河教諭　李世燿四十三年
段肇基四十五年　段永封四十六年天長縣訓導
段永型四十九年　彭其藻五十一年
蕭方燦五十三年　鄭本魯五十三年恩貢

鄭一鏞五十四年　沈承愈五十四年選拔沛縣教諭
沈承達五十六年恩貢　鄭本書五十七年副榜
段肇達五十八年　沈承章五十九年
嘉慶聞與鄉元年恩貢傳詳人物　聞與任元年
蕭正烈三年　傅士僬五年恩貢
李芝崴六年選拔　李芝馨六年
黃光烈七年　王善福九年
沈承震十一年　傅以瑚十三年
余維圻十三年恩貢　王堅善十五年
沈盛春十七年選拔候補八旗教習　彭中文十九年

胡其漣二十一年恩賜副榜　李芝畹二十一年
沈　荃二十三年　蕭正善二十四年恩貢
方之灼二十四年
道光蕭如曾元年恩貢　段承增元年恩貢
余維焜二年歲貢

例貢

明葉正蓁 海寧主簿　張鳳儀 安仁主簿　馬　圖 昌仁主簿
朱鳳梧　金世祉　黃　金 光化知縣
夏尚志 主簿　湯　傑 袁州府知府　閔　尚 浙江倉大使
國朝傅有鐸 詳人物　程光浄 兵馬司副指揮 詳義行
沈　松　鄭元旻　戴振孫
余延瑞 詳義行　金紹儀　段　瑞
鄧　炯 詳孝弟　程光濂　金秉瑜
金序玧　馬世銹　姜一詔
彭正中　鄭一增　傅作椅

鄭一瑩　鄭一錦 附例　鄭本嵋 附例
鄭本超 廪例　鄭昌寶 附例　鄭昌齡 附例
聞詩白 增例　金序淇 附例　段永湘 附例
段祚調 附例　段永垂 附例　胡可錄 附例
段芳玉　段芳柱　段芳塏
段芳蔭　王善琮　余維馨 廪例黟縣訓導
署潁州府教授　彭其桂　葉鳳翥
胡可龍 附例　楊　潤 附例　王從徐
彭中勳 增例

例選

明朱　榮 陽穀主簿　李　弼 華陽主簿　鄭　郛 襄陽主簿
汪仕聯 建德主簿　李仲謙 典史　王　霖 鄖城典史
胡　溶 永新典史　葉　儼 襄陽典史　段存敬
段存仁 倉大使　金國寶 太醫院吏目　金國忠 昌樂主簿
程貢魁 晉江縣丞　沈　玳 餘姚知縣　段一甲
金世祈
國朝鄧林楨 考授縣丞　沈詩和 考授縣丞　彭佳彥 考授州同
沈詩俊 考授縣丞　程　鑑 考授縣丞　金秉鑑 考授州同
鄭元昆 大同府同知　程光洮 考授州同　聞學訓 考授州同

程明標 試用同知　胡延調 昌平州吏目　段肇伊 考授縣丞
程明梁 陽穀縣丞　江漢彥 考授縣丞　馬世銳 考授州同
段肇仁 考授州同　鄭元音 考授州同　彭應璧 考授州同
馬世爵 考授縣丞　鄧　熀 考授縣丞　李　肇 考授縣丞
沈書堯 考授州同　程明檢 考授州同　姜志隨 考授州同
彭應正 考授州同　段肇吏 考授州同　余延深 考授縣丞
傅有鉞 考授主簿　余延泓 考授州同　傅作湄 考授主簿
程明桂 東阿典史　聞兆暹 考授州同　馬道法 考授州同
杜必興 考授縣丞　程天時　彭　灝
王天瞪　傅有錠　聞世英

李常師　金秉衡　胡學旦
沈棫　方宗時　傅有宸
馬壉　沈詩用　方宗曦
李常觀　聞學謨　金秉璉
傅有寀　沈應厚　彭正音
程明楊　胡華壁　馬世鈞
蕭和珩　段祚炳　李常豊
余延藩　金紹倬　杜有律
彭應軫　蕭大桂　鄭元景
方宗兌　鄭同鉅　程明權

沈應遠　傅作法　李常鼎
馬世封　余龍　鄭元昱
徐在煜　聞兆鼎　彭正南
胡松　沈書思　段擎禋
李犟　金掄爵　傅作泮
鄭元岳　李蔚　蕭方標
余良宣　鄭元禔　程明椿
王琳　胡大鵲　李常復
段珽　李良　劉翰仁
徐在華　胡大鵬　鄭元杲

杜永言　馬道洵　程明材
王錫砡　金紹伋　王琮
沈應禹　夏日炳　郝維誨
方先智　胡梓　汪宗柱
程晰　胡大鴻　金衜爵
彭正文　傅潤　蕭大仕
胡中熼　方宗恒　余良泮
鄭同昌　傅作楠　彭其和
胡延詩　鄭一皐　胡華珽
王繼定　徐大正　馬道淇

程明林　沈承宗　余延埈
段祚楷　姜詵　傅作瀩
杜興淇　王璣　段召臺
彭正宗　陶鼎　蕭方瑛
胡延炳　余良宜　沈書林
聞兆昌　程光沄　鄭一堅
馬道浩　胡中灼　程明榮
傅作棫　段祚烈　葉榮澧
沈書田　劉學熙　張世祚
段祚詠　王從封　方衍濟

傅士極　彭正本　蕭方炅
馬世昌　姜　謨　程明櫰
金紹信　胡廷松　徐大譽
鄭一汴　杜興禮　余良宗
傅士煒　金序璜　劉得仁
段祚論　鄭一瑞　胡應鳳
蕭方煥　程明榜　段祚英
馬道澄　金序河　蕭大炳
傅士棋　李　傑　余明善
彭正綱　江文逵　程明槢

傅作涇　王從契　熊啓爵
徐大格　郝維詮　胡如玉
沈書森　鄭一翹　傅作浙
鄧可熉　蕭大林　聞兆晨
張光燦　彭其名　段祚華
程明榕　方衍璜　鄧昌鏵
沈書洲　姜一秀　蕭方蜀
杜興信　胡　楫　彭其漢
金序琰　段祚蔭　余　蛟
馬道淵　蕭大觀　余扶爵

徐道讓　鄭一璋　蕭方琇
段肇全　程明楙　杜再華
彭正道　余寶善　徐大穩
李世炯　彭正榜　程明桐
余震善　金序珩　傅士格
姜曰標　段祚怡　蕭大極
段祚評　馬道潤　曾在宜
沈承誨　金役爵　杜再璵
劉　銳　彭正經　程行灼
蕭方煃　傅士梅　聞兆昱

王錫蒲　汪正本　蕭方晨
胡應龍　沈書泰　王之柏
傅士李　胡延熾　沈書誠
馬道漣　金任爵　彭其泮
姜曰棟　方衍模　蕭方璟
鄭一文　程明檽　余良宸
傅作棨　王從伊　金序渭
胡應楝　段永浹　蕭方爍
彭正色　沈承講　程行焜
王從椿　彭其德　胡華月

沈尚庠　傅士釆　汪　傑
余善章　段祚梓　余良浩
鄭本文　馬道潮　胡應俊
王之松　彭其福　李　溶
余良宅　徐大緒　段祚師
胡　鎮　劉中渭　蕭正詠
聞兆昇　胡應旦　馬際梁
徐大楷　段祚枚　杜興貴
沈承論　鄧大泮　鄭元臨
王從藻　徐在明　彭其洛

胡華伸　李　震　段永源
胡華銳　徐道棍　程行灼
鄭本桂　傅作楷　鄧大埥
胡應曙　沈尚貢　胡華佑
王從伯　徐道樸　徐　珠
鄧　鉅　段祚檜　葉榮淮
余良鎮　杜興榮　徐在新
傅士柱　余善啓　胡應傑
胡華瑞　彭其祿　徐道佺
徐道標　杜再昺　段祚焯

鄭元春　蕭方球　余良寶
鄧大坦　姜日梁　胡華謨
傅士梁　徐道淵　熊啓璋
彭其桐　方衍泮　徐道緯
鄧昌鏈　彭其庶　胡應普
沈聖智　胡可遵　蔡元淳
杜再晨　徐大維　胡華易
蕭方鼎　李芝基　吳世銘
余　賓　傅士楫　余延溶
鄧大倡　胡應昂　段肇定

劉　昂　方衍强　王　韶
胡顯堂　蔡元成　徐在易
徐大成　徐在詩　徐大鑑
徐惟琮　杜履實　程明枋
王從綱　杜興貴　胡延誨
王佳章廣西太平府經歷　鄧可燦袁州府經廳
王天祿　程光沃縣丞　程賢臣經歷
沈詩融經歷　段　鵠吏目　馬世達經歷
方　俊典史　沈書升吏目　胡延誠典史
彭正璋　鄧可燿經歷　李常謙經歷

王民便　段肇勳　郝文俊
馬道法州同　沈　兆典史　段祚煜經歷
李　遠經歷　方宗漣　程明誠吏目
鄭元儉典史　段　瑀經歷　劉　裔
閔其睿　舒其翼　沈書鼎經歷
程明相經歷　沈書盤州同　杜興義經歷
李　智經歷　沈承恩經歷　傅作漢經歷
方衍舉　余　龍州同　余善經經歷
金序琢新田縣知縣　段荃芳府經歷　王治安布經歷
彭應軫州同　余維謙州同　余維肇理問

余維菁州同　余維芝州同　彭常炯理問
馬道澄州同　余維正縣丞　余維慶照磨
葉夏忠布經歷　葉夏恕浙江鹽運使參軍攝穿長龍頭松江袁浦等塲
余維大兩淮鹽知事　金序理問　金宗謹理問
胡應鳳州同　鄭一樸理問　鄭本祥州同
鄭昌堃州同　楊　炳理問　鄭　昭理問
彭正南州同　傅以坪主簿　王善士州同
王善行衛千總　王　綱衛千總　馬道浩衛千總
葉　超衛守備　王從繩理問　王從清布政司經歷
金光顯議叙縣丞　王善翥府知事　王之松州同

武科

宋段　珏寧宗嘉定庚午科解元
國朝程　鼎康熙二十年辛酉科援開墾例候補參將

封廕

宋段文聰以子朝立貴贈知縣
明張　禧以子子貞貴贈右參政　劉　以子會貴贈主事
張　德以子翀貴贈知縣　金禮新以子中剛贈太常寺卿
聞尚德以子朝中貴贈州同知　聞朝中以子一言貴贈戶部主事
程永爵以子謨貴贈知縣　沈文幹以子大川貴贈州同知
劉一龍以子世芳貴贈知縣　黃　海以子敬貴贈知縣

鄭　邠以子孔鸞貴贈學正
國朝沈再祠以子惟芳貴贈知縣　程　鑑以孫明標例贈奉直大夫
程光泗以子明標例贈奉直大夫　聞世英以孫兆暹例贈儒林郎
聞學誠以子兆暹例封儒林郎　馬世祿以子道法例封承德郎
程光湖以子明桂例封修職郎　程光淳以子明梁例封修職郎
金天爵以曾孫光悌貴光祿大夫刑部尚書誥贈
金紹偉以孫光悌貴光祿大夫刑部尚書誥贈
金序珽以子光悌貴光祿大夫刑部尚書誥贈
金序瓌以姪光悌貴儒林郎內閣中書貤贈
金序璪以姪光悌貴貤贈朝議大夫　金紹傳以子序琢貴貤封修職郎

聞光鼎以外孫金光悌貴貤贈奉直大夫宗人府主事

段祚炳以子永封貴贈修職郎　鄭同旦以孫一崧貴封奉政大夫

鄭元譜以子一崧貴封奉政大夫　沈書庠以子承愈貴貤封儒林郎

沈書瑞以立子承愈貴貤封儒林郎　余延藩以子龍例封承德郎

鄭同龢以子元昆貴贈奉政大夫　余善緒以子維謙例贈奉直大夫

楊啟珠以孫炳例贈儒林郎　楊道禮以子炳例贈儒林郎

王道璜以子之松例贈儒林郎　王天鐸以孫之松例贈儒林郎

出身無考者附錄

宋杜萬鼎歙縣知縣　杜百朝淮陽教授

段振大理評事　張梓桐柏縣丞

元方千十大理評事　沈有恭總管府推官

聞德巡檢

明方武伯朝奉郎

補修英山縣志卷之十三

六安州同代理英山縣事萬年淳補修
英山縣知縣吳興陳　彥參訂

武備 武廨武功附

自古久安長治之世曷嘗不嚴武備哉蓋兵可千日不用不可一日不備此詰爾戎兵張皇六師古聖賢所以尤惓惓也英邑之在今日彈丸黑子耳況我

朝禮陶樂淑兵草不試迄二百年而儆戒無虞綢繆未雨雖窮鄉僻壤莫不規模整飭防守嚴密蓋

以詰姦慝衛善良用意至深遠也故能銷不軌於未萌陳懿德於時夏可不謂有備無患者乎吳楚邊邑山林峻密守土者所當慎也志武備

英山在前代屬六安衛分鎮至崇禎十五年始設副總一員千總一員把總一員

國朝順治二年設駐防守備一員兵一百名康熙十三年增防官兵二百名置都司一員後裁去今定屬六安營參將額設分防英山縣把總一員領步戰守兵九十三名內公糧九名養廉六名守識一名弓箭三十五名烏鎗三十四名籐牌八名乾隆十八年奉　文泒撥茅草畈兵弓箭一名烏鎗三名十九年知縣李春明詳請增馬兵四名已經奉　文准撥共額設馬兵四名步兵八十九名

乾隆十八年六安營分撥駐防茅草畈千總一員領步戰守兵三十名

營守署今爲把總署在北門中爲堂三楹左廂房一間後住宅四間前儀門樓一座又前頭門三間左營書房一間馬屋一間

千總署在茅草畈中爲堂三間後住宅三間左右

廂房各三間前官廳三間外牌樓一座乾隆十八年署縣李天璽建

演武場小教場東門外大教場南門外

茅草畈營房二十間乾隆十八年署縣李天璽建又營房十間二十年知縣張海建

東鐵爐坳汛營房三間烟墩三座牌樓一座守兵五名

西落梨河汛營房三間烟墩三座牌樓一座守兵五名

南鷄鳴河汛營房三間烟墩三座牌樓一座守兵

五名　以上三汛俱係城守營把總分撥

扎界嶺汛營房三間烟墩三座牌樓一座守兵五名

新添爛柴溝汛官廳三間營房三間烟墩三座牌樓一座守兵五名

新添草盤地汛官廳三間營房三間烟墩三座牌樓一座守兵五名　以上三汛俱係茅草畈千總分撥

駐防

明張惟月 副總

葉之俊 千總　陳佐周 把總

守備

國朝吳羽聖　李煜

薛應魁　劉世魁

高舉　張國祚 以上順治年任

褚得勝　李尙德 以上康熙年任以後裁改

都司 閻煌 直隸宣化人進士康熙十三年任 以後裁改

把總

國朝馬元 山東人行伍　祝貴陞 六安人行伍

高得標　張志山 松江人行伍

金鼎　郭祿 六安人行伍

陳永立　張敬先 六安人行伍

滿得華　甯捷 六安人行伍

張瑜 六安人行伍　段章 江甯人行伍

郭甯 山東人武舉　陳騎山 山東濟甯人武舉

徐炳 銅山人武舉　鐵世雄 江甯人行伍

馬魁 乾隆三十一年任　王自新 乾隆三十六年任

朱枚 四十七年　馬洪 五十四年

江琢 五十五年任　吳廣仁 五十六年任

黃占魁 嘉慶元年任　邱元 二年任

蔣大彪 六年任　賈炳山 上元武舉七年任

王立綱 十一年任　薛源遠 十二年任

毛洪義 十五年任　江譓 十六年任

周明 十七年任　吳文選 二十年任

劉正邦 道光二年任

千總 駐防茅草畈乾隆十八年新設

徐邦慶 浙江人舉人　周邦 壽州人行伍

哈讓 江甯人武舉　徐炳 陞把總任

楊嵩山 乾隆二十二年任　張殿英 二十五年任

楊春 三十年任　劉維藩 三十四年任

雷正宗任三十八年　楊錫仁任四十二年
黄景武任四十三年　李　威任五十四年
壽如豹任五十六年　潘　宣任五十九年
王　印任嘉慶元年　徐金標任八年
強治平十一年任十二年奉文將千總裁歸潁州營以六安城守把總移駐
茅草畈外委
郝凌雲任嘉慶十三年　祁占得任二十年
劉正邦任二十四年　薛繼達任道光三年
鷄兒河外委
王登科乾隆二十年任　張廷標任二十八年

曹大任任五十年　薛士沛任五十八年
傅光輝任五十九年　柏正邦任六十年
劉文科任嘉慶元年　李清泰任七年
毛洪義任十一年　祁占得任十四年
洪廷樑任二十年　祝應芳任二十一年
何正邦任二十二年　王廷春任二十五年
胡交泰任道光二年

武爵武功附

(明)龔　畹縣志作龔婉明初官元帥　江百萬萬曆中將軍

按明太祖初設各官統軍元帥正三品同知元帥從三品未久尋罷改都督府為之者類皆元勳宿將其後遇大征討則總兵官掛諸號將軍印既事繳之今止泛稱元帥將軍不著其爵位勳業未足為據前志因之而府州志皆未及辨存疑可也

沈元完成都府守備

汪有勳明崇禎十二年從黄得功勦流寇有功授昭義鎮參將尋以條陳戰守事宜忤主將不合遂辭職歸

國朝程萬卷廣州府都司

馬騰雲廩生思元子也年十四為流寇所掠有義僕二人曰辛午曰小八亦遇難相隨奔四川從軍營順治六年以功授夔州府都司年五十給假省親其子遂留雲南舟次楚江時思元年七十餘無子聞其尚存棄家尋訪同泊舟次騰雲識鄉音具問所由乃其父也相持大慟計離家三十六年矣歸復娶妻生子數歲而卒子城後入邑庠

龍占春本籍英山人由行伍屢次隨征有功累官以遊擊管雲南鎮標左營千總康熙三十五年

隨運喝爾咀車輛議叙加四等錄用候選三十
七年以老歸籍又二年而卒
傅崧武庠生嘉慶元年隨陝撫秦勦捕教匪斬賊
無算獲六品職銜後血戰數十次追賊至與安
府賊駐江北崧駐江南領兵渡江賊衆畏其饒
勇皆退避焉秩加守備銜現年七十告病里居

英山縣志卷之十三終

補修英山縣志卷之十四

六安州同代理英山縣事萬年淳補修
英山縣知縣吳興陳　彥參訂

名宦

古之以良吏稱者類皆所居民樂所去民思而
嚴威斷立聲譽者不與焉然史傳所紀代不數
人英山雖元明來始立爲縣其地不過分屬於
蘄羅而唐宋以前令長之見於各志者蓋亦無
聞焉豈莅斯土者果無可紀歟抑偏州下邑採
風有所未及史氏亦多遺落歟何循吏之不概
見耶前明始置名宦祠從祀聖廟郡邑各有志
乘於是才猷政績卓然可紀者莫不壽之梨棗
報以俎豆非若故老傳聞終歸澌滅也志名宦

元段朝立邑三吳鄉人少有大志能文章寶祐間
隨父文熜選入太學元兵南下知宋運將終遂
謀歸保鄉里聚豪傑據仙人臺立堡樹柵盜不
敢犯端平中檄爲沿江制置使久握兵權未嘗
挫衂德祐三年朝立以羅田東直河鄉地遠請
改爲英山縣郎授知縣明年公廨成以良吏聞
按宋理宗十年甲午改元端平歷嘉熙淳祐至

二十九年癸丑始改元寶祐恭宗德祐元年正月元兵下蘄州知州管景模降隣近州縣已望風欵附二年二月元兵入臨安帝以三月入朝五月至上都降封瀛國公傳中年代舛謬若此且以朝立爲宋臣皆誤今畧爲辨正無從改定也

明隋贇字從禮山東人洪武元年由茂才授主簿擒賊潘文友王玉二等以功陞知縣復有異政除虎患擢通判袁州府

孔善山東曲阜人舉於鄉授訓導造士有方進教

諭父祥卒塟於英留其子彥繪守塋遂家焉

黎九淸江西人景泰中知縣忠信明決吏不敢欺民汪老無子買二童一爲嗣一爲僕汪歿以爭産訟莫能辨閱其牘一名童一名美悟曰童首從立乃嗣子也美首與義同乃義養之僕耳安得與童爭兩人俱服

董廷秀山東長淸人宏治間主簿嚴毅廉潔緝奸宄勸農桑自奉儉薄不以累民民爲建去思祠

李瑄北直元氏人宏治間由舉人知縣事明斂淸介甫下車郞疎滯獄囹圄頓空抑豪強卹里甲

尤重學校修舉廢墜爲諸生嚴立課程時加考校給燈油筆劄以丙艱去士民感泣祀名宦

徐杰浙江上虞人弘治間主簿從政剛果除盜有方境內屏息邑人思之祀之土地祠後請入名宦

李鳳廣東番禺人進士嘉靖中知縣爲政寬平簡易聽訟洞悉民隱歲歉請賑親詣鄉堡面察餓瘠山中有大盜數十年莫能捕治鳳皆窮其巢穴徵斂以時修學訓士三年陞大理評事歷官左布政使

陳雋福建長樂人舉人嘉靖間由壽州學正擢知縣事專務德化講學課文舉行鄉約風俗丕變以叔爲郡守當調英民赴闕保留不允改知奉新尋行取主事

高維崧江西廬陵人舉人隆慶中知縣布衣蔬食輿蓋不飭除窩訪淸吏弊舉行鄉約修建學宮日聚諸生課藝行取御史民爲立祠

胡咸賓浙江德淸人恩貢萬曆初知縣耿介慈和留心學校祀名宦

仇際可山東舉人萬曆間知縣單車赴任居常蔬

食自甘勞心爲民罰贖一概屏絶去之日行李
蕭然
劉光啓北直無極人舉人萬曆間知縣實心愛民
禱雨禱雪隨念立應
張淇字原頒無錫歲貢萬曆間教諭學術醇正師
範端嚴以親老歸里顧端文公兄弟感出其門
申文定公尚書彙編其所輯也
吳維聰浙江烏程人舉人萬曆間教諭立會課士
捐俸入以濟貧生攝縣篆清積蠹賊盜屏息豪
猾畏之若神

向文謨湖廣潊浦人舉人萬曆間知縣詳請裁革
主簿省冗員之費改折鳳倉米麥免運兌之勞
善政甚多邑人爲建生祠
徐時鼎浙江舉人崇禎時知縣有惠政八年乙亥
正月晦流寇至邑原無城池可守焚燬縱橫殺
戮盈野爲乞師淮楊兵至賊已去矣三百年縣
治一旦煨燼目擊喪亂憂懣病卒邑人痛之按時鼎未得入名宦當削去
高在嵛四川舉人崇禎十二年任知縣時値變亂
築新城於章山呰聚士民以守十四年五月賊
襲城勢危甚或勸之出避曰吾職守土與城俱
亡耳忼慷罵賊死賊去邑諸生鄭萬合斂其遺
骸面如生邑人哀感爲之營葬表其墓曰忠烈
高公　按明史忠義傳崇禎十四年六月流賊
賀一龍左金王等襲陷英山知縣高在嵛抗賊
死
邵起浙江恩貢崇禎十六年任知縣舊治邱墟駐
添樓鄉戶口萬餘至是僅存數十多方招集給
以牛種土著流移咸仰賴焉以卓異超擢知廬
州府晉河南大梁道辭歸居英卒葬胡家河坪

國朝申種霍直隸舉人　國初知縣治添樓鄉茅齋
草具自奉菲薄纔赴縣治斬荊棘經營結搆爲
殘民請命漕糧得免五載以典史沈光圖爲楚
賊所執坐累罷官行李蕭然士民無不哭送
史良植河南洛陽人進士順治四年知縣事年甫
十八雖老成無以過之問民疾苦釐剔奸弊隆
禮學校五年二月楚賊程孟頡來侵單騎入郡
乞師過霍邑爲土賊所執尋釋之遂僑治廬州
六年八月領兵來英至地名石頭紫突遇賊衆
兵敗被執不屈遇害邑人爲之營葬十五年奉

本道孫擻移匱歸洛士民捐貲爲助道旁祭奠不絕

楊金鼐（州志作鼎誤）華亭貢生順治中教諭綽有師範諸生日以文藝請益或有事爭執據理折之無不稱平陞教授

陳震先浙江錢塘人進士康熙八年知縣事革火耗減雜用輕漕費百務從寬建學養士請廣文武生額士服其教民懷其澤

方孟璉浙江人任典史清理保甲捕緝盜賊克稱厥職以忤縣令馮罷歸輿論惜之

劉五瓛山西吉州人副榜任知縣痛革積弊減除漕費捐俸修學編纂邑乘於康熙二十三年刻行歷陞知府

李澍字用霖山東招遠人舉人康熙三十一年任知縣邑苦宣船鹽頭兩弊爲詳上官革除嚴重練達人不敢欺暇則集士課文藝且勉以實行歷任八載卒於省閩邑人感之

吳之騄字耳公歙縣舉人任教諭嚴課程飭行檢一循白鹿洞規條倡議改建學宮在任十五年陞鎮江教授著有經解及詩文集如干卷

趙宗炅字麗天貴州平越人由經魁知英山十年政簡刑清愛民育士創凌雲書院兼置義田清漏澤園修舉廢墜善政頗多晚因州牧李勒令報畝不能持正後邀　恩豁免亦未致永累云

董良弼號守齋浙江烏程人由舉人知英山縣四年清廉慈惠愛民如子其砥礪士行振興學校多方造就不遺餘力故士氣鼓舞文風駸駸日上至今士類戴之

徐日紀字松圃浙江桐廬人廩貢生乾隆三十五年任縣事勤政愛民尤以造士爲急務英距金

陵道遠應鄉試者艱於資斧徐集紳士議舉興賢會且捐廉俸以倡其事置田建館大小試稱便士子德之

張著樸字素園山西洪洞人拔貢生嘉慶二年由教授知縣事禮士愛民抑豪强剔奸弊忠信明决吏畏民懷年餘卒于任扶櫬歸里士民哭奠者遮道

補修英山縣志卷之十五

六安州同代理英山縣事萬年淳補修
英山縣知縣吳興陳　彥參訂

人物

英山自元至元間始立爲縣故宋以前賢士大夫無得而稱焉然斷碑殘簡故老所傳後世猶有能言之者雖曰無徵不可謂非幸歟前明三百餘年卽未見有絶德殊勳著聞天下卓然爲一代偉人者而因時樹立列於庶位固亦多矣顧明季兵燹之後戶口僅存譜牒淪亡傳誌散佚甲子志乘無從搜輯逺際太平日久子姓蕃

衍欲表揚先代之美亦不能舉其時代事蹟之詳僅與宋元以前世遠人湮者徒得髣髴於大槪良足慨矣今遍加諮訪及當代文行可紀者咸著於篇且亦使後之人無憾焉志人物

明張子貞字彥誠洪武中由貢生授兵部車駕司主事進本司員外郎因言事謫戍海南衛尋起刑部員外郎永樂三年陞江西按察司僉事以內艱去服除補山東按察司僉事切直不容於時謫隷苑馬寺題詩龍江衛上見之復起兵部車駕司郎中陞浙江右叅政歷官四十年清介忠勤寵辱不以介意戶部尚書蹇義謂人曰做官不能遠法古人近效張子貞可矣爲時所推如此其龍江衛詩云淸晨辭帝闕薄暮過龍江父子情難捨君臣義莫忘吳山雲渺渺楚地水茫茫但得身康健他鄉卽故鄉祀鄉賢祠

王南英宋烈士玠五世孫祖文聰別有傳南英由恩貢任鳳翔府推官後奉命賞邊有功陞山東巡按涖治淸平盜賊屛跡致仕歸東民以金銀贈行麾之弗受止金鴨一枚童僕匿歸南英出

金置座悉分鄉黨至今土名金鴨冲

蕭儀字來鳳少穎悟年二十補弟子員受業戚南軒之門嘉靖朝以歲貢授浙江秀水縣丞旋以母老乞終養建志學書院置義田母歿廬墓三年著有五倫指要

金中剛本名印字殿邦嘉靖登賢書館閣臣徐階卽爲撰重五表帝嘉之召見賜名中剛累加太常寺卿掌內書造局事値紫皇殿嘉議大夫賜一品服孫元鳴歲貢生雎寗訓導元音號爲神童八歲補諸生十歲食廩餼

閆朝中字霽宇萬曆壬辰選貢同知湖廣興國州署州事盡祛宿弊時礦事方殷委曲調劑民尤德之子一言一本

閆一言字文石萬曆壬子舉人知福建寧德縣潔躬愛民卹災興學擢光祿署正轉南戶部主事晉郎中監稅蕪湖剔弊興利擢知黃州府逮告歸立宗祠置義田軫卹姻黨汲引後進崇禎中寇亂憂憤而卒年六十四有鶴鳴軒詩集

閆一本崇禎時由恩貢生爲福建福安縣丞戢奸撫懦邑人德之遷貴州思南府經歷尋告歸與

兄一言白首相依子可賔可寰能世其業遇寇亂俱守正以死

沈再祥字建華少穎悟弱冠補諸生食廩餼兄弟八人甚友愛祥無嗣盡出所藏置祭田以萬歷壬子抜貢授宛平縣丞未仕卒

鄭萬合字和卿明歲貢生少聰穎博通經史搆別墅於蓮花山麓教授生徒出其門者多佳士性和厚常受冤終不與較工草隸年八十三卒

閆可宗字範伯歲貢生戶部一言子穎異嗜學明末寇亂辟地授徒講學著有古濬山房詩文集行世

程子俊字傑士伊川二十六世孫性孝友博覽經史由歲貢生授六合訓導課士有方各憲嘉之署縣篆年餘惠愛士民興利除弊卒於任子三人天祐天祜天禧俱入邑庠有文行扶柩歸士民焚香祖奠至今有餘澤焉

國朝蕭汝藿字孝思順治四年歲貢任海門訓導課士有方移海州學正秩滿陞湖廣興寧知縣多惠政卒於官

蕭汝榮字茂公順治八年歲貢訓導潛山遷教諭

修學宮勤課業秩滿陞河南通許縣丞奉檄清丈陳州屏絕餽遺剔蠹諸弊陳人德之

沈惟芳字蘭若順治十一年貢生崑山崇明訓導遷靖江教諭陞江西豐城知縣潔已惠民歲荒詳報太守力沮之惟芳堅請得免賦二萬捐俸修壞隄八處撫軍宋公器重之面諭保舉辭以疾乞休優游林壑三十載壽八十六子三璋三璋三璋字章玉恩貢生博學能文著有詩經直解選東流教諭未任而卒

金奉爵字畹頤幼貧奇穎篤學嗜古年十四補諸

生食飩後抱沉痾臥床九載手不釋卷著有三易演符圖說韻學思問編各若干卷年三十九卒

鄭同旬字禹山拔貢生博通經籍著有春秋題義括柿葉草堂近詩及詩餘選子元啓乾隆元年恩貢家貧嗜學授徒以養著作甚富孫一蘭邑廩生

傅有寬字締象邑廩生生有異質經史過目成誦工爲詩古文辭多有禆名教素敦友愛族有兄及姪廢疾者養之終身縣令旌其堂曰一家文

行遺稿如干卷藏於家

傅有宣字帝懷歲貢生天資敏捷讀書一過掩卷不遺年十五能文章尤好古著有四書詳解並詩文集若干卷藏於家性孝友善岐黃子貢生作椅亦工文

沈三璋字章玉貢生喜讀書自制藝及詩古文辭皆研求精奥族有孤女撫如已出擇婿嫁之里有富而無嗣者欲立異姓子以多金囑爲成其謀拒弗納

傅有鐸字天木邑貢生力學工文善草書旁通岐黄精詣青烏兄有錦沒撫姪如子歲歉指囷周急時稱長者有錦字天衣亦歲貢生頴異善學尤精音韻不隨俗俯仰

馬坦字龍山孝友篤行倡建宗祠置祀產父墓在蘄復置墓田由貢生試用湖廣初攝鄖縣篆府中豪吏或偃蹇不爲禮坦重懲之一時皆歛跡授知鄖西地僻俗敝多所興革農時親履田間勸民力作嚴立會課諸生皆知向學獄有死囚三人坦疑其冤覆訊得實自詣憲白之囚皆得釋自是他縣大案多見委鞫曲全者甚多在

任八年以足疾乞歸士民祖餞數十里不絕年七十而卒

馬壋字眉山坦弟少孤育於兄嫂頴悟自立博通經史工詩賦以明經任合肥訓導督課雖嚴而善於體恤諸生無不悅服盧守朱深嘉重之素性孝友事兄如嚴父性坦易喜賓客不屑屑計家人生產子三人世鍠世欽入邑庠世鈞國子生

李修字知三歲貢生學醇品端諸生出其門者皆有聲譽子世炳世煌皆邑廩生好學能文章士

林重之論者謂其淵源有自云
鄭元功字次立少孤事後毋孝性穎悟博聞強記歷代史鑑手自批閱者數四未弱冠補弟子員蒔花種竹肆意詩酒晚年築竹林草堂耿介自許以明經終鄉黨矜式焉
程明柱字砥木父庠生光溥素號端方其族叔晰家道中落病劇托以老母二子光溥事育十餘年未嘗少懈明柱性嗜學早年食廩餼敦行孝友足跡不履城市時咸目爲忠厚長者乾隆壬中舉恩貢逾二歲而卒從弟明棠字召木亦弱

冠補諸生食餼品端學博工詩古文辭邑令延爲凌雲義學師屢入棘闈不售制憲黄閲其試卷檄獎之年未四十遂殁士林皆惋惜焉
鄭元昆字明若由太學生銓縣丞尋授山西大同府同知少孤事母張以孝聞兄弟多早喪撫諸姪如子敏達嗜學工書法族中子弟能讀書者聚之家塾延師助膏火多所成就生平慷慨好義嘗捐田備闔邑試卷凡歲祲必竭貲賑䘏有司屢旌其門卒於官著有敦本堂詩集子舉人一坊貢生一增

蕭和議字允恭少穎悟性友愛析居時辭多受少捐田置祀産周濟族鄰由貢生任石埭訓導嘗委署縣篆年八十卒從弟和聖字介侯少孤事母兄孝友由貢生任桃源訓導嘗攝教諭及阜寧縣事年八十二壽終子姪俱多入邑庠
余良采字曉成幼貧寠勤學入邑庠食餼教授所得置田里與弟均分以歲貢任蕭縣訓導教士有法蕭地瀉鹵奉檄查灾發賑按籍詳核吏胥不得爲弊貧民均沐其惠府憲甚器重之解組歸田宅一無所增年八十而卒

金序挺字紫搢性孝友方正寢食經史詩文膾炙人口兼工書法中式乾隆丁卯科十七名舉人巳丑科第六名進士補安府教授爲江左名宿以子光悌貴　誥贈光祿大夫
馬道澍字卯雨由乾隆丙子副榜中辛卯北闈舉人壬辰聯捷進士性敏嗜學守道安貧掌教凌雲書院獎勵後進邑人士多所成就制藝推倒一時遠近爭傳誦之
金光悌字汝恭號蘭畦乾隆戊子舉人庚子　恩科會試進士由內閣中書洊陞至刑部尚書前

任刑部二十餘年用法平不枉無告亦不縱有
罪墓志載藝文
鄭一坊字宇平號懷雲由歲貢生應丁丑壬午
召試中式丁酉科舉人揀選知縣爲邑中名宿
歷操選政父元昆任山西大同府司馬卒於官
署扶櫬歸里哀毁骨立事繼母孝待弟友愛有
能人所難能者元昆前捐田課爲合邑生童卷
資坊復補捐樊家冲田課六十石花課五十觔
以承父志受邑侯陳託以百金營息買置田課
四十三石花課三十觔爲書院生徒膏火事詳

明倫堂輿賢館凌雲書院各碑刻晚年主講凌
雲書院士林多所玉成著有培元堂文集長子
本超廪貢生名噪士林年二十九歿亦著有柿
葉堂文集
黄遵良字埴軒歲貢生家貧嗜學爲文力追史漢
博物洽聞著作甚富於四子書尤多所發明人
品醇正樂引後學士林猶宗仰焉
聞與瑯字玉齋 恩貢生敦孝友崇古道研經史
無間晨夕性好提獎後學邑中知名之士皆出
其門著有課徒草及清遠堂詩文集年六十四

卒子詩可廪生詩賦庠生詩 裁增生
段永鎧字金聲乾隆庚子舉人穎敏嗜學工於制
藝辛丑會試歸閉户論道足不履公庭生徒出
其門下成就者不勝指數
沈樸字素園乾隆戊申舉人揀選知縣公正廉直
篤志力學幼孤事母劉氏克盡子道友愛其弟
不私已財先疇數畝以延師讀書費盡課讀家
塾子弟之貧者資以膏火生平足跡不履公庭
房師馮極器重之子二人盛名邑廪生
金序琢字璧兆敦行孝弟秉性正直優於經濟由

例監銓縣丞補知縣歷任湖南臨湘衡陽耒陽
宜章新田清泉士民爲立德政碑並忠廉仁恕
匾額
金光恒號以軒藺畦之堂弟也丁酉拔貢 朝考
二等以州同用改補教諭在宿松有奇績詳見
傳
傳以城字屏憲號翕齋乾隆乙卯 恩科舉人
揀選知縣任蕪湖縣教諭少穎悟篤志積學居
心醇厚立品端嚴教育生徒不遺餘力遠近受
其甄陶成名庠序者無算從弟舉人以堦舉人

余維燿皆出其門下著有憶夢樓詩文如干卷待刻

李芝畹字澥紋弟芝嶶字靜菴兄弟友愛自幼以詩書相勵畹屢薦未售名列明經嶶由拔貢登庚申鄉榜俱有著作見稱於時人以爲二難焉

傅以堦字堯蓂號玉平乾隆壬子科舉人春闈屢薦未售著作甚富壬戌會試卒京邸士林惜之妻鄭氏變産囑夫弟廩生以培扶櫬歸里安葬苦志教子文蔚習舉子業纘乃父風

張鰲嘉慶庚申　恩科舉人性孝友篤志詩書爲諸生時肄業賡颺書院數載薪水不給自甘

淡泊人以爲有志竟成云

段永封字御勅歲貢生博通經史事父母孝選授天長縣訓導教士勤謹卒於官子芳鑑邑庠生

鄧昌錯字秉陽拔貢生性孝兩任銅陵教諭勤訓課不計束脩士之貧者並資以膏火銅士愛戴之如其父兄焉

彭中文字暘林歲貢生博通經史詩字名一時性廉介館霍邑劉令署試士閱卷某以千金請託正色拒之樂引後進力崇實學門下多名士

補修英山縣志卷之十六

六安州同代理英山縣事萬年淳補修

英山縣知縣吳興陳　彦參訂

忠烈

自古仗節死義之士孰非出於天性哉語曰疾風知勁草板蕩識忠臣每觀前代廢興或高爵厚祿蒙面喪心而踈抑末僚窮鄉下士反能充其浩然之氣挺節不污忠義奮發身家俱碎而未嘗稍悔至今凜凜猶有生氣矣顧或白孤忠於當代或昭大節於來茲而匹夫庶士干戈擾

攘之餘子孫不振其行雖與日月爭光其身竟與草木同朽豈不痛哉明季寇亂英吏民死者多矣獨高尸一人獲見正史今悉著其可知者而無考者亦過而存之毋使遂泯滅焉志忠烈

宋王玠高宗紹興二年蘄黄鎮撫使孔彦舟横暴不法朝廷將以兵執之彦舟率所部叛時玠守蘄州率衆背城血戰不勝同妻馬氏妾李氏田氏罵賊投磯死事聞敕贈蘄黄鎮撫使建烈士廟於龍眼磯頭州志

按蘄州志玠字介玉長洲人徙居鄂州孔彦舟

爲舒蘄鎭撫使聘玠爲幕屬彥舟有異志問計於玠玠烈士也正色諭以順逆凡數百言彥舟囚之數日復問仍責以義且曰誠欲反幸先殺我執謂王玠而從賊耶彥舟怒竟沉玠於龍眼磯與妻子俱時紹興二年六月十三日也郡人悲其志立廟磯上具有石記其說甚詳與此頗異玠事不見正史疑蘄志所紀較爲得實但本非英人英事後其子孫家於英故六安志首載之今亦附錄焉

〔明〕沈論堂洪武間以功累官都督府僉事鎭守廣

西軍律嚴明遼東賊起奉命往征兵敗被執不屈而死

張禧洪武戊辰進士建文時官御史燕王反殉節葬廣里古塽

以上二人未見正史各志亦復不載今無所考姑紀其畧

劉會字嘉會正統乙丑進士官戶部主事十四年上北征同年友羅紳當扈從母病難其行會乃請代土木之變車駕被圍會扶上乘馬出既敵衆大集遂遇害景泰初勅建忠臣廟䘏其子端儀入監讀書舊志稱其臣節友誼皎若日星雖千載猶凛凛有生氣也祀鄉賢

劉世芳字穎玉天啓五年拔貢歷任廬陵宛平縣丞陞新河知縣時流氛縱横閭井蕭條防禦撫卹辛勤備至殘黎賴之直指衛公有憂國如家視民如子之薦超擢山東濟南僉事未至任甲申三月賊陷京城得報仰天大慟以頭觸柱嘔血數升而卒子焻邑庠生年八十四舉鄉飲賓

蕭時霖字澤及天啓時副榜崇禎末流寇破縣治被執百計誘降不屈罵賊而死

宋禎崇禎時武學生十三年流寇踞邑禎奮不顧身率衆夜襲賊營失利被執不屈慘死知縣高在嵛憫其忠烈申請上憲䘏子弘入武學

程子鰲邑廩生與知縣高在嵛同守章山砦城破高罵賊死子鰲率姪天禧僕丙秃巷戰殺賊數人被執而死

鄭萬善字仁卿邑廩生與從弟庠生萬齡讀書七星坪崇禎十三年爲流賊所執罵不絕口萬齡聲尤厲全家被害萬善妻黄氏赴火死

段七段八失其名皆有勇力屢殺劇賊賊甚畏之

衆寡不敵俱爲賊所害

英山縣志卷之十六終

補修英山縣志卷之十七

六安州同代理英山縣事萬年淳補修
英山縣知縣吳興陳　彥參訂

孝弟義行 鄉飲賓附

人莫不愛其親而以孝稱者不少概見焉毋亦庸行之常無以自見者多耶東坡有言以孝取人則勇者割股怯者廬墓蓋譏其非正也而近世所稱爲孝類多如是執筆之士益有取焉推肥讓産雖不過友愛之一端乃末俗澆漓亦足以生其愧厲蓋孝弟之實難盡而名多僞托此

循端所以宜責實也至於扶危周急慷慨好義之士類多能之但緩急人所時有流離饑饉之餘所濟豈淺鮮哉長民者欲激勵囂薄道民歸厚烏可不急爲表揚乎志孝弟義行

孝弟

宋段璋大理評事振之次子幼以文學著名性至孝父卒哀毁踰禮廬墓三載有芝生於墓側後其山遂以芝名

明段宏仁嘉靖中貢生父病湯藥必親嘗及卒哀毁骨立既塟廬墓朝夕擗踊毒虺遠避暴漲湧

柴山積鴉鵲羣繞止宿墓側不驚時謂孝感正
德元年奉詔旌表　按明史孝義傳英山段弘
仁弘治間旌
張翀嘉靖朝東光知縣父德卒廬墓三年縗絰不
去身朝夕哭奠有枯樹復生之異縣尹以狀聞
勅建孝行坊
傅得年字古敦庠生父明陽母江氏方十齡失恃
繼母葉嚴酷時遭鞭撻和顏受之葉卒再事繼
母謝如事葉族里舉實以聞縣尹向文謨額其
庭曰孝行可嘉

馬應乾字維元邑庠生幼失怙事節母徐氏以孝
聞母病二十餘年就臥寢側未嘗一夕離刲股
二次不令人知母歿廬墓三載縣尹屢旌之
段孟塤性淳樸未嘗學問早喪父力田養母必竭
其誠母歿廬墓三年哀號不絕不避狼虎宗族
鄉鄰咸爲感動
黃道南字有夏廩膳生明季寇禍負母避蘄州徙
黃州屢被賊執感其孝並釋之後歸里家徒壁
立自食苦菜勉備甘旨奉母
胡昭祖字元覺歲貢生任遂寧知縣擢漳州府同
知致仕歸州人立碑紀其德政父歿廬墓三年
里人建有孝子祠
王子脩字敬承貢生事繼母劉孝明季流賊蜂起
負母避亂遇虎泣以身當虎不爲傷又偕族衆
伏處衆乏食盡出所貯活人甚多
國朝傅繼訓字箴若歲貢生八歲父得年卒同兄繼
相奉母張氏避寇朝陽砦疫作砦例疫者棄野
外張病繼訓兄弟露立守護不離及卒舁葬先
塋如禮兄被賊執涕泣請代不許則請同死賊
義之俱釋免子孫著庠序

金秉鑑字覺先由諸生入太學父元鳴睢寧訓導
卒於任諸生德之賻甚厚秉鑑堅辭不獲於治
喪之暇悉以完父修學未竟之業事繼母孝與
弟庠生秉貞相友愛弟歿撫其子教之咸列膠
庠
金秉衡字權可廩生元音子三歲失怙恃與堂兄
秉鑑同處愛若同胞未逮事親逢祭必泣終身
不改由諸生入太學居鄉耿介喜施予儉歲周
急不一而足里人德之
金天爵字理源少嗜學早餼邑庠事親盡色養親

殁承廢甘旨逢忌辰哀泣如初喪以是終其身愛兄子逾已子而督率甚嚴以宅讓弟初因艱嗣妻傅爲買妾楚中甫及門詢知係宦裔流落急令別處備奩嫁之鄰火毀百餘家助以粟而隱其名標於市曰有粟願貸於是貸者紛紛後竟不取償其他建祠䘏族佽助婚喪皆行之無倦諸子以文行著孫庠珽成進士

金奉聖字理常國學生性孝友父病恒涕泣不能飲食善撫孤姪且成嫂節弟璋既析產復合食多年後璋以產讓弗受遇貧寒推解不吝醫藥

義塚施舍不倦年七十足不履公庭

傅有宸字綸予太學生兄弟七人同居宸主家政尺絲寸帛不以私終身無間言好施與族貧不能嫁娶者助數十金不惜鄰里被火捐穀活數十家

傅有宗字鼎彝邑廩生父繼訓母汪氏遇疾調治衣不解帶及卒廬墓三年羣燕來巢鳳倅王國楨式其廬額曰孺慕兄弟七人食指百餘同居二十載無私蓄無間言縣改建學宮任勞三年始竣士林服其公且勤

傅有錠字天掌國學生少孤事母沈氏盡孝卓然自立族中貧乏者多賴以成就

傅作彩父庠生有守母余氏母遇疾危彩刲股入藥愈後以憂成疾輾轉十年勉力奉養未嘗因病稍懈迨病革而死惓惓以父母爲念命其子歛以麻衣

程光洛字伯耆拔貢生父鼎疾籲天請以身代及卒擗踊幾絕營塋畢偕弟浚等廬墓三載友愛無私蓄縣令張顥遇深重之

程光浚字叔潢邑庠生事兄光洛如嚴父兄病極

意調治及殁哀感路人撫姪如子事母汪竭盡敬愛族人舉爲族長知縣趙宗炅以誠能睦族旌之妻黃氏亦孝

汪錫我母病三載親嘗湯藥祈禱及殁哀號擗踊願從地下不逾月亦卒

夏之正字宗寅庠生幼孤力學與諸兄弟異母曲盡友恭析產不較厚薄事母孝有妹適劉氏少寡迎養於家撫兩甥爲婚娶然後歸之

鄭同鼎字夏彝庠生少孤撫於節母蕭讀書勵志率得不倦居平至誠待人於族中煢獨尤力爲

經紀勿令失所一切皆體親志用相怡悅年八十餘無疾而逝子國學生元景元禔孝友娛親兄弟析產互相推讓終身無一間言

鄭同鼎字臺友少孤事母孝喜讀書與兄友睦沒齒無間歲歉常捐廩囷以助貧乏時嘉其行子庠生元晟貢生元旻國學生元昱元杲大同府同知元昆傳詳人物

金伯爵字亞侯性淳謹重然諾嚴取與遇人渾渾不見圭角伯兄嫂歿遺子襁褓復遇危疾殫心調治得生與仲兄同居友愛下帷次苦至老不

倦子紹倓字鍾奇生有異質弱冠入邑庠食餼親卒後築廬墓側呫嗶無間寒暑賫志以歿所作詩文甚多

葉自秀字子茂兄蚤歿三子俱幼嫂傅氏苦節自秀撫姪若子教之讀書嘗就學數十里外爲親賫薪米兼考課程家計不以紛姪心後俱列庠序均畀以田宅時稱長厚

胡自南字來薫歲貢生　國初隨父廩生文貴避兵土符寨兄弟五人皆死於難自南奉父歸滿溪坪舊址居焉及歿廬墓不忍去流寇焚山環墓號泣火遂滅

程枚字蔚章邑庠生性孝友胞兄弟早逝撫孤姪弱女如己出堂兄萬卷被掠在外四十餘年賣產遍訪迎兄姪歸所有田產皆均分仍多撥己業百餘石子三人光潤出繼伯父時光治邑庠生光濂貢生

沈宗洛字聖水太學生事親孝父病亟嘗糞甘苦及歿哀毀中禮順治八年黃岡大饑士民就食者四百餘家宗洛計其戶口散穀七百餘石後爲大盜所誣逮至黃士民奔府具保者一日千

餘紙太守知其孝義遂釋之二子四孫俱著庠序

段肇濂邑庠生母病三載湯藥親嘗朝夕不離仍刲股以進疾遂愈臨財廉或橫逆相加受之不與校年八十足不履城市族黨咸稱誦焉

段肇仁字士愷太學生考授州同年十五失怙事母孝撫弱弟肇伊友愛甚篤捐貲置祀產言行慤質族黨敬憚之肇伊字商佐太學生考授縣丞少孤力學事母兄孝謹兄弟各生三子皆能世其家云

沈榮字卉木事親孝親病刲股二次及歿哀毁骨
立兄榮卒撫孤姪如已出子詩觀如皐訓導詩
名邑庠生詩用國子生
沈詩和字聲諧貢生事親孝母鄭年九十餘老病
不能行親負出入備奉甘旨及沒哀毁不茹葷
廬墓三載足不履庭戶子典謨訓詁多列庠序
程光潤字儕言邑增生幼繼伯父時嗣母王年少
矢志事之盡孝及母歿潤年已六十有二哀思
無異孩提三年內不飲酒茹葷杜門不出邑人
稱之

江漢文字豈湖邑庠生孝養父母善事伯兄父年
老病篤醫藥不效急嘗其糞齋戒祈禱噬左股
劙肉二勺入藥中次日遂愈兄漢彥字次路考
授縣丞職里人李思孝戶絕田施月明寺彥言
於官令寺僧修其墳墓歲時奉祀焉
鄧炯字尚旃歲貢生年八歲嗣父林楨歿哀禮兼
盡母病湯藥不假他手侍寢側者四年母嘆曰
立子如此親生者當愧形無地矣及歿倚柩哭
泣足不出幃廬墓三年憂思成疾親友始勸之
歸郡縣皆額旌焉

胡天經字孝緒邑增生貢生自南子少孤年十五
刲股愈母疾敦孝友析居後猶分己產與兄天
裔子三人如玉國子生駿驄皆邑庠生
鄭元諧字係九苦心積學雍正七年拔貢肄業國
子監以母老告歸兄弟同居白首無間言諸姪
少孤者撫之如己子親歿移居墓側顏其堂曰
依依著有依依堂詩集生平足不履城市子二
人一崧舉人一鏞歲貢生
段再逵樸實少慤幼而嗜學年十八補諸生兄弟
四人逵居長父遺產業悉讓於弟貧苦筆耕生

平多善行子肇端應童子試學使衡文夜將半
見其卷面異光疑陰德所致招覆時問之肇端
不能對則曰吾父行善數十年理或然也
段再聖邑庠生性長厚田產多與本支耕種鄉鄰
貧乏者出家厰周之製良藥濟人不索値足不
履公庭族人推爲家督訟端衰息母病刲股和
藥醫之知縣　旌其門曰善蓋一鄉
杜有律字維聲國子生縣丞從興次子父疾刲股
兩次尋醫霍邑去家百四十里自負藥囊與醫
王姓者同歸日暮虎撲醫有律後至祝之虎即

舍去時稱孝感父歿同兄有言廬墓三載母蕭染寒疾焚香告天請以身代及卒置廬墓側朝夕哭踴者復三年事庶母王如所生兄性躁用奢產業半爲所廢不忍分析毫無怨意自少講學無疾言遽色知縣李嘉其孝行屢欲請旌固辭乃止子興洪國學生

段再麒字毛伯幼穎慧號神童十五補弟子員康熙戊辰膺歲荐著述甚富邑士多負笈門下弟庠生再麟分居後家業漸廢老而益貧再麒與以已田二百石族黨貧乏者周之子召昌亦列

膠庠

沈應大字輝士邑庠生母病痺痿醫藥不效立願祈禱日夜虔誦大士神咒數千遍刊刷勸世所患漸減晝則負以出入夜則侍寢其側十餘年乃卒泣血三年妻傅亦孝湯藥親嘗濯汚不假他手始終無怠子尚經尚紋尚瑞俱邑庠生

鄧焜邑庠生性孝友母汪病篤刲股救之而愈迨憂慼成疾幼子大綸亦刲股以救焉

鄧昌鍇拔貢生母閆氏病篤刲股食之立愈並詳人物

胡學旦字公碩國學生父守祉字近山武健多力明季賊猖獗聞名輒避之力弱者多托庇焉學旦性孝友豪俠好義弟學炳繼母出也幼失怙恃旦撫教成立與其子克讓同入邑庠及析居田廬視所欲悉與之立宗祠置祭田皆捐貲贖人妻子凋殘無倚多收字焉凶年瘟疫出穀帛棺木周濟者數載年七十舉鄉飲大賓臨終呼三子將時人所負債券悉面焚之妻章亦樂施予康熙乙酉丙戌間數凶歉每歲出穀千石煮粥濟貧餓給醫藥棺木盤費藉以生全者甚衆修橋建寺所費亦千金有餘年八十四乃卒克

讓字允恭孝友有父風每遇歲饑施粥解衣里黨多沾其惠次子延調字和公由監生任昌平州吏目改霸州居官廉勤各憲待之甚優竟告歸優游詩酒訓課子弟無疾而終

鄭奕坤字子餘奕埏字子際坤年十歲埏九歲同入邑庠性聰慧善屬文父歿同廬墓三載子及孫曾多列庠序

鄭元度字兩如邑廩生善成父志事母孝治家有法弟元兆字古占增廣生早孤事兄惟謹不與外事肄業心蓮寺隆冬與兄對雪吟咏不輟著

有周易題解藏於家從弟元瑶字最白生三月失恃繼母王撫之甚篤入邑庠以麟經膺薦者三會兄元亮病革隱憂成疾臨終囑弟元春曰吾母養未終不能瞑目幸爾孝事承歡頜子及兄兒女爲弟累耳後元春教養兼盡鄉族稱之

夏之時字寅斗邑庠生幼奇穎與父避兵山谷猶手不釋卷五經子史多其手錄教諸弟之日之玉之正皆列庠序授徒講學所成就者甚多

彭應正字鼎璜由庠生入國學考授州同事親孝兩弟早逝撫諸姪成立遠近稱其孝友有十丈

夫子常戒以有智勿用盡也嗜子史所著希賢集多彷莊老時藝亦古雅邁俗

沈詩用字方介國學生事親孝兄弟同居數十載毫無間言析居時出其私產奴婢公分終身不入公庭設藥局修橋路知縣鄭重旌之曰德行可風

段肇球字振九二歲失怙事節母夏極孝妻方亦善事孀姑時人稱之球有疾知不起囑其子曰汝祖母苦節不及送終罪大矣我死殮以哀經及卒殮用吉服不賦其子哭曰祖母在而用衰經若之何乃瞑

余道高字集成邑庠生喜讀書怡情卯壑有五子延渾入邑庠延深延泓延溶延藩俱國學生延泓字維舟幼失怙常總家事與弟延藩甚相友愛母年八十餘奉命維謹分產未嘗爭論邑有公役咸襄助焉各憲屢額旌之

聞學訓字傳仁候補州同知少孤事繼母吳氏克盡子職撫諸弟友愛無間言邑侯林嘗額其庭曰敦行不匱

聞學謙字懷樸邑廩生嗜學能文清直自守父歿與諸兄弟友愛無間孝事繼母都人士咸推重焉

余維正字位中捐縣丞職少孤孝友恪遵兩世厥訓兼撫孳季成立生子時選時可時遂年六十五卒時可繼立胞弟維大維大字堯瞻自幼嗜詩書著有松筠堂詩箋乾隆四十二年由附監銓兩淮鹽政廳抵任未半載抱沉痾妻劉事奉湯藥刲股救之不得卒於任撫子扶柩歸時祖母暨母猶在堂內外聲肅孝友可風士林咸稱頌焉

段祚譜字牒菴庠生性嗜學生平孝友好義父鵠染疾適連雨水大鬧城有傳醫即涉險渡南門河推桴至蕭公潭下衆駭異譜冒危尋之偕歸調治得愈後母胡氏病服藥不效醫炙艾火母畏懼譜即灼艾分痛爲母導先母依此治之果愈妹丈鄭四依早逝與兄庠生祚誠憐妹青年矢志礪節捐貲買鷄鳴河與棗樹灣田百餘担奬之圻邑程吉仁之子年七歲被拐鬻於太湖余倉林爲僕年十五逃至譜家譜究所從來實程人被拐子也余人尋至公捐金五兩贖歸程

踵門酬謝辭不受譜四子長子國學永源次子庠生永清三子永湘字晴嵐附貢生克承先志孝事父母友愛兄弟尊祖敬宗鄉黨無間胞弟永淋夫婦早逝遺姪春芳甫四歲廷芳僅二歲撫恤猶子延師課讀春列國學廷入膠庠其子荃芳例授府經歷芬芳業儒鄉里稱之

段肇濂母病湯藥親嘗刲股即愈前詳州縣志並家乘

夏念達孝行篤實其祖日炳年邁染疾勤服侍精湯藥厥後事父光旦亦然父病刲股救之立愈人以爲積誠之所致生子二瑚入邑庠

王從徐附貢生係邑庠錫祾長子年甫弱冠與胞弟從梁同入文庠事繼母袁氏朝夕奉養較事生母尤加倍焉重建宗祠勤置祀產弟梁早卒姪善熾善琮例貢生樸庠生姪孫亦監生徐生子善煋善煒善炳善焯俱監生卓拔增生孫十一長孫安疆庠生惟焯經管與賢館事量出入督建老宗祠不辭辛苦鄉里咸稱之

裴萬驤字雨雖監生少孤事母孝與弟庠生萬春友睦皓首無間不趨城市不入公庭男六人世

啓世南入邑庠母年四十餘時染痼疾驤每晨虔誦經文爲母延壽並梓作善良圖板印送百本母獲延年卒年六十七

馬際楮早失怙無遺產而於手足間友愛情眞成童時次兄際奎中麻瘼病楮經營百端往霍山請醫調治未愈續聞江浦縣滕姓鳳精岐黃家製丸藥能治是疾路隔千餘里楮不避寒暑往返兩次貲用不給艱苦備嘗怡怡如也兄病遂愈後十餘年而卒

段祚評字唐秩國學生嗜學善文孝弟立身待兄

弟友愛撫孤姪同居數十年毫無間言族中貧窮者多沭其惠子承澤承濩承濉承滂俱入膠庠

沈盛鳴字梧岡孝友篤行幼孤父沒時所設几杖終身不忍易其處孝事母金氏家貧甘旨不具妻金氏賣簪珥以給用母以壽終哀毁如禮爲祖與父各置祀產兄早逝無出遺嫂胡氏敬事之爲立後性正直不隨俗年六十六大司寇金光悌其妻兄也重其品學援例授登仕郎子四人德本邑廩生

段永澍字淮獻國學生孝友可風理户事修宗祠捐祖墓生平行事族黨罔不敬服子芳玉貢生

沈書庠字周士歲貢生孝友篤行睦族恤隣建公祠置祭產子五人承震歲貢生承巽承秀國學承愈由拔貢任沛縣教諭庠邀封典承雯邑庠生

沈承緒邑庠生母病三年親奉湯藥嘗刲股調羹以進母稍愈適屆院試緒不欲往母促之就試補弟子員歸母乃卒人謂其孝心所感

段祚誠字敬菴年十九入泮天性孝事父母愉悅敦本睦族督修宗譜捐貲近千金子承凝承嶠俱入庠

胡可龍附貢生性至孝與諸兄弟分析後將自置產業分田課三十担以給胞兄朝夕友愛人無閒言並素好義捐田課二十担與法華菴爲文昌會里人咸推重焉

段光錫字戴之國學生父國學芳紳早逝與兄光銘事母順承旨意母方氏命捐水田四十担入户祠崇祀典光宗緒遂欣然繼其志云

蕭方鑑字準衡少嗜學父殁與諸兄弟友愛無間

四房分析後兄弟家業不足復將自置田產再析均分每房與以巳田課四十五担治家勤儉訓子義方享年八十六卒

段永淞字季峯國學生天性孝友讀書礪行幼失怙事母純孝凡事曲體親志鄉鄰不軌者多方訓誡子芳標入庠芳鑾國學

胡應龍生子四可鎰可鉅可鎮可符恪遵家訓耕讀爲業勤儉治家兄友弟恭五世同居九十餘人共爨後因鎮房人衆分田課三十担鉅理務辛苦多分田課十担老幼諧和四子年俱八旬

沈世嫭字彩雲事節母盛氏極得歡心病則湯藥親嘗侍卧寢側妻汪氏亦殫心奉事昕夕罔懈子盛秦國學生盛泰盛春拔貢生考授官學教習

王善長字元者太學生天性孝友治家有法俾兄弟肆力於學敦倫睦族修理宗譜子五人次治安由太學生授布政使司經歷少孤與兄事祖母繼母孝生事喪葬如禮撫諸幼弟極盡友愛事諸父如嚴父叔抱病家居二十餘年治侍湯藥靡懈倡建宗祠添置祭產並捐田入族祀有

父風焉

沈承露邑庠生性孝友多善行兄弟二析居時恆業四十畝悉讓於弟器物亦無所取後數十年弟憐其貧貲以百金始受焉

沈承震字籜園歲貢生事母至孝自幼以文學著應南闈十次四膺薦士林惜之神峯山舊有彌陀禪院震建文昌閣於峯頂延師課讀爲邑中名勝子四人盛元盛亨國學生舜卿棻俱邑庠生

沈承章字達齋歲貢生事母盡孝母病刲股救之

而愈恭兄友弟篤嗜詩書老不釋卷負笈門下者多所成就

沈德深字媚川祖經歷承恩壽八十四父太學生盛典壽七十三傳家忠厚事親至孝母劉氏病亟刲股救之父卒廬墓側雨雪不避

聞學謨字承典太學生著作入載邑志事繼母以孝著兄弟五人相友愛端方守正敏達有遠識置田畝爲子孫祭考備子四兆景邑增生兆昱兆昇兆昆皆入國學今孫曾入庠食餼者十餘人讀書應試貲斧皆取給公田邑人皆羨其詒

謀之善焉

聞與郊字樂齋事母孝母病中風郊兄弟自舁笋輿代步不忍假手僕婢者凡五載撫堂姪孤多所成就捨藥餌焚借券人皆義之弟兄六人四入庠序

王繼祚邑庠生友愛弟繼祜析爨後分潤甚多撫諸姪逾於己出睦宗族置祀產自奉儉約待人不吝解推終身與物無忤族黨翕然稱之子堅善歲貢生制行亦無忝厥考云

金序瓌號驢花邑增生品學端方孝友尤篤弟序

斑歷走名塲席不暇煖壞友愛之代理家務分多潤寡終身不衰以好光悌貴　貤贈儒林郎內閣中書子光愷廩膳生光恒丁酉科拔貢選授五河縣教諭光忬邑增生光忻邑庠生光顯由監生議敘河源館紀畧供事以縣丞用

傅繼相邑庠生　本朝勅祀明孝子傅得年之第三子也明季流寇橫行携幼弟繼訓避難圻邑百計保全子孫秀發人以爲孝友之報云

傅有可名列太學監生傅有宸生員傅帝謂之同母兄也兄弟同㸑食用浩繁三十餘年不辭勞

瘁鄉黨稱友于焉

傅士瑩字玉亭少孤孝事繼母張氏母病卧五載不能舉動瑩親負出入朝夕不離母歿哀思倍切瑩妻段氏亦孝承夫志瑩歿遺子二長以墀次以超俱幼氏教以義方母兼父道墀入成均超入邑庠

傅士鑣歲貢生聰敏工文爲人和厚御物端嚴孝友之聲達於里巷年登古稀族黨敬服

傅士焜字凌霄歲貢生少穎悟歲試冠軍生平孝友好義樂施戚里有急難傾囊以濟子以坊例貢生長孫文銘蚤歲食餼

傅士燕字聿修太學生事父母孝與弟士煦相友愛積善濟物奮志詩書屢困未遇生子五訓以義方長以城登賢書官蕪湖教諭次以墫以封俱增生以玲以址俱入成均孫文錦文才食廩餼文鏵文鏽列成均

傅作楫字仰震邑庠生學該古今天性孝友居心剛正倡立社倉爲胡烈婦請　旌俱製文鐫石何江甫先生有闔邑欽仰之稱且目以爲澹臺再世子三長士㷊太學生端方正直次士熥

積學未遇三士燵才識兼優邑中倚賴孫以坪銓補縣分廳忠信誠慤以垓早卒以理入國學皆仰震之裕乃後也

聞輿鄉字德齋號潄芳幼失怙恃終身若孺子慕兄五人事之如嚴師積學未達山居頤志名不入案牘足不履城市有古君子風著習靜齋詩集子詩禮著有退學詩鈔六卷

金光樂字擒安邑庠生篤志詩書事親孝敦友愛變私產以償兄債兄遠遊厚待其嫂喪葬盡禮鄉里有貧苦者多方周濟人皆德之

徐大斂字普周邑庠生天資穎悟寢食經史爲文筆力幾能扛鼎孝友性成髫齡時父輩析居即願讓田產一百餘石與世父監生在華管業辦公以成乃父友愛之志治家本於勤儉處事出以公忠終身守正不阿爲族鄰所敬服嚴課子孫多列庠序

蕭大林字文翰太學生年十六失怙事孀母孝撫兩弟友生平明大義薄貲財樂施與廣交遊敦本睦族排難解紛鄉里咸欽之子方薰亦疏財仗義孫正繼丕蔵補弟子員頗宗先志

徐道朗邑庠生性至孝父歿哀毀骨立廬於墓側三年號泣不已宗族稱之

李朝棟字滋亭邑庠生秉性醇篤孝行堪誇祖父寢疾三年晝夜服事無閒輟書不讀惟以祖父之疾爲憂祖父未沒一月赴試入泮人以爲孝之所感厥後事奉父母年至六十而於問視之禮不疏

姜新址字麟芝登仕郎少失怙事節母孝與弟監生新堂新垣友愛甚篤家不越中人產頗能分潤貧族遇事恭謹接人忍讓饒有古風

鄭本嵋字玉峯附貢生性篤實事父母孝兄早逝敬事孀嫂視姪猶子延師教讀俾克成立

金紹僑字東村歲進士品學並重子五人國學庠球庠生序璿歲貢生序璈歲貢序瑭貢生序玳皆秉父教藹然和樂共敦孝友

沈尚成字虞簫邑庠生十三歲失怙事母極虔母病百計調治得愈教學成就最多亦不失爲道學中人

葉榮淮字金陵太學生兄弟三父早逝家道中微勤儉謙讓漸致豐裕事母氏鄭極孝兄弟友愛不忍分爨待鄉里宗族義行甚多終無德色子

三夏芳夏蓁夏忠忠出繼弟榮濃爲嗣　例授布政司經歷芳蓁俱國學生孫四超字承恩邑武生　例授守備府鳳翔邑庠生鳳翥例貢生皆金陵之詒謀遠也

余良淳字思文邑庠生性渾厚質樸敦崇實學與弟登仕郎良浮邑庠生良濟極相友愛日以古道相砥礪尊師重道子三善吉邑廩生善祥善福入國學姪善昌善瑞並入邑庠孫曾入庠食餼列明經登鄉榜者十餘人皆善承家學邑人

咸羨其穀詒之遠焉

葉夏忠字行之　例授布政經歷天性穎悟任事
勤謹爲生父母所器後與堂弟夏恕同繼胞叔
榮濃禋祀事立母鄧氏甚孝居鄉溫厚每歲底
輒捐穀石賑濟貧寒子五人瑞麒瑞麟瑞青瑞
彩時雍四人邑庠

傅以珂字鳴軒太學生性聰穎工詩文少孤事母
孝兄早逝敬禮孀嫂以子嗣之姊氏家貧爲甥
延師課讀成名堂姪幼孤撫如已出族里善之

彭豫元邑庠生事父母能以色養居母喪確遵古

禮人稱其孝

沈盛福少孤事母孝母病侍湯藥始終不懈胞兄
盛祿析產後貧窘將田課七十石分潤凡屬義
舉尤樂捐貲

聞兆昇字東奎太學生敦本睦族事父母繼母孝
兄弟四人相友愛嘗倡置孔家坊渡田又率族
營置十義祭產今族中祭考義舉皆賴焉子與
邠邑庠生慷慨有父風孫詩雅入國學

鄭元漢號松園太學生夙負奇氣遇事敢爲兄弟
七人多早逝以子一樸繼長兄後與弟元濱相
友愛推田讓產翕無間言經理祠事舉廢交飭
族人服之

楊道禮字士烈　勅封儒林郎兄弟四序居季生
時諸兄先已分析兄體親志將重分產業固辭
遂止生平勤儉自持家漸饒裕孝親敬長篤族
賑貧邑人稱之子六長煥次鼎五炯俱監生三
炳例授布政司理問四潤附貢生六藻庠生孫
昌泰昌業亦列庠序禮年七十八歲卒

聞興部字相齋太學生孝友性成極得父母大父
母歡心兄弟白首無閒晚工岐黃術活人甚多

葉夏芳字本望讀書敦行以孝友稱捐田課十石
入雷鎮東嶽廟子鳳翔邑庠生鳳翥例貢生

義行

明王文聰字子章段庭竹字伯堅明初紅巾賊犯
英山文聰庭竹募鄉兵戰于陶家坊賊潰追至
黃岡獲渠魁四十八人解赴京師洪武二年授
以官職辭不受太祖親給衣帽緞帛賜楚祿二
百二十石勅命優獎並許于已事情得親自面
陳

余子旺景泰六年英大饑捐穀一千石助賑勅賜

冠帶榮身

傅月敦景泰六年捐穀六百石助賑有司以聞詔

賜義官

徐滄海捐穀三千石助賑奉勅建坊旌表

傅武蹟月敦子居羅家田沿河田六百畝通族所倚每患水漲爲捐貲築隄濶五丈長八里鄉人義之名曰傅家壩萬曆四十八年蛟水潰隄遂廢

姜宣鄭顯忠等萬曆九年饑共捐穀四千石助賑

余文福余文義等皆鄉民値流寇之亂捐貲立朝

陽砦保障一方居民賴之

江永壽明末流寇盤踞英邑永壽出家貲修砦保障地方有貢生劉某避難羅邑士人誣執爲賊永壽力救護免咸高其義

方義貫景泰時人性仁厚好行其德嘗捐修三通橋凡邑中大創建傾貲助費碑石俱存

國朝程天申字聖明邑庠生諳韜略饒膽力　國初土寇充斥奉檄爲練長馭鄉勇數百人廿苦與共訓練多方人皆樂爲之用賊魁皮裘慫爲鹵掠邑罹其害出奇計擒之餘黨悉平

馬騰衢字雲逵邑庠生少孤撫於兄嫂奉事惟謹性豪俠好義戸外屨常滿與人交不設城府晚年施櫬瘞骸賑粥救饑設渡濟行人皆德之

程鼎字允士康熙辛酉武舉少刲股愈父疾與兄鑑同居稱友恭族中孤弱者撫之爲助婚嫁資誦讀夏逆之變蘄水李令聞鼎義俠託以妻子鼎厚待之嘗拾遺金訪還其人

王道大字叔智貢生天性孝友動必循理蘄水程鄭兩姓因貧鬻媳爲捐貲贖還黄州太守薦入學使幕中諸生梅三畏等十六人以後期誤考被褫爲懇補試得免後三畏等知之踵門酬謝辭不受

李天錫字瑤木歲貢生性淳樸足不履公庭康熙壬戌鄉里荒歉捐米穀賑之家財幾傾

鄧林植字翹生庠生事兄林楨甚恭謹雖析產不以自專兄歿撫猶子及孫姪無異已出性儉樸粗衣糲食至篤族賑貧則解囊不吝年七十一卒

程明材國學生好義急公與從兄明楷友愛尤篤嘗助田六十石楷歿三子俱幼撫以成立乾隆

四年
恩詔天下報除荒畝明材以英邑沙壓水冲久受其
困自備資斧與弟明榮赴藩憲具禀邀例豁免
邑人德之
李常豫字建侯邑庠生謙恭篤厚有里人遇難鬻
子夫婦哀泣捐金贖之兼給衣食鄉鄰有不軌
者多方勸飭卒歸善良縣尹高其行贈曰德可
型俗
段鵠字羣宗臨財不苟康熙三十一年蘄水涂楚
占於滾石山坳失銀五十兩爲鵠所拾即以還

之子祚誠祚譜俱入邑庠
金元碧字石美國子生少孤家道中落能自刻苦
以致豐裕性樸儉與人謙退以緩急告者賑貸
不吝未嘗責償郡縣皆旌之年七十卒子秉璜
庠生秉瑜附貢生秉璉國子生秉瑚少時嘗刲
股愈母疾以孝聞早卒
金秉璜字半玉邑庠生聰穎能文屢試優等卒二
弟讀書不與外事一時咸重其品年三十六卒
士林傷之
沈棨字武木邑廩生居家孝友人或加之非禮亦

不與辨鄉民有鬻妻償債者棨以已產質金五
十贖歸其夫知縣劉給匾旌之子孫多列庠序
馬世銳字利菴二歲失怙母余矢志撫之性孝友
捐置祀田數百石又承母志亦捐田數百石於
余氏祠又修西門外石橋約費數百金懿行甚
多郡守州牧皆額旌焉
程光治字舜也邑庠生康熙丁酉拾遺金一囊於
城隍廟側空門下曰此必賊所匿也訪失主盡
還之嘗助兄光潤田二百石銀一百二十兩與
幼弟光濂友愛尤篤邑中改造聖宮隍廟皆督

領捐助士民無不推服
沈詩俊例貢生考授縣丞少孤事母鄭盡孝捐置
祀產三百石建菴宇二座又捐銀一百五十兩
修亢涼亭險道數里親鄰無告者推衣食周之
子八人孫二十四多以文名
李羣字士渾國學生事親孝奉後母尤謹賙給宗
族調護里黨人多思之子四世爛世燿世煒俱
入邑庠世爛國子生
彭佳彥字嵩瑩少孤避寇至湖廣後歸故里爲邑
庠生援例入監考授州同睦族恤老集無告者

養之嘗曰財爲用物慎勿爲守財奴歲歉輒散
之以濟貧困
方先輿庠生性渾厚邑稱長者年三十無子行善
益勵年饑盡出所有穀給鄉里全活甚衆時修
橋梁道路孤苦貧困者有求輒與後有四子宗
時國子生宗隆庠生宗巘亦國子生
方宗巘端厚有父風見人過嘗面折斥有急則必
周之未嘗一入公庭敦本睦族倡修宗譜置義
田縣尹學師屢額旌焉
姜志隨字公望國學生考授州同少失怙恃子煢

自立好施與邑舊有赤腳丁貧民多受其累志
隨具呈獨任後遇丁隨田辦始免置義田八十
八石爲通甲公費至於贖人子婦恤孤幼助婚
娶施棺藥義行甚多邑人稱之
鄭同發字郃錫邑廩生慷慨有氣節工書法生明
季艱苦自立卒二弟同爽同旦發憤讀書後皆
入庠食餼克振其家同爽字棠錫孝友重意氣
兄姪相依暮年始析其產皆令各成條段毋起
爭端爲人謀事未嘗有所畏避英邑建儒學同
發同爽用力爲多同旦字曾錫潛心經史尤精

於易邑令屢延爲塾師亦耿介能濟人急諸孫
多以文學稱者
彭正璋年十二父母俱歿能自力家業饒裕恤匱
周急諸姪貧者各爲婚娶仍給以田二十五石
有子五人四列國學一食廩餼焉
金晉爵字安侯邑庠生性篤實事親孝兄弟友愛
撫孤姪如已出合爨數十載無間言濟孤寒施
藥餌存活極多終無德色年八十三卒子七人
孫二十八人多以文學稱者
金璋字士宜庠生秉衡少子鍾愛焉歲試迫強之

就道父病私以所蓄命婢付璋妻及父卒營葬
公議貸費妻告以前事出示二兒曰此父遺也
同居十餘載不營私積析產未嘗爭肥樂施濟
貧年七十餘子紹伋國學生能承父志孫七人
皆列衿監
沈楷字魯木豪俠好義蘄水劉雲采借本貿易被
盜無以償情急投水楷見之問所負曰子母合
百二十兩楷即爲代還朋友戚族貧乏之者每捐
財穀濟之子詩融考授經歷詩三邑庠生
杜永言字孝思國學生倜儻好施與族戚以窘迫

告者必給以錢穀雍正乙巳歲饑窮民欠券數
百金悉焚之有武昌胡吉壽州劉子友麻城王
有玉皆世家後耄耋無依至英永言養於家没
則葬祭之終身不倦子孫俱以文名
程光泩父鑑考授縣丞與弟鼎相友愛年至七十
猶不忍分析生平不與外事光泩由庠生援例
入貢任南北城兵馬司副指揮聽斷明允違官
多稱其才致仕歸遇歲歉捐衣食濟人粟米減
價平糶長子明標官雲南同知例封奉政大夫
鄧林棟歲貢生樂善好施常收讀書貧士捐貲教

育歲暮施粥施衣毎冬約費百金里人稱之子
可灼亦貢生事父孝友愛諸弟內外無間言可
煜邑庠生析居時捐産百石弟可炫早逝爲弟
婦張立嗣理家事全其志節邑令旌之曰文行
足法
方宗隆國學生恂恂鄉黨無間言尤慷慨好義族
里貧者冬給錢米春給種穀婚塟事解橐不吝
康熙己丑邑大饑有穀六百餘石悉爲給散年
逾五十所有積券悉焚之六十二而卒
王守邦字懷萬好善樂施明天啓二年捐置西門

外義塚地子正世字毆之明季兵亂獨存育子
三天曄字扶旦天愷字扶宣鐸字扶晨皆有文
行世其家曄鐸爲邑增生愷自邑庠援例入國
學考授縣丞曄子珽字晉三歲貢生好學窮經
史年六十餘晝夜膝下及膺歲薦老父猶及見
之云
劉士登字瀛升邑庠生嗜學善書明季兵燹猶手
不釋卷敦孝友親族中孤弱貧困者悉撫助之
四子俱列黌序工文詞邑令常餽金帛旌以匾
額固辭不受年八十二無疾而終

余延瑞字聖兆貢生早失怙克遵母訓毎祭痛父
早亡輒感泣數行下伯父庠生道源早逝伯母
劉苦節無嗣乃以其住屋改爲公祠所遺田産
半附公族奉祭半擇本支親者爲立後慷慨輕
財有古烈士風
段鴻邑庠生少孤事節毋孝嗜學善文性尤好施
族里貧困者多沐其惠城中每大興作捐貲不
吝子祚論亦倜儻慷慨有父風
張可信字存樸邑庠生性耿介任事雍正九年報
畝墾科邑受其累偕程明榮等赴藩憲呈禀題

請豁免士民賴之
徐在鑽字鍾南嗜學能文幾售復失尤敦行睦族率族衆大楷大椿道淵道煌等捐義田柒拾三担以贍貧窮縣主董批令勒石鐫譜以垂永遠坐落廣里土門口等處族衆賴之
胡學旦已見孝弟
江龔日字淵若增廣生年六旬猶逮事父母承歡色養弟早歿孤纔兩月弟婦堅守撫之同居數十年俟其成立方析箸戚黨張某幼失怙恃撫於家爲之婚娶舉鄉飲介賓

彭佳章字斐士歲貢生力學尚氣節明季兵燹避皖猶手不釋卷及歸縣尹陳迎爲義學師舉鄉飲大賓曾孫其春廩膳生性敏悟嗜學工詞賦築環松堂與弟其偉閉戶讀書達旦早卒教諭陳溢捐俸爲刻環松堂集
劉焻已附見忠烈
沈宗洛已見孝弟
程明欀太學生光洢第五子敦行孝友父沒析產兄附貢生明棱以食指衆不給欀鬮即以田課百石讓兄季弟楙因舊居狹隘欲更擴增欀助以田課百石銀三百兩不足復給以穀三百石而屋始落成英邑向例輪充户役安里二甲鄉民多不願充欀捐田課三十石存公爲每年户役之費其孫庠生步雲亦捐志費有乃祖風
王從龍字宗九年十五入泮食餼少孤事節母孝性好施與屢出貲財以濟人急每歲六月發粟賑貧於族黨尤加厚焉乾隆壬申小醜竄入英境曾捐金助縣主募鄉兵捕賊由是寢息陷死遺孤未滿五尺代爲撫養成立兒庠生從夔早丧爲之建祠宇置祀產人咸善之

聞世鼎順治十年捐田課四十担建栗林菴雍正二年聞世選學謨等復捐田課八十担重立施約禀請縣印改名善教菴嘉慶二十一年聞詩和詩禮詩綿等重修有碑
段柱邑庠生篤志窮經有言必踐豪俠曾捐置倉厫貯穀以備荒歉邑令童有好義足風之旌柱中年病故其妻程氏力撫諸孤辛苦備嘗卒恢先業詳載州志
沈承銘太學生性忠厚樂善好施里黨多沾其惠捐貲二百金置田課十五担設筏於金家舖渡

口濟人往來
沈自桂國學生性醇謹好施與捐百餘金置田課
八担於金家舖設義渡
馬道法例授州同乾隆三十二年捐乾塘均田課
五十五担花課九十觔正米四斗二升入南河
渡又南河渡安里衆姓捐南門外基屋一所納
租六錢又捐張家灣田課二十一担魚塘二口
納課二担又捐觀音庵花地一所納課三十斤
又捐長冲田課五担花課二十五斤又捐高家
橋田課七担附於此云

杜興洪太學生幼失怙恃負經濟才敦本睦族倡
置祀產義渡撫族孤保護周至善書法工吟咏
著有步草堂詩集年七十三卒子三俱列庠序
段祚論字書升太學生孝友傳家尤樂善好施鄉
里推重以事上州路過州城同知程曰庠自潛
歸仝宿蘿草塢是夕旅次火公與程各攜行李
以出次早公憐主家火災傾所有給之程服其
慷慨仗義至城極口稱道聞於州刺史金宏勲
協鎮苟天保同命入見携手極贊賞之子四永
淶永潞永澍永浙俱入宫墻

沈德鴻字孔昭國學生孝事繼母性忠厚樂善好
義睦族黨恤孤苦橋梁道路多所施捨鄉民有
鬻妻償債者爲設湊贖之有王姓老人無依養
之數十年臨沒囑其子善視之
王正世仝男天睎天曀天鐸康熙三十四年建立
圓通庵施課三十担奉香火粮未過割睎等代
完至嘉慶三年天曀孫繼年復捐田課五担後
正世支下公捐銀壹百五十兩重修廟宇
傳士杜字雲波太學生喜誘掖後進因族衆多寒
士捐課四十担入祠以作考試之費

王善行例授衛千總嘉慶十八年在圻州買婢女
方女本鄧自賢兒媳善行查知給還原字令鄧
夫婦團聚并給鄧錢四十兩以爲衣食資方鄧
兩姓愛戴之十九年捐建繼志木橋於吳家河
在城南四十里并捐田課十石以作看橋人工
食現又捐錢壹百壹十兩作闔邑修志及改建
奎星閣等費
傳作滋字乾山太學生早失怙恃事繼母孝樂善
好施減價以糶貧苦者輙不取償嘗有山樹被
竊值數十金家人鳴里正滋言捜緝以示警可

耳葢欲其藏匿不忍令受惡名也其和厚類如是年七十三卒子四人士楝邑庠生士鰲廪生士桃士桐俱太學生

葉夏蓁字玉庭性渾樸鄉里稱爲長者捐田課七担三斗補修土門潭橋梁

傅以芹字香澗太學生讀書能文幼失怙事母和順喜施與族戚不能嫁娶者資助之鄰里困乏者周卹之修橋建寺捨藥諸舉皆不吝解囊與弟太學生以藻互敦友愛年五十一卒

楊煥字國彩監生性孝友親歿哭泣喪明嘉慶十六年捐田課二十担入武廟供奉香火道光三年捐錢一百串助修縣志

段芳玉字玉堂貢生慷慨樂施捐水田二十担入縣南門渡以濟行人子攀光庠生騰光國學生

安正邦監生詩賦詩錦之祖也慷慨尚義乾隆二十一年丙子因合里漕務不均編立花戸成甲續於二十五年將曾祖紹宗所置紅絲冲田課五担捐入甲內有碑嘉慶六年賦父德三仝姪詩咏復捐錢七十兩邀仝甲內人等置大闕冲義田課五十担一切義舉不避勞瘁癸未夏修

志鈌費詩賦樂捐錢一百串

段祚調字和五附貢生積學好義尤精地理醫卜遇貧窮施方捐藥濟人甚多鄉黨無不欽慕子永冲永潭永洄永汧俱列宮墻

傅作濱字象山太學生性耿介喜施予捐銀八十兩以成本里義舉邑令趙旌以額曰英偉不羣

段有泰字中行庠生好施與捐田課七十餘石建置騎龍菴

沈盛福與監生袁平富柯萸椒陳灼德等公捐栗樹壪田課二十石在縣北栗樹嘴造天星橋每年課項積爲修理之費行者頼焉

汪正煌字如裳太學生性篤厚儉樸喜施與平糶糴時遇荒歉穀價仍照豐歲不多取人錢鄉里皆德之年七十三卒

段永湘字晴嵐附貢生醇厚務德凡建橋設渡輸金不惜有佃民因歲荒鬻其子媳給穀勸止之族有家貧不能赴試者助以資斧並卹其家遂以是年入泮鄉黨高其行焉子荃芳府經歷捐田助祀有記次芬芳業儒慷慨有父風

王善養字庠者邑庠生敦行好義督修家譜慨爲

捐貲尤敦友誼友人金序瑑赴任湖南厚爲餽
贐邑中建立興賢館贊襄厥事與有力焉
傅士煦太學生字曙修孝友性生植品端方宅心
忠厚敦倫睦族捐貲立祠有懿行焉
余廷藩字造周邑庠生　誥贈承德郎子龍字雲
路候補州同　封承德郎俱品行端正刻已濟
人鄉黨推重
余善經字天申號遜齋由增貢生候銓府經歷長
才博學名動一時爲善于鄉事跡甚夥邑侯丁
應鑾爲之傳

傅士燮　恩貢生字東會博通經史立品端方兼
善岐黃活人無算子二以增以壇俱庠生
葉榮浦字南濱太學生少孤事母鄭氏孝母年百
歲時浦已八十猶刲股救母生平端重坦易捐
葉家鋪田課廿三石入秀祠每歲底分給同族
貧丁鄉鄰窮乏者亦多周卹捐粟十六石爲竹
筏以濟渡捐粟十六石與葉海慈菴爲敬惜字
紙費與妻匡氏俱九十一卒
段永藻字文甫邑庠生性慷慨任事修宗祠培祖
墓族有因貧鬻妻鄰邑者捐金贖歸宗黨義之

鄉飲賓附

明鄭萬憲庠生　鄭永和庠生
鄭永明庠生　鄭洪陽庠生
鄭顯華貢生
沈三接字晉康歲貢生性嗜學樂成人美子弟貧
乏者捐貲教之又捐銀一百兩修石橋二座年
八十六舉鄉飲大賓
段孟楨字熙明事親孝弟早逝撫姪如已出舉鄉
飲大賓邑令旌以匾曰德馥芝蘭年八十四卒
子再僴等俱入邑庠

沈宗遠字自邇年九十一舉鄉飲賓
方先耀性渾樸足不履城市年八十九弟先輝壽
九十三平日友愛起居必偕皆兩舉鄉飲子孫
多列庠序
余道德由邑庠入國學年八十三舉鄉飲介賓邑
令屢給匾額子延堯邑庠生
段富樸字去靡邑增生秉性純厚舉鄉飲大賓年
八十五終身不履公庭邑令林旌曰黌宮宿彥
徐道洛字禹錫性淳樸至孝友當身親見六代現
今四世同堂年八十二歲猶嗜學課子足不履

公庭處鄉鄰允樂善施義道光元年　恩賜修
職郎三子十孫長子允梓國學生次子允鯤邑
廩生

壽士附

余維禧字敦仁現實年一百零一歲親見七代精
神弗衰

傅作浙字屏山太學生力崇古道讀書教子年九
十目及七代五世同居子五士棚士祀太學生
士棠增生士槐士林俱邑庠生

沈浩字孟元武庠生精堪輿星學親見四代卒年
八十七子盛瓆盛超孫德煜德魁俱入庠

胡可筠國學生素習詩書敦行孝友娶李氏夫婦
年逾九旬親見八代五世同堂族鄰呈請各憲

道光二年奉
旨旌表八葉衍祥

段永增道光二年歲貢生號筆峯爲人公正因獲
高年五世一堂

彭中春　恩賜修職郎現年八十四歲親見六代
妻王氏同庚尚齊眉焉子元第邑庠生

王銘善　恩賜修職郎現年九十親見七代四世
同堂

王志龍字泉瑞至性淳樸持家有道敦族睦鄰存
心慕義其居里有近水古塚輙具棺以扦葬之
里人多稱譽焉四世同堂現年八十五歲子金
傑孫承愈俱入邑庠

馬世銘邑庠生敦倫睦族壽八十四歲親見六代
子孫多列庠序

杜蛟字周鑫　恩賜修職郎少失怙恃卓然自立
生四子長一株三一枝俱入武庠孫十餘人三
列武庠四世同堂現年八十有七

段永潭字映奎太學生傳家孝友處世公平尤樂
慶惠族黨贈有匾額現年八十有二親見六代
四世一堂妻彭氏八十齊眉子芳榜芳榛芳桂
芳株並列成均有父風

舒玘庠生傳家孝友壽八十四親見六代

傅作樓國學生性慷慨任事鄉里服其公正於祠
祭尤加謹慤年八十一卒

劉崑國學生壽八十五

劉早增生弟鼎　恩貢生天性孝友早壽八十四
鼎壽七十一早子國學天覲現年八十鼎子國

學天保現年八十有一
王錫善　恩賜登仕郎現年八十
段永樹現年八十二歲
郭文謨　恩賜修職郎現年八十四親見七代
蔣芳榮　恩賜修職郎持家孝友壽八十二歲子
孫衆多
姜新泮　恩賜修職郎性渾樸孝友足不履城市
夫婦齊眉現年八十歲子孫蕃衍四世同堂

壽婦附

鄭氏職員葉敷桂妻孝養祖母舅姑夫歿後教三

子勤儉持家嘉慶三年壽躋百歲五世同堂各
匾題請
旌表建坊例青貞壽之門并七葉衍祥匾額賞給銀
兩緞疋
王氏太學生彭正綱妻壽九十二歲四世一堂子
孫多列庠序媳段氏現年八十四歲四世一堂
三子並列成均孫兩入邑庠
汪氏沈承龍妻事姑孝四世一堂親見七代壽九
十四歲
孔氏庠生徐大敏妻性貞靜子四道濟國學道各

恩賜修職郎道深例授登仕郎孫多列庠序目見
七代五世同堂壽九十三歲
姜氏鄉耆聶新才妻課子撫孫多入成均四世同
堂壽九十歲
詹氏胡華時妻佐夫興作教子有方子應旦應煐
入成均五世同堂親見七代壽九十二歲
鄭氏太學生　貤贈奉直大夫宗人府主事開兆
鼎妻　貤贈太宜人壽九十六歲子四皆入庠
序孫二十四目及曾孫數人
方氏國學生段永冲妻性温順勤儉相夫延師教

子長恂邑庠生次芳悌列成均現年八十六歲
親見六代四世一堂
段氏庠生李朝棟朝業之母親見七代五世同堂
壽九十二歲
馬氏盛永忠妻現年一百零四歲子三孫三曾孫
六
匡氏裴紹湯妻勤儉治家教子世學成立年九十
八卒目及元孫三人
葉氏熊金昌妻中年夫故事姑鄭氏孝撫孤子廷
標廷鈺漸奎俱入邑庠親見曾孫現年八十

傅氏監生蕭方煥妻生子五俱列庠序親見六代四世同堂現年九十

余氏監生徐道標妻敬事公姑撫孤允早及孫元奇俱入邑庠四世同堂卒年九十有二

龍氏監生姜新澤妻服事舅姑曲盡婦道相夫能敬教子成立長子思楷入邑庠四世同堂現年八十至今猶勤儉治家紡績不懈

萬氏監生胡方標母年八十康强弗衰

劉氏國學生鄭元漢妻現年八十六聰强如舊

壽士補

翁光明蘄州籍寄居英山現年九十一歲　恩賜修職郎四世一堂孫夔飛州庠生

段祚珽應　賜登仕郎現年八十歲親見六代

龍過鸞字文傳少孤自立孝養其母敦本睦族捐修橋梁現年八十一歲四世一堂

傅以忠嘉慶元年　恩賜登仕郎壽九十一

徐全利　恩賜登仕郎年八十撫姪忠瑜入國學

余凝盛現年八十五歲子三孫七曾孫四親見七代四世同堂

壽婦補

傅氏太學生金序環妻年八十五四世一堂子孫多列庠序

周氏徐大受妻性賢淑四世同堂現年八十有五

六安州同代理英山縣事萬年淳補修

英山縣知縣吳興陳　彥參訂

隱逸流寓

自古聖王在上曷嘗不有肥遯之士哉逮乎三代以下膏肓泉石累徵不應者固多矣而麋興之際潔身高蹈之士韜光晦跡或亦有托而逃焉後人槩以隱傳之若乃賢士大夫倦遊所至樂其風土人情或徙而家焉英邑僻處萬山中遊者葢鮮而明季戸口散亡鄰近占籍十常六七類多草野耕甿無可稱者志隱逸流寓

隱逸

明張宗能參政子貞第四子性孝友工吟咏隱居滿溪不近流俗時稱高蹈

蔣宗成化中貢生授蘄州判不樂仕進致政居幽谷授徒講學以終其身

國朝段一定舉人繼明之後天性孝友家學淵源四方之士負笈從遊者衆明季喪亂族中女子多流離失所爲捐貲贖歸三十餘年絶跡城市晚進之士咸仰其高風

余有珩字行玉崇禎中貢生性頴異諳象緯知世將亂隱居天花坪讀書不輟福藩在南中有珩當需次教職避不就壽至八十餘

胡正南字佑秩歲貢生林泉嘯傲有隱君子風築别業黃金岩怡情花木塵囂甲未聞足跡也嗜飲酒酣論千古人物獨具卓識年六十四臨卒閱執友鄭魯錫所贈詩末云兒女債完青債了醉翁何日不神仙朗吟而逝論者謂得生寄死歸之眞意云

流寓

宋程祿官大理寺丞進士程端中十二世孫端中知六安軍金人寇六捍禦不克死之勅葬霍之撞山子孫散處英六間英邑代有奉祀生

明孔彥繪父善至聖五十八代孫洪武中以鄉舉訓英進敎諭善父祥卒於英卜葬焉乃留子彥繪守塋遂爲英人代有奉祀生

邵起浙江餘姚貢生崇禎時累官鎮蘄水縣賊破蘄水僑居於英奉檄知英山擢知廬州府晉河南大梁道解職歸卒於英武岩

頓失名福建人崇禎時爲英山典史十四年賊破

新城巷戰受重傷絶而復甦後家於英子泰滙

歲貢生

流寓補遺

宋彭青江西樂平人高宗紹興間吳璘守蜀青爲屬將三十一年金人攻黃牛堡璘遣青率兵至寶雞渭河夜刼橋頭寨大破之遂與劉海曹休等收復秦隴洮三州解官後家英卜居南鄉之彭家畈

補修英山縣志卷之十九

六安州同代理英山縣事萬年淳補修
英山縣知縣吳興陳　彥參訂

仙釋

天下名山勝景莫不有高僧羽士棲眞養性於其地而學士大夫游憩往來或欽慕高風挹麈談論逺至閭閻耆庶咸奔走焉又檀施喜舍崇飾梵宇琳宮而異跡昭著者羣俎豆之蓋雖窮鄉僻壤往往然矣英邑仙釋已列前志近世如沈正罡輩奇蹤異術士民無不嘖嘖稱道呼吸風雷顛倒造化覺古人所傳未爲誣也志仙釋

明張大悲㴱樓鄉人居縣西香爐崕自㓜好神仙術語人未來事及晴雨輙中父母怪之令牧牛畫地爲圈牛與羣牧不能出嘗作泥丸自食坐卧處往往有雲氣洪武初游方外莫知所終居民於香爐崖立祠肖像水旱祈禱輙多應驗

周和尚正統時居山溪坳號爲天下第二僧

徐謙三吳縣人善符籙能驅風雷郡邑旱請禱立沛太守龍詣贈詩云心上眞機旋造化掌中神術滚風雷

[illegible]成化時八偕二子於縣東北五里漆樹灣
結茆以處煮石為羹逾數歲白日飛昇土人立
婁溲菴祀之
瀟洒得異人傳書符咒降八洞眞仙至則山鶴鳴
繞異香滿室判事不爽後晤八仙於椴皮嶺面
授修煉法遂仙去
夏則英嘉靖時人世居火麻坪兒時摘松花為拱
能致眞仙兄弟强之娶逃入香爐山學道晚年
辟穀役風雷言人禍福輒應土人塑像祀於太
乙觀

國朝沈正罡添柱鄉人少讀書中歲遇異僧留宿
載授以書遂能驅役風雷歲旱祈禱立應鄰邑
皆奔走焉廬郡大旱太守劉請以往午至許
時雨至期甘霖滂沛四野霑足太守喜贈以匾
聯今邑中發雨崗㕵雨尖二山皆因正罡故得
名常以絲茅書符籙農民插種或人工不足追
日暮及夜行乞得符輒見日光照耀無異白晝
工畢抵家夜漏盡矣間至村塾戲童子曰食我
使汝早散學倏忽黑雲瀰漫似將大風雹塾師
急遣諸童歸比至晴霽如故臨終語家人曰吾
今日當仙去如期而逝居民立眞人廟祀之靈
應甚異
釋通如號慧融幼守僧祇律戒行清苦修理梵宇
募建八寺分處支派論者謂其得宗門衣鉢

英山縣志卷之十九終

補修英山縣志卷之二十

六安州同代理英山縣事萬年淳補修
英山縣知縣吳興陳　彥參訂

列女

女子之行莫大於節孝葢無非無儀職在中饋
其常道也不幸死亡患難而節孝乃見焉嗟乎
從一而終雖曰古今通義要非清貞堅苦之操
未易歷久而不渝也若乃零丁孑立五夜力作
養遺老於桑榆延宗祀於一綫抑或寇盜出沒
寧寸磔以潔身強暴侵逼蹈白刃而不顧雖烈

丈夫何以加焉至於甘心同穴絶粒投繯六禮
未終誓心從死斯亦賢智之行也惟是
國家德教洋溢不遺幽隱建坊設祠著之令甲而
窮鄉僻壤子孫不振遂致荼蓼終身貞徽掩抑
所當廣爲搜訪列諸簡編匪獨旌揚可待而彤
管垂芳亦庶幾幽光有耀矣志列女
明牛氏段賢可妻元末盜起賢可率族丁三百餘
避難仙人臺盜至下山赴敵死於鋒刃賊復攻
氏抱孤子伯隆匿石穴中以免尋夫骸葬之時
年二十二矢志終身子孫至今蕃衍
李氏生員蕭尚豫妻夫歿親持家計内外肅然萬
曆十七年大饑捐穀一千石助賑復捐穀助輸
邑稅淮撫疏聞勅旌表
高氏廩膳生黄甲科妻夫病八載嘗湯藥調飲食
始終不怠及夫歿柏舟自矢三十餘年撫姪承
宗黄氏賴以不墜歷任縣尹俱有旌獎
焉氏貢生鄧我榮妻崇禎八年乙亥爲流寇所逼
極口大罵被殺甚慘
王氏生員段再振妻崇禎九年丙子秋避賊羊角
山被執不屈罵賊死時年十九

曾氏生員胡學樂妻同夫避流寇至張家冲爲賊
所執欲殺其夫曾紿賊願以身從請釋夫賊許
之度夫去遠引身投崖死賊支解之
國朝劉氏明僉事世芳女年十七適生員余道源夫
歿無子堅志守節時年二十九利其産者百計
撼之不爲動久之有以旌獎請者劉曰吾遂吾
志耳破産博虚名何如存産以廣先祀乃即所
居爲祠堂以近祠産爲祭田利其有者雀角横
起鼠竊乘之遂致貧困既老竟以窮死然至今
歲時祭掃余族莫不先祀節婦並及其夫與舅

姑焉

張氏農家女年十六適王廷賜生一女廷賜貿易歸染病勢不起氏遂不食誓以死從及夫歿其翁涕泣勸解且命廷賜姊與同處以慰之防稍懈張先縊其女乃自投繯死時年二十有七康熙丁亥六月事也縣尹林弼親詣奠之塟數年翁爲遷地棺已敗而面如生里人莫不嗟嘆按從一而終惟以守貞爲貴事舅姑撫孤乃節孝之大者必以死殉已屬賢知之過無故先縊其六歲之女逆理甚矣好奇者每亟稱之因附辨焉

王氏女父母早喪依伯叔以居長嫻女訓許字葉

生年十八將于歸而生卒女聞之不食七日死

蕭氏明經選太和教諭鄭萬綸妻年二十九夫病刲股以救及歿痛絕復甦孤同鼎同鼐俱幼蕭甘操作敬事孀姑年六十九卒

張氏劉一舉妻生子昌夫歿張年二十五潔清守志拮据承家卒年六十有八

傅氏余良招妻年二十二夫亡子幼苦守三十四年卒

鄢氏方尚選妻夫歿鄢年二十五截髮毀容誓告柩前堅志苦守教子成立年七十有二

段氏王民禮妻夫歿段年二十九節操清苦教子補諸生卒年九十

周氏段再衽妻年二十五夫歿撫孤守志孝事其姑六十三歲卒

杜氏適馬騰雲生子一夫歿家計蕭條氷霜自厲敬事庶姑如母五十九歲卒

陳氏鄭永和妻夫歿陳年二十從一自矢孝養翁姑教子成立卒年四十六

張氏劉濟妻年二十而寡奉姑誠敬紡績成家義方訓子八十歲卒

方氏年十六適傅啓璣生子再錫夫善病家徒壁

立方灌園紡績供湯藥不懈年二十六夫亡舅姑皆老病不起方敬事殷勤歿喪塟如禮年六十九卒

王氏黃正珩妻夫歿王年二十六遺孤二茹荼集蓼嚴於教子長遵典食廩餼早殤撫幼子遵謨紡績不倦苦節四十五年

周氏程大灼妻夫歿周年二十二苦節三十二載縣尹張顯遇爲之請旌無子僅二女長適庠生金秉璜年二十五秉璜卒亦辛勤守節氷操凜

然次許字余生未嫁生卒不食而死皆無忝於
其母云
余氏太學生劉與仁妻與仁瘵疾委曲調養及歿
余年二十二無子爲祠祀憂託族戚勸翁納妾
常私祈禱翁年已七十八竟得子後余自以姪
嗣年至七十乾隆十四年具題建坊旌表
程氏太學生金奉獻妻年二十九夫死遺孤復殀
立姪紹傑嗣遍濟族中之困乏者改建先祠重
修祖墓不留餘貲姻族賢之卒年六十八
程氏生員馬世錫妻年二十六夫歿三子俱幼事

繼姑委曲承順始終無間朝夕課讀三子俱成
立及諸孫皆列膠庠程年七十四而卒
潘氏太學生陳維翰妻年二十五翰歿勤紡績禮
葬舅姑撫子大倫力學成諸生年六十五卒太
倫復夭媳胡氏苦節如其姑
劉氏吳世宗妻夫歿劉年二十二遺腹生子振玉
矢死守志年五十四卒
金氏適沈應重年二十二夫病瘵茹苦嘗辛供湯
藥不怠夫卒栢舟自矢上奉老姑下撫幼女憂
勞倍至姑歿附夫於姑塋年五十三卒

傅氏王錫躬妻明經道大子婦也夫殞傅年二十
三慟欲身殉時翁姑衰齡諭止之乃忍泣承命
奉翁姑盡孝養教兩孤兒不以慈廢嚴俱補諸
生年七十五臨歿謂子從龍曰吾當早死浮生
數十年爲爾兄弟也今幸得從爾父地下言訖
而卒三日入殮面如生
鄧氏程光浩妻夫亡鄧年二十一子二皆稚甘茶
苦勤紡績四十年如一日
杜氏徐惟禾妻家貧事舅姑孝紡績以營甘旨年
二十八夫歿撫三歲子在裔成立娶媳胡氏在

裔早亡胡年二十四乃共撫其孫大基及長又
娶於胡年僅十九大基亦死遺腹子道鎮邑令
旌之曰一門三節後杜年八十一胡年五十六
相繼卒道鎮援例入國學生子允楨而歿妻李
氏年二十六四世冰蘖一息僅存姑胡現年六
十與李相依爲命焉
吳氏聞世英繼妻前沈氏生子學訓等四入吳生
子學誠甫兩月世英卒吳年二十悉以家務付
學訓紡績以鞠幼子長加課督苦節四十一載
學訓等亦能孝事之

夏氏段再卜妻夫歿夏年二十六矢志不移家貧孝事繼姑甘旨皆出自女紅教子列膠庠雍正三年蒙　恩例賜粟帛年八十一卒

閆氏生員段肇禧妻夫亡氏年二十二子方數月矢志靡他撫子入成均年五十七

傅氏太學生段肇倎妻年二十四夫歿守節奉姑撫子入成均年六十五卒

余氏貢生有鼎女適馬騰儁子庠生逡年二十五逡歿孝養翁姑修宗祠置祭産及義田年五十一而卒遺命諸子重施與善繼先人志乙巳歲歉子世銳捐穀數百石邑令張顯遇旌曰義表慈訓

張氏太學生鄧可炫妻夫亡年二十四無子以姪承夫祀守節五十七年子孫皆入邑庠現年八十一

鄭氏增生沈詩羣妻庠生同鼐女少時嘗刲股愈父疾年二十一夫歿無子以姪書虞書序嗣勤紡織教子成名時出奩資修橋路歲歉減食濟人廬墓側五十五載年七十六卒乾隆十五年建坊旌表孫承文承章俱入邑庠

汪氏童一明詩妻二十二歲而寡孝事孀姑喪葬以禮子甫三月撫以成立年四十二卒乾隆二年旌表

吳氏湖廣羅田縣胡國良妻二十一歲于歸隨夫奉翁姑居英邑佐夫耕作以生六閱月夫故絶粒啼泣翁姑知其欲殉也謹伺之則從容告曰翁姑老叔幼不敢死也防稍懈輒雉經死乾隆十一年建坊旌表

傅氏生員程明楑妻年二十于歸生二子長二齡次甫半歲明楑卒傅年二十四貧苦甚矢志事孀姑家人罕覩其面現年五十有二

余氏儒童金紹文妻年二十五紹文歿子亭琪甫四歲零丁孤苦家貧如洗紡績資生葬翁姑撫孤成立苦節三十二年臬憲崔額旌曰節勵冰霜

沈氏余延煌妻延煌卒沈年二十二撫弱女適金氏立姪良忠承祀奉翁姑家貧苦節年六十二卒

王氏段肇熙妻年十九夫歿子祚泰止半歲家貧茹苦孝養翁姑撫孤子苦節四十二年現年六

十三歲

胡氏儒童段肇吁妻年十九于歸舅姑早逝二十四夫歿子祚梓甫二週家貧苦節撫孤年七十猶甘淡泊不出庭戶宗族賢之

蕭氏傅士栻妻性淑愼事親孝年二十適傅生子以燭未週歲夫歿蕭年二十四勤紡織艱辛課子列宫牆年五十二而卒

吳氏庠生余道烈妾道烈娶程氏無子妾彭氏生子延峙方七月而道烈歿程氏亦卒彭性庸愚吳視延峙爲已子竭力撫養家業益裕娶媳劉

氏生子良椿甫九月延峙又不祿劉亦青年抗節與吳同志撫孤吳今年踰七旬猶初終一致也

沈氏庠生金元春妻孝事舅姑四年而姑歿家徒壁立鬻賸僕治喪且爲翁繼娶黃氏元春染瘋疾目復瞽欲自殺沈強顏慰解屢遭鞭撻含淚跪受怒釋方起數歲元春死沈粧匳亦盡然斂葬必盡厚逾二年翁文貴歿厚殮如其夫勤女工延師教子又能課家人盡農圃利雖屢困厄而積勤數年輒能自給仍償舅及夫積逋百餘

金贖其凶喪所質田產年二十七矢志七十而卒子秉鉞好義廣交時謂得母訓云

程氏儒童金秉鐸妻年二十九夫歿勤紡績撫孤三十五年子恒爵扶爵入國學現年六十四歲

金氏儒童鄭同玗妻年二十七夫歿家計蕭條徒四壁立金矢志紡績教子元儉成家年六十七卒

龔氏儒童江巽時妻夫歿龔年十九子漢英僅兩月事舅姑撫孤不墜先業孫庭梓早年入泮年七十三卒

馮氏吳有玉妻年二十適吳二十七夫歿雖有伯叔皆貧迺不能自存馮晝爲人針黹易粟暮紡織達旦不休苦節四十年卒年七十六

王氏歲貢生珽女太學生馬道潮妻道潮卒王年二十四遺孤甫一週孝孀姑撫孤守節二十九年現年五十三子際樂弱冠入邑庠

匡氏沈宗召妻年二十六夫歿家貧子幼立志苦節七十二卒子正權植俱著庠序

劉氏庠生沈書孟妻夫歿劉年二十三子甫週歲孝翁姑撫孤勤苦成家年五十八而卒子承宗

國學生
馬氏庠生夏燧妻子甫二齡燧病篤謂馬曰我死惟以吾母及祖母皆年老未得終事爲憾馬泣曰在予一身勿憂及歿晝夜紡織事葬皆如禮無何子死孫年十餘又歿迄今馬年七十餘媳高氏亦年將五十僅守遺腹一孫時人嘉其節而憐其遇焉

劉氏太學生段再紳妻年二十六夫歿治家勤儉教四子甚嚴後四子皆成名卒年七十三

胡氏儒童沈詩作妻年二十四夫歿子甫二齡家貧如洗忍饑寒勤紡織撫子成家苦節三十七

年現年六十一

蕭氏庠生大柱女儒童沈尚誥妻年二十五夫歿子世蕃甫二週家業凋零紡織營生撫子娶媳生一孫媳死孫殤無力繼聘母子二人相依爲命知縣鄭重旌曰松心自勵苦節三十五年現年六十歲

吳氏吏目沈書升妻年二十四夫歿孝翁姑撫孤現年五十六子承誨承講俱國學生

沈氏儒童余元善妻年二十六夫歿家貧無子孝事孀姑立嗣承祀苦節三十七年現年六十三

蕭氏儒童沈尚介妻年二十二夫歿子世洵甫五月家貧茹苦事翁姑撫孤苦節二十九年現年五十一

王氏年十八適廩監程時二十六夫歿姑疾篤刲股救之得愈子光濟入邑庠又撫姪光潤爲子光濟竟無出乃以潤次子庠生明梓嗣焉王壽九十二乃終

夏氏儒童劉啓祚妻年二十六夫歿撫二子依舅氏讀書婚娶至成立始歸年七十餘卒

周氏年十九適縣丞馬道洵三載夫歿無子朝夕依孀姑撫姪爲子現今守節二十五年

馬氏廩生李世煌妻年二十八夫歿無子立姪爲嗣守節二十五年現年五十三

徐氏年十九適職吏李智二十九夫歿子世烈甫周歲孝事孀姑撫孤成立生二孫俱幼世烈又亡徐撫孀媳弱孫艱辛備至現年六十五歲

胡氏生員彭正己妻年二十六夫歿孤子甫半月撫之成立事姑以孝閒治家嚴肅現年六十歲

查氏年十八適彭正學逾年夫歿子甫一月事公

姑惟謹教子成立現年五十一歲

方氏年二十四適彭正鵠逾二年子甫週歲夫歿守節撫孤子年二十得痰疾家務皆方自經理現年六十三

段氏年十八適職吏陶九思伶仃失怙段孝事孀姑年二十六夫歿子鼎纔週歲撫以成立爲國學生守節三十年而卒

田氏胡鐸妻年二十六夫歿子甫週歲撫之成入現年六十六苦節四十年

李氏庠生段再招妻年二十五夫歿家貧子幼公

姑老且病養葬盡禮教子入邑庠年七十二而卒

傅氏童生胡其塏妻生一子中楚年方三齡其塏歿傅年二十六事舅姑撫孤成立有二孫現年五十三歲

徐氏貢生姜一詔妻年二十九夫歿二子曰棟曰梁年僅三五歲撫以成立列國學復相繼早逝徐撫養孤孫課讀不倦年六十七卒

李氏儒士杜興祚妻年二十四夫歿姑年七十子幼家貧值歲饑藜藿不飽勉力姑膳未嘗稍懈年七十餘卒

姜氏曾惟憲妻年二十夫歿有子國林教以詩書子歿復撫孤孫教以成名苦節四十餘年卒

徐氏庠生維明女適蕭和璜年二十四夫歿教子大利入邑庠苦節四十八載現年七十二

曾氏儒童杜以德妻生子有鼎有儀有容年二十八夫疾刲股救之不得夫歿後勤苦自甘三十餘年卒

胡氏國學生杜興榮妻子再瑜再珙年二十三夫歿事姑孝謹教子成立守節三十餘年卒

張氏羅邑同知光會女經歷杜興義妻年三十夫歿敬事公姑撫孤再晨列國學守節二十九載現年五十九

杜氏張之傑妻年二十二夫歿子幼家貧苦節三十年卒

劉氏庠生曾國玫妻年二十七夫歿一子在宜守節二十五載現年五十二

劉氏汪一麟妻年二十四夫歿一子太和守節五十三載現年七十七

王氏方宗坎妻年二十四夫歿一子襁褓苦志撫

之成家歷三十餘年而終
陶氏方衍江妻年二十三夫歿矢志撫前子及已
子中年二子俱殀復與兩媳撫其孫現年五十
八
段氏庠生再彥女年二十適方衍儀逾三載夫歿
子甫週歲矢志撫孤現年七十子殀孫幼貧苦
自甘
方氏適職吏舒其翼夫歿方年二十三無出立姪
爲子子復歿與媳段同撫其孫及曾孫舒瑄入
邑庠生年八十五卒

曹氏職吏劉裔妻裔歿曹年二十五守志撫孤現
年六十八
黄氏庠生維周女年十八適胡桐未逾歲桐死越
月生一子伯叔逼之斷髮誓守撫子成家孫顯
埔入邑庠年七十三卒
唐氏庠生段肇忠妻肇忠歿唐年二十八子甫半
齡撫以成立復死無後氏亦尋逝年五十三
陳氏年二十一適唐陞巖逾三載生子甫兩月夫
歿茹苦守志現年五十四
閔氏唐必達妻年三十夫歿撫子陞崑陞嵩俱入

邑庠年八十六卒
張氏經歷劉一舉妻子昌甫二歲夫歿張年二十
三苦節事姑年七十三而卒昌妻裴氏年二十
七亦夫歿矢志現年六十三
劉氏程太雍妻夫歿劉年二十四親族逼之改適
誓志堅守立姪以嗣縣學廩旌之現年五十二
王氏徐在嶽妻性至孝于歸後繼曾祖妣甄氏病
劇刲股救之年二十九夫歿二子幼甘貧守志
年八十而卒
吳氏經歷鄭榮名妻生一子貴瑛榮名徃京師歿

於義邱吳年二十五痛哭絕粒幾死哀屬其叔
榮暹渡河尋尸歸葬鄉里苦節五十一年卒
徐氏姜一仁妻生二子夫歿徐年二十五家極貧
苦節五十年卒年七十五
徐氏孔傳禮妻年二十三夫歿無子立姪以嗣姪
復早死與媳朱甘貧撫孫現年七十八
張氏裴大有妻夫歿張年二十四有一子家甚貧
苦節五十年卒年七十四
馮氏庠生徐一致妻年二十四夫歿子甫歲餘矢
志撫孤年七十三卒

徐氏蕭東山妻夫歿徐年二十六家貧甚依母氏傭繡紡績苦節三十四年現年六十

胡氏朱時庵妻夫歿胡年二十五歲守節撫孤現年七十

張氏徐在錦妻年二十九夫歿子幼舅姑衰老守節奉養年七十二卒

張氏儒童程光濵妻年二十三夫歿家貧相依母氏紡織撫孤成立現年六十五

金氏儒童江庭鵯妻夫歿金年二十五子元聰僅週歲事翁姑撫孤守節三十年現年五十五

陳氏年二十一適聞成周逾年夫歿無子以姪承達嗣家計蕭條紡績度日孝事舅姑歲饑藜藿不飽而菽水無缺歷三十載子既成立家亦稍裕現年五十一

趙氏適儒童江庭鸞子文達甫一歲夫歿趙年二十五孝事孀姑撫孤成立入國學歷三十四年現年五十九

張氏儒童匡四游妻年二十二夫歿子五福僅六月事孀姑撫孤苦節四十三年現年六十五

黃氏庠生段選妻年二十五夫歿家貧矢志紡績教子現年八十五

傅氏儒童余良銓妻廩生有寬女幼誦女訓年二十五夫病革囑曰吾親老子善啓甫三歲弟良鎮亦幼未了事爲我承之遂卒傅孝事舅姑教子成立遭家多難絕無怨言善啓亦娶傅氏年二十餘又夭遺子維寧姑婦同志依其叔良鎮鎮亦旋殞無子妻鄭同心撫養維寧三世四寡一孤煢然人皆敬而憐之

閆氏庠生汪宗模妻年二十八夫歿父母憐而欲嫁之投繯自經嫂力救乃免守節歷三十年子

正燧邑庠生正焱入太學現年五十八

鄭氏庠生熊清泰妻年十九夫歿痛絕復甦越三月遺腹生子風時紡績奉姑至年六十風時亦歿又撫孀媳汪及孤孫雲路俾其成立守節歷五十八年無疾而逝

郝氏儒童鄭一朝妻年二十九夫歿氏事孀姑沈最孝撫孤本桂列國學守節二十六年現年五十五

段氏廩生鄭萬祜妻年二十四夫歿矢節撫孤同周周生二女亦逝立姪孫爲嗣捐田爲闔族祀

庢復捐田建萬壽菴般若菴卒年六十八歲時祭掃族人皆禮祀節婦並及其夫

鄧氏太學生鄭元杲妻年二十三夫歿以姪爲嗣越七月遺腹生子一堅矢志守節事孀姑張孝每歲捐貲備棺木藥餌以濟窮鄰年四十七卒

龔氏庠生沈詩賦妻年二十九夫歿敬事翁姑撫孤書田成立列國學守節三十一年卒年六十

沈氏鄭元凱妻事舅姑孝年二十四凱卒撫孤成立子一朝國學生次一棟邑庠生年七十七猶勤紡績諸孫皆克承其家云

程氏邑庠生鄧烒妻年二十八夫歿矢志事姑姑病藥必先嘗衣不解帶者五十餘日里人賢之現年七十三

周氏儒童沈書政妻年二十七夫歿子承龍甫周歲家貧甚紡績孝孀姑撫孤苦節三十五年現年六十二

萬氏儒童沈詩言妻年二十八夫歿矢志事孀姑撫孤出畚貲修橋路年七十二卒

段氏生員王天鐸妻年二十九而寡勤儉致富子三人俱援例入貢監鄰里貧困者不時周濟年九十無病而卒

段氏庠生簡女王之舉妻年二十五夫歿子從福甫一齡矢志奉姑撫孤門出紡績所餘周鄰婦急困年七十四

岑氏王之弼妻年二十一夫歿止一女陳氏王之吏妻年二十夫歿無出姒娣同心守節伯叔分其產毫無怨言岑依女家陳依母氏完貞四十餘年

段氏王道璦妻年二十九夫歿家貧子幼孝事孀姑撫孤成立入國學現年七十

段氏庠生肇昌女監生王之榛妻夫歿遺腹生子從照撫以成立夫弟之枋亦夭無子妻顧氏立姪從熹爲後時稱雙節段現年五十五

程氏王從瓏妻夫歿程年二十四子善紀甫二齡遺腹生子典家貧守志孝孀姑撫孤鄰家失火屋幾燼程出拜火遂滅時謂節孝所感現年六十四

徐氏儒童蕭和瑞妻生子大典和瑞歿徐年二十一礪志勤儉孝事翁姑子復殤以姪大櫳爲嗣夫弟和瑀無子捐已祖給瑀娶妾知縣張掄甲

匾曰松筠偕茂年五十二卒
沈氏童生蕭和恂妻年二十適恂逾二年夫歿無子以姪大炳嗣矢志守節紡績教子入國學現年五十六
王氏監生鄧可煥妻年二十九夫歿守節事孀姑二十載曲意承順教子大邦入邑庠
傅氏生員鄧大颫妻年二十三夫歿矢志奉翁姑二十餘載置產二百石養子成立現年五十歲
鄭氏儒童蕭和忻妻節孝徐氏之媳也年二十二和忻歿二子繼殤以姪大劍爲嗣事翁姑孝姑

徐年八十餘病臥兩載親湯藥操滫瀡未嘗廢離勤儉有家法現年五十八子大劍屢欲請旌鄭不許
沈氏儒童蕭和怡妻節孝徐氏之媳鄭氏之娣也生子大緡大紳年二十八夫歿事姑孝與鄭同心服勞終始不怠現年五十八
傅氏余良銀妻年二十七夫歿矢志撫二子成家現年五十六
劉氏生員段宗禹妻宗禹家貧劉紡織忍饑寒供讀書貲年三十夫歿家益窘苦節無怨言現年九十二卒　恩例賜粟帛兩次
劉氏太湖監生大禹之女儒童蕭和純妻年二十二生子大悅方三月和純歿矢志孝翁姑教子門庭肅然娣姒皆以爲法末年有孤燕巢梁間鄉里比之衛仲瑜妻王氏年七十二卒
夏氏監生蕭和澤妻和澤死祖母八旬生母六旬三子皆幼夏年二十六事二姑撫稚子勤儉持家後因哭姑損一目現年五十一子大林國學生
陳氏柯有德妻年三十夫歿有二子矢志教子辛

苦餘積捐修橋三座共用銀二百三十兩現年六十一
汪氏鄭元哲妻年二十五夫歿子方三歲汪矢志養姑三十餘年姑壽八旬乃歿子孫成立汪現年八十六
吳氏儒童馬世鑅妻夫歿吳年二十八矢志守節無子以姪道河嗣家貧紡績教子成家現年六十二
胡氏職吏馬世鉅妻夫歿年二十六矢志撫孤孝事孀姑教子道潤入國學年六十一卒

胡氏王湘妻夫歿胡年二十七子保元甫六歲家貧如洗依夫弟漪自勤紡織矢志撫孤苦節三十二年現年五十九

程氏張啓誼妻年二十四夫歿子亦夭捐田三十石入祠守節四十二年現年六十六

徐氏年十九適庠生胡華旦二十四夫歿以姪爲嗣生一女子又死紡績養孀姑撫孫女姑歿乃依其兄嫂年七十九而終

程氏鄭榮畤妻年二十八夫歿甘貧苦守紡織教讀歷年六十卒子寬孫之倫後皆列邑庠

鄭氏余延周妻年二十四夫歿家貧矢志孝事孀姑撫孤成立現年七十八

傅氏余良寧妻年十九于歸逾歲夫歿遺腹生子善佑孝事舅姑撫善佑入太學有四孫善佑年二十餘亦歿妻鄭青年矢志敬順孀姑現年四十八臬憲崔旌其門曰雙節齊名

樂氏庠生程曦妻年二十八夫歿子光清光渭俱幼越五月遺腹生子光淑矢志撫孤家貧紡績以資膏火清渭皆早逝光淑後入邑庠年八十七蒙　恩例賜粟帛壽九十二而終

程氏彭寧一妻年二十五夫歿家貧苦節年八十四卒子孫皆入邑庠

張氏鄭元盡妻年二十夫歿二子俱幼孝事孀姑後二子繼逝復撫兩媳兩孫現年六十六

張氏鄭一鑑妻年二十三夫歿孝翁姑撫孤成立現年五十八

李氏王正世妻年二十夫歿子天愷甫二歲孝事翁姑教子成立年八十一卒

蕭氏余良珺妻年二十八夫歿撫子成立婚娶子媳繼逝又撫兩孫勤苦成家現年五十

黃氏國學生葉生玉妻年三十夫歿守節五十餘年蒙　恩例賜粟帛年八十四卒

徐氏胡延紳妻年二十夫歿子華靖甫四歲矢志守節現年六十

胡氏徐魯趾妻年二十九夫歿子大燦大煥俱幼守節教讀年七十一歲子大煥孫道越俱列邑庠

胡氏徐大綬妻年二十七夫歿撫孤道宣成立守節現年五十七歲

李氏年二十二夫聞增祥故撫子顯貴守節四十

八年現年七十
鄭氏吏目程明槭妻子行灯甫一週而明槭歿氏年二十三孝事舅姑舅歿姑年七旬抱疾飲食湯藥不假他手好義樂施邑有大興作捐貲不吝教子有方因年例未至先附錄焉
鄭氏太學生傅士松妻年十四刲股救母二十復刲股救夫夫歿撫兩孤以煩以燏矢志守節孝事孀姑年例未符附錄
鄭氏太學生胡華仲妻夫歿鄭年二十六事繼姑孝撫兩孤應龍應鳳俱列國學仲兄華佑夫婦

早喪三子旋亡三媳及諸姪孫皆鄭撫之守節二十一年例未符附錄
聞氏儒童鄭一鎬妻年二十四夫歿無子矢志事祖母戴繼姑朱曲盡婦道現年四十一年例未符附錄
杜氏監生程明楷妻年二十九夫歿有二女一子撫以成立躬親紡織守節二十年現年四十九例未符附錄
以上係舊本中載未符例與現年者今未及詳考姑仍之

英山縣志卷之二十　終

補修英山縣志卷之二十下

六安同代理英山縣事萬年淳補修
英山縣知縣吳興陳　彥參訂

列女

鄭氏
誥贈奉直大夫余善緒之妻孝廉鄭一坊之女也幼遵閫訓授女史大義輒能了了年及笄歸緒未六年而緒卒遺孤維謙甫三歲女未一週氏毀瘠絕粒誓不欲生氏舅州司馬余龍毅然以親老子幼相責氏乃揮淚咽悲冰霜自厲足跡弗

踰閫閾氏固介婦綜粟出入諸惟姒婦是聽而事堂上以孝撫膝下以嚴鍾禮郝法不啻過之盇數十年如一日也維謙思爲顯揚計援例授州同加二級需次待選封父母如其官諸姑娣咸爲氏慶而氏自淡如且曰好善爲之未亡人何以名爲享年六十而卒三學諸生現欲公呈額請　旌表
金氏程義路之妻金序璞女也年二十四歲夫歿矢志守節立夫弟義里之子惇典爲嗣上事孀姑下撫弱媳茹荼飮蘗前後四十餘年胞弟六

六安學正金光恆採入州志嘉慶庚申年堂弟
大司寇金光悌代請　旌表建坊
施氏儒童馬道海妻年二十適馬事孀姑段至孝方四載夫歿生子三月自誓守節嘗云姑撫氏夫不能終養氏欲以身殉姑誰相依於是以婦代子維持家道撫子際崧成立入國學得孫三姑年九十人以爲一門雙孝嘉慶十六年請
旌建坊年六十前邑令楊公壽詩云茹荼心自苦啖蔗味方長有子貞騏驥文孫小鳳凰良不虛云至今年近七十猶勤儉慈惠精神不衰

胡氏儒童裘萬驥妻于歸匝月夫病夜拜北斗籲以身代夫歿親事殯葬畢自縊殉節詳請　旌表邑令嚴克任輓聯云一月婚姻男別女千秋節烈死猶生人競傳之
鄭氏監生余善佑妻青年矢志敬順孀姑撫孤子維正維大維光維明俱成立有八孫享年五十八守節三十二年長孫邑庠時可等仰體父志於嘉慶二十二年請　旌建坊
金氏金序璉女許配儒童彭中檜未嫁檜以病瘵亡氏聞訃悲不自勝遂於是夜沐浴更衣投繯而死其夫家迎柩合葬焉嘉慶六年奉
旨旌表建坊
鄧氏生員葉榮濃妻生員可焯女持躬淑愼年三十夫歿無子誓從地下絶粒三日孀姑鄭諭以事姑立後大義而止嘉慶八年詳請　旌表建坊立子二夏忠布政司經歷夏恕浙江鹽運使參軍

以上請　旌表者七人

程氏胡華夏妻年二十九夫故子甫二齡家徒壁立苦節堅心紡績撫孤教讀成立卒年六十有

二
王氏增生李世焜妻年二十九歲夫歿子芝彬年甫三歲苦節自矢勤儉成家卒年七十八歲
徐氏武庠胡應捷妻夫歿年二十一歲生子可翼甫及二月矢志守節持家勤儉教子成立援入成均卒年七十四歲
傅氏邑庠生傅作梓之女年二十適儒童馬道澐爲繼室澐已抱病氏奉侍周至甫三月澐故撫養前子際時如已出生孫純煲逾年子與媳相繼沒氏撫弱孫以養以教恩義兼盡卒年六十

九歲其姪婦杜氏馬際運之妻夫亡守制與傅
相依度日卒年五十五歲一門雙節
胡氏儒童馬道洙妻年二十三夫故志矢冰霜守
節四十七年卒年七十三歲
王氏馬際權妻年二十九歲夫歿子純璜甫歲餘
矢志撫孤家貧紡績教子入廩膳苦節自守卒
年七十八歲
徐氏胡允濃妻年二十六歲夫故子甫三齡孝事
翁姑撫子成立卒年六十二歲
以上入州志者七人

王氏太學生劉學明妻年二十九苦節撫子道全
道璋成立璋爲諸生五十餘年品學兼優鄉里
推重咸以爲母氏節孝之報卒年九十六
李氏裴文煊妻夫早歿家貧勤儉自持延師課讀
目及四世孫十五人四入邑庠苦節四十年卒
年八十七
楊氏庠生郝維閬妻夫亡氏年二十五家貧紡績
自給撫孤成立孫郝桂中霱俱入泮卒年六十
有四
余氏監生姜名熺妻性至孝姑病篤氏刲股進羹

而愈後夫復病氏籲天願代刲心以救浹旬復
甦姑勸慰曰汝捐生奈藐孤白髮何氏怵然奉
命孝養備至教子新址新堂俱入成均年六十
三終
徐氏儒童裴承瑛妻夫歿徐年二十九生子二孝
事孀姑撫子成立長萬驤入太學次萬春入邑
庠孫世啓世南入邑庠苦節三十八年卒年六
十七
鄭氏儒童李朝翰妻年二十五歲夫得癈疾氏敬
戒無違越三年夫歿氏矢志守節撫子成立卒

年六十三歲
傅氏儒童鄭本鐙妻監生士傔次女也生子二年
二十九歲夫歿家無立錐依舅氏以坪紡績撫
孤潔清守志卒年六十九
劉氏姜名極妻年二十一歲夫歿遺腹子新輝氏
孝養孀姑苦志撫孤年七十六卒
劉氏鄭之華妻年三十夫歿紡績課讀撫子成立
孫驤曾孫馥俱入太學苦節四十八年卒
劉氏汪天堂妻年二十夫歿家貧子殤氏孝事公
姑立夫弟子心德承祀苦節四十一年卒年六

十一

鄭氏庠生李朝宗妻年二十六歲夫沒苦節撫子成立卒年五十八歲

段氏方宗豫妻于歸二載夫歿氏年甫二十歲生子衍槐僅八月苦志守節教子成國學孫德焰邑庠卒年八十五歲

王氏庠生彭其樂妻庠生王理女年二十四夫卒齧蘗茹荼翁姑壽均九十餘孝養六十餘載子中琦國學生卒年七十三歲

馬氏彭其椅妻鄖西縣知縣馬坦孫女年二十二

夫卒家貧守節紡績事翁姑撫二子成立卒年七十二

馬氏庠生世銓女太學生彭其名妻年二十八夫歿矢志守節立姪太學生中露爲嗣卒年八十有四

李氏彭元程妻年二十九夫卒無子立姪爲嗣孝養翁姑紡績度日教子成立卒年五十四

段氏儒童王璟安妻于歸後夫故無嗣恪志守節事孀姑田氏孝敬兼至立子敏修撫養課讀氏卒年六十有一

段氏祚譜女適儒童馬際會會卒無子立夫兄際時次子純輝爲嗣守節十七載卒年三十六歲

段氏王樂善妻年二十夫歿二子繼亡苦節守志立堂姪成豫爲嗣卒年八十

盛氏儒童洗尙庠妻羅邑監生廣勳女年二十四夫歿氏柏舟自矢奉孀姑委曲承順撫六歲孤子世煒成立卒年八十四

彭氏鄧昌傑妻年二十于歸甫七月夫歿遺腹生一子矢志苦節撫子成立卒年七十三歲

張氏段承興妻年十七歲夫亡生子一苦節五十

一年教子芳霞成立卒年六十八歲

鄭氏儒童閘與都妻太學生同昌女二十六歲夫卒無子立姪詩鋅早逝撫孤孫三人成立守節三十一年卒年六十六歲

傅氏閘與焯妻二十六歲夫卒子詩唫甫一週矢志撫養舅姑在堂代終子職守節四十六年卒年七十二歲

彭氏洗承討妻夫歿氏年三十矢志不移家貧無子以姪盛堂爲嗣拮据成家堂入成均卒年八十四

沈氏儒童聞詩槐妻太學生承詔女年二十七槐卒子立德生甫半月苦節三十年卒

鄭氏儒童聞興俊妻庠生一試女俊穎慧工文年二十一赴州試卒客邸時氏于歸僅五月慟不欲生旣念有身翁姑年老強留以待生子詩幹宗緒不墜年六十一歲卒守節四十一年

余氏儒童傅以娗妻年十五于歸十八夫歿子文學甫數月事孀姑孝支持家計文學年十九亦逝與媳劉氏共守始終不渝卒年六十有九親見曾孫四人

金氏太學生余善綗妻貢生庠塘女年二十三夫卒子維芝僅一周守節數十年持家訓子內外整嚴芝例授州同亦能以孝事之

鄧氏彭端岩妻邑庠生椰溪母也氏自于歸後事翁姑相夫子一切中饋紡績之職皆身親之年未三十而端岩早逝又無子撫棺泣淚死而復生時椰溪年甫髫齡孺人愛其賢也擇而立之而椰溪孝友睦婣任恤尤能力行慈訓云

蕭氏儒童鄭本初妻年二十四夫故誓死不變敬事公姑苦節四十餘年現與孀媳二人紡績自給族咸稱之

汪氏汪萬選妻年二十三歲夫歿苦節撫子志遠方二歲及成立娶媳熊氏志遠早亡熊年二十僅遺孤子克體姑志同勵氷操汪現年八十九熊現年五十六

段氏儒生陶天楷妻年二十二歲夫沒子開第年甫週歲苦節自守勤儉持家現年八十七

馬氏進士馬道尌女適方德滙夫歿氏年僅二十五歲越兩月生子之楷入國學楷歿氏率媳王氏同撫幼孫原爗現年八十三

張氏胡可亨妻年二十五歲夫故遺腹子允璜家貧紡績苦節撫孤現年七十二

徐氏儒童裴萬卷妻夫歿家無立錐徐年二十五子一早喪遺孤孫二孀媳呂氏克踐姑志傭繡紡績艱苦備嘗徐現年七十八呂現年五十五四世同堂

金氏王元顯妻年二十三于歸無嗣越二年夫故立志守節敬奉公姑立子德安教讀入泮現今同堂四世年七十五

鄭氏彭中玉妻庠生一律女于歸數月夫病刲股

以救越四載夫歿撫嗣子元錦入成均事孀姑
以孝現年七十三
傅氏儒童彭中琅繼妻監生士爚長女年二十適
琅五載夫歿家貧無子矢志守節孀居四十餘
年現年七十二
段氏王殳善妻年二十八夫歿無子堅志守節立
胞姪成楷爲嗣現年七十二
王氏外籍陳起翰妻年二十六夫歿子一撫孤守
節現年七十三
葉氏方德爔之妻夫歿氏年甫二十歲立德准之

子之純爲嗣苦節自守現年六十九
朱氏方德漢妻夫歿氏年十八歲立德江之子之
統承祀矢志守節現年六十二
傅氏儒童龍國棟妻生子一文明氏嘗刲股愈姑
疾夫病復刲股救之不得年二十六夫歿家貧
苦節撫子成立　例授登仕郎現年六十三歲
閔氏蕭正翥妻夫歿年二十一歲生子數月夭亡
堅心自矢紡績持家依夫弟正馥之子馥復旋
亡僅一子承繼兩房氏現年六十一
劉氏傅文學妻年二十夫歿誓不欲生念兩世孀
姑無人奉養涕泣圖存克盡孝道遺腹生子守
約國學生氏現年六十六
胡氏儒童鄭本金妻生子二年二十七歲夫歿紡
績持家潔清自守現年六十一
傅氏聞詩柏妻太學生士松女柏卒氏年二十七
無子誓以身殉因姑已先卒翁僅生柏一人勢
將絕祀勸翁禮聘庶母生子五人勤苦教育現
年六十歲守節三十三年
金氏徐允卓妻夫病刲股二次夫歿氏年二十七
歲苦節撫孤子元春列黌序現年六十
鄧氏國學鄭本莊妻任銅陵縣教諭鄧昌鍇女年
二十五夫疾篤刲股救之不愈立姪昌璉爲嗣

守節三十五年現年六十
李氏蕭方鑄妻生子一年二十五夫歿孝事舅姑
義訓孤子苦節守貞現年六十
匡氏王星善妻年二十六夫故苦志守節現年六
十
蕭氏胡允杰妻夫故年二十三歲生子奉泮甫一
週矢志守節孝事翁姑紡績不倦現年五十
彭氏庠生鄭本獬妻年二十一夫喪於永春州署

撫子矢志不二立夫堂弟之子昌瑚以繼後嗣
苦節三十四年現年五十有五
王氏廩膳生彭元英妻貢生王堅善女年二十三
夫卒家貧勤紡績以奉翁姑撫二子成立苦節
三十餘年現年五十四
氏蕭方旗妻年二十六夫沒甘貧守志勤儉持
家現年六十
方氏舒元綱妻夫卒氏年僅二十一歲苦志守節
立胞姪敬業爲嗣現年五十七
趙氏監生趙正壁女年二十適儒童馬純壽越五
載夫歿氏志如金石守節三十年現年五十五

彭氏儒童段芳珩妻夫歿彭年二十二子烈光僅
半月矢志守節孝事翁姑教子義方入國學子
媳復相繼俱亡貽孫昭緒昭繼年俱幼彭撫之
艱辛倍歷現年五十二
金氏傅文詩妻庠生光祠女年二十三夫歿翁姑
繼逝氏兄憐其貧苦欲留與老母相依氏念兄
亦寒窶仍歸傅族借屋居住紡績度日教養子
女現年五十一
劉氏庠生王起鳳妻年二十三夫歿遺孤甫兩月
矢志冰霜撫孤修勤今已成立入國學氏現年
五十一
閔氏儒童傅以珠妻年二十二珠歿後八年夫胞
弟國學以珂生子文綵始立爲嗣愛育如已出
現年五十二
傅氏彭中毅妻太學生士桃女嘗刲股以救夫病
夫歿氏年二十六家無擔石寄養母家現年五
十
吳氏儒童裴萬寶妻于歸未週夫歿吳年十七無
子誓志守貞後夫兄邑廩膳生萬川生子過繼
爲嗣孝事翁姑養生送死克兼子職現年四十

九苦節三十二年
范氏儒童馬道泰妻夫歿年二十六家貧守節立
姪際昌爲嗣現年五十三
徐氏儒童鄭本衡妻年二十七夫故無子立夫兄
本權之子爲嗣撫育成人甘貧守志現年五十
五
金氏儒童傅士烺妻夫故氏年二十五零丁孤苦
紡績度日撫立子以垣入泮年七十八卒
朱氏庠生鄧大揩妻年二十八夫歿甘貧守節教

子成立卒年八十二
胡氏儒童徐允題妻夫歿氏年二十七甘貧守節
撫孤成立幼子元琪列成均年六十五卒
金氏儒童傳士然妻年二十三夫故子二以墉以
壢家道蕭條孝事孀姑義方教子後墉入成均
壢承先志皆金氏之苦節爲之也年七十六而
卒
彭氏太學生其越女適庠生方振年二十一夫歿
堅志守節立姪庠生之炰爲嗣卒年七十六
徐氏蕭大醇妻夫歿氏年十九無子以姪爲嗣矢

志守節事公姑全無懈怠年七十而終
鄭氏儒童傳士熼妻熼亡氏年二十三遺幼子以
璽撫育成人娶媳蕭氏璽旋亡蕭年十九無出
亦勵志與姑安貧守節均有孝行鄭現年八十
五蕭現年六十一
傅氏段祚星妻年二十于歸僅七月夫歿無子苦
志守節孝事翁姑立夫姪二視如巳出長永炳
次永烱國學年七十無疾而終
傅氏太學生蕭方煶妻夫卒氏年二十七事孀姑
孝謹二十餘年不懈訓二子一入邑庠一列成
均嘉慶三年具題建坊　旌表詳載州志
余氏儒童傳士煋妻煋亡氏年二十八無嗣甘心
守節事舅姑孝推遺産勷祠祀年六十八卒
金氏庠生天祥女庠生馬世鎬妻夫歿年二十七
苦志守節撫子道洸道濤成立卒年六十一
周氏儒童傳士杰妻年二十九夫故甘心守節子
孫昌熾閫範垂型年七十而卒
胡氏蕭方振妻年二十四夫歿善事舅姑遺孤僅
八月教育成立入邑庠卒年五十八歲曾孫鳳
翺亦入邑庠

金氏監生序河女年十八適監生傅以均二十九
夫歿無嗣孝事翁姑立堂姪文鎔文麒爲嗣年
七十卒
胡氏儒童馬世鐄妻夫歿氏年二十苦志守節卒
年七十三
張氏儒童徐道極妻年三十夫歿敬事舅姑甘貧
守節教子允炳列成均卒年六十八
金氏庠生序漢女年二十適儒童傅以壎善事翁
姑姑沈病篤刲股和藥以進夫病亦如之事繼
姑范亦孝年三十夫歿訓子成立現年六十六

舒氏庠生舒玘女劉德勳妻二十八歲夫歿苦志守節現年六十二媳蔣氏年十八夫歿繼志守節事姑孝謹現年四十二

劉氏儒童張世瑚妻夫歿氏年二十五甘貧守節孝事其姑撫子成立卒年六十一

胡氏儒童傅以莊妻氏年二十五夫歿堅心守制辛苦備嘗撫子文鎮成人現年六十

段氏庠生肇得女儒童夏念楷妻年二十八夫歿遺腹生子存進苦志守節撫孤成立卒年七十八

金氏國學蕭正時妻時卒氏年二十二能順舅姑立子如璐教訓入成均媳金氏生子一甫三歲璐復卒姑婦同志共撫其孫現年六十五

汪氏監生傅以瑶妻年二十二夫故子文鍊甫二歲堅心守制辛苦備嘗教子成人現年五十七

查氏太學生繼芳女庠生馬際春妻夫歿年二十八食貧守節卒年六十二

杜氏庠生徐元琳妻子一光昭甫二歲夫歿氏年二十二矢志守節甘貧教子現年六十

金氏儒童傅以珽妻年二十四夫歿善事繼姑紡績度日教子鋼苦讀現年五十九

李氏舒元傑妻年二十二夫歿苦志守節現年五十五

張氏蕭正躍妻年二十二生子一夫歿家貧苦節撫子成立現年五十三

余氏儒童傅以璉妻年二十三夫亡遺子文鑑文鍛矢志柏舟飢寒備歷年五十四卒

熊氏蔣芳全妻年二十七夫歿生遺腹子矢志守節依夫兄芳榮姒王氏撫子成立現年七十二子孫衆多

李氏蕭正超妻生子一夫歿年二十六守節甚孝謹撫子成立娶媳楊氏子復夭媳年二十五立子宗城矢志事奉孀姑守節三十年

蕭氏儒童金庠璞妻年二十五夫亡無子欲以身殉緣夫曾刲股救母乃撫姪光昇爲嗣成夫孝志以綿宗祀年五十九而卒

吳氏余義和妻年二十七夫歿無子矢志守節立姪作楨爲嗣辛勤紡績教子成立現年六十一

閔氏儒童蕭正翥妻夫卒年二十五家貧紡績不分晝夜治家嚴謹撫幼姪如彥若巳子苦節三

十餘年

金氏儒童傅以堅妻年二十夫故子文鎔甫二齡翁姑巳逝井臼親操苦節艱貞教子成立現年五十二

王氏監生繼定女馬際芳妻年二十九夫歿守節卒年六十六

蕭氏胡可旭妻年二十八夫歿撫子成立貞苦節三十八年現年六十六

孫氏農民黃耀貴妻年二十五夫故生子一不惟紡績亦事耕耘苦節可矜鄉鄰共恤現年五十

吳氏興國籍寄居英山佘永珠妻年二十八夫歿堅志守節立姪長記爲嗣謹事翁姑慈撫嗣子現年六十三記妻熊氏亦孀居守節不愧其姑云

徐氏蕭如漢妻年二十三生子宗鰲甫四月夫歿立志守節撫子成立現年五十九

胡氏羅邑江廷華妻寄居英邑年二十三夫歿氏投繯殉節庠生傅作楊白當事邑侯何表其墓轉詳請　旌

鄭氏監生佩女監生程明棣妻年二十八夫故子行肅旋故守節四十五年現年七十三立族孫義載爲嗣

吳氏蕭如松妻生子二夫歿氏年二十九家貧苦節撫子成立現年六十四

傅氏國學生金紹楫妻于歸五月夫歿氏年十八矢志守節立姪庠蒲爲嗣茹荼集蓼撫孤成人現年七十

陳氏黃光德妻生子二夫卒年二十六氏投繯者數次家人亟救得免守節奉姑撫子成立年近七旬猶勤紡績

華氏劉異壽妻年二十適劉越二歲生子禮安二十四歲夫故矢志守節紡績度日養子成人現年七十九

柯氏黃光璉妻生子二夫歿氏年二十八事翁盡孝紡績成家撫子顯才顯志成立現年七十一

聞氏增生兆景女廩貢生鄭本超妻性貞靜明大義年二十九夫歿事舅姑極得歡心嚴課孤子昌賓昌齡皆入庠序苦節二十四年卒年五十三

詹氏儒童鄭昌遇妻夫歿氏年二十八孝事翁姑

撫孤光大光典成立光大入邑庠年四十五卒

王氏儒童鄭昌鉞妻夫殁氏年二十八家貧矢志孝事舅姑教子成立現年六十

張氏聞永和妻年二十一夫殁矢志守節孤子之興時甫二週教之成立入國學現年七十二四世同堂

聞氏儒童傅以䌽妻䌽殁氏年二十五無子守節苦供菽水舅姑夫弟繼殁依弟聞詩和詩自以貞其節前邑尊丁贈匾曰堅貞自矢學師戴贈匾曰松竹同貞現年六十五

傅氏余維經妻年二十二夫殁無子勵志守節甘貧食淡勤紡績以營生苦積餘貲建立翁姑及夫墓石現年五十八

彭氏歲貢生彭正時女儒童段祚蔚妻夫殁年二十三生子一永昌冰霜苦志敬事翁姑卒年八十有八嘉慶十年奉
旨旌表

彭氏儒童段永昌妻夫殁年二十三歲生子一芳枚矢志守節孝事孀姑姑病刲股救愈延師課子名列成均卒年七十一

王氏儒童段覲光妻于歸一載夫殁氏十八誓以身殉姑金氏涕泣慰解冰霜自勵敬事翁姑無子以姪嗣

胡氏儒童段永炳妻夫殁氏年二十八歲冰霜勵志竭忱以事孀姑無子立姪芳俊爲嗣教育成立氏年五十五卒

李氏沈應富妻年二十八夫殁家貧子幼茹苦自甘撫孤成立年六十二卒

彭氏庠生其泮女儒童金紹杰妻夫病年餘湯藥親嘗衣不解帶姑病亦如之夫殁氏年三十子四俱幼氏躬行節儉教以義方俾各成立現年

六十二

傅氏國學生士嫌女儒童金光檀妻氏年二十八夫故矢志冰霜母彝父道延師課讀競爽當時長子鼎入國學倜儻不羣經管興賢館公項正直無私次子宗均亦克成立氏現年五十六

劉氏廩生金序源妻年三十夫殁苦志守節孝事孀姑立子光業爲嗣勤劬教育親見四代現年八十六

張氏增生王從梁妻年二十七夫殁貞靜自守敬事翁

姑並繼姑治家勤儉撫孤成立現年九十二並
載州志
胡氏儒童傅以玹妻年三十夫故撫子文錝家貧
紡績度日現年六十三
傅氏儒童鄭昌泰妻年二十八夫歿家貧矢志孝
事孀姑教子成立現年六十三長子光紫復夭
紫婦汪氏年二十六苦節一如其姑現年四十
五
鄭氏監生一梅女廩生金光愷妻愷故氏年二十
六僅生一女舅姑在堂氏立夫弟光忻子宗勃
爲嗣勃復早逝撫二孫成立苦節三十八年嘉

慶十六年請
旨旌表
王氏儒童馬際榮妻年二十八夫歿勵志守節卒
年七十二
李氏馬純輝妻夫歿年二十八堅志守節現年五
十二
黃氏監生國新女徐軼羣妻夫歿氏年二十九紡
績營生立嗣承祀現年五十二
汪氏儒童鄭昌發妻年三十夫歿立姪爲嗣翁姑

年俱八十餘氏紡績供膳始終不渝目見曾孫
現年七十七
馬氏庠生夏念彩妻夫沒氏年二十二堅志守節
年八十卒
夏氏光暹次女段祚坦妻夫沒氏年二十七遺腹
生子堅志守節現年七十
沈氏鄭元漣妻夫歿氏年二十七矢志苦節卒年
六十立胞姪例授州同一樸爲嗣
夏氏蕭正訓妻年二十九夫歿子幼苦志守節卒
年六十

段氏陶天楷妻年二十二夫歿子開第甫一週苦
節自守勤儉治家孫文博文選同入邑庠氏現
年八十七
杜氏監生段永煒妻年二十五歲夫歿立子年幼
清操自守孝事翁姑卒年七十八
徐氏儒童胡應楨妻夫病刲股以啖獲愈夫歿年
二十九撫孤子可挹成立苦節三十五年現年
六十四
馬氏夏自發妻年二十九夫歿矢志守節立姪爲
嗣現年五十四

徐氏儒童胡大善妻夫歿氏年二十五歲矢志守節孝事衰姑姑病嘗刲股以救獲愈撫孤子其芹入成均現年六十

黃氏馬際盛妻年二十九夫歿矢志守節現年五十七

王氏儒童張信妻年二十九夫歿篤志守節教子文運成立卒年八十運歿妻汪氏年三十繼姑守節教子行忠入國學忠歿妻王氏教子持家亦以賢稱子思湧邑庠生

傅氏增生程義剛妻年二十八夫歿苦志守節立姪惇德爲嗣現年六十八

年例未符者附錄

鄭氏年十九監生馬純焯繼室越二歲夫歿僅遺一女矢志守節立夫兄純炭次子庠生良恕爲嗣現年四十二

余氏儒童徐允楠妻年十九歲于歸半載夫亡孝事翁姑苦志守節立夫兄次子掄元爲嗣現年四十二

傅氏監生彭蔭元妻太學生以坊女年二十九夫歿無嗣立姪承祧不幸夭亡茹苦守貞現年四十一

鄭氏儒童傅文型妻型沒氏年十六未婚守節孝事孀姑立姪爲後現年三十九

彭氏傅文苑妻二十一歲未婚夫歿死而復甦矢志守節孝事舅姑紡績以供菽水及今二十三年如一日也

傅氏余善繡妻年二十九繡卒子維菁甫三歲辛苦教育克體母志能自成立候補州同

王氏儒童葉時頤妻年二十二夫歿誓以身殉旣念孝養未終子方鼎生甫數月強留其身以代終孝事舅姑嚴課孤子現守節二十二年

皮氏儒童龍國栴妻年二十二夫殁甘貧守節謹事翁姑撫孤成立現年四十八

金氏儒童傅文鋭妻年二十二夫殁遺一子甫週歲甘貧守義以節孝聞四十五卒

金氏儒童傅文鍍妻鍍亡氏年二十六堅心守節生子二守淯守湘教以成立

胡氏儒童徐光文妻年二十夫殁逾三月生遺腹子宗德苦節撫孤教讀成立現年四十一

胡氏馬純文妻夫殁年二十六遺腹生子良昇紡績守節現年四十二

蕭氏傅文鑑妻夫亡氏年二十一堅貞守節甘受辛苦教子守澤漸及成人

王氏庠生彭駿妻年二十五夫殁堅志守節謹事翁姑撫孤成人現年四十四

杜氏儒童徐光紫妻年二十四夫殁甘貧守節孝事孀姑無子以姪嗣現年四十二

姜氏劉中全妻十六歲夫殁遺腹生子立志紡績守節現年四十二

彭氏太學生葉時復妻于歸二載夫殁僅生一女孝事孀姑安貧守節

張氏儒童鄭昌鑠妻年二十九夫病刲股以救及沒痛絶復甦撫孤光沂矢志守節沂繼殤立姪光源爲嗣孝事舅姑現年四十七

段氏庠生彭培元妻年二十五夫殁無子僅遺一女堅志守節現年三十六

余氏貢生余維焜之女葉方壁妻生子一夫殁年二十三矢志守節教子成立現年四十一

王氏銓補縣分廳傅以坪側室年二十六夫殁敬事嫡室鄭氏貞堅一致立堂姪文鐄爲嗣延師教讀現年四十

李氏沈承巽側室夫殁李年二十三歲立志守節年四十二卒

田氏庠生段芳鉢妻年二十九夫殁堅守節立姪太學生光淙爲嗣卒年四十八

楊氏大冶縣胡正清妻寄居英邑夫殁氏年二十七孝事翁姑喪葬以禮撫孤子大品入國學苦節二十五年現年五十二

蕭氏大冶縣潘静美妻夫殁氏年二十三矢志守節立兄子安明爲嗣撫養成立現年五十一

胡氏傅文銓妻年二十五夫殁蕭氏文鋒妻年二

十二夫歿甘貧守節娣姒一心人嘉其志
方氏金庠中妻段氏庠麟妻俱二十六歲夫歿娣
姒同志守節方現年四十八段現年四十三無
子以姪光祖嗣焉

賢淑

夏氏監生徐道修妻秉性孝謹善事舅姑夫病刲
股獲愈及夫歿持家勤儉教子義方年八十一
卒子允剛國學廣與孫元春俱列邑庠

鄭氏附貢生段永湘妻秉性慈惠孝事翁姑相夫
勤儉教子詩書撫孤姪春芳廷芳猶已子一入
邑庠一入成均鄉鄰沐其施惠者多現年七十
有八

汪氏國學生沈承銘妻性貞靜明大義事翁姑孝
夫卒子盛時僅一歲無伯叔依助氏苦志紡績
延師課時不稍假以詞色命時捐田附公祠爲

翁姑以下祀產時成立入國學亦以孝行著

馬氏舒元銳之妻事公姑極孝姑病刲股兩次病
愈七十八歲卒

鄭氏儒童程行照之妻青年夫歿無子矢志守節
孝事舅姑深明大義捐田課入公祠又捐田課
入私祭以爲春秋享祀之費氏茹荼飲蘗辛苦
倍嘗殆節孝而知義者

段氏武庠沈自椿妻椿病亟氏刲股救之妾劉氏
亦刲股以救之

金氏廩生沈德本妻能盡婦道翁姑篤愛之翁病亟氏刲股入葯以救

胡氏太學生杜桂徵妻性貞淑孝事舅姑嘗因姑疾刲股和藥救之而愈

夏氏姜曰榜妻性至孝曾刲股愈姑病復刲股救夫夫歿無子困苦而卒人悲憫之

詹氏王三楚妻施建栁林菴廟捐田課四十五石山一所廟在城南四十里黑石寨又施建鳳凰寺捐田課四十六担山一所廟在城南三十里

徐氏邑庠胡其珍妻段氏邑庠胡其珠妻娣姒也

嘉慶十六年囑子監生中楷庠生廷標中樞監生中本中杞等置田四十石入朝陽菴永爲香火之資徐氏段氏現年俱八十有五

沈氏監生余善福之妻性純篤孝翁姑睦妯娌内助尤賢培養子孫蜚聲藝苑撫胞姪維燿輩如已出鄉里貧乏者多蒙周恤有厚德焉

杜氏壽耆徐道洛妻孝事翁姑自甘勤儉教子甚嚴存心至厚每遇貧急者給以錢米於乾隆五十年饑荒善行尤多至今鄉里咸稱頌之年七十一而終

馬氏儒童夏念渾妻舅姑寢疾虔心服事十年未嘗就枕夫歿守節甘貧教子書入邑庠現年八十

馮氏劉永琮妻翁姑病篤刲股救之得愈復刲股愈夫疾子炳邑庠生

鄭氏職員聞興琳妻賢淑有士行孝事舅姑勤相夫子中年夫歿無伯叔兄弟佽助教孤子詩綿詩緯成立綿入國學

聞氏貢生鄭一瑩妻性淑慎明大義事父舅姑委曲盡孝相夫成家中年夫歿課孤子三人成立

現年七十四

馬氏　誥封儒林郎世祿女國學傅士煉妻貞淑慈惠通曉大義姑早逝事舅相夫曲盡婦道戚黨中有孤苦者極力撫掖與弟婦程氏和睦無間程無出以次子國學生以理爲嗣恩義並至燕翼兼優程亦以賢淑稱

周氏邑庠生傅士槤妻事翁姑孝槤兄弟應試皋城適姑病篤氏親侍湯藥刲股以進病立愈越三載姑恙復發氏仍剪肉和藥投之夫歿後氏治家敎子有方喜施與二子以芹以藻俱監生

氏卒年八十五
蕭氏姜名璡妻家貧夫病篤刲股救之踰年夫歿嚴課二子長維新入邑庠現年六十九
王氏姜名珽妻年三十珽歿無子捐遺產勷祀事推任屋建宗祠宗黨賢之現年五十
金氏太學生傅士燕妻性慈惠喜施與族黨多沐其惠夫歿後教子尤嚴子五人以城由孝廉官蕪湖學博餘皆有聲庠序
段氏舒存謙妻慈和淑慎夫早逝以耕讀嚴課四子令各成立長元度入邑庠四元型食廩餼有聲黌序

段氏庠生杜一枝妻姑病篤氏刲股救之孝養倍至四子三入武庠
黃氏生員傅以馨妻孝事翁姑姑病刲股以救侍奉湯藥三年不懈
胡氏庠生徐廣妻秉性孝謹善事衰姑姑常疾病氏刲股二次每獲愈後二十年姑始歿
段氏彭其和妻年三十一夫歿教子慈嚴兼盡家道豐盈書香繼起子中順中裕中炳俱太學生孫鼎元培元俱邑庠生

李氏朱正璜妻夫病氏刲股以救獲愈及夫歿奉事舅姑克盡婦職立夫胞兄正璋之子錦坤爲嗣教之成立入成均卒年七十六
方氏朱正璋妻孝事舅姑姑病刲股以療卒年九十五

續修英山縣志卷之二十一

英山縣知縣樂陵李文泉續修
英山縣教諭古歙汪時育
訓導合肥阮華林 編纂

藝文

詩文之盛自兩漢迄乎唐宋作者林立而英屬楚黄六蓼之分邑故鴻篇鉅製莫得而紀焉顧設縣以來五百年閒積學能文之士固爲不乏雖未必與唐宋以前卓然成家者抗盟樹幟分道揚鑣要各極一時之選亦自有迥出等夷者乃明季流寇盤踞十餘年荼毒焚燬百不存一

而邑中著作復鮮付諸梨棗布在四方徒掇拾於灰燼之餘宜其所存無幾也

國家文治日隆異材鵲起庶幾彬彬乎質有其文

今擇有關志乘者著於篇志藝文

藝文一

誥命

奉

天承運

皇帝制曰盛代酬庸之典申錫命於五章良臣報本之榮極推恩於四世載嘉舊德爰沛新綸爾金天爵廼刑部尚書加一級金光悌之曾祖父善以開先業能昌後一經垂教發詩禮之菁華奕世貽休表弓裘之矩矱欣逢慶典特賁天章玆以覃恩贈爾爲光祿大夫刑部尚書加一級

錫之誥命於戲秩崇報渥邀寵澤於中朝源遠流長樹風聲於來禩欽承顯命用闡幽光

制曰朝廷布榮綍之褒禮求其始彝典錫重闈之澤恩逮所生嘉命載頒徽音益遠爾傅氏廼刑部尚書加一級金光悌之曾祖母柔嘉維則淑愼其儀矩法嫻明夙協宜家之化風規表著式昭啟後之模集介福於曾孫遡芳型於累世玆以覃恩贈爾爲一品夫人於戲龍章煥采猶傳珩璜之聲鳳誥增華益煥笄珈之色尚承寵渥永席鴻庥

奉
天承運
皇帝制曰貽厥孫謀令德克傳爲家範服乃祖訓
殊恩用錫夫朝章俾服皇庥曲成臣孝爾金紹
偉廼刑部尚書加一級金光悌之祖父德能垂
後業足開先積行累仁越再傳而滋大流光篤
慶歷三世而彌昌既克佑乎後人宜崇褒其往
烈兹以覃恩贈爾爲光祿大夫刑部尚書加一
級錫之誥命於戲源遠流長實啟造家之澤根
深枝茂益昭報國之猷寵綍欽承幽光用顯

制曰良臣奏績溯積累於先型壼教垂休逮恩榮
於大母聿徵内德式焕王綸爾沈氏廼刑部尚
書加一級金光悌之祖母慈著含飴教先詒穀
閫儀克備流風垂女史之規門祚彌昌介福啟
孫謀之報徽音既茂淑行攸嘉兹以覃恩贈爾
爲一品夫人於戲譽美崇班用錫重闈之慶榮
膺寵命常敷奕葉之光被厥殊恩彰兹世德

奉
天承運
皇帝制曰位列崇階作忠由於移孝業隆嚴訓資
父所以事君念兹堂構之貽厥有絲綸之賁爾
金序廷廼刑部尚書加一級金光悌之父躬裕
懿修世推淳德澤流弓冶裕家學於庭幃慶衍
門閭亮天工於邦國令名允稱殊典庸加兹以
覃恩贈爾爲光祿大夫刑部尚書加一級錫之
誥命於戲一經迪後式傳報國之忱七命沾恩
益著象賢之美欽承休寵丕佑來昆

制曰職重朝班宜溯源乎内訓功崇王國尤歸美
於母儀式獎芳規俾承休寵爾聞氏廼刑部尚
書加一級金光悌之母名成令善質秉柔嘉七

誡早嫻流徽聲於婦職三遷足法著慈教於卿
材令問夙彰洪施宜沛兹以覃恩贈爾爲一品
夫人於戲鸞書錫慶伸烏哺之恩私象服增榮
慰熊丸之勤苦欽予寵命昭乃遺風

奉
天承運
皇帝制曰五辭具聽詰奸首尚廉明三典昭垂勑
法務存欽恤兹惟弼教是用推恩爾刑部尚書
加一級金光悌秉志寬平律躬敬慎典司邦禁
允推折獄之良恪守王章克佐好生之德權重

輕而議律澤逮圜扉謹出入以讞疑恩流嘉石
式逢慶典庸奬成勞兹以覃恩授爾為光祿大
夫錫之誥命於戲民以不寃懋爾平反之績刑
期可措成予惇大之休尚祗服於訓詞益勉修
乎淑問

制曰職重上卿地道合含章之譽禮崇内則家人
彰順位之功爰嘉壼範之修用晋國恩之錫爾
刑部尚書加一級金光悌之妻丁氏克勤懿德
式贊良猷合志相成奏公忠之茂績同心交儆
樹廉正之休聲令軌攸昭褒章載沛兹以覃恩

封爾為一品夫人於戲風著素絲佇助良臣之
閥閱芳流彤管敬承宸陛之絲綸嘉爾德音欽
兹寵畀

誥命

嘉慶十四年正月初一日

之寶

藝文一

詔勅

明太祖賜王子章段伯堅楚祿勅 洪武二年

王子章段伯堅爾本布衣之民乃能捨死為我國家
擒拏作亂奸雄親解赴京真義士也朕念爾勞苦授
爾官職爾乃再辭不受只願歸去保障地方給爾衣
帽緞帛酒肉歸家莫分爾疆我界倘有餘黨未靖與
我一名一名拏來那時還有大塊金銀賞爾子章欲
將疆外祖産并為一處供租於今天下成法已定難
以更改賜爾楚祿二百二十石止納蘄埰秋糧應當

英山差役那裡官司里老毋得生事擾害但有干己
事情許爾親自來說故勅

明英宗賜義民徐滄海勅 正統六年

勅江南廬州府六安州英山縣民徐滄海徐滄澥徐滄潤國家施仁養民為首爾兄弟能輸粟三千三十餘石自運助賑有司以聞朕用嘉之今特賜勅奬諭勞以羊酒旌表義民徐世安之門仍免本户雜泛差役九年尚允蹈忠厚表勵鄉俗用副朝廷褒嘉之意欽哉故勅

贈封户部主事劉會勅 景泰四年

户部司養民之政其任非輕故置屬詳於諸部苟非其人曷稱任使爾户部貴州清吏司主事劉會發身科第擢屬地官比以隨征臨於戰陳勞苦可憫良切朕心兹特贈爾階承直部職如故錫之勅命以示旌褒於戲人孰無死惟死於國事者為最榮也爾尚祗服隆恩永慰冥漠

記

重建儒學記

明禮部尚書　歐陽德　泰和進士

英山儒學舊在縣治西北隅地勢僻仄風氣泱漫不足以孕靈毓秀令數患之葉君邦榮為縣進吏民語曰令以阜民興賢為職而儲賢之地若是夫尼邱毓聖崧嶽降神沃壤毓靈苗斥土萎佳木地道也不從不可乃相得稍東寬平環會之區乃稽得積逋餘千金請諸當道而成之閱數月廟廡堂齋廨舍門垣蒐然秩然既完且美山擁川迴獻祉發祥士學於此意氣勃如咸相謂侯咸心厚德育我於成思周慮遠靡

所不至宜有紀載以志事始且俾休嘉後可考見於是學生程謨奉學諭簡君宗儀狀謁記予既諾之葉君去為安吉而縣令歐陽祥龍增修加葺與今學諭張黼申予舊諾並請有言以訓諸士予惟人生而善天之性維氣質不能無清濁厚薄之殊而聖愚賢不肖漸以分焉學者一以聖賢為準則必期盡踐乎其寔而不徒習為其說襲取其故則未有積而不光者若本之不務而末是圖而以材之成與否諉諸土地之興廢然則申侯孔子不世出豈崧嶽尼邱遽失其靈也耶孔子之好學也發憤忘食樂以忘憂不知老之將至夫軀命莫切於食情莫甚於憂而老者死生之際三者能忘則無所弗忘用志精一如是是以德成道充周不器之用而曰地之靈為之也無乃誣聖人且自誣矣乎雖有沃土種之嘉穀然培壅灌溉之不繼而以天澤地利為足賴人未有不誚其惑者土之沃矣而嘉種不播日規規而望之曰粒食產乎是則其惑也滋甚嗟乎入斯學者務修其身以成德嗣為斯縣者務修其教以成人之德上下交修庶幾勿壞前人之績不負玆山之靈也歟學徙於嘉靖癸未春二月既望成於是年秋八月二日

重修儒學記

明侍讀學士 陶大臨會稽進士

聖朝稽古建學制極宏遠歷年既久乘時修葺以宣布聖天子德意則存乎良有司賢師儒英山縣儒學今文廟門廡乃其故址於時士以文學顯者常不乏人為好事者徙置東隅旋即摧折嘉靖中羣議復舊而當事難之賴教諭張鞴抗疏得請適前令少梧李鳳大舉修建功成而令以遷秩行其後逾時不葺遂使芹泮蕩為芻牧學官出僦民居有心者徒懷慨嘆而已隆慶二年龍泉葉令至見之憮然遂建白於巡按御史王督學御史周郡守張咸可之三年己巳教

諭漆星繼至令喜有所屬乃相與經營規度始事於是年六月自文廟以及門廡僅仍其四壁而梁棟榱桷悉皆更易又以明倫堂舊址幽僻改建於今向明之地立敬一亭於其後名宦祠附於東教諭宅依之建啓聖祠於文廟後計所修建凡十區採木於山運沙石於河垣墉墫埴工匠鱗集再越春秋甫及竣事工費十倍於所請咸出令區畫及捐俸助給且時輯而屢省之故百工用命漆子亦屈力殫慮日夕勞來以是人忘其勞用克底績乃今聖賢妥靈師儒奠居有司時得課試而多士彬彬然日進於文教之中蓋舉數十年之廢墜而振起之葉令之功於是為大而漆子亦與有勞焉國子程生來金陵持漆子狀徵予言為記予於葉令有鄉誼於漆子有年誼且幸二子能不失乎教學之意宜直書以昭示後來使臨政者圖難於其易為士者去舊以即新庶無負聖世作人之意亦無負父師作興之功也是為之記隆慶五年夏六月

重修學宫記

明按察使雷　逵　豐城進士

廬州府西七百里爲英山縣舊學歲月既久先時狃因循憚改作以故文廟即漸頹圮亦置弗省嘉靖辛亥予守廬州知縣潘維藩以葺理請未果又二年癸丑盜起蘄黄流刼英霍間驚呼騷動而縣令適缺予以弭盜安民非得賢令不可乃移文銓曹乞於進士内選補令尹李子賓膺命而至首以興起學校爲己任具狀以聞轉白於巡撫少司馬海鹽鄭公巡按侍御德州李公提學侍御江山趙公咸允自嘉靖三十三年六月鳩工始事至次年二月告成殿宇之崇嚴

堂廡之宏廠重門之壯麗啓聖有祠師生有舍丹堊規制煥如也尹既以工完報而又偕學諭鄭茂寬訓馬元俊請識日月且用訓多士予適膺蜀臬之命念與諸生日益疏遠也因進而告之曰稽古建學之義布諸經傳可考也諸生朝吟而暮誦之宜罔弗口耳習盡亦思所以實用其力乎夫學以明人倫也君臣父子夫婦昆弟長幼朋友之彝天之所以與我人生日用恒必由之非有奇端異説高不可幾及者循之則爲蹈道爲君子元凱之所以嚮用於唐虞也悖之則爲不肖爲小人四兇之所以逆竄而禦魑魅也天之降才非殊吾人得之以有生亦非有輕重多寡判若冰炭之不相近然而或爲法於天下或未免爲鄉人念不念之間而已英地雖僻在山谷其所賦受豈不逮人然而道德科目之士邈焉可以自省自勵矣昔東吳未知有聖賢之學自言游依歸聖人始以文學顯其後風氣日開人文宣朗遂彬彬然與中土埒今聖天子文教昭晰道化汪濊諸生沐浴德澤非一日矣誠即其所誦讀者而厚以自勖焉無或暴戾恣睢以忝厥德則父父子子夫夫婦婦兄兄弟弟宗族稱孝執友歸仁不出户庭萬理咸備固元凱之徒也

達之而居廟廊邦國之所以安富尊榮也歛之而在山澤子弟之所以孝弟忠信也豈終見棄於山川不能自别於洿瀆市井者耶吾行矣方樂聞諸生之有成而克光於上之人作新之意也諸生勉乎哉李尹名鳳番禺人以癸丑進士補縣令嗚呼觀是勤者其亦有徵於絃歌之風矣乎

高侯生祠記

明户部尚書 耿定向 黄安進士

高侯任英五年以清操惠政聞於朝徵授臺諫行英民思之不已欲建祠祀之請於代任胡侯侯曰咸舉也祠成邑之季生來請言以紀其事余惟上下感應一機也上以慈下下以忠上情所自然遂嘉其意而紀焉高侯諱維崧號景南廬陵人隆慶六年任初見其民凋敝愁苦如痌瘝在身即自矢惠養元元以行其所學於念庵者於是單騎儆衣省刑恤民清冤獄滌奸弊作新學校綏撫黔黎宦成逾久清操逾堅是以英邑弊除利興士奮民歌始上之未知則憂相謂

曰胡為不知我侯也至萬歷五年侯以銓曹考最去又憂相謂曰胡為使我侯去我民也寇不克借而思之思之不已而建祠祀之所以繫甘棠而永瞻依是英民於侯可謂交相愛者矣蘇子瞻不云乎守令者斯民之保乳赤子不忍離其保乳人情大抵然也然公之自修初非有求於民而英民愛慕之誠且久則更有出於祠像之外者噫是祠也英民報德之厚胡侯成人之美胥見之矣余與高侯素同志是不徒為侯慶而實為念庵之學為天下萬世愛而思慶也季生唯唯作去思碑記

縣尉董公去思祠記

明邑令 胡咸實 德清恩貢

初宏治間長清董公廷秀由胄監作尉英邑惟遵法守不以一米一繒取諸民也民咸以慕慈母者慕之浚井則曰董公泉建堂則曰董公廳祈永久也乃甫二載即引年求歸民泣留不允竟持虛囊以行去之日猶在之年也為列諸賢令祠生祀之萬歷辛巳英罹蟲眚當道檄霍山董尹來檢災狀至則先簿董公裔孫也不惜山谿之險遍歷荒土愀然憫惻英民戴之且感今追昔擁道挽留者三日鼓送之後即詣邑請建去思祠於西城阜仿見山紀功頌德焉余悉從

民請伐木採石運土鳩工既咸備為門堂者一扁曰明邑佐董公去思祠為廳事者二扁曰奕世流香黝以丹漆圍以棘垣巍然廟像經始於陽月之壬戌落成於是月之丙午倡其議者庠舍諸生供其役者三鄉耆老督其成者邑佐張徐二君暨邑博士項王二君至於始終經畫併紀其事於石以垂不朽者則咸賓實殫厥思也工甫畢遂屬之司户俾無傾圮於樵牧云

縣尉董公專祠記

明 知縣 劉世光 山陽舉人

明興設官分職縣自令而下有丞有尉司一職以佐其治於長令者也是故無專制之權而有繁猥之務任是職者蓋亦囏哉而非有果斷之才明敏之識莫與也英自有官以來以尉著聲者洪武初則隋公贇嘗以功晉別駕秩流芳郡乘烱烱不磨宏治間長清董公起明經作尉是邑初至境上廉諸邑人曰斷木者引繩則直立政者用道則治予今者倀倀然而無從也尉之設有年於茲涖政者孰賢曰皆賢孰可法曰皆可法國初隋公其至哉乃輯隋公之舊思所以

襲其芳而步之嚴毅堅直政務酌於民心緝封内奸究而訖其法一時山境晏然尤厪於農桑曰是民命也每春和則循行阡陌惰者有罰勞者勞之藹然有古先王勞民勸相之意且也食無兼味衣無重采曹無宿務庭無候吏車無停轍委無暇時去之日民攀號而送之者如嬰兒之失慈母至今望其庭汲其井者必曰董公董公志慕也諸感其德者既祀之列諸賢令祠矣萬歷辛巳公之曾孫觀吾公以進士爲今霍山令尹者承檄來覈此地宊狀英之民思先公而不得見得見公之裔如見公也是故老人傴僂丁壯踴躍童子歌謡而來者聯屬不絶夫法以防民仁以愛之故威行而惠立宜其係民之思永永不忘如此也先是德清胡公至民以公未有專祠也請於公公乃筮西城阜拓地建祠奉公之木主於中而以去思名之今歲癸未余小子適至適觀厥成瞻拜祠下同寅王君率諸弟子相與告曰封南國之棠者思召伯之政泣峴山之碑者追叔子之德先生其盍有以識之余惟公去英百三十載而今日諸縉紳諸父老與諸子弟邈乎聲容之不相及也乃油油然而思之思之不足又乞祠之又寄其思於厥裔也有遺愛矣名

之曰去思厥稱矣哉因系以詩俾四時歌以祀公詩曰有斐君子古良臣兮來尹英麓政何仁兮除苛禁暴經濟神兮良法美意劑調匀兮四民寧宇樂利均兮閭閻寒谷生陽春兮於穆廟貌山之陰兮百千萬禩永無垠兮圖以報之在後昆兮黄扉紫閣早致身兮

兩河口舊文昌閣碑記

明邑令劉光啓無極舉人

萬歷庚戌之冬學博吳君甫至英訝英庠科第之稀謂地不乏才或形勢未完謀創文閣於西陵助宣文運光啓暨二三僚友欣然樂從遂諏節鑿石集材鳩工經營其役自辛亥冬届壬子秋落成搆文昌閣一座真武殿三楹右為廻龍寺樓閣參差溪山獻秀秋闈獲雋地靈人傑洵不爽哉天府儲駿閭閻蓋藏廼千載創見之業亦千載士民之遭矣是役也光啓與吳君捐俸首倡糧廳沈君拮据共勤捕廳秦君與有助焉鄉官高橋謙鄧郜鄭孔洙聞朝中李時春王守

謙等生員王鼎臣李魁春程子鰲李牧等樂助勤劬李魁春之功居多首僭圖堂不恡己私集徒供役勞勩為最士民施金者例得並書當與珉璣共垂不朽云萬歷甲寅署教諭舉人烏程吳維聰書

重建公館記

明金中剛邑舉人

易取諸大壯作宮室以待風雨禮以有司所授舍作公館以待賓旅邑侯朴齋葉公始立政胥邑賓客之館曰毀宮壞室曠無寧所其如賓旅至者何八年冬十月廼謀營始捐俸完客所館以楹計者正為寢三中為廳三翼為序二其材孔良越十二月丁丑既成賓從有所賓至如歸無層榭侈觀從朴也費不斂民惇惠也作以昏中時便也是故舍之弗葺是謂傷禮重之以殘是謂傷仁假之以墨是謂傷廉是故傷禮則慢上傷仁則賊下傷廉則污己是謂疵政君子曰

賦役戕也是故無然姑息以全禮無然勞罷以全仁無然封殖以全廉廉以守仁仁以基禮禮以體政是故政成而民聽君子曰厥役善也惟我賢侯哉侯以功落成乃告諸僚丞劉公善賦適觀厥成簿劉公希賢賦庶民子來尉唐公憲賦適子之館今朴齋公亦賦君子攸芋

雷家店東嶽行祠碑記 嘉靖二十一年　闕名

凡名山之列於天下也能奠方域產財用興雲雨者皆有神以主之立廟以祀之英山雷家店距縣東四十里許其山名風波嶺峻拔聳秀山巒崒嵂佳氣沖融歲旱而雨雲氣族山頂巍然為一方之勝自宋而來有東嶽廟在焉元末兵火殘毀惟存一楹甚敝僅為神覆故老相傳有制誥古碑皆被煨燼斷砥碎礎湮瘞榛莽間無復見者故神蹟莫考迄我國朝初居民仍舊址為之聿新其祠而神靈如故洪武三年麻埠賊潘友文洪武五年羅田賊王玉二皆叛掠英邑

東南界隋侯賛時為主簿禱於神皆獲擒滅謂非神陰翊之功而何歲頻水旱虫蝻祈禱罔不立應閭里遠近或疫癘有作廟週迴數里民皆無恙近虎狼為患一禱追跡神威顯著歷有可徵宏治乙卯居民謂祠宇弗稱乃恢擴舊制更修前殿後寢各三楹殿南立拜廳一楹正德丁卯建二門三楹邑尹李公諱全□又建鐘鼓樓三楹於拜廳之內又建十王殿東西各五楹於正殿兩旁丙子歲拜廳之東西建兩序皆鼓樓屋各一楹嘉靖丙戌始立坊碑於鐘鼓樓前垣墉四周神器悉具而殿中鐘鼓爐瓶猶先邑尹周公茂才之所置於是人感神而隆乃敬祀神佑人而宣乃福澤君子曰有其誠則有其神無其誠則無其神理固然矣夫五嶽之在天地其尊同也非天子之公侯不得以主其祀禮曰諸侯祭山川季氏之旅孔子以為僭斯民於東嶽獨加尊信者無乃道家者流謂為五嶽之宗神靈之府人之生死禍福皆其所司故各據其山川之勝而祀之謂之行祠若茲山也茲神也素能對於禱祝化荒為稔易沴為和厥功彰明烏可泯沒時有居民率諸大家爰立茲石蓋欲紀厥神功傳之永久俾萬世之下咸有聞是為記

重修城隍廟記

明黄巖縣丞　鮑翀　邑貢生

治天下者必幽明協贊而後政通人和故我聖祖登極凡名山大川神之聰明正直紀諸祀典者咸秩祀之京畿而下悉建城隍廟錫以封爵冀其蔭多方而奠若民生也洪武二年正月勅封英山縣城隍鑒察司民顯佑伯以主是邑越三年麻埠盜潘友文叛殺六安州判官餘黨掠入英山火官民廬舍殺邑民若干主簿隋公贇禱於廟率民兵汪文輔等追破於陶家坊盜平越五年冬王玉二以妖術聚衆出没蘄黄勢甚猖獗尋掠英南境燒三吴東嶽廟遠近騷然隋

公禱於廟率義士夏仕仁等逐至黄陂木蘭山黄岡感化村破之擒玉二并偽官余羊保親解赴京師上嘉主簿累功陞英山縣知縣凡應敵者賞賚有差七年虎晝食人於郊民胡高五罹虎口訟之官隋公理其狀於廟曰陰陽各有所司今虎噬人神之職也王法殺人者死願神坐以法未幾虎死噬人所弘治十年春固始羣盜張玘等攻西門時知縣陸公玘典史李華禱於廟討之盜望風奔潰追至德勝山擒獲鞠問盜稱初見衆擁一官紅袍烏帽乘白馬騰雲而至遂迷不知所爲嗚呼幽之所以爲鬼神也此神之所以顯佑也故曰顯則威靈丕著佑則德澤溥施夫神與人相依人賴神而受福神效靈而享祀廟之作也豈徒然耶故自更始受封迨今邑境肅然安堵神之力也正德改元邑民李友富等以廟宇神像久而頹廢各罄誠捐財鳩工修繪之爲寢室爲正殿爲兩廡閱三月訖工不惟妥神之靈而協贊政化我聖祖崇封之意亦慰矣英之賴其庇者將未文也是爲記

烏雲山記

明　程　穩　邑貢生

烏雲山古彌勒堂也遺址榛塞嘉靖乙酉道人元成元俊結廬於上掘得匙爐皆奇古罕有穩自壬子居萬峰丙辰春移烏雲見俊老且健能言昔時事多感慨往往遇海外高人接語亦多省悟山不甚高而一峯獨出上多峭石左右懸崖下視可悸諸山羅立出纖獻巧一矚千里亦天下之奇觀也豈徒一方之巨鎮而已齊雲百尺未如山麓信然嘉靖戊午五月望淮西程穩識

儒學題名碑記

監察御史朱　賢　六安人

成化丁亥春朝廷慮師道不立真材無所自出特簡命廷臣之負文德重望者出以陶範人英於是監察御史臨海陳先生選自山西道出而南畿之士有所賴焉越明年冬先生下郡之屬邑蒞英山課士謁文廟禮成咨英之由科第進者未題其名心甚闕然遂命有司立石明倫堂乃悉其先後士之可紀可待者屬予為記邑之尹石首周公茂材遂踵成之夫吾道之在天地間大經大法之所本也詎可無一日作興之術乎我朝垂統以來百年於茲矣天涵地育神道

設教而所以培植作興斯道者一以堯舜禹湯文武是法養士於學校而漸進其名於科目斯亦已至猶慮無以光振先後又勒石國學俾四方萬國來遊之士咸得觀華索實有所感發而興起外而郡邑亦聽以此示勸於學嗚呼誠億萬斯年不磨之典也士而得與於斯何幸如之邪雖然名云乎哉將以尚其實也名實相須如形影然登名茲石垂之千萬世而不朽當思循名責實以勤以懲二三子學古有獲於庠序朝夕環視其下能無所動於中乎朝廷以唐虞三代之所以待士者待我輩我輩宜何如重其禮報乎

夫爵位在外者也固自有義命不可必吾心所主務
期名登於斯足俾當時後世慕其實必如此庶幾明
體達用為時真材而陳先生之教行矣如或以孔孟
書為魚兎筌蹄有所獲而亟舍之豈不大失教者之
所望乎時余忝承命用書之石以為英麓士君子重
實勸於是第其歷科進身若張熺等十人之名與其
所有官於下方尤虛其左以俟將來是為記成化五
年秋七月立

東嶽行祠記　邑令　周茂材

東嶽嶽之最尊者宋大中祥符許天下作行祠祀之
者名為羣嶽之宗萬物始交之處非謟也端平二年
英山制置使王彥四創行祠於所居之三吳鄉凡水
旱災異祈禱於此立有感應人敬信之迨元末寇賊
閒復生雷旗殺主簿張懋搶縣印教諭樂仲禮段廷
竹誓於神率衆討復之洪武元年二月六安州麻埠
賊稱樊元帥統集舒法明等殺縣官欲刼固始假道
七引店縱燒民廬時五月六日王文聰與段廷竹敗
其賊於大埠寨下餘黨皆散未幾復來焚祠獨朱總

官神像不能毀賊驚走文聰會主簿隋贇殺樊元帥
於陶家坊捷報朝廷遣人詔收餘黨十一月其黨復
焚廟祠廟祝詹勝一報於贇即日會文聰廷竹劉世
傑汪朝鑑十八人追至黃陂黃岡等處默禱於神生
擒徐玉二舒法明首從四十有八人縛送奏請太祖
嘉贇陞知縣授文聰主簿辭勞賚甚厚勝一則賚銀
十兩酒二瓶明有隋王衆士之謀勇幽有神靈禍福
之至公此所以殄強賊而受恩惠也歟成化丁亥秋
予知英山耆士段九昆王極先輩俱告行祠歲久滋
敝予令其鳩錢購材以圖維新經營於戊子仲冬告

成於己丑孟春閱五年致仕平度鄉判王楷寶慶經衛段紀謁余求言刻石垂諸永久余弗辭乃書其所具事實爲之記明成化十年立石

續修英山縣志卷之二十二

英山縣知縣樂陵李文泉續修
英山縣教諭古歙汪時育
訓導合肥阮華林 編纂

記　藝文二

重修文廟記　邑令張海

古者建邦設都辨方正位立城郭宮廟興學秩祀既協之於人謀又申之以卜筮如詩所云爰契我龜卜云其吉者蓋將以臨民出治造士育材其道誠不可不慎也況

先師聖靈之所妥多士風氣之所開尤不可不加之

意乎顧自卜筮之用隱而青烏之術興於是拘忌者則動多觸碍澗畧者又概置弗論是二者所爲皆過也英邑　文廟自有明以來不知幾遷矣康熙辛巳前令莆田林公始定今制多士猶譁然弗善也余乾隆甲戌承乏茲土竊聞餘論然素不習陰陽家言唯念廟漸頹敝思以時修葺而已乙亥冬多士既勸成志衆而樂輸有餘復以修廟爲請余乃集紳士於明倫堂公議之僉謂陰陽之理通諸人事

先師所居必先正位向端拱中坐然後可以萃四方之和氣開一邑之文運且古者視學釋菜合樂即羣

聚饗序師弟子數教講學陳常惇典故曰庠序學校皆所以明人倫也今乃曠不相屬岐廟學而二之可乎所居未得其地故蛾子羣飛穿楹穴栱榱題剝落非一為更易胡以垂諸久遠余乃偕多士經營相度蠲吉鳩工移崇聖祠於後與明倫堂相接奠正殿於祠基處勢高敞瞻望端肅文子鷄鳴山前後屏列巍巍翼翼自祠廟兩廡梁棟毀蝕者易之缺畧者補之丹雘塈茨覆瓦甃石凡用工若干三閱月而竣爰揖多士而進之曰諸生前所言者既有徵矣繼自今勉學敦行將來文章事業炳耀史策固未可量顧念學

問之道綱領條目之詳載在經籍而發明於先儒者諸生聞之熟矣獨是聖門諸賢親承至教成德達材各以實學傳聞百世後人或弗考其精蘊無以見諸行事而徒習為大言蔑視一切不知掇拾詞章之陋習剿襲儒先之緒論同歸殊途其無實學一也故為學不在多言視力行何如耳苟不以聖賢之言實驗諸身心踐履之地而徒崇飾宮墻輝煌俎豆遂謂尊聖人為依歸而坐收功於地靈人傑是務其外而遺其內也吾願諸君子宏此遠猷毋使後之人復歸咎而議還焉是為記

新建學宮記　邑教諭吳之騄歙縣舉人

英地界連羅蘄無城郭少宮室百為草創明啓禎來饑荒寇掠民靡孑遺而學宮亦屢遷屢廢聖人之居迄無定所

聖天子體乾出治重道崇儒自宣尼夫子暨顏曾思孟嘗親為贊康熙三十九年林君築巖守茲土於時生齒漸繁人知嚮學爰咨詢紳士又詢於司鐸吳之騄相視形勢於鷄鳴峯下得高敞地百餘丈衆水環抱諸峯拱峙因其地之高下為聖殿為東西廡為大成櫺星門其瀦地為泮池殿後為明倫堂堂之西北為

啓聖祠費凡千五百緡經始於辛巳之秋而告成即於壬午之冬適太守見陽張公為民事來英復以捐助罰贖補工費之不及故英雖僻陋而學宮負山帶河其巍煥嚴翼幾甲於淮南焉於戲盛矣夫氣運之興必有其時有其時必有其人今幸邑侯林君毅然為之倡諸紳士翕然為之和又得太守張公臨涖而玉成之而如騄者素餐斯土竊附於相陰陽觀流泉之說遂據英土之第一區為春秋享祀之所學成時

聖天子頒御製訓飭士子文次年又頒平定朔漠告成太學碑文天語煌煌文事武備各極其至不啻日星

垂耀而雲漢流光雖太平盛世四海所同而英學告成適逢其會爰進諸生詔之曰若輩生太平之世雖深山窮谷皆聞皇極敷言以近天子之光尚念父生之而作孝君食之而作忠師教之而傳習日摩切於君臣父子夫婦昆弟朋友之大義以毋負

聖天子之治不亦盛乎昔魯閟宫成史克作頌曰新廟奕奕奚斯所作言董役也今英學之作董役最勞者爲廪生傅有宗增廣生傅有宣太學生馮時大亦與有力焉不可不紀其紳士之捐貲助力者例得書名刻石背康熙乙酉七月二十日

新建凌雲義學碑記

邑教諭　程耀先　太平副榜

子程子之言曰古之成材也易而後世之成材也難豈其性之有殊抑亦教之無法耳我

國家加意作人凡學臣暨教職必慎其選蓋欲訓士者董率生徒羣佩服於聖賢之教以備朝廷異日之用而天下士沐浴德化爭自濯磨彬彬郁郁稱極盛焉尤念寒素之家亦有秀良既不能負笈從師又不能講學會友遷延歲月坐廢半塗復於各州縣設立義學何其憂之深愛之切而成就天下之人材者至廣且大也然吾謂不難於立義學而難於實心舉行義

學之人不得其人則雖以深思遠慮之美政卒致名存實亡毫無裨益即義學亦往往有之惟邑侯趙公以黔越名經魁來宰是邦絶苞苴杜請託鋤奸剔弊踰年而賢聲藉藉乃新文廟闢雲路濬泮池凡所以振興文教者悉本諸至性至情英之士既咏歌而稱道之則又鼎新義學蓋自下車之始見邑西舊社學制隘就荒爰卜吉於東南郊外捐俸購地創立學舍二十間置義田二十四畝以其歲租爲師生薪水資擇文行兼優者主其事邑之秀而貧者召使受業焉顔其堂曰敬業名其學曰凌雲隱示夫膏之飫者光

必遠積之厚者發必盛公之用意良深而公之作人誠不減古之菁莪棫樸矣夫何地無義學何人不知有義學若如公之委曲周詳可久可大上不失朝廷創法之意下以成單寒無力之士實政偉績洵千載一時也二三子體公之意服公之教鼓舞不倦不難各成其材行將為鵬飛為鯤化由雲路而步天衢俾英之科第與大江南北齊驅並駕是又公之所惓惓屬望者予幸躬逢盛典忘其譾陋握管而誌其美雍正十一年冬十月

重建儒學記

英山教諭　桐城方　起

乾隆二十一年丙子某月日英邑多士重建儒學既訖諸生合辭言曰學宮成矣願有記余曰郡州縣學天下所同也何以記為將原學校所由興前人論之詳矣其深於經術而得先王禮樂教化之本者曾子固之宜黄學記其尤也襲其說則為陳言將明先聖之道與德所謂乾坤之容日月之光不可繪畫也諸生曰雖然是役也起於　塽齋父師張公而生等佐之不亟歲而工成公之蒞茲土也政簡刑清士和民悅先生所親見也英邑儒學自明迄今凡四遷矣新

建之學邑庠生劉早所定其相度形勢合古格否余曰書有卜宅營洛詩有相陰陽觀流泉周官辨方正位載籍可稽自後世溺於風水以求多福習是術者遂分離乖隔而不通是學也來脉正而不偏朝案平而不欹藏風得水經營完善矣諸生誠由此而深其德造則學校之興正子固所云始於起居飲食之節而其究極乎修身為天下國家之大務成其材以待世用可也抑知先聖之道與德即是而在形家之說姑存而不論焉若夫　張公振興文教而士民樂之與諸生之踴躍赴公尤余所亟稱而不輟者不獨是

役為然也乃不辭而為之記其廟堂門序東西兩廡之屋若干
大成至聖先師之主與從祀　先賢先儒之主已詳載邑志矣故不復贅云

邑侯陳公去思碑記康熙八年　闕　名

夫澤足以及斯民之身而不足以得斯民之心其德無可思事足以利一時之衆而不可以垂一時之模其政無可紀惟我邑侯陳公其才其學固宜待詔金馬而但以旬宣司牧是公之騏足未伸而英之哀鴻有慶矣英以蕞爾邑僻處萬山中自流氛殘破而後穴居野處鵠立駘行而民不得養家無斷簡里乏塾師而士不得教矧當邵侯申侯史侯以還望治愈切而善政愈無聞焉英之為英也僅矣自公下車甘雨隨之憂勤之政方切而撫字之意入民已深不數月

間仁聞遍於郊野彼曰寒谷回春此曰父母孔邇數年以來正供之外無苛斂稅云薄矣笞杖之餘無苛責刑益省焉至於勸農桑罷役作息訟獄卹災荒申讀法之訓重學校之規其教養之善固歷歷可睹也何幸以土瘠民貧之墟而得此化日光天之治也乎且也英之所素苦者漕米不產於其地至期覓於兌所價恒倍焉公力為申詳而易紅為白之請已允銓選之典既嚴歲科之額亦減公屢詳學憲而益五為八之數已加孰非一時萬世之利也歟況復加意作新一舉而明倫堂成再舉而義學建自今以始無論

成人小子咸得以集而受治焉凡此皆政之可以垂爽世與德之足以得民心者何莫非公之大有造於英也英之人咸思召公之長留孰意冠君之難挽嗟乎公去矣而其德之浹於民心者不可忘也其政之垂於民之子若孫不可泯也倘後之撫英者覩其治推其行即此日之所以為教為養者擴而充之與公並美於千百世則公之所啓者無窮而民之思公者愈不能已矣於是為之記以鑱諸石其亦如南國之民睹甘棠而思召伯也乎

邑侯劉公釋漕累記

豐城知縣沈惟芳邑貢生

英自明末殘毀煢煢孑遺藉以安全之者惟良有司是賴　興朝定鼎四十年來官斯土者凡幾輩其間非無父母斯民治績茂異者然未有若我劉公之公明慈惠勞心撫字宏作養崇禮教而士習端禁慆淫抑奔競而民風厚且也刑維減矣棘木之下無冤民賦從寬矣惟正之供無旁費以及補偏救弊汰冗除苛罔不深中時宜仁心仁政更僕難數至漕糧一事英僻處山陬去水次獨遠其間買米幾何交兌幾何每歲約費八百餘金經承解戶盡皆破家蕩產我公

下車以來目擊時艱心惻殘黎因約紳衿耆老而誓之隍廟剔除一切諸弊竭己囊以獨任其勞不數日而糧務告竣其裨益於英又何如父老咸曰我公數百年之積弊於今日即億萬姓之戴澤自今始矣事屬殊恩宜垂永久俾後之人率而行之爰勒之石以誌典型於不朽云時康熙癸亥仲冬月

英邑均丁役碑記

鄭同旦 邑庠生

事有經久而無弊者每樂於因仍事有更張而永利者宜急為通變英自明季兵燹以來招徠安堵甫見生聚戶口寂寥人丁希少守土者不能獨理例設人役每苦之人充應不得已而議照丁輸當一歲一更凡承役者類非諳練不免覆餗之憂而最重困者戶糧二役往往至於傾家廢產逃徙流亡而莫可補救是英民徭差相沿之累歷數十年於茲矣邑侯李公甫下車即集諸紳士耆老諮詢興革事宜實心釐剔百度維新侯深以山陬僻壤第一擾害者莫徭役若

倘仍踵舊習不為更張民困其奚蘇乎亟謀所以善全之術籌畫至當無如均丁一法諭以五年更替每役朋丁若干名每丁輸資若干數以贍本役本年口糧三里丁冊的以五年編役為率或有欺公枉法作奸犯科者一經首發革黜另補不待五年期滿猶慮輿情未愜飭行公議三里士民無不踴躍從事爭相慶幸從此耕者得畢力於畎畝讀者穫卒業於詩書官無僉點之煩役免枵腹之憂公私稱便閭閻勿擾而民始獲有安居矣蓋往時丁費率皆染指故胥設報換不常小民失業者什居八九而且首尾茫然事多叢脞動煩駁詰侯洞悉此弊盡革陋規毅然以大公無我之心行千年不弊之政德澤所被如出湯火而登衽席英民忍一日忘侯哉第恐時異事殊輕議更改爰特勒石儀門以垂永久則今日之變通正樂有後日之因仍矣是為記

重修東嶽廟記

金天爵 邑廩生

自古王者報功告成首隆岱宗之祀鄉邑之祀東嶽似非禮也然而東方者萬物之始東嶽爲羣嶽長以其神司萬物之循環終始故又隨地祀之不必泰觀吳觀望見長安會稽乃據其勝也則祀之未始非禮也英麓金家舖之有東嶽廟由來舊矣其地北連衡霍西通三楚南近潛太之區四方禱求者衆故其神視他地爲最靈雖生死廻輪及十王牛鬼蛇神之說儒者不道然先聖所云體物不遺非謂鬼神即具於人心乎但世遠年湮廟貌傾圮神所憑依幾不蔽風

雨夫土木之華金碧之飾巍巍煥煥者神之所重固不在此而居頹壞之下既驚瓦墜復駭榱摧人心實有未安以故人之快重興者無異志也庚寅秋住持僧淨浪以其事謀於余余爲度其地之方廣若干磚本瓦石若干工若干食若干共爲費若干令其募衆咸勷果不數月而聿觀厥成如聚腋爲裘合錦成章功之順且易誠莫踰此僧復丐余言爲記余曰余何能爲僧言抑余每見僧之有所求而人不之應者必其自爲而托於爲神也不則其淫祠也必其始勤而終怠也不則自居於逸而以諉之持挪聲佛之行脚也必其說之荒唐詭幻而多所不經也僧今者奉岱宗正直之鑒觀一感以人心自有之鬼神無惑手人之鼓舞而樂助之以有成也夫始終萬物而爲羣嶽長其神既靈其廟貌既肅則雖下邑窮山無異培塿而靈爽所憑不且與大小諸天門屈曲而上必經五十餘盤者巍然同峙於千古也哉是爲記

新建儒學記　　　　傅有宣 邑庠生

英邑學宮之設肇自至元戊申知縣段朝立創建於縣治之西明興因之二百餘年時修時廢遷徙靡常大約皆故宮前後左右間也天啓癸亥改遷於北門外崇禎辛未復還於城中縣治小北門規模未就旋遭冦燹蕩焉無存　國朝定鼎仍建於西是時　朝廷首重文教加意學宮而英僻處萬山孑遺無幾間有一二賢尹時或補葺不過就簡因陋從未有思深慮遠確然創千百年不拔之基者也新安吳先生之縣司鐸於英諳陰陽術卜吉於鷄鳴山麓計費甚巨

忍而未發庚辰冬莆田林侯來守茲土下車之日諸生晋謁增生傅有宣首以改建學宮請並舉吳師所相地侯慨然許諾辛巳春謀改建之費除捐俸外以廩生鄭同輿金天爵程光洛爲募首遍募三里經始於是歲之秋董其役者廩生傅有宗太學生馮時大於是鳩工庀材衆技具舉日不下數百人晝則圖度經營夜則持籌會計明年夏工成中爲正殿旁立東西廡前爲戟門爲名宦鄉賢兩祠爲櫺星門爲泮池周繚以垣後爲明倫堂西北爲啓聖祠孟秋中元甲子恭迎至聖先師四配十哲諸先賢儒神主於新廟一時神安人悦衣冠濟濟地踞縣治之巔面瞰南山諸峯聳秀俯視溪水環帶一泓聚山川之靈秀於眉睫間於是而知事之成也雖曰天工豈非人力哉英之設學三百餘年矣狃于故不能即于新茲地也前之日荒烟蔓草樵夫牧豎上下徵逐一旦輝煌壯麗遂甲淮南微侯興師之力不至此夫英邑自前明天啓後仕籍不彰名望不著與茲地昔日之荒烟蔓草等倘翻然浡然棄故就新行見文章德業超越前人亦猶茲地之忽而改觀赫赫人耳目間也顧吾黨自力何如耳侯不求名竟未鐫石久將失傳爰是爲之

記侯姓林名弼莆田人壬子拔貢生時康熙甲申夏六月

新建學署記

傅有宣 邑廩生

古今論治者首重人材學校爲人材所自出師長爲人材所由成二者興賢造士之本務也英邑學宫自遷建後將三十年矣荊梁趙侯近宰斯土益加修葺而又改泮池闢雲路學宫之輝宏壯麗較淮楚名都無少絀獨師長公署迄無定所前明隆慶時學宫規模大備殿左爲儒學門堂寢室齋亭廳圃具極全美迨後兵燹之餘悉成灰燼 國朝以來師至皆僦屋而居嗟乎師尊則道崇今乃託人宇下褻越孰甚焉尚云尊師而望士之有成耶金壇李先生振鐸於英

始則寄寓蕭寺後則問舍街衢思構室於學地而青氊座冷朝饔夕飧且不給丁未秋始以所得俸減膳爲學署計時舊學之正殿張侯前已改文昌閣閣後昔爲啓聖祠左爲明倫堂材木朽敗僅存楹棟與斷瓦頹垣耳師鳩工庀材重加創造改建學署雖不及他邑之美輪美奐亦足以蔽風雨免悉索且爲後來者托足也宣於請業之時間亦登堂擬爲文以記之師曰是烏足記余曰昔尼山師弟樹下可以習禮陋巷可以卜居師固能自崇其道者也今而後以吟以詠杖履優游羣弟子執經問難亦與有宏宇矣事之關於人材者莫大於是功豈出趙侯下耶後之秉鐸者踵事增華要知自公此舉始是爲記師名宜瑞金壇人康熙丙子副榜時雍正己酉季夏

義學田記

鄭元圭 邑貢生

荆梁趙公來蒞英以古者興賢育才教學是務首稽英之所為義學者則荒烟茂草闃其無人及索殘碑讀之不禁悵然曰有學無田學寖廢宜也君子固不謀食而許衡以治生為先寒儒力不足以致師雖有美質何所取資修脯筆札之需可勿圖於久遠乎姑勿言學且先議田踰年捐俸置田七畝在城南二里曰徐家塝復置田一十九畝在城南十五里曰王家壠與大畈河接壤而凌雲義學即建於徐家塝之庄側士來受業者亦若家之有塾賢父兄為之敦請良

師而子弟得以從容講肄於其中也自有此田修禮以耕之陳義以種之講學以耨之苗而秀秀而實則書田之菽粟正未有涯由是學中之士登龍門摶扶搖凌雲直上霖雨蒼生我公興學育才之意庶其有慰自非然者不知公之延師在於造就人才師之立教在於講明義利徒以學得所依田供所取足為貧士之助其負公之高義者不既多乎或曰學久固易曠田遠尤易侵柰何余曰此二田者公皆一一清其文畝記之册籍廣延人士以識其界一邑將共守焉且公淡泊明志治行彰顯四方聞之莫不喁然嚮風雖循良奏最有時而去後至者踵其高義必當持之益嚴謀之益力况若經公口授指畫親炙而感戴者宜忍負公也哉公諱宗旲字麗天平越人康熙乙酉經魁雍正七年五月

新建義學記　　　　傅作楫 邑庠生

英邑義學頹敗久矣荊梁趙東陽先生丙午宰斯土首崇學校樂育人材闢雲路葺學宮置義田甫三載百廢俱興今年夏進諸生於明倫堂而語之曰菁莪棫樸作人雅化余愧弗逮然心竊向往之英之義學破瓦頹垣風雨不蔽且其地囂雜弗善也擇土啓宇余不辭身任其事而卜吉允臧爾諸生當共圖之諸生唯唯詢其處則縣東之溪南公已捐俸售地矣越次日偕諸生陟山降原相厥陰陽經營籌畫而義學之規模乃於是乎定地當偏而益妙境以靜而彌幽

且羣峯爭勝列岫競奇實鍾天地秀靈之氣方春夏時鳥啼花發木茂草榮至於秋冬風霜高潔水落石出四時之景無窮而居此者其所得當亦無窮也爰命工匠并手偕作四閱月告竣入其門櫺星昭然升其堂榱桷煥然循其墻繚繞矗然師生有舍庖廩有次崇閎壯麗遂成英邑之大觀維時人士咸謂鼓鐘聿新他日生徒口講手畫揣摩有得掇巍科登甲第羣沐公賜於弗朽矣公乃殊不謂然曰余之期於英人士者非徒工鉛槧弋科名已也將與父言慈與子言孝與臣言忠處則正直剛克柔克出則有猷有為有守以上副我　國家興賢之典於諸生實有厚望焉然則聆公之言尚其體公之志顧名思義觸類引伸以造就於無已勿為訓詁辭章之學僅僅弋取科名庶不負公崇學校育人材之雅意也夫楫不敏與程子光潤王子琎受命鳩工捻悉公德重矣深矣懼其久而弗彰也爰是為之記時雍正己酉孟秋月既望

重修公署記

程光濂 邑貢生

蓋聞利不百不變法功不十不易器故曰法古無過循禮無邪春秋用民力必書變古則譏之蓋二者皆守土所當慎未可畸輕畸重於其間矣英邑公署自前明迄今幾四百年中間敝而修缺而補者不一然未有易移而變置之者非獨改作勞民亦謂前人為之必皆經營相度非不得已固未敢輕議動搖也故以余等耳目所逮　國家定鼎以來邑少大案囹圄時空官有遷擢之榮民享無事之福雍正丙午黔陽趙公始移基改向自是而後案牘較紛長吏間或遷

左掾陰陽家言審曲面勢不及原基且歷二十餘寒暑多傾頽湫隘不足以肅觀瞻亦一邑之累也乾隆癸酉署篆沔陽李公因紳士呈請議復原基公乃計費所需集輸里甲不數日而辦於是庀材鳩工而以其事屬余自大門至三堂其間遊亭庫室椽曹班舍垣墉甬道莫不燦然一新復還舊觀始自十月廿三臘月晦告竣所云民庶攻之不日成之何以加焉夫事不關典要則趨事者必不勇至公署所在乃一邑之利弊因之固不獨君子攸芋也我　朝富庶之象徧於海隅英雖蕞爾咸樂與更新用昭丕變繼自今政簡刑清民安耕鑿士習詩書犀食太平之福當亦更盛於昔是以民之樂為公用而不知改作之勞也是為記

分建社倉記　馬世欽 邑增生

乾隆乙亥邑侯張公分建社倉於山溪坳之西偏命余董其役庀材鳩工五閱月而竣公復親履其地驗省厥成於時鄉父老皆忻喜私相謂積貯為歲凶計顧何獨公計慮周詳乃爾公因集而言曰社倉之設重民命也蓄不饒則饑歲無所資不得蓋藏之地與善藏之人積久則粟紅腐侵漁為患國計又奚裨焉今分建茲地擇殷實老成人司其出入所貯漸贏遇荒歉即發貯賑貸此予之責亦諸百姓意也於戲分建之意美矣法良矣向立於大竹廟山民賴以甦者

已數十載茲復置山溪坳者蓋其地濶厰可闢以營建且居里甲之中支給甚便數定而收儲不勞盤查亦易為厥三楹貯穀可數千石異日者蓄積充裕有備無患所謂水旱不能為災者必於此乎得之昔朱文公知崇安夏受粟於倉冬加息計米以償隨年斂散小歉蠲息之半大饑盡蠲之雖遇凶年人不缺食公殆仿此制而大為恢拓者與夫藏於府不若藏於民欲廣其藏則新置所藏之地以耑責於藏之之人皆事之不可已者也余不材董其成即不敢沒觀成之由與夫求成之實也爰為之記

王公修關帝廟記　程光濂 邑貢生

英之關廟向在西門正街地既褊狹歲月遷延漸次頹壞己巳夏邑侯王公瞻拜之餘揖諸生進之曰國家禮隆關聖春秋祀典與文廟並重英雖山僻素稱急公獨此因陋就簡幾成古寺荒涼毋亦守土者之責乎厥明偕諸生相度形勢見城北文昌宮之東地勢高厰慨然曰此武廟基也旁有劉將軍土廟三間亦就毀敗爰捐清俸命遷劉廟於西建關廟於北諸生曠若發蒙踴躍樂輸越三月廟成遷位致祭復奉劉將軍入西之武廟輝其棟宇新其題楣一舉兩

得關聖之神安而劉將軍之神亦安矣夫俗尚之淳澆人事之興廢視主持風化者為轉移公下車甫數月興利除弊政簡刑清即此明作有功廟貌隆而靈氣聚以視侈淫祠圖觀美者相去曷啻什伯哉是役也余實首領其事鳩工庀材之下竊嘆公之作新者正鼓舞者神而人心之好善亦於茲可見一斑也因濡筆而為之記

遊九井記

傅作楫 邑廩生

多雲山去縣治百二十里爲廬鳳安黄諸郡龍脉之源迴環數十里形勢嶔崎林木茂密蛟龍窟其内虎豹穴其巔大石嵯峩星布碁列田地狹隘居民鮮少率視之若絶徼足弗前也山有九井遇旱禱雨立應昔王荆公曾至其地紀之以詩鎸下井石壁間余每思遊之未果今夏天中節始與家世父麇峯黄君塽坪暨仲季輩往遊焉是日也天氣清朗緩步隨行仰視絶頂雲氣籠罩綠葉披紛瀑布飛瀉溯流西上至洗馬潭潭水正黑土人言時有巨魚出没潭際不知

者誤擊之則倏忽晦冥電雷交作疑蛟龍所變化云潭上兩壁對峙仄徑僅容一足俯視髮豎立然爲禱雨者要道過此爲風井或下以石狂飈經旬不歇曲轉龍井形如甕東面可容五六人相傳荆公詩刻在東壁歲久磨滅殊可歎悦倦而少憇忽聞濤聲甚急若萬馬奔騰爲之心動乃瀑布也復緣徑下度萬松上楓香嶺下香木棚茅屋八九間殊幽曠其人形貌都古絶不與外人通旋涉澗澗水澄徹望瀑布纔數尋其下亦有潭潭失名盤曲而上抵龍井四圍可席可憑可倚仰觀二面壁縫間虎荻秀麗恍若畫屏回視下井石形曲折水勢瀆湧久坐頓忘煩燠真勝境也余欲直趨峯頂觀所謂上井者土人云上井在黄七嶺明季沙淤止一栲栳地盡白沙虔禱則沙開水湧兩較中下井爲稍和去此尚四五里同遊者皆興盡而返遂憇於龍王寺荆公所請勅建者也余惟先君子之言地以人傳斯地也若當通都大邑遷客騷人遊記眺咏其烜赫當不知如何乃僻處萬山中荆公而後名公鉅卿罕有至者朝暮所往來不過樵夫牧豎輩居其地不能知其勝即知之亦未能言之匪惟九井不傳即多雲亦僅存其名耳則天下可傳可

紀之境其湮没於窮荒絶域與流俗人耳目者豈少也哉同遊各賦詩一章余更援筆記之

獨山墩記

閔學謨 邑監生

余居宅左行不下五六十步有山焉曰獨山墩是山也以其不與羣峰伍又不得士大夫攜酒賦詩往來其上幾培塿等爾故又命之爲墩余嘗率二三子弟遊於其前指而異之曰古所稱祭天禱雨之舞雩爲童冠風咏者殆其形似歟遂披草攀蹬登而上之詣其頂箕踞而坐則凡山之岈然洼然若穴若垤者未嘗不在衽席間也東望栗林菴在山坳山在松隙是山是松竟不復辨聞木魚鐘磬聲與松濤相間山境益覺幽寒其西則曰神峰古刹聞舊有石人慧業其

中邑大令因建廟宇噫奇矣豈古頑石點頭之夙宗歟北眺羊角縈青繚白奇峰插天或曰老子憩寉於其上五千言遺訓猶有存者南俯河口斗折蛇行明滅可見慨然太息思川上之歎而吊其不絕如縷也然後知茲山之不與羣峰伍者以羣山之封人目而未得茲山之真趣也昔柳子厚謂蘭亭也不遺右軍則清湍修竹蕪沒於空山矣今以獨山墩而觀其信然哉於是獨自歌曰獨山之墩兮可以解吾之襟温兮山源浚麓四望其空兮猶使萬載千秋知余之衷兮歌闋而下余舍此曷其有歸兮

遊擂鼓巖記

傅作椅 邑貢生

擂鼓巖界吳楚間與余家相拱向起居飲食未嘗不接也絕頂高敞目極數百里中有古寺樓閣崢嶸神靈赫奕禱祀者踵相接焉春杪侍家君暨諸昆季始遊其地入山野花夾道時鳥變聲一時塵囂頓靜稍前行石根繚繞如垣土人曰此石城也强半天工昔尤陡峭今漸崩圮矣歷階而上將踞其巔舉目惟懸岩絕澗怪石林立所謂高敞處古寺樓閣渺不可見復行數級樹林隱隱中豁然開朗則已直扣僧門矣僧出迎仍衣重棉不及入門問訊立啜茶畢拉僧同

遊前峯南瞰羊角山老子騎鶴上昇處東則樓子石矗然直出如髻其後爲湖廣羅田地千巖萬嶺都不知名極西爲塔山羅邑之鎮山也相距百數十里了了眉睫間俯視二邑溪流縈繞環映如帶如練因有吳山凭欄楚水入座之句彼此相顧此處當去天不遠曠哉觀乎僧曰未也今日烟霧不能遠眺倘天朗氣清大江之西杳焉漠焉不知其涯際矣乃入廟禮佛復自角門曲徑而上至最高處爲娘娘殿或曰娘娘即麻姑僊也或曰昔娘娘擂鼓東遊至此鼓墜衆立廟祀之今潭在山後依微有墜鼓蹟說皆無據但

山形峻絕廟貌巍峩宜神之赫奕而禱祀不絕也旁有靜室坐其中毛骨悚慄僧謂盛夏亦然於是家君呼小子詔之曰是山也日與余家相對竟未一登其境覽其勝余之買山多矣今幸遊歷已遍復不綴一言不幾重負山乎爾其志焉小子受命爰爲之記時雍正戊申三月既望

洪口舖太平橋記

余延渾 邑庠生

邑治之北百里許有溪曰洪口英之孔道也南通荆楚北達州治官士吏民及四方商賈行旅輿馬負擔日夕絡繹不絕其山勢自界嶺陂陀蔓衍星聯肺腑東隣霧豹之層巒西近多雲之聳峙溪界其間斜迤磐折西流而會於兩河口以達於江每遇霖潦暴漲山濤洶湧則瀰漫險阻而不可渡舊嘗跨石爲梁以便行者乾隆某年忽圮於水尋是壅湍齧蝕兩岸愈闊欲議修復其措置愈難而糜費且數倍之將涉者益病焉余忝著此土不敢憚獨力之難成而聽其臨

流浩歎也爰捐金六百有奇爲之經營相度式廓舊制平分兩翼以洩其怒高大水牖以安其流石以尺計者幾萬灰以斛量者幾百工以日計者幾千三閱歲而橋成既堅且碩洵往來之利涉而一邑之鉅觀也因題其柱曰太平夫周禮司空不以時平治道路稻人掌穡下地以止水洩水所謂歲十一月徒杠成十二月輿梁成蓋關王政焉橋之名始於商而尤著於周秦漢而下或以地著或以水稱名雖不同要必民康物阜而後百廢俱興余也幸際

國家重熙之世飲和食德登諸袵席故得竭力傾囊勉

成此舉觀斯橋也若蝃蝀飲澗水光山色之間相為映帶行者襍踏歡呼永無滅頂沒脛之憂所謂王道平平共享太平之福於無豎也至若結善緣廣福田之說此猶有流俗人之見者存也余謂於義無取焉是為記

太乙山記

雷天鐸 羅田翰林

英之西偏有山曰太乙其麓蓋扶旦王先生書室而余自康熙己丑歲授徒其中前後凡七載山雖不高登之可以望遠兩溪環抱合流淺者空明深者紺碧遇石而齧則噴沫怒號響振林谷有時淙淙若琴聲故其山得水而益韻山半亂松數林盤曲如偃蓋九龍峙前香爐倚後鷄鳴列左文筆環右其他諸山之不知名稱者或遠或近若揖若拱四時之景千態萬狀不可形似躋巔而望縣治半隱半現似即似離樵夫牧豎歌吟上下點染益工余酷愛之授徒之暇日

益登眺以為常每會課緩步其上廓如曠如大於文思有助雖工拙不計不自知何以援筆立就也是果余之有情於山乎抑山之有情於余乎都不可解乙未歲解館歸里嘗神馳其下即夢寐間猶若陟之而心曠神怡焉其真於茲有宿緣者矣夫古人寄情山水凡遇名勝輒作詩歌以紀之余雖不文又不甘嘿嘿山林笑人因畧書大概以誌不忘

烏雲山記

吳起鳳 黄崗庠生

烏雲山英之巨鎮也在縣治北萬山叢集一峯獨出蔚然深秀有樹踞於其巔望之扶疎直立者長相傳昔二仙結廬於上未詳何代旁有泉井涓然仰出後列棋石井上勒有碑銘字迹漫不可識壬申重九□容遊訪遺蹟循樵牧路緣麓盤行至半山中無復路徑攀木步蹲自西南横達仙址寛廠幽閒墻階猶存手披荆蔓但見鸛起兔走皆有驚駭狀繞階東行十數步泉井在焉雖淤而泥猶溼索其碑乃自然石壁字在形似間以塗塗之朗然明白得知此山為古彌

勒堂明嘉靖間道人元成元俊共建石室文僅百餘字本末詳悉形勝盡括嗚呼自明迄今不過二百年而人莫識者不肯一至其地以致湮没古人耳讀復逈行北轉約高丈餘則絶頂也峭石踞疊如虎豹露爪森森欲搏人左右懸厓下視可悸最上一石中裂樹生甘棠殆非人力所植雖不甚高大而枝幹蜷曲陰被數尺與遠望迥異故越兩朝無剪伐之者山下平出一石可坐五六人鐫有枰行則二仙對奕處也力既倦因坐其上已而清風徐來披襟當之東望太湖西望羅峯南蘄陽北霍岱諸勝蹟皆在指顧間亦天下奇觀也他若支出之九龍文子諸山培塿耳遐瞻俯眺不覺心曠神怡寵辱皆忘回顧從行則止井側呼之莫上予亦悄然悲肅然起自後絶壁如始來狀相與共返行未里許遇一老叟虬髯蒼顏衣履古樸立於道左笑揖予曰探奇索秘斯則樂矣無乃勞乎詢姓字不答諸客生長茲土亦弗識焉

淩雲書院碑記

邑教諭 程耀先

子程子之言曰古之成材也易今之成材也難豈其性之有殊歟抑亦教之無法耳我

皇上加意作人學臣必慎其選司鐸必嚴其條蓋欲訓多士者董率生徒羣佩服於聖賢之教以備

朝廷異日之用而天下之士沐浴德化爭自濯磨彬彬郁郁稱極盛焉尤念寒素之家亦有秀良既不能負笈從師又不能講學會友復於各州縣設立書院何其憂之深愛之切而成就天下之人才者至廣且大也然吾謂不難於立書院而難於實心舉行書院

之人不得其人則雖以深思遠慮之善政卒致名存實亡毫無裨益惟邑侯趙公以黔越經魁於丙午歲乃宰是邑諸如絶苞苴杜請託鋤奸剔弊踰年而賢聲藉藉未已也新

文廟闢雲路濬泮池凡所以振興文教者悉本諸至性至情英之士咸歌詠而稱道之其大快人心者莫如鼎新書院一事下車之始見邑西舊學制隘就荒爰卜吉於東南郊外捐俸購地創立學舍二十間復置義田二所共計二十四畝以其歲租為師生薪水資擇文行兼優者主其事秀而貧者召使受業奮志時敏務從容漸進於大成焉顏其堂曰敬業名其學曰淩雲公之用意良深而公之作人誠不減於古矣如公之委曲詳慎可大可久上不失

朝廷創法之意下以成單寒無力之儔實政偉績洵千載一時也二三子體公之心服公之教鼓舞不倦不難各成其材德將見為鵬飛為鯤化由雲路而步

天衢俾英之科第與大江南北齊驅並駕是又公之所惓惓屬望者予幸躬逢盛典忘其謭陋握管而志其美於左

建造興賢館考棚記（條規列后）

邑令　徐曰紀

夫使事為一時創見之事有不適合乎人心之所同方其經始之時已多強勉安望欣欣然各挾一無窮之意踴躍奮興俾其力愈用愈舒而規模漸增漸備以垂之久遠而弗替頃邑中興賢會已萃邑人士之心力以成前此難成之舉矣而彭生其漢旋以捐置號桌號櫈請程君行灶偕弟行歷踵以園房捐為館舍請王生鵬以田課捐給館人請余因念邑中歲科兩縣試雖歷在縣署而科房淺狹墻垣低薄種種未善今拓館舍基地頗可治作試館爰集邑人士與謀

皆是予言傅生以煉余生善舉遂共捐面南門基鄭生一蘡捐擴西南棚厰基聞生興坊興炳等捐門西屋園以闢門徑馬君道浩捐西路八尺以達西街基址又加恢廊矣爰庀材鳩工卜日興事前為門三楹門內為龍門一座龍門內為東西文場各四楹兩廊上為捲棚三楹捲棚上為堂三楹堂後小室三楹堂西書房三楹廚房二楹又西為館人住屋八楹週圍繚以垣墉門外東西各設柵欄臨街各為木坊一座門內外階塗咸甃以石經畫周密規模整齊是役也一舉而衆善備焉蓋由興賢會復藉邑人士而踵以起者也嗟夫世俗之習靡而趨異也梵唄聲中盡是干霄殿閣鶯花勝處無非拾翠樓臺而於倫紀風教之地膜然過而不問脫有所事欲求其寸椽片瓦有不可得者玆何以各挾一無窮之意踴躍奮興以成是役耶傳曰人之好善誰不如我夫好善為秉彝之良我邑人士固心理同而風俗厚矣余不敏承乏玆土邀上天之福屢歲豐和地方晏如得與吾民優游偃息於其間而又藉手以觀是役之成也謂非余之幸也夫爰為之記

一興賢館專為試士之所現據諸生稟請備案須

念初時創造維艱後來修理不易凡文武衙門辦理差使不得借作公館四方山人墨客不得借作寓所開往來雜遝之門以致屋宇損壞物件散失使良法美意不能保其永久弗墜

一興賢館交館夫看守旁門鎖匙館夫收掌不時洒掃照應供奉土神香煙有滲漏處即通知值年董事及時督工僱蓋其鎖匙交給齋長收掌無事不得擅開

一興賢館每年修理屋宇墻院並添置什器等費值年董事在興賢庄公項取办

一興賢館現存桌櫈什器造具清冊董事存貯俱交館夫看管取

具領約一切公項並官民人等不得借用除久損壞董事發價修整外如有私相借用無論有無遺失損壞責令館夫倍價賠償並將館夫逐出　一每逢縣試在棚場試士一切供應照燭俱係本縣自備辦考經承毋許在館辦備飲食借端派費致滋擾累　一正考初覆在棚場考試桌櫈毋庸諸生自備至再覆人少或在縣署招覆若聽其搬運易致損失若概令自備又恐艱於借貸着令禮房照數另向借備歲考年有武童覆試着令兵房借備值年董事給該房銀八錢科考年五錢以作搬運之費　一每逢試期除本縣自帶家丁外只許館夫一人在大堂旁專伺茶具每童各給錢八文其餘巡風胥役並貿易人等無許擅入　一每桌一張櫈一條共坐四人遵照坐號無許參差　一石屋溝王鵬捐出田課五担每年付館夫收租以為館內土神香煙之費外單師嶺田課二十担歸入興賢館以為修理考棚房屋之費　一鄭義田為闔邑生童試卷之費試卷不取分文原捐䄂家湖田課六十担花課拾斤今變價另置坐落樊家冲田課六十担花課五十斤庄銀七兩二錢付卷

户辦卷納粮尚多花課四十斤歸入興賢館付值年董事變價存貯辦公　一興賢庄係英山縣士著應試士子樂輸置產刊載碑摩各董事具有甘結凡外鄉寄居置產捐監者概未收費日後不得藉有公產領費冒考　一館夫只責令看守屋宇什器等項其餘一切公事不得派令供役每逢試期聽候本縣撥差眼同在城保甲打掃棚場並辦備一應需用器具胥役人等不得藉端苛派館夫致干察究

義捐興賢館基址桌櫈記

邑令徐日紀

計余髫齡應童子試縣考之上一日父兄遣人排列桌櫈携予進大堂示之曰汝明日坐此及次早點名時見同考紛紛携負桌櫈擁擠喧嚷殊失體制余心竊憐之而私衷竊喜謂同一應試人余賴有賢父兄得安閑若此其托蔭庇也甚矣由是而府院兩試均側身棚廠號桌全備較縣試稱便此余之親歷其況者也殆後東鐸婺州金華為附郭首邑縣考例得借用試館所需桌櫈與院試無異此金邑童生永不知携負桌櫈之苦者也庚寅夏余以司訓秩滿奉

恩命除授茲土見都人士習俗醇謹文風雅秀閱月季考多士雲集目覩諸生童亦各携負桌櫈而至余恍然二十年前親歷之況回思昔日父兄遣人為余排列桌櫈為愛惜子弟故也余今忝為民牧在在有父母斯民之責能不為之循分以籌哉維時因興賢會一事尚未舉行姑置緩圖辛卯季春集諸紳士於明倫堂議舉興賢會甫有成竹同里彭生其漢慨捐銀一百二十兩為置備號桌櫈請噫彭生其實獲我心者矣既而思之有其器而無其所以藏之非善策也即有所以藏之而不獲其人以經管之亦非久計也候補縣尹程君行炷偕弟行熈請將西闗程家廠瓦房園地一處捐作興賢館以為存貯桌櫈及會內公事集議之所嗣據衿士王鵬愿將石屋溝田五担捐入興賢館以償館人經管之資李生杰亦捐樹十株以助考棚木料之用是以有其器有其所並獲其人矣噫英之紳士何其急公義而策之善計之久也歟念浙水吴山迢遥千里童年應試事猶如昨他日歸告桑梓聞英人士之風必有踵而行之一勞永逸如父兄之愛惜子弟者不禁慰望交併而為之記

重修東河石隄記　邑令　呂占建

善者天下之公理好善者人心之同然欽惟我
皇上久道化成重熙累洽溥海內外莫不引養引恬咸登
壽宇職司民社者仰承德意凡地方一二有利民生
之務苟以善念相從未有不宜倡率而修舉者然必
僚友之同志乃能相與有成而垂諸久遠歲丙午余
膺
簡命來英五載於茲勉勉焉時以潔己愛民有所竭蹶不
逮是懼至於邑之利病尤計之切而慮之殷英雖山
邑每當時雨滂沱沙河氾溢蕩析民居為禍滋烈戊

申夏目覩其狀心竊憂之乃為度觀形勢見治之東
河岸有石堤焉則前令同鄉劉公所倡捐而剏建者
也自有斯堤故近歲陽侯之災差減余不禁慨然曰
善哉此舉也不及今增修而鞏固之致令日久漸頹
所為好善者安在先民有言善作者不必善成善始
者不必善終爰捐廉偕邑人謀重葺之又因簿書旁
午未暇躬親幸督捕陳摶齋幹濟才長力肩其事為
之經營督理又得三國學呂成燮王德修馬純熙暨
文學程步雲等不辭勞勩踴躍贊襄而闔邑紳商士
庶亦莫不樂輸貲費鳩工庀材諏吉舉事培其基址
根深而蒂固也加其丈尺繼長而增高也且於小東
門外添設附隄以資保障至周且密行見一勞永逸
民居免澤國之憂而安袵席之樂者諸君子之力也
斯役也余不過觸於一念之故不沒前人之善且以
彰諸僚友之善而因以俟後之好善於無窮也是為
記乾隆五十五年正月吉旦

建修文昌宮記

邑令諾穆圖

嘗攷天官會通斗魁戴匡六星即天之六府為文昌宮昭回天上權衡人間司命司祿天象之最顯著者也攷英之邑志城西北為儒學故址厥後遷黌宮於城之東北而藏經閣三楹獨未徙其舊即供奉文昌帝君神像於其上為文昌宮體制簡畧幸在昔工程完固未就傾頽葢百年於玆矣余於下車伊始朔望行香心殊陋之欲為增修改作而欵掌簿書竊有志而未逮也我

皇上文教覃敷化洽郅隆豐功偉烈巍乎煥乎復

宣諭各直省府州縣春秋崇祀典禮加隆余職司玆土亦思恢宏舊制無如民貧地瘠惟慮繁興土木事滋紛擾然仰承

聖天子棫樸作人之化俯察邑紳士罔勉向善之忱不憚創建之勞因升閣周覽度其形勢相其陰陽川抱山環秉擅其勝闔邑樂輸千金即於閣之前鳩工庀材擇吉從事增修門樞享堂後宮廂房官廳計共一十七間

帝君金身其赤白之漫漶不鮮者亦為振新之時值嚴冬祇見雨雪應時無連綿陰翳之患晴霽積旬役夫工作踴躍趨公兩閱月而規模告竣天時地利人和三善兼備雖事之廢興成毀若預有數存其亦

帝君在天之靈實護佑之歟嗣是人文蔚起甲第聯翩姱修私淑者圭璧持躬奮志觀光者天衢翔步余於邑之多士有厚望焉

由六安赴英山記

六安州同萬年淳

正月初三日由蓼城至霍天氣清明紛紅嫩綠已有幾分春色而山川景物歷覽不一次在籃輿中無意留連手持周易一卷坐視而已是日至霍晚入城市民皆持燈燭相照若欣覩余之再至者益足徵民情之愛我無已也初四日在霍署留飯時徐明府因公出余即於午刻起程沿淠水而西南行一路平坦而四山之嶙峋巉湧夾岸而來者已獰獰然漸欲逼人矣是日行三卄里抵落兒嶺借茶戶棲宿頗覺安適初五日尋嶺而上至瀾泥坳由坳而上路漸陘出入

谿谷中此日尚晴明遠近皆見其背面愈行愈高愈險愈危其山似厭與地近氣欲沖霄與雲霧為朋其山似不欲作山勢每多作禽鳥龍蛇虎豹之狀直者若柱排者若坐行者若逐踣者若傲立者若侍蹌者若迎沖若飛廻若翔急若鬭張若嚙崎嶇頻折曲如行牛角中碎如履破窑瓦肩輿旋轉反側俯視萬丈汗溢兩手真不下王陽九折坂也行至老阿磵兩山壁立如門以門塞其間行僅容一人一騎此北口也不數里至南口其形亦如之中有塘汛以司啓閉洵有一夫當關萬夫莫開之勢不亞劍閣之雄行一日抵漫水河宿從者曰此尚未足為險也復行一日則險盡矣余心更危焉初六日渡河而南雲霧四布前後不見有人安知有山不知有山並忘其險但見輿者出沒高下如在太極圈中混混沌沌不知此身在何處危坐輿中又惱又喜惱其一無所見喜其幸一不見若獲全見不知心膽幾碎是夜宿石頭嘴人夫衣履俱濕燎火終夜將睡時北風大作屋瓦皆震至黎明開戶視之則劃然一幅袁安卧雪圖矣踏雪而行風勢逾緊栁絮隨飛鵝毛亂滾又一混沌世界與前日在雲霧中者更別有一境而其朦朧不見遠近

峯巒則一也終日冒雪而行路漸陵夷山勢皆降相為拱揖似欲有所滙而結為縣邑者然至近邑時已晚不見其形勝而一片皓皛中燈火輝煌鼓吹引導不啻人從天外飛來也

王治安捐田序

主事 陳 詩 湖北

宋范希文置義田宅以推恩錫類收族和宗後人多慕而倣行之我鄉邑王治安字熙階號策拾策拾之爲人余知之舊矣余家居蘄與英邑瓦寺前最爲密邇且族先輩諸聞人夙皆耳熟厥後余奉

旨歸養復理曩日經笥舊業庠生王廷安策拾胞兄也品學兼優亦偕族弟安行輩負笈從予遊予見而異之因於講授餘閒從容訪問安行言策拾少年老成卓有先正風範其犖犖大者執親喪則孝感蒼烏敦友誼則樓輝花萼他若董理興賢館事人無異詞更且

敦本睦族尊祖敬宗諸凡懿行未易更僕數余乃歎世祿之家代生偉人義方之訓必大有造於介族者也今歲治安慨然捐田課五十石花課二十觔以爲同宗祀事之助兼作子姪輩觀場之費如此義舉與其伯及其令尊勷建興賢館規模其詳審精密無不及者作述相承世濟其美闔邑人稱頌興賢之功不衰闔族人亦歌舞捐祖之德不朽矣

段荃芳捐義田碑記

邑令 李 湘

嘗攷宋范文正公置義田以贍族姓子孫沾丐無窮培本敦倫意至周法至善矣嗣是踵而行之如我

國朝清浦張文敏公亦有義田之舉人皆嘖嘖稱羨焉余蒞任蘄春留心訓俗方欲以此爲闔邑勸不謂候補府經歷段君荃芳先得我心也段姓原本京兆於邑稱鉅族祀事聿興人文蔚起則捐田以綿血食并給茂才賓興資斧皆義所當行荃芳捐銀肆伯有奇買置義田分別數目上供闔族祭用而有志科名路費亦於是取給視彼囊橐自私忘培本敦倫之計

者相去遠甚余心竊喜之且以盼京兆氏之積厚流光其聯翩藝苑者將不一而足也是爲記

南河義渡記　　馬純吉邑廩生

造舟橋以濟渡義舉也義舉恐其就湮必有所藉以傳諸不朽英邑多水東西兩河流懸湍迅而東河為尤甚寔屬吳楚通津乾隆戊子吉叔祖候補州同道澄道法遵其父世祿遺命悼此水之徒涉維艱也捐田課伍拾伍石花課玖拾觔勒碑于南門外修補之費取于是渡夫之工食資于是自是行李往來如履康衢如歷坦道舟子之招應聲而集利涉者稱歎載道今年春重修邑志首事諸君採訪至此咸愕然曰碑之立不過數十年而字蹟幾不能盡識竊恐先德

之久而湮没也爰囑吉追記其事云

補修英山縣志卷之二十三

六安州同代理英山縣事萬年淳補修
英山縣知縣吳興陳　彥恭訂

序藝文三

題楊公政績序　　明宋之楨六安進士

吾郡惟鷹山號巖邑蓋雞鳴羊角形勢嵯峨其俗尚勁戾其胥役扞罔弄墨倚據社城至令有所不必行而課萬不能及額以故從前跅跑者視若傳舍計日待遷瑣委者塈若苦海憾無緣卸脫以去獄邑若斯之難也楊公受符慨然無難色謂天下不患有疲地而患無治人人署條格一新百弊俱釐外政似嚴也而陰以成寬隱衷任恩也而陽以肅教不期年而郵

馬遞練兵農清包攬飭厲吏備詹庚洗滯冤裁陋規楚那借種種皆爲百千世利其塞漏於蟻穴而剔蠹於蠶漁也見公之才其燭奸如火而執法如山也見公之識其湔滌欵欵經心而轂字人人戴德也見公之恢張其能爲無米之炊而預澄欲波之水也見公之神力政成人和薦剡滿牘臺使者曰枳棘非棲鳳之所揭調曲陽而未果主爵者曰青萍豈小割之器疏調鹽瀆得俞旨矣士民繫戀徘徊歌蔽芾而願寇

猾者萬戸一聲余得之道路之口碑聞孝廉之稱頌
無間言也因是而慨吏治之浸陵奚怪耶凡登仕版
者濁則刻消以自潤清則緣飾以為名於所厭薄之
鄉常𩑶然有所不屑不屑則躁否則𢡟惟高賢大良
不擇地而安安則百凡振刷不競不絿以從事公心
境圓通襟度朗豁搜剔塵滯鎔鑄士民皆較然原本
於至誠誠則士樂於震啓而天光露民安於拊循而
頑嚚格胥役黠奪於電霆而鼪鼯潛踪所謂精忠貫
金石中孚化豚魚則公之謂矣嗟吁使諸邑令皆若
公則疲劇無困氓使天下邑令皆若公則世路無九

折蕞爾鷹山昔為羊腸今夷易矣從此而鉢池磬石
之間公直以湖中了之耳公成畫具在敬以此為後
事之師

向侯寳政序

明布政使司　周廷光　蘄水進士

循良傳始自漢史遷後世競仿焉意蓋欲與龔黃並
垂不朽而不知古以實今以名矣古循功今效媚矣
若然卽飾廟勒石寧不為後人姍笑之資惟我向明
府楚南漵陽人也其言議施為悉本於性凡有注厝
咸期於民共久遠而怨勞無避焉誠一時未有之勲
百世不朽之業雖更僕未易數也不欲為蕪詞以掩
侯實政姑舉其最関切於民者謹鏤之石以誌思云
一本縣土瘠民疲每苦於多主簿一員侯請之上題
准裁革錢糧減派三百有奇一快役走差原派里夫

一名侯今革之歸於申復夫馬內不干里甲矣一額
有田程稻石昔係里甲富民易買侯今設處春夏積
銀秋積穀不干里甲矣一本縣無城侯相機度宜建
子城一所於治之內費雖不貲皆出之捐處英人實
嘉賴之一本縣原不行錢侯自捐俸買錢乘賑以濟
由此倡之錢法疏通矣一本縣科舉遞減侯請之學
臺徐公復三名再請之按臺田公轉請之學臺周公
又外加一名而人文近藉以復振一本縣泮池櫺星
門頹圮不堪侯措磚石命匠結砌覺氣象巍峩而功
高黌序矣一每遇當年除僉解錢糧外餘糧聽折今

皆均解錢糧民免折銀矣一本縣原額二十五里消乏者爭苦於催辦侯揀其单寒者並爲一里庶多寡平而貧民其有瘳矣一本縣原無夫馬差舍至輒索之民間不勝其煩騷侯請之上編官馬十四往來者得安行就道而畜騎者無呌囂之苦矣一英俗近刁動輒假人命告累用是傾家者數數侯下車以來爭虛心推勘得其情反責逐之自是圖賴不聞而保全實多矣一徵收錢糧爲司牧者陽禁火耗而陰實倍之侯直一絲不染平等平收六載如一日英民咸尸祝焉一舊倉稻逋負甚多十載未完侯清其弊賫逋

者樂輸且首捐已俸倡建義倉於預備之西庶儲積饒而英民藉以無恐矣

重修文昌閣序

邑教諭 陸志懋 山陰人

英邑文昌閣舊址在縣治之西南相去二里許覽其山川形勢實爲一邑之砥柱予來英司鐸數閱月矣嘗怪夫英之人士讀書而應科舉之選者艱於一第力農自食及工賈牧監之徒多廹於饑寒議者謂文教之不宣乂安之未遂運數爲之而不知非也予觀夫一邑之中聚族而處者環縣治之左右人烟稀少不滿千家寥寥如村落而又無城郭以爲關鍵其尤甚者西南當水口扼要之區溪流奔赴長逝莫挽及今而不謀所以砥柱之方將山川之靈氣終散而不

復聚矣予以是說詢之邑人僉曰吾邑之盛也其在有明之中葉乎自萬曆辛亥年於水口廻瀾處建閣淩霄歸然獨峙供奉文昌帝君以爲一邑之仰瞻下列眞武殿三楹爲遊人憩息之所閣成之明年壬子榜發聞一言地靈人傑確乎不爽其鐫之石碑者至今班班可考也當是時城中烟火萬家道路輻輳士多醇朴之習民鮮詐僞之行官斯土者增秩高遷而縉紳仕宦亦復冠蓋相望宛然一名都上國也迨崇禎末兵燹狼籍此閣遂蕩爲坵墟故宮禾黍慨焉增嘆越今六十餘載生聚教訓歷年不少而風氣頹落

如故方之前日事事不堪回首雖盛衰之不常亦此閣之興廢相去懸殊矣予曰盛衰者天也廢興者人也古之宣文教而開氣運之隆者莫如文昌帝凡都會郡邑有學宫之壯麗炳耀寰區必崇建文昌閣以贊助之是二者相爲輔主而不可以缺一者也况英之仰藉斯閣者匪獨文教振興實一邑之民物乂安所藉以爲門戶關鍵者也疇昔之可頌而可傳者業已彰彰如彼矣今值

聖朝宗儒右文海隅蒸蒸向化英雖彈丸僻壤禮陶樂淑仍然比戶可封英人士因吾說而力新之分衆人

之錙銖成一邑之巨觀聚千載之間氣收無窮之美報吾知落成後田野之鷄犬桑麻宫墻之詩書羽籥彬彬雅化克臻上理彼山川之効靈於往昔者數過時可不旋踵而勃發於今茲矣是爲序時康熙己亥

興賢館序

邑令徐曰紀

凡創一事慮始難圖成難既成而傳諸久則又難夫傳諸久者固不可無良法以爲遵循也然亦不徒恃法而恃遵法之人必使歷千年而常如一日斯可即一日而垂諸百年故曰傳諸久則又難英邑處萬山中距金陵省城千有餘里應試者艱於資斧聞從前會議舉興賢會而未果歲在辛卯春　太守徐公行部至英山首捐廉俸倡其事而屬余以圖其成凡三閲月而三里紳士共捐制錢壹千陸百貫有奇此誠州尊之德澤入人者深故上下之相孚如響斯應而

紳士之勇於爲善蓋遠出尋常也余因邀紳士之董其事者售得田稞三百三石設立規條俾後人可遵而可守向之所謂難者茲幸半載而告成其時會適然歟何其難者不難也然又有難焉者其在經理之人必得眞誠老練辦公事如家事者則得其人而法雖久不敝是固然已而與斯會者顧名思義品學兼修讀書積善克副

聖朝賓興大典而直追古者三物興賢之遺意且傳諸久而不替是則余所願相與共勉之

重修石堤序

邑令嚴克任

余叨列仕版屐安省十餘年歷寧鳳廬太霍舍諸劇邑而霍與英尤爲唇齒素聞俗尚耕織戶曉詩書牙角不崇鄉無終訟蒸蒸然有古遺風苟得良有司從而振之以漸即於仁壽之域不難也淸和月杪來蒞茲土見夫閭閻蕭條市井寂寞心竊訝之督捕搏齋陳君告余曰邑處萬山中邇年來春夏之交山水湍發良田千頃悉付波臣華屋萬間盡屬澤國而且奔瀉起於井竈逼衢大都竟爲魚鱉之鄉衙署蕩滌倉庫震撼五月初余親覩其狀細叩顚末前任劉君創

造於前呂君復踵武於後東河近岸築有石堤二道城內民房亦藉護衞柰堤短力薄水勢雖爲稍殺而波流仍循故道終不能有備無患余亟欲增修鞏固爲一勞永逸之舉旋奉檄聘分校南闈往返三四月抵署之暇即約原董事三國學呂成變王德修馬純熙文學程步雲等量度形勢計估尋丈較前二公所修更欲大其制而遏其流諸君咸踴躍從事絕無前卻之意客有起而難余者曰士君子勤勞
王事休養小民當計萬全揣力量估貲費方能徹始終而歷久遠邇來湍水所激不湧於西則滙於東東非公赤子民乎柰何欲西鄙之民咸登衽席而東土甘罹陽侯之災也且前兩君所建較今日所議功未及半而且曠日持久公欲巽而過之駕而上之告厥成功果左劵握乎公曷小其式而速其成於斯民不無小補否則吾恐迄無所就轉爲因陋就簡者所竊笑也余曰客何言之迂也天下事當計利害之小大人民之衆寡而圖之始克有濟即禹之治水疏瀹決排不知其幾萬里也其間壞廬舍廢圻邑又不知其幾千萬區也使必萬全無害將疏瀹排決之功不施而懷山襄陵之害不除千載而下民其爲魚又安能

至今頌神禹之功於不衰況東土有山可依西民無嵎可恃客何勿一較其形勢之輕重也矧余所議既不同精衞之啣石而敢自誘於以蚊負山以蠡測海也哉此所以勉循父母斯民之責未敢告瘁云爾乾隆五十八年歲次癸丑七月吉旦

移建奎星閣序

六安州同萬年淳

淳嘗讀新宮詩集傳以竹苞松茂爲宮室之鞏固而心不憮然盖此詩首言山水形勝尙未及宮室秩秩斯干者水也幽幽南山者山也如竹苞言水之環抱而有條理承上秩秩言如松茂言山之嶅壘而作拱衛承上幽幽言有如此之形勝而後可以言相好無相尤也二章方言君子先營宮室宗廟爲先三章方言起工四章方言宮成此其序也雖然淳嘗存此一竹苞松茂之形勝於胸中足迹幾半天下而未見眞有如是之形勝者今年春初至英邑適有餘暇升高

而遠矚見其水之環抱而有條理眞所謂秩秩者見其山之嶅壘而作拱衛眞所謂幽幽者淳雖未至南山想南山當作如是觀矣雖然英邑之形勝誠得之矣而所謂奎星閣者乃天上之文星人間之秀氣最大有關於地方風水者今巋然高巇反在白虎之方此形家之所不宜者聞之諸紳士言自作此閣邑中未有列鄉會榜者淳與余守之王澹園兩學博及諸紳士謀所遷置之處惟城東隅尙有隙址爲營汎圍地再謀於城守劉公乃懽然慨然毫無滯遴之意亦可知地氣有轉移人謀亦有協心也雖然建置之地則得之矣而尙需石料以立其基淳又嘗以文廟前不宜有戲臺侏儒乃聖人所揮况復在白虎方乎而戲屋係別廟舊業前經搆訟有案乃諸紳士復謀之於衆衆亦懽然慨然共欲售之廉其價二百金耳卽日買得之乃擇建巳之月拆而建奎星閣之基於東隅而於是遂有不日觀成之勢矣是月也需雨彌旬不然則巳竣再晴十數日斷可落成他日與諸位先生登鷄鳴山而望之見高閣起於六秀之方羣水滙於雙河之口八魁照耀三能憑臨千峯邐迤四勢分明風氣一轉文則龍虵爭輔武則熊羆効力殆不僅

如新宮之詩之所禱而祝也巳

重修明倫堂序

六安州同萬年淳

人倫有五而無師生師生亦在朋友中也記曰師無當於五服五服弗得不親原師生與朋友皆在五服之外者同類爲朋同心爲友士農工商各有朋友而士之友則有友事之友有師事之友子思則師之顔般則友之故曰師生亦在朋友中益師也者可上可下者也上之則曰師父與父埒者也下之則曰師友與友埒者也古者師與父皆稱先生傳曰先生者猶先醒也有先醒者有後醒者有不醒者先醒後醒即先覺後覺不醒不覺此不得先生教誨之益者故曰

五服弗得不親也古者先生合稱至漢人始分言之言生如伏生董生之類言先如公卿言鄧先鼂錯受書於軹張恢先所是也今人稱生則薄之稱先則訝之矣不知此二字皆係尊稱今乃并先生而薄之改稱夫子雖原孔門稱師之辭乃至幕下之士亦冒斯稱此則師之别泒亦在朋友中者要之惟師儒之師始可稱先生始可稱夫子英邑學博余守之先生品學兼優齒德俱長爲闔邑諸士所欽敬而佩服之者淳於今春正月始獲接見貌如其心藹藹然春風在杖履中也詢其年則已近古稀矣詢其德配則舉案齊眉矣詢其世兄則列膠庠矣詢其孫子則繞膝成行矣詢其所居之署及明倫堂之所以煥然一新者則皆衆門生之所貲助而勸成之者矣嘻先生眞可爲人師哉淳觀先生之福綏固可以知先生之德之卲觀先生敎行兹邑纔數年耳而令士類懽騰衆心鼓舞如此大建置非千金不足以濟而乃鳩工而工鳩具材而材具輝煌炳耀卓然大觀由其平日敎誨之澤漸漬之深所以能鼓動羣情奔趨而惟恐後也古人所云五服弗得不親吾今而知親之之敎行而親必自師始其弗可解也夫淳與守之先生常相往

還必經明倫堂過或左之或右之皆其與諸生講說處淳乃楷書二匾一曰模範垂型所以尊師也一曰棟梁充選所以嘉諸門生皆有大用之材也他日若登仕版知必以明倫爲治世之本尊師爲崇敎之方而先生之澤又將不止行於彈丸之區而已也

興賢館序

六安州同萬年淳

自古不乏賢良之吏爲地方除害滌蠹修新振廢凡有利於民者罔不興凡有室於民者罔不革親民事如已事而喜慼歡憂與民無間其師儒之選一以整飭學校董正士風爲心與邑宰共勤成勞者亦不乏人蓋無所爲而爲者其所爲必實而堅久而益信有所爲而爲者其所爲必虛而脆不久便爲人所厭苦虛實誠僞之辨公道之在人心洵不可沒也夫英邑之有興賢館也本古人鄉黨賓興賢能之意以濟一邑貧而無力之士使之得以乘時奮興不阨於巖阿

誠盛舉也其意肇於州刺史趙公其功成於邑之賢明府徐公其經理則集於邑之首領數十人一轉瞬而三百石田稞聚焉一轉瞬而五百石田稞聚焉又一轉瞬而七百石田稞聚焉於是勤爲規條先設立考棚聚邑之子弟而小試焉其進於學以及與鄉會試者列其等而加焉若者給一分若者給兩分若者給半分於是每年之所入乘除盈朒新舊加補一登於簿而無有絲毫侵欺挪移存於其中既又慮其久而生弊其首領之人又三年一更與三年一賓興同其期限豈非行之千百年而可垂永久之盛舉哉其

一時創建之長吏與首領之士豈非以實心爲實政毫無所欣幸於其間者哉然而時有醇漓人有賢否傳之久而邀以爲利傳之又久而虧公以肥私於是有開花賬者有影指射者有扯東話西者有明知簿不可對而匿焉不出者有戀棧而不肯交者有勾通下手而私相授受者嘻獘誠不可枚舉矣夫人爲善於三年中其美譚有傳之子孫而猶存者爲不善於三年中其穢行亦有傳之子孫而猶存者此三年中一瞬息之頃耳其美惡乃終身被之而不能脫以及於其子孫嗟乎人亦奈何不慎慮於瞬息之頃也乎

且不獨此也英之爲邑也小向無公館以待往來交接新舊之官偶然無所棲止則必向興賢館之首領而借托焉此亦緩急之常非必不可假易之事也乃或有獷悍之徒非惟假借之而乃若實已有之非惟若實已有之而乃若已成之而已毀之旋且碎之焚之暱而寻之價而售之嗚呼世豈有如是之官長乎抑其手下虎狼之輩絕滅天良者爲之耳而官長不能早爲禁禦以視古人雖一日必葺其墻屋去之如始至者不誠相去懸隔萬萬哉試靜夜間坐仰屋而思思昔之創始而新起焉者不誠赧然汗顏也哉時

余於卸事之日假館於此補修邑志其爲日也久恐自己或亦有不能禁禦之事故揭其不公不恕不平不法之弊相與共警惕之亦不必實有是事也雖然余爲我輩慮爲邑之首領慮又且爲諸生慮焉矣間嘗觀他邑未有興賢館義舉者每當大比之年其富而有力者無論矣其貧窶無貲者或借貸於人或典質於人或求助於人多方張羅其所得亦復無幾乃持此無幾之貲奔走數百里不憚風雨跋涉之苦甚或易衣而出幷日而食止求徼倖於矮屋以償其窮苦以視英邑之士藉與賢館之公貲不至竭蹶無聊

者不誠天淵懸隔也乎嗟乎英之諸生其亦思所以自勵哉臨場之際衣非盡吾有也食非盡吾有也行囊盤費亦非盡吾有也想疇昔賢令長之經營及前後首領之善舉乃不克奮勵取功名自躋於賢能之列以報前人德意之深豈不愧煞無地也乎吾願與諸生共勉之

重修明倫堂學署序

邑廩生徐光鯤

儒學學所植也明倫堂學所與也英邑舊有明倫堂暨學署自宋迄明凡數遷康熙辛巳邑令林公莆田教諭吳君之騄卜吉於北門鷄鳴山麓明倫堂居聖殿後學署依之越數十年錢塘張公復加修葺規制寖備迨後歷年既久風雨震凌堂與署漸就傾圮邑人士欲起而新之未果道光己卯學師余公守之司教於英寄居書院遂慼然有動於中爰謀於諸生倡首修建諸生咸躍然贊襄其成於是鳩工集材琢石陶甓建造興作經費幾以千計閱數月正堂兩廂並

學舍俱煥然一新是役也非余老夫子倡首之功不至此而余老夫子尤有厚望焉乃進諸生言曰今幸矣堂成矣此非徒崇飾宮墻輝煌俎豆侈厥觀美已也諸生皆國家有用之材異日黼黻廟廊其文章事業實自庠序基之從此明經修行互相濯磨庶於是學之修乃爲有光諸生其勉乎哉生等聞言深佩栽培盛德不能一日去諸懷今年春州司馬萬公祖來攝縣事首崇學校親題匾額於明倫堂一曰模範垂型以嘉學師之教一曰棟梁充選以勵多士之成又復修英志增撰序記諭諸董事人勤勤懇懇吾英之

士凡與有勞者共記之毋畧予因是而爲之序是役之興其總理者學師余公守之也其協助者監生余善福監生馬際梅也其司出納而主督率者生員王森鯤之兄允梓也經始於辛巳之冬告成於壬午之秋輸貲樂助名目例列於碑陰

葉心如歸養序

鎮海縣令魏右曾

英山葉心如先生於嘉慶四年冬以鹽運司參軍分發來虎林公天姿英敏學品兼優初謁見上憲詢以鹾務公甫入官應對明捷若夙諳習於是上游器重謂鹾務中又得一能事也歷委攝穿長龍頭袁浦鹽經廳各篆公下車各地洗手奉職凡商竈之疾苦靡不恤也疏引裕課稽煎緝私之利弊無不一一條舉行之力爲釐剔也上敷下洽鹾政大治實惟公是賴嗣因請假回籍省親公之僚友商灶等乞余一言以表公之善政余不敢以不文辭公署穿長龍頭皆余治境內與公往來話言晨夕不倦公每述 庭訓官箴之美莫過於廉官箴之戒莫甚於貪公之咸能恪守鮮不以廉自律克著清白之操者也迹公歷攝各篆雖處脂膏之地未嘗以纖毫自潤方古廉吏何多讓焉公嘗告余曰國資於鹽鹽資於商商之休戚課之盈虛繫焉今之首舉者惟應利商以利國否則無補也盍操利權者貴導而布之不貴專而持之導而布之者利若在下而其究在上專而持之者利若在上而

其弊在下易曰損有孚元吉無咎言損之爲益也至於管子以鹽筴興齊而其言亦曰夫知與之爲取者政之寶也凡後有司䖍之任者循公言而措施之惠澤流於無窮矣且公昔日每嘆山川修阻迎養惟艱今暫歸依子舍具慶一堂撰鳩杖奉板輿進康爵春媚冬燠融融洩洩此古人所謂不以公易一日之養者此也是爲之序

旌表節烈金氏序 彭中檜未婚妻

前署令 魏紹源

金氏許字儒童彭中檜未奠雁而檜亡氏聞訃櫛沐更衣投繯而死嘉慶四年三月二十九日事也余下車伊始其伯父原任湖南臨湘縣大尹金公序瑑偕戚族具呈投案余取兩學移文共詳 上憲嘉慶六年蒙

皇上天恩俾得建坊用垂不朽可不謂鉅典歟近者余由英承乏廬州之巢邑適彭氏重編家乘彭生中棨來謁且請余爲文余曰嗚呼金氏之大節士民交口稱之余又奚贅焉雖然微文大義簡

册於以增輝也顯微闡幽又有司之所有事也況余嘗躬親玆役乎夫絶鼻斷脰前志有之類皆時窮勢極不得已而以死繼之不則悲靜好之難再爰地下以相從痛遭遇之維艱呼所天而偕逝凡此堅金石而凛冰霜固久炳於星日要未有如金氏之未入壻門未親夫面而大節卓卓如是者猗歟隆哉清門詩禮挺奇士而更產名媛

聖化涵濡多忠臣而不少烈女爰爲之序以歸之庶幾發潛德之幽光得金氏而女子咸知慕義學士

競尚敦倫余於邑人士尤有望也

傳

明邑侯高公傳　　吳之騄

高侯在崙四川成都人也弱冠登賢書赴禮部試不得意授英山令甫下車釐剔奸弊愛民禮士嘗慕宓子賤之爲宰慨然曰十室之邑必有忠信英雖僻在萬山中獸無可師事友事者乎時有鄭生萬合者居石溪以明經齒德隱侯造其廬相見恨晚所有政事皆諮訪焉崇禎末流寇薮荆楚而下將據英爲巢穴英故無城郭縣治鷄鳴山之陽憑高則俯而闞之史公可法開府皖江來相英土築城於縣北十里之章

家砦以屬高侯聚避難之民守之未幾賊數萬入英界憚高侯得民不敢攻然瀰漫山谷民不得耕城潰食且盡父老子弟環泣於堂下強侯出城以免禍侯正色曰吾守土之臣誓與城俱碎耳既賊衆壓城衆復泣請曰事急矣不去懼及徒死無益侯曰吾寧死於賊不死於法且史公屬我城義不可負史公及城陷罵賊延頸受刃顏面如生賊退城砦焚燬爲墟而侯前所交鄭生者匍匐尋侯死所斂其身首爲一處具衣冠葬於城之北門外爲文祭奠哭之極哀是時日落風急空山無人暴骨橫岡燐光點碧恍聞山鬼

悲啼與哭聲相和按侯死時年三十餘耳余獨悲夫
史公之顛沛流離義不負國而高侯之不負史公與
鄭生之不負高侯有同美焉
聖朝五十年流民稍復舊業無能詳其事者幸鄭生之
子同且從余遊得其畧而紀之他年議名宦祠者必
將有取焉

段孺人賢淑傳　　教諭王燮坊

癸未春初予來司英鐸上丁前一日入廟襄事接見
馬子際崧偕邑中譽髦敬修祀典燈彩交輝文明會
啟尊
聖若斯固祀事中所僅見者也邑搢紳輩旋舉曠典
葺學宮建奎閣修志乘馬子又力襄厥事大爲捐輸
不屑作守虜狀其人可不謂賢乎邑中諸老宿咸進
於予曰際崧雖賢於公事早賢於家事葢其祖母賢
故其母賢而子亦賢其賢於母之苦節也同嘗請
旌建坊以慰母心矣而於祖母段孺人之苦節則因

年例不符欲請
旌而未逮其心至今猶歉焉予乃詢知孺人生平葢
卒時壽已九十方其年三十七時生孩四月遽失所
天翁年白髮家世清貧菽水承歡婦終子職熊丸垂
訓母作師箴紡燈績月數十年之艱苦備嘗啟後繩
先千百世之箕裘永賴母之賢也人共欽之洎年五
十七時子又永棄生孫三月媳共孀居庭前素月兩
世相依砌下芳蓀一孤誰託惟姑與婦鞠育恩勤詒
謀燕翼迨孺人暮年而際崧已卓卓人傑矣雖然以
際崧之賢而賢其母早賢其祖母卒以未獲

旌揚其祖母爲憾此非際裕之不賢於家事而徒賢於公事也寔年例限之耳予參纂邑乘責在闡幽因樂得孺人之賢而表彰之故亟爲之傳

士不必仕宦以用其才而爲善於鄉激昂慷慨使身

余遜齋傳

邑令　丁應鑾

歿十餘年而天下之知其人者依然愛之重之想像其言論風采惜此才不曾盡用謂爲國効命能卓然以才自見者彼其才不過如是而或並不能如是是其人亦大可思矣吾於英麓得一人焉曰遜齋先生先生姓余氏名善經字天申遜齋其別號也生有異質年九歲日誦書數千言當尹文端公之督兩江也以勾當公事至英從健兒數人過先生所居之金圭河先生自塾歸適値馬頭垂髫肅揖問讀何書以毛

詩對命講鹿鳴一什聲朗朗如宿儒公大奇之即造廬矚其祖承德郎名延藩者敎以名師勿常兒視兼贈短章有日長年老身無事臥聽諸孫頌古詩之句里人豔焉未弱冠補博士弟子員從江蘊顧孝廉遊歸省外不輟業者十載三十後由貢生候銓府參軍需次多時金中丞鉷以鴻博薦道病不就試歸盡棄其所爲時文益肆力於史漢歐蘇之學詩宗香山長慶集築曠怡園以自娛家僅中資恒自刻苦積金以濟貧乏故人子沈藝成孤無所依先生爲聘宗女剏田二十畝以贈邑少尉陳君化鵬卒於官先生撫其

遣孫築廬延師至成立乃已有以女鬻爲婢者已給金廿餘兩矣徐知其有未婚壻即反女贈金俾完婚事每歲冬杪散穀約五十石以助親友行之垂四十年月給米以養窮孀歲捐金以培秀士易西華之練祠瘞野棠之旅櫬爲杜陵之廣厦作洛陽之長裘待舉火者七十餘家雖晏大夫亦難逮之至其季弟奉直大夫善緒早卒先生撫三歲姪以詩禮振其家仲弟善淮子維肇候補布政司理問家宕自喜家事中落先生代清宿逋無南北阮貧富之異尤其犖犖大節非他人所能及者治家整肅閨門內言笑不聞訓

子尤嚴長嗣維馨少年司鐸日使僕記其言動以驗其可爲師否其再任潁州教授也大吏檄辦亳州賑事廉幹有聲寔先生遥導之次子維馥房薦不售於案頭書天上一桃一絶先生怒其躁進手書昌黎進學解以示且誨之曰汝但爲天下第一等人遇不遇聽之命焉毋庸慼也年五十七封公卒毁瘠甚又十三年先生卒年七十三先生長身玉立鬚眉偉然初猶自負其才如方山子怒馬獨出精悍之色見于眉間晚乃務爲恬退若未嘗有一知半解者余始聞呂君占建述先生爲已佐幕功並述先生爲數能吏佐幕功及履任蘄春商榷公事益信人言爲不謬道光辛巳余再過先生家笛感山陽哭君再世惟次嗣一人獨存而酒奠苔碑有與余同墮峴山之淚者嗚呼今之古人哉

余見山傳

刑部員外　戴宗沅

嘉慶戊寅予奉
命典試中州出都後晤湖南撫軍陽湖左中丞偶道及前在安徽泗州從安撫胡公往亳州履勘水災辦賑卹事有署潁州教授來亳分辦之余見山者明幹不羣盡瘁從事當是時黃流初退一片沮洳泥深沒踝見山驅疲馬行積淖中一日夜往返三百餘里查戶口大小察保甲隱射諸弊如照水犀無一得遁至今猶想見其爲人余聞之不覺狂喜喜吾故人名動公卿而先君子賞識爲不謬也見山英山人姓余氏名維

馨字蕙圃以見山顏其所居之讀書齋遂因以爲號焉方先君子之秉鐸英鬱也見山已由廩貢生候銓訓導猥自謙抑執弟子禮所作制義及一切古文詩詞請下雌黃無虛日先君子每語人曰見山年未三十磊落英多所謂良工不示人以璞者也觀其文可知其人見其人益信其文一盤苜蓿當不久餐此矣父遜齋公督之嚴其一署黟縣教諭兩署潁州教授每以册授僕者使日記其所爲見山謹遵庭訓曲斂其才敬老成而奬後進兩郡交頌師範卓然事親孝侍適母沈孺人疾衣不解帶兩月有餘請以身代及遭大故虞祭後淚猶涔涔也與弟梅岑友于極篤梅岑好手錄羣書見山居會墉六年於聽鼓應官之暇歲代錄寸許以寄讀蘇眉山風雨對床之句每謂吾兄弟才名爵位雖遠不逮古人而來生兄弟結未了因誰主輪迴辦香禱之性慷慨好施佽助親友一如遜齋公薄田數頃歲收穀不過千石因邑小歉時止佃輸租自借貸以濟家用阜陽連孝廉鼎彝贈詩有詩壇不及債臺高之句巳巳春闈見其從兄鶴齡先生入都會試言見山捐館已二年僅春秋四十五予聞之驚悼不置憶余侍先君子官英久交見山而深

知之使天假之年必能於守牧班中另踞一席如先君子之所預期而纔覩曇花遽聞薤露生是才而不必用是才茫茫天意可勝測哉余不能生芻一束遠置墓門而回首黃壚音容宛在記曰名譽不彰友之過也爰敬述其梗槪付鶴齡持寄梅岑待采風者表而彰之以無負左公與先君子拳拳契重之至意且兼慰梅岑人琴之感云

疏引

募改建學宮疏文

邑令 林 弼 莆田拔貢

天地山川之氣必無一發而輒盡常有蘊奇蓄異遲之數千百年之後而乃獻其物華吐其光焰以效靈於承平昌明之世然其間氣運之轉移剝不極則不復遯不極則不壯將飛者翼伏將噬者爪縮故當兵荒流離人民凋落刼灰蕩然絶續一綫苟其地靈之所不存則已若夫懷眞抱璞遲久未發則天將興之必故抑之尺蠖之屈所以求伸况於大聖人之憑依如水行地中無往不得其安土者哉余承乏英邑入

其境見其山高水清亦奥亦曠以爲是必有異既而訪問風俗與邑中諸賢彦訂交或以儒雅相親或以氣誼相許師事友事未始無人獨是縣治荒凉不及一大邨落無城郭宮室之美無金玉錦繡貨財之聚即先師廟堂規模粗具屢遷之後愈失故步於是廣延衆議無不以學宮舊址急宜改正爲請因謀之學博吳君乃吳君久屬意於此以爲特有未可耳及聞余言遂躍然而起挽余同至其地曰是間得其地矣未得向也其遷也固宜今宜改用癸丁既又曰是間得地矣且得向矣然學後橫塘鑿傷氣脉必須據橫塘爲泮池升高五尺退後百丈斯可快然而無憾余登視之則見高阜而平衍擁鷄峯爲翠屏俯平山爲玉几羣岫拱揖百川環繞宗廟之美百官之富無不具足恍如尼山聖人冕旒而王而七十子與三千之徒冠裳玉帛疏附後先等於江漢之朝宗四海之會同者美矣大矣因意余家閩海宦游澎湖臺灣閒與海波相上下嘗以不見三神山爲悵不意於深山窮谷之中庶幾遇之夫禮莫隆於尊師化莫先於學校竊嘗讀君子學道愛人之訓以爲上不負天子下不負所學舍尼山之性道文章他無所適從焉敬捐俸

以爲之倡率舍其舊而新是圖尚賴邑中諸君子共成斯志以附於私淑諸人之列英之興也庸可量乎是爲疏

募修仰山廟引

邑令　趙宗貝[illegible]人

英北距城三十里有仰山廟祀東嶽聖帝於中歷年久遠不知建自何代誠古刹也丙午春余涖兹土而田糧之載於徵冊者所餘頗堪修葺自僧不守清規廢田逃遁而廟將圮矣余因踩斷之際親履其地漫漶剝落之狀不可勝言不與工另造煥然一新非所以妥聖靈仰神威也若住持不得其人而香烟仍爲之凄絕抑何福田之不廣歟方今功令森嚴檢存廟觀淫祀者毀在典者修正守土司牧之責也東嶽爲五嶽之首好生大德號與天齊世之仰之者在九州

不爲多在一方不爲少益有功於國家甚大縱不能如通都大邑美輪美奐而風雨侵蝕於鐘鼓尾桷危墮於佛像明知仰食於神而自見棄於神善良君子得勿惻然念乎兹爲廟幸踩田七十石可奉一瓣香竟爲合邑公刹不第鄉保土人得而守之十方檀那共得而守之亦欲傳無盡燈之微恍也爰命僧人佛迷以爲住持並得手持此疏以助余清俸之所不及以此僧頗篤實老成可卜廟貌若善緣共勤功果不日觀成僧其依廟民其仰神在斯舉矣詩有之高山仰止余樂居首與士民共仰泰岱焉

募修西門橋引

吳之騄

有持簿索余募疏者曰西門橋將圮於水願得君疏募衆貲而新之余固辭則又索之不已因作而嘆曰余之固辭也非謂橋爲可緩也往歲喻大中丞檄各學陳地方便宜余謂英之大政橋梁爲急緣英地多山山盡出泉淫潦泛漲則徒涉傷人後格於異議事不果上未數月大水以無橋梁故傷人率多不救不獨病涉又凡橋梁大半在水口水城不固則財聚易散迓福難久亦術家之屢驗者故闔邑之建橋則舊文昌閣基當水口之衝河東而狹可以爲橋此爲最

急而各鄉之宜橋而無橋者殆不可枚舉如西門橋其最小者一善士成之有餘焉用疏爲雖然民貧土瘠非盡儉嗇之謂也第念天理猶存人心猶古設有好善不倦者同心捐助使橋工不日可成而余僅以鄙瑣疏言得附於諸善士之末未始非幸也故强爲之辭以爲募橋者之發端焉

募修東嶽廟引

吳之騄

東嶽廟山爲英之第一勝境，有懸崖激瀨，蒼藤古木蓊然鬱然，晴雨風雪四時之景無不宜，又其神亦嘗示靈於人之夢寐籤卜，故過之者無不生欽敬心。獨門戶迎向無一合陰陽之理，邇來又改旁門，愈覺怪誕，馴致僧饑乞食，冷落香烟，而倫兒因盡廟中之所有而取之不忌。嘻，亦太甚矣！此豈有道之世其鬼不神乎？抑此邦之人所以事神者太畧，頹廢之甚，遂至於此也。天下事廢之則竟廢，興之則竟興。廢興視乎人之情，視乎人之志，視乎人之誠，而誠即爲神所憑

依，人感之，神應之，則雨暘時若，厲疾不降，一切禦灾召祥無不有賴於是焉。余籍新安，新安人不忘汪越國保障之功，歲時蒸嘗，所以崇奉之者甚備。至我

朝張督師入境，夢越國語之曰：此方皆吾保障，汝能不殺，吾當讓汝入關。迄過嶺時，瞻其廟貌，悚然立誓不妄殺一人。假令英於流寇入境之日，有神告之如是，賊雖兇悍，敢輕肆其殘戮乎？英當剝極而復之會，

今聖人之居，已不啻天地定位矣。仍於神祇舊址一加意而敬禮之，則履太平、享安全，亦何不可之有？夫所謂敬禮之者，非淫祀也，非演戲酬願之謂也，非立神會聚飲食之謂也。必也相其陰陽，正其庭戶，置田飯僧，使一歲三百六十日中香一炷常爇，燈一盞常明，捍門一二頭陀常在，官斯土者與合邑之紳士男女舉念常有東嶽之神如在其上而降福於我，斯眞降福於我矣。願諸同志其誠心協力以圖之。

公呈

難後士民申請

明　聞可宗邑貢生

爲僻邑亘古大變難民慘殺異常懇賜撫勦急救倒懸事英邑界處萬山死賊蹂躪八載於茲往在舊縣因無城郭屢經殘破崇禎十年蒙皖院史創立新城居民獲有寧宇高知縣涖任捐俸加垜練兵守衛堵禦兩載屢獲奇功不意死賊自去年三月至英盤踞一年有餘於今五月二十八夜三更時分乘狂風驟雨數百人由東門突進大肆焚殺時守禦練總各自星散典史賴統兵力戰身受重傷高知縣同吳守備

扎營西門與賊死戰不勝以致守將被擄知縣抗節身亡一時殺死者男婦千有餘人燒燬者官民一朝而盡士民逃奔於山原老稚輾轉於溝壑惟望賊去苟延餘生豈意乘機土賊四起三鄉各立營目有花馬南營新營之稱羣兇擁立帥主分大王二王老營隊之號晝夜打擄千百成羣器械猪牛既剽掠以無遺衣物稻糧復搜括之殆盡此情此苦比之流寇受害更深又於六月太湖楊監軍差陳某到縣兇徒亡命假名投兵播毒四海是英之百姓慘殺於流寇者更剝於土賊刼於投兵自崇禎八年以來未有如今日之慘者也念田地蕪矣蝗螣遍矣已無復西成之想然廬址存焉墳墓在焉尚深切首邱之思英雖僻土俱屬王民百姓不忍去之他鄉上臺豈忍置之膜外懇憐異變速賜救援選才能署官兼行撫勦庶無王之衆勢不至於逃亡而羣起之蜂變不釀於合寇矣爲此激切痛哭具呈

籲上臺賑恤　明　閻可宗

爲恩憐賜賑以救殘黎以全廢邑事英自崇禎八年連遭寇亂縣治久墟後蒙皖院史還立章家砦孥稍集遺黎不幸去歲賊藁南營盤踞一載有餘牛種盡擄東作俱誤復於五月二十八夜襲破砦城殺死土民無算并殺知縣高在崙擄守將吳斌致縣無印主土賊横行刦掠之慘十倍於寇又兼蝗旱交害顆粒無收疫癘爲殃人民半歿下情蜩螗日沸苦於道阻難通上臺賑恤縱慇抑亦鞭長不及鄉兵因而肆虐士庶無以聊生或入戎行或自削髮或乞丐他邑或

傭工遠方甚至殺人相食易子析骸之慘處處皆然又有扼吭自絕捨生就死之情人人欲涕遂俱堅移食之思已無復生還之想今幸新任縣令鄭加意招集百法撫摩但還土之民枵腹鳩形無以延喘數月且春耕之際牛乏種缺何以自給秋冬欲軫民依亟求上恤恩縣治無久廢之理則耕田納稅斷有藉於民生而難民無自全之謀則給牛發種實仰祈予賑賚况時當耕作播種方興若復半月羈延難活一方生命懇憐奇阨急救倒懸賑發粥食以延餘生量給牛種以圖秋穫庶俶載有備遺黎得冀秋成之慰而稼穡可期殘土不爲荒廢之區矣具書上呈

請留賢令江公上揭

明　閆可宗

爲懇恩久任賢良以甦民困以全廢邑事英自崇禎八年以來叠遭兵寇士庶逃亡百里幷無人烟田地荒廢俱盡於十六年十月蒙督院馬委監紀通判邵某署篆一載招撫流移漸次開墾乃於去年八月陞授廬州府知府英民初聚如失所天幸蒙憲臺鈞委江某署篆復題請實授英山知縣本官自涖任以來一味清苦百法撫摩續招流移千餘人給散牛種開墾荒田數千畝時勤勸課俾民無所趨避則修舊縣立寨堡不辭拮据之勞慮民內有奸漁則編保甲均

徭役以免欺凌之患官日與民習既歷久而就輕車民漸與官安亦輸誠而願樂業四境咸歌召杜萬姓共戴龔黃忽聞部選另除新令英民皇皇籲天無路思此廢邑殘疆惟賴循良久任前令一載忽去已不無怙恃之悲今令數月復還何以甦離鴻之困況一主屢易殘區浩費難堪而棄舊迎新愚民驚皇莫定敢匍匐冒死叩天保留念英民均屬王民英土非比他土與其取此予彼使良吏再見勲猷何若留舊移新俾難民無失父母懇祈俯順輿情軫念殘土改新令別縣仍將江公加銜久任以竟厥績庶流民永依故土而巖邑不致邱墟矣痛關切膚事係保疆爲此激切上呈

革除夫馬杯盤陋規告示　教諭李聲震
竊惟設帳談經造士在於秉鐸興利除弊教職亦所
關心當此新進蜚聲自當選吉謁廟奉
朝廷之大典荷學憲之遴才珠光月朗桃李盡出公門
鎖院風清珊瑚皆歸鐵網此日黌宮序列他年玉筍
班聯方謂入泮以爲榮誰知泒費而受累本學蒞任
伊始英有夫馬陋規此大江南北所未聞抑各府州
縣所罕見始疑前任作法於貪細訪劣生作俑於始
册聲名於庠序似鷦鷯借棲一枝競奔走於衙門如
狡兎善藏三窟户泒上中下錢湊五百千富者傾囊

揭債破財則轉喜爲憂貧士典屋賣田無産則因名
受累甚矣三里之城傷哉二豎爲祟前憲牌文赫赫
費已革於一年今憲面諭諄諄議又息乎羣喙纔除
夫馬重費幸沾豁免之鴻慈旋議杯盤多金何忍賦
汙之狼藉且夫馬假公營私猶畏懼而弊易革杯盤
則用下敬上無忌憚而害難除人如得隴望蜀將來
無已而有加議似驅虎進狼竊恐極盛而難繼前者
議漕議月全仗彼作爪牙今茲采藻采芹何勞又効
犬馬宵小入武城之室喋喋至此言公新生望夫子
之墻紛紛逝將去汝城狐獻媚自覺議論生風社鼠
乘權令人進退維谷念此剝膚殊深切齒祇惟是觀旂
泮水行禮不亦宜乎若所謂寘璧盤飧非義斯速已
矣學長原無心於此縣尊豈有意在茲本學家傳清
白代有科名悉攻書之辛勤憫寒儒之艱苦新生但
謁
聖而勿費多錢師長祇論文而無煩載酒雖束脩以上
父師不必矯廉但載寶而來多士毋乃傷惠既代新
生憐轉爲劣衿勸弊纔革而承革害一除而盡除英
邑水旱洊至竊歎甚矣其憊後進苟泒不開庶幾貧
也非病該生速宜斂迹無滋弊端倘敢横議陋規以

至阻撓功令稂莠弗除嘉禾不植本學惟指首名以
通詳勿謂予言之不預

重修明倫堂銘

訓導　余道謙

英山學宮卜築鷄鳴尖下基位爽塏甲於他邑其後東隅爲明倫堂堂後爲學署年歷久遠風雨蕩搖鳥鼠剝啄葺修曠闕漸就圮傾歲戊寅予鐸茲邦敗屋四五間民居穠沓莫可棲止爰進紳士而謀之紳士曰是則然矣抑亦不可猝圖也請少待閱三年辛巳諸同人酌量醵金木料之費百金有奇磚瓦倍之匠工薪水又倍之時余子善福馬子際梅徐子允梓王子森經紀厥事不動聲色四月而落成而明倫堂遂煥然改觀焉迺系以銘

銘曰維皇陰騭畀性錫倫得靈最秀厥號唯人溟涬濛澒觸類絪緼堯明峻德九族以親舜之烝乂四門可賓禹湯文武列聖相承堯舜既殁書吐玉麟參天應地過化存神上下蟠際宇宙彌綸顏曾思閔至德傳薪子輿繼起醇乎其醇拒楊拒墨言義言仁聖經賢傳次第引伸譬彼作室水滙山峒陰陽既相垣墉駢臻宗工哲匠採蘭披榛根柢犖固美奐美輪俗儒汩沒要道沉淪明倫之建覺世牖民親義信別諄爾諄諄何云肯構全素葆眞何云安宅滌垢洗塵升堂入室扶翼斯文我有靈珠我有席珍毋狃積習毋憚艱辛學古有獲時乃日新撰詞紀事言未雅馴勗哉多士永貞諸珉

光祿大夫刑部尚書金公墓誌銘

吳江 郭麐

嘉慶十有七年十二月十二日刑部尚書金公薨於位越明年二月其孤勇自京師走書狀三千里告其友吳江郭麐曰勇不天遘禍酷毒摧隕無所惟是先人之清節醇德顯服一世苟不有旌紀以垂永久不肖百死不足以贖吾子以文學重於先人不肖兄弟又獲私於吾子載筆之責所不當辭敢泣血以請麐自念居卑行汙何足以焯著先烈發揚盛美顧惟不腆之文公實知之亦庸以藉手報知已於萬一謹按

狀而序之公姓金氏諱光悌字汝恭一字蘭畦先世自宋南渡由江右遷英山有諱印者明嘉靖閒爲太常卿公九世祖也曾祖諱天爵祖諱紹偉隱德弗耀考諱序斑乾隆巳丑進士三代皆以公貴贈光祿大夫妣皆一品夫人公中乾隆戊子科舉人巳丑會試取內閣中書庚子成進士歸中書班補宗人府主事轉刑部員外郎郎中俸滿留部緣事降調仍由員外郎郎中歷陞光祿寺少卿內閣侍讀學士出爲山東按察使遷布政使內擢刑部侍郎出巡撫江西內擢刑部尚書公以書生明習法令用心平恕爲

上所深知故雖數歷中外主持文衡三十年閒始終不離刑部自始爲郎阿文成公奇重之事無巨細必得公亭擬方畫諾公亦竭心力不避勞苦嫌怨嘗以疾在告文成使范公叔度視之公方伏枕批閱秋審册范公奪而投之曰饔飧不給而日服蔘苓凡以爲疾也何不自愛乃爾治爰書精明洞達目張心開宿胥老奸不敢以毛髮出入相嘗試然一依於法務持大體舊例監守盜限內完贓得分別減等後一切不減公曰吏以贓故得罪若完而不與減誰肯復完者上官慮法重必多爲隱蔽是重失官物也奏復如舊

以爲官員侵欺不得比引平人竊盜之條以虛斬爲阿克蘇錢局章京侵用餘錢吏議擬絞情實公駁奏實絞請政如律

上覽奏曰盜竊平人尙有嚴律盜竊官物何反輕耶

公免冠謝曰律意深微傳以盜臣爲輕於聚斂古人制律之意或如是也

上竟從公議在山左事上字下必以誠信歲旱步禱泰山雨應祈而至江右地四衝流冗雜處因緣爲姦吏治亦多弛易公甫下車立條教飭武備肅紀綱芽孳蘖雍陰闔陽闢誅大猾歷政所不能致者黜吏之

尤無狀者民用葦面吏用洗心淮揚之民以水災溯江而上者幾萬人公於章江夾沙立棚以居之塗巷井井飲食之資畢給殘黎賴以全活而居民無所擾公嚴冷峭直意所不可唾若泥滓媛姝突梯之士望而卻走以故謗怨叢積江西之政連劾五十餘官然後卒稍稍奏復之所謂仁必爲質必要其終而後見者也家綦貧而甚介不可干以私爲郎時有暮夜陳金八千者公峻卻之愛賢樂善惟恐不及名人魁士無貴賤必致其愛敬張翰林惠言何太守南鈺張大令青選皆公門人公一以友朋昆弟待之不長老自

爲也內行淳至於友愛最隆即有過當識者歸仁性不飲酒而喜觀人飲無他嗜好亦不常爲文章而一篇之工一句之工流連嘆賞不啻口出風貌秀整兩頤著黑子如豆毫數十莖長與鬚等飄飄然如神仙圖畫麐乙卯應京兆試館公家公禮之有加下第南還執手勗勉無以一跌自棄後見公於江西所以敦訓之者尤厚從容言君厭棄科舉他日朝廷復己未丙辰之科豈猶不出耶麐雖媿負不敢當然琅琅之音未嘗一日去耳也嗚呼孰謂公遽厭世而去而蓬蒿一世之士乃執筆而銘其幽也耶公娶丁氏封一品夫人孝順慈惠能成公之道子三人長宗邵乾隆壬子科舉人內閣中書協辦侍讀先公十三日卒次嘉太學生側室劉出先公二年卒次即勇嘉慶庚午科舉人女子二人長適太學生李同次未嫁卒孫男三人震謙孫女四人銘曰昆玉秋霜惟清故潔莫邪干將不缺則折材惟天生亦惟天成不撓不屈遭時之清凜凜我公神鋒巖然始終一節莫敢犯干爲天下平姦蠹弭伏爲御史中丞貪暴畜縮疾惡如風飛言如雨

帝曰往哉惟朕知汝弗與人爭善全功名公拜稽首

淚落階庭既隆其遇既獲其時胡嗇其年俾不慭遺千秋之後恩怨俱盡讀此銘詞不媿豈信

補修英山縣志卷之二十四

六安州同代理英山縣事萬年淳補修
英山縣知縣吳興陳　彥參訂

賦藝文四

溫泉賦

傅有寬邑廩生

粤稽皋陶就封英土茲茲星分斗女地界荆揚多雲迤邐而東走羊角蜿蜒以南翔艮止雞峯坎繞文昌西北各有溫泉焉瀉出於其旁極泉水之變態堪遊觀以徜徉其噴諸池也呼呼淪淪如沸如嗔恍爐中之集炭與釜底之積薪其澄諸淵也炎炎騰騰燠氣

上升如盛暑之酷烈如亢暘之薰蒸其注諸溪也廻廻蹇蹇或近或遠引澗水以旁參調水性之冷煖上則層巒疊嶂嵯峨峭壁碑銘苔綠松楸葉碧下則帶水縈廻古橋狹窄平岡起伏繡壤絡繹旁有修竹疎林清風歌舞茆舍草廬皆堪指數中有怪石嶙峋可坐可覩芷蘺夾岸婆娑水滸時則春風和暖天日晴明惠風拂面倉庚載鳴嫩柳垂條新桃闘英彼都人士緩步徐行祓除不祥羣歌水清衣裳楚楚笑語盈盈謳吟雲遏議論風生待其洗浴既罷日影遞綿身輕氣爽意興悠然迎素月含遠煙吹玉笛於露下聽蛙鼓於星前情發如飃身輕若僊鬧麗譙之聲催興始盡而言旋至於時當溽暑節屆朱陽氣燥益烈水熱愈狂濯身難以指手浣衣易於成行鋪素練列帷裳枝掛紅白條披元黃繡色錯接錦麗成章俄頃暴乾於烈日步歸蓬候乎晚凉若乃蓐收整轡少昊司晨紫燕去鴻雁賓金風薦爽玉露凝團碧雲黯淡紅葉繽紛被秋色於陌上滌浮垢於池濱或上或下彌膩除煩寓目成趣即事多欣已而元律窮寒氣至嚴霜零瑞雪墜羨焦溪之不涸誇湯谷之獨異沸潭涌飈堅冰不試衝寒得朋攜酒遊戲冷氣不生炎風時

値汲水沿濯陶然盡醉斯足畢四時之行樂而學士之所快意若夫朝霞燦燦浩氣横山暮雲藹藹水光盈灣望車馬之過從看飛鳥之往還雨則烟雲蒲溪晴則爽氣盈闗辭所不能盡惟玩賞者神會於行間

龍潭賦并序

胡華祝邑庠生

余家麓溪面隔層巒外復有澗沿翠屏而西石曰驪谷均曰龍門嶒嶝硊碕層層抱住忽聳石岸下臨無地澗水轟衝如倒銀漢如走霹靂怒躍於其潭潭之深不知其幾尋丈也中有龍因名龍潭四圍皆石圓如鑿成周遭百尺口束似腕沫霰交飛風濤激撞時而水精山鬼相出没時而陰雨嵐氣相回向要非以山水爲性命者弗肯探究至今夏旱欲雨數日前潭底雷聲殷然遠震余益信潭之得名有據而深山之勝境

無涯也惜乎險窄無徑人跡罕到以致名湮於山澤事絶於佳篇因不掩其固陋聊賦短章

夫何潺潺噴雪磕磕振天犇駛齊怒騰沸狂顛界兩岫以直下倒百尺而横彈冷暘谷之日色咽碧落之嵐烟撼虚空於粉碎繪山色於漪漣况夫羣嶂蜒蜿三門拱向飛鳥驚顧而翅低漁翁抱竿而神喪潑天際之晴霞敵鏜鎝之逸響歷巫峡之倒流賽禹門之躍浪余特表而出之曰此龍潭也鑿山根以穴海混元精而守珠春秋不知律歲月幾爲虚葉公非所好許君未敢驅喜自韜形於山麓有時霖雨於江湖故其蕩春風沛溝澮榛杞盤鬱鸂鶒交媚鰋鯉啣涎蘅芷蘐萃楊柳拖其陰穠蝦蟇助其鼓吹爾迺赤地塵飛青禾潺蒸霈靈液以潤涸據神淵而嘘雲震九泉以雷動驚百里而山聞霆霹集兮乾坤黑滂沱驟兮鷗鷺羣瀰汩澎湃兮散暑氣於絪緼放川濟洲兮快霖澍於耕耘若夫商飈激越滕氣殪星草迷沙白峯失螺青山光半紫影射潭心至於風回怒嶺雪洒塵襟鷹摩空而偷眼鼠跳石而如痛流乍落而聲細天慘淡而欲沉固有抱蕙才人逃榮逸士携松醪着芒履溯沙灘抜石觜路幽昧以險隘巖層叠而迤邐遊

世途之溷濁遵仙源而至止解纓盤桓傍石徙倚相顧惶愕莫敢向邇髮竪肌栗足酸心弛如聞虎嘯復驚龍起嘆逝者之何涯羨一泓之無底狂哭阮籍之窮途清比莊周之秋水從此塵土胃腸霍然爲之一洗既而荒林落照古岫啼猿霞霽遥天月上高墩輿盡各相催酒在不遑吞衣濺寒霏鎮日如堤瀑布人衝暮靄何能久戀桃源遥謝山靈之警覺待展飛見於高騫凛乎其不可久留悠然共返夫龍門

多雲異井賦以井谷幽深風雲噫氣爲韻　鄭一坊甲戌歲試

瑞應甘泉祥開靈境符星宿以輝騰濬海源而瀾靜象含閶闔之珠光數叶崑崙之玉影吐青靄而貫蒼崖噴赤霞而冲碧嶺通九仞於沉淵滙百川以結景維名山之嶻嶭厥號多雲緊古蹟之神奇廼稱異井蓋其地產無雙天生使獨清倖珠露之堪揚皎若丹砂之可掬曉光千片白飛來霓采繞峯巒夜色萬層明湧出月華烘草木循乎節候判冬夏之溫涼相彼風光分春秋之澄淑洗淨塵氛之派髣髴桃源渾涵烟水之津依稀菊谷是以嵐隨霧起翠自潭流招天

人以爲友結麻姑而作儔羊角岫摩霄幾見虹騰水面鷄鳴峯槩日何曾露瀼溪頭豈文子龍潭得擅名區秀麗卽仙人獅石難超此地清幽若夫天光晴霽樹影陰森微漠漠忽沉沉連萬壑擁千林五色花舒而出岫千層翠卷而罨岑施先春之甘澍沛大旱之時霖青響松濤倐訝風狂雨疾紅翻桃浪羣驚蛟吼龍吟登以呼之莫通其消息俯而汲也孰測其淺深至於河中石黒崖上硃紅香爐細巧筆架非工過淵深於五字奪峻拔於九公遙睇紫臺仰冲霄之翥鶴下臨黃土瞻漸陸之飛鴻秀分東澗廻波詎羨東溪綠水靈比南衡出雨不倖南岸清風況當縹緲且極繽紛英英兮若繪郁郁兮成文映烟光兮爛熳凝嵐采兮氤氳紫滿函關之氣祥飄太極之氛稽司命於鬱林精華罕見徵洪涯于豫水光焰稀聞斯誠神類雖邱既乘風而興霧奇兼少室亦噓氣而成雲乃有逸興高騫孤懷超邁烏雲聳峙無斯變化文章積雪盈峯少此輝煌圖畫泉流山下知非潛室諸潭采耀澗中信是谷簾一派噏寰瀛之脉聚羣竅皆鳴感大塊之息吹長歌忽噫所爲渟毒元精涵濡品彙色秀矣而可餐聲泠然以無沸佳哉葱鬱原殊海市蜃樓

窕爾空明獨表雲蒸霞蔚翠屏山自合無須探瑪瑙之奇丹穴水常清不待品琉璃之味煥日星而光天德常昭宇宙之重華應川嶽而效地靈允恊扶輿之元氣

補修英山縣志卷之二十五

六安州同代理英山縣事萬年淳補修

英山縣知縣吴興陳　彦參訂

五言古　藝文五

登九龍崖　明　夏煾

陟彼龍崖巔龍山在深谷崔嵬白日翻遠近清嵐續
袖拂空翠凉路轉羊腸曲會此極勝遊縱我登臨目
仰止天宇寬一笑超塵俗

旱旣甚因詣皖求蠲租暨賑救諸條欵復奉委勘英山事竣漫記康熙十八年　知州王所善陽城舉人

巳未七八月斗野旱無雨惟六災更奇有苗稿且仆
山上白石焦山下川流涸十室九空矣俯仰何所措
三秋旱啼饑入冬那有袴市米湧如珠耕牛販似鶩
救死恐不贍奚暇問正賦鄭俠圖難繪元結心倍痛
執熱謁中丞垂涕而縷訴代小民言情請發倉與庫
行行復行行英霍始分屬界嶺阜起望天光稍豁露
叱馭下層坂循麓穿崟樹暗水響危磵凳是簷溜注
極目山下田偪側無餘裕源泉過地肺拮据爭車戽
灌漑什一耳誰家塲納秏父老叩馬前疾苦敢上籲
凶荒特未有丁男多狼顧翹首朱幡來瘡痍望煦嫗

縱橫淚盈把悲風滿太素溫語相勸慰勉作饑饉度
旦夕漁王居慎勿棄墳墓遍踏東南畝蹙額憂農務
僻壤阻舟車謀生孰傭催魃虐秋益甚大地紅爐鑄
蟲蟲無了時何以蘇婦孺歸署速麗恩繕冊續燈炷
忽傳地震變臣心益滋懼

雪霽登鷄鳴峯頂和前令高公在崙韻　吴之騄

寰宇一清曠春風送餘間遠岫明寒光晴溪響幽潺
出門無所適乃見鷄鳴山逶迤循仄徑絶頂窮躋攀
勝從天地別秀拔吴楚間浩氣無阻抑虛空任往還
披雲叫閶闔虎豹尚九關豈有神仙藥爲我駐朱顏

五嶽願未了何時遂疎頑

九日登鷄峯下小山

秋光媚九日晨起欲何之眷言茲山秀造化鍾靈奇
褰裳陟其巔曠然慰所思羣峯紛兩列左右若奔馳
大川夾長虹滙流無復遺乃識聖人居如有帶礪私
席草坐已久聞花發幽姿迢迢塵世外獨步少追隨
卽此已足樂下士莫相疑

遊縣北龍王寺　前　人

寒風激溪流涉水復上嶺蒼松布巖列孤秀淡虛景
前望多雲山迢遞與天迥層岡勢廻合古剎歷年永

此中有蟄龍湫潭奮谷影時或作雲雨人間茂禾穎禱祠合荊吳神力不可泯我生偶一遊少定烹山茗誰布長者金象教兼龍井

尋瀉水崖瀑布　前　人

朝尋瀉水巖崎嶇度前嶺霧露不肯收馬足沒禾穎忽看白練垂噴沫玉龍醒幽壑自擅奇荒徑絕人影千山盡搖動一壑混朝暝莫謂前路窮佇立發深省

諸生西郊餞別　前　人

伯樂善知馬一顧空其羣緬邈山中人玉石殊未分我來竟二載閉戶讀皇墳相賞乃不孤蘭杜集芳芬

樽酒西郊外衝寒意殷殷擁爐不解凍古誼高如雲况復走遠郊白沙瀏河濆贈言各努力吾道在斯文

七言古

九井　宋　王安石

沿崖涉澗三十里高下犖确無人耕捫蘿挽蔦到山趾仰見吹瀉何崢嶸餘聲投林欲風雨未勢捲土猶溪阬飛蟲凌兢走獸慄霜雪夏落雷冬鳴野人往往見神物鱗甲漠漠雲隨行我來立久無所得空數石上菖蒲生中官繫龍沉玉冊小吏磔狗澆銀瓶地形偶爾藏險怪天意未必司陰晴山川在理有崩竭邱壑自古相虛盈誰能保此千世後天柱不折泉常傾

英山行美史公也在今討賊之臣史公一人而已　明　劉　城貴池人

英布既封國都六此山得名千載獨高深綿亘盤曲多大藏劇盜小蛇蝮起自秦關古戰場斬黃汝顏徧欃槍制府尚方徒在篋元戎彤矢但藏房二三貴臣不肯戰椎牛釃酒與賊燕乞得孫恩一紙書馳奏盧循皆革面其實此曹都自若戲砍人頭醉酥酪數過村市見不鮮笑向山巖差得樂幾年誰與賊爲讐誓中天討梁吳鈞生長幽并心是水往來行伍氣如秋橫草霜中無樸樕茹粗道上只乾餱病同士卒創常

吮義激偏裨手執桴飲冰不寢丹心苦擐甲忘家白髮愁舊稱兵備臬使者至今開府節旄假從昔精鏐鑄作身何時枕戈不宿野即如英山蕭豺虎白骨如麻齒爛腐橫噬飽臥罔敢攖河上翱翔誰適主惟公厲志薄秋旻短衣匹馬齒齗齗引兵日黑猶酣戰劃級籌林谷井堙豈無中車率禁旅亦有節度號虎臣何人犄角能同力背指愚忠啞苦辛噫吁嘻司馬門高未可呼六城堅小夜啼烏愛錢怕死兩不著辦賊惟有史大夫嗚呼辦賊惟有史大夫

登石人山　潛山訓導　胡美廷邑貢生

石人壁立何亭亭烟雲擁衛山之靈狀貌離奇高九
尺側耳垂肩靜裏聽秋空木脫谷風吼爽籟風生石
人肘泉滴元精沿海豚猿吟夜月當山口山多隱怪
居人稀茅庵鐘鼓扣斜暉冷上心頭林氣黑樹影搖
動儼神威石人相對亦仙耦導我上天摘星斗暮雅
催我暫歸來回視石人如拱手

打虎廠　李修 邑貢生

打虎廠橫長七里虎視眈眈何時已幽巖斷壑無居
民倀鬼發嘯深林起行旅約伴方敢過尤復挺杖互
相訶恐膏虎吻心欲碎經行十步九蹉跎笑問僕夫

可前聞吾家昔有李將軍射石沒羽雄名在挽弓一
發絕虎羣於今惠政潛驅率我亦安然無武勳

遊九井　傅作楩 邑庠生

挿天千仞多雲峯就中靈異潛九龍九龍出沒那可
測竟日密雲迷山蹤我聞龍噓氣成雲山若無龍何
氤氳山高崒嵂不可上俯瞰崖際白紛紛側身睇望
多瀑布轟轟如雷掛古樹溜石穿谿變換殊層層落
井在烟霧遊人到此欲見龍但聞井水聲淙淙安得
九龍翻井出大家騎上多雲峯

五言排律

趙侯新闢雲路並建義學　合肥訓導 馬塏 邑貢生

盛代昭文物仁風褒秀良何緣棲枳棘偏得遘鸞凰
召父甘霖足馮君惠澤長而猶念追琢可以成珪璋
建學開圖史操觚盡激昂設科三物重敷教一琴張
舊有宮牆煥諸生躑躅望砌雲芟茂草闢路示周行
驅策驊騮出吹噓鷹隼翔作材須杞梓在笥有衣裳
下邑文明炯公門桃李香延竚試一看士氣已飛揚

五言律

溫泉　邑令 趙宗炅 平越舉人

黍谷宜吹律茲山藉兩泉補天遺煉爕浴日斷寒烟

莫漫愁龜手須知坐煮鮮年年春倍暖童冠盡歡然

英山道中　吳之騄

日出心同競風來體欲扶水田雲種玉晴樹葉垂珠
禾穎新延綠榴花乍點朱幽禽如我友山徑漫相呼

又

小草逢春夏乘時幸託生但能依雨露焉敢競敷榮
徑仄心常坦山高氣亦平屏除身外物不使夢魂驚

羊角尖鶴跡　巡檢 曾文彬 蕭山

絕頂攀雙角相攜半入雲風來旋客席日近望仙羣
跨鶴空留跡驅羊渾不聞明公自瀟灑翻愛此辛勤

英布墓　前人

千載英豪骨春芳故故遮依棲惟客路部落幾人家
楚漢都非矣江淮尚在聊陪遊陳一滴應悔昔驕奢

新建義學　李修

爲愛山庄僻旋成一畝宮郊原沾雨化童冠坐春風
敬業鷄羣鶴凌霄雪裏鴻作人歌壽考教養獲全功

同前　傅作桂

山家吟嘯隔邇乃坐團團此地一爲聚高樓百尺竿
話馴窓下鶴絃撥嶺頭鸞爲有洪厓煉都成九轉丹

過紫金禪林　傅有宣

此地一爲別重來七載更感僧情故故憐我意盈盈
落日寒山色空庭脫葉聲座中詢往事回首不勝情

伽藍寺　閆學訓 邑監生

近午日初暖尋幽山徑微嶺前聞虎嘯溪外見僧歸
金像棲岩古高藤帶葉稀臂鷹牽犬客遠見血沾衣

指月庵　胡華祝 邑庠生

月上千峯寂禪心一指間幽光領不盡清夜夢常閒
樹色森青靄鐘聲冷碧灣高僧誰作伴兩袖納雲山

春登羊角尖用杜茶村金山掄韻　金序珽 邑進士

峯起雙羊角勢如萬馬奔晴雲盤石出宿雨帶烟吞
壁斷痕猶濕春深氣未溫山靈人意靜縹緲有誰論

二

一望山皆小悠然俯大荒天連春草碧風捲嶺雲黃
野鶴名仙跡殘營古戰場舉頭看尺五獨立倚蒼茫

三

奇峯絕地起犄角插天生劈立分仙掌橫空斷雁聲
靜含虛白渺直上翠微平山色供圖畫無窮遠眺情

四

快此登臨意尋春放浩歌蠶叢翻月窟石乳接天河
寺破僧居少山深虎穴多虬松垂絕壁宛轉施藤蘿

五

高突擎峰頂仙盤注上流孤鴻千載意春樹萬家樓
所向空無際臨深實可羞好風來兩腋吹散一天愁

六

山鐘何處寺天半一聲聞吳嶺飛來合楚江入望分
披襟舒嘯傲寄詠屬同羣鳥石鷄鳴迹都成下界雲

遊文子山　馬道澍 邑進士

挹秀壯城南參差曉日含珠光融畫靄劍氣透朝嵐
路複頻疑誤峰迴不厭貪鳴鐘何處是忽接小蒲庵

二

争攀絶頂處曲屈走虬龍古寺留荒徑山僧伴老松
文光新已故烟景淡逾濃曾憶庭堅墓殘碑憾晚逢

三

是否皐陶墓空留冢草青雯翻低嶺畔翠靄拂山庭
得意堪忘倦怡神轉獨醒流連圖畫裏勝讀種魚經

四

最愛嘉名錫高吟響遏雲崖懸臨岸住潭映隔溪聞
鳥送琴邊趣花餘座上芬誰堪持贈者满日縦霞氛

七言律

玉虹泉　宋　何汝錫　舒灊人

百尺雲巖佛閣前曉鐘踈葉思悠然岸邊酌酒和清
露石上題詩惹翠烟半嶺泉鳴通古澗數峯秋淨隔
寒川西風似欲吹人起去逐騎鯨汗漫仙

過英山　明　陳　嵩　嘉定進士

一入英山指太湖恍疑身世在蓬壺寒流百折通江
漢雲樹千尋擁畫圖采得民風歸諫草收將景物付
奚奴萍踪已半周寰宇那有長才賦兩都

英山道中　明　王　邦

獨宿郵亭對燭紅此宵風味與誰同藥崖影轉三更
月老樹聲揺半夜風别墅鷄鳴來枕簟迷山曙色厭
簾櫳欲催倦僕扛行槖三五踈星尚在東

玉虹泉次韻　明　張明道　進士

玉虹飛下翠岩前便似廬山瀑布然無復危亭如往
日空遺斷礎浥輕烟泉聲自是鳴千古險語何常墜
百川鼓缶再歌聊注目高風常憶子喬仙

九日登鷄嶺　明邑令　郭　郛　肥鄉進士

山色過遭此最中巍然不與衆山同地從南北分吳
楚人向雲霄列寇童杜甫有情懷宋玉黄花無頼負
秋風何時了却公家事三徑從容作醉翁

弔淮南王墓　明　劉世光

君王帶礪起干戈應悔輕隨謁者何何處飛雲山吐
納當年猛士塚嵯峨韓彭葅後勳名在英六行來感
慨多盡爽祇今誰復見牛羊落日下前坡

鷄峯擁秀　明　程永爵　邑庠生

迤邐自北聳奇峯巨鎮巖巖萬古雄百里盡收千嶂
外蒲城如在一壺中氤氲佳氣通雲漢蟠踞元形軋
岱嵩别是人間真樂土更教何處問崆峒

潤塘秋水　前　人

半畝方塘號潤洲長天共色浸寒流樓臺波映千家
鑑林藪烟騰一徑秋淡月踈星光上下青山緑樹影

沉浮幽人時或閒來往幾度投竿起白鷗

溫泉　邑令 張顯遇 新會舉人

城北城西雨得名一泓澄澈至今盈濕雲時度如蘭氣冬日人思白沸羨玉女不投殊惠澤楊妃曾浴出華清無魚肯受人閒眥也有溫和達衆情

英布墓　前人

千巖萬壑鎖窮邱故老遙傳土一抔臬將本來臣事楚黥王終不受封劉前車已覆鬨菹醢後事憑誰收髑髏欲訪殘碑共斷梗蕭曹高塚在泰州

羊角尖　前人

怪石崢嶸映碧空高懸千尺俯羣峯觸雲已入黃平隊跨鶴還隨李老蹤誰做豸冠誇折角要緣風勢絕攜節紛紛詞客停車望回首山僧響暮鐘

烏雲朱字　趙宗炅

烏雲隱隱横天路有字三行萬古珍赤篆依稀成烏跡巉巖彷彿辨泰文乍經雨洗垂虹氣一任風翻帶夕曛除是仙人誰把筆鍾王顏柳總迷津

登九龍山　吳之騄

方寸之間懷五嶽假君上駟助躋攀染成霜葉村村樹捲起秋雲處處山有路可能通帝座無心却合坐禪關蒼然吳楚都難辨木落天高雁未還

登仙人臺絕頂　前人

一徑凌空據楚天仙臺高出紫雲巔海風吹夜濤千丈石屋餐霞壽萬年鸞鶴閒來如可訊虬龍偃臥似安禪紅塵白浪何時靜穩坐峯頭玉井蓮

羊角山鶴蹟　鄭同旦 邑庠生

飛昇跨鶴昔仙羣異跡長留石上紋指爪空寒千古月披紛不亂萬山雲洗開秋雨縱横合照入殘霞深淺分一望丹岩風起處依稀清唳至今聞

同前　金天爵 邑庠生

亂雲飛盡矯清空一角當天石作峯岐路安從追往跡扶搖於此溯高踪尋仙惟見奪孤鶴濟勝何須倚短筇有約相攜登絕頂寺懸碧落一聲鐘

仙人臺　夏燧 邑庠生

仙人縹緲白雲端漸入峯頭十八盤烟氣空濛晴亦雨泉聲幽咽暑猶寒岩臨險處難舒步洞到深時怯整冠楚水吳山憑一望空明頓覺此心寬

同前　彭正時 邑庠生

絕巘深松護法臺就幽躡屐破莓苔巖頭瀑水沿溪去天際陰雲雜雨來午磬幾移開士定戒香初爇博

山灰藥罏茶白流連晚小立階除數鶴回

登擂鼓巖　傅有宜

从徑纔通路幾盤梵宮矗立白雲端地分吳楚成佳勝目極河山縱大觀怪石藏林疑虎踞枯松繞屋似龍蟠焚香靜聽談經後百刼俄驚指一彈

春日英山道中　黃自芳 黄岡 廩生

春風客意雨淸閒看盡晴光著好山處處水從千丈落家家人在數峰閒漫教詩思添鄉思自識吳關亦楚關馬上桃花爭傍臉奚兒笑指作紅顏

英山道中　本州刺史 邵大業

一行輿蓋入崚嶒出險升高萬象憑絕澗寒松青歷歷亂峰殘雪白層層玉蘆霜老空留幹石斛風翻欲貯冰二十年前楚語熟比隣風景覺吾曾

九江遺跡冷山邱雲物蒼蒼接歲遒凍瀑日臨明縞帶斷藤砂蓮露金鉤黃茆埜店閒鷄犬白草荒灘散馬牛自是太平無事日却慙琴鶴負風流

英山八景

溫泉春景　張海

霏霏烟草古城隈挹得華淸一線開疑是陽烏經浴後信非刼火洞燒來雨餘山郭人修禊花滿林塘客泛杯何事更吹鄒衍律四時和氣已潛回

鷄鳴效靈

何日鳴鷄遠報人青山名遂古今振諸天縹渺渾無路歷刼蒼茫但有塵上界鐘聲千谷曉近城樹色萬家春午來宦跡飄流遍媿爾長爲屛翰新

懸崖風雨

南樓纔見斷虹霓又聽瀟瀟隔檻低楚樹雲來千樹合吳天日落萬山迷空濛曙色連孤邑黯淡秋聲入遠溪但得和膏成稔歲披襟載筆日同題

羊角嵯峨

每思芻牧盡微能望見山光意倍增北接青霄雙濺濺東迎紫氣獨矜矜夕陽疎雨從朝暮秋草寒烟歷廢興欲與初平齊叱起好隨五色共相乘

烏雲硃蹟

危峰卓立倚蒼蒼何日磨崖在緲茫八部龍文盤造化三天烏跡啓洪荒筆揮魍魎眞無地機動雷霆自有光我欲雙鈎搨萬本烏雲深處意空長

九峰晴嵐

簇簇芙蓉拔地栽東南望氣實佳哉三吳雨盡輕陰散六蓼天空積翠來樹影參差臨卯睨烟光斷續映

樓臺風塵踪迹雙眸倖幸有靑樽對爾開

仙人壁立

古壁淩虛跡到稀望中氣象信仙機千秋洞壑開黃
落五夜星辰接翠微桃熟上池人已去月明華表鶴
常歸策筇可許頻相憶手把芙蓉叩玉扉

麻姑仙踪（按神仙傳麻姑有二一係王方平之妹曾降靈於吳門蔡經家一係麻姑秋之女在黃州城北石橋飛昇）

山谷晴開對夕曛麻姑消息舊傳聞一時幻跡隨靑
鳥千載遊心望白雲雨過幽蘭遺雜佩春來野蝶化
仙裙如何寂寂桃源洞無復胡麻共我分

八景詩

溫泉春景　邑教諭　方超

冰鎔寒谷挹春回好似天池沐日來芳草萋萋森四
野雲烟裊裊暢三垓氤氳淑氣湯能熱厰沸坎泉水
自煖寄語山中修禊客休將碧澗染塵埃

鷄鳴效靈

聞道天鷄向日啼何年山谷亦鳴鷄千秋挺峙鍾英
秀霄漢淩空現紫霓曉徹五更遠岫伏俯臨萬戶迓
城低由來盤踞眞雄峻憑取詩人載筆題

懸崖風雨

江天望盡楚天連四面濃陰樹樹烟噫氣鼓吹幽谷
響甘霖傾倒石巖穿欹崎古壁洪濛裏錯落高峰霧
露邊疑是蛟龍蟠造化祈羊好致祝豐年

羊角嵯峨

遍覽奇山汗漫行幾回容易訪初平雙峯嶙岏超塵
世獨面崢嶸仰太清自具薪蒸寧遠取不需芻牧亦
長生岡巒翔舞如能語歷刼滄桑久播名

烏雲硃蹟

天書炳煥勒高岡自是靈墟流衍長劍落蒴苔留古
跡斑斕蚪蚪映山光銀鈎難別烏龍體玉畫空傳赤

烏章獨上危峯思宛委探奇此地即吳鄉

九峯晴嵐

東南簇擁秀諸峯形勝蜿蜒佳氣鍾燦爛朝暉螺黛
薄晴明夕照翠烟濃楚山極目瀟湘遠吳地回眸霍
六封更喜雨過風定後天容杳靄淨芙蓉

仙人壁立

泰岱曾傳有丈人那知峭壁亦仙眞掌伸天際多承
露足躡雲根迥絕塵孤鶴已飛華表在群羊應化石
牀新飄飄忽起摩空思夢到三山閬苑春

麻姑仙踪

手姿綽約白雲隈縹緲香烟似欲來玉簡曾留青鳥下金環遺贈蕊宮開高唐神女徒虛也洛浦名姝亦幻哉爲問仙蹤何處是仰瞻銀漢自昭回

温泉　鄭元昆

聞道驪山久著聲此山亦得占芳名水中有火温常在雪後無氷暖自生大塊獨噓陽氣盛扶輿應結地爐成臨流不泛胭脂色誰動池邊弔古情

乙亥陽月墺齋張父師偕同寅率諸生登鷄鳴山議修文廟恭咏以紀　鄭一坊邑人舉

今聞鳳翽昔鷄鳴星旆春臨曉色晴多士步雲隨杖

履列官捧日擬蓬瀛高山疊疊凌千仞流水悠悠繞一城仰止素王宮闕近期同闤闠勢崢嶸不携絲竹入山鳴知異閒遊太傅情岳峙應時開景象羽儀隨地煥文明雲中雙袖清風送天半三峰秀氣迎萬戶弦歌歸路蒲冰衙靜處聽書聲

八景詩

温泉春景　鄭一增邑貢生

英峰八景首温泉三水惟東第一傳似火炎常煎地底無氷凍不解春前澄波沐浴人皆煖靈沼陽和氣獨全西北郡嫌多沸洌浣懷未及此悠然

鷄鳴效靈

曾傳仙句咏鷄鳴天木星光照五更勝地仍留香火蹟譙樓今應鼓鐘聲乾坤秀豈因禪刹山水靈原結邑城試聽梧岡催曉露朝陽鳳早翽風清

懸岩風雨

百丈陰巖碧落端蕭蕭頻訝振林巒纔來壘嶂迷天陣忽作銀濤湧地觀龍虎穴封山色老鶴猿巢撼樹聲寒蒼茫面目難圖畫直待晴開一嘯看

羊角嵯峨

聳出羣山百丈長雙峰如角觸天閶已傳丹石仙騎

鶴還訝金華客牧羊縹緲連鑣嵐漠漠嵯峨對峙色蒼蒼知分上下排空意半掛朝陽半夕陽

烏雲硃蹟

一峰千丈秀凌虛文筆當天插宛如巨石霞端開翠壁仙人字蹟現丹書風雷神護何能朽日月光分信有餘古篆祇今人莫識無由得問子雲居

九峰晴嵐

山城秀氣地靈鍾蟠翠東郊峙九龍毎獻金鱗開夕照如吞珠彩合丹峰輿雲疊煥凌雲士出雨頻膏望雨農得列日邊驂六御應符陽數化雷封

仙人壁立
臺高雲漢聳仙人勢與鷄鳴咫尺親掖地直通天上界仰山如見洞中真晴空縹緲遥還近峭壁莓苔古亦新萬仞丹梯從此躡世間何事羨劉晨

麻姑仙踪
是否仙踪世上無人傳過此有麻姑瓜垂自見曾如鳥米擲宜逢得似珠何被天風吹去疾却教今日採來殊盛朝不没千秋蹟下里應賡八景圖

九日登金華巖　杜有律 邑監生
登高携酒與何騃醉倚長松感歲華壯志不因秋色

淡綸巾一任斗風斜黃花冒雨迎遊子白雁飛霜寫落霞眼界放開千里濶應將兹地等龍沙

英山八景　杜與洪 邑監生
春風撲面浴温泉奕奕仙崖望儼然羊角矗成山外畫鷄聲喚出月中天丹書燦爛烏雲合峭壁奔騰夜雨懸欲覓麻姑真信息趁晴直踞九峰巔

宿與蓮菴　前人
嵯峨初地頻與蓮古鉢殘雲別有天花雨蒲臺誰說法竹林半日我逃禪遠公社結千杯酒香積厨通一道泉欲向西來聞大意鐘聲斜掛嶺頭烟

遊仙人臺　方衍泌 邑庠生
超然仙蹟出凡塵臺上雲眠月作隣寶座石封藏豹穴香崗水繞護龍津雙杉今古傳兄弟半壁精靈泣鬼神俯視楚吴天忽近冷冷不羨御風頻

遊玉虹泉　汪　浙 邑庠生
懸流直落小橋前吴楚分疆勢劃然字没苔痕摹石刻人披草際拂雲烟晨鐘暮鼓遺空蹟萬壑千崖障大川我亦臨風頻弔古問他何處挾飛仙
蠟屐遊春瀑水前足音空谷喜跫然零星校正如椽筆補綴重光落紙烟片石定殊新歲月雙靈應逐舊

山川一樽再奠先生酒風止雲廻憶謫仙

五言絶句

過英山　孫　鼎
百曲入深山溪深恍桃水花裏見人家雲中隱仙子

其二
千山萬山雲飛泉照寒雪驄馬駐茅堂清虛若仙客

其三
流深響成雷花發明如錦僮僕行悠悠並掬清泉飲

其四
老樹若蟠龍溪石半蹲虎伊誰泛小舟傍花出前浦

避難鄰邑聞子規　　聞可宗

坐斷三更月啼殘幾樹花聲聲歸去好何處是君家

七言絶句

英山道中　　明　戴珊

絶澗懸崖草木殷觀風僕僕到英山中秋萬里團圓
月馬上何妨獨自看

萬峰晚鐘　　明　張明道

嶺昏注目邀殘月路險尋溪聽晚鐘僧徑無人黃葉
滿蹇驢驚犬觸松風

湯泉　　明邑教諭　簡宗儀　新喻舉人

何處青山好問津水温花暖自含春於今便是桃源
路更説桃源有主人

送余函六旋里　　明主事　聞一言　邑舉人

君今南去我猶北相視依依嗟意結歸家若問我還
期勒馬西風吹落葉

八景詩

温泉春景　　闕名

積翠峰頭曉日暉崖前波湧霧雲飛泉流咫尺分炎
冷知有何人握化機

鷄鳴效靈

何處尋芳預嘶徵一聲報曉洩元機始知千古興衰
事數定先天不可違

懸崖風雨

千尺嶔崎人跡稀青峰頂上白雲飛從來風雨多靈
感時有寒烟鎖翠微

烏雲殊蹟

一望漫漫洞壑空烏飛不到盡玲瓏就中消息渾難
識丹篆年年映日紅

羊角嶢峨

一峰廻接一峰開石上藤蘿繞徑來跨鶴仙人何處

去空留遺蹟長蒼苔

仙人壁立

巍然高峙接雲端雨沐風梳紫氣漫靈異不因時代
改舉頭天際合同看

麻姑仙境

幽林一帶鳥空啼山自蒼蒼草自萋欲覓麻姑搔癢
處桃源不許外人棲

九龍夕照

層巖叠嶂碧苔茸最好龍山第一峯乘興不知歸徑
晚夕陽還照紫雲封

艮春菴在鷄鳴山陰　吳之騄

三面還山一面開半林修竹幾株梅毒龍暫貯池塘水月暮入間有迅雷

仙人臺　鄭元昆

晴崖陰壑白雲封仙客曾留去後蹤臺畔虬松千尺老不知何日化蒼龍

神峯山四時絕句　沈書庠 邑廩生

直入烟蘿第幾重花宮千載白雲封春來雨露無深淺茶展新旗鎗起龍

夏木千章入翠微爐烟潤逼濕雲霏炎蒸不到棲禪

處衲子還穿十月衣

葉底西風白露傳楓林好處借秋看空山真色相原無定萬樹蒼黃一夜丹

鳥路猿棲無處尋峯頭積雪淨禪心山僧邀客開煨芋冷入蒲團笑夜深

英山縣志卷之二十五終

補修英山縣志卷之二十五下

六安州同代理英山縣事萬年淳補修

英山縣知縣吳興陳　彥參訂

詩

遊瀑布龍潭　胡延煌 邑貢生

天漏銀河下翠微四時風雨共霙霏剗開地骨千尋坼衝破雲根百尺圍絕壁晴光分竹影虛崖香霧濕苔衣塵襟豁處寬蘭佩同挹清流坐碧磯

前題次韻　蔣雍植 懷寧

梅雨纔收落照微清泉噴薄影霏霏雙流合勢趨三

疊片石憑虛敞四圍爆竹砰訇驚地軸酒痕淋漓上苔衣探奇細繹幽人句不數漁村舊釣磯

再遊瀑布龍潭　胡延煌

石壇携榼坐空冥野客重來眼倍青洞咽雷聲疑豹乳潭翻水氣帶龍腥更無古樹存丹岫惟有流砂走碧垌消息人前多變態勒移我欲問山靈

前題　蔣雍植

雷動雲飛不暫停長懸匹練界青冥枕流漱石寧無意潤物為霖似有靈指点層巒看夏木商量側阪搆虛亭十年塵海勞魂夢此日摩巖愧勒銘

新城　　鄭一崧 邑舉人

土名章家砦明季邑侯高公名在嵛遭兇寇里衄左金王等破邑城移治章家砦築新城賊復大至高公殉節死先曽大父殉葬高公于新城扎門外爲文哭奠事詳志乘及明史忠義傳

邑小民孱節愈貞知人閣部屬專城時史閣部可法來相英士命高公遷章家砦以新城屬之三年喋血生磨盾五日揮戈死結纓義重衣冠收卞壼恩深文字哭田横謂先曽王父祭葬事山頭蕭寺靈旗雨猶聽啼鵑傍古塋

三君子詠

吾邑自壬午迄丙戌有揭陽陳雨庄先生步青爲山長杞縣何乾齋先生楊牧爲邑父母盱眙李退庵先生開進秉鐸名人正士薈萃一時風化之盛至今傳爲美談用志大畧俟採風者覽焉

正學昌黎郡星芒接太卯十年甘晦迹兩字揭藏修時邑人爲先生築精舍於講堂之側先生題額曰藏修溫潤崑林玉高寒碧漢秋鱣堂封講樹人在鳳麟洲　陳雨庄

經術何休古循良重老儒吏慴冰照冷草愛露敷腴馴雉依桑見陽鱎入境無南州留有榻相望在蓬壺　何乾齋

冷署春盈座都梁一瓣香教人擔道義稽古擁羲黃師弟千秋業文章月旦長可憐重蘂桂清夜祝霓裳乙酉鄉試揭曉前先生以案頭餅中桂花已落視其重蘂以卜諸生科名數日果重蘂纍纍先生爲記　李退庵

九峯晴嵐　　聞興瑯 邑貢生

九峯矗霄漢逸勢森如削海日上孤輪晴暉透林薄雨餘霽景新嵐氣紛綿漠濛濛冪山腰聚散時揮霍觚稜數點青半隱輕綃幕亭午日色佳稍復辨崖壑我欲踞危巔梯雲呼鸞落此味與誰同悠哉謝康樂

過打虎廠　　燕湖教諭 傳以城 邑舉人

石磴盤雲阻且長吳關楚岫此分疆穴山虎已無餘毆度險人應不戒傷絕巘層層凌白日寒烟冪冪匝

斜陽登臨頂上山俱小回首雞鳴隔一方

興賢館考試諸童有感而作十首　　六安州同 萬年淳

英邑名區久歎嗟興賢名館意無涯臨風初出搏鵬翮當道騄馳策馬撾草布池塘逼謝夢門盈桃李傲潜花丁寧此日文星子着意揣摩不用譁

其二

場屋爲文苦歎嗟題情牽掣入雲涯獨行面壁人何在閒步當墻手自撾吟到無聲心更刻偶然得勢筆生花生平從事知風趣適看諸童笑語譁

其三

回計少年笑且嗟文情反復苦無涯疑如狐涉春冰裂急若漁陽弄鼓撾兩手誰知過後硬雙睛不待老來花翻然一笑前時事不覺狂歌對客譁

其四

自來場屋最堪嗟思入風雲易有涯檐下呻吟如度曲肚中裁剪可當撾一題到手心擒賊片刻搖頭筆雨花得意無人投卷出三聲砲响自諠譁

其五

當時小試共咨嗟屢逐無涯得有涯歷亂心場無一

策糊塗草稿已三撾案頭早燼囊中燭眼底猶飛夢裏花自古當仁稱不讓賢能各逞不須譁

其六

自笑當場還自嗟身心此日各天涯漫遊廊廡風聲轉急走珠盤兩點撾心火無聊尋煙火眼花不記剪燭花龍門一躍青霄裏回憶此時應自譁

其七

滿肚才華不用嗟臨場一試別眉涯弄丸每喜看銅撾俯案曾經事鐵撾擊櫂揚帆乘逸興流觴曲水逐飛花文心之妙誠如此信有知音不必譁

其八

士子懷才屢歎嗟局門封試似天涯迎題導窾多全會擱筆凝神莫漫撾得勢臨風開夏緩揮毫落紙掃春花從今幾日辛勤後靜養明窗莫亂譁

其九

俗吏銜文適足嗟微明燭處辨天涯筆能扛鼎頭頻點箭可穿楊手屢撾翰墨久從案下亂雌黄如賞霧中花諸生莫道吾衰老老將由來不避譁

其十

此日興賢不用嗟才能攄盡見端涯肥韓瘦柳爭新

出圓鼓方鼙各自撾勝地欣逢才八斗銜官獨媿眼雙花明通有歎存公溥顛倒王楊應不譁

玉虹泉歌　方之灼 邑貢生

誰噴江泉出清流擬玉虹玉虹鐫石名字古風攢雲樹水潛通我欲添清酌點滴與心融翹首崖愁吸天露玉膏玉液如相逢蒼苔隱隱萬壑漏憑崖倚樹飲和風泉下漣漪橋一帶太平來往頌盤龍王德隆醴泉馥走渾河潤英麓何人思溥萬斛珠廉讓之間是我屋幾卷遺書對月讀

游擂鼓崖　余維焯 邑庠生

官銜曾記騶聲聲催向石埸逐隊行思我有誰如將帥斷崖權一問行程雲中暮喚何人醒架上宜將石鼓評漫慮霜寒音不起漁陽撾到更堪驚

温泉春景　嚴宗智 邑增生

地志温泉有歷年昔賢猶未信爲然細流不擇朝于海大冶原來造自天北接雲山千古刹西連城郭萬家煙臨風澡浴無邊景霞蔚雲蒸到處全

臯陶山　聞詩禮 邑儒士

緬維明允四千年履跡衣痕何處傳曾否棲遲依木石肯教名字亘山川斷雲影落層霄外牧笛聲沉夕

照邊十笏花宮踞林麓辦香慳不奉庭堅

登羊角山　聞詩禮 邑儒士

界破朝陽夕照邊嵯峨直與萬峯連（山麓有萬峯寺）羚羊挂角森奇石老鶴遺蹤憩古仙顧我有情題碧落同人覓句問青天西風黃葉攄遥矚羅列兒孫鎖暮烟

神峯山　傅文銘 邑庠生

四望峯如幄週遭晚照明月輪浮水至雲勢挾山行草颭新鑽火波翻舊鼓聲聽濤松下立蒼翠落衣輕

雞鳴效靈　王性彬 邑庠生

扶輿靈秀結山城效應天雞候曉鳴兩戒闗河星磊落萬家烟火氣清明飛來不礙雲霞影登處頻驚風雨聲雄峙名區常作鎮麟郊鳳藪萃菁英

温泉春景　前人

胸無塵垢那須湔性抱中和愛此泉噴沫跳珠初浴日蒸雲煉火暗生烟却疑黍谷常吹律不信桃源別有天春晚恰逢修禊會好將韻事繼前賢

奎閣落成登臨紀事　聞立慎 邑廪生

登臨同我輩禮拜奉神靈好際風雲會同沾俎豆馨水收三面碧山送一樓青勝地人文起珠聯接紫扃

麻姑仙踪　余維馥 邑增生

何年不入蔡經門踏此雲峯醉一樽飛鳥至今摹爪跡後人無背惹鞭痕山頭花草香如故世外裙釵艷合存趂此滄桑猶未換可來重步月黃昏

烏雲朱蹟　金源逵 邑庠生

誰從石壁戲鑴華博得雲從頂上遮擬借赤城霞對起照他丹篆幾行斜

羊角嵯峨　前人

曾聞馬耳屹雙尖不道山頭角又添好避方平來叱去長從雲隙露纖纖

麻姑仙蹤　余時中 邑庠生

背養而今尚有人難將鳥爪認全身曾聞此地留遺跡要向名山問夙因明月冷愁環珮遠白雲間護野花春神仙果否能長在看徧滄桑恐未眞

仙人壁立　前　人

生成峭壁是何年顧影眞堪作地仙此處得盤應浥露至今揮手欲凌煙摩空好稱雲爲袖結伴難教石比肩我輩到頭皆卓立不須攀汝問眞詮

烏雲硃跡　劉維峻 邑庠生

絕壁無人到誰鐫字數行跡分丹篆古紋異綠苔荒

彩筆書何事烏雲護自恡天池思一借徙倚到斜陽

秋日過善教庵訪友人讀書處次唐張祜惠山寺韻　聞立惪 邑庠生

深山尋舊雨踏破白雲過靜室吟聲遠禪房秋意多鳥喧當户竹蟲咽護階莎有髮僧三兩迎人笑語和

遊溫泉二首　沈宸桂 香巖

瑟瑟秋風警客身此泉游泳若三春天心似厭炎凉態長注溫和養世人

錦繡驪山夢一場翠華西去轉凄凉何如冷落蘄春道風景年年不改常

前題次韻　教諭 王爕坊 澹園

不信如來是後身西方水性怎生春應教煖律通寒谷直作咸池浴世人

歷盡人間冷煖塲嗤他世態著炎凉何如此處湯河水總是溫溫率厥常

九日偕登雞鳴峯小坐七星坪　前　人

雞鳴山上翠微凉惹得遊人引興長九九風狂烏帽落三三徑滿菊花香幻將綠蟻開詩窖醉把茱萸入錦囊却笑登高高絕頂芒鞋踏破七星光

八景絕句　知縣 倪存謨

溫泉春景

紫氣氤氳地脉長泉流山下洩春光宰官欲借淵民垢不讓滇南第一湯

雞鳴效靈

山勢蜿蜒自霍來雞鳴秀結拂雲堆清聲喚起鍾靈氣桂杏芬芳取次開

羊角嵯峨

角峰雙起插天空觸决籓籬出碧籠幾欲乘風登極頂嵯峨未許俗人通

懸巖風雨

風雨無端振發間知時協律應斯還蒼生久已懸[illegible]
望切莫遲留在碧山

烏雲砵蹟

萬仞巉巗標六書何人遺跡闢空虛箇中點畫誰能
識猿鳥無心任捲舒

九峯晴嵐

城闉遙峙九重山巧障東南碧落間最愛晴空飄遠
景嵐光片片弄幽閑

仙人壁立

奇峰隱約似仙人淪落塵寰未了因獨立不阿持表

率山間遍見四時新

麻姑仙蹤

曾何山中採藥來偶遺雲跡印蒼苔蔡經釀熟姑知
否滄海桑田幾度回

補遺

英山道上　李漁 笠翁

輕帆摇颺客心閒漸覺移來尺幅間晴態倦時呈雨
態雲鬟媚盡露烟鬟都撲下拜無頑石便不知名亦
好山覓句十年無着處却從此地載詩還

補修英山縣志卷之二十六

六安州同代理英山縣事萬年淳補修
英山縣知縣吳興陳　彥參訂

雜紀 祥異 兵變

蓋聞堯湯有水旱之災高宗成王有雊雉風雷之異惟能疇咨修省妖不勝德故堯湯無捐瘠之民而高宗成王卒致中興之美空國之隆也夫人之行事美惡之極乃與天地相流通洪範所傳休徵咎徵各以類應不可誣也春秋備書災異史志因之兵戎寇盜無代無之若乃疆宇

分裂草竊盤踞民生其間備罹荼毒幸際太平之盛以恬以熙幾忘帝力不知今所見爲山高而水長者皆昔之巖疆虎穴縱横出沒而莫可嚮邇者也畧考前代並著於篇志雜紀

祥異

漢景帝二年衡山雨雹大者五寸深者三尺

中元年衡山原都雨雹大者尺八寸

南北朝梁元帝承聖元年蘄春晉熙廬江等處大饑死者什七八以曾悉達爲北江州刺史招集之

唐武氏垂拱元年九月地生蒼白毛長尺餘淮南
在在有之
宋度宗咸淳七年二月饑疫是歲淮浙江西皆饑命官賑濟
元武宗至大元年八月旱蝗饑疫江淮民採草根木皮爲食
明景帝景泰六年饑官勸義民出賑
孝宗弘治五年九月大雪至次年三月方止深丈
餘中有如血者五寸山畜枕籍而死
武宗正德四年饑民食蕨多流移外境
五年霪雨横流泛溢山石崩裂田疇覆壓房屋
漂流人畜溺死甚衆

世宗嘉靖二年春夏旱秋霪雨禾稼盡腐朝命賑
濟兼勸義民出賑
七年八月大雨四日自午至未平地水丈餘是
月蝗虫北來落地尺許食穀無遺
十一年秋虎入城民捕獲之蝗自北蔽天而來
食禾且盡
十二年十月八日丑時星落如雨
十七年夏大水傷田疇蛟起山石崩壓死者七
家
十九年夏蝗秋七月朔日食無光六畜驚走漸
暝晦如黑夜行人莫辨久之始復
二十四年大饑
神宗萬曆十二年二月初六日地震房屋盡折
十七年大饑死者盈野災連數千里
四十八年八月十三未申二時蛟水忽漲平地
深七八丈刈禾積稻頃刻漂没沿河田地崩頽
沙壓遺沙糧數百頃英民自是逃散
光宗泰昌元年秋九月朔日食無光星盡見冬大
雪自冬徂春四閲月不止居民往來不通人畜
餓死者不知其數

莊烈帝崇禎十二年夏青虫食禾冬十二月除夕
新城火發官民廬舍俱毁次年三月初三新城
復大火
十三年夏大旱飛蝗蔽天草根樹皮俱盡飢死
者屍盈道路
十四年春大饑疫三年之内旱蝗頻仍疫癘大
作父食其子夫啗其妻每飢民在道息猶存而
肌肉已盡又或行路遇操刀兇人健者逐不及
得脱弱者即時斃刃下合境逃散百里無人烟
夏大旱蝗

國朝順治元年難民歸一望荒野遍生黍子大粒可食民賴以甦

九年春三月地震瓦聲格格欲墜秋大旱饑

康熙四年春有黑子往來如梭與日相盪

六年六月地震蝗冬彗星見

十一年蝗蝻遍生蔓延數百里

十八年大旱五月不雨至於八月

十九年秋大稔

二十年冬十二月冰雪雷電

二十六年夏蝗入境至秋大盛忽降霖雨數日

俱盡

三十一年秋旱署事盧倅崔涵甃至城祈禱得雨不成災

三十三年旱

四十一年五月十八夜山水暴漲溺死居民二十餘人田地俱爲沙磧至今多成廢土太守張純修親驗發賑

四十年五月大水

四十七年夏五月大水秋蟲

五十九年七月朔日食既晝晦見星

雍正二年饑

三年大有年

四年旱三月不雨至五月

乾隆十年冬十一月大雪樹竹凍死甚多

十五年五月大水蛟起山石崩裂傷沒田疇

二十四年閏六月大水縣署科房倉廒倒壞倉穀霉濫傷沒田疇甚多

五十年大旱數月不雨飢貧民餓斃甚多至五十一年夏麥熟始稔

五十三年五月大水傷沒田疇甚多

兵變

周襄王六年楚成王二十六年楚人滅英

九年魯僖公十七年春齊人徐人伐英氏齊爲徐伐英氏以報婁林之役

南北朝梁太宗大寶元年九月邵陵王綸奔齊昌侯景兵襲之綸自江夏奔武昌營巴水今巴河屯於齊昌今蘄州任約遣叱羅通襲之

陳宣帝大建五年四月將軍吳明徹將兵擊齊取江北數郡自歷陽合肥盧江西至高唐齊昌英時爲齊昌地

十一年十二月周取陳江北地時江北之地盡沒於周英亦沒

於周

五代周世宗顯德三年南唐朱元等取蘄州

五年南唐獻蘄州於周時淮南廬舒蘄黃四州未下周主臨江繫破之盡獻於周

宋理宗端平三年十一月蒙古兵入蘄州口温不花入淮西蘄舒光三州守臣皆遁口温不花合三州人馬糧械趨黃州

淳祐六年十二月蒙古寇京湖江淮之境蒙古萬戶史權等耀兵淮南進至黃州道經蘄春英受害立鷹山砦

度宗咸淳十年十二月元伯顏拔陽邏堡鄂州降

引兵東下次年恭宗德祐元年正月降人陳奕以元師

狥蘄州知州管景模以城降英自理宗端平屢罹兵火屠戮最毒至咸淳時已無孑遺朝命以江西民稠安插英邑開土至今英人祖江西樂平縣尨屑蠏者十之九原籍英山者十之一

元順帝至正十一年徐壽輝稱帝於蘄水英屢被

兵二十年陳友諒弑其主壽輝自稱帝是時英

屬明太祖其後賊黨舒發明亦以紅巾爲號犯

英山土人王子章討平之

明太祖洪武三年麻埠賊潘友文餘黨入英山火

官民廬舍殺死數百人主簿隋贇率民兵汪文

輔等破於陶家坊

五年冬羅田賊王玉二掠英南境燒三吳東嶽

廟遠近騷然隋復率義士夏仕仁等逐至黃岡

感化村破之擒玉二并僞官余羊保親解京師

孝宗弘治七年盜起英山夏朝彰擒之送京師

十年春岡始賊張圯等攻西門知縣陸玘典史

李華追至得勝山擒獲之

十二年盜起主簿徐璋承檄築土城

穆宗隆慶三年海冦二十七人由江浦入六安走

霍山西逼英山境霍人王國祥兄弟子姪共百

人追戰於羊角尖斬首五級生擒一人餘皆遁

神宗萬歷　年黃州賊劉汝國侵英山尋滅

莊烈帝崇禎八年正月三十日夜流賊破縣治焚

殺擄掠僵屍盈野

十年四月流賊由英歷霍至潛七月復由潛太

去湖廣

十一年十二年流賊不時掠英野

十三年三月流賊南營至英踞北鄉石壁鋪西

程燦墩賊老回回左金王治世王曹操革裏眼五營由蘄黃英霍入潛太時各郡饑賊乏食陽欲就撫適職方監軍楊卓然至堅意撫之安插蘄太故南營盤踞於英播毒甚烈

十四年五月五營賊叛二十八夜南營賊乘狂

風驟雨襲破新城知縣高在嵛死之擄守將吳斌焚殺三日　六月土賊四起各立營目晝夜打擄殺人爲糧時貢生聞可宗避難鄰邑及歸家中僕婢十餘人爲賊殺食殆盡　九月練總肆虐先是巡撫鄭二陽立團總法一家被盜九家護救一家爲盜九家連坐奈縣缺正官暴民遂藉此殘賊良善妄行殺戮焉英邑流寇蹂躪至是七載民無廬舍恒立砦堡然英砦山山連接處處可通且多無水易於破滅每一砦破多者數千人少亦五六百人殺戮之慘古所未有

國朝順治四年楚賊程孟頴倡亂侵英殺戮異常

五年春二月英山土賊將發知縣史良植往郡乞師邑人程元竊據

六年八月程元敗知縣史良植領兵歸英至北鄉石頭嘴遇頴賊伏發被執不屈遇害尋頴賊亦爲楚寇所滅

荆楚文库

〔道光〕英山縣志

〔清〕李文泉 纂修

《荊楚文庫·方志編》編纂組

組　　長：劉偉成　陽海清（執行）

副 組 長：劉傑民（執行）　王　濤　謝春枝　郝　敏　嚴繼東　范志毅（執行）

參編人員（以姓氏筆畫爲序）：

王　濤　李雲超　宋澤宇　范志毅　郝　敏　柳　巍　馬盛南　陳建勛

夏漢群　梅　琳　陽海清　彭余焕　彭筱溦　楊　萍　楊愛華　雷　静

劉水清　劉偉成　劉傑民　謝春枝　戴　波　嚴繼東

編　　審：周　榮

顧　　問：沈乃文　李國慶　吴　格

前言

《〔道光〕英山縣志》二十六卷，清李文泉纂修，清道光二十六年（一八四六）刻本。牌記鎸：『道光丙午年刻 各憲鑒定 英山縣志 板藏書院』。

李文泉，字珠浦，清山東樂陵人，副榜，時任英山知縣。

邑志前有三修，分别成於清康熙二十三年（一六八四）、乾隆二十一年（一七四七）、道光三年（一八二三）。道光二十二年（一八四二），文泉到任，取舊志觀之，認爲英邑二十年間復有應入志書者，又得知舊志志版於前一年受水而多殘缺不全，遂邀請諸文人開館設局修志，照舊志門類一一增補，又將版缺者補之，於道光二十六年成書付梓。

是志體例悉依舊志。有所更改者，如舊志於避諱一事上並未多加檢點，是志予以更正，有字可代者代之，無可代者則以同音字代替，又加以校對以昭謹慎。舊志『孝弟』『義行』『人物』『藝文』中若有名無實，或無關風化者，是志不予收録。另省志已辯訛關於元初年號與宋末度宗咸淳年號記載有誤者，是志因之。而舊志『列女』門下有附年例未符者，若當時有未符年例而至是時已滿者，悉仍舊板，以省紛更。其内容則幾乎包含舊志所有内容，部分綱目完全一致，而在人員變動、新增事蹟方面增補較多，同舊志與乾隆志關係頗爲類似。

是志於《凡例》中提出三套舊志記載英邑沿革始於宋末元初，而職官所載元朝官員僅二人而已，有所存疑，可見纂修者雖沿用舊志，仍有一些個人考量。

舊志現今存本不知是否因裝訂缺漏或確實未録，並無當時纂修人員名單，是志存之，可作爲舊志參考。

據《中國地方志聯合目録》，是志有清道光二十六年刻本，僅存於重慶圖書館，本次據此影印。該底本原缺卷二十三之七葉下八葉上。（彭筱溦）

目録

道光丙午年刻

各憲鑒定

英山縣志

板藏書院

英山縣志

唐重威堂藏

新安許又靖書

續修英山縣志序

縣有志與國有史相表
裏是非褒貶悉寓焉非
可漫云纂修也道光壬
寅夏余任英搆求縣志

甚艱難得一函翻閱知
係癸未年　萬彈峰先
生補修迄今二十餘載
其中閒時事人物應增
入志書者諒必復有又

查閱志版前一年被水
冲多殘缺不全爰邀闔
邑諸文人採訪續修特
予短於才學識又淺薄
兼荒於案牘力多有不

暇及故托誌館諸君子
照舊志門類次第聊為
增修版缺者補之使後
之採風問俗者免致嘆
於考據之無憑記事之

失實以作信史云爾謹
冠俚言於首以明予心
道光二十六年丙午季
春月知英山縣事富平
李文泉譔

續修英山縣志序

凡事未有而始建者曰創事已有而續成者曰因人謂創為難因為易竊謂創固難因亦不易能創能因則尤難英邑自宋始置縣疆域屢經沿革至我
朝迺分隸六安州其地無城垣復無邑志康熙甲子劉邑侯羅綱舊聞創修志乘誠哉其難也越七十年乾隆丙子張邑侯重修又七十年道光癸未萬州司馬蕪攝英纂補修訛者正之缺者補之未及載者紀之門分二十

有四卷分二十有六較舊志尤精確是因之難更甚於創之難也乃能創能因而兼擅其難者則惟我　明府珠浦先生矣　先生於壬寅宰是邑前一年水勢橫沖平地深四五尺邑志板片向藏縣署科房被水漂沒殘

闕失次　先生愀然久之念英邑民氣安恬風俗醇美而前代屢被兵燹迭遭蝗蝻蛟水諸災斯民流離轉徙刱地當吳楚要衝無城垣為捍蔽民曷以保於是首先捐廉偕諸同官定議勸諭紳士商民助資建造慮事程

功不遺餘力閱四載而克潰於成葢創始若是之難也且謂近年政通人和百廢具興邑志為政治風化所關今距萬司馬補修時已二十有二年倘延緩弗行增補後之徵文考獻者將於何取信復集邑中諸君子商榷

輯修衆志欣然咸願共襄盛舉開局凌雲書院彙取二十餘年人與事之宜載者條分縷析補輯成書其祥異一門前志自乾隆戊申後略而弗紀茲特詳加增入尤見履盛思危之意從此都人士覽古知今謹身修行弼

災變召天和未必不由乎此然非先生德政所感亦曷能應如桴鼓使書之成且速如此此以知事雖為因其用心亦周以密矣誰謂創者難而因者易乎信乎 先生能創能因兼擅其難視劉張兩邑侯與萬司馬有足多者余秉鐸此邦竊幸得與其事而覩厥成也不揣譾陋聊附數語於簡端

道光二十有五年歲次乙巳嘉平月

英山縣教諭

覃恩加一級古歙汪時育撰

續修英山縣志序

英邑舊屬吾廬其後分隸六安自雍正十三年部議酌減廬州府學文童三名武童二名撥歸

六安以故英世家舊族溯本尋源有謂其先人入學係屬府庠者戊戌夏余秉鐸茲邑與英人士砥礪切磋於今八年

取邑乘讀之惜其經洪水後不無殘缺時　明府李珠浦先生於修城之暇慨然有修輯之志而諸紳士踴躍從事共

襄盛舉擇可遷就者曰仍之舛錯者改正之闕略者續補之爲門二十有四卷遵彈峰司馬之舊其新纂入者即各附

於每門之後若綱在綱，有條不紊，蔚然稱善本焉。其山川之靈秀，風俗之醇良，物產之豐饒，人文之俊偉，前人之述備

矣，奚俟余之縷、者？願承諸君子之謙光，請序於余、雖譾陋，敢以不文辭矧溯厥淵源，誼聯桑梓乎？爰簡質而為之

序

道光二十五年歲次乙巳仲冬月

辛巳經魁揀選知縣教諭銜現任英山縣

訓導

覃恩加二級杏園阮華林譔

補修英山縣志序　　州司馬攝縣事萬年淳華峯

淳攝理英篆接閱邑乘歎其久而未修前後實事曠闕甚多去年慶奉上憲飭修各府州縣志以備省志之採擇因於公務餘暇謀於衆紳士羣慨然有修輯之志而英之地土瘠民貧不能大爲更張遂因仍舊貫悉心彌補可遷就者遷就之可輳合者輳合之擇其舛錯之甚者而訂正之如此而已書既成迻門細繹凡一切捐助創置之係於公與私者罔不畢凡一切秩官之係於民與士者罔不詳凡一切科名之係於鄉

與會者罔不備凡一切忠義節烈之係於男與婦者罔不錄凡一切善事美舉之係於地方風土人心者罔不悉遂炳然易視而成一完書矣剞劂之日聊附片語於簡端抑以示創始者難爲功因仍者易爲力也云耳雖然工縫紉者願裁新衣不願聯舊衣善匠斵者願創新屋不願葺舊屋謂其拘於邊幅限於尺寸截長補短穿心鬬角殘桷斷材俱收之而無遺其中大費經營焉不得謂因仍之易也然而相衣者不以爲邊幅之拘而反以爲裁剪之不工相宅者不以

爲尺寸之限而反以爲匠石之大拙則淳之因仍舊貫而成此書又安知工拙何如也

補修縣志序

英山知縣陳彦 歸安

邑之有志非徒紀山川景物之盛也采風問俗因而興利除害胥於是乎在英邑志乘自乾隆丙子錢塘張君重修之後閲今近七十年疆域川原雖依然如舊而生齒之繁盛科名之繼起以及孝友貞節懿美可傳者正不乏人蓋我

朝重熙累洽

聖治修明凡茲士庶被教養之澤者深矣方今各大憲勤求治理議重修省志飭諸郡縣以志獻州司馬萬弾峯先生負宏通淹雅之才今年春攝

理英邑下車以後政通人和慨然於舊志之失修因謀之廣文王余兩君延集邑之紳士設局纂修簿書之暇相與討論搜羅正訛補缺文章經濟相輔而行誠蔚乎可觀也彦於夏捧檄來英是書將次告竣取而讀之體例謹嚴稽核詳備較舊志尤為完善洵足以供輶軒之采擇也竊思英邑雖僻處山陬民風猶淳樸近古彦忝乏茲土媿無作吏才幸弾峯先生為之先導諸惟率由舊章期無隕越尤願邑之人士益敦孝弟務勤儉崇禮讓俾比戶可封而科第亦聯翩日盛豈不休哉志既成謹綴數語於簡端云

補修縣志序

前署縣　趙梅　上海

邑之有志原所以考天文審地利驗民風也梅居省垣時備聞撫憲議修皖省通志覆訂款式頒行州縣將薈華而加删定斯盛仰體乎聖天子釐念黎元勤求上理之精心爲省方觀民之助爾癸未秋梅攝篆蕲春邑中纂修縣志已付梓人因取而觀之覺綱舉目張條分縷晰七十餘年之散佚一旦考獻徵文瞭如指掌職是任者前任萬彈峯司馬陳蓮舫明府王滄園馬星槎余守之諸廣文暨邑中搢紳輩竭慮殫精共

英山縣志　卷之首　趙序　一

襄勝舉不數月而功告厥成佇見他日輶軒有採雖山陬僻壤而士淳民樸有古遺風自足彙入通志梅下車伊始都人士請序於余余雖不能文而觀風問俗固樂此邦之淳良兼幸是書之足伊採擇也因不揣固陋而爲之序

補修英山縣志序

原任知縣　諾穆圖　長白

予供京職十數年知外官之好而不知外官之難知京官之苦而又知京官之易也京官俸米無多不濟於用勢不能不有所假貸而供職有期日值下班之時出海岱門而東看架松由西直門而出遊長春觀釣魚臺携酒一瓶趺坐長松下怡然自樂日暮忘返不知官之難爲也官之難爲者惟外州縣耳予初銓選英邑戚友輩皆道此缺之好而受上手之累不得不代爲擔夯加以自己身上百孔千瘡無病不發上下食

英山縣志　卷之首　諾序　一

指千時形拮据益至是而始知外官之難也如是者數年猶喜地僻民醇安予之拙也而縉紳之士投契者多屢謀及地方公事若武廟　文昌宮　火神　東嶽等祠宇與本衙署倉庫等工漸次就理煥然一新雖非一木之支而實官民相安有以致之其所未及理者有二事焉一曰邑志一曰奎星閣邑志之宜修也久矣而予雖由八股出身而纂輯七小曾經手不肯輕舉又素不諳地理不知奎星閣之得地與否二者因而仍之不以此爲病而人亦不以此病予

也今春萬彈峯司馬來攝兹邑勤勤然以此二事爲急以邑之餘力補修學宫益彈峯知堪輿而又屢修志乘故邑人大倚賴之雖卸篆之後猶相與留之期蔵此二事而後已然而彈峯雖卸篆固仍然州司馬也尋去卸篆仍以京職用去難就易固所願也而爲英令十餘年於今前此爲人塡坑補缺勉強支持今已身亦不能無坑缺而日夕焦思不能奮飛何時復携酒出都門箕踞長松下乎而且喜彈峯能補英邑二事之坑缺也即謂爲尋補英邑之坑缺也可呼奚

來浮一大白

補修縣志序

英山教諭　王夔坊　懷甯

凡舉大事必乘時會時會之盛盛於人文我
朝壽考作人多歷年所矣文運之隆周於海表英山邑雖蕞爾而文人繼起蔚爲國華甚盛事也癸未春初余來英司鐸是時州司馬萬彈峯先生攝行縣事上丁之日集邑中諸生肇祀
聖廟祀事甫畢倡以修葺學宫坼毁黌宫前之戟臺改建奎閣纂修縣志之説而諸生咸首肯焉越數日余課諸生適值彈峯小試之會試士濟濟多得偉人爰勸捐輸舉行闕典邑中人士咸

欣欣然同心協力相與圖成四月上澣率縉紳輩相其陰陽坼臺建閣修葺學宫經營伊始式廓丕基即於是日聚晤興賢館立定章程量才酌用修補志乘固不得謂非時會之盛也繇是彈峯慷慨自任力主補修研精覃思旁搜遠覽殘缺者補失次者序魯魚亥豕訂正舛譌越數十宵旰而端緒已清於斯時也蓮舫陳父臺接署縣事彈峯欲交底稿而去余偕諸生告蓮舫以彈峯主持修建之故環請上憲留修志乘俟至功竣同任蓮舫喜之且允多士之請懃懃懇

愬同余踵志館而屈留之志乘之修補於是乎備先是邑侯劉公肇修舊志於康熙甲子延及乾隆丙子七十餘年而張公續修之茲於道光癸未復集其成相距亦幾七十年天地菁華積久炳蔚雖曰人事豈非時會哉竊嘗嘆天地之生才爲非偶而英之多士時則有若出衆之才克謀厥始不羈之才克圖厥中濟世之才克成厥終羣才作合用能不負彈峯兼綜之心有孚蓮舫協濟之心心心相印胥以仰副乎

聖天子雅化作人體國經野之心豈不偉歟余也忝居編修之列乘時會之盛羡人文之興喜同心之濟邑乘修明闕典具舉當不惟是拆墓建閣修葺學宮樂與觀成已也是爲序

補修縣志序

英山敎諭馬映奎通州

天下事廢與有由也廢之久每缺而不全興之勃宜燦然而大備英山舊志垂今七十餘年矣前之作者原非故從簡省第相距時遠恒多闕畧況英地勢處山陬素稱膏壤其間峯巒之雄秀物產之豐饒風俗之淳厚遠近咸稱樂土而且文人學士名卿巨公孝子順孫義夫節婦代不乏人將於此而不補修之不且積久而文獻無徵乎州司馬萬彈峯先生以相南名宿作江左宰官今春攝篆英邑樂斯土之恬熙慨是書之殘缺因毅然以補修爲己任邑之紳士莫不踴躍從事而王滏園余守之兩先生共贊其成未三月而已規模備具邑令蓮舫先生下車以來又復極力董勸於是付諸梓人俾有成書奎海曲冬烘素無聞見著作之事尤不敢置議然於蒞任伊始取是書而觀之覺廣搜博訪考古証今視舊志更加完備於是嘆諸君子之相與有成而兼幸斯書之廢而後興者可以垂之久遠傳之無窮也是爲序

補修縣志序

英山訓導余道謙潛山

我

皇上御極之二年壬午冬奉大憲檄諄諄以修志相勗爾時即思敦延耆宿網羅舊聞折衷其是非而增益其所未備徵文考獻迄未成書蓋著述若是其難也亦越今正州司馬萬彈峯先生兼理英篆慎學宏材毅然以課農桑修學校爲己任刑清訟簡治迹古云琴餘之暇語及志事彼此揚搉而闔邑紳士亦以重修志爲請夫志猶史也而例與史異史以時代爲斷而志則以封

守爲綱史䌓事以繫人而志則因人以繫事故史莫詳於志英介蘄羅太霍之間崇山峻嶺縱横二百餘里實爲吳楚關鍵先生甫下車檢閱邑志所以察地方之情形而訪其利病者至詳且悉舊志修自乾隆丙子距今已七十年計此七十年中科目之蟬聯人文之彪炳節義之宣著戶口之蕃滋準昔視今奚翅倍蓰自非採輯而釐訂之後將有莫名其先後相因之故者是誠不可以不志先生不憚心力午夜校讐有遺必增無譌不正爲門二十有四爲卷二十有六條分縷析綱舉目張蔚然稱爲善本工未竣適先生有東裝同任之行英紳士求所以留之者不可得商諸學舍請諸明府以達上司明府陳蓮舫先生以名進士作宰蘄春與先生道相高志相合也率都人士賦白駒之三章而卷帙觀厥成矣先生稟洞庭之秀鍾衡嶽之靈茹古涵今士林縉紳中奉爲圭臬亦奚俟乎謙言顧謙樸陋不文幸得操觚從事而與聞其畧鼓舞奮興不能自已竊心羨和衷共濟者之果確無難也他日輶軒有採外史小史有徵按其圖披其

籍穆然想見其立心行事是編也其亦鼓吹休明垂世行遠之一端乎謙將偕多士執簡以俟

英山縣志序

六安直隸州知州郘大業浙津

英居蘄黃六蓼之間西屬楚東屬吳其地多崇山峻嶺四望欝然其民人多負山而居藝土而食其舊家著姓恂恂禮讓無綺羅狗馬之好其來受廛者率負耒之人大約資其山之間曠植木棉玉蘆之屬以贍其生非有舟車商賈輻湊其地以故耳目質實志欲愿謹不見異物而遷介吳楚之會而無吳楚獧薄浮靡之習余嘗按部其境見其鄉民洞洞屬屬有終身未識長吏者而士夫之家各集其族之明經上舍子衿之

士以及丱角之輩具公服傴僂道左恭而有禮周巡四封問庭鮮訐訟之風里有室家之樂宜乎卧治之有餘矣而近者楚黃逋民馬朝柱等謀為不靖煽入於英英之人惑於禨福或丐名入籍事既洩幸荷

聖朝祝網之仁矜憫無知自渠魁外咸與寬宥噫唯其地勢偏僻風俗樸魯是以昧於燭奸而易於受惑也夫為治之道貴養其所有餘而調劑其所不足英之樸魯當使之可以英之樸魯昧於燭奸而易於受惑者當使之警而知覺此非守土者之事歟乾隆甲戌西泠張君蒞茲邑慨然有良吏之用心既為之勵學校講法律搜緝遺孽以安善良矣既而念邑乘荒畧無以彰前而傳後集紳士旁搜博採遠考近稽不三月舉前志之缺者補之譌者正之裒然成書事核於今而文詳於昔誠盛舉也余受而讀之則凡英之山川土物之盛風俗人心之美以及其所以因仍受敝之故咸蘧然可觀張君誠探其本原而設施使英之人確然守其不雕不琢之素而又牖之於大道使其人曉然不惑不為邪說所動

則菁莪蔚起將有過於今誌所載者俾蘄黃六蓼之間巍然稱望縣焉豈不隆乎因其乞序而書此以弁其首職思其居余與張君共勉之矣

是為序

英山縣志序

英山知縣錢塘張海

考周官撣人小史之義郡縣皆得書其風土人物以備採風貢之天子匪獨潤色鴻業用爲觀美蓋一方之文獻係焉而爲治之因革損益補偏救弊之術郎於是乎具故曰國奢示儉國儉示禮由此其選也我

朝定鼎百有餘年輕徭薄賦禮陶樂淑

各大憲勤宣

德意惟日孜孜凡山陬海隅輶軒所至類無不能歌咏盛德發抒廣謨以彰文明之治况大江南北

中華隩區蕰斯土者尤樂於乘時奏績共勷稚化乎先是乾隆巳巳

皇上將南廵江淮省方問俗海時備員當塗敬修邑乘待供

睿覽及量移霍邱亦爲檢閱舊志纂輯成書甲戌秋承乏茲土詢風考政周覽城邑問故府之程章則尤卷帙簡陋且漶漫不可識蓋英志修於康熙甲子劉君距今七十餘年雖川原星埜景物依然而時殊事異其間戸口之生聚十倍於昔矣俗尚之漸摩亦月異而歲不同矣倘莫爲之前雖美弗彰幸際

國家同文之休而英獻因陋就簡誠郡人士之羞抑亦守土之責也爾時以諸務未遑閱明年百度漸舉歲稔時和廣延紳士開局纂修闕畧者補之失次者序之後起者續之存疑者辨之簿書之暇詳加考訂視當塗霍邱兩志更有殫厥心者今年春事始告竣余覆覽而讀之竊於此有深念焉英邑界連荆楚爲吳會要區土壤多磽确萬山環之兩河縈繞數十里以嶮隘不通舟楫夏秋霪潦水湧沙淤民生易蹙其士人讀

書務學未必遠遜他邑而科第仕宦寥寥如晨星其故安在昔趙廣漢爲潁川設鍭筩匿名告訐使強族相讐雖發奸擿伏如神而民俗固益敗矣韓延壽乃始教以文學禮讓遵制謹度黃覇因其迹而大治則民風何常在長吏之轉移化導何如耳海不敏夙夜黽勉懼忝厥職期上副

聖天子壽考作人之化用慰

各憲欽承樂育之心而未之有逮繼自今願與邑之學士耆老共相砥礪習俗之善者世守而

勿替儆者去故而更新恬嬉在野師濟盈朝後有作者視余今日所志有其過之無不及焉是則余之所厚望也夫

英山縣志序

英山教諭方　超桐　撰

自古忠臣孝子悌弟烈婦其志節卓然不敝於天壤者好學深思之士懼其湮沒而不彰或爲傳誌以紀載其事所以爲後世鏡者深遠矣志之作也將以備輶軒之採成一代之書以信今而傳後其視文人成一家之言者關係尤重也英邑僻介吳楚崇山峻嶺四方賓客之所不至故其民生不見外事而習尚醇樸余自癸酉司鐸是邑覽其山川人物意必有奇偉卓越之士可以不朽者稽舊志所載則畧而不詳蓋英自

有明以來屢遭兵燹文獻無徵不足異也我
國家重熙累洽生聚教訓夫斯民者百有餘年矣甲戌六月適錢塘　張父臺撫蒞茲土不匝歲政和人浹簿書之暇慨然念英志殘闕而復修之辨正舊史得失延訪故老傳聞其潛德之幽光者必信而有徵而虛搆疑似者不與焉他若天文地理以及人物風土之所宜雖小必陳而考證尤詳葢自是而英之忠臣孝子悌弟節婦磨滅而無稱者悉著而博物君子於名物象數之繁亦得所據以折衷劚　公之所以斠擻

皇猷爲邦家之光者豈區區一邑盛事哉余也厠校讐之列樂覩斯志告成愧無以助高深於萬一因敘其顛末俾後之作志者式焉

英山縣志序

英山訓導李治隆靈陽

國家文治之洽久道斯成方隅明備之修循良是賴英邑當吳楚之要衝奇峯秀巘疊翠盤旋東澗西溪雙流曲抱其地僻故其風醇其民樸故其俗簡余自壬申秉鐸來英毎覽其風景川原竊冀其間名勝之紀述先哲之流芳必卓有可觀者乃進稽邑乘殘編斷簡撫卷惘然事多可紀不過都人士口傳耳授毎懼其浸久漸遠有美弗彰良可惜也歲甲戌錢塘張老父臺來莅茲邑釐剔拓清恤農惠士澤宮式煥倉庾充盈不踰年而康阜歌頌聲作矣爰因卧治之暇留心志乘重修而釐訂之既詳既要亦精亦嚴以備採風以昭掌故甚盛舉也夫志也者制之存也政之經也昔賈生有言曰使天下回心而嚮道非俗吏所能爲則有趙村績者斯能騁馬班之才盍於茲益信焉先長我公攝篆靈陽澤深桑梓沐厥休嘉年來同官之庇彌切廸誨是役也　公總其成余亦忝承分校第自撫荒落懼弗克任書既成因得附志於簡端云

英山縣志原序

劉五瓏

嘗讀周禮職方氏掌九有之圖籍天子廵方所至歲採士庶歌謡以周知十五國之風尚竊嘆昔人之爲治道計何深且遠也嗣後地理志肇自漢史沿及後代郡有書邑有紀上自星躔分野下至山川形勝則壤物產以及人才之□民物之淳漓紀載詳悉靡不展卷列陳燦若指掌稽前可以示後鑒古有以知今載乘煌煌誠鉅典也余忝膺

簡命承乏英邑目擊凋殘情形諸務鞅掌之不暇遑

計及於志庚申秋史館承

旨纂修明史檄志甚廹因於蝟冗中約畧以應一時之急然而實之無存文安用之頃於政治之暇搜求古志僅得斷簡殘編數册缺畧失序無可稽考爰謀諸薦紳博士討論舊稿增益時事與不揣固陋謬加參訂授之剞劂雖未敢冀追前蹤往史媲美前烈然使後之人開卷檢閱燎若觀火萃百里於寸眸集往古於方幅稽其事以考其人未必無小補焉若夫荒畧寡聞蒐羅未備尚須黼藻潤色闡揚盛軌俾後之人觀覽靡遺華實並茂用以埀百世之惇信昭一代之大典余識疎且陋非史材不敢居也是不能無望於後之君子

昔

康熙二十三年歲次甲子八月吉旦

續修英山縣志凡例

一英山縣志自萬彈峯司馬補修後板藏縣署禮科道光二十一年被水沖塌板片漂沒什之二三茲因補緝殘闕遂將二十年中輿建節孝各事實隨類編入非惟備掌故亦以供　上憲之採擇云

一此次續補分門悉遵舊例其有補修姓氏序文仍列卷首一以不沒前人之美一以見此番之非大爲更張也

一從前補修志各門俱有增輯惟祥異自乾隆五

十三年後概從簡畧茲於蝗蟲蛟水諸災異爲故老所未及見者特爲書之雖當屢豐之年猶覺瘡痍在目正當示後人知災歉不可不防也

一舊志板於　廟諱　御名當敬避者多未檢點茲遵　功令更正其有字可代者代之其無字可代者即以同音字代之其餘魯魚亥豕俱經校對明晰以昭謹愼

一發微闡幽節孝爲重現擬彙齊通詳　各憲請建總坊但詳請尚需時日茲將年例已符未符者照舊例分別紀載至從前補修附錄各節孝今已年滿例符悉仍舊板以省紛更閱者諒之

一縣志原以徵信凡屬孝弟義行人物藝文足以維風致俗者必爲採入其或有名無實無關風化者概不收錄

一英志歷修三次依前兩志所載沿革建置職官名宦各門凡書元至元年號者是時元尚未六大統宜書宋度宗咸淳年號故省志辨訛及之前志載英立縣始於宋末元初而名宦載段朝立爲始立知縣何云非宋臣且英之立縣旣始於宋末元初何以終元代八十餘年止載知縣

段朝立縣丞張梓二人此外別無職官繼任按前志云英立縣尋廢而職官名目詳自明初則英之旣廢復立或自元末明初前兩志所書至元年號或元末時之至元耳但相沿已久不敢妄易姑闕疑焉可也

補修英山縣志凡例

一英山縣志始創成於康熙二十三年中重修於乾隆二十年茲復補修於道光三年前後各七十年而修一次亦足以見修志之不易也

一修英山縣志已近七十年其間補輯亦自不易猶幸六安州志成於嘉慶十三年自乾隆二十年至嘉慶十三年其間五十四年尚有州志作粉本易於補輯十三年以後至於今纔十五年耳此文獻之足徵者故亦無難搜羅也

一州志詳於州而畧於縣其體裁本如此而大綱節目則已無不備其小不備而或前後參差更改者則不得不詳加分晰以備一縣之故實

一此志門類章程悉仍舊規非因循前人也前人修輯頗不苟且不必大為更張非徒為苦窳之地計捐費用已也

一舊志惟分星一門惑於兩岐茲特更正不以貽誤後人其他門類亦或小有更改移補亦有萬不可因仍者其說詳於各門不可一二舉惟期前後不相牴牾新舊不相蹈襲耳

一賦役宜列學校之前風俗宜附山川之末名宦宜次職官人物宜次選舉各從其類忠孝義行隱逸等項宜統於人物舊志次序不倫分類繁贅然亦無大舛誤尚可因仍舊貫也

一舊志四序及其凡例十二條皆備於卷端不惟存舊亦所以備修志之原委使後之人一覽而得之凡丙子舊志有六安辛未志為粉本相去只六年故易於補輯則康熙舊志頗為詳實而丙子志概不及之掠人之善以為已功吾所不取故凡新凡例之所未及者例已見於前可從畧也至康熙舊志序例前志不載今亦無從查

考矣

英山縣志凡例 原本

一英山前志成於康熙二十三年時晋陽劉公匆猝以應命僅有形似及雍正八年平越趙公曾設館修葺會除壽州牧未及成書因輿論不協中止生員傅有宣取歸補綴畢工藏於家今亦得備參攷焉

一府州志多總大綱英志既無底本而新修州志祇據舊廬州府志近事亦或未及細考今遍加採訪始得成書中有抵捂不能免也

一英邑雖創立未久然遍攷蘄羅各志漢唐以來令長人物蓋亦寥寥故今兹所紀仍以設縣後爲始

一英邑名宦鄉賢忠義孝弟節孝諸祠主位沿舊設立未經釐正不無蹖漏今姑就現在開載仍俟查核更定

一鄉賢忠義孝弟節孝各祠已請
旨入祠者自應立傳但有現在查訪未經　題奏亦或子弟貧愚不能表彰懿美豈容聽其湮滅今先將各祠姓名備列學校而事實符傳例者仍採訪編入庶幾並行不悖云

一封爵多列職官之前蓋古者建邦分土各有民社與今牧守無異自唐以後僅有虛號偏州下邑亦或荒遠無稽今改入古蹟聊以備一方之紀述云爾

一各志人物分類甚多但一邑之中過爲區別難以成帙且著例或不合於古所分亦未必甚當今除隱逸外惟忠義孝弟
國家設有專祠仍特立傳餘一概入人物庶免葛藤

一生人例不立傳現任官不載名宦而劉公前志乃自列傳殊爲失體故現在諸賢或懿行昭著亦止因事附見不列傳也

一志書原以紀實而各原志所載名宦人物或乃年代舛謬流品混淆雖考之史策訪諸輿論非必無徵但相沿已久驟而易之反覺駭人耳目今姑畧示大概仍存舊志亦善善從長之意也

一英山前志所載官秩或得之斷碑殘簡或僅托諸傳聞時代事實亦間有附會然前志及州志所已載者今皆存而辨之闕疑焉可也

一英邑前代藝文遭明季兵燹所存無幾時賢著

作尚未甚富故所紀不能備體然吉光片羽亦
自可珍彩鳳聯飛在後人繼起耳
一志書務在考訂詳核敘事簡明而是非不謬若
乃體式前後小有變更原無一定如祥異兵燹
或紀於前或列於後詩文或散見各項或統載
藝文忠孝等傳即人物中摘出非在人物之外
諸如此類不必多置論辨也

英山縣志

續修姓氏

總裁

英山縣知縣樂陵李文臯

編纂

英山縣教諭歙縣汪時育

英山縣訓導合肥阮華林

協編

邑廩生蕭如遇

邑廩生徐光鯤

邑舉人選授旌德縣教諭段光鑑

邑選拔候選直隸州州判王性彬

邑貢生候選訓導傅文才

邑庠生徐元春

邑庠生馬晉

邑庠生聞立惪

邑廩生鄭光蔚

邑舉人金燿達

邑選拔候選教諭蔣槐午

邑庠生沈周丙

邑　增　生　黃鎮緒
邑　舉　人　鄭保生

監修

邑　監　生　沈自強
邑　庠　生　金　鎔
邑　監　生　徐　煥
邑　監　生　黃德廉
登仕佐郎　馬純珏
邑　庠　生　姜思楷

校訂

王熙性庠生　傅守藩庠生　程惇典庠生
閻立性監生　蕭如炘庠生　馬鎔鐸庠生

採訪

金祖勳庠生　金宗誠職員　余維振庠生
余時憲庠生　余時秾庠生　余　澍儒士
閻詩國監生　余思聰　余溥泉
沈　濬監生　沈　喆庠生　葉時森廩生
葉方勉監生　傅以珂監生　鄭光燃庠生
汪際珍庠生　沈盛驟貢生　彭占魁庠生
彭元駿庠生　彭元桂庠生　程惇第監生

黃德琅監生　段光鉞廩生　段光灼監生
王安康州同　王修月廩生　方昌業監生
方　訓廩生　段昭衢庠生　王葆修庠生
黃　炳庠生　夏　禮職員　劉德一儒士
吳春樹監生　胡勝琦廩生　胡顯驥職員
蔣槐斗增生　段漢儒監生　鄧錫林庠生
王惇性監生　胡綸音庠生　胡鼎元庠生
胡其芹監生　吳良學監生　姜思誼庠生
裴世南庠生　李兆蓮庠生　蔣如有監生
胡　英庠生　胡可準庠生　杜若陵庠生

杜　麟庠生　蕭如叙監生　徐元榜監生
徐宗城監生　楊昌泰增生　徐　陛庠生
鄭本芝庠生　鄭本艮監生　安從哲監生
安　準庠生　徐光漪

督梓

七引店巡檢大興王　鑅
英山縣典史陽湖徐樹穀

英山縣志

補修姓氏

總裁

六安州分州攝理英山縣事華容萬年淳

編纂

英山縣知縣歸安陳彥

英山縣知縣上海趙梅

英山縣知縣長白諾穆圖

協編

儒學教諭懷寧王燮坊

儒學教諭通州馬映奎

儒學訓導潛山余道謙

邑人丁卯科舉人候補直隸州同余維燿

監修

余維焯儒學生員　王森儒學生員　徐允梓國子監生

段荃芳候選經歷　蕭正業儒學生員　鄭一樸候選州同

李朝業儒學生員　傅以理國子監生　馬際梅國子監生

聞詩雅國子監生　王善焯國子監生　馬際崧國子監生

彭中壽國子監生　方極國子監生

校訂

彭元第儒學生員　聞詩禮邑儒士　余時杰儒學生員

徐元偉儒學生員

採訪

余善繼國子監生　段永增歲貢生　胡允澍儒學生員

王成泮儒學生員　吳雲亭國子監生　傅以墫儒學生員

裴世啟儒學生員　傅以珂國子監生　彭中陞儒學生員

聞詩白增貢生　王治安候選經歷　姜思楷儒學生員

段芳欒國子監生　鄭甲儒學廩生　余維馥儒學生員

李道楷儒學生員　聞詩綿國子監生　鄧來勳儒學生員

余維琅國子監生　夏瑚儒學生員　李朝幹國子監生

王善行衛千總　胡允先國子監生　余時可儒學生員

胡奉蔚國子監生　金光業　段廷芳儒學生員

金杰國子監生　胡中樞儒學生員　龍耀遠登仕佐郎

程步雲儒學生員　杜紹烈國子監生　余維棠國子監生

蕭正增國子監生　余維薰國子監生　馬道揆儒學生員

沈德本儒學廩生　方之基國子監生　蕭方澍國子監生

段芳葆儒學生員　楊潤附貢生　熊廷標儒學生員

徐廣儒學生員　沈盛時國子監生　方之灼恩貢生

葉時輝儒學生員　鄧來淇儒學生員　鄭本藻儒學生員

鄭本涵儒學生員　張明河國子監生　安詩錦國子監生

鄭昌衢國子監生　胡延邦國子監生　汪大觀國子監生
胡大品國子監生　沈威騵儒學廪生　段永滂儒學生員
劉德璧儒學生員　舒學元儒學生員　段芳蔭例貢生
葉瑞麒儒學生員　劉大法國子監生　劉維峻儒學生員
金光怡儒學廪生　金　銳儒學生員　金　鎔儒學生員
余　潤儒學生員　余維威儒學生員　葉時舉國子監生
程義里奉祀生員　金　鼎國子監生　葉鳳翥例貢生
徐元奇儒學生員　胡可炳國子監生　蕭正壎儒學生員
傅以超儒學生員　傅文冕儒學生員　馬純經國子監生
陳思杰國子監生　沈舜卿儒學生員　沈威駿儒學生員

彭常煕國子監生　張世德儒學生員　鄭昌廸儒學生員

督梓

七引店巡檢南豐周錫類

英山縣典史陽曲梁鑄

英山縣志

原修姓氏康熙甲子

編纂

文林郎知英山縣事晉陽劉五瓏

參訂

儒學教諭江都周藩

儒學訓導潁州甯摧

邑人豐城縣知縣沈惟芳

儒學生員鄧林棟

重修姓氏 乾隆丙子

總裁

英山縣知縣錢塘張海

編纂

戊午科舉人揀選知縣黄陂姚之琅

協編

英山縣儒學教諭桐城方超

英山縣儒學訓導靈璧李治隆

監修

例貢生程光濂

儒學生員馬世欽

校訂

丁卯科舉人揀選知縣金序珽

候選訓導鄧玉

恩貢生劉鼎

歲貢生鄭元圭

歲貢生傅作楳

歲貢生胡延煌

儒學生員鄭一坊

採訪

儒學生員李世烱

儒學生員程明極

儒學生員王從龍

儒學生員沈書庠

儒學生員聞兆景

儒學生員金序瓐

儒學生員傅士燀

儒學生員鄧大龍

儒學生員方衍泌

儒學生員段祚譜

儒學生員鄭一鳴

儒學生員徐大敏

附貢生彭正中

例貢生鄭一增

候選州同馬道法

國子監生傅作浤

國子監生余龍

國子監生金掄爵

國子監生段祚炳

國子監生彭正南
國子監生胡華璧
國子監生蕭方標
國子監生王繼定
國子監生杜興洪
國子監生彭其河
督梓
七引店巡檢漢州岳其萬
英山縣典史山陰陳燦文

英山縣志目錄

續修英山縣志卷之首

英山縣知縣樂陵李文泉續修
英山縣教諭古歙汪時育編
　　　訓導合肥阮華林纂

圖考

周禮職方氏度天下山川險易畫為版圖藏諸王府寰宇雖廣可按籍而稽也故志必有圖所以綜文覈實莅斯土者覩幅員之廣狹疆界之險阻山川之流峙保障之術於是乎寓而城市官署壇壝祠宇舍圖曷辨即其閒名區勝蹟足供憑眺謳吟者採風所必及焉繪圖於首

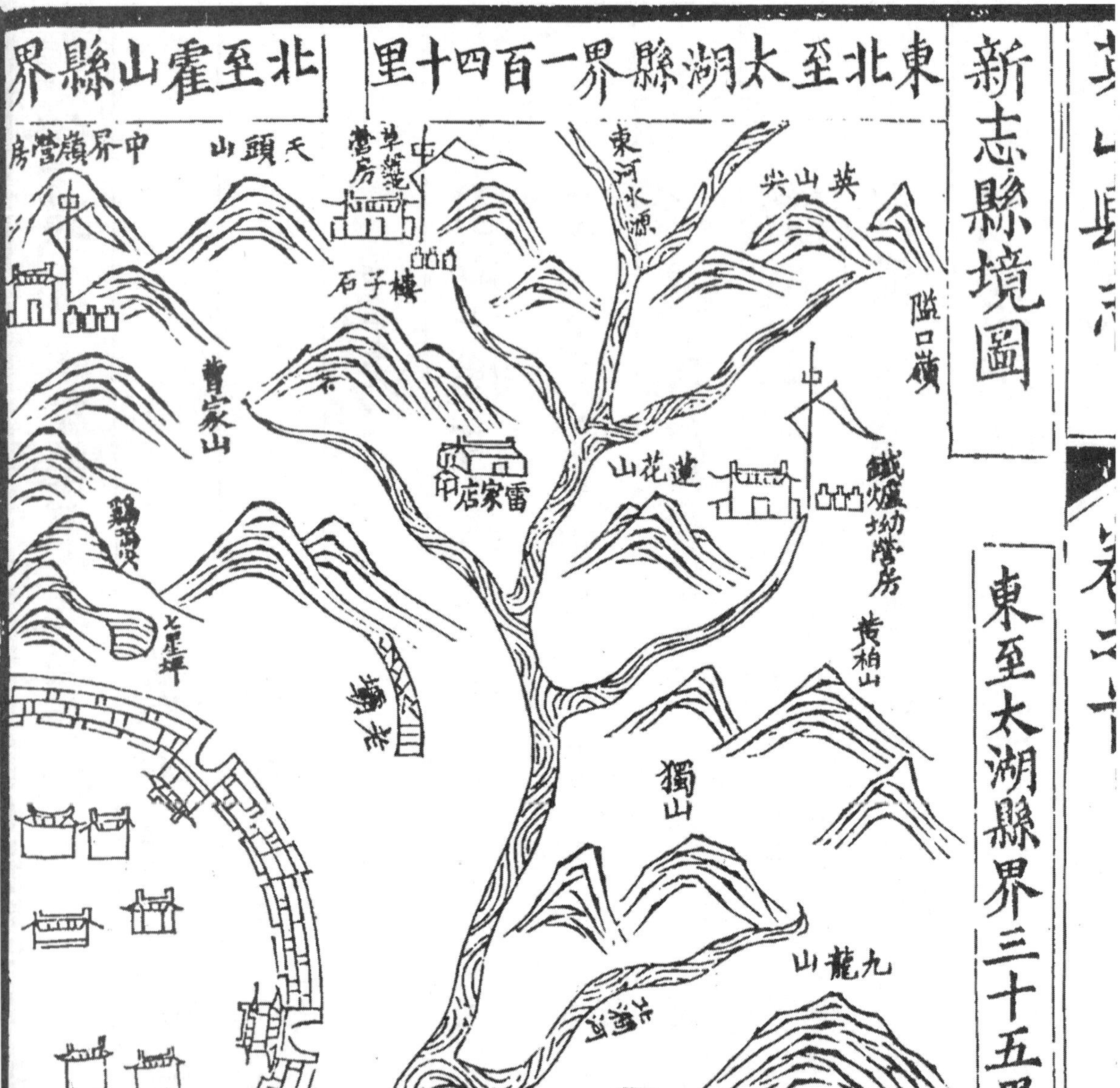
北至霍山縣界
東北至太湖縣界一百四十里
新志縣境圖
中界嶺營房
天頭山
東河水源
英山尖
石子樓
曹家山
雷家店
蓮花山
七星坪
黃柏山
獨山
東至太湖縣界三十五里
九龍山
馬鞍山
廣福山
太平坳
文峯
南至蘄水縣
東南至蘄州界三十里

英山縣志　卷之首　二

西北至羅田縣界六十里
一百二十里
多雲山
西河水源
十八盤
茅草畈營房
爛柴溝營房
羊角山
神峯山
七引司
烏雲山
茅栗山
沈家塘
天人山
得勝山
玉虹泉
落梨河營房
水口塔
兩河口
香爐山
一里沙
文子山
雞鳴河營房
仙人台
西南至羅田縣界二十里
界四十里

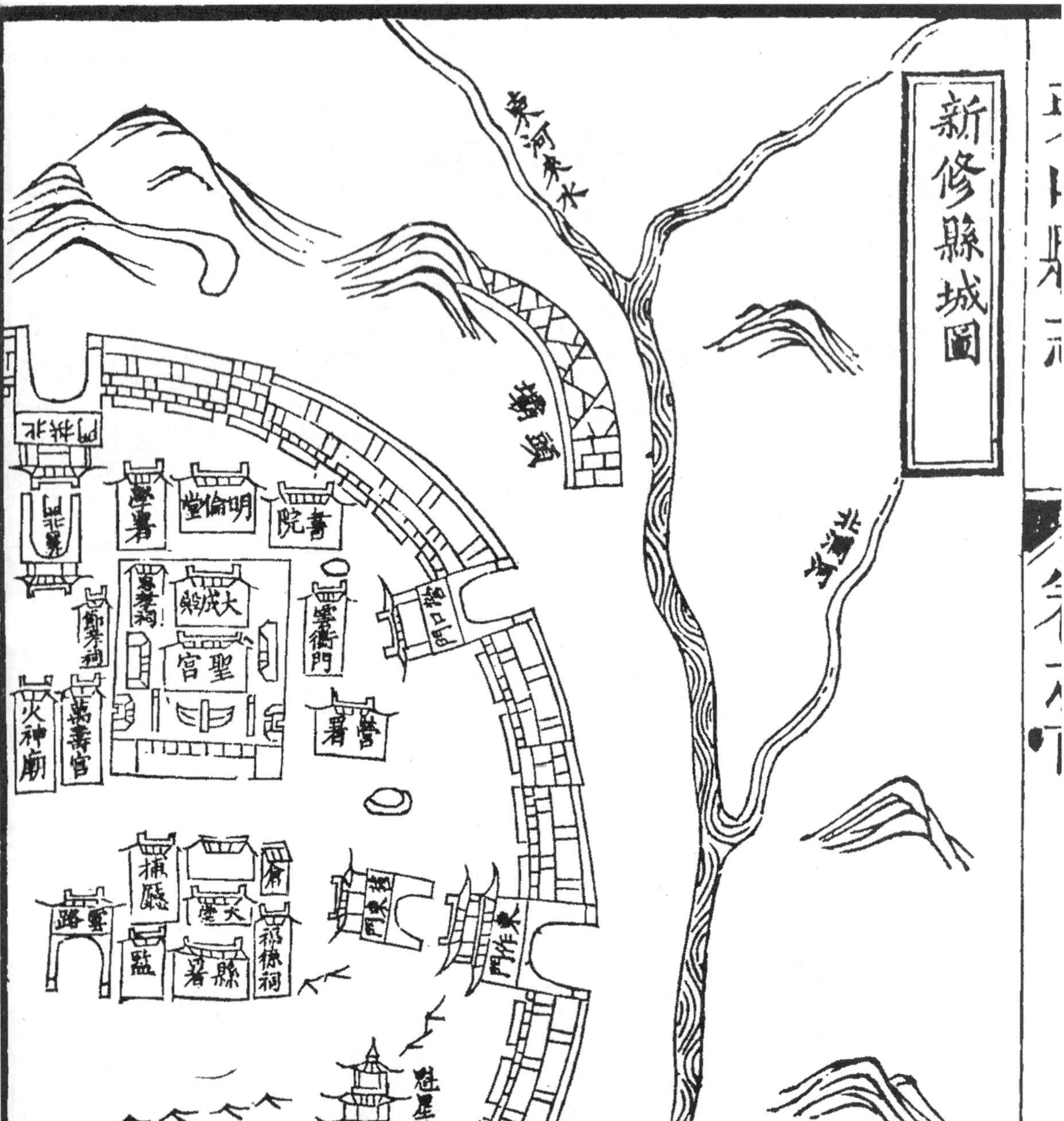
新修縣城圖
東河來水
明倫堂
書院
大成殿
聖宮
節孝祠
火神廟
營署
捕廳
縣署
魁星樓

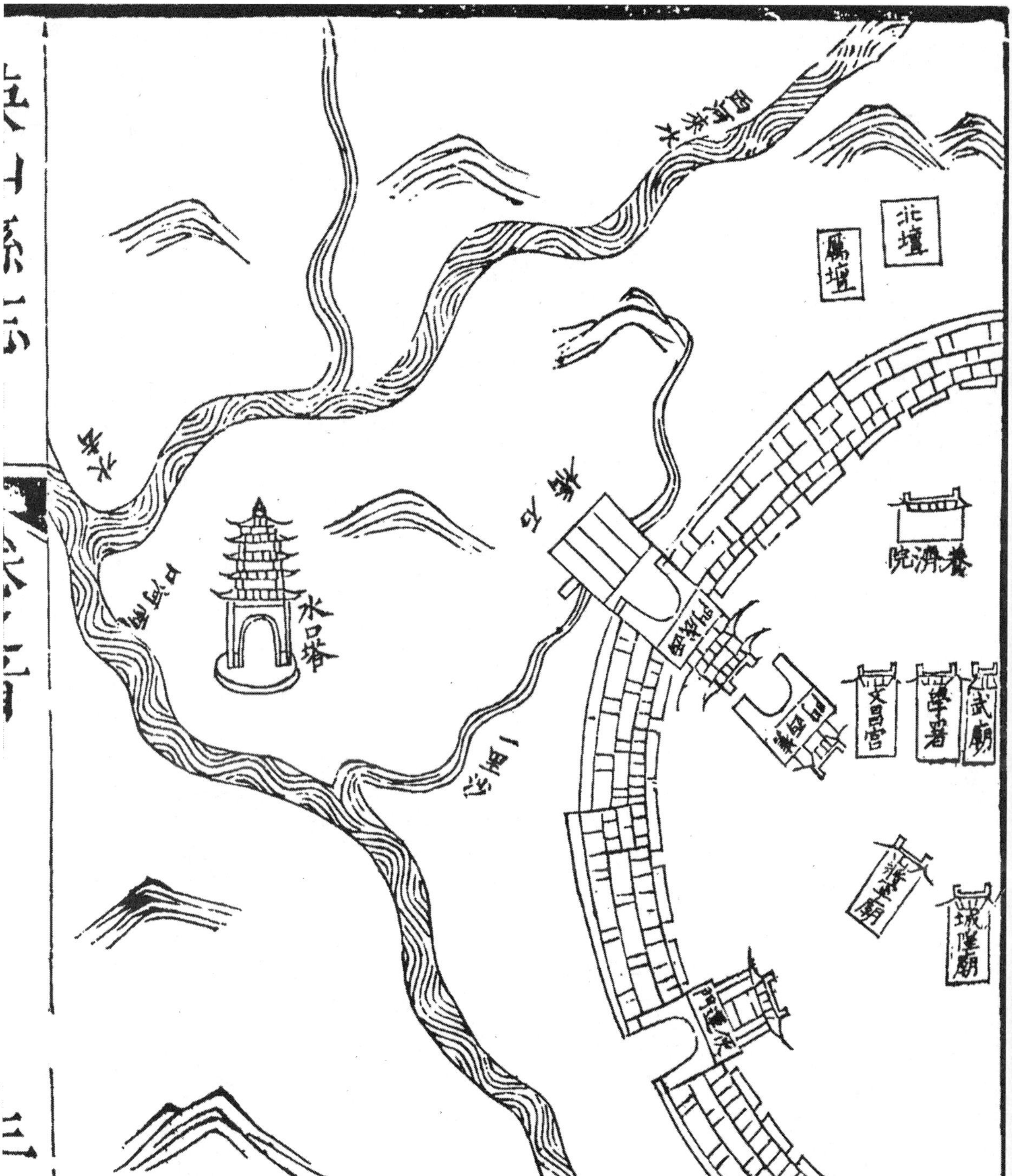
西河來水
北壇
厲壇
養濟院
水口塔
文昌宮
學署
武廟
城隍廟

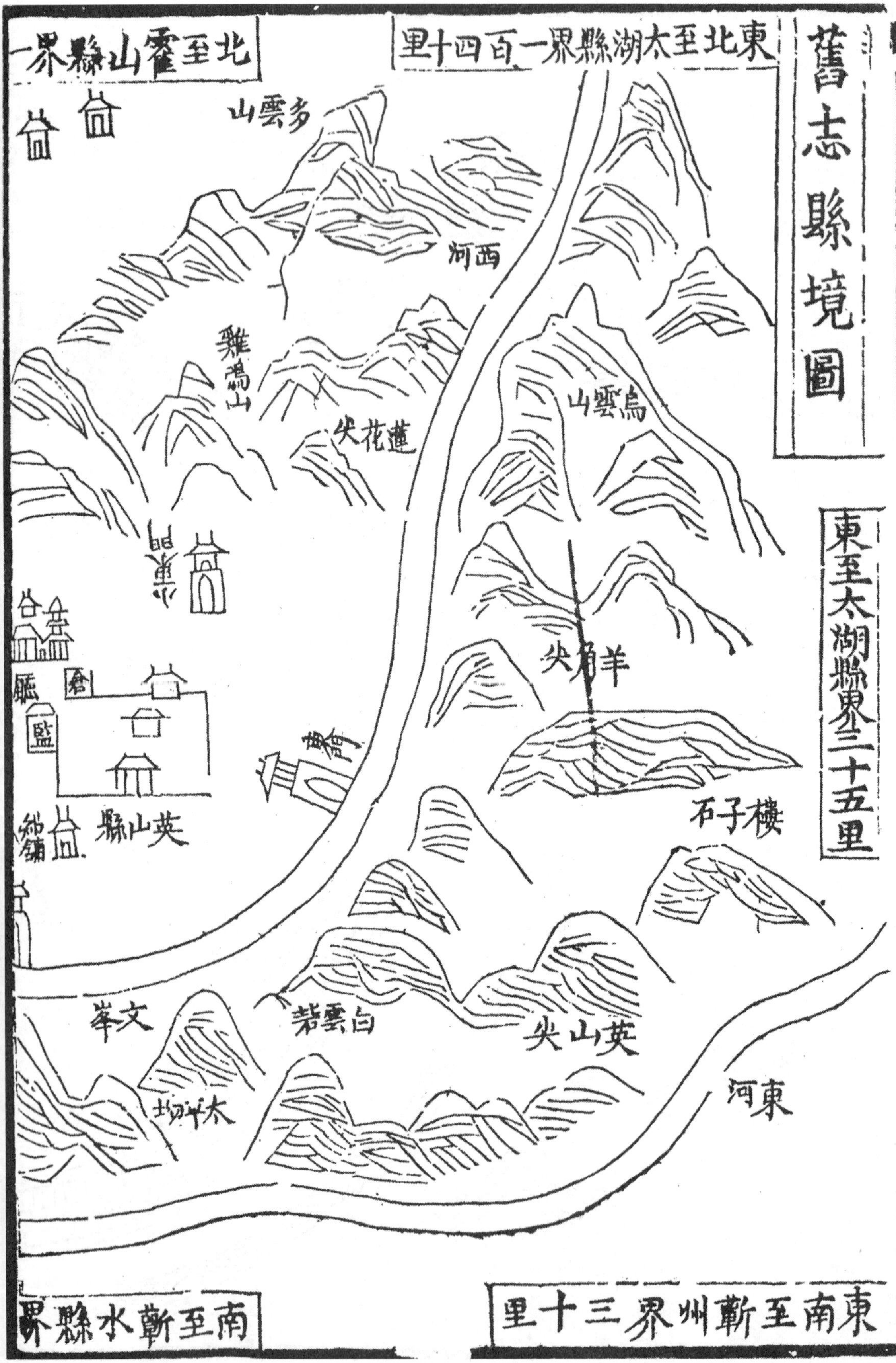
北至霍山縣界一
東北至太湖縣界一百四十里
多雲山
西河
雞鳴山
蓮花尖
烏雲山
倉
廳
監
英山縣
羊角尖
東至太湖縣界三十五里
樓子石
文峯
白雲岩
英山尖
東河
南至蘄水縣界
東南至蘄州界三十里

舊志縣境圖

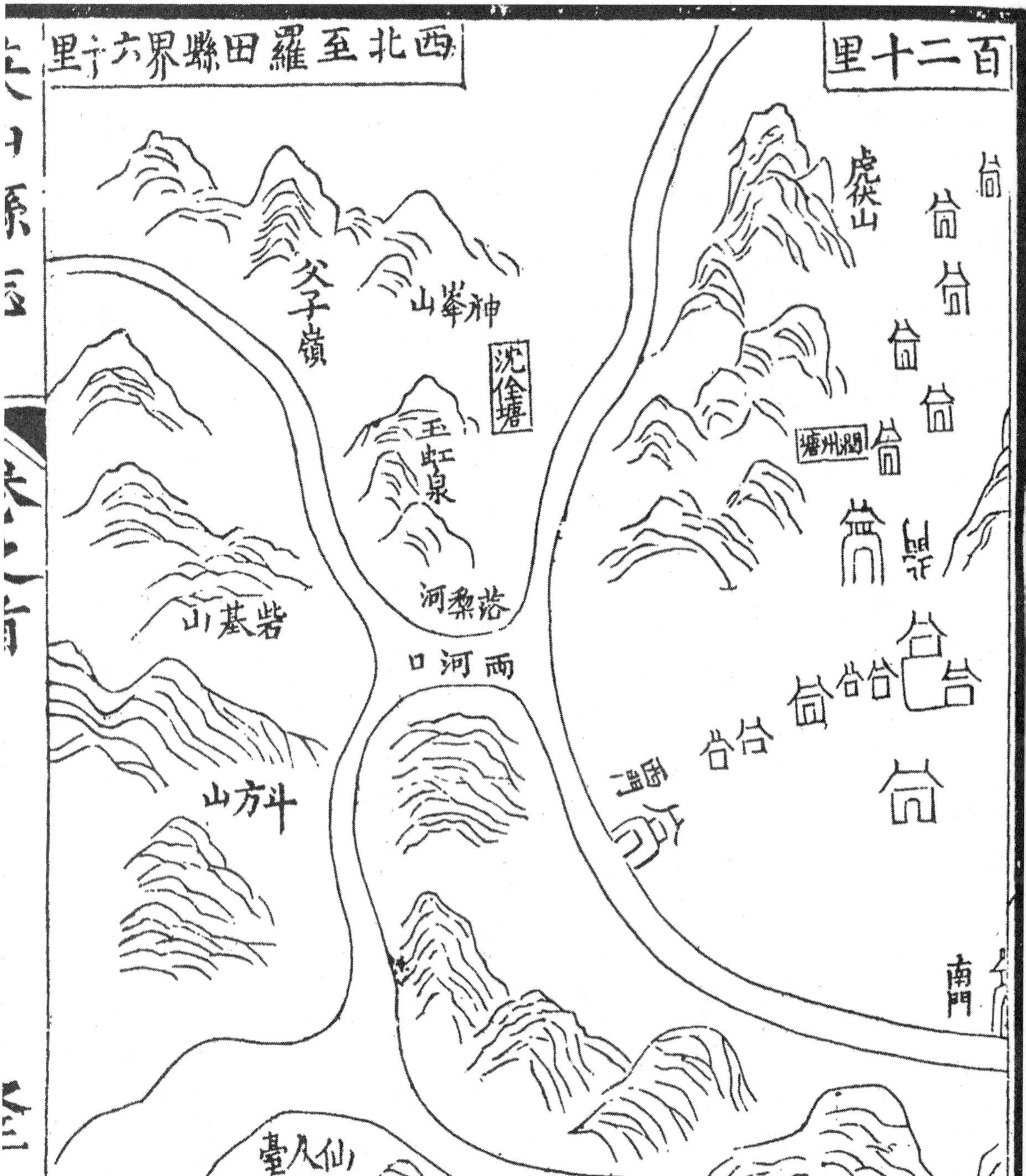
西北至羅田縣界六十里
百二十里
虎伏山
父子嶺
神峯山
玉虹泉
路桑河
两河口
砦基山
斗方山
縣
南門
仙人臺
文子山
西南至羅田縣界二十里
四十里

英山縣城本彈丸而礪山帶河有大都局勢山之來龍自太湖潛山霍山層巒疊峙峻峯聯絡至雞鳴尖結聚撥脉于是建縣城縣之左有東河其源自太湖霍山相連之東界嶺水灣曲而下至縣東門繞南門至西門外一里沙會于西河縣之右有西河其源自霍山相連之中界嶺西界嶺水曲轉而下至縣西一里餘會于東河遂名爲兩河口仍曲隨山勢四十里入湖北界直抵大江夫以英如是局勢而建縣多年並無城垣何也緣前三面皆沙河水順流無收束故未能造城即造有土城亦未能久雖衙署店面街道

人烟輻輳終覺氣勢散漫無以壯體統至防水患禦兵變猶其後也泉道光壬寅抵英因水災後修築石壩經三四年無損壞似覺可作城基遂邀集闔邑紳富等詳請修城勸捐銀錢不二年而功就規模局面多不能中式而盡心竭力務求堅固毫不敢有偷漏心腸至于其功之能久天意也其不能久亦天意也因志輿圖而贅數言于後

知英山縣事富平李文泉記

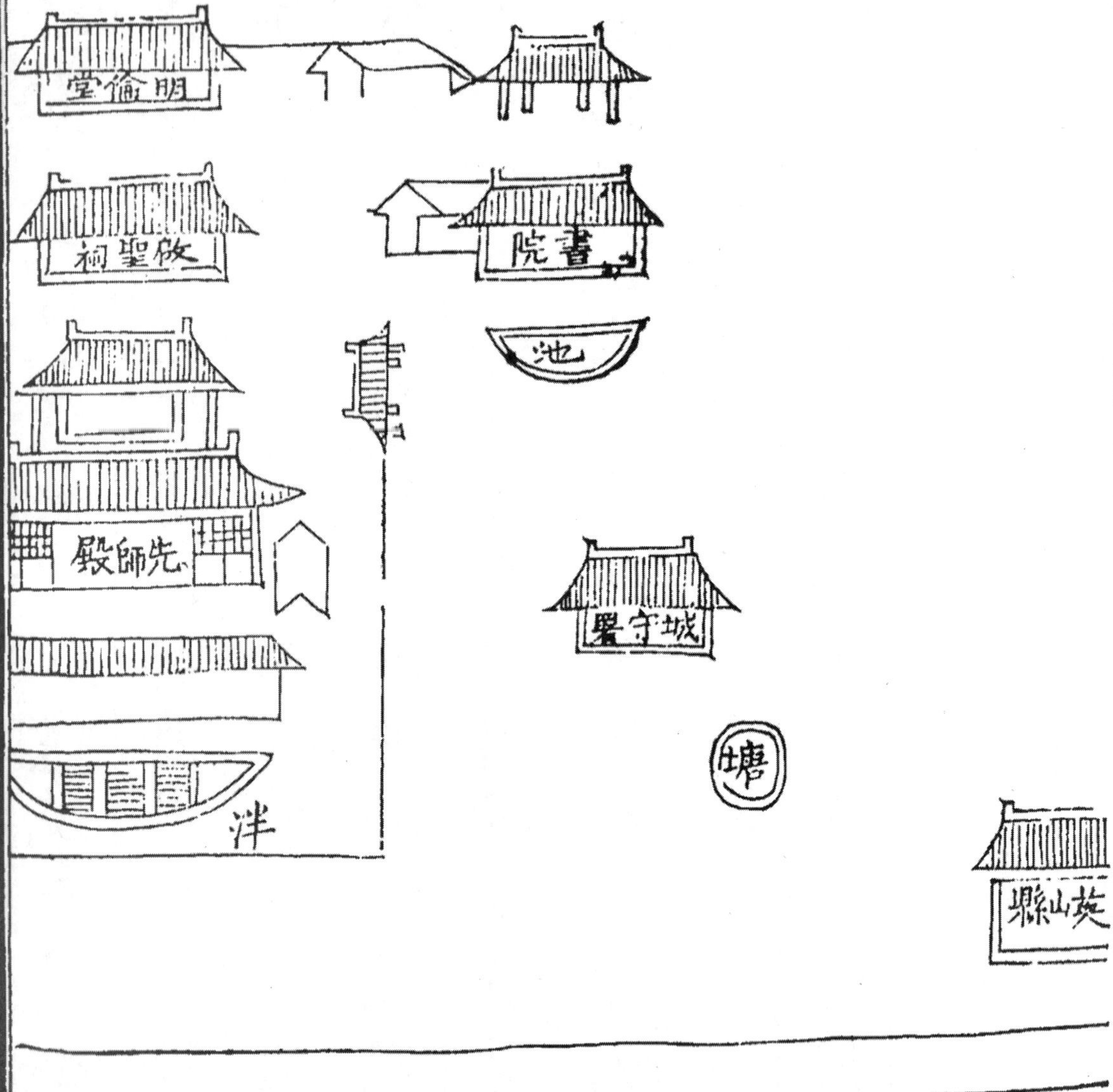
明倫堂
啟聖祠
書院
池
先師殿
泮
城守署
塘
英山縣

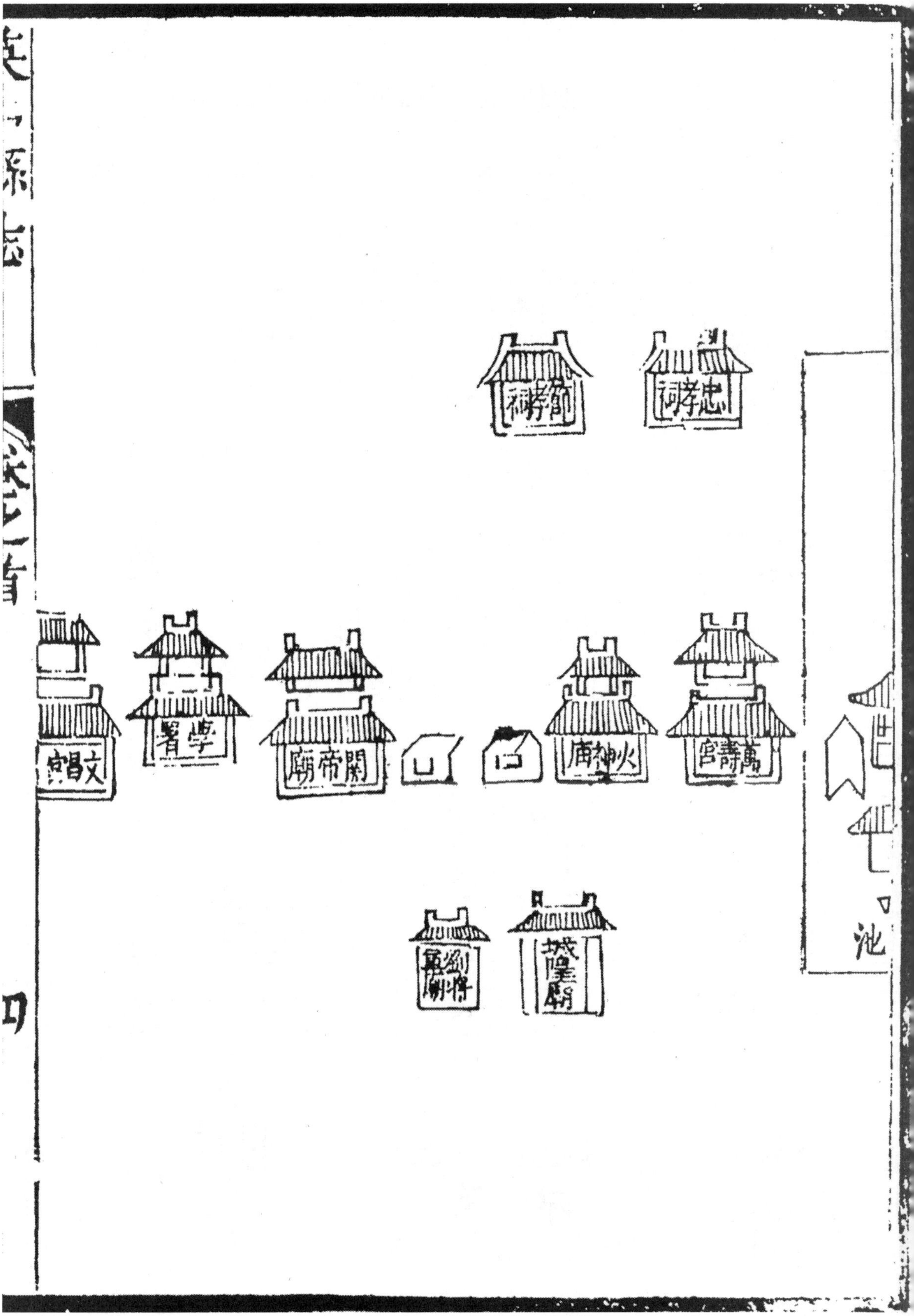
節孝祠
忠孝祠
文昌宫
學署
關帝廟
火神廟
萬壽宫
池
劉將軍廟
城隍廟

縣署之圖

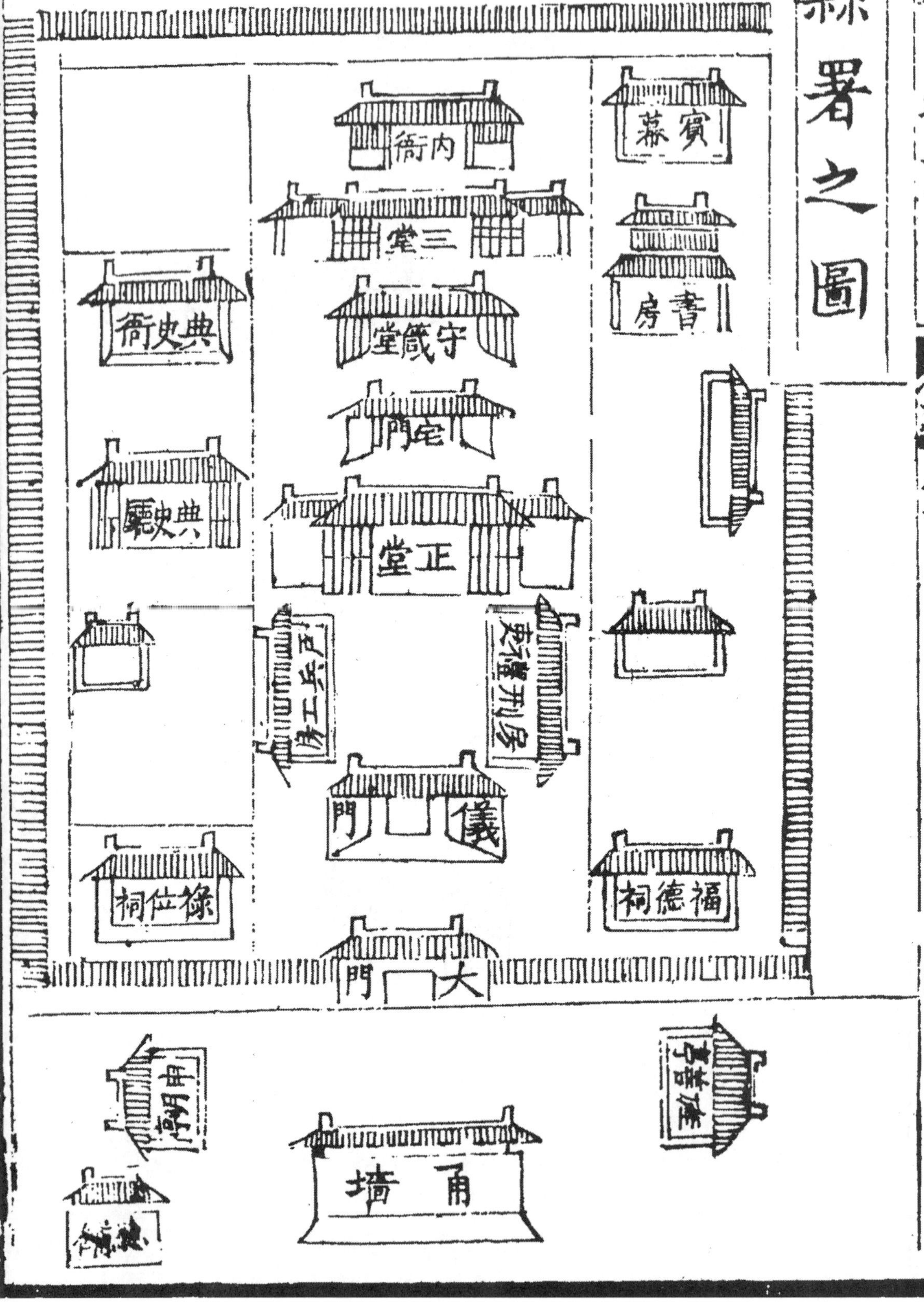

縣學之圖

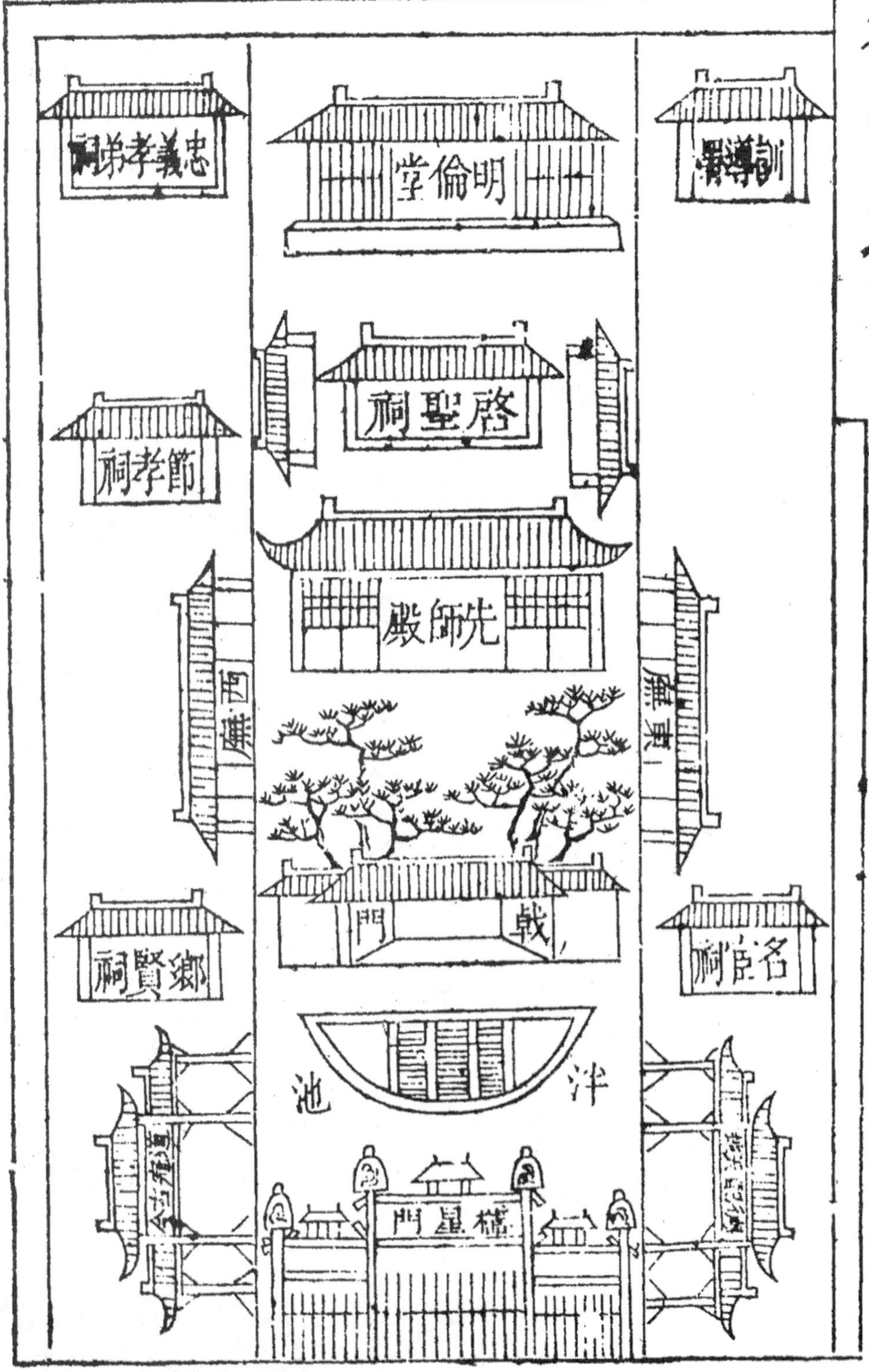

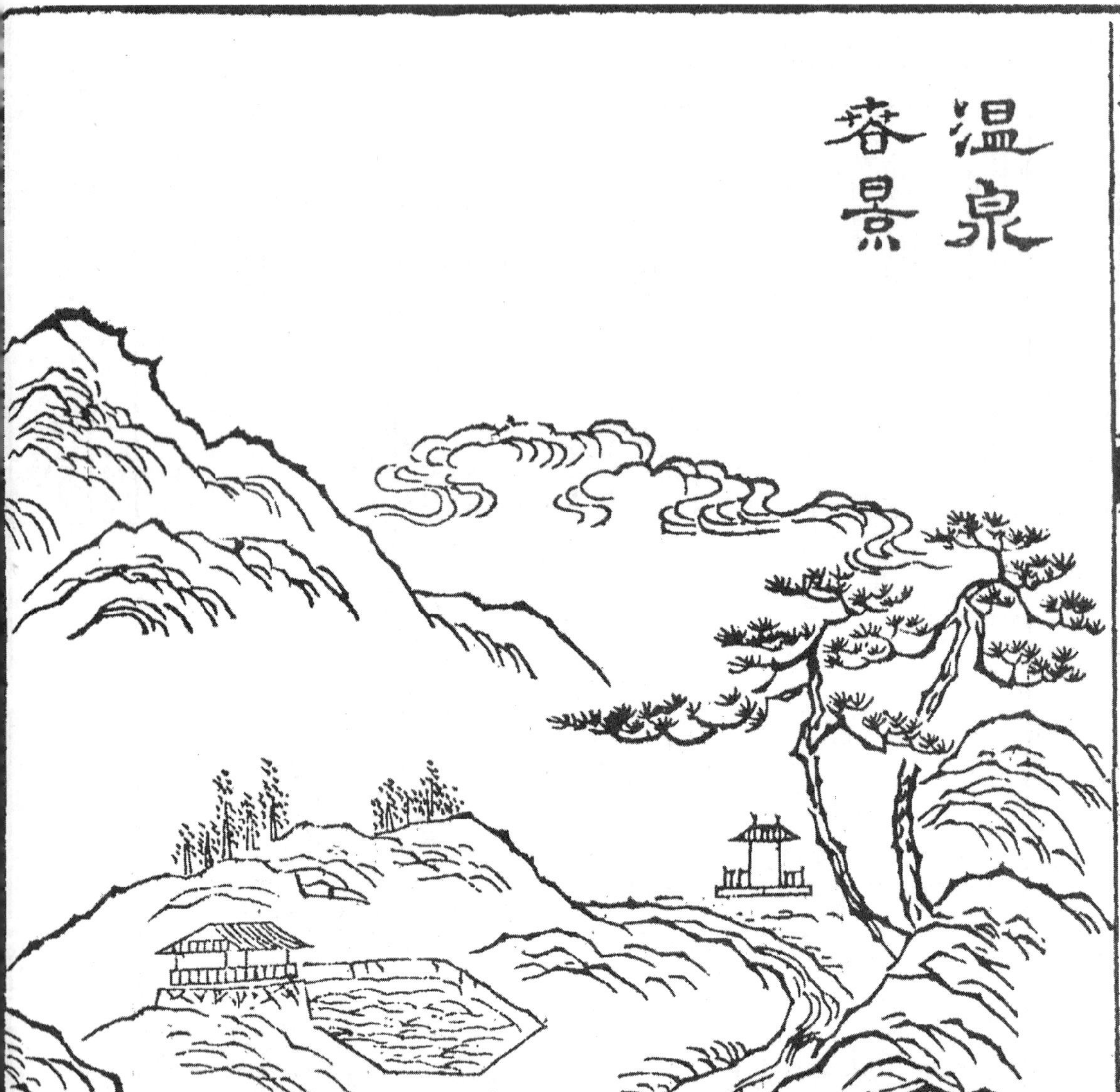
温泉春景

雞鳴效靈

九峰晴嵐

羊角嵯峨

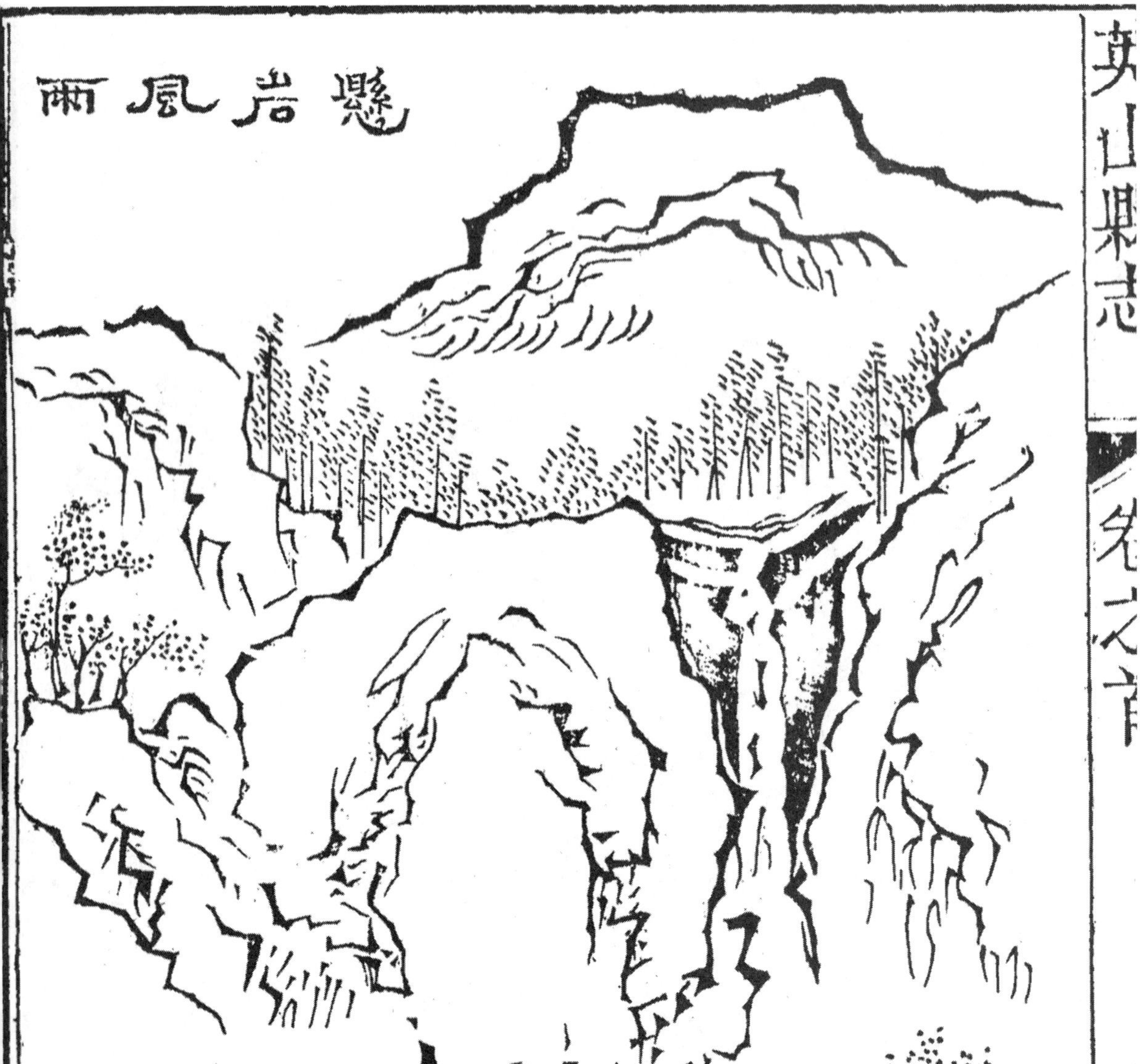
懸岩風雨
英山縣志

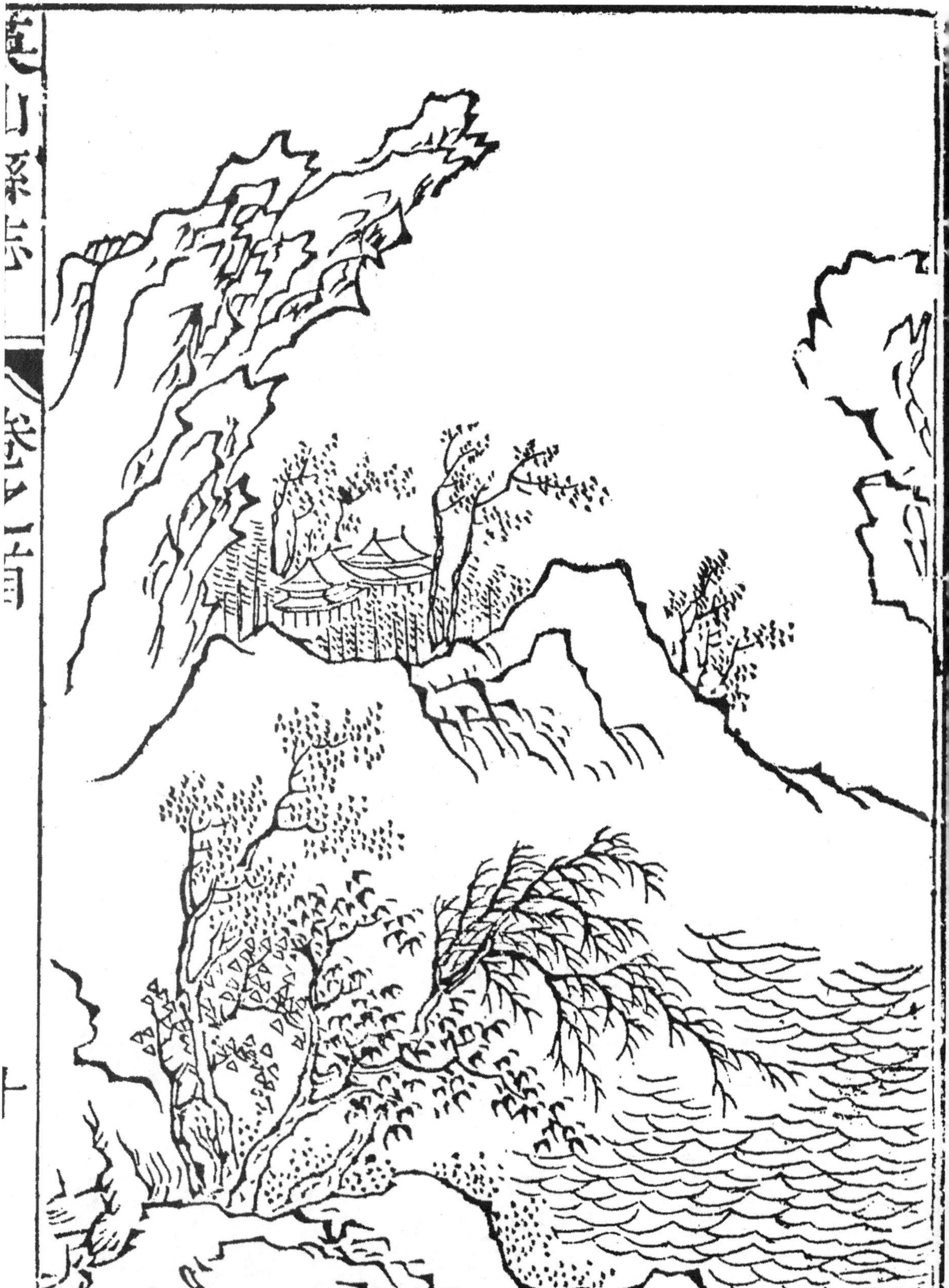

仙人壁立

麻姑仙踪

烏靈硃蹟

續修英山縣志卷之一

英山縣知縣樂陵李文泉續修
英山縣教諭古歙汪時育
英山縣訓導合肥阮華林 編纂

沿革

古者分州建國大小相維秦漢以還更立郡縣犬牙相錯其疆域所屬一彼一此雖因時定制亦無得而稽焉英山相傳爲古英國又別爲英氏春秋時楚與國也古英國史記稱封皋陶之後此見於經傳確鑿可據者至漢地屬蘄春厥後或爲蘄水或爲羅田亦復廢置不常夫英山之設縣昉於元明其未設縣以前壤地必有所在大抵不出蘄羅之域也志沿革

英山縣古禹貢揚州之域 按英山在春秋相傳爲楚與國地復入楚兩漢皆屬荊州部刺史當爲荊州之域但隋唐以後史志皆曰揚州今復屬江南省故前志相沿仍從之俟考 以史記夏本紀帝禹立而舉皋陶薦之且授政焉而皋陶卒封皋陶之後於英六 索隱曰英地闕不知所在以爲黥布是其後也正義曰英蓋蓼也 按史記楚成王滅英穆王滅六蓼則英之非蓼明矣 歷商至周襄王六年 楚成王二十六年 楚人滅英九年 魯僖公十七年 齊人徐人伐英氏 按英與英氏本兩國前志及府州志俱誤以爲一舊稿不能辨且誤書滅英於伐英氏之後但英山之爲英與英氏俱無可考故兩存而辨之如此 二國地皆入楚故英山爲楚地 英山爲楚雖無明文然以四鄰壤地論之其屬楚無疑 漢屬荊州江夏郡爲蘄春縣地 前志云元狩中改屬江夏郡舊稿云秦隸九江郡漢初隸淮南及衡山王國武帝元狩元年改屬江夏郡 按漢書地理志江夏郡高帝置有蘄春縣其前後改屬俱無可考

東漢爲蘄春侯國三國吳立蘄春郡晉武帝太康元年省郡以縣屬豫州弋陽郡永嘉之亂豫州淪沒石氏成帝乃僑立豫州於江淮之間孝武帝改蘄春縣爲蘄陽縣屬南豫州新蔡郡南北朝宋孝武帝大明八年改屬郢州 荊州所分 西陽郡又分立蘄水縣亦屬西陽 蘄水縣始此 按英山分自羅田羅田分自蘄水蘄水分自蘄春其序如此前志俱遺蘄水今特補入 梁改蘄陽縣爲蘄水縣 按隋書地理志蘄春蘄水俱注梁曰蘄水則梁時二縣仍合爲一 後齊置羅州改縣曰齊昌置齊昌郡 舊稿云梁人寳元年邵陵王綸屯於齊昌齊昌古地名係蘄春地遣使請降於北齊北齊置齊昌郡兼置羅州 按梁書邵陵王傳綸在郢州爲王僧辯所逼走武昌長史帝質等迎之復收散卒屯於齊昌俟景將任約襲之敗走定州復歸齊昌行至汝南城主李素爲綸故吏開城納之後守汝南爲西魏大將軍楊忠等所執不屈死之無請解北齊等事梁齊書南北史帝紀本傳皆然梁齊亦無地志改置齊昌附見於隋書故記而辨之 後周改羅州曰蘄州 蘄州始此 隋爲蘄春郡有蘄春 蘄水 羅田 羅田始此 三縣唐爲蘄州蘄春郡屬縣有蘄春 武德四年省蘄水縣入焉 蘄水

本淠水武德四年更名蘭溪省羅田縣入焉天寶元年又更名有鐵隸淮南道唐太宗十年分天下爲十道七日淮南明皇又分爲十五道五代初屬楊吳後屬南唐周世宗顯德五年唐改號江南遣使盡獻江北地時淮南惟廬舒蘄黃未下至是盡獻四州之地仍稱蘄州宋蘄州蘄春郡隸淮南路太宗至道三年分天下爲十五路神宗熙寧五年析淮南爲東西隸淮南西路其屬縣有蘄春　蘄水　羅田哲宗元祐八年以蘄水縣石橋爲羅田縣英山自是爲羅田縣地孝宗乾道元年四川宣撫使虞允文奏築黃鷹山城理宗淳祐間稱鷹山寨度宗咸淳元年更名英山立爲縣尋廢恭帝德祐元年正月知蘄州管景模知六安軍曹明俱以城叛降元沿江諸郡皆望風降英山是年入於元元至元十二年郎德祐元年前志載是年置縣其名宦傳所載則當爲至元十四年土人段朝立以羅田縣直河鄉復爲英山縣遂以朝立知縣事英山自是始定爲縣十五年縣治成後屬六安州隸淮西江北道肅政廉訪使廬州路而統屬於河南江北行中書省明太祖洪武元年建南京罷中書省以所領直隸六部英山屬廬州府四年改屬臨濠府七年改臨濠曰鳳陽府十四年仍屬廬州府爲六安州領縣

國朝因之隸江南布政使司康熙元年分設安徽布政使司雍正二年陞六安爲直隸州領英山霍山二縣今爲安徽直隸六安州英山縣

沿革表

夏	揚州	英		
商	揚州	英		
周	揚州	英	蓼	
漢	荆州	江夏郡	蘄春	
東漢	荆州	蘄春國		
三國吳	豫州	弋陽郡	蘄春	
晉	南豫州	新蔡郡	蘄陽	
南北宋	郢州	西陽郡	蘄陽　蘄水	
後齊	羅州	齊昌郡	齊昌	
隋		蘄春郡	蘄春　蘄水	羅田
唐	淮南道	蘄春郡	蘄春　蘄水	
五代	蘄州			
宋	淮南路	蘄春郡	蘄春　蘄水	羅田　英山
	又分淮南	西路		
元	廬州路	六安州	英山	
明	京	廬州府	英山	
國朝	江南安徽布政使司	廬州府英山縣　直隸六安州[illegible]		

按英山之爲縣始於元明而英之爲國則肇於虞夏六與蓼相近蓼卽今之霍邱亦皋陶之後故楚滅六蓼臧文仲歎皋陶之不祀也史記禹立薦皋陶皋陶卒封皋陶之後於英六是英六蓼三國皆皋陶之後其地近於楚其後皆爲楚附庸之國後楚漸強大蠶食小國周襄王六年楚人滅英襄王三十年楚人滅六蓼是先滅英而後滅六先滅六而後滅蓼也以地形言之英於楚近六於英近蓼於六近此相因而及者楚滅英英之子孫互相保聚於是又有英氏之名

周襄王六年楚滅英九年齊人徐人伐英氏時英之子孫已北徙故齊與徐伐之也此後英遂不見於春秋矣史記項羽封英布爲九江王都六史稱英布爲英後此確不可易者况英布本六人封英布都六以臯陶之後而復臯陶之封亦所以固英布之心也英之以山名亦所以存古英之舊而舊志乃以爲因鷹山而改名則惑矣而又謂邑實有布故址自相矛盾乃如此夫英之鑿確可考亦不係乎故址之存否與墳墓之有無也而後人必欲指其地以爲故址指其地以爲墳墓亦可以不必矣

續修英山縣志卷之二

英山縣知縣樂陵李文泉續修
英山縣教諭古歙汪時育　訓導合肥阮華林　編纂

星野

星野之說肇於周禮保章氏經籍所傳不可誣也雖天道幽遠而一州一縣所屬星度自有確不可易者古英國與六蓼相近史志多稱爲揚州之域而元明以後皆隸廬州六安今亦分省江南宜入星紀吳分當日舊稿本係吳分而兩子志以英山爲古蘄羅之域夾入楚分殊不知蘄黃俱當斗牛之末俱係吳分奈何反推吳分之地謬入楚分耶兩岐之見益形其惑茲一以吳分爲主志星野

周禮保章氏以星土辨九州之地所封封域皆有分星以觀妖祥

史記天官書斗江湖牽牛婺女揚州天官書註正義曰南斗牽牛婺女皆爲星紀於辰在丑越之分野而斗牛爲吳之分野

漢書地理志吳地斗分埜也今之九江廬江六安吳分也

晉書天文志自南斗十二度至須女七度爲星紀於辰在丑吳越之分野屬揚州費直起斗十度蔡邕起斗六度揚州九江入斗一度廬江入斗六度六安入女六度

唐書天文志斗牽牛星紀也初南斗九度餘千四十二杪十二太中南斗二十四度終女四度自廬江九江負淮水南盡臨淮廣陵至於東海爲星紀之分古吳越羣舒廬桐六蓼南斗在雲漢下流當淮海間爲吳分

地理志淮南道蓋古揚州之域漢九江廬江江

夏等郡廬壽爲星紀分

明史天文志斗三度至女一度星紀之次也直隸所屬之廬州府六安州皆斗分

按星野之說肇於周禮而見於左傳爾雅及史記漢書者分野止有分星如星紀吳越斗牽牛是也自晉以後度數之長短始著晉志星紀始斗十二度終女七度唐志星紀起斗九度終女四度至明志星紀起斗三度終女一度迄我

朝初年星紀起箕三度終斗二十三度乾隆庚辰以後起箕一度終斗二十一度嘉慶己未以後又起箕初度終斗二十度天度有歲差而地道無盈朒斗牛爲吳越分野此一定而不可移易者再考十二分野一宮一國惟星紀一宮統兩國以度之前後配地之廣袤斗隸於吳牛隸於越此又一定而不可移易者傳曰越得歲而吳犯之是時歲星在牛歲星所在之國不可攻犯故吳犯之而凶也若吳越同一斗牛是越得歲卽吳得歲也左氏此言最有分寸亦可知宜分其國二分其地以之上配天星其明徵也古之言分野者有分宮無分星有分星無分度有分度無分分夫宮分其星星分其度度分其分言

天事者可謂湛密矣在天一度其廣二千五百里約之於地祇百里之間耳蓋天遠地近遠者濶而近者狹其勢則然也故百里之間便可以分天一度而地之犬牙交錯不能與天度整齊故析一度爲六十分而地所配之分數又有一定而不可移易者矣竊嘗思之人在天地間如雀在籠中耳籠上之柱如天度然人不能出天度之外如雀之不能出籠柱耳豈惟人不能出天度之外卽天地亦不能出天度之外此修志

乘者必先分野分野定而天星之遷變地理之災異與人事之吉凶皆可因分野占驗而得矣抑又考之天上有四大文星奎壁斗牛是也奎壁爲魯分乃聖賢叢起之地斗牛爲吳越分亦人文淵藪之區楚之蘄黃尙當牛斗之末故蘄黃人物亦甲於楚蘄黃尙接牛斗之秀氣而丙子志乃猶以蘄黃爲翼軫楚分而推英山附之則惑之甚者也而又以界嶺爲憑謂界嶺以北爲霍山者水皆入吳南爲英山者水皆入楚以此作山河兩戒之徵不知僧一行山河兩戒之

說乃言天下之大勢其說本於史記天官書天畢之間有兩街街南南國北北國此十二分野又分南北一大形勢也兩戒郎兩街郎兩界也一行以河漢甲沈定分野河漢起於天畢遂分兩戒以之定十二宮則得矣以之定十三國則茫無下落嗟乎以一行之智尙不足以盡天地之蘊況勦襲陳言而不知指歸者乎此種舛錯貽悞不小不可以不辨

續修英山縣志卷之三

英山縣知縣樂陵李文泉續修
英山縣教諭古歙汪時有 訓導合肥阮華林 編纂

疆域形勝附

疆域者所以愼封境昭職守也而壤地所接輪跡所轄則一邑之形勝瞭然可睹焉英山爲江南西南邊邑距湖廣羅田界僅十餘里其餘遠者或百里而遥近者數十里雖僻處一隅舟楫有所不至而山嶺峻密淮楚之交實要衝也我

國家德化涵濡太平百年之久海宇同風郎閒有

無知之徒狗偷鼠竊然未雨綢繆苞桑鞏固未可謂彈丸之地遂以久安長治忽之也志疆域

英山縣隸江南安徽等處承宣布政使司直隸六安州

東至臨口嶺安慶府太湖縣界三十五里

西至落梨河湖北黃州府羅田縣界一十五里

南至鷄兒河湖北黃州府蘄水縣界四十里

北至界嶺霍山縣界一百二十里

東南至山石嶺湖北黃州府蘄州界三十里

西南至張家河套湖北黃州府羅田縣界二十

里

東北至界嶺安慶府太湖縣界一百四十里

西北至熊家河湖北黄州府羅田縣界六十里

東西廣五十里　南北袤一百六十里　東至安慶省城三百六十里　東北至江寧省城九百四十里　北至

京師二千八百八十五里

形勝附

東距隘口西阻界河南抱石險北跨兩硔淮楚之襟喉也廬州府志

背負晢熙面控黄鄂左六蓼右蘄春山環若城水繞如帶吳楚樞鍵舊稿

英山縣志卷之三終

續修英山縣志卷之四

英山縣知縣樂陵李文泉續修
英山縣教諭古歙汪時青　訓導合肥阮華林　編纂

山川水利　關津橋梁附

一邑之地莫不有山川以鍾其靈淑之氣阜其財用物產流其惡而鍾其美且郡縣之迹有時而更山川之形終古不易則古今之封域可攷其秀異者足以供四方賓客之眺賞而要害之區設險守國之道尤古今所至重也英地崇巒疊嶂川環如帶雖非有奇材異產而一方之土

物器用莫不依棲而仰賴焉其閒林壑茂密或慮藏奸水道淺隘不利舟楫夏秋霖潦尤易漲溢涖斯土者宜周知而愼爲之防也志山川

鷄鳴山在縣治後一名鷹山邑鎮山也由黍樓山而來綿亘百餘里連峯忽起宛如屏障治後峯尤尖聳可愛舊爲伽藍寺基相傳有相地者尋山至此聞鷄鳴題云擎燈把火到雞鳴望見貪狼一木星今日暫爲香火地後來鐘鼓響鈴鈴宋淳祐中制置使吳淵於此立砦爲八景之一

烏雲山縣北十里自天入山發脈一峯卓立尖圓如削每晨雲氣上騰石壁有朱字見古蹟八景之一

英山一名英山尖縣東五十里山最高峯巒秀異上有井雲出則是年必豐下有九江王英國

公墓碑石尚存

石人山　縣東五十里第一峯有石丈餘如人立崖下有石人洞又羅漢洞深廣可容百許人光潔無塵內有井泉不溢不竭

得勝山　西門外明時羣盜攻城官吏率居民拒敵盜奔此山被擒故名舊有砦　按廬州府志明洪武丁巳知縣陸紀典史李華擒盜於此舊稿以爲弘治時知縣陸玘典史李華擒固始賊張玘處今查職官洪武中無二人而弘治中有陸玘李華俱係知縣

樓子山　縣東北七十里自添樓發脉而來山勢高峻絕頂二石大數百圍長百丈上有砦下爲葉家山明葉指揮居

羊角山　縣北四十里舊有砦至頂兩石如門外臨懸崖石壁窄徑盈尺倚壁行十數丈名鵓公頂四面皆懸崖復前行忽得平石昔老君降處見古蹟　八景之一

上羊角山　縣北六十里亦有砦三面有路西南石壁萬仞中有關帝廟明末鄉民避兵於此爲賊所破投崖死者數千人今圮

多雲山　縣北一百二十里接羅田界懸崖絕壁峯巒層疊綿亙數百里下有九井常出雲氣故以多雲名山餘見九井

天人山　縣北三十五里自羊角山發脉險峻有砦中有井泉宋鄉民避兵於此鄭天人建因名天人山明時名千人勝又史閣部捐修築砦更名萬勝堡今圮

皐陶山　天人山下相傳皐陶曾居此邑儒士閻興鄰搆習靜齋于山麓吟咏徜徉有樂澗樂

寮峯尖山　縣東三十里峯巒羅列甚寮舊有砦今圮

三吳山　縣南三十里舊爲吳姓所居有砦名四口砦今圮

九龍山　縣東五里與蓮花山南北對峙俯瞰邑治瑰奇秀麗山半有雨淋崖禱雨立注絕頂有廟樹林陰翳明聞一言讀書其中有未登虎榜不下龍山句爲八景之一

蓮花山　縣東五里大河繞麓如泛水蓮花巔際瞰邑治烟火氤氲亦佳境也

馬鞍山　縣東十五里兩峯並峙狀如馬鞍

崇山　一名松山縣南二十里極高峻

五峯山　一名五行山縣東北一百一十里五峯並列聳特異常

又五峯山　縣北七十里

神峯山　縣西三十里屹立河濵巔有古刹松栢蒼翠

麻姑山　縣西北六十里英羅二縣界山水秀雅林木蓊翳相傳麻姑過此爲八景之一

白崖山　縣西三十里見府州志

香爐山　縣西十里張大悲修仙處山形靈秀亦有龍井祈雨輒應　府州志俱作香爐崖

紫臺山　縣東北九十里端秀穠麗舊有砦今圮

大陂山　縣東北一百里見府州志疑即椵皮嶺

黃尖山　縣東一百里上有紅髮比邱塔有庵名興福清幽絕倫學者多讀書其中

廣福山　縣東二十里山側有洞曰龍潭洞內深遠泉滴石成竅如盂盂

茅栗山　縣北十五里伊川十二世孫程居葬此見塚墓

文子山　縣南十里其山秀麗相傳爲皐陶故里

文峯山　縣南門外明知縣歐陽祥龍以堪輿家言改儒學向之

筆架山　縣東北八十里山峯並峙形如筆架俗傳唐畢相故里名畢家山無攷

添樓山　縣北一百二十里自東界嶺高峯頓起層疊如樓閣迤邐而南俗謂爲天頭山

斵山　縣北六十里峯巒秀異絕頂平石數十丈登眺無際

皇農山縣北一百里石門關外

朝陽山縣北七十五里舊有砦明末鄉民避兵於此苦無水今廢

古勝山縣東北十里舊有砦今圮

橫山縣東四十五里山脊平直有巨圓石月明視之光彩灼爍石山如杜讚岏突兀土人呼爲蠟燭石又有一石橫出數丈自下望之若懸掛雲間者

黃栢山縣東二十五里

獨山縣東二十里

查家山縣東南二十里

游家山縣東南三十里

石灰山縣南三十五里

雲蓋山縣西五十里

又雲蓋山縣南二十五里石穴間雲霧湧出山頂有古井二歲旱鄉人取水以禱多應

白羊山一名白石山縣西南四十里上有龍泉古寺寺前井水烹茶氣香而味冽祈雨汲作水母甘霖輒應

乘風山縣北四十里

團山城北四十五里

西峯山城北七十里

板蕩山縣東北三十五里

牛子山縣北九十里

太平山縣北九十里

月山縣西北四十五里有古栢古棗俱無枝葉而當春發生青蒼可愛

禾興山縣治西南下有潭

芝山縣南三十里宋段璋廬墓處

滾石山燕子崖砦基山諸峯縣南三十五里自亭子嶺而西高峻秀麗明時居山麓者科第不絕

烏石尖縣北四十五里產烏石可鐫碑記山南慕峯明金太常故里

掛龍尖縣東北一百三十里

蘆花尖縣西北五十里尖峯聳秀東與上羊角山對峙雲表

叫雨尖縣西北四十里在父子嶺上沈正思每遇歲旱於此輿雨今有沈眞人廟靈應異常

望江尖縣南四十里

黃土嶺縣北五里有亭曰花涼迎送官長處

軍師嶺縣北七里

東界嶺縣北一百二十里

西界嶺縣北一百四十里

又東界嶺縣東北一百二十里通霍山

又西界嶺縣東北一百一十里通霍山

按二嶺即府州志所稱界嶺東碪西碪抵霍山界者也

茶園嶺縣東二十里舊產茶

風波嶺縣東四十里有東嶽行祠見寺觀

門坎嶺 縣東北一百六十里

椴皮嶺 縣東北一百二十里有椴皮樹見古蹟

古方界嶺 縣東北一百二十里通太湖

棗刺嶺 縣東二十五里太湖界

隘口嶺 縣東四十里通潛皖

新開嶺 縣東三十五里山麓有廟名項家坪幽秀異常禪宗舊有講堂

清風嶺 縣東十五里有洞名清風洞

白坊嶺 縣東十里

山石嶺 縣東南三十里

亭子嶺 縣南三十里蘄州蘄水通衢

爻子嶺 縣西北四十里

楓香嶺 縣西北三十八里

沙河嶺 縣東北三十五里

州志又有天頭嶺府縣志俱不載疑即漆樓山譌爲天頭山者也

清風崖 南門外河岸上爲八景之一

龔家崖 縣北五十里有瀑布相傳爲龔元帥故里

鬼兒崖 縣北三十三里孔家坊大河岸上

佛塔崖 縣東北七里明張紊政葬其上見塚墓又有清風崖與之斜對

青峯崖 東北六十里下臨東河其峯高[illegible]

曾家崖 縣東北四十里

猿鷲崖 東北一百六十里懸崖峭壁峯嶺綿亘二十餘里

白巖 縣東南三十里

黃金崖 縣東南二十五里相傳有石刻藏金在內

鷹嘴崖 縣東三十里

青林崖 同上

銅鑼崖 縣南三十五里有藏馬窩俗傳英布會戰藏馬於此鳴金其上或疑藤蘿二字之誤

硃砂崖 縣南四十里崖壁懸絕赤光奪目相傳山下產硃砂　府州志在三吳山上

普庵崖 縣西二十里

香子崖 同上

擂鼓崖 縣西北六十里半屬羅田有石外方中空其一下懸如鼓上有廟

金華巖 縣北四十五里崖下有巨石直聳河中

龍秀崖 縣東二十五里

龍井崖 縣北六十五里

仙人崖 縣北一百五十里

雨淋崖

龍崖 縣北三十里上有古井禱雨輒應

州志又有石馬崖南十七里府縣志俱不載

僊人臺 縣南四十里本屬蘄州上有古刹蒼杉二株亭亭如蓋絕頂祖師殿俯英山境下視

硃砂崖初日微照艷麗非常舊有砦宋明末鄉民俱避兵於此全活甚衆　八景之一

師姑坪鷄鳴山下見府州志

天花坪縣東十五里上有平陸可田可宅

又天花坪縣北八十里有龍井九昔建廟壓之然雲氣出沒日出將天色清朗少焉山嶋中白氣如線直上即爲大霧遮幾對面不相見一時許復散居者衣被盡濕

火麻坪縣西八里有太乙觀

官坪在七引司見府州志

縣塲坪縣北一百二十里見府州志

打虎廠縣東南三十五里峯巒迢遞林密山深通蘄州

五里排縣東北七十里山勢橫列叠障相聯

太平坳縣東南三十八里

英山縣志　卷之四　山川　八

山溪坳縣南八里明正統時天下第二僧周和尚居此

黃連冲縣西北四十里見州志府縣志俱不載

龍潭洞見廣福山懸泉下滴終古不絕每逢歲旱禱雨於此

造錢洞在廣聚里郭家河河有三險爲第二險瀑布如簾罩洞戶冐水而入有級可升其中清明寬敞可坐卧過此則寒氣逼人莫敢入者

石人洞　羅漢洞二洞俱見石人山

瞿鷄洞在造錢洞側

老虎洞有二一在蕭家河上一在同義里蘆花尖康熙五十九年虎傷人土人逐入其中遂殺四虎

熊洞廣聚里柳林關上

石屋洞在蘆花尖麓上下俱石壁中一洞容數十人旁有窄徑可通

石門洞在同義里石門關昔人鐫文石上

清風洞在清風嶺上可容千人明末居民避寇於洞寇塞其穴俱死洞中陰雨常聞鼓樂聲

風洞縣北一百五十里

仙人洞在安仁里赤樹山下門不盈尺中寬敞可席坐

燕子洞在安仁里北冲河邊上石壁人不可到下潭水數十丈中方正平濶二穴約二尺許冬則羣燕棲焉

古勝山洞在古勝山深數里不甚大明末土人避賊洞中賊以烟薰之死者無算間有尸含蘿白者得全後舉以示人

石洞在同義里仙人崖下石壁千仞中一門不能到旁生古藤於石上攀藤而入可容數十人

英山縣志　卷之四　山川　九

老龍洞在仙人臺側深丈許有紫石如龍口中滴水下成小井不深不淺歲旱祈雨於此請水

獅子石鷄鳴山後

魚龍石西門外鎖水口旁有寺閣

樓子石見樓子山

馬踏石縣南三十里

紗帽石縣北七十五里形如紗帽在石頭嘴河中

跽八石縣東九十里形如八跪在陶家河

碧耳石縣東北一百四十里湯家河下

猪頭石湯家河上

蠟燭石見橫山

丫口石縣東二十里

望仙石在羊角山東南

懸棋石在紫臺山

鷹嘴石在柳林關後

蟾石縣南六十里崖南蘄水北羅田中大河英山諸水俱於此出巨石長五六丈高數十丈橫截河中三孔注水所以英山不通舟楫明知縣許有聲鳩工修鑿傷一目遂寢

四顧墩在城北金家鋪河中

方山岩縣東北一百一十里二面皆通羅山今圮

主簿岩即英武岩縣東四十里四面峭壁最後一徑可攀蘿而上今圮

白雲岩縣東南三十里今圮

章家岩縣西北十五里不甚高峻明史閣部可法築城建岩後岩破知縣高在崙於此殉難

白巖岩縣西北三十五里西向石壁千仞岩今圮

師姑尖岩即樓子山

千年勝岩縣西北三十里見州志

古岩縣西北十五里

白牙岩即白崖庵縣西北四十五里明末避寇土人沈國建築石城設四門賊不能入全活甚衆今城基古井猶存

天八岩以下俱詳山內　三吳山岩　下羊角岩　上羊角岩　鶘陽岩　古勝岩　紫臺山岩　寄峯尖岩

東河在英山鄉源二其一蕭家河合霍潛太三縣諸水至柳林關其一西衖河發源霍山分水界及添樓山東至柳林關會蕭家河歷雷家店楊柳灣至縣東門北澗河水入繞南門西門至兩河口會西河名大河又四十里鷄見河來入出險下過蘄水南門出蘭溪入大江

西河在添樓鄉源二其一源東衖界及添樓山西歷衖口鋪至劉家嘴其一源西衖界會多雲山水歷橫河至劉家嘴與東衖河會經七引司金家鋪至兩河口會東河入江

鷄見河發源庵寺前至縣南五十里蘄水英山分界處入大河以下俱在安仁里

北澗河源出馬鞍山至縣東南里許入大河

北中河縣南十五里入北澗河

西畈河縣南十里入大河

大畈河源出崇山至縣南十五里入大河

閔家河縣南三十里入大河

黑石河縣西七里入西河

瑜益河縣南四十里入鷄見河

下庄河縣南三十里

落梨河縣西十五里羅田英山交界處即西河也

宋家河縣西北二十五里以下俱入西河在同義里

黃家畈河縣西北二十八里

孔家坊河縣西北三十里

太平橋河西北二十七里英羅交界

房家冲河西北十里
斗門河西北三十三里
四顧墩河西北三十八里
黃連冲河西北四十二里
龍潭河西北四十里
土門河縣西北四十七里
紫檀冲河西北四十八里
傅家雙河口西北五十八里
甘家冲河西北五十七里
花橋河西北六十里

曾家畈河西北五十八里
汪家河西北六十里
青山溝河西北六十四里
夾鋪河西北六十五里
三官堂下河西北七十里
傅家壩河西北七十二里
板橋畈河西北七十五里
周家鋪河西北七十七里
金龜河西北八十里
小石頭觜河西北八十五里

雷家源河西北四十五里
程蚕冲河西北八十里
田家畈河西北八十八里
獅子橋河西北九十里
周家畈河西北九十二里
葉家畈河西北一百里
牛軛嶺橋河西北一百里
橫河西北一百二十里
陳家河在同義里父子嶺外西南至汪家鋪入羅田縣河
許家河縣東北八里以下俱入東河在廣聚里

佛塔崖河縣東北十里
柳林河東北十五里
牛車河縣東十五里
詹家河縣東一百里
站前河縣東北二十里流通太湖界
北流河東北二十五里
東庄河東北三十里
茶園河東北二十五里
裴家河東北三十里
巖頭河東北十五里

程家嘴河東北三十五里

黃泥畈河東北三十八里

雷家店河東北四十里

金華巖河東北四十五里

龍家套河東北五十里

五家河東北六十里

團山河東北六十五里

郭家河東北九十里

攤家河俱同上

西硔河同上

蕭家河同上

夏家河東北一百里

橫河同上

猪頭河同上

湯家河東北一百四十里

五字河縣北五十里

處士河縣北四十五里

滿溪縣東五里地名滿溪坪在蓮花山之陽中爲巨流兩峯夾峙若門

黃溪縣南五里

色溪縣南四十里

綠溪縣東三十五里

鹿溪縣北六十里地極幽勝

蕭公潭縣西南河中永興山下舊有蕭公廟相傳此其修煉得仙處未詳何代

山陽潭縣東十五里

石壁潭縣東北八里

苦竹潭縣東北十里

鐵線潭縣西五里

白馬潭西南十五里潭側向有腴田數十畝後潭水泛漲至今亂石星列成廢土

土門潭縣北五十五里有山溯水上二三里忽中斷如劈嶄似門戶下爲潭深不可測有沒水者云至盡處見圜口若甕內藏巨魚不敢入

祖師潭縣北九十里

洗馬潭縣北一百二十里在多雲山九龍井下水深黑土人言潭內時有大魚出水上不知者誤擊之天即陰晦雷電交作

踞魚潭縣北一百里中界嶺西界嶺兩河交會處

清風潭縣東北九十里潭下有坎坎中二石相對如門捕魚者出入其中再過則深不可測

李貢潭縣北九十里石壁鋪河西舊爲李貢生住宅明萬曆四十八年爲蛟水所泛成潭全家俱溺死

青龍潭縣東北一百里

曲尺潭縣東北一百一十里

龍潭有四　一在縣南二十五里棘嶺溝懸崖萬仞下爲潭盛暑至其旁毛髮悚慄　一在縣

北龔家崖下一在縣東三十里龍門崗雨山
峭立一水中流下臨龍潭飛布衝擊聲如桴鼓
一在清風潭東絕壁數千丈下有懸崖
中停盤石石中㵎若甕口而接碧流

石龍頭縣西南二十三里形似龍頭自西北而東南橫亘於河舟楫難過

三險在廣聚里郭家河十餘里皆石壁無泥沙兩岸峭削參險飛流直下數十丈奔射衝擊聲如洪鐘販木者於山中伐木騎其上乘流而下至險則騰躍登岸木投險竟墜其底閱一二時突起其人鈎致之仍騎其上三險皆然見者無不神搖目眩

五險在羊角山下每險相距里許水如三險但不甚大山雖高峻惟至險處陡峭其餘皆可登覽自頭險望五險如視釜底亦奇境也

過路灘縣東北六十里

北湯泉縣北三里雞鳴山石中湧出如湯正中一池可以熟雞子歷數坎溫涼漸別二月至

九月浣濯不絕水作雄黃氣瘡疥洗之立愈其下腴田數百畝較他處收穫獨豐至西門入東河爲八景之一

西湯泉縣西三里石竇湧沸下注池中廣竟畝狀如甕環池皆山左畔一池稍高溫涼各異若涇渭焉至雙河口入東河

溫泉在絲茅嶺下大河邊較西北二湯泉其熱稍減一方浣濯者賴之

玉虹泉在同義里太平橋有舒城何汝錫詩見藝文

董公泉在縣治內明弘治間典史董廷秀所浚廷秀有惠政去後人思之名其井曰董公泉

清泉在縣治內新文閣前相傳明嘉靖末以陰陽家言浚是井即有連中鄉榜者附錄於此

九井在多雲山上三井中三井俱不可到下三井祈雨極驗在洗馬潭上潭深莫測後爲石壁中裂一罅僅容足登者必過此初爲風井或下以石狂風經旬不歇次龍井形如甕四圍可[illegible]

可凭禱雨者具文投井中並以繩繫竹筒置水
上少焉竹筒旋轉沒入水有頭而出水已滿筒
即持歸雲罩其上隨之而走至祈禱處即大小
不等必有雨次頭井明秀爲沙淤止一栲栳地
中有白沙虔禱則沙開水湧

龍井在縣北天花坪舊有九井中藏蟄龍昔有羽士用符咒覆土掩其八建廟壓之止存一井爲汲泉常有雲氣詳天花坪

狗耳井在縣東英山上深不盈尺廣三四圍泉水甘冽四時常滿

水利

潤州塘一名安山縣塘　休州畈塘即沈佺塘縣北三十里

月形塘縣北九十里　長塘縣西三十里

黃家畈堰　官堰

梓山冲同義里　水灌冲

孔家堰　馬家畈同義里

青嵩　呂城畈

車門畈　石堰縣北二里

傅家壩七引司下　柴山

青河　黃家冲

程家堰同義里　雞作堰同義里

千工堰一在雞作堰上一在蕭家河　龍潭河堰同義里

大堰同義里　石壁堰同義里石壁鋪下

觀音堰安仁里陶家坊下　楊家堰同義里父子嶺下

張家堰同義里　紙糊堰同義里魯家畈下

邱家崖堰安仁里　孺子堰廣聚里

大壁堰廣聚里　大畈河堰安仁里

石塔堰同義里周家冲上　天作堰縣北八十五里

石鼓堰西北五十里　長子堰

團魚堰　豐城堰縣北六十里

江家堰縣西四十五里　閻公堰縣北六十里

按英山無平原曠野盡屬冲壠夾田皆山濵河者皆沙坪恒賴築堰灌溉然各堰興廢不常而沿溪河小堰不可枚舉今姑撮其大概惟當事

英山縣志　卷之四　山川　十八

者時加勸勵使人自爲謀隨宜修葺則土壤肥沃西成豐裕矣

關津橋梁附

七引關今七引司　石門關以上同義里

朱棠關　柳林關

古方關以上俱廣聚里

三河口渡縣西二里　南門河渡

金家舖渡

西門橋　石頭嘴橋縣北八十五里以上同義里

沈家橋在城北父子嶺南

碶口舖橋縣北一百五里今名太平橋乾隆年余延渾等捐建

永鎮橋舊名賀家橋歲久衝廢乾隆十五年貢生程光源捐建

兩會橋在城北黃連冲節婦沈詩馨妻鄭氏捐建

金家橋今名安集橋城北四十里貢生金秉瑜捐建

梭子橋城北十五里今名瀾安橋舊橋衝廢乾隆十九年貢生金秉瑜生員梁敷松仝捐建　傅家橋

鄭家橋縣北二十五里　花橋縣北五十里

太平橋西北二十里石壁刻玉虹泉有昔人題詠

包家橋縣北七十里　蔡家橋縣北十二里

獅子橋縣北九十里　界嶺橋縣北一百二十里

英山縣志　卷之四　山川　十九

牛軛嶺橋縣西北一百里　龍泉橋縣北八十里

長春橋縣北一百二十里　延壽橋縣北一百十五里

新橋南三十里以下安仁里　伯仲橋城南二十里

金家橋縣南五里　四路橋

安同橋縣南三十里靈鷲菴前明方明安建後人重修改爲攸同橋

三通橋縣南三十五里明方義貫重修　永安橋

大竹橋縣南十五里乾隆十九年監生彭正經捐建

轉棚橋縣南三十五里　楊家橋縣東二十里以下廣聚里

水口橋　雷家河橋

李公橋　義橋縣東九十里

福壽橋縣東北八十里　延壽橋縣東北一百二十里

長壽橋縣東北八十五里　崇安橋縣西見州志今圮

觀化橋城內儒學前今圮　善福橋見府志

英山縣志卷之四終

續修英山縣志卷之五

英山縣知縣樂陵李文[illegible]續修
英山縣教諭古歙汪時[illegible]
英山縣訓導合肥阮[illegible]

建置

古者量地制邑度地居民自城郭官府以至都鄙鄉遂之間辨方正位畫野分疆大小相維遠近聯絡莫非所以衛其生防其侵害而將其政令也然春秋用民力必書故建置之際君子謹之我
國家加惠元元一切動支國帑惟恐耗民財力而守土之吏亦莫不仰承
德意究罔敢輕言興作顧圮者修之缺者補之不便者移易之其一時之經營拮据後人皆當愛惜而愼守焉雖時所當爲自有所以不得不爲而撙節休息之意即於此可見覩一邑可以知天下矣志建置

城池

英山縣城前無可攷元至元十五年築土城周三里後圮以倚山帶河爲險不復議築明成化間知縣徐剛令民沿河植柳以蔽宏治十二年盜

起土籌徐璋承檄重築高一丈二尺濶五尺設五門東曰迎暘西曰聚悅南曰南薰北曰拱宸東北曰通備獨缺東南隅因河爲濠嘉靖十九年知縣歐陽祥龍嫌西南水去不足衛城且地形弗吉累石爲隄障之邑甚賴焉明末寇賊蹂躪遷徙不一

國朝仍復舊治然河水泛漲隨築隨圮惟藉民房環衛四面設柵門而已乾隆十四年署知縣王颐卜以西北一面空缺築垣六十餘丈重葺四門城樓表其額東曰慶春西曰寶成南曰迎薰北

曰拱宸乾隆三十年英山縣營汎把總馬請修四城土垣及各城門一次

以上舊志

按英自明末迭遭流寇地之遷徙不一而土城亦隨築隨圮

國朝定鼎雖復舊治四圍仍藉民房捍蔽惟具城門司啓閉而已其沿河當水之衝者歷經修有石壩居民差免墊淤自道光二十一年蛟水暴發衝破東北頭壩瀰漫邑中縣署民居淹倒無算當經

各上憲查勘諭令興工修理石壩以爲禦水之計二十二年知縣李文泉莅任加意接修遂自北之東七星坪山角起迤邐而東而南由南曲轉至西循西小河直上至北邊山尾止共計四百餘丈接續增加皆累以石計自壬寅癸卯甲辰數經水汎壩腳穩固可保無虞遂漸加高屹若城然二十五年

州憲文查勘詳明修城又以北多山阜地勢雖高然必須一律修築始爲周匝完備共計七百丈仿舊正門四東曰東作西曰西成南曰南安北曰北拱仿舊便門二東北曰營口西南曰便

運

公署

縣署在東門德化坊元至元間知縣段朝立創建後燬於火明洪武三年知縣朱陵重建天順五年知縣朱瑀重修規制具備明末寇燬無遺

國朝順治二年知縣申鍾霍始莅任僑治於同義里後仍入縣中改察院爲縣署以舊署爲典史衙雍正四年知縣趙宗炅以縣署立向不善恐改置之乾隆十四年署知縣王颐卜建申明亭土

地祠十八年署知縣李春明因紳士呈請自趙令改署後案牘煩巨重行改建仍復舊向中爲大堂三楹內暖閣外遊亭三間東庫一間西庫一間前列甬道旁東吏禮刑書吏房五間西戶兵工書吏房五間又東西房各一間前爲儀門樓三楹外東福德祠三間西祿位祠三間儀門前頭門樓三楹外左旌善亭三間右癉惡亭三間又前爲照壁大堂後宅門三間廂房一間宅門內二堂三楹後三堂三楹東書室一間西書室一間後四堂三楹左右廂房各二間三堂東

院內住宅五間自此五間以下俱係舊屋未經改造東側屋三間前兩廂共四間庫樓一座後住宅三間兩耳房各一間住宅前東廚屋三間左右羣房六間二堂側自西迤北環列倉屋見倉廒乾隆二十四年六月蛟水冲塌知縣王格請修一次四十一年知縣周學元請修一次嘉慶十四年知縣諸穆圖捐廉修理一次東隅添修三間顏曰陶然居　按縣署遷改不一今署雖寬敞而地形低窪倉廒易於霉濕竊相此地形勢惟凌雲書院地形高明堂濶大可以遷建附志於此以俟後之君子取擇焉可也

前志所載衙署規模詳明道光二十一年五月蛟水泛濫堂屋仍舊書房內宅多冲塌八月知縣李鈞策詳請借廉一千三百五十兩修理三堂後正房五大間左右遊廊六間過廳五間大廚房一所二十二年知縣李文泉因內宅過少改拆庫樓添修偏房五間又添修簽押房三間重修賓幕書房於三堂東俱係墊欵前此署基低窪故屢被水冲淹今東邊河隄添修高固並築城垣署基亦加高平地數尺

典史衙在縣治西即舊縣署中大堂三間偏房二間前爲儀門又前爲頭門堂後住屋三間西橫書房二間後廚房一間偏房上首福德祠一間康熙己酉年典史林鴻猷請修一次乾隆五十八年典史陳化鵬請修一次後於道光二十一年被水冲塌典史徐樹穀奉文借廉重修共計二十四間

巡檢衙原在七引店已坍廢乾隆五十七年巡檢陸紹甯請修一次亦被水冲毀道光十九年巡檢王鑠借廉買民房改建徐家套上街詳請移

駐
僧會司縣治北今改長石寺 道會司 醫學 陰陽學
惠民藥局廢久
察院舊縣治東今爲縣署 義館縣治西今廢
金家舖公館在金家舖東嶽禪院內大殿南側乾
隆十九年金姓紳士捐合族公基一所創建內
住宅二間中大廳三間前天井外照壁一座俱
金姓捐造監生金掄爵監修

倉厫

常平倉 在縣署側西北原建倉厫二十八間內

土倉十間板倉十八間共七座
雍正十二年知縣趙宗昦奉 文添建板倉一
十九間共四座
乾隆五年知縣童宏先奉 文添建土坯倉二
十間共三座
十三年知縣董艮弼奉 文添建土坯倉二十
間共三座
按從前額設常平倉太小板倉土倉共七十四
間乾隆五十九年知縣嚴克任請修一次領工
料銀九百七十七兩零修大小板倉九間土倉

二十一間嘉慶二十一年知縣誥穆圖請修一
次領工料銀九百九十四兩零修大小板倉十
一間土倉二十一間以上舊志
前志所載諸令請修後道光二十一年被水沖
實在存倉共五十四間內有二十間欹斜欲倒
知縣李文泉於二十三年改拆四間修倉神演
二十四年改拆十間重新修造二十五年秋又
改拆六間修造實在倉共五十間俱係整款地基亦俱增高

社倉

乾隆二年知縣鄭重奉 文建造社倉共計六

間
一在安仁里彭家畈倉二間
一在廣聚里雷家店倉二間
一在同義里七引店倉二間
五年生員段枝捐建社倉一間在安仁里白羊
山 邑民徐大椿捐建社倉一間在廣聚里東
庄畈
十六年邑民袁貴臣捐建社倉二間在廣聚里
佛塔崖
二十年知縣張海詳請添建社倉十間 一在

安仁里山溪坳倉二間 一在廣聚里草棚地倉三間

一在同義里孔家坊倉四間

存留倉儀門左久廢

預備倉久廢

街巷

十字街　後街

上河街　下河街

新街　德化街

仁政街　政平街

青雲街　小南門街

小北門街　營房街

錢鑪巷　隍廟巷

土地巷　盛家巷

蔣家巷　程家巷

馬家巷　二南巷

坊表

承流　宣化

甍應　仁政

觀化　潤芳

黃甲以上俱廢　傳家坊今廢

學士坊為唐沈佺期立在黃連冲有聯云盧州管轄三千里英基排來第一家久廢

青雲為明進士張禧劉鑰舉人段環等一十三人立廢

清卿為明太常卿金中剛立在西門廢　義坊明義民徐滄海捐賑奉敕立義門廢

節烈坊具詳列女傳　百歲坊為職員葉敷桂之妻鄭氏立在

土門潭

鋪遞

總鋪縣治前十五里至

二鋪蔡家坊十五里至

三鋪孔家坊十五里至

四鋪金家鋪十五里至

五鋪花橋鋪十五里至

六鋪七引鋪十五里至

七鋪石壁鋪十五里至

八鋪硔口鋪十五里至

九鋪界嶺鋪過此接霍山縣鋪遞

里甲

英山縣里甲宋元無攷明洪武間分為三鄉一十七里在城一里同義八里安仁六里廣聚十二里有坊有都有圖至萬曆四十八年蛟水為災田地漂没遺沙糧數百頃人多逃散至崇禎

年後流寇蹂躪加以旱蝗疫癘戶口散亡

國朝定鼎編為三里三十甲

滌樓鄉同義里縣治西北十甲一都十圖六十保

一都一圖金家舖　一都二圖花橋舖

一都三圖茆草畈　一都四圖孔家坊

一都五圖夾舖傅家壩　一都六圖獅子坳

一都七圖五顯廟石頭嘴

一都八圖硔口舖張家嘴

一都九圖父子嶺　一都十圖西界嶺

八里山保縣北五十里　北湯河保縣北五里

樂家壠保縣北四十五里　金家冲保縣北四十五里

黃泥塝保縣北四十五里　金家舖保縣北四十里

茅家坳保縣西北八十里　曾家畈保縣北一百里

陸家冲保縣北七十里　程章河保縣東北八十五里

大石頭嘴保縣東北八十五里　花屋壪保縣東北八十五里

茆草畈保縣北八十里　長嶺崗保縣北九十里

大屋冲保縣北八十里　爛柴溝保縣西北九十里

余家壪保縣北六十里　土地崗保縣北六十里

紫檀冲保縣西北四十五里　孔家坊保縣北三十里

鮑家舖保縣北四十里　中界嶺保縣北一百二十里

新店保縣北三十里　龍潭河保縣北四十里

硔口舖保縣北一百里　黃龍山保縣西北九十里

馬家畈保縣北三十二里　林家冲保縣北三十五里

黃連冲保縣北四十里　父子嶺保縣西北四十里

新舖保縣北四十五里　西界嶺保縣北一百四十里

張百樓保縣北一百二十里　栗樹嘴保縣北一百三十里

方家壪保縣北七十里　傅家橋保縣北六十五里

甘家冲保縣北六十里　夾舖保縣北六十里

土門潭保縣北五十里　大河冲保縣北一百二十里

橫河保縣北一百里　吳家山保縣北一百一十里

河沿套保縣北九十五里　葉家畈保縣北九十里

竹坳頭保縣北二十里　祠堂畈保縣北二十里

王家畈保縣北二十八里　樊家冲保縣西北三十五里

休州畈保縣西三十里　汪家舖保縣西北五十里

清正街保縣北九十里　周家畈保縣北八十五里

腰磨畈保縣北九十里　楊家庄保縣北九十五里

大坳溝保縣北一百里　後花園保縣北九十里

葉家山保縣東北一百一十里　八仙畈保縣西二十里

芭茅冲保縣北八十里　宋家河保縣西二十五里

三吳鄉安仁里縣治南四分之三縣治北四分之一十甲三都十圖四十

保

三都一圖本城彭家畈　三都二圖百丈橋

三都三圖尾寺前　三都四圖方家嘴

三都五圖金盆地　三都六圖陶家坊

三都七圖賀家橋　三都八圖大畈河

三都九圖鷄兒河　三都十圖北冲河

彭家畈保縣南二十五里　塔兒畈保縣南二十五里

龍潭畈保縣東南四十里　金家橋保縣南三里

周家河保縣南十里　北冲河保縣東南三十里

羅塘㘭保縣南三十五里　閔家河保縣南三十五里

界河保縣南四十里　青龍嘴保縣南四十里

側家園保縣南五十里　麻園墩保縣南三十里

尾寺前保縣南三十五里　鷄公石保縣南四十里

吳山寺保縣南四十里　火田冲保縣南四十里

方家嘴保縣南三十五里　龍潭河保縣南三十五里

陶家坊保縣南十里　老屋灣保縣南四十里

朱家灣保縣北七里　葉家坊保縣西十五里

蔡家坊保縣北十五里　兩河口保縣西五里

落梨河保縣西十五里　西湯河保縣西五里

長冲保縣南五里　西畈保縣南十五里

大畈河保縣南十五里　若河冲保縣南二十里

白沙舖保縣南四十里　茶園保縣南三十五里

赤波嶺保縣南四十五里　鷄兒河保縣南四十里

四路橋保縣南四十里　上馬㘭保縣東十里

高家橋保縣東五里　皂角樹保縣南十里

王家臺保縣西十里　南冲畈保縣西十里

英山縣廣聚里縣治東北十甲二都十圖廣里不足十甲撥同里九甲之餘並羅田寄庄地奏成一甲寄庄止納糧永不當差入考三十五保

二都一圖鐵爐㘭　二都二圖東庄畈

二都三圖茶園嶺　二都四圖滿溪坪

二都五圖丫口石　二都六圖馬鞍山

二都七圖雷家店　二都八圖筆架山

二都九圖蕭家河　二都十圖柳林關

欑溪冲保縣東四十里　鐵爐㘭保縣東三十五里

王家河保縣東三里　黃泥畈保縣東三十里

隘口嶺保縣東四十里　過路灘保縣東北六十里

茶園河保縣東北三十里　古檪保縣北二十五里

百澗河保縣東五里　柳林河保縣東十五里

查壁河保縣東十五里　烏木冲保縣東十里

夾舖保縣東二十里　芭茅街保縣東二十里

雷家店保縣東北四十五里　龍家套保縣東北五十五里
大間冲保縣東北四十里　汪家山保縣東北五里
萬家冲保縣東北四十五里　蕭家河保縣東九十里
紅花嘴保縣東九十五里　門檻嶺保縣東一百三十里
桃花冲保縣東一百二十里　草棚地保縣東北十五里
西烘河保縣北一百里　栗子坪保縣東四十五里
朱家山保縣東北五十里　東庄畈保縣東四十里
土門河保縣東五十里　陶家河保縣東七十里
板壋坳保縣北五十里　滿溪坪保縣東北七十里
許家河保縣東北十五里　鄢家坳保縣西北四十里
詹家河保縣東北八十里

按英邑三里照賦當差惟廣里之十甲獨名曰寄庄一切雜泛差徭概不與及溯厥由來葢因羅邑張方饒葉數姓三十二丁籍係羅田產置英邑既不便相冐應考公議止納英糧不當英役迨後外來之人既居英地置有英業亦藉不役之例列入寄庄甲內相沿至今未經分別釐定洵屬苦樂不均今細查該甲除實係寄庄之戶仍循舊外其人業俱在英地而不附籍者共八十二戶計正米三十六石有奇自乾隆丙子年為始一例附籍編立成甲以均差役日後居住年久果符定例亦準一體收考永為定案

鄉鎮村集亦有稱鎮今俗統稱曰鋪

同義里

竹坳頭北同義里地南安仁里地　孔家坊鋪縣北三十里
金家鋪縣北四十里　土門潭鋪縣北五十里
夾鋪縣北六十里　傅家壩鋪縣北六十里
七引司鋪縣北七十里　茆草畈鋪縣北七十五里
小石頭嘴鋪縣北八十里　石頭嘴鋪縣北八十五里
程章河鋪縣北九十里　清正街鋪縣北九十五里

硔口鋪縣北一百里　新店縣北四十五里
界嶺鋪縣北一百二十里以上通霍山　詹家畈鋪縣北一百二十里
西界嶺鋪縣北一百四十里二處通六安州霍邱縣
韓婆墩鋪縣北四十里　父子嶺鋪縣西四十里
汪家鋪縣西五十里　新鋪縣西北三十里以上通羅田縣

安仁里

河東街　河南街
陶家坊鋪縣南十里　彭家畈鋪縣南二十里
崇山鋪縣南三十里　大畈河鋪縣南十五里
鷄見河鋪縣南四十里　方家嘴鋪縣南三十里以上通蘄州

蘄水

廣聚里

白坊嶺鋪縣東十里　柳林河鋪縣東十五里

夾鋪縣東二十里　楊家橋鋪縣東二十里

了口石鋪縣東二十五里　芭茆街鋪縣東二十八里

桐子坳鋪縣東二十五里　王家河鋪縣東二十五里

鐵爐坳鋪縣東三十五里　隘口嶺鋪縣東四十里以上通太湖路

楊柳灣鋪縣東三十里

栗子坪鋪縣東三十五里　雷家店鋪縣東四十五里

過路灘鋪縣東北六十里　柳林關鋪縣東北七十五里

槐樹坪鋪縣東北七十里　草棚地鋪縣東北九十五里

界嶺鋪縣東北一百里以上通霍山路

卹典

養濟院舊立北門外後廢雍正元年知縣趙宗炅捐建草屋三間地基係生員李世爛捐

育嬰堂在雞鳴山下廢

漏澤園在縣治北三里石堰頭上後廢雍正年知縣趙宗炅清查復置

義塚二有一在北門外一在西門外明天啟二年生宋邦相施

英山縣志卷之五終

續修英山縣志卷之六

英山縣知縣樂陵李六泉續修

英山縣教諭古歙汪時青　訓導合肥阮華林　編纂

學校義學名宦鄉賢忠孝諸祠附

尊聖重道至我朝而極矣內則心源遙接敬事有加外則監於百踵事增美故禮制飭盡無可復議暨乎廣勵學宮教育多士敷宣文治壽考作人亦皆超越漢唐比隆三代雖偏隅一邑而宮墻所在或擇地卜遷或積年修建與夫勤政愛民有功茲土文

行勳業光啟後人俱已垂馨俎豆增色山川尤一方所當紀述者志學校

英山縣學在縣治西元至元十五年知縣段朝立建後燬於兵明洪武初知縣朱陵重建九年知縣隋贇葺補未備正統間知縣賀完弘治間知縣郭郛正德間知縣黃流相繼加修嘉靖八年知縣葉邦榮改建於東三十四年知縣李鳳復遷於西隆慶三年知縣葉世行教諭漆星大加修葺建正殿五間前為戟門為宰牲堂為泮池為月宮橋為櫺星門為祭器庫戟門左右為名

宫鄉賢祠正殿後爲啟聖祠殿左爲儒學大門
爲儀門爲明倫堂堂東爲進德齋西爲修業齋
後爲敬一亭爲魁星祠萬曆初知縣胡咸賓於
左建教諭廳右建訓導廳前爲膳堂爲學倉爲
射圃亭天啟三年知縣楊世祿改建北門外崇
禎四年署縣事府訓導丁立表復遷城中縣治
北燬止存　聖廟三間櫺星門三間
國朝順治十一年知縣王兆元復遷縣治西建正殿
三間十一年知縣陳震先建明倫堂三間二十
三年知縣劉五瓏建東西廡各三間櫺星門及

左右名宦鄉賢祠各三間殿後啟聖祠三間三
十七年知縣李澍於學前建屏墻南建魁星樓
四十年知縣林𪾢教諭吳之騄始改建今學於
北門雞鳴山麓而以舊學宫爲文昌祠學博士
宅正中
先師廟舊爲大成殿明嘉靖九年更今名　五楹前爲露臺下爲拜臺
左東廡五間右西廡五間前戟門三間門左名
宦祠三間右鄉賢祠三間又前爲泮池雍正七年知縣
趙宗旵重修池前爲屏墻雍正七年知縣趙宗旵重修戟門兩旁
繞以垣東西爲門各一殿後爲明倫堂五楹兩
旁繞以垣爲義路禮門殿西北爲啟聖祠今改名崇
聖祠三間爲屏墻爲門一間雍正七年知縣趙宗
旵於學前之東捐建雲路坊屏墻西復改向捐
建櫺星門乾隆十一年知縣董艮𪾢於明倫堂
左右添建朝房各一間三年教諭陳益於櫺星
門外添建圍墻建東西門先後添建兩學署至
乾隆二十年漸就頹敝楹柱皆傷於蟻知縣張
海因紳士呈請重修移崇聖祠與明倫堂相接
遷正殿於後正坐雞鳴峰前對文子山衆論僉
同三閱月工竣　道光三年春六安州同代理

英山縣事萬年淳同教諭王爕坊訓導余道謙
及衆紳士因魁星樓不宜建於學宫之右乃移
建於左在城守營署之旁又舊火神廟戲臺亦
在學宫之右屢訟有案今春買得之以其臺基
之石作魁星樓之基以其臺之木料移作輿賢
館後廳以爲小試衡文之所又學宫前右剪子
路亦甚不宜乃以戲臺之磚另立屏墻一座於
學宫之前一以斷剪刀路形一以障蔽街頭諸
屋脊形勝倣豁煥然改觀眞一舉而四善備焉
者

教諭署在文昌閣東雍正年教諭李宜瑞重修中廳堂三間內門屋一間住宅三間俱係舊屋左右廂房各三間宅西厨房一間堂前三間頭門一間乾隆二十年教諭方超重修嘉慶二年教諭戴沛霖請修一次

訓導署在明倫堂後中廳堂五間右修業齋三間內住宅五間四圍俱儒學舊基道光二年訓導余道謙邀邑紳士修明倫堂一次堂柱棟梁皆輸於公東旁客廳道光廿一年訓導阮華林邀紳士修建並合署手植樹木造冊移交

聖祖仁皇帝康熙二十五年奉頒

御書萬世師表匾額

御製至聖先師孔子贊並序

葢自三才建而天地不居其功一中傳而聖人代宣其蘊有行道之聖得位以綏猷有明道之聖立言以垂憲此正學所以常明而人心所以不泯也粤稽往緒仰遡前徽堯舜禹湯文武達而在上兼君相之寄行道之聖人也孔子不得位窮而在下秉刪述之權明道之聖人也行道者勳業炳於一朝明道者教思周於百世堯舜文武之後不有孔子則學術紛淆仁義湮塞斯道之失傳也久矣後之人而欲探二帝三王之心法以爲治國平天下之準其奚所取衷焉然則孔子之爲萬古一人也審矣朕巡省東國謁祀闕里景企滋深敬摛筆而爲之贊曰清濁有氣剛柔有質聖人參之人極以立行著習察舍道莫由惟皇建極惟后綏猷作君作師垂統萬古曰惟堯舜禹湯文武五百餘歲至聖挺生聲金振玉集厥大成序書刪詩定禮正樂既窮象繫亦嚴筆削上紹往緒下示來型道不終晦秩然大經百家紛紜殊途異趣日月無踰羹墻可晤孔子之道惟中與庸此心此理千聖所同孔子之德仁義中正秉彝之好根本天性庶幾夙

夜勗哉令圖遡源洙泗景躅唐虞載歷庭除式觀禮器摛毫仰贊心焉遐企百世而上以聖爲歸百世而下以聖爲師非師夫子惟師於道統天御世惟道爲寶泰山巖巖東海泱泱墻高萬仞夫子之堂孰窺其藩孰窺其徑道不遠人克念作聖

顏子贊曰聖道早聞天資獨粹約禮博文不遷不貳一善服膺萬德來萃能化而齊其樂一致禮樂四代治法兼備用行舍藏王佐之器

曾子贊曰洙泗之傳魯以得之一貫曰唯聖學在茲明德新民止善爲期格致誠正均平以推至德要道

百行所基纂承統緒修明訓辭

子思贊曰於穆天命道之大原靜養動察庸德庸言以育萬物以贊乾坤九經三重大法是存篤恭愼獨成德之門卷之藏密擴之無垠

孟子贊曰哲人既萎楊墨昌熾子輿闢之曰仁曰義性善獨闡知言養氣道稱堯舜學屏功利煌煌七篇並垂六藝孔學攸傳禹功作配

世宗憲皇帝雍正三年奉頒

御書生民未有匾額

高宗純皇帝乾隆三年

御書與天地參匾額

仁宗睿皇帝嘉慶二年

御書聖集大成匾額

今上道光二年

御書聖協時中匾額

先師殿

唐開元二十年始正位南面明嘉靖九年改封號撤塑像題以木主高二尺三寸七分濶四寸厚七分座高四寸長七寸厚三寸四分朱地金書籩豆用十樂用六佾四配主高一尺五寸闊三寸二分赤地墨書崇聖主同十哲兩廡高一尺四寸濶二寸六分厚五分座高二寸六分長四寸厚二寸赤地墨書

國朝因之每春秋二仲月上丁日致祭先期致齋三日前一日詣所省牲及期黎明知縣朝服率僚屬師生行三獻禮雍正三年詔郡縣丁祭牲用太牢乾隆三年奉部文頒定祭品祝文俱詳後

四配

復聖顏子

述聖子思子 殿內東旁西向

宗聖曾子

亞聖孟子 殿內西旁東向

十哲

國朝康熙五十一年進朱子次十哲稱先賢乾隆元年進有子次十哲

先賢閔子損　先賢冉子雍

先賢端木子賜　先賢仲子由

先賢卜子商　先賢有子若 殿次東西向

先賢冉子耕　先賢宰子予

先賢冉子求　先賢言子偃

先賢顓孫子師　先賢朱子熹殿次西東向

兩廡

國朝康熙五十五年以宋儒范仲淹從祀雍正三年復祀先賢蘧瑗林放秦冉顔何先儒鄭康成范寗等六人增祀先賢縣亶牧皮樂正克公都子萬章公孫丑先儒諸葛亮尹焞黃幹陳淳魏了翁何基王柏趙復許謙金履祥陳澔羅欽順蔡清陸隴其等二十二人升周敦頤張載程顥程頤邵雍爲先賢道光二年御史馬步蟾奏請以劉宗周從祀兩廡先儒

上諭着從祀西廡列在明臣蔡清之次道光三年閣臣盧浙再請以湯斌從祀兩廡

東廡

先賢蘧瑗　先賢澹臺滅明

先賢原憲　先賢南宮适

先賢商瞿　先賢漆雕開

先賢司馬耕　先賢梁鱣

先賢冉儒　先賢伯虔

先賢冉季　先賢漆雕徒父

先賢漆雕哆　先賢公西赤

先賢任不齊　先賢公良孺

先賢公肩定　先賢鄡單

先賢罕父黑　先賢榮旂

先賢左人郢　先賢鄭國

先賢原亢　先賢廉潔

先賢叔仲會　先賢公西輿如

先賢邽巽　先賢陳亢

先賢琴張　先賢步叔乘

先賢秦非　先賢顔噲

先賢顔何　先賢縣亶

先賢樂正克　先賢萬章

先賢周敦頤　先賢程顥

先賢邵雍　先儒穀梁赤

先儒伏勝　先儒后蒼

先儒董仲舒　先儒杜子春

先儒范寗　先儒韓愈

先儒范仲淹　先儒胡瑗

先儒楊時　先儒羅從彥

先儒李侗　先儒張栻

先儒黃幹　先儒眞德秀

先儒何基　先儒趙復

先儒吳澄　先儒許謙
先儒薛瑄　先儒王守仁
先儒羅欽順　先儒陸隴其
西廡
先賢林放　先賢宓不齊
先賢公冶長　先賢公晳哀
先賢高柴　先賢樊須
先賢商澤　先賢巫馬施
先賢顏辛　先賢曹䘏
先賢公孫龍　先賢秦商
先賢顏高　先賢壤駟赤

先賢石作蜀　先賢公夏首
先賢后處　先賢奚容蒧
先賢顏祖　先賢句井疆
先賢秦祖　先賢縣成
先賢公祖句玆　先賢燕伋
先賢樂欬　先賢狄黑
先賢孔忠　先賢公西蒧
先賢顏子僕　先賢施之常
先賢申棖　先賢左邱明
先賢秦冉　先賢牧皮

先賢公都子　先賢公孫丑
先賢張載　先賢程頤
先儒公羊高　先儒孔安國
先儒毛萇　先儒高堂生
先儒鄭康成　先儒諸葛亮
先儒王通　先儒司馬光
先儒歐陽修　先儒胡安國
先儒尹焞　先儒呂祖謙
先儒蔡沈　先儒陸九淵
先儒陳淳　先儒魏了翁

先儒王柏　先儒許衡
先儒金履祥　先儒陳澔 文天祥
先儒陳獻章　先儒胡居仁
先儒蔡清　先儒劉宗周 湯斌

先師正位祭品

制帛一　爵三　牛一
羊一　豕一　登一
鉶二　簠二　簋二
籩十　豆十　酒罇一

四配

每位制帛一　爵三　羊一

豕一　鉶一　簠二

簋二　籩八　豆八

十二哲

東位制帛一　爵各一　豕一

鉶各一　簠各一　簋各一

籩各四　豆各四西同

兩廡

東廡制帛一　爵各一　豕三

每案簠一　簋一　籩四

豆四西同

執事諸生一百一十六人

通贊二　引贊十　祝一

拂拭七　陳設十有二　監宰二

瘞毛血七　奉帛九　執爵九

接帛九　接爵九　司盥三

司尊三　司樂一　司班次二

司文榜一　司香燭六　司庫一

司厨一　飲福受胙四　司擂三

集禧一　司滌祭器二　撤饌十有

樂舞

樂六奏舞六佾樂生五十三人舞生三十八人

麾幡一　敔一　琴六

瑟二　鐘一　磬一

塤二　篪二　鼓二

箾二　管六　簫六

笛六　笙六　搏拊二

應鼓一　工歌六

執節二　佾三十有六

迎神樂奏咸和之曲無舞

大哉孔聖道德尊崇維持王化斯民是宗典祀

有常精純並隆神其來格於昭聖容

奠帛樂奏寧和之曲舞

自生民來誰底其盛維師神明度越前聖粢帛

具成禮容斯稱黍稷非馨惟神之聽

初獻樂奏安和之曲舞

大哉聖師實天生德作樂以崇時祀無斁清酤

惟馨嘉牲孔碩薦羞神明庶幾昭格

亞獻終獻樂奏景和之曲舞

百王宗師生民物軌瞻之洋洋神其寧止酌彼
金罍惟清且旨登獻於三於嘻成禮
徹饌 樂奏咸和之曲無舞
犧象在前豆籩在列以享以薦既芬既潔禮成
樂備人和神悅祭則受福率遵無越
送神望瘞 樂奏咸和之曲無舞
有嚴學宮四方來宗恪恭祀事威儀雍雍歆格
惟馨神馭還復明禋斯畢咸膺百福

祝文

具官 某 等敢昭告於

至聖先師孔子曰惟
師德配天地道冠古今刪述六經垂憲萬世維茲仲
春秋 謹以牲帛醴齊粢盛庶品式陳明薦以
復聖顏子
宗聖曾子
述聖子思子
亞聖孟子配尚
饗

崇聖祠

明嘉靖十年制建啓聖祠祀 叔梁紇題曰啓
聖公孔氏神位以先賢先儒從祀
國朝雍正元年加封 孔子五代王爵改啓聖祠爲
崇聖祠增宋儒張廸從祀丁祭日五鼓知縣親
服率屬先祭崇聖祠正殿行三獻禮三跪九叩頭
肇聖王木金父
裕聖王祈父
詒聖王防叔
昌聖王伯夏
啓聖王叔梁紇

配位

先賢顏無繇
先賢孔鯉 皆西向
先賢曾點
先賢孟激 皆東向

從祀

先儒周輔成
先儒程珦
先儒蔡元定 皆西向
先儒張廸
先儒朱松 皆東向

祭品

正位

制帛一每位 爵三 羊一

豕一 鉶一 簠二

簋二 籩八 豆八

酒罇一

配位

制帛二 豕首二 爵三每位

簠一 簋一 籩四

豆四 豕肉一

從祀

制帛二 爵一每位 簠一每案

簋一 籩四 豆四

豕首一

祝文

具官某等敢昭告於

肇聖王木金父公

裕聖王祈父公

詒聖王防叔公

昌聖王伯夏公

啓聖王叔梁公曰恭惟

五王造家濬哲毓瑞文明五世其昌大儒宗於洙泗

千秋不朽隆祀事於彝章維茲仲春秋謹以牲帛

醴齊粢盛庶品式陳明薦以

先賢顏氏

先賢曾氏

先賢孔氏

先賢孟氏配尚 饗

文昌宫在縣治西舊儒學故殿康熙五十八年知縣張顯遇改建樓三間嘉慶二十年知縣諸穆

圖增修一次共十七間道光十年大風折倒次年三里禀請改修上殿仍舊新建中庭三楹前重門樓三楹啓聖祠在左前後二重仍舊每歲春秋致祭牲用大牢宫左廢基改爲菜園後抵啓聖祠前直出抵塘岸左抵西邊民居

魁星樓在西道光三年移建於東祝文惟 神紫漢流輝翊我文明茲當仲春秋用伸虔誠羣英得意仰惟神功尚饗

碑文

明洪武年間頒行臥碑

朝廷建立學校選取生員免其丁糧厚以廩膳

設學院學道學官以教之各衙門以禮相待全要養成賢才以供朝廷之用諸生皆當上報國恩下立人品所有條教開列於後

一今後府州縣學生員若有大事干於己家者許父兄弟姪具狀入官辦別若非大事含情忍性毋輕至公門

一生員之家父母賢智者少愚癡者衆其父母賢智者子自外入必有家教之方子當受而無違斯孝行矣何愁不賢者哉其父母愚癡者作爲多非子既讀書得聖賢知覺雖不精通實愚癡

父母之幸獨生是子若父母欲行非爲子自外入或就內知則當再三懇告雖父母不從致身將及死地必欲告之使不陷父母於危亡斯孝行矣

一軍民一切利病並不許生員建言果有一切軍民利病之事許當該有司在野賢人有志壯士質樸農夫商賈技藝皆可言之諸人無阻當惟生員不許

一生員內有學優才贍深明治體果治何經精通透徹年及三十願出仕者許敷陳王道講明治化述作文詞呈稟本學教官考其所作果通曉理連僉其名具呈提調正官然後親賚赴京奏聞再行面試如是眞才實學不待選舉即時擢用

一爲學之道自當尊敬先生凡有疑問及聽講說皆須誠心聽受若先生講解未明亦當從容再問毋恃己長妄行辨難或置之不問有如此者終世不成

一爲師長當體先賢之道竭忠教訓以導愚蒙勤考其課撫善懲惡毋致懈惰

一提調正官務要常加考校其有敦厚勤敏撫以進學懈怠不律愚頑奸詐以罪斥去使其學者爲良善斯爲稱職矣

一在野賢人君子果能練達治體敷陳王道有關政治得失軍民利病者許赴所在有司告給文引親賚赴京面奏如果可采即便施行不許坐家實封入遞

一前件事理仰一一講解如有不遵並以違制論

國朝順治九年頒行卧碑文（首同前）

一生員之家父母賢智者子當受教父母愚魯或

有非爲者子既讀書明理當再三懇告使父母
不陷於危亡
一生員立志當學爲忠臣清官書史所載忠清事
蹟務須互相講究凡利國愛民之事更宜留心
一生員居心忠厚正直讀書方有實用出仕必作
良吏若心術邪刻讀書必無成就爲官必取禍
患行害人之事者往往自殺其身常宜思省
一生員不可干求官長交結勢要希圖進身若果
心善德全上天知之必加以福
一生員當愛身忍性凡有司官衙門不可輕入即
有切已之事止許家人代告不許干與他人詞

訟他人亦不許牽連生員作證
一爲學當尊敬先生若講說皆須誠心聽受如有
未明從容再問毋妄行辨難爲師者亦當盡心
教訓勿致怠惰
一軍民一切利病不許生員上書陳言如有一言
建白以違制論黜革治罪
一生員不許糾黨多人立盟結社把持官府武斷
鄉曲所作文字不許妄行刊刻違者聽提調官
治罪

御製學校論康熙二十三年頒
治天下者莫急於正人心厚風俗其道在尚教化
以先之學校者教化所從出將以納民於軌物者
也是以古者家有塾黨有庠術有序國有學人生
八歲自王公以下至於庶人之子弟皆入小學及
其十有五年則自元子衆子以至公卿大夫元士
之適子與凡民之俊秀皆入大學蓋自家至於國
莫不有學自天子至於庶人莫不學自幼至於長
莫不皆學凡學有詩書禮樂以爲之本干戈羽籥
以爲之文父子君臣長幼之道於是焉觀之六德

六行之教於是焉取之所以淑其耳目手足之舉
措而養其心以復其性以爲修己治人之大者可
謂備至矣是以當時之君子履信思順以事其上
小人亦皆樂循禮而恥犯法俟撻不事而至治以
興後世學校寖廣博士之途寖繁所以立教之方
失先王之遺意士之遊其中者直以爲利祿之階
欲其道德之一詎不難哉且夫今之所謂教者誦
讀焉而已爾而又弗實致其力以防其放僻邪侈
之心使氣之充而職之明以漸求復其性其何以
爲修己治人之道哉故曰教隆於上化成於下教

不明於上而欲化成於下猶卻行而求前也教化者爲治之本學校者教化之原欲敦隆教化而起學校者其道安在在務其本而不求其末尚其實而不務其華以內行爲先不汲汲於聲譽以經術爲要不屑屑於文辭如是則於化民成俗之道庶乎其有當也夫

御製訓飭士子文 康熙四十一年頒

國家建立學校原以興行教化作育人材典至渥也朕臨御以來隆重師儒加意庠序近復慎簡學使釐剔弊端務期風教修明賢材蔚起庶幾棫樸

作人之意乃比年士習未端儒效罕著雖因內外臣工奉行未能盡善亦由爾諸生積錮已久猝難改易之故也茲特親製訓言再加警飭爾諸生其敬聽之從來學者先立品行次及文學學術事功原委有敘爾諸生幼聞庭訓長列宮墻朝夕誦讀寧無講究必也躬修實踐砥礪廉隅敦孝順以事親秉忠貞以立志窮經考業勿雜荒誕之談取友親師悉化驕盈之氣文章歸於淳雅毋事浮華軌度式於規繩最防蕩軼子衿佻達自昔所譏苟行止有虧雖讀書何益若夫宅心弗淑行己多愆或蜚語流言脅制官長或隱糧包訟出入公門或唆撥姦猾欺孤凌弱或招呼朋類結社要盟乃如之人名教不容鄉黨弗齒縱倖逃褫扑濫竊章縫返之於衷寧無媿乎況乎鄉會科名乃掄才大典關係尤鉅士子果有眞才實學何患困不逢年顧乃標榜虛名暗通聲氣夤緣詭遇罔顧身家又或改竄鄉貫希圖進取囂凌騰沸網利營私種種弊端深可痛恨且夫士子出身之始尤貴以正若茲厥初拜獻便已作姦犯科則異時敗檢踰閑何所不至又安望其秉公持正爲國家宣猷樹績膺後先

疏附之選哉朕用嘉惠爾等故不禁反覆惓惓頒茲訓言爾等務共體朕心恪遵明訓一切痛加改省爭自濯磨積行勤學以圖上進國家三年登造束帛弓旌不特爾身有榮即爾祖父亦增光寵矣逢時得志寧俟他求哉若仍視爲具文玩愒弗儆毀方躍冶暴棄自甘則是爾等冥頑無知終不能率教也既負栽培復干咎戾王章具在朕亦不能爲爾等寬矣自茲以往內而國學外而直省鄉校凡學臣師長皆有司鐸之責者並宜傳集諸生多方董勸以副朕懷否則職業弗修咎亦難逭勿謂

朕言之不預也爾多士敬聽之哉

書籍

御纂周易折衷貳部肆函　十三經拾貳函
御纂尚書傳說貳部肆函　廿一史伍拾函
御纂詩經傳說貳部肆函　明史拾貳函
御纂春秋傳說貳部捌函　性理精義貳部
日講四書解義貳部　朱子全書貳部
御批通鑑綱目貳部　學政全書一部
御製樂善堂集貳部　駁呂留良四書講義壹部
日知薈說貳部

欽定四書文貳部
上諭壹函

祭器

籩六十　豆六十
錫簠十八　錫簋十八
錫爵十五　以上係雍正年知縣建宗昊置
錫鉶一　重三斤十四兩　錫簠四　每件重二斤六兩
錫簋四　每件重二斤二兩　錫爵十五　每枝重五兩
黃綾紬帳一　以上係乾隆年知縣鄭運置　以上祭器道光年邑人蔣克昌重捐

試額

歲科兩試每試文童入縣學十二名州學一名與霍山輪泒歲試武童入學八名

英山距州道遠山徑崎嶇童生赴考難於跋涉乾隆十一年知縣董良弼詳州請於學院按臨之時先期州試試畢即應院考省其一次往返經州批准詳院存案永遠遵行十四年署知縣王𤋮卜據諸童稟詳州勒石試院以垂久遠

學田地

一蓮花山下田順治十七年按院衛公貞元置
一李樹坳田順治十八年按院何公可化置

以上二處共收租稻伍拾石　租斛六斗爲一石　實折倉斛四十石　倉斛八斗爲一石　雍正十一年奉撫以七石陸斗完賦一十一石二斗資給貧生餘二十一石二斗變價解安慶府爲安慶書院之資係本縣收解

一滑家冲田三畝八分七厘一毫二絲　租九石
一應壠灣田一畝三分四厘九毫三絲　租三石
一葉家畈田三畝七分四毫七絲　租十石
一腰磨畈田五畝二分一毫　租十石
一乾蕩坳地一分　納黃豆二斗折稻三斗

一茅扎墈田六分八厘四毫　租伍石
一鐵匠灣田三畝三分六厘八毫　租拾石
一侯家山田三畝五分三厘六毫四絲　租七石
三斗
一善福橋田六分七厘三毫六絲　租八石
一張塘坳田七畝四分　租十八石
一曹家山田五畝二分一厘一毫　租五石
一賀家橋田三畝　租六石三斗
一豪栗山田一十四畝七厘二毫八絲　租四十石
一南冲田八畝一分　租十二石

一春風嶺田八分　租二石
以上學田十五處共六十一畝七厘二毫共收租稻（黃豆所折三斗在外）一百四十六石（租斛六斗爲石）實折市斛（市斛十斗爲石）八十七石六斗内完正賦銀六兩二錢二分九厘一毫四絲月米六斗二升解學租銀二十兩仍歸儒學收解

義學

凌雲書院舊在東門外徐家塝雍正七年知縣趙宗炅建後乾隆十六年知縣陳步青重修乾隆五十八年知縣嚴克任移建城内明倫堂之左前堂三楹後堂三楹前爲大門門左右屋各二間左右房各一間右土庫三間左橫屋六間右橫屋三間道光二十四年暫改作考棚

德造鄉學舊在文昌閣西乾隆六十年知縣嚴克任移建凌雲書院右側前爲堂三楹堂左門樓一座後堂一間左右房各二間

興賢館考棚在城隍廟後乾隆三十七年知縣徐曰紀倡建程行炟行燦馬道浩聞興坊輿炳傳以煉鄭一夔捐基前爲大門三間大門内龍門一座東西考塲各四楹中轉蓬三楹轉蓬内堂

三楹堂内官廳三間廳西書房三間又西廚房二楹外爲館人住屋八楹繚以垣墉後於堂東西各建廳屋三楹官廳東建堂三楹以祀徐公道光三年敎諭王夔坊倡建觀化亭二十一年盡被水圮暫改書院爲考棚

義學田

一徐家塝義學前七畝一分
一王家墈義學西南八里一十七畝三分
俱雍正年知縣趙宗炅捐置

義田

一乾隆二十年知縣張海移撥何見臣控懲無糧
酌納花課八十觔又乾隆二十四年知縣王格
撥南壇花課二百二十觔共歸凌雲書院咨掌
教膏火又乾隆三十三年原任知縣主講凌雲
書院陳步青捐置郝家山田庄二處共穀課四
十一担花課三十觔永資書院肄業生童膏火
一邑原任山西大同府同知鄭元昆捐施家胡田
一十九畝為合邑卷資後被水冲昆長子舉人
一坊以該田變值無幾補捐樊家冲田課六十
担花課四十觔

各祠附乾隆三年所頒儀注祝文各祠未經開入今仍其舊
名宦祠在戟門左歲以春秋仲月上丁日繼　文
廟致祭主位十其各憲通祀一省者八茲不具
載
明知縣高公諱在崙
國朝知縣史公諱良植
明知縣李公諱瑄
明知縣胡公諱咸寶
明主簿李公諱杰
祝文亦係仍舊下同

惟　公善教淑士善政惠民功在當時澤流後
人感念不置俎豆常新今茲仲春秋謹以牲帛醴
齊用伸崇薦尚　饗
鄉賢祠在戟門右祭日同名宦主位三
元舊作宋譌見傳中知縣邑人段公諱朝立
明參政張公諱子貞
戶部主事劉公諱會
按州志及舊稿祠祀俱止列張劉二公且各志
朝立俱傳列名宦不應復祀鄉賢餘見本傳
祝文

惟　公博學宏才德隆望重樹績於國著名於
時隱顯不同咸歸於道今茲仲春秋謹以牲帛醴
齊用伸崇薦尚　饗
忠義孝弟祠在明倫堂西內堂三間前門樓一座
道光二年傅馬二姓將門樓改建前堂三間歲
以春秋仲月上戊日繼　社稷壇致祭主位二
明庠生傅諱得年
明庠生馬諱應乾
祝文
惟　公學優質美竭力致身大節不一均為偉

人存既可仰歿則宜禋今茲仲春秋謹以牲帛醴齊用伸耑薦尙饗

節孝祠在忠義孝弟祠西內堂三間前門三間祭日同主位二

國朝節孝胡吳氏

沈鄭氏

祝文

惟　靈砮纓淑女巾幗賢媛矢志靡他白首全松筠之操視死如脫碧血奪日月之光苦節堪嘉貞風宜錄今茲仲春秋謹以牲帛醴齊用伸耑

薦尙　饗

英山縣志卷之六

續修英山縣志卷之七

英山縣知縣樂陵李文泉續修
英山縣教諭古歙汪時育　訓導合肥阮莘林　編纂

典禮

祀事所以安民也禮制所以敎民也古聖王貴農重穀春祈秋報故諸侯皆得祭其境內社稷山川與夫前哲有功於民者爲之崇德報功則風雨時若災癘不生休徵所應可考而知也於是又導之以禮使皆凜於上天下澤之分與其尊君親上之心儀文末節具有深意存焉雖典

禮遍乎天下非一邑之所紀然日月經天容光必照蠡測管窺亦未可盡廢也志典禮

祀典

文廟　文昌宮　魁星樓　名宦祠　鄉賢祠

忠義孝弟祠　節孝祠　俱見學校

社稷壇舊在縣北門外久廢康熙四十二年知縣林弼重建橫直各五丈周圍二十丈歲以春秋仲月上戊日致祭知縣朝服率僚屬行三獻禮三跪九叩首

祝文

具官某等敢昭告於
縣社之神 縣稷之神 曰惟
神品物資生蒸民乃粒養育之功司土是賴維茲仲
春秋 謹以牲帛醴齊粢盛庶品用伸常祭尚
饗

風雲雷雨山川壇舊在南門外傍河今改建蕭公潭舊八蜡祠地橫直各五丈周圍二十丈歲以春秋仲月上戊日致祭如社稷壇

祝文

具官某等敢昭告於

風雲雷雨 境內山川 本境城隍 之神曰惟
神妙用神機生育萬物奠我民居足我民食惟茲仲
春秋 禮宜報祀謹以牲帛醴齊資盛庶品用伸常
祭尚
饗

先農壇舊在東門外小教場坪耤田四畝九分
國朝雍正四年奉 文設立乾隆十五年殿宇被水冲塌田亦冲壓十八年改建於北澗河內殿宇三間壇一座橫直各二丈前門樓一座圍墻周十九丈二尺地基係生員夏日証捐耤田 畝生員李世炯捐置祭期每歲須行定以巳時致祭午時耕耤至期知縣朝服率僚屬行三獻禮三跪九叩頭 禮畢更蟒袍耕耤行九推禮畢望
闕謝
恩

祝文

具官某等致祭於
先農之神曰惟
神肇興農事永足民天茲當東作之時式舉耤田之

禮所祈佑茲嘉種錫我豐年謹以牲帛醴齊用
伸虔祭尚
饗

厲壇舊在縣北長石寺前廢康熙四十一年知縣林弼改建於北門外官道旁橫直各二丈五尺周圍十丈每歲清明日七月望十月朔三次致祭先期牒告城隍廟至期迎神位於壇以爲主知縣官補服行四拜禮旁列無祀鬼神分男東女西致祭

先期牒城隍告文

維某年某月某日某州某縣某官臣某等遵奉
皇上欽頒旨意普天之下后土之上無不有人亦無不有鬼神故勑天下有司依時享祭命本處城隍以主此祭鎮壓壇塲鑒察諸鬼等類其中果有生爲良善悞遭刑禍死於無辜者神必達於所司使之還生人世以享太平之福如有素爲凶惡雖獲善終亦出僥倖者神當達於所司屛之物類善惡之報神必無私欽奉如此今某等不敢有違謹於某年月日於城北設壇置備牲醴羹飯享祭本縣無祀鬼神等然幽冥異境人力難爲必藉神功庶得感動今特移文於神先期分遣諸神召集本縣闔境鬼神等衆至日悉赴壇所普享一祭神當欽承勑命鎮壓壇塲無私昭報爲此　云云

祝文

具官某等致祭於
本縣城隍之神曰切惟
神依人而饗血食人敬神而知禮節欽奉
聖旨憐念普天之下后土之上無不有人無不有鬼人鬼之道幽明雖殊其理則一故
天子祭
天地神祇及天下山川省城各府州縣祭境內山川及祀典神祇庶民祭其祖先及里社土穀之神上下之禮各有等第此祀神之道如此尚念冥冥之中無祀鬼神昔爲生民未知何故而歿其間有遭兵刃而橫傷者有死於水火盜賊者有被人取財而逼死者有被人强奪妻妾而死者有遭刑禍而負屈死者有天災流行而疫死者有爲猛獸毒蟲所傷害者有爲饑餓而凍死者有因戰鬬而殞身者有因危急而自縊者有因墻屋傾頹而壓死者有死後無子孫者此等鬼魂或終於前代或歿於近世或兵戈擾攘流移於他鄉或人烟斷絕久缺其祭祀姓名泯沒於一時祀典無聞而不載此等孤魂死無所依精魄未散結爲陰靈或依草附木或作爲妖怪悲號於星月之下呻吟於風雨之時凡遇人間節令心思陽世魂杳杳以無歸身墮沉淪意懸懸而望祭興言及此憐其慘悽欽遵如此不敢有違謹設壇於某處仍延
尊神以主此祭維茲（中元／禁烟／孟冬）節届置備牲醴羹飯專

祭本縣闔境無祀鬼神等衆靈其不昧來歆此
祭尙　饗
關帝廟舊在西門乾隆十四年知縣王旣卜改建
文昌閣東中正殿三楹後殿三楹東廂房三間
前過亭三楹又前門樓三間
關帝廟田稞四十石花稞七十觔康熙五十五年知縣李延爽捐
稞十八石花稞七十觔嘉慶十八年署邑監生
陳華慶捐西洪河田稞二石廣里監生楊與捐
稟木均田稞二十石
國朝雍正三年加封三代公爵八年　詔關帝並三
代公爵照　文廟崇聖祠例春秋二仲及五月
十三日一體致祭至期知縣朝服率僚屬先祭
後殿二跪六叩首前殿三跪九叩首俱行三獻禮爵杯三存廟僧

祝文
具官某等敢昭告於
關聖帝君之神曰惟
神忠昭日月義凛乾坤扶植人倫溯英風於廟貌
表揚正氣隆盛禮於明禋維茲仲春仲秋誕辰　謹以牲帛
醴齊用伸虔時祭謹　告
後殿祝文
具官某等氣謹以犧牲幣帛之儀敢昭於

勅封光昭公
勅封裕昌公
勅封成忠公之神曰惟
神世篤忠貞誕生神武綱維宇宙昭奕葉之貽謀
俎豆春秋荷
聖朝之曠典溯鍾祥於所自用備物以薦馨尙　饗
火神廟在北門殿宇三間前門樓一座乾隆五十
八年縣儒生周祚栢捐黃泥岡下截水田十二
石納稞十石花稞五十觔於廟有碑每歲六月二
十三日誕辰致祭知縣官補服行一獻禮二跪六叩首

祝文
具官某等致祭於
司火之神曰惟
神位正南離權司長夏六府修而功成旣濟四序
紀而用在明時佐烹飪以攸資人安耕鑿飲烟
光而無警戸樂恬熙荷
神貺以清寧潔明禋於牲醴尙　饗
八蜡廟在南門外蕭公潭歲以臘月上戊日致祭
知縣官補服行一獻禮二跪六叩首　乾隆十一年奉
文停祭廟亦圮今其地改建南壇

祝文

具官某等敢昭告於

八蜡之神曰嘉種百穀天施地生耕耘收穫惟

神之靈無災無害又用乃成報功崇本享祀苾芬

四方九土來格來歆尚　饗

劉猛將軍廟在西門中正殿三楹東西廂房各一間後重三間前門樓一座祀宋劉公錡因驅蝗宋理宗封爲揚威侯天曹猛將之神載怡菴雜錄

國朝雍正二年飭祀每歲長至後第三戊日并正月十三日致祭知縣官補服行一獻禮一跪三叩首

祝文

具官某等致祭於

劉猛將軍之神曰惟

神夙昭勇畧懋著靈威功殄螟蝗惠周原隰肅明禋而備物兆嘉貺於豐年維茲誕辰季冬謹以牲帛醴齊用伸虔祭尚　饗

城隍廟在西門中正殿五間後重五間西廂屋五間前門樓三楹乾隆二年知縣鄭重修建二十年知縣張海改建大殿三楹遊亭三間雨棚一座乾隆四十五年知縣耿膺錫重修一次合邑紳士齊心襄贊煥然一新年遠漸敝摧頽於嘉慶二十四年知縣諸穆圖勸邑之紳士新修一次神祀未詳所始明洪武二年勅封縣城隍爲鑒察司民顯佑伯三年定禮制去封號止稱某縣城隍之神歲無特祀春秋二仲合祭於山川壇厲祭則迎神主之新官到任必與神誓水旱災眚先牒告而後立壇祈禱焉

旗纛神每歲霜降日與衙門同致祭

馬神廟在火神廟後

土地祠在縣儀門東

獄神祠在儀門西

二程祠在城隍廟後

忠臣祠在儒學東爲戶部主事劉會死國難立

禮儀

慶賀　順治年定　元旦　冬至

萬壽節在外直省文武官設香案具朝服望

闕行三跪九叩首

康熙二十三年定　元旦令節七日　上元節三日

皇太后萬壽七日

皇上萬壽七日

皇后千秋一日俱穿朝服不理刑名

雍正八年例朝賀之期州縣用教官一員糾儀

齋戒 各壇廟祭享齋戒日期不理刑名 忌辰素服一日不理刑名不報祭還願宴會作樂

每月初一初二日不理刑名正月初九二月十五日不宰牲四月初八日不宰牲不理刑名

開讀

詔到文武各官至城外路旁跪迎來使將

詔捧入 龍亭內各官排列進城至縣署供設行三跪九叩頭禮禮生上臺開讀跪聽宣讀畢行謝

恩禮

宣講

聖諭十六條康熙二十四年通行鄉約月吉申講如古讀法之禮察其勤怠以課殿最雍正二年

御製萬言廣訓頒行天下每月朔望各官齊集公所

恭迎

聖諭行三跪九叩頭禮擇鄉約登臺宣講乾隆元年通行地方官於每月朔望宣講後將現行律例挈要提綱勤加講解使民知法

迎春 每歲先期造春牛及勾芒神其衣笠麻緋及牛之頭腹諸色視歲建干支所屬立春前一日知縣朝服率僚屬農民具彩亭儀導建青旛迎春於東郊祭勾芒神行四拜禮祝曰職司春令德應蒼龍誕敷化育品彙萌生忝牧是邑具禮以迎育我黎庶仰藏神功尚饗迎還至儀門外土牛南向芒神西向次日立春時各官拜芒神環牛三匝鞭牛分於農

護日月食 至期知縣朝服同僚屬候陰陽生報食初虧於大堂行三跪九叩頭禮正印官擊鼓三通救護僧道隨行救護再報食盡三報復圓

皆行禮如初

上任 新官先一日謁城隍廟齋戒廟宿次晨至縣署拜儀門行四拜禮易公服至大堂望

闕謝

恩行三跪九叩頭禮拜印行四拜禮始升堂任事

行香 每月朔望詣

文廟行香禮畢升明倫堂掣籤講書次謁 關帝廟城隍廟回署升公座受參謁

賓興 每秋試年縣學官先期就學宮起送諸生簽吉行賓興禮諸生就縣廳事抗禮畢以次列

坐行酒張樂肅賓筵知縣及佐貳官正坐陪飲畢以次給送花紅盤纏銀有差辭出赴學宮謁廟行香鼓吹前導諸生升頖池仙橋出學

鄉飲酒　每歲正月十五日十月初一日於儒學行鄉飲酒禮前一日執事者於儒學之講堂依圖陳設坐次司正率執事習禮至日黎明執事者宰牲具饌主席及僚屬司正先詣學遣人速賓僎以下比至執事者先報曰賓至主席率僚屬出迎於庠門之外以入主居東賓居西三揖三讓而後升堂東西相向立賛兩拜賓坐執事

又報曰僎至主席又率僚屬出迎揖讓升堂拜坐如前儀賓僎介至既就位執事者唱司正揚觶執事者引司正由西階升詣堂中北向立執事者唱賓僎以下皆立唱揖司正揖賓僎以下皆揖執事者以觶酌酒授司正司正舉酒陳說孝弟忠信敦宗睦隣之道執事者唱司正飲酒畢以觶授執事執事者唱揖司正揖賓僎以下皆揖司正復位賓僎以下皆坐唱讀律令執事者舉律令案於堂之中引禮引讀律令者詣案前北向立唱賓僎以下皆立行揖禮如前讀畢

復位執事者唱供饌案執事者舉饌案至賓前次僎次介次主三賓以下各以次舉訖執事者唱獻賓主起席北面立執事者斟酒以授主主受爵詣賓前置於席稍退賛兩拜賓答拜訖執事者又斟酒以授主主受爵詣僎前置於席交拜如前儀畢主退復位執事者唱賓酬酒賓起僎從執事者斟酒授賓賓受爵詣主前置於席稍退賛兩拜賓僎主交拜訖各就位坐執事者分左右立介三賓衆賓以下以次斟酒於席訖執事者唱飲酒或三行或五行供湯又唱斟酒

飲酒供饌三品畢執事者唱徹饌候徹饌案訖唱賓僎以下皆行禮僎主僚屬居東賓介三賓衆賓居西賛兩拜訖唱送賓以次下堂分東西行仍三揖出庠而退　坐席高年有德者居上高年淳篤者並之以次序齒主有司位東南大賓致仕官位西北僎賓鄉里年高有德位東北介賓以次長位西南三賓以賓之次者爲之位賓主介僎之後除賓僎外衆賓序齒列坐其僚屬則序齒司正以教職爲之主揚觶以罰賛禮老成生員爲之

續修英山縣志卷之八

英山縣知縣樂陵李文泉續修
英山縣教諭古歙汪時育 訓導合肥阮華林 編纂

賦役

明自萬歷中葉履畝增加賦役煩重天祟之季旱蝗薦作兵餉俱絀於是流寇盤踞戶口散亡其幸存於流離鋒鏑之餘者固亦無幾矣英本瘠土也萬山環之其山又皆粗薄磽确未嘗有材木皮革之利寶藏之興而田畝之賦顧較重於他邑葢其時則壤定制謂不毛之山無可作

貢隨田均派聊使備正供焉故英邑別無山澤之賦其舊例也乃前代兵燹土地荒蕪我
國家薄賦輕徭重熙累洽百餘年來田畝猶未復額地非有曠土也民非有餘力也毋亦明季官吏虛增頃畝以希報最重之孽蛟爲祟水冲沙壓固未可按圖索驥矣
聖朝概以除荒免之恩德至優渥也顧歷歲滋久有司奉行不善墾荒加畝或踵弊風
純皇帝御極之初洞悉其故盡行蠲豁於是窮鄉僻壤共安耕鑿可不謂萬世永賴者哉志賦役

戶口

舊管戶口人丁壹千叁百貳拾伍丁 按舊全書刊載原額人丁一萬一千一百三十五丁該銀二千三百六十兩陸錢二分於順治五年審除故絕逃亡人丁一萬五百六十三丁該缺額徭銀二千二百四十五兩七錢一分六厘將缺額徭銀均攤原額田地之內帶徵續於順治十四年起至康熙十五年止歷次編審共增人丁七百八十二丁共增補徭銀一百六十五兩九錢九分六厘其補逃亡外仍缺額人丁九千八百一十丁該缺額徭銀二千七十九兩七錢二分照數於田畝內帶徵俟下次編審增出徭銀照數於田畝內扣除止見在人丁一千三百二十五丁

新收戶口人丁一千一百三十九丁 內康熙十六年起至五十二年止丁冊定爲常額歷次編審增出人丁九百三十九丁康熙五十五年編審增出滋生人

丁一十八丁康熙六十年分編審增出滋生人丁二十丁雍正四年編審增出滋生人丁二十丁雍正九年編審增出滋生人丁三十五丁乾隆元年編審增出滋生人丁三十五丁乾隆六年編審增出滋生人丁二十二丁乾隆十一年編審增出滋生人丁二十四丁乾隆十六年編審增出滋生人丁二十六丁

開除戶口人丁貳百柒拾柒丁 查前訂全書所載原除優免人丁九十二丁續淨前文吏承不免見在鄉紳舉貢生員止免本身一丁查紳衿節年事故陞遷不一照見在紳衿實免人丁七十七丁該免銀一拾六兩三錢二分四厘仍餘人丁一十五丁該銀三兩一錢八分裁解充餉又

盛世滋生人丁二百丁於康熙五十二年欽奉
恩詔內開續生人丁永不加賦

實在當額當差戶口八丁併優免餘丁共貳千一
百捌拾柒丁一則起科每丁徵𠍀銀二錢一分二厘共徵銀四百六十三兩六錢四分四厘於丁隨田辦以廣
皇仁事案內題准自康熙五十九年爲始在於本縣成熟田地內攤徵

田賦

舊管熟田地塘𡉏百陸拾伍頃肆拾陸畝玖分陸
釐壹毫貳絲肆忽柒微按舊全書內開原額川地塘一千一百九十五頃八十一畝七分九厘九毫節因水旱災青兵燹之餘百姓逃亡田地荒蕪於順治十年併十三年內二次題將無主荒田地塘九百八十一頃二十八畝六分二厘四毫撥入興屯得熟田地塘二百一十四頃五十三畝一分七厘五毫續自順治十四年起至康熙十四年止開墾

田地塘四百五十頃九十三畝七分八厘六毫二絲四忽七微實在成熟田地塘六百六十五頃四十六畝九分六厘一毫二絲四忽七微仍該未墾陞科田五百三十頃三十四畝八分三厘七毫七絲五忽三微

新收熟田地塘叁拾玖頃捌拾肆畝捌分陸釐肆
毫壹絲貳忽貳微內於康熙十五年起至五十八年止開墾荒田地塘二十一頃八十八畝一分六厘四毫一絲二忽一微雍正六年欽奉
上諭事案內民人自首開墾荒田地塘一十七頃九十六畝六分八厘

實在成熟田地塘柒百伍頃叁拾壹畝捌分貳釐
伍毫叁絲陸忽玖微折實田陸百捌拾玖頃捌
拾叁畝伍釐伍毫壹絲肆忽肆微陸纖查前訂全書開載實在成熟田陸百六十五頃四十六畝九分六厘一毫二絲四忽七微每熟田地塘一畝科徵起存折色帶閏銀一錢二厘九毫九絲七忽八微七纖六沙一塵三埃七渺五漠又科漕糧贈貼銀五毫八絲八忽四微四纖四沙一塵九埃七渺二漠共徵銀六千七百五十一兩四錢一分九厘一毫三絲五忽七微一纖四沙七塵五埃五渺九漠內原有優免田糧銀九十二兩七錢一分一厘二絲五忽九纖六沙一塵三埃一渺三漠奉文停免裁解充餉續本色物料照依康熙十二年分題定時價折銀計應補徵銀一十三兩五錢八分七厘八毫八絲五忽一微七纖三沙六塵一埃六渺九漠又於丁隨田辦等事案內攤徵八丁銀四百六十三兩六錢四分四厘又於援例詳請等事案內攤徵不在人丁田匠班銀四十兩五錢又節年墾增田銀二百五十兩八錢三分一厘四毫六絲一忽一微七纖二沙九塵一埃五渺三漠計每熟田一畝科徵折色銀一錢一厘七毫三忽七微九纖六沙二塵五渺五漠又科漕糧贈貼銀五毫八絲

八忽四微四纖四沙一塵九埃七渺二漠又科補徵顏料時價銀一毫九絲六忽九微七纖二沙八塵二埃六渺二漠又科徵攤帶人丁銀六厘七毫二絲一忽一微二纖八沙八塵一埃九渺六漠又科雜徵匠班銀五毫八絲七忽一微七塵五渺通共科銀一錢九厘一絲二忽二纖五沙七塵二埃伍渺六漠共應徵銀七千五百一十九兩九錢八分二厘五毫八絲二忽六纖一沙二塵九埃八渺一漠內原優免田糧銀九十二兩七錢一分一厘二絲五忽九纖六沙一塵三埃一渺三漠仍有原荒田地塘四百九十頃四十九畝九分七厘三毫六絲三忽一微

丁田貳頃共歎起存折色帶閏併漕糧贈貼匠班
共銀柒千伍百壹拾玖兩玖錢捌分貳釐伍毫
捌絲貳忽陸纖壹沙貳塵玖埃捌渺壹漠
按舊全書開載起存折色銀一萬一千三百四十六兩八錢六分七厘一毫六絲八忽七微七

纖七塵七埃內奉文本折均平除六安州軍儲倉運軍月糧改徵半本減徵折色銀三百八兩八錢三分七釐六毫九絲二忽五微九纖八沙一塵八埃又於順治十四年奉文加增牛角正腳銀一十八兩一錢八分又於順治十四年奉文停免差徭銀九十二兩七錢一分一釐三絲五忽九纖六沙一塵三埃一渺二漠又於康熙六年更造全書查得驛站閏月銀兩照上一例每年帶徵俟閏月之年支給每年帶徵閏月銀一十五兩二錢八釐五毫八絲又於康熙十年奉文加增漕糧贈貼銀四十二兩共該額銀一萬一千二百六十兩一錢二分九釐八毫八絲一忽二微六纖八沙七塵二埃一渺二漠內除拋荒田地塘四百九十頃四十九畝九分七釐三毫六絲三忽一微每荒田一畝應減徵除荒銀九分九釐三毫二絲七忽四微五纖九沙八塵共減除荒銀三千七百四十三兩七錢五分九釐二毫八忽四微三纖三沙八塵八埃一渺四漠止照實在田地塘共科徵銀七千二兩二錢五分六毫九絲六忽八微八纖七沙六塵八埃

一渺二漠續本色物料照依康熙十二年分題定時價折徵計應補徵銀一十三兩五錢八分七釐八毫八絲五忽一微七纖三沙六塵一埃六渺九漠又雍正七年攤徵不在丁田匠班銀四十兩五錢又於康熙五十九年攤徵人丁銀四百六十三兩六錢四分四釐以上舊額新增共該額銀一萬一千二百六十三兩七錢四分一釐七毫九絲四微九纖五沙一塵七埃九渺五漠內除原荒續墾尚有荒田地塘四百九十頃四十九畝九分七釐三毫六絲三忽一微每畝應減除荒銀九分九釐三毫二絲七忽四微五纖九沙八塵共除荒銀三千七百四十三兩七錢五分九釐二毫八忽四微三纖三沙八塵八渺一漠照實在丁田併攤徵匠班共銀七千五百一十九兩九錢八分二釐五毫八絲二忽六纖一沙二塵九埃八渺一漠

一起徵本色米每熟田地塘一畝科漕糧正耗米一升一合二勺三抄二撮二粟三顆三粒七穎三黍八稷科月米九合五勺八抄五撮八圭六粟七粒四顆八穎三黍科漕糧贈貼米五勺八抄八撮四圭四粟四粒一顆九穎七黍二稷

實徵本色正耗漕糧併贈貼存留共米壹千伍百玖石捌升壹合捌抄捌撮叁圭壹顆叁粒陸穎貳黍柒稷玖糠叁粃查前訂全書開載原正耗閏漕月贈貼併存留額米一千八百七十石五升八合九勺七抄五撮二圭二粟七粒二顆四穎又加漕糧贈貼額米四十二石內除荒田地塘減徵外實徵熟田地塘本色米一千五百九石八升一合八抄八撮三圭一顆三粒六穎二黍七稷九糠三粃因本縣不通河道舊在於折色銀內動給辦漕經承赴六安州地方買米交兌其不敷米價照時詳請攤徵

起運戶部丁地折色額銀陸千捌百叁兩肆錢陸分陸毫柒絲貳忽肆纖壹沙壹塵叁埃壹渺貳

漠帶徵閏月銀捌兩壹分叁厘肆毫肆絲鋪墊銀叁拾玖兩伍錢捌分陸厘捌毫貳絲伍微陸纖伍沙水腳銀肆拾肆兩肆錢柒厘伍毫捌絲玖忽肆微叁纖叁沙伍塵帶閏銀伍厘四絲除荒實徵銀四千一百五十八兩六錢五分九厘三毫一絲八忽二微一纖二沙一塵五埃一漠帶徵閏月銀四兩八錢八分五厘五毫六絲三忽七微六塵九埃二渺一漠鋪墊銀二十四兩一錢三分四厘九毫四絲四忽九微八纖九沙六塵八埃九渺一漠水腳銀二十七兩二錢四

分二厘六毫五絲一忽三纖七沙二塵五埃二渺四漠帶徵閏月銀三厘七絲二忽七微四纖二沙九塵二埃三渺三漠續裁免餘丁銀三兩一錢八分共實徵銀四千二百一十八兩一錢五厘五毫五絲六微八纖二沙七塵七渺

戶部折色

正賦地畝額銀八百八十六兩一錢一分九厘六毫五絲四忽七微水脚銀一十五兩九錢四分六厘四毫六絲三忽九纖四沙除荒實徵銀五百四十兩二錢四分一厘六毫四絲六忽四微六纖七沙九塵四埃七渺三漠水脚銀九兩七錢二分二厘九絲九忽五微二纖八沙六塵一渺舊改折銀硃等料額銀四百七兩二錢二分五厘五絲七微七纖五沙鋪墊銀二十九兩八錢一厘一毫二忽五微四纖三沙七塵五埃水脚銀八兩一錢四分四厘五毫一微一纖五

沙五塵除荒實徵銀二百四十八兩二錢七分三厘三毫六絲四忽二纖六沙九塵九埃一渺八漠鋪墊銀一十八兩一錢六分八厘八毫七絲五忽四沙二塵三埃一渺八漠水脚銀四兩九錢六分五厘四毫六絲七忽二微八纖五塵三埃九渺八漠順治十八年新改折銀硃等料額銀一百三十二兩三錢一分六厘三毫五絲五忽九微鋪墊銀八兩八錢五分四厘九毫二絲五忽二纖一沙二塵五埃水脚銀二兩六錢四分六厘一毫三絲一忽七微五纖三沙除荒實徵銀八十兩六錢六分九厘四毫七絲三忽三微五纖八沙七塵九漠鋪墊銀五兩三錢九分八厘五毫九絲二忽八微九纖五沙九塵五埃五渺九漠水脚銀一兩六錢一分三厘二毫七絲三微六纖七塵五埃七渺一漠奉戶二部題准自康熙七年爲始將額設協站銀兩儘於本處動支其彼處協濟銀即抵正項起解所有本縣原編協濟三梅二驛正閏馬價鋪陳等銀抵兌代解舒城縣裁剩銀二百二十二兩八錢九分四厘六毫五絲二忽原編協濟滁陽驛騾價鋪陳等銀抵兌代解滁州漕標兵餉銀八十四兩九錢五分七厘六毫九絲二忽三微以上計二款共代解銀三百七兩八錢五分二厘三毫四絲四忽三微除荒實徵銀一百八十七兩六錢八分八厘七毫一絲二忽七微七纖三沙一塵七埃六漠又於康熙十五年奉裁本縣走遞夫馬額銀一百四十四兩八分九厘二毫三絲六微七纖除荒實徵併撥足夫馬新定實需工料外該銀五十四兩一分三厘三毫五絲七忽二微二纖四沙五塵九埃四渺二漠順治八年纂訂全書舊編裁剩俸工等額銀一千七十一兩七錢八分六厘七毫一絲順治九年奉裁本縣知縣書辦工食銀五十七兩六錢門子工食銀二兩四錢皂隸工食銀一十九兩二錢馬快工食銀九兩六錢民壯工食銀六十兩燈夫工食銀四兩八錢禁兵工食銀九兩六錢輪傘扇夫工食銀八兩四錢庫書工食銀六兩倉書工食銀六兩庫子工食銀四兩八錢斗級工食銀四兩八錢本縣典史書辦工食銀一兩二錢門子工食銀一兩二錢皂隸工食銀四兩

八錢馬夫工食銀一兩二錢本縣七引司書辦工食銀一兩二錢皂隸工食銀二兩四錢以上自知縣書辦工食起至七引司皂隸工食止計十八款共額銀二百五兩二錢順治十二年奉裁本縣知縣修宅家伙銀二十兩迎送上司傘扇銀八兩儒學廩生膳夫銀八十兩修理察院公館銀一十兩七引司弓兵工食銀一十二兩以上自知縣修宅家伙起至七引司弓兵工食止計五款共額銀一百三十兩順治十四年奉裁本縣知縣俸薪銀三十兩四錢九分本府進表長夫銀三□兩武場供應銀四兩七分二厘廩生廩糧銀一百六十兩每年帶徵閏月銀五兩三錢三分三厘六毫歲考生童文卷茶餅銀一兩四錢三分二厘五毫歲考花紅銀一兩五錢附季考茶餅銀一兩五錢須春芒神銀一兩鄉飲酒席銀三兩五錢本縣支應使客下程中伙等銀二十兩七引司弓兵工食銀三十兩蕭公潭渡夫工食銀一兩廩生膳夫銀二十六兩六錢六分六厘七毫以上自知縣俸薪起至廩生膳夫止計十三款共額銀二百八十四兩一錢

六分一厘二毫帶徵閏月銀五兩三錢三分三
厘六毫康熙二年奉裁儒學廩生廩糧銀八十
兩每年帶徵閏月銀二兩六錢六分六厘四毫
康熙三年奉裁本縣儒學教諭俸薪銀三十一
兩五錢二分門子工食銀二十一兩六錢齊夫
銀三十六兩薪馬草料銀一十二兩以上儒學
俸工計四款共額銀一百一兩一錢二分原裁
復徵運軍月糧銀一百四十兩以上自順治八
年纂訂全書舊編裁剩起至運軍月糧止通共
額銀二千一十二兩二錢六分七厘九毫一絲
帶徵閏月銀八兩除荒實徵銀一千二百二十
六兩八錢二分一厘八毫二絲一忽四微八纖
五沙三塵四埃八漠閏月銀四兩八錢七分七
厘三毫六絲九忽七微一纖九沙五塵六埃三
渺二漠停免差徭舊額銀九十二兩七錢一分
一厘二絲五忽九纖六沙一塵三埃一渺二漠
又續減免餘丁銀二兩一錢八分康熙五年續
裁本縣儒學廩生膳夫銀一十三兩三錢三分
三厘三毫除荒實徵銀八兩一錢二分八厘九
毫二絲九忽二微一纖二塵三埃一渺五漠康

熙六年裁抑本縣刑具銀一兩五錢除荒實徵
銀九錢一分四厘五毫六忽八微二纖二沙四
塵一埃八渺一漠改解南省留充兵餉額銀八
十八兩七錢六分七厘二毫九絲八忽六微除
荒實徵銀五十四兩一錢一分八厘八毫六絲
六忽七微八纖四沙八塵八埃三渺一漠漕標
兵餉額銀一千一百六十三兩六錢四分二厘
八毫除荒實徵銀七百九兩四錢三分九厘五
毫一絲九忽六微三纖八沙四塵六埃七渺一
漠　禮部折色藥材等額銀九十七兩二分三
厘七毫三絲四忽水脚銀一兩九錢一厘三毫
八絲九忽二微四纖包裹紙銀一分一厘除荒
實徵銀五十九兩一錢一分二厘五毫七絲七
忽七微八纖六沙三塵一埃九渺三漠水脚銀
一兩一錢五分九厘二毫二絲二忽三微四纖
九沙二渺包裹紙張銀六厘七毫六忽三微八
纖三沙三塵六埃四渺四漠　工部折色料價
等額銀一千三百七十九兩五錢七分二厘一
絲三忽每年帶閏銀一分三厘四毫四絲鋪墊
銀七錢三分五厘六絲四忽水脚銀一十四兩

七錢九分七厘一毫五絲一微三纖每年帶徵
閏月銀五厘四絲除荒實徵銀八百四十一兩
八分五厘三毫四絲五忽三微七纖三塵八埃
一渺二漠閏月銀八厘一毫三絲九忽八纖一
沙一塵二埃八渺九漠鋪墊銀四錢四分八厘
一毫四絲七忽三微六纖一沙九塵四埃二渺
六漠水脚銀九兩二分一厘三毫六絲九忽六
纖二沙二塵八埃二渺每年帶徵閏月銀三厘
七絲二忽七微四纖二沙九塵二埃三渺三漠
匠役衣裝款銀二十一兩六錢水脚銀四錢三
分二厘例不除荒鹿皮牛角額銀五十五兩四
錢四分鋪墊銀一錢八分四厘七毫二絲八忽
水脚銀五錢四分除荒實徵銀三十三兩八錢
一毫七絲二忽一微五纖六沙五塵七埃三渺
鋪墊銀一錢一分二厘六毫二絲三忽三微[illegible]
纖四沙一塵九埃四渺四漠水脚銀三錢二分
九厘二毫二絲二忽四微五纖六沙七埃五漠
通共額銀六千八百九十八兩六錢五分三厘
五毫六絲二忽三纖八沙六塵三埃一渺二漠
除荒實徵銀四千二百一十八兩一錢五厘五

毫五絲六微八纖二沙七塵七渺續康熙十四
年奉裁科場協濟銀五兩八錢八厘六分一絲
八微七纖二沙七埃三渺七漠奉裁武場共應
銀一兩八錢六分八厘一毫七忽八微一纖八
沙七塵六埃九渺一漠五逡奉協濟邳徐州守
堤閘夫水脚銀一兩九錢五分四厘八毫一絲
五忽一微八纖六塵九埃一渺二漠康熙十五
年奉裁修理倉監銀九兩一錢七分五厘三毫
二忽二微一纖四沙六埃八渺五漠四逡康熙
二十七年奉裁歲貢盤纏錢一十一兩一分四
毫五絲八忽六微五纖六沙七塵四埃三渺六
漠八逡雍正六年奉裁本縣知縣員下燈夫四
名工食額銀二十四兩餘荒實徵銀二十二兩
二分九毫一絲七忽三微一纖三沙五塵八埃
三渺八漠又全裁吏書工食除歸漕項撥外餘
剩額銀四十二兩五錢九分五厘二毫四絲九
忽六微二纖四沙除荒實徵銀三十四兩四錢
四分五厘一毫九絲四忽七纖二沙四塵一埃
四渺五漠雍正七年奉文攤徵不在丁田匠班
銀四十兩五錢雍正十一年奉裁本縣走遞夫

馬工料銀二百一十一兩七錢三分九厘五毫八絲九忽四微八纖三塵八埃三渺二漠雍正十二年奉裁孤貧餘剩口糧銀一十三兩二錢乾隆八年奉裁文廟香燭銀三錢五分二厘六毫一絲四忽六微六纖四沙一塵九埃八渺節年開墾審增丁田陞科銀七百一十四兩四錢七分五厘二毫六絲一忽一微七纖二沙九塵一埃五渺三漠以上舊管新增共銀五千二百八十四兩二錢五分六厘六毫一絲三忽一微二纖八沙五塵四埃八渺一漠七逡內除康熙二十四年裁留儒學廩生廩糧銀八十二兩六錢六分六厘四毫撥補漕項不敷銀四十二兩撥補河工荒缺銀三十一兩一分七厘九毫九絲八忽二纖六塵三埃五渺四漠又雍正八年奉文動辦三祭關帝祭祀銀四十二兩二錢七分乾隆元年奉文加添儒學改品俸銀四十八兩四錢八分又於實徵銀內補足儒學原編俸減荒銀七兩六錢三分五毫二絲五忽九微七纖三塵四埃四渺七漠乾隆五年撥補漕項墾科銀一百五十兩七錢七分八厘九毫八絲七忽

二微三纖三沙四塵九埃四漠四逡又撥各役工食荒缺銀一百四十七兩九錢七分三厘五毫六絲一忽七微四纖三沙九埃六渺九漠三逡乾隆八年奉文加增各壇祠祭祀銀三十六兩八錢又增添關帝三祭祀銀五兩五錢六分二厘九毫五絲八忽三微文廟祭祀荒缺銀九兩六錢八分三厘四毫八忽五微九纖一沙七塵九埃七渺列入存留項下開造外實該起運併匠班銀四千七百二十六兩二錢九分二厘五毫七絲三忽二微六纖九沙二塵八埃三渺七漠內續有奉動辦黃白蠟錫鉄硃桐油白蔴等項料價三十四兩六錢七分七厘九毫五絲一忽八微七纖五沙查本色物料目今辦解與否並無一定未便添列本色物料項下開造仍應統歸起運

內分款起解

戶部項下原載本色物料甲丁二庫本色銀硃原額三十四觔一兩六錢三分一厘五毫每斤原編價銀五錢今照康熙十二年題定每觔時價銀一錢筭該額銀三十兩六錢九分一厘七毫七絲一忽八微二纖五沙除荒實辦二十五斤十三兩五錢四分二厘一毫八絲一忽六微三纖一沙五塵八埃五渺二漠該價銀二十三兩二錢六分一厘七毫四絲七忽七微一纖六沙七埃六渺七漠

本色光粉原額一十九斤五兩八錢四分六厘八毫每斤原編價銀四分七厘今照康熙十二年題定時價每斤一錢三分筭該額銀二兩五錢一分七厘五毫五忽二微五纖除荒實辦一十四斤十兩八錢二分七厘四毫七絲一忽八微一纖七沙八塵五渺二漠該價銀一兩九錢七厘九毫七絲三忽二微八沙五塵一埃九渺七漠

本色靛花青原額二十九斤十一兩七分四厘七

毫每斤原編價銀三分今照康熙十二年題定時價三錢該額銀八兩九錢七厘六毫五絲六微二纖五沙除荒實辦二十二斤八兩六分六厘一毫三絲九忽陞微二纖八沙五塵八埃四渺六漠該價銀六兩七錢五分一厘二毫四絲一微一纖八沙三埃六渺

本色桐油原額一百三十斤二分六厘七毫每斤原編價銀四分今照康熙十二年題定時價仍四分筭該銀四兩一錢二分六絲六忽七微五纖除荒實辦七十八斤一兩六分四厘三毫三忽八微七纖二塵三埃八渺六漠該價銀三兩一錢二分二厘六毫六絲七微五纖九沙六塵七埃五渺六漠

本色黃蠟原額七斤十五兩三錢四分二厘九毫每斤原編價銀二錢今照康熙十二年題定每斤時價二錢三分該額銀一兩八錢三分五厘五絲四忽一微八纖七沙五塵除荒實辦六斤五錢二分三厘五毫七絲六忽三微八纖七沙

六塵五埃三渺五漠該價銀一兩三錢八分七厘五毫二絲六忽四微一纖五塵七埃二渺五漠

本色黃熟銅原額三十五斤二兩一錢九分二厘八毫每斤原編價銀一錢一分今照康熙十二年題定每斤時價一錢三分該額銀四兩五錢六分七厘八毫一絲六忽五微除實辦二十六斤十兩九分四厘二毫三絲五忽八微三纖七沙三塵七埃五渺九漠該價銀三兩四錢六分二厘一絲五忽陛微六纖六沙一塵七埃八渺七漠

本色紅熟銅原額二十八斤三兩七錢九分三厘三毫每斤原編價銀一錢今照康熙十二年題定每斤時價銀一錢三分該額銀三兩六錢七分八毫二絲五微六纖二沙五塵除荒實辦二十一斤七兩四錢二分八毫二絲二忽三

微五纖五沙九塵二埃九渺九漠該價銀二兩七錢九分二毫九絲四忽一微八纖一沙六塵四埃一渺九漠

本色錫原額五斤七錢五分二厘每斤原額價銀九分五厘今照康熙十二年題定每斤時價一錢一分該額銀五錢五分五厘一毫一絲除荒實辦三斤十三兩一錢六分二厘六毫八絲四忽五微八纖六塵二渺一漠該價銀四錢二分四毫九絲三忽四微五纖六沙四塵九埃一渺六漠

本色各款原編鋪墊額銀九兩二錢七分六厘四毫七絲一忽四微三纖五沙除荒實徵銀七兩八分七厘九毫六絲二微二纖二沙二塵三埃七渺三漠

供用庫本色黃蠟原額七十一斤八兩三錢三分二厘二毫每斤原編價銀二錢今照康熙十二年題定每斤時價二錢三分該額銀

一十六兩四錢四分九厘七毫一絲五忽三微七纖五沙除荒實辦五十四斤一兩一錢三分七絲七忽三微九沙三塵七埃五渺二漠該價銀一十二兩四錢三分五厘八毫五絲六忽七微六纖一沙一塵九埃一渺

本色芽茶原額四十九斤三兩二錢四分一厘八毫每斤原編價銀八分今照康熙十二年題定每斤時價一錢五分該額銀七兩三錢八分三毫九絲一忽八微七纖五沙除荒實辦三十七斤三兩四錢五分二毫九絲七忽四微一纖七沙五塵二埃六渺三漠該價銀五兩五錢八分二厘三毫四絲六忽五微三纖八沙二塵八埃九渺三漠

以上戸部項下本色物料自銀硃起至芽茶止計十一欵照題定時價併鋪墊共額銀八十九兩

九錢六分七厘九毫九絲四忽四微三纖五沙除荒實徵銀六十八兩二錢一分一毫一絲五忽三微九纖六塵一埃三漠本色物料併鋪墊銀兩照舊全書刊定額數但目今辦解與否並無一定每年總將實徵價墊銀兩照數解交布政司如奉文採辦卽動銀辦料解　部如奉文停辦卽將價墊銀兩彙解　戸部統於每年奏銷冊內分晰報部

漕糧贈貼米銀數贈貼額銀四十二兩除荒實徵銀三十八兩六錢八分六厘一毫一絲七忽七微六纖八沙七渺八漠原贈貼額米四十二石除荒實徵米三十八石六斗八升六合一勺一

抄一撮七圭六粟八顆九黍八稷查漕糧贈貼米銀前訂全書原未刻載於康熙十年四月內奉文加贈同正項一例官徵官給以免多索私派那移之弊照漕糧正耗米每百石贈銀五兩贈米五石交給領官軍

隨漕起運折色銀數漕運船料旱脚賫額銀一十七兩四錢二分除荒實徵銀一十五兩九錢八分三厘五毫一絲五忽八微一纖六沙七塵七埃八渺四漠前訂全書內載徵解總漕部院續改解督糧道交納

本色三分蘆蓆額銀二兩二錢五分除荒實徵銀二兩六分四厘四毫六絲九微九纖八沙一塵四埃六渺七漠原解折色續奉文本色一分七厘給運官隨查赴北折色一分

三厘解督糧道轉解交納

以上船料旱脚本折蘆蓆二款共額銀一十九兩六錢七分除荒實徵銀一十八兩四分七厘九毫七絲六忽八微一纖四沙九塵二埃五渺一漠

起解督糧道漕項銀數全裁吏書工食額銀併除荒實徵內撥給漕項不敷銀六十兩六錢四分四厘七毫伍絲三微七纖陸沙內康熙元年奉裁本縣知縣員下書辦工食銀七十二兩典史書辦工食銀六兩儒學書辦工食銀七兩二錢巡檢書辦工食銀六兩倉庫書辦工食銀一十二兩以上計五款共額銀一百三兩二錢原解布政司續於康熙二年奉總漕部院林　題歸漕項之用徑解督糧道撥給省衛不敷行月銀六十兩六錢四分四厘七毫五絲三微七纖六沙餘銀四十二兩五錢五分五厘二毫四絲九忽二微二纖四沙解赴布政司充餉如遇閏科仍照額派閏銀歸起運

撥解漕項不敷銀四十兩查前訂全書原未編載每年係於起運撥解督糧道漕項之用造入奏銷冊內報部查核今併增列

英邑額銷綱鹽一千引因僻處萬山不通河道原在於霍邑口岸帶銷民人自赴買食

帶徵清河縣不准除荒銀三兩查帶徵銀兩原係本縣捐解督糧道交納

起解河工折色銀數舊額河工銀六兩除荒實徵

銀五兩五錢五厘二毫二絲九忽三微二纖八沙三塵九埃六渺一漠前訂全書內載徵解河務廳今改解河庫道

改派抵補河工車盤額銀五十七兩一錢除荒實徵銀五十二兩三錢九分一厘四毫三絲二忽四微四纖一沙九塵三渺八漠前訂全書內載徵解河務廳今改解河庫道

堤夫額銀二百八十一兩二錢五分除荒實徵銀二百五十八兩五分七厘六毫二絲四忽七微六纖八沙五塵六埃八渺二漠前訂全書內載徵解河務廳今改解河庫道

閘夫額銀三十一兩八錢除荒實徵銀二十九兩
一錢七分七厘七毫一絲五忽四微四纖四塵
九埃六渺五漠前訂全書內載徵解河務廳今改解河庫道
以上自舊額河工起至閘夫止計四款共額銀三
百七十六兩一錢五分除荒實徵銀三百四十
五兩一錢三分二厘一忽九微七纖九沙三塵
六埃四渺六漠前訂全書內開河道錢糧荒缺銀三十一兩一分七厘九毫九
絲八忽二纖六塵三埃五渺四漠在於地丁起運款內照數撥補每年於奏銷冊內開除
起解外各衙門折色銀數科場協濟額銀一十二
兩六錢六分一厘二毫七絲五忽除荒實徵銀

英山縣志　《卷之八　賦役　七

一十一兩六錢一分七厘二毫三忽七微四絲
四沙一塵四埃七渺四漠武場額銀四兩七分
二厘除荒實徵銀三兩七錢三分六厘二毫一
絲五忽六微三纖七沙五塵三埃八渺三漠內續
奉裁半歸入起運外實留科場半留銀五兩八錢八厘六毫一忽八微七纖二沙七埃三渺七
漠武場半留銀一兩八錢六分八厘一毫七忽八微一纖八沙七塵六埃九渺一漠五逡照實
徵數目彙解布政司文武科場應用
經費項下本縣知縣員下編給俸工銀七百四十
五兩四錢除荒實徵銀五百五十一兩二錢七
分四厘四毫五絲七忽七纖七沙八塵九埃八

渺八漠內俸額銀四十五兩除荒實徵支俸銀四十一兩二錢八分九厘二毫一絲九
忽九微六纖二沙九塵六埃四渺　門子二名每名工食額銀六兩共銀一十二兩　皂隸十
六名每名工食額銀六兩共銀九十六兩　馬快八名每名工食草料額銀一十六兩八錢共
銀一百三十四兩四錢　民壯五十名每名工食額銀六兩共銀三百兩於雍正十三年奉文
裁減民壯工食銀八十四兩存留民壯二十七名每名工食器械銀八兩共銀二百一十六兩
看監禁卒八名每名工食額銀六兩共銀四十八兩　轎傘扇夫七名每名工食額銀六兩
共銀四十二兩　庫子四名每名工食額銀六共銀二十四兩　斗級四名每名工食額銀
六兩共銀二十四兩以上工食俱於丁地內撥補按額支給　修理倉監額銀二十兩除荒實
支銀九兩一錢七分五厘三毫八絲二忽二微一纖四沙六埃八渺五漠四逡以上俸工銀照
額於丁地內扣足

英山縣志　《卷之八　賦役　六

每年知縣養廉銀六百兩在於丁地耗羨內支給
典史員下編給俸工額銀六十七兩五錢二分除
荒實徵銀五十二兩三錢七分四厘七毫七絲
四忽五微三纖六沙二塵一埃四渺七逡內俸額銀
三十一兩五錢二分除荒實徵銀二十八兩九錢二分八毫四忽七微三纖八沙五塵六渺八
漠七逡乾隆三年奉文撥補荒缺銀二兩五錢九分九厘一毫一絲五忽二微六纖一沙四塵
九埃三渺一漠三逡在於司庫請領足額　門子一名工食額銀六兩　皂隸四名每名工食
額銀六兩共銀二十四兩　馬夫一名工食額銀六兩以上工食在於丁地內撥補按額支給
每年典史養廉銀六十兩在於丁地耗羨內支給
儒學原編併加添俸工額銀一百三十兩四錢除

荒實徵銀一百一十二兩四錢四分一厘八毫五絲六忽九微四纖四沙三塵五埃八渺九漠五逡內原編俸銀三十一兩五錢二分續奉文教諭訓導每員改食俸銀四十兩二員共俸銀八十兩門斗二名每名工食額銀七兩二錢共銀一十四兩四錢齋夫三名每名工食額銀一十二兩共銀三十六兩查儒學荒缺俸銀併工食已於起運實徵數內撥補足額全支如遇懇陞所陞銀兩歸還起運

儒學廩生廩糧額銀八十二兩六錢六分六厘四毫除荒實徵銀五十三兩八錢五分七厘九絲二微四纖九沙九埃八渺七漠查係康熙二十四年分奉文起運項下挖出原裁復留支給於乾隆元年奉文照額支給丁地內撥補

七引店巡檢員下編給俸工額銀四十三兩五錢二分除荒實徵銀三十六兩七錢二分八厘七毫九絲四忽六微七纖一沙四塵六渺四漠七逡內俸額銀三十一兩五錢二分除荒實支俸銀二十八兩九錢二分八毫四忽七微三纖八沙五塵六渺八漠七逡乾隆三年奉文撥補荒缺銀二兩五錢九分九厘一毫一絲五忽二微六纖一沙四塵九埃三渺一漠三逡在於司庫請領足額　皂隸二名每名工食額銀六兩共銀一十二兩於丁地內撥補照額支給

每年巡檢養廉銀六十兩在於丁地耗羨內支給

以上各官員下俸工併廩生廩糧自知縣俸工起至巡檢俸工止計五款共額銀一千一百八兩五錢六厘四毫實徵銀七百三十六兩六錢八分六厘九毫七絲三忽四微七纖九沙二塵七渺三漠九逡

存留支給折色銀數本縣歲貢考貢盤纏額銀二十五兩除荒實徵銀二十二兩九錢三分八厘四毫五絲五忽五微三纖四沙九塵八埃三渺七漠五逡查歲貢盤纏銀內續奉酌裁額銀一十一兩一分四毫五絲八忽六微五纖六沙七塵四埃三渺六漠八逡歸入起運外實酌留銀一十一兩九錢二分七厘九毫九絲六忽八微七纖八沙二塵四埃七逡照實徵數月歸解

本縣

文廟香燭額銀三兩除荒實徵銀一兩九錢五分四厘四毫九絲七忽四微八纖三沙二塵二埃五渺二漠乾隆八年請酌均祭祀銀兩案內減

文廟香燭銀二兩四錢於丁地內支給

本縣三祭

關聖帝銀四十二兩二錢七分查前訂全書原編載係於雍正八年奉文勅封致祭乾隆八年請酌均祭祀銀兩案內三祭　關帝共銀四十七兩八錢三分二厘九毫五絲八忽三微於丁地內撥給

本縣春秋二祭額銀四十兩除荒實徵銀二十六兩五分九厘九毫六絲六忽四微四纖三沙二

埃四渺二漠乾隆八年請酌均祭祀銀兩案內
文廟春秋二祭共銀四十八兩
社稷壇　風雲雷雨山川城隍壇　劉孟濟
宣勸　名宦祠　鄉賢祠　忠義祠　節孝祠
春秋二祭共銀二十一兩　邑厲壇每歲三祭
共銀四兩五錢　常雩禮　火神廟　八蜡祠
獄神廟　土地祠　春祭旗纛　秋祭霜降每
歲共祭銀一十二兩二錢內八蜡祠停止致祭
其祭銀歸於社稷壇內以上
祭祀銀兩均於丁地內撥給
鄉飲酒席額銀三兩五錢除荒實徵銀三兩二錢
一分一厘三毫八絲三忽七微七纖四沙八塵
九埃七渺七漠
孤貧八名口糧布花額銀四十二兩雍正十二年
奉文裁扣銀一十三兩二錢歸入起運充餉每

年支給銀二十八兩八錢
弋引店巡檢弓兵十名每名工食額銀三兩共銀
二十兩除荒實徵銀一十九兩五錢四分四厘
九毫七絲四忽八微三纖三沙二塵五埃三渺
二漠於丁地內撥補照額支給
蕭公潭渡夫一名工食額銀一兩除荒實徵銀六
錢五分一厘四毫九忽一微六纖一沙七埃五
渺一漠於丁地內撥補照額支給
急遞鋪司兵二十八名每名工食額銀五兩四錢
共銀一百五十一兩二錢除荒實徵銀九十八

兩五錢六厘六毫七絲三忽一微五纖四沙五
塵五埃二渺四漠於丁地內照額支給
以上自本縣歲貢起至鋪兵工食止計九欵共額
銀三百七兩九錢七分除荒實徵銀三百六十
二兩七分二厘三毫三絲八忽九微五纖三沙
一塵三埃七渺七漠七逡
共存留項下自漕糧贈貼起至鋪兵工食止共
額銀一千八百六十一兩七錢五分九厘六毫
七絲五忽實徵銀一千五百五十五兩三錢二
厘一絲五忽五微八纖五塵一埃七渺三漠六

逡以上俸工等銀俱於起運項下撥足照額支
給
縣起運解北本色漕糧米數正兌漕糧額米六
百石加四耗米二百四十石除荒實徵正米五
百五十三石四斗四升二合三勺七抄八撮四
粟三顆三粒六穎五黍九稷九糠四粃耗米二
百二十一石三斗七升六合九勺五抄一撮二
圭一粟七顆二粒四穎六黍四稷一糠七粃
以上正耗漕糧共額米八百四十石除荒實徵正
耗共米七百七十四石八斗一升九合三勺二

抄九撮二圭六粟七粒一顆二黍四稷一糠一粃查前訂全書開載漕糧本色米石因下通河道在於丁地折色銀內動支現今實徵額編米價銀三百七十六兩八錢𠀋分六毫六絲二忽六微一纖二沙二塵四埃四渺買米交兑

漕糧贈貼米數漕糧贈貼額米四十二石除荒實徵米三十八石六斗八升六合一勺一抄七撮七圭六粟八顆九黍八稷查前訂全書內於康熙十年四月內奉文加增同正項一例官徵官給以免多索之弊照漕糧九耗米每百石增米五石交給領運官軍

六安州軍儲倉運軍半本色月糧額米一千二十九石四斗五升八合七勺七抄二粟七顆二粒四顆除荒實徵米六百六十一石二斗六升二合四勺二抄五撮一圭八粟八顆六粒一顆六黍九稷查運軍半本月糧舊刋全書原未載編即係折色銀兩改徵本色奉文泒撥盧鳳二衛運漕官丁行月二糧五百六十石

存留餘剩月糧米一百一石二斗六升二合四勺二抄五撮一圭八粟八顆六粒一顆六黍九稷

每石九錢折解督糧道交納

扣存潤米三十七石八斗除荒實徵米三十四石三斗一升三合二勺一抄六撮八粟四顆二顆三黍六稷八糠二粃查潤米歷不支給每年照例折銀同存留餘剩米折銀彚解督糧道交納

通計自正兌漕糧起至潤米止共額米一千九百四十九石二斗五升八合七勺七抄二粟七顆二粒四顆除荒實徵米一千五百九石八升一合八抄八撮三圭一顆三粒六顆二黍七稷九糠三粃

原係工部改解戶部匠班銀四十兩五錢前訂全書內載原係匠戶辦納續於雍正七年奉文攤入田畝徵收歸入起運項下

牙帖稅銀二兩二錢

典當稅銀五兩

契雜稅原無定額儘徵儘解

糧道項下

六安州軍儲倉米折額銀三百七十六兩三錢三分一厘五毫五絲九微三纖四塵四埃除荒實徵銀三百四十五兩二錢九分八厘五毫八絲一忽八微九纖九沙五塵三埃七渺六漠

六安州軍儲倉馬草折額銀二兩三錢四分三厘七絲除荒實徵銀二兩一錢四分九厘八毫五絲六忽二微七纖九沙九塵七埃七渺九漠

以上軍儲倉米草折二欵共額銀三百七十八兩六錢七分四厘六毫二絲九微三纖二沙四塵

四埃除荒實徵銀三百四十七兩四錢四分八厘四毫三絲八忽一微七纖九沙五塵一埃五渺五漠照數於地丁銀內徵觧督糧道交納

以上係丙子舊志編稿今開現在戶口賦役實數於後

戶口

舊管編戶二萬五千七百八十一戶大男五萬三千三百六十六丁大婦四萬零二十四口小男四萬三千八百六十七丁小婦二萬五千六百三十四口共大小男婦一十六萬二千八百九十一丁口除婦口計大小男丁共九萬七千二

百三十三丁

新收編戶四百四十六戶大男六百二十七丁大婦四百六十八口小男六百一十一丁小婦四百二十七口共大小男婦二千一百三十三丁口除婦口計大小男丁共一千二百三十八丁

開除編戶二百四十七戶大男三百四十二丁大婦二百七十二口小男三百二十九丁小婦一百四十口共大小男婦一千一百八十三丁口除婦口計大小男丁共六百七十一丁

實在編戶二萬五千九百八十戶大男五萬三千四百五十丁大婦四萬零七十二口小男四萬三千九百零六丁小婦二萬六千零六十一口共大小男婦十六萬三千四百八十九丁口除婦口計大小男丁九萬七千四百一十丁

田賦

原額田地塘一千五百九十五頃八十一畝八分九厘應徵起存帶運並漕粮贈貼共額銀一萬七百四十五兩六錢六分六厘內原無主荒田地塘九百八十一頃二十六畝八分二厘自順治四年起至雍正十年止共開墾過荒田地塘

八百三十七頃九十七畝二分二厘續於遵

旨議奏案內乾隆四年三月奉前撫部院孫

題准豁除虛捏不寔田地塘三百四十七頃一十八畝五分七厘應免銀二千八百五十七兩八錢九分二厘仍原荒田地塘四百九十頃四十九畝九分八厘除荒銀三千七百四十三兩七錢五分九厘

實在成熟田地塘七百五頃三十一畝八分三厘

折寔銀六百八十九頃八十三畝六厘應征銀

七千一十五兩八錢三分九厘又應征丁地並
匠班共銀五百四兩一錢四分四厘
丁地二項除荒寔征起存帶運並漕粮贈貼顏料
等欵共銀七千五百一十九兩九錢八分三厘
一每年征收上下兩忙丁地正銀七千五百一十
九兩九錢八分三厘內一解上忙丁地正銀二千八百八十兩六分二厘　一解下忙丁地正銀一千六百五十五兩七錢三分六厘　一解奉裁舖驛夫馬工料銀八十六兩六錢八分　一解損脚銀四十兩九錢一分三厘　一解辦征匠班銀四十兩五錢　一解漕粮餘剩米價銀二十四兩六錢一分九厘　一解漕粮餘剩贈貼銀二兩五錢二分七厘　一解孤貧餘剩口粮銀十三兩二錢　顏料項下一解現辦本色物價墊銀五十一兩五錢七分四厘　一解折色顏料銀十三兩六錢九分一厘　一解停辦白蔴價銀四兩六錢二分

河工項下舊額河二銀六兩除荒寔征銀五兩五錢五厘　改派抵補河工車盤額銀五十七兩一錢除荒寔徵銀五十二兩二錢九分一厘　協濟邳州守堤夫額銀二百八十一兩二分五厘水脚銀一兩八錢一分三厘除荒寔征銀二百五十八兩五分八厘水脚銀一兩六錢六分三厘　協濟徐州閘夫額銀三十一兩八錢水脚銀三錢一分八厘除荒寔征銀二十九兩一錢七分八厘水脚銀二錢九分二厘二欵水脚銀一兩九錢五分五厘歸入各案裁加充餉外以上四欵共除荒銀三十一兩一錢一分八厘在于地丁內仍撥補足額銀三百七十六兩一錢五分　漕粮項下漕運船料旱脚輕賚額銀一十七兩四錢二分除荒寔征銀十五兩九錢八分四厘　本色蔴片銀二兩二錢五分除荒寔征二兩六分四厘內除本色蔴片銀六錢七分七厘買備本色蔴片隨漕辦理外寔征銀一兩三錢八分八厘　全裁吏書工食額銀

一百三兩二錢除荒寔征銀九十四兩六錢九分內除陞料銀三十四兩四分五厘歸入丁地充餉外寔征銀六十兩六錢四分五厘　下地撥充漕項銀四十兩　六安州軍儲食米折額銀三百七十六兩三錢三分二厘除荒寔征銀三百四十五兩二錢九分九厘　六安州儲馬草折銀二兩三錢四分三厘寔征銀二兩一錢五分
漕粮項下漕粮米價額銀四百九兩一錢二分一
厘除荒實征銀三百七十六兩八錢四分一厘
每年某月日耑差經辦赴六安州採買漕粮正耗米七百七十四石八斗一升九合三勺運至正陽關水次于遞年某月日開兌本日兌完親交運官某等旂丁某等領訖掣獲通關領結存案　漕粮贈貼額米四十二石除荒寔征米三十八石六斗八升六合一勺　漕粮贈貼額銀四十二兩除荒寔征銀三十八兩六錢八分六厘前件每年于十二月日給旂丁某等領解

一動支本色蔴片銀六錢七分七厘每年于年底交給承辦經承帶赴水次給旗丁具領　六安州軍儲倉米本色月粮額米一千二百九石四斗五升八合八勺寔征米奉文撥給長淮衛宿州二幫旂丁月米二百四十石又奉文原編月粮改抵漕粮正耗米四百一石二斗二合三勺　一兌運五贈米二十石六升一勺前件于年底給領寔征潤米三十四石三斗一升三合二勺照例折銀十五兩九錢九分五厘前件于每年十一月批解粮庫交納
通縣寔征存留解支一切祭祀及各官俸役食等
銀一給武廟前後殿三祭銀四十七兩八錢三分三厘　一給文昌帝春秋二祭銀三十兩　一給劉猛將軍春秋二祭銀三兩　一給厲壇三祭銀四兩五錢　一給風雲雷雨城隍壇春秋二祭銀三兩　一給社稷壇春秋二祭銀四兩六錢　一給鄉賢祠春秋二祭銀三兩　一給名宦祠春秋二祭銀三兩　一給節孝祠春秋二祭銀三兩　一給忠義祠春秋二

祭銀三兩　一給土地祠祭祀銀一兩六錢
一給火神廟祭祀銀一兩六錢　一給常雩禮
祭祀銀一兩六錢　一給獄神廟祭祀銀一兩
六錢　一給霜降祭祀銀一兩六錢　一給春
祭喜神銀一兩六錢　以上各件每年于正七等
月給禮房領辦祭祀　一知縣俸薪額銀四十
五兩除荒寔征銀四十一兩二錢八分七厘
一解奉文扣存縣四季分俸薪銀四十一兩二
錢八分九厘每年于三月批解司庫交納　一
給門子二名工食足額銀十二兩　一給皂隸
工食足額銀九十六兩　一給馬快工食足額
銀一百三十四兩四錢　一給民壯五十名工
食足額銀三百兩內除裁減民壯工食銀八十
四兩於每年照數批解司庫交納寔給民壯工
食銀二百一十六兩　一給禁兵工食足額銀
四十八兩　一給轎傘扇夫工食銀四十二兩
一給斗級工食足額銀二十四兩　一給庫
子工食銀二十四兩以上各工食按季發給
修理倉監銀二十四兩除荒寔征銀十八兩三
錢五分一厘內奉文扣半歸入各案充餉外寔

征銀修銀九兩一錢七分五厘每年給刑房領
出修理　典史俸薪銀三十一兩五錢二分除
荒寔征銀二十八兩九錢二分一厘　一解奉
文扣存典史四季俸薪銀二十八兩九錢二分
一厘每年批解司庫交納　一給典史皂隸工
食足額銀二十四兩　一給典史門子工食足
額銀六兩　一給典史馬夫工食足額銀六兩
巡檢俸薪銀三十一兩五錢二分除荒寔征
銀二十八兩九錢二分一厘　一解奉文扣存
巡檢四季俸薪銀二十八兩九錢二分一厘每
年批解司庫交納　一給巡檢弓兵工食足額
銀三十兩　一給巡檢皂隸工食十二兩以上
二件四季領給　一給儒學教諭俸薪銀四十
兩　一給儒學訓導俸薪銀四十兩　一給儒
學齋夫工食足額銀三十六兩　一給儒學門
斗工食足額銀十四兩四錢以上按季領給
一給廩生廩糧銀八十二兩六錢六分六厘戶
部則例載明英學廩生各給廩糧四兩一錢三
分三厘有奇年底領給　一給　文廟春秋二
丁祭銀四十八兩　一給　文廟香燭銀二兩

四錢以上門斗禮房領辦祭祀　鄉飲酒席額
銀三兩五錢除荒寔征銀三兩二錢　分一厘
　歲貢盤纏額銀二十五兩除荒寔征銀二十
二兩九錢三分八厘內除裁扣銀一十一兩一
分歸入各案充餉外酌留銀一十一兩九錢二
分八厘前件每年批解司庫　一給九鋪司兵
工食足額銀一百五十一兩　一給蕭公潭渡
夫工食足額銀一兩　一給孤貧八名口糧花
布額銀四十二兩內除裁扣銀十三兩二錢歸
入丁地充餉外每年支銀二十八兩八錢內除
小建四錢八分寔給孤貧口糧花布銀二十八
兩三錢二分每年四季領給

存留起解項下

科場協濟額銀一十二兩六錢六
分一厘除荒寔征銀一十一兩六
錢一分七厘內奉文裁半歸入各案充餉外寔
存半銀五兩八錢九厘　武場供應額銀四兩
七分二厘除荒寔征銀三兩七錢三分六厘內
奉文歸半歸入各案充餉外寔存半銀一兩八
錢六分八厘前件每
年批解司庫交納

計開各官養廉已奉徑支

概縣額征丁地錢糧加一耗羨銀七百五十一
兩九錢九分八厘三毫額征減存米折耗銀九
兩一錢一分三厘每年征收上下兩忙丁地並
減存米折耗銀共七百六十一兩一錢一分一
厘三毫

一巡檢每年應支養廉銀六十兩　一典史每
年應支養廉銀六十兩　一知縣每年應支養
廉銀六百兩內不敷廉銀五兩六錢八分五厘
八毫在于減存米折耗銀內動支以蒸廉銀不

數之數　一本縣動支額編米價耗銀三十七
兩六錢八分四厘一毫　一每年應解支剩減
存米折耗銀三兩四錢二分八厘 每年批解司庫交納

附英山豁免捏報開墾田畝詳案

江南六安州英山縣爲違例甫陳籲查　題豁
一視同仁以廣
皇恩以甦民累事案奉　本州正堂高　牌開奉
布政使晏　批據英山縣生員張可信呈控英
邑雍正八等年捏報加陞之糧一案仰六安州
確查速報轉飭確查到縣正在詳查間又據生

員張可信呈爲籲查捏報援例詳豁以廣
皇恩以甦民累事竊英本彈丸東西兩河夾送楚界
高者盡山低者皆水其舊額田地塘畝原因高
就低墾成納賦自明末清初洪水暴漲人民逃
亡田地荒蕪於順治年間招徠開墾至順治十
二年始得成熟田地塘二百一十四頃五十三
畝零刊定全書額徵納粮旨全書訂後從順治
十四年起歷年奉上開墾按續陞報至康熙十
七年查通英田地塘山毫無可墾隙地清丈註
冊共得成熟田地塘畝六百六十五頃四十六
畝零雖有缺額荒糧實無可墾之處誌載彰然
間有傍河淤沙亦隨流崩瀉遇水銷鎔故往昔
縣主目擊情形奉上查墾各詳水冲沙壓萬難
開墾在案是英無荒可墾已不待今始辨矣不
意雍正八年奉文勸墾前州主李不體
聖天子勤民至意不問荒畝坐落何所端借足額邀
榮於六安則押令各戶自報於英則羽檄嚴提
前縣主懼罹法網着令鄉約蔦報士民恐遭湯
火吞聲受累誠如
上諭所云捏報墾荒以致糧無抵補者也茲幸恭逢

皇恩軫念民力艱難有司亦難賠墊將各省地方近
年新陞之糧概
諭豁免故山東河南淮安崑山等處已無不荷開除
之宏恩矣惟英僻處山陬疾苦未能上達生是
以情廹於衷冒罪甯陳　藩憲蒙送　州憲查
報生亦赴州具呈轉送天臺是英萬民之重累
解懸實所望於仁天理合甯呈賞查雍正八等
年新陞之糧果係生等有墾自報任土自應納
貢如屬鄉約指名捏報祈據實轉詳援例豁免
不特

皇恩不遺於僻壤而天德亦與並垂不朽矣又據合
邑士民馬世鈞等呈爲叩查詳豁均蒙
皇恩事任土納貢固有成規無墾加糧實惟重累英
居僻隅實屬彈丸兼之東西兩河夾送楚界山
水十居七八田畝十僅二三地瘠山稠原無隙
土若遇溪水暴漲熟產亦被沙荒即輸舊額尚
在艱据况再加陞則爲難何極不意雍正八年
奉文勸墾州憲之羽檄頻催本縣之攤陞愈急
鄉約明知無荒可墾被迫捏報栽名可憐英民
徒有報墾之虛名默受重加之實累夫以舊額

不足之民更加額外之科呼訴無門亦惟吞聲
飲泣也今幸恭逢
皇上身居九重神周萬里軫念民瘼無微不入頃聞
各省陞糧地方概予豁免即鄰邑六霍將奉開
除英雖僻壤亦何莫非王民應共沐
皇恩於無曁也然疾苦未能上達膏澤何由下逮茲
有生員張可信已經冒罪匍陳藩憲蒙送州憲
查報轉送仁天是欲甦英邑重累悉仰仁天移
山之力爲此合訟公叩賞查雍正八等年墾荒
報呈果屬生等自具抑係鄉約捏報據實加看

轉詳等情各前來據此卑職鄭重隨檢查雍正
八九十等年報墾卷案止據各該糧戶呈開荒
田若干畝地若干畝塘若干畝坐落某處並無
坵形段落隨即查訊經承據稟稱雍正八年奉
文報墾前任李州主催提急如星火將上手經
承江永麟提去責比前任趙縣主即押令各該
鄉約呈報鄉約具到報呈不過是照各糧戶本
身田畝上加的經承江永麟就照他各呈上數
目科算報上隨飭查各原報鄉約據鄉約殷祚
崇等爲稟明事雍正八年奉文限年開墾前州

主李不查墾荒有無惟以足額是苛檄催首報
牌卷纍纍前縣主趙情難回覆以致提吏文貴
差押報陞赴主逐着令蟻等代各花戶首報蟻
等莫敢抗違又不按弓口止照原額舊糧十之
三四攤陞具報此實係捏報根由等情據此查
得英邑原舊鈌荒除自順治十四年起至雍正
七年止節年陸續報墾陞科已無隙不關外尚
有鈌荒田畝塘共折實田三百八十二頃二十
二畝二分九釐九毫六絲三忽一微此項田畝
祇緣卑縣境處萬山重巒疊嶂每遇伏秋陰雨

淌多山水汎發流急沙噴及至冬涸而流刷成
溪沙凝成磧縱欲挑培缺陷者難施塡補之功
停積者莫展畚锸之力是此項田畝原本水冲
沙壓萬難開懇迫雍正七年奉文於雍正八年
起限年墾荒前州憲李北知急公罔恤民隱羽
檄交馳提承血比前趙陞令恐干嚴譴遂嚴責
各該鄉約照其坐落按畝加派除不入年限田
八十九頃二十八畝八分四厘八毫外八九十
等年共報墾折實田二百九十二頃九十三畝
四分五厘一毫六絲三忽一微其實畝上加畝

糧上加糧報呈皆出自鄉約之手糧戶茫然不
知並無實有田地誠如　藩憲所議海市蜃樓
者也嗣奉　憲查小民遵守　功令咸謂已奉
題達之案詎敢挺身違白今生員張可信等
見
各省疊奉
恩綸遍沐雨露冀邀一視甸叩陳情奉　憲批查轉
行到縣卑職既經確查從前實係抑勒虛報則
此敬陳未見等事案內雍正八九十等年虛報
之田二百九十二頃九十三畝四分五厘一毫

六絲三忽一微所當急請　題豁以廣
皇仁以副　憲德以甦民困者也蒙州轉詳　藩憲
轉請　撫憲孫　題豁於乾隆四年八月十一
日遵
旨議奏事案內奉　本州正堂戚奉　布政使司晏
奉　安撫部院孫　抄案內開乾隆四年七月
十五日准　戶部咨江南司案呈戶科抄出安
慶巡撫孫　題前事乾隆四年三月二十一日
題四月十二日奉
旨該部議奏欽此於本月十三日抄出到部該臣等

會議得安慶巡撫孫以安屬各州縣從前報墾
田地一案奉准部咨議覆　大學士朱條奏案
內抑勒首報者嚴行飭禁其現在報墾之田逐
一詳查如果虛捏不實即行題請開除無得護
過文飾等因今查潛山縣民徐緣璞等田共十
頃五十四畝均於雍正六八九十一年經前叅
革知縣胡瑄等勒令報墾陞科今勘明實係虛
賠糧賦又太湖縣前叅革緇故知縣李佳士於
雍正七八九十十一等年勒比虛報不實田一
百七十一頃七十九畝八分零又六安州叅革

知州李懋仁雍正六七等年勒令鄉民捏報墾田五百二十二頃一十五畝三分零又英山縣陞任知縣趙宗炅押比捏報雍正八九十等年共墾田二百九十二頃九十三畝四分零實係按畝加泒以上潛山等四州縣虛捏不實田地共九百九十七頃四十二畝九分零內未届陞科田二十七頃八十四畝一分零已届陞科田九百六十九頃五十八畝八分零查明原報頃畝數目陞科銀米各欵備造清冊同道府州縣印結該司保結送部題請開豁以除民累再此

案係雍正十三年奉文查報今應豁銀米麥石請於乾隆元年爲始豁免統於起運項下劃除至從前捏報各官係潛山縣叅革知縣胡瑄署縣事按察使照磨劉成璠署事病故清查官沈夢桂叅革知縣魏其蘂署事李弘儒毛兆鉠前叅知縣王康太湖縣叅革縊故知縣李佳士署縣事本府叅革通判牛射策告休知縣李蕡署縣事李弘儒六安州叅革知州李懋仁英山縣陞任知縣趙宗炅各職名相應指叅但事俱在雍正十三年九月初三日

恩赦以前應邀免叅統聽部議等因會同兩江總督那合詞保　題前來查雍正十三年十月內總理事務王大臣等議原任大學士朱　條奏案內請將各省田地抑勒首報嚴行飭禁其現在報墾之田令各該督撫逐一確查如果虛捏不實者郎行題請開除毋得護過文飾等因奉

御批依議速行欽此行文遵照在案今該撫孫　等既稱安屬潛山太湖六安英山等四州縣雍正六七八九十十一等年報墾案內虛捏不實田地共九百九十七頃四十二畝九分零內已届

陞科田九百六十九頃
[illegible]科田一十二頃十六

原報陞科銀米數目各冊印甘各結保題豁除請於乾隆元年爲始豁免於起運項下劃除等語查與各該年原報開墾數目併陞科入額奏銷案內均屬相符相應推廣

皇仁准其豁除以紓民累仍令該撫孫將前項捏報已届陞科田地統於乾隆元年爲始除已完銀兩於各該年地丁登覆案內造報撥解其未完銀兩聲明照數開除至疏稱捏報各官係潛山縣叅革知縣胡瑄等職名相應開列指叅但事

在
恩赦以前應邀免叅統聽部議等語查担報開墾之
潛山縣叅革知縣胡瑄等該撫既稱事在雍正
十三年九月初三日
恩赦以前均應免其查議可也乾隆四年六月十七
日題本月十九日奉
旨依議欽此合咨前去欽遵施行等因奉此轉飭仰
縣官吏即便欽遵原詳虛捏田地照數開除出
示曉諭咸使聞知毋得私徵肥己致貽民累有
于察咎其應豁錢糧於乾隆元年爲始統於起

運項下豁除仍將現今實徵冊內花名田畝銀
數悉行銷除具報並將出示緣由貼過告示處
所造冊報查均毋遲延等因當經鄭令遵奉出
示曉諭免徵在案

附知縣張海奉查英山荒畝詳案

乾隆十九年六月二十八日在於遵
旨奏覆事案內奉　本州正堂邵　奉　布政使司
高　牌開前據該州申送英霍二縣並無隱墾
田畝各結呈送等因到司當查英山縣奏冊內
有荒田四百九十頃四十九畝零節經檄飭遍
諭民人首報以裕　國課又據該州稟稱英邑
開種山田種植芋蘆居民俱爲成業等語查該
邑現在荒缺田地既有開墾自應報陞何以據
稱並無隱墾且稱開種成業者相沿十餘年則
從前歷任各官隱匿未報可知隨又飭令該州
確勘據實詳覆未據詳報等因轉飭到縣奉此
備查歷年卷宗復親往四鄉悉心履勘併諮詢
鄉耆父老緣英邑自前明凡一切田地山塘概
縣統計共有折實田畝一千一百八十頃有奇
嗣於萬歷四十八年龍水泛漲山崩田洗盡遭

冲壓從前一綫細流今遂成溪河之勢從前耕
鑿之田今冲成淤泥積石清流矣自
國朝順治年間開墾起至雍正六年止新墾成熟之
畝併未經龍水冲洗之田統計不及原額三分
之一復將各項山地池塘統折爲田僅得承糧
田畝六百八十九頃八十三畝零報部定額完
糧奏銷在案然此新墾之畝內有砂土成田者
東淤西補遷徙靡常如此等田畝時有轉賣更
新畝數總不及原契之多蓋淤沙無定址也嗣
於雍正八年前令趙宗旵於一件敬陳末議事

案內奉文報墾陞科其時限屆嚴廹道令親往四鄉查勘實無隱墾之田亦無可墾之地縱有山頭地角臨險可以開闢之處皆屬有主之山折入承糧田內並非無主官荒而道令無可塞責一面先行申報已查有墾熟地一百餘頃及奉提四址段落清冊又不能憑空造報又僅以現又查有若干俟一併造報後　憲催急廹無可如何遂於原額六百八十九頃零之內按畝加派錢糧具報陞科開墾成熟田二百九十二頃徑行徵解入冊　奏銷迨至乾隆三年加派

之糧士民心既不甘力又不能羣起而赴　各憲公籲請豁奉批確查加派實情經前令鄭重履勘確實加派情眞具結通詳蒙　前撫部院孫　題請豁免在案茲於乾隆十四年蒙　前藩憲李　於一件飭查事案內復又行查奏冊內現在荒田四百九十頃零有無報墾等因當經前令王顯卜查明並無餘地可墾緣由兩次詳明具結在案又於乾隆十七年一件密札事案內蒙　藩憲檄飭將隱墾未報陞科之地勸諭業戶自首免其治罪等因隨又經前令吳學

山查明並無隱墾緣由具結申詳各在案竊開墾田畝攸關國計民生敢不實心查報任聽民間隱匿透漏自甘咎戾惟是現在承糧之田時被沙淤水洗有絀無盈前趙令之捏報本出於不得已之思按畝加派捏作陞科所以並無切實坐落坵段冊報如果有地開墾糧賦分所當完該士民併何敢上瀆　大憲求豁而鄭令又何敢並不查明遽以加派情眞冒昧請豁至續後若開墾有地前縣王令吳令亦不敢聽從民間徒獲地利遽然具結率詳此民間無私墾隱

漏之弊固已明矣但各前任止將民無隱墾實情詳報並未將原額一千一百八十頃有其今現在承糧之田止有六百八十九頃八十三畝零尚有荒田四百九十頃四十九畝五分作何着落並未議及致蒙　藩憲屢次飭查卑職逐細確查從前英邑共止有一綫之流兩道自萬曆四十八年龍水泛漲山俱崩塌土被水冲盧室人民淹没幾盡昔時有土之山可以耕作今已洗作石田難於闢矣昔時一綫之流山石下崩今已爲巨浸矣此四百餘頃之荒田已久廢

於龍水泛漲山崩土薄中矣况此際四鄉之支
流小港何莫非從前耕作之處是以現在實無
民間隱墾陞科地畝理合據實備陳申詳
州憲轉詳在案

英山縣志卷之八終

附録開山議詳案

乾隆二十年五月十八日奉
本州牌爲遵批轉移事奉
布政使司高　憲牌奉
宫保尚書署總督部堂尹　批本司等會詳内
開該本司等查得英山縣前任知縣李春明以
開山有碍田畝河流禁止一案奉　前憲批司
查議遵即移會鳳陽道並行六安州確查妥議
詳覆嗣據六安州邵大業以體訪民情未便禁
開具稟經鳳陽道稟奉　前憲批委廬州府趙
守會同勘詳復經本司等轉飭遵照去後今准
鳳陽道移據廬州府趙瓚會同六安州知州邵
大業會勘詳稱英邑境内山居十分之七田止
十分之三縣之東境西境有溪河二道臨河之
山僅止一面其餘皆不近河毫無碍於田畝河
流至於開山之人土著無田之民儘多賴山鬪
種以資衣食其間外來之人亦多係已成家業
歷數十年安居者即或新來認佃之莊民雖不
乏人而倚傍親友未必全無根底况一切穓糧
與棉花等項無不產於山間是山產之利倍於

田疇且開山則遍處居民編聯保甲設立鄉保遇有事故官司經臨尚屬耳目易周稽查猶便若行禁止則人無所利勢必遷移彼崇山峻嶺盡成曠絶無人之境不數年草木叢茂廵察偶疎奸徒轉得潛踪托跡應請將沿河臨田一面之山及向來封禁未開山塲概行禁止不得開墾惟聽蓄留樹木以利民用其餘已墾成熟各山悉聽照舊開種至稽察外來佃種之人惟有責成山主遇有佃戶攬種必細查來歷明白及有室家者方准給佃仍編入保甲稽查如有爲

匪不法事犯山主照房主例一併懲治等情由道移請核轉前來本司等伏查英邑地方既經該府州查勘明確山多田少山產之利倍於田疇本地與外來佃種民人衣食用度多賴於此未便概行禁開以絶自然之利應如所請將該縣境內沿河臨田一面之山及向來未開山塲飭縣禁止不得開墾惟聽蓄留樹木以資民用其餘已墾成熟之山無碍田畝河流者悉聽照舊開種並令各山主遇有佃戶攬種務須細查來歷明白及有室家者方准給佃編入保甲一體稽查如有爲匪不法事犯亦應如該府所請山主照房主例一併懲治仍將佃戶事犯山主連坐緣由并應開應禁山塲界址詳細開載出示廣爲曉諭俾窮鄉僻壤咸知遵守並嚴飭該縣不時留心實力稽查毋稍懈忽如此庶山主佃戶均不致有失業之虞而外來匪類亦得隨時稽查可免潛藏之患矣緣奉飭議事理理合具文詳覆是否有當伏祈

憲台俯賜鑒核批示遵行等情當批英邑境內山多田少既未便概行禁開如詳轉飭照舊佃種仍飭該地方官力行保甲留心稽查併曉諭山主居民凡遇外來認佃之人務須實有室家而又有親族在英落業者方許給佃倘係外來

無藉之徒濫行給種一經事犯山主地鄰均干連坐再此等山塲所種何項穕糧現開是何地畝應否照例變則陞科未據聲明仍即查明並詳察奪並候

撫部堂批示繳又奉

安撫部堂鄂　批同前由如詳飭遵仍候

督部堂批示繳各等因批司行州到縣奉此飭

知縣張海覆查英邑可開餘地久經開墾按則陞科今所墾之處不過山頭岩隙僅種棉花玉蘆蘇豆之屬並無渠流可以灌溉全賴雨水調勻以冀薄有收穫且批佃各有年限限滿或退佃他徙即廢棄不耕非若平原田地墾熟可以經久似難責令陞科等情詳州核轉嗣奉司批州詳內開查英邑賦役全書內載成熟田及地塘折田並無山場折田在內則此山係不在全書額外之山所稱糧隨田派始於何年何案有無實據再行查詳等因到縣又經查得賦

役全書雖未載有山場折田在內而英邑山地原係田主隨田冊業糧即按田陞納由來已久況現今開挖之山不成邱段佃民限年挑種遷易靡常萬難責令陞科貽民後累等情詳奉本州轉詳在案

英山縣志卷之八

續修英山縣志卷之九

英山縣知縣樂陵李文[illegible]

英山縣教諭古歙汪時[illegible] 訓導合肥阮[illegible]

古蹟 封爵 勝蹟 塚墓 寺觀

英地四面皆山雖有水道阨於石嶮舟楫弗利四方賓客罕至且置縣僅數百年趙宋以前無得而稱焉然而山川靈淑巖壑爭奇溫泉異井錯列境內時有方外好遊之士攬奇搜勝始得著聞耳目其掩抑於荒烟蔓草樵夫牧豎者蓋不知凡幾矣夫山水景物待人而顯固亦時會

使然至於梵宇琳宮雖未盡鉅麗之觀抑各據一方之勝而賢傑流風存有顯號沒傳遺壟皆足令人慷慨憑弔者備列於篇毋使後之視今若今之視古也志古蹟

封爵

按英伯英子於經傳無考姑仍其舊英山王見明史襄武侯亦無所見姑仍之

夏英伯仲甄皋陶次子大禹所封

周英子少昊後武王所封 三代以前仍府州舊志已詳見沿革內

明英山王太祖殤弟洪武中追封

英山襄武侯於顯湖廣黃梅人洪武中追封

勝蹟

老君鶴蹟在羊角山頂石上指爪宛然唐高祖時老君降羊角意即此地耶

藏馬窩見山川相傳淮南王英布屯牧處

英布故址在英山尖下舊傳石壁有塟布記

烏雲朱字在烏雲山石壁坎內鐫字三行朱色壁嶮峻無可攀緣昔有人自絕頂縋而下摩搨竟莫能辨

玉虹泉在縣西北三十里太平橋傍山有石鐫玉虹二大字并刻有昔人題句

椴皮樹在椴皮嶺上高三丈許枝葉扶踈如蓋根露土面可環坐數十人明天啓間蕭泗遇入仙於此後亦仙去樹至今存人不敢犯

英山古砦宋末吳淵立

搭石在西門外

徐壽輝殿基在多雲山下

斲山見山川層峯聳峭如削懸崖幽邃有泉苔刻石屋甚奇絕頂平石數十丈山花杜鵑尤盛有傅氏斲山別墅

鹿溪見山川地極幽勝有精舍在溪上

茶園在縣南十五里舊產茶今無

後花園縣北七十里

薔花園縣西八里

花涼亭在北門外廢

冢墓

唐學士沈佺期墓在縣北四十里株林昔有祀田今廢

宋進士程若墓在縣西北茅栗山居伊川裔也

平章鄭進墓在縣西南青龍背見州志府縣志俱不載

元徐壽輝墓在多雲山下相傳有盜塟其中者出紅蠅三日後有張姓塟妻於傍土輒崩

齊氏丁婦人墓在北門外不詳何代

九江王英國公墓在英山尖下墓碑尚存昔有人發其冢者見鐵灌甚堅內有箭出異之遂不敢發志謙按前志雖多缺畧然以英布故址入古蹟而以此入邱墓又見山川其分別甚明府志不載此條州志遂改合爲一誤矣查史記布死番陽茲鄉正義云布冢在饒州鄱陽縣北百五十二里十三步又得在此況前志修於康熙二十三年墜碑尚在年代必不甚久遠益生封公死封王明制也如英國公張輔贈定興王予懋贈寧陽王安知[illegible]稱襲封不有贈九江王塟英山者乎此等[illegible]遺落甚多前志不能詳考碑文紀其年代[illegible]姓殊爲可惜今姑存而論之俟查有碑記再爲訂正

英山縣志　卷之九　古蹟

明御史張禧墓在縣東古桑

參政張子貞墓在縣東佛塔崖

戶部主事劉會墓主事死土木之難其家招魂塟衣冠處

太常寺卿金中嗣墓在縣北金家鋪後

副使前廬州知府英山知縣邵起墓在胡家河坪

重慶府同知沈世傑墓

荊門知州程謨墓在縣北永鎮橋河西

國朝豐城知縣沈惟芳墓在縣北沈家冲

大同府同知鄭元昆墓 在縣北獅子坳

兵馬司副指揮程光淨墓 在縣東大文冲

鄖西知縣馬坦墓 在縣東窰頭河

進士安慶府教授金序珽墓 縣北四十五里楊家河

進士馬道澍墓 縣南十五里茅草坳

刑部尚書金光悌墓 縣北四十五里楊家河

內閣中書金劭墓 縣北四十五里東冲

原任永春州知州鄭一嶽墓 縣東五里河西垸

蕪湖縣教諭傅以城墓 縣北六十里扁石畈

臨湘縣知縣金序瑑墓 縣北四十里金家冲

五河縣教諭金光恒墓 縣北四十里龍潭河

塚墓補遺

明知英山縣事朱陵墓 城內儒學左側

知英山縣事高任崙墓 縣西北十五里章家砦

孝子文庠傅得年墓 縣北七十里傅家垻

孝子文庠馬應乾墓 縣南十里陶家坊

興國州同知閻朝中墓 縣北三十里閻家冲

戶部郎中閻一言墓 縣北三十五里林家冲

寺觀

長石寺 縣治西北，宋傅埜建。明萬曆十五年傅姓重修，更名長壽寺，並捐置香火田六十石，寺後傅氏祠，子孫春秋祭祀。

萬壽寺 縣右[illegible]奇[illegible]廢　伽藍寺 縣治後雞鳴山麓

月明寺 縣北五十里　普陀寺 縣北十里

萬峯寺 縣北三十五里閻家冲，層巒疊嶂，寂靜異常。元至正中閻匡程三姓共建香火。　彌陀寺 即神鰲寺，縣西北三十五里

萬育寺 縣西四十里，元時建　鐘興寺 縣西南四十五里

黃金寺 縣東十五里　五峯寺 縣北六十里，王大成香火

龍王寺 縣北一百里　集雲寺 縣北四十五里

高山寺 縣東北三十五里　鳳凰寺 縣南三十里

竹隱菴 縣北五十五里　圓通菴 縣北十二里，王正世建

雲留菴 縣北五里，夏景亨建　貲建菴 縣東十五[illegible]鞍山

紫雲菴 縣東南三十里巖，永泰建。菴右半里許石上有烏雲山三字古蹟

五龍菴 縣東六十里，姜志隨建　茶園菴 縣東二十里，姜志陞建

白崖菴 縣西北四十五里，明崇禎年貢生沈宗高重建

新建菴 在烏雲山　新蓮菴 縣[illegible]家五里[illegible]溪坪

婆婆菴 縣東北五里七樹坳，明成化中土人為陳仙媪立，詳仙釋

靈鷲菴 縣南三十里，明方文識建　大悲菴 縣北一百二十里

雲裏菴 縣北六十里，時有雲覆其上，因名。左側石塔七層，明萬曆元年杜姓建

永興菴 縣北四十里，順治十年姜伸建　興蓮菴 縣東北五十里

龍井菴 縣東北八十里，菴下有井，常出雲霧，土人相傳祈雨多應

析城菴 縣西北十五里章家砦，明知縣高在崙抗節處

西來菴 縣東北四十里　崇慧菴 縣東五十里英山尖下
孝菴 縣北皐陶山下康熙三十年縣丞沈詩俊建
定慧菴 縣北五十里　騎龍菴 縣北六十里
雲蓋山菴 縣西六十里　果覺菴 縣北一十里
觀音崖菴 縣南十五里　碧雲菴 縣南五里
朝陽菴 縣北六十里　灩蓮菴 縣南六十里
上馬家菴 縣南十五里　下馬家菴 縣南三十里
雲影菴 縣北五里　龍鳳菴 縣東三十里
指月菴 縣東四十里　太平菴 縣東四十里
鳳龍菴 縣東三十五里　重慶菴

土地崗官菴 縣北六十里舊名系荆庵雍正年知縣趙宗炅重建
栗林菴 縣北三十五里聞世鼎建　雨花菴 縣北八十里
諸佛菴 縣東北一百里　報國菴 縣北十五里
石梨菴 縣北二十五里　古月菴 縣北四十五里
善教菴 即栗林庵　桃園菴 縣東三十里
蓮花菴 縣東北四十里　西竹菴 縣東三十五里
萬壽菴 縣北二十五里　般若菴 縣北二十五里
水口菴 縣東北三十五里　優鉢菴 縣東北四十里
文子菴 城南十里康熙二十四年郎西知縣馬丑建
楊家菴 城南二十里順治十六年彭佳章建

曇華菴 在馬[illegible]康熙年段思文建思文孫[illegible]八年段祚楷永茂等贖歸
天符廟 縣治西北　西嶽廟 縣西門外今廢
東嶽廟二 一在縣北二里淵河 一在北門十里金家舖
聖帝廟 在雷家店風波嶺上唐宋以來敕建東嶽行祠神尤顯赫明洪武時賊兩犯英邑主簿隋贇禱於祠俱獲奇功　月山廟 縣西北四十里父子嶺
羊虎冲廟 縣西五十里　廣佑廟 縣北三十五里臨河有石如龜蛇又有仙女仙虎足跡
仰山廟 縣東北二十里雍正十二年知縣趙宗炅重建
九龍井龍王廟 縣北一百里多雲山下
雙龍廟 縣北六十里
王洋廟 縣東二十里　大竹廟 縣東南十五里

祖師殿 在羊角山岩中明戶部郎中聞一言建　太乙觀 縣西北火麻坪
行興菴 城西四十五里　聚雲菴 李家山縣北三十五里
大士菴 城南三里道光二十五年新建　楊祖師廟 縣西北[illegible]名板橋
慈雲閣 城西三里道光十八年選貢王性彬同衆募建
香山寺 向在香爐山中峰道光　年移建南冲畈
太平菴 康熙三十七年秦公理建
魁星閣 縣南三十里豹腦崖　文昌宮 縣南四十里五寺前
大士閣 縣南四十里銅鑼崖禱有靈驗　斗香寺 縣東二十里天花井

英山縣志卷之九

續修英山縣志卷之十

英山縣知縣樂陵李文泉續修
英山縣教諭古歙汪時湑 訓導合肥阮華林 纂輯

風俗 物產附

記曰禮從宜使從俗蓋天地山川之氣尚有東西南朔之殊民生其間豈能無異王者監於前代斟酌損益各成一朝之令典或有偏州下邑風俗所沿要皆總其大綱禁其太甚使不悖於道焉耳況邑乘所紀乃一邑之風俗拘儒或不攷於古不準諸今徒據家禮一書稍有未合則以為非虛文誑飾欲以移風易俗蓋亦疎矣至於物產所宜不貴珍異地雖僻陋撙節愛養其衣食器用所資未嘗匱也且物產之難易豐嗇實與風俗之勤惰奢儉相為表裏可勿察歟志

風俗

圖經云率性真直輕商重農

州及二邑之俗昔昔淳樸其儁秀者為士勤於向學敦崇氣節農火耕而水耨窶者傭佃自給但出田磽瘠憂旱為多工作技藝取辦外郡儌令耆所在多有商鮮奇貨土居無興販者節州志

英僻處偏隅地瘠民貧胼手胝足韋帶布衣其樸而不文其俗儉而不侈明季殘破之後土著者十無一二率多流寓四方風氣不一稽難盡生俗之趨於偷也由來漸矣節前志

按英邑風俗之美者大較有五一曰急公賦二曰肅閨閫三曰少毆鬭四曰重農桑五曰喜讀書蓋英本瘠縣無他長物穀米外惟產木棉客商往來販易地鮮名園勝景不尚冶遊性柔弱憚遠出類多敦本務實最為近古然人情莫不由勤而之惰由儉而之奢風俗遂有醇漓生產因而興廢長民者固當孜孜化導亦賴邑之賢士太夫恪守前輩風規為子弟表率則敦龐淳厚風氣日上矣

冠禮久廢不行茲不虛載

婚禮古有納采問名納吉納幣請期親迎六禮今止用納采納幣親迎以從簡便儀節大抵相同英俗之異者翌晨即廟見三朝惟入廚下及菜園以示婦職之始

喪禮士大夫家遵家禮行自始死以至除服皆不甚奢亦有間用佛事者雍正元年定例官兵

人或做道場念經止許一次
祭禮士大夫有祠堂者春秋合族致祭其無祠堂者各於堂中設主位歲時供祀拜掃之禮漢唐以後無不行者英俗每歲上墓二次春以清明秋冬或以重九或以冬至
正月一日是三元之日也雞鳴而起爆竹以辟山𤢖惡鬼長幼悉盛衣冠盥沐焚香稽拜祖先謂之敬香拜畢開門向吉方拜過往及出行神祇長幼尊卑咸飲酒三盃謂之出方歸復拜祖先謂之賀年卑幼以次拜尊行鄰里交相慶祝俱設酒食相款

立春前一日裝飾擡閣官吏里民於東郊迎春祀芒神次蚤鞭春牛分農各家俱設蔬果以祭畢飲春酒
元宵比屋張燈羣兒迎巧燈雜戲放花賽爆竹簫鼓之聲達旦不絕
二月賽社十數家共立一社築室植樹其日首事偕衆祀神於社祭畢羣飲其家極歡而散至秋社另一首事儀亦如之即古春祈秋報也
三月清明節前一日寒食節各家詣墓所祭掃加土修墳掛紙標餕餘而返士女於清明日戴柳枝及插門之左右是月婦女製米繭祀蠶姑以祈蠶
四月八日寺僧造青精飯相餽遺
五月端午飲菖蒲雄黃硃砂酒啖角黍門懸蒲艾或製艾虎蜈蚣綵囊等物與小兒佩之日午採百草以備藥物
六月六日晒書籍曝衣俗呼半年
七月七日夜婦女結綵縷穿七孔針陳瓜果於庭望綵雲謂之乞巧

十五日各焚楮錢奠先人或設伊蒲塞之饌作盂蘭會超薦祖先父母及水陸孤魂
八月初戊賽社如春
十五日中秋節以月餅藕栗相餽送夜賞月或至達曙
九月九日爲重陽登高飲菊酒以辟不祥
十月十五夜多設饌賑孤
十一月冬至日祀先祖
十二月初八日以棗果薑椒和米煮粥爲臘八粥
二十四日送竈謂竈神是日五更上天庭奏人

間善惡至晦夜始歸復迎竈

二十四日夜設饌盛衣冠拜迎祖先

晦日爲除夕貼門神春聯爆竹宰猪烹鮮舉家[illegible]

聚飲男女坐至夜分謂守歲

物産

穀屬

粘稻多種　秔稻多種　大麥　小麥　蕎麥　粟有粘秔二種　稷俗名蘆粟　黍亦有粘秔二種　芝蔴一名巨勝有黑白二種　黄豆　黑豆　菉豆　白豆即飯豆　紅豆　青皮豆　豇豆　扁豆　豌豆　刀豆

泥豆　蠶豆

貨屬

棉花有紫白二種　棉布　絲　絹　緜紬　葛[illegible]俱載英土産今績者甚少　木油　桐油　小棉油　麻油　菜油　紙各志載英産紙今止有皮紙　靛　蜜　黄蠟　柿漆　香木

蔬屬

蕨　百合　薏苡　芋　萱　蘿蔔　芹　[illegible]

薺　莙薘　萵苣　菠菜　茄　芥　莧　[illegible]

菜　油菜　花兒菜　葫蘆　瓠子　冬瓜　[illegible]

南瓜　西瓜　絲瓜　菜瓜　王瓜　[illegible]

大蒜　小蒜　筍　薑　葱　薤　韭　[illegible]

木屬

松　栢　杉　梓　椿　柳　株　楊　桑

槐　桐　荏桐　檀　樺　樗　櫟　楓　[illegible]

柏　椴　黄栗　槲栗　椵　榆　冬青

花屬

梅　桂　芍藥　牡丹　菊　蘭　蕙　葵

薔薇　十姊妹　月月紅　酴醾　紫薇　[illegible]

荆　玫瑰　芙蓉　玉蘭　金鳳　鷄冠　[illegible]

簪　金銀　杜鵑花　虎茨　山丹　木槿

海棠　石竹　洛陽錦　秋海棠　罌粟　[illegible]

落金　金絲牡丹　臈梅　荷包牡丹　雁來[illegible]

紅　郁李　千葉石榴　千葉梔子　山茶

綉毬　荷　水仙　蘋藻　莎　荇　蘩　蕰

苔　萍　凌霄　虎耳草　鳳尾草　水蓼花

馬鞭草　芒稗　寄生草　秤星籐

果屬

藕　銀杏　杏　桃　李　梅　柿　胡桃

栗　榛　榴　棗　楂　櫻桃　梨　金橘

橘 橙 柚 蒲萄 核

藥屬

黃精 蒼樹 五倍子 細辛 藁本 桔梗
天南星 山查 獨活 香附子 玄參
五加皮 苦參 乾葛 地榆 車前子 茵
陳 芫花 牽牛 天門冬 芍藥 香薷
烏藥 草麻 白芨 天花粉 瓜蔞仁 桑
白皮 穀精草 夏枯草 稀簽草 木賊草
皂角 茯神 柴胡 艾 益母草 白合
常山 石菖蒲 何首烏 蚯蚓 蝌蚪

草烏 茜草 粟殼 青木香 紫花地丁
丹參 枸杞子 薏苡仁 蒼耳子 王不留
行 蒲公英 紫背天葵 玉竹 甘菊 地
骨皮 紫蘇 白茅根 薔薇根 芭蕉根
瞿麥 青蒿 土牛膝 山慈菰 白頭翁
土茯苓 松節

竹屬

苗竹 斑竹 水竹 紫竹 鳳尾竹 叢竹
白堂竹 淡竹 苦竹

獸屬

虎 豹 狐 貍 貛 鹿 麋 麂 麞
兎 獺 蝟 松鼠 菓貍

鳥屬

雞 鴨 鵝 梟 野雞 鶉 錦雞 鶴
鳲鳩 鶯 鴝鵒 鴉 鴛 翠 鷯 畫眉
竹鷄 子規 鳦 鴿 鵲 鳩 鷹 鷂
鷺 梟 百舌 麻雀

鱗介屬

鰱 鱅 草魚 青魚 鯉 鯿 鯽 赤眼
花石板 石匾頭 鱔 鰕 鮎 鼈 螺

蚌

蟲豸屬有足曰蟲無足曰豸

蟖蜴 蛇 龜 蟋蟀 蟆 蝍蛆 伏翼
蠶 蚱蜢 螳螂 螢 蟏蛸 蟬 蠐螬
虰蛵 蝱 蜾蠃 螻蟈

英山縣志卷之十終

英山縣知縣樂陵李文泉續修
英山縣教諭古歙汪時育
訓導合肥阮華林編纂

職官

庶司小吏皆以爲民也況親民之吏乎庶民所以安其田里而無嘆息愁苦之聲者政平訟理也自一邑積之至於天下而太平之化洽矣民之秀者爲士又有師儒之官教育而董正之皆所以爲國家培植人才也英邑創設未久宋元以上令佐之見於各志者亦無攷焉故志乘之修所關非淺今自元明迄當代政績之卓然者既別紀於名宦其凡涖任茲土亦皆詳其名籍次其歲時具列於篇雖居官行事世遠無稽抑或父老所傳猶有能言之者可不慎歟志職官

知縣

元段朝立邑人至元十四年任見名宦

明仵　璪太和人　朱　陵

隋　贇山東人詳名宦以上洪武年任

尙　彬福建侯官人　張　肅山東蒲臺人舉人

倪　秉陝西鄜州人監生以上永樂年任

劉　宏河南永寧人監生宣德年任

賀　完湖廣江夏人舉人正統年任

黎九淸江西人詳名宦景泰年任

宋　瑀浙江金華人監生天順年任

周茂才湖廣石首人監生　完顏章江西清江人舉人

徐　綱四川遂寧人進士擢御史以上成化年任

楊　嵩四川合州人舉人　陸　玘浙江人舉人

李　華北直人　李　瑄北直元氏人舉人詳名宦

郭　郛北直肥鄉人進士擢御史　胡　瑞湖廣京山人監生以上弘治年任

李　全河南扶溝人舉人　黃　流北直鉅鹿人舉人

駱　汪浙江義烏人舉人　王時泰浙江餘姚人舉人

孫承祖山西不定人例監以上正德年任

王　欽浙江餘姚人舉人　葉邦榮福建閩縣人舉人

眘　沂福建泉州人舉人　時　紳湖廣棗陽人舉人

歐陽祥龍湖廣新化人監生　陶　秀江西南城人舉人

高　第北直深州人舉人　邱　經江西新淦人舉人

潘維藩浙江歸善人選貢　李　鳳廣東番禺人進士詳名宦

王　燧山東東平人舉人　王　惠河南祥符人舉人

周　南四川巴縣人舉人　吳尚禮廣西宜山人舉人

張岱北直開州人舉人　陳儁福建舉人詳名宦以上嘉靖
年任
葉世行浙江龍泉人舉人隆慶二年任　高維崧江西盧陵人舉人隆慶六年任
詳名宦
汪大經浙江黃巖人舉人　胡咸賓浙江德清人恩貢詳名宦
朱文策河南固始人監生　蔣時梧福建泉州人舉人
欒尚應舉人　朱坤浙江山陰人
龐尚鴻廣東南海人選貢　萬邦獻江西南城人舉人
仇際可山東人舉人詳名宦　汪有蛟山東人舉人
朱之楊北直大名人舉人　曾思孔江西南豐人舉人

劉光啓北直無極人舉人詳名宦　向文謨湖廣溆浦人舉人詳名宦以
上萬曆年任
李日章江西永豐人舉人泰昌年任　李喬楫福建人
楊世祿四川巫山人舉人
陳一驥福建人貢生以上天啓年任
劉雲龍江西人貢生　姚一慕浙江諸暨人舉人
徐時鼎浙江人舉人詳名宦　周學禹北直人貢生
許有聲北直人貢生　高任嵛四川人舉人詳名宦
鄭有舉四川人貢生崇禎十五年任　邵起浙江人恩貢詳名宦以上崇
禎年任

國朝申鍾霍直隸人舉人順治二年任詳名宦
史良植河南洛陽人進士四年任詳名宦
崔永祉山西人貢生七年任　王兆元陝西人舉人十年任陞禮部主
事　周維新直隸人
馮永璘直隸人生員康熙六年任　陳震先浙江錢塘人進士八年任詳名
宦　楊怖奉天人十四年任
張顧行山西陽城人進士　劉五瓏山西吉州人副榜十九年任詳
名宦　于鵬翥山東文登人舉人二十六年任
王之勲陝西鄠縣人舉人二十七年任　李澍山東招遠人舉人三十一年任
詳名宦　林弼福建莆田人監生二十九年任

李延塽奉天人四十八年任　張顯遇廣東新會人舉人五十五年任
趙宗炅貴州平越人舉人雍正四年任
鄭重江蘇高郵人進士乾隆元年任　童宏先陝西咸寧人舉人五年任
董良弼浙江烏程人舉人九年任　陳步青廣東揭陽人進士十五年任
吳行達浙江烏程人舉人十七年任
李春明湖北沔陽州人十八年任
張海浙江錢塘人十九年任
玉格滿洲鑲白旗人二十三年任
何揚牧河南杞縣人舉人二十七年任
李鴻光江西吉水人舉人三十一年任

徐日紀　浙江桐廬人廩貢三十五年任

倪存讀　四川威遠舉人三十七年任

周學元　廣東南海舉人四十一年任

耿膺錫　河南虞城人附貢生四十二年任

劉爲幹　山東城武舉人四十六年任

呂占建　山東德州舉人五十一年任

鼂月令　許州臨潁舉人五十六年任

嚴克任　岳州府華容舉人五十七年任

李金臺　大同府靈邱人嘉慶九年任

張著樸　平陽府洪洞人拔貢二年任

丁應鑾　雲南臨安府石屏州舉人三年任

李湘　山東濟南府歷城縣進士四年任

何孝達　河南杞縣人從九

諸穆圖　滿州正白旗舉人十一年任

楊大縉　直隸獻縣舉人道光元年任

張洛宗　山東掖縣舉人二年任

陳彥　浙江歸安進士三年任

翟廷儀　貴州貴筑舉人四年任

陳朝錦　福建侯官舉人十八年任

李鈞策　山東武定府進士二十一年任

李文泉　山東樂陵縣副榜二十二年任

縣丞

元　張梓　邑人舊作宋官者非

明　張德成　洪武年任　　趙穗　順天宛平人監生

祝安　江西人　　蘇人安　浙江遂昌人以上永樂年任

張鱗　山東壽光人宣德年任　　孔諳　山東曲阜人正統年任

林綱　浙江監生　　王彥弼　以上成化年任

馮彰　北直監生　　陳秀　北直監生

李政　北直冀州監生　　辜鐩　江西豐城監生以上弘治年任

王璋　北直滄州監生　　陳璡　河南杞縣監生

伍學貴　湖廣廣濟監生　　馮鉞　北直永平監生以上正德年任

夏煥　浙江仁和監生　　劉璿　河南鈞州監生

楊泉　河南汝寧監生　　何溥

羅尚魁　四川監生　　陸春　雲南楚雄監生

盧景爵　河南例貢　　胡德化　山東監生以上嘉靖年任

王綸　湖廣竹山監生以後裁缺

主簿

明　隋贇　見知縣洪武年任　　唐敬　北直真郷監生

邊煥　以上永樂年任　　孫浩　北直真郷監生宣德年任

姜忠　浙江遂安監生正統年任

郭斆 山東人監生成化年任
高惟善 山東聊城人　徐杰 浙江上虞人萃名宦
常齡　董廷秀 山東長清人監生
余徽　徐璋 遼東人監生以上弘治年任
甯瑛 山西蒲州人監生　姚玘 山東武城人監生以上正德
年任
劉希賢　李珩 浙江縉雲人監生
楊永盛 山東曹州人　毛俊賢 浙江餘姚人監生
康永慶 黟縣人例貢　孫桂 河南人貢生
舒暘 湖廣荊門人監生　劉璉 河南人監生

英山縣志　卷之十一　職官　七

陳鎮 浙江餘姚人監生　朱遇 河南人例貢
鄭傅 河南人例貢　李思敬 山東齊東人例貢以上嘉靖
年任
武萬鑛 山西榮河人例貢　許希尹 以上隆慶年任
張汝容 江西泰和人　汪梁
王炯　曹應質
宋炫　陳楫
李之祚　方權
沈應朝 江西新建人　沈應麒 浙江會稽人
張顯祖 江西人以上萬曆年任以後裁缺

典史
明 鄭衍 洪武年任
吳銘 北直武清人宣德年任
王傑 山東昌邑人正統年任
馮凱 浙江慈谿人　陳璽 北直人以上正德年任
郗銘 山東歷城人　唐憲 湖廣巴陵人
鄭誠 福建閩縣人　魏恩鄉 福建莆田人監生
王承惠 浙江餘姚人　黃大山 福建人
陳英選 福建人　胡守約 河南人
熊御 江西人　徐昺 湖廣黃岡人以上嘉靖年任

英山縣志　卷之十一　職官　八

李生 湖廣孝感人隆慶年任
俞相 浙江仁和人　盧肅 廣西人監生
林汝高 江西永豐人　徐進賢 湖廣棗陽人
馬應祥 浙江仁和人　鄭邦傑
張冀　鄭尊周
陳國典 浙江平陽人　孫國珍
廖香　王端
何勸 以上萬曆年任
顧大受 泰昌年任
扈一桂 天啓年任

趙家旂浙江山陰人　趙惟孝浙江人

賴　福建龍巖人後家於英以上崇禎年任

國朝沈光圖直隸人爲寇所掠　沈以燦

王立貴直隸人　趙毓遲陝西人以上順治年任

方孟連浙江人詳名宦　林鴻猷福建人

王紹益浙江會稽人　章修順天大興監生

王承恩湖廣人　徐鎮順天梁城所人以上康熙年任

孫溥順天順義人雍正六年任

李蘭芬河南鞏縣人乾隆八年任　周安邦順天大興人九年任

馮本誠浙江錢塘人十六年任　李顯章浙江會稽人二十年署任

陳燦文浙江山陰人二十年任　張九如西安府耀州人吏員二十三年任

李權宣化縣人監生三十三年任

陶乾浙江會稽人供事三十五年任　陶文銳長沙府寗鄉縣人監生三十九年任

陳化鵬福州府侯官縣人監生四十九年任

閆敏山東人

梁鑄山西人供事道光元年任　錢季堂道光十六年任

徐樹穀江蘇陽湖縣人監生道光十七年任

巡檢

國朝管文林順治年任

王仕俊陝西涇陽人　姜源溥直隸人

余文定浙江金谿人　衛智順天宛平人

姚萬里順天人　王益華順天宛平人

周際隆山東高密人　謝芳亮貴州平遠人

孫叔大順天大興人以上康熙年任

魯文彬順天大興人雍正年任

陳廷梅浙江錢塘人乾隆元年任　岳其萬四川漢州監生十七年任

高照武進人供事十四年任　張繼昺青浦附監生二十三年任後陞懷寧縣知縣署六安州知州

饒萬容長沙監生三十七年任

王朝綱山陽監生三十九年任　陳朝蕃廣寗監生四十二年任

吳國望漢陽監生四十二年任　陸紹甯元和監生五十四年任

卜士俊順天大興人本籍江蘇供事四年任

陳永芳福建人　陳圻浙江人

張大醇湖北黃陂人議敘道光八年任　鄺國林浙江會稽人議敘道光八年任

章雲陞順天宛平縣人道光十年任　王謙河南商邱監生道光十五年任

王鑠順天大興縣人原籍浙江山陰縣議敘道光十八年任

儒學

教諭

明

陳鼎　孔善山東曲阜人舉人詳名宦以

上洪武年任

艾弘道江西豐城人儒士　蔣諒湖廣零陵人舉人以上永樂

年任

陳子章廣東南海人進士宣德年任

徐鼎江西吉水人舉人正統年任府州志皆注云有傳傳未見

許禎湖廣應山人成化年任

余洪廣東人　齊必奎四川遂州人以上弘治年任

李邦傑福建長樂人舉人　劉怡浙江慈谿人

曹儒北直真定人　朱逵北直滄州人以上正德年任

吳惟學湖廣沔陽人　朱佐江西金華人

簡宗儀江西新喻人舉人　張灩浙江龍泉人

馮源浙江人　陳九成廣東高要人舉人歷陞御史

張其恭雲南昆明人舉人　鄭茂寬浙江黃巖人

王以莊福建惠安人舉人　王錫福建晉江人

顧堯輔山東清平衛人舉人陞知縣　秦文提浙江會稽人舉人以上嘉靖

年任

朱彩江西貴溪人舉人　漆星湖廣巴陵人

石焜貴州人以上隆慶年任

沙奠蘭湖廣黃梅人　項元滄浙江秀水人

劉世光山陽人舉人陞知縣　謝誥河南永寧人

吳一仁浙江蘭溪人　張洪無錫人詳名宦

汪瀚浙江遂安人陞知縣　王褒山東人

余應魁湖廣黃人　顏佐江西進賢人

曹條浙江人陞教授　吳維聰浙江烏程人舉人

蔡夢暘福建延平人舉人　鄧憲中山東人以上萬曆年任

喻應桐四川榮昌人　劉蘊珍湖廣嘉魚人

諸葛柱湖廣武陵人以上天啓年任

王學項貴州人崇禎年任

國朝楊金鼐華亭人貢生陞教授詳名宦　王天壁桐城人舉人以上順治年任

劉心穀江都人副榜康熙三年裁十五年後設

宋駿業長州人陞翰林院待詔　周蕃江都人陞教授

吳之騄歙縣人舉人陞教授詳名宦　陸志默山陽人貢生

周士裕江都人貢生康熙五十六年任

姜彥渭丹陽人副榜雍正元年任　李宜瑞金壇人副榜三年任

程耀先太平人副榜九年任

施瀛選崇明人副榜乾隆元年任　胡天植高郵人副榜三年任

陳益吳縣人舉人十年任陞知縣　方超桐城人舉人十八年任

葉長禮興化副貢三十一年任　張之恒豐縣人拔貢四十二年任

徐　佳天長人拔貢四十六年任　于兆熊盱眙拔貢五十二年任

金拱閶江蘇常州府江陰副貢五十八年任

戴沛霖來安舉人嘉慶二年任　曹羽儀全椒縣舉人十九年任

王燮坊懷寧廩貢道光三年任　馬映奎通州舉人三年任

吳毓金吳縣舉人道光八年任　任基坤高郵舉人道光十一年任

于　瀚金壇舉人道光十七年任　汪時育歙縣附貢道光二十五年任

訓導

明胡　瑪洪武年任

楊　暉　周良翰四川人以上成化年任

盧　贊湖廣麻城人　黃一偉福建人以上弘治年任

辜　壽湖廣壽寧人　王　厚河南長葛人

劉　温江西永新人　鄭　棼福建邵武人

李天倫河南汝寧人　許　岐浙江海寧人

彭　焜江西南康人以上正德年任

劉　明北直開州人　桂　林浙江開化人

李　鐸雲南大理人　彭應奎廣東遂寧人

吳廷秀福建閩縣人　熊汝麟廣西柳州人

沈　滄湖廣茶陵人　許　誠四川綿竹人

馬元俊湖廣荊門人　袁　璧湖廣蘄圻人

陳廷霖江西樂安人以上嘉靖年任

周　銘湖廣襄陽人　王　鈞宿遷人以上隆慶年任

陳　棟浙江昌化人　王九思桃源人

趙秉珠山東沂水人　顏顧行

許應箕　張　焜宿遷人

張士魁北直內邱人　張　守四川蓬州人

趙廷對河南寧陵人　周　易黟縣人

陳汝節四川人　趙嘉鳳雲南人
趙思敬　黃讓
馬亮　竟忠
李綱　張景受
馮仁　郭學
高仁美　孫汝
李虎　王鳳
楊軸　王信
歸有德　丁允嘉
楊文魁　舒以化

陳用極以上萬歷年任以後失致
國朝吳敬修武進人　徐應星
陳心學　湯調鼎以上順治年任
何景宣宿松人以下康熙年任　程今遇霍邱人
甯擢潁州人歲貢　孫玫宿州人恩貢
程洒徽州人恩貢　胡尚翰涇縣人歲貢
江之謙黟縣人貢生　蔣同提上元人貢生
徐文珩興化人歲貢　林琦山陽人貢生康熙五十七年任
陳于清石埭人歲貢雍正三年任　章孫虔貴池人歲貢十一年任
邢孟麟高淳人歲貢乾隆元年任　周稚炳上海人歲貢二年任

喬阜起婺源人歲貢四年任　孫斗魁南陵人歲貢八年任
湯朝棟宜興人歲貢十三年任　李治隆靈璧人歲貢十七年任
李開進泗州人歲貢二十五年任　邵輝溧水人歲貢二十八年任
顧雞新陽舉人三十四年任　張天鴻溧水人歲貢三十七年任
張路丹徒人歲貢四十二年任　杜澧太平人拔貢四十四年任
李聲震太湖人歲貢五十五年任　楊振溧陽人舉人五十八年任
余道謙潛山縣人舉人二十四年任　許節桐城人歲貢生道光六年任
吳錦文婁縣人拔貢生道光十年任　張元裳儀徵人舉人道光十五年任
阮華林合肥縣人舉人道光十八年任

續修英山縣志卷之十二

英山縣知縣樂陵李文泉續修

英山縣教諭古歙汪時育　訓導合肥阮華芷編纂

選舉

徵辟　封廕　科甲　出身　貢生　例選　武科　無攷者附

三代取士鄉舉里選兩漢猶重徵辟隋唐以來設進士科士林出身強半猶此雖所試不同而歷代通行相沿最久明制甲乙科外又擇郡邑博士弟子之優異者貢入太學辟舉惟初年舉行中葉後有援例入貢監者武科明制武舉未得會者仍就鄉試或中式至五六次崇禎間始

殿試置鼎甲如文榜焉英邑文武甲乙科雖不乏人然較之他邑未得為盛今

文治日隆諸生爭自砥濯雲蒸霞蔚固當屑索而日上矣志選舉

徵辟

宋鄭進舉文行累官同平章事英山人見府州志

按各志俱載宋平章官鄭進今英邑鄭氏舊有碑刻稱唐平章但世遠難攷以碑刻為是

元段朝昇舉賢良官陝州通判　　元方千十大理許事

明樂仲禮舉孝廉官唐縣知縣　　程希賢舉秀才官金華府推官

郝　棠舉文行官鴻臚寺少卿　　段維新舉文行官禮部主事

李　鑑舉才能官嵩縣守禦所吏目　　王甯甫舉才能官饒州府同知

李　澄舉才能官汚陽州判　　沈世傑舉才能官重慶府同知

李仲良舉才能官處州府同知

進士

舊志有唐沈佺期已經府志辨訛

宋甯宗嘉定十年丁丑吳潛榜是時英山尚未置縣

段文煥

恭宗德祐府州志以前諸科皆列某科某人榜此獨不載他屬亦別無登第者

段朝佐廬州路將　　程　居禮部尚書

按度宗咸淳十年甲戌省試以元兵下成都蜀

士未至廷試展至七月度宗崩恭宗即位乃徵召試館職之制行之府志王龍澤榜是也次年即德祐元年正月元兵下蘄黃二年二月入臨安毋論軍旅倥偬有所未暇而宋室定制英宗以後皆三歲一貢舉則德祐既無省試安有進士餘見徵辟目所論宋以前諸科蘄羅志俱不載

明洪武二十一年戊辰任亨泰榜府州志俱作泰亨誤

張　禧御史

正統十年乙丑商輅榜

劉　會戶部主事詳忠烈

嘉靖州志作萬曆誤四十一年壬戌申府州志作徐誤時行榜

皮汝謙 推官雲南蒙化籍中式

萬曆三十五年丁未黃士俊榜

陳于震 巴縣知縣雲南蒙化籍中式 府志入庚戌科

三十八年庚戌韓敬榜

程 詿 工部尚書湖廣孝感籍中式

本朝乾隆三十四年己丑陳初哲榜

金序珽 會魁安慶府教授

二十七年壬辰金榜榜

馬道澍

四十五年庚子汪如洋榜

金光悌 刑部尚書有傳

舉人

宋 宗嘉定

段 瓌 解元瓌一作環論見前

元成宗大德

王甯甫 又見明才能州志云大德至明初計七十七年疑有一誤

順帝至正

閆 鎮 六安志失載

明洪武二十年丁卯科

張 禧 見進士

二十九年丙子科

黃 懷 瓊州府同知

段 亮 延平府同知

建文元年己卯科

王 恕 項城知縣

王 休 典史

永樂三年乙酉科

黃 晞 嘉魚縣教諭

正統三年戊午科

黃 鏵 亞元饒陽縣教諭晞之子

劉 會 見進士

景泰七年丙子科

鮑 敏

天順三年己卯科

段 傭 廣昌縣教諭

成化十三年丁酉科

夏 瓚 永城縣教諭

嘉靖四十年辛酉科

皮汝謙 見進士

段縉明開封府同知

四十三年甲子科

金中剛太常寺卿

萬歷四十年壬子科

聞一言戶部郎中詳人物

四十六年戊午科

田宏恩光祿寺署丞

國朝乾隆十二年丁卯科

金序珽見進士

三十三年戊子科

金光俤順天榜

三十五年庚寅 恩科

鄭一崧順天榜福建永春州知州

二十六年辛卯科

馬道濟見進士

四十二年丁酉科

鄭一坊

四十五年庚子科

段永鍠

五十三年戊申科

沈樸揀選知縣

五十七年壬子科

金邵順天榜內閣中書

傅以堦

六十年乙卯 恩科

傅以城蕪湖縣教諭

嘉慶五年庚申 恩科

李芝嶺

張鰲

十二年丁卯科

余維耀候補直隸州州同

十五年庚午科

金勇改名力仁前任雲南祿豐縣知縣改授教諭

二十一年丙子科

李泌若揀選知縣

道光十一年辛卯 恩科

段光鑑甲辰大挑二等現任旌德縣教諭

二十四年甲辰 恩科

金燿逵

鄭保生

貢生

英之置縣治始於元末明初元以前選舉貢生俱無考自明洪武以後貢生舊志俱無年次至

國朝始有年次矣

明

洪武王宗甯上高知縣　江秉彝辰州府同知

余福延　張衡

陶廷璧　張子貞參政詳人物

汪正誼經歷　黃極御史極府志作拯

江大本壽光主簿　胡瑀本學訓導

舒文清　杜春

永樂申從政　王暹都事

湯瞽贊皇知縣　王繼昶慶陽府推官

陳希賢金華府推官　沈瑋保定府訓導

匡徵　王用

宣德趙佺　余彬

包英　朱潤

正統鮑斌陽武訓導　黃敬衡陽知縣

胡甯縉雲知縣　昌晶

景泰劉文桐廬縣丞　程諒

張賢嘉魚教諭　姜衡建陽主簿

王南英恩貢山東巡按府志不識州志註云有傳傳亦未見今增入人物

天順楊瓊處州府照磨　鄭玘納溪知縣

王邦憲選貢

成化汪本教授　王瑀雙流知縣

段徽經歷　黃瓚瀘溪主簿

陶鎔館陶訓導　聞善河南府教授

王銓長樂縣丞府志云有傳傳未見　程福長史

蔣宗蘄州判詳隱逸　黃鍾太平府通判

王桂林教諭　胡啓棠

黃上林都事

宏治祖述訓導　段愚經歷

胡訊雲和主簿　鮑軫黃巖縣丞

沈大鵬布政司經歷

正德聞緯訓導　段儼

吳安九江府知事　黃武林巴縣訓導

黃文會　黃貢林朝城訓導

段成公安縣丞　李玨蘄水知縣

李華

嘉靖鄒達嘉善訓導　王鈺

陶佑雄縣丞　王邦憲金華府經歷
徐珍贛縣主簿　馬清鉅鹿知縣
程光先邵武經歷　匡時
王元傳容城知縣　孔承祿教諭善孫建始知縣
龍君甫教諭　段弘仁詳孝弟
汪惟定贛州府經歷　王佩之安遠訓導
汪惟和南漳教諭　胡芳
張翀東光知縣詳孝弟　方榮
鮑倫　葉斂
王銓府志亦註長樂縣丞疑係重出　王畿以下四人選貢

程謨壽昌知縣　程榮恩歸德府同知志作歸州同知
陳緯武安教諭　李文耀
程誠樂陵主簿　吳尚文
王廷璋　夏儒贊子滄州判官
張振朝桐鄉縣丞　劉憲章
吳夢昌　馮世寶崇德縣丞
金燦萊蕪縣丞　高照蒲臺縣丞
王琉　段景淳博平訓導
程尚貴樂陵訓導　李昕歸州訓導
蕭儀秀水縣丞詳人物　王德新清江訓導

程應麒浦江教諭　高廉德化主簿
鄭顯貴陳州判　沈國遴南陵教諭
杜祥林
包謨德興縣丞　李遇春西城知縣
程穩解州判　胡以徵丹陽教諭
萬曆蕭尚格　蕭尚孚金鄉訓導
劉端義　沈大孝黄梅主簿
聞朝中興國州同詳人物　胡明相邵武縣丞
胡昭祖漳州府同知　喻尚文來安訓導
沈大川茶陵州同　黄建中濬縣丞

鄭邠荊門州學正　高撝謙壽昌知縣
鄭孔洙雲夢知縣　鄧部黄州府教授
王子貞夜縣教諭　郝經新建教諭
聞韶　程伯乾高安縣丞
劉棨　趙應龍
郝鑑應天府訓導　徐時夏學正
李常泰　蕭希武全椒訓導
鄭際時　王鼎臣
朱應聘　蕭尚振
馬冉澤州判　杜述忠

泰昌 朱　錫 武進訓導　程大作
天啓 沈再祥 宛平縣丞詳人物　程子序
劉世芳 五年拔貢詳忠烈　程子俊 六合訓導詳人物
程子鐸　李　燮
蕭時霖 副榜貢詳忠烈　沈惟鵬
崇禎 李大成 州志作大用誤　黃道元 富川知縣
聞一本 恩貢詳人物　鄭永松
鄭孔翰　余文淵
鄧清榮 清江縣丞　鄧我榮 經歷
鄧孚榮　蕭希彥

聞可宗 詳人物　鄭萬合
余有珩 詳隱逸　王子肩 詳孝弟
郝朝瑾 副榜貢　蕭　灝

國朝

順治 鄭永翰 二年　蕭汝藿 四年詳人物
馬應羲 五年東流訓導　余有璞 五年拔貢
金元鳴 七年雎寧訓導　程天麟 七年恩貢
蕭汝榮 七年詳人物　鄧賜榮 十一年拔貢
沈惟芳 十一年豐城知縣詳人物　鄭萬綸 十三年太和教諭
劉應會 十五年　鄭永彥 十七年蒙城教諭

康熙 郝遇元 元年　蕭將琦 元年恩貢州志云有壽傳未見
蕭時豐 九年　蕭希卿 十二年
余有鼎 十四年恩貢　余道焜 十四年
賴泰滙 十六年　傅繼訓 十八年詳孝弟
李天錫 二十年　段卜斐 二十二年
彭佳章 二十四年　段再麒 二十六年
段肇修 二十八年　張永祚 三十年
沈三瑋 拔貢詳人物　沈三接 三十二年詳鄉飲賓
傅再祚 三十四年　蕭和中 三十六年
鄭同甸 三十七年拔貢詳人物　樂文郁 三十八年

蕭和讓 四十年石埭訓導詳人物　傅有錦 四十二年
鄧可熾 四十四年　胡公行 四十六年
沈三璋 四十六年恩貢　王　章 四十八年
王道大 五十年詳義行　胡美廷 五十二年潛山訓導
劉子綸 五十四年　王道和 五十六年
胡正南 五十八年　張金貴 六十年池州府訓導
劉光材 六十年恩貢　金天爵
雍正 程光洛 元年拔貢詳孝弟　江起鯤 元年繁昌訓導
馬　坦 三年鄖西知縣詳人物　沈有宏 五年如皋訓導序姓傳
鄭元譜 七年拔貢詳孝弟　蕭和聖 七年桃源訓導

李　修 九年詳人物　傅有宣 十一年詳人物
鄭元啓 十三年恩貢　劉　琪 十三年拔貢
乾隆 馬　堦 元年合肥訓導詳人物　余良宋 二年蕭縣訓導詳人物
王　珽 四年　王錫楚 六年
馮燮學 六年拔貢　鄭元圭 八年
鄭元功 十年詳人物　鄭　玉 十二年候選訓導
劉　鼎 十五年恩貢　金紹僑 十五年
馬世鎮 十七年　程明柱 十七年恩貢詳人物
鄧昌鍇 十七年拔貢銅陵教諭　傅作樑 十九年
胡延煌 二十一年　王　琯 二十三年

金紹倖 二十五年　黃遵良 二十七年
彭正時 二十九年　鄭一崧 三十年選拔景山教習任永春州知州
馬道澍 乾隆丙子副榜　鄭一坊 三十一年
段　元 三十三年　鄭一彬 恩貢
沈書庠 三十五年　鄭一淮 三十七年
金序璬 三十九年　傅士焜 四十一年
金光恆 四十二年選拔五河教諭　李世燿 四十三年
段肇基 四十五年　段永封 四十原年任長縣訓導
段永型 四十九年　彭其藻 五十一年
蕭方燦 五十三年　鄭本魯 五十三年恩貢

姜曰都 恩貢　鄭一鏞 五十四年
沈承愈 五十四年選拔沛縣教諭陞沙河縣知縣
沈承達 五十六年恩貢　鄭本書 五十七年副榜
段繼達 五十八年　沈承章 五十九年
嘉慶 閔興鄉 元年恩貢傳詳人物　閔興任 元年
蕭正烈 三年　傅士儦 五年恩貢
李芝薇 六年選拔　李芝馨 六年
黃光烈 七年　王善墉 九年
沈承震 十一年　傅以琳 十三年
余維圻 十三年恩貢　王堅善 十五年

沈盛春 十七年選拔如皋縣教諭　彭中文 十九年
金序塘　傅以培　沈　蘭　胡其漣 恩賜副榜
王性彬 道光乙酉拔貢候選直隸州州判　李芝畹
胡　震　傅文才 候選訓導　沈德孚
蔣槐午 丁酉拔貢候選教諭　傅文銘　沈盛名
沈盛驥 恩貢　王安儲　金　謌　王增修
鄭　甲　沈　荃　方之灼　蕭正善
蕭如普 元年恩貢　段永增

例貢

明葉正蓁海寧主簿　張鳳儀安仁主簿　馬圖昌仁主簿

朱鳳梧　金世祉　黃金光化知縣

夏尚志主簿　湯傑袁州府知府　閔尚浙江倉大使

國朝傅有鐸詳人物　程光洢兵馬司副指揮詳義行

沈松　鄭元旻　戴振孫

余延瑞詳義行　金紹儀　段瑞

鄧烱詳孝弟　程光濂　金秉瑜

金序玳　馬世銹　姜一詔

彭正中　鄭一增　傅作椅

鄭一瑩　鄭一錦附例　鄭本嵋附例

鄭本超廪例　鄭昌寶附例　鄭昌齡附例

聞詩白增例　金序淇附例　段永湘附例

段祚調附例　段永垂附例　胡可錄附例

段芳玉　段芳柱　段芳塏

段芳蔭　王善琮　余維馨廪例黟縣訓導署潁州府教授

彭其柱　葉鳳翥

胡可龍附例　楊潤附例　王從徐

彭中勳增例　鄭英廩貢署休寧縣教諭　鄭保和訓導附貢候選

例選

明朱榮陽穀主簿　李弼華陽主簿　鄭郭襄陽主簿

汪仕聯建德主簿　李仲謙典史　王霖鄖縣典史

胡溶永新典史　葉儀襄陽典史　段存敬

段存仁倉大使　金國寶太醫院吏目　金國忠昌樂主簿

程貢魁晉江縣丞　沈玳餘姚知縣　段一中

金世沂

國朝鄧林楨考授縣丞　沈詩和考授縣丞　彭佳彥考授州同

沈詩俊考授縣丞　程鑑考授縣丞　金秉鑑考授州同

鄭元昆大同府同知　程光洮考授州同　聞學訓考授州同

程明標試用同知　胡延調昌平州吏目　段肇伊考授縣丞

程明梁陽穀縣丞　江漢彥考授縣丞　馬世銳考授州同

段肇仁考授州同　鄭元音考授州同　彭應璧考授州同

馬世爵考授縣丞　鄧煜考授縣丞　李肇考授縣丞

沈書堯考授州同　程明檢考授州同　姜志隨考授州同

彭應正考授州同　段肇吏考授州同　余延深考授縣丞

傅有鉞考授主簿　余延泓考授州同　傅作湄考授主簿

程明桂東阿典史　聞兆暹考授州同　馬道法考授州同

杜必興考授縣丞　程天時　彭灝

王天瞪　傅有錠　聞世英例贈儒林郎

李常師　金秉衡　胡學旦
沈　棫　方宗時　傅有宸
馬　壎　沈詩用　方宗曦
李常觀　聞學謨　金秉璉
傅有宷　沈應厚　彭正音
程明楊　胡華璧　馬世鈞
蕭和珩　段祚炳　李常豐
余延藩　金紹倬　杜有律
彭應軫　蕭大桂　鄭元景
方宗兌　鄭同鉅　程明權

沈應遠　傅作浤　李常鼎
馬世封　余　龍　鄭元昱
徐在熤　聞兆鼎　彭正南
胡　松　沈書思　段肇禋
李　羣　金掄爵　傅作泮
鄭元岳　李　蔚　蕭方標
余良宣　鄭元禔　程明椿
王　琳　胡大鵠　李常復
段　珽　李　艮　劉輔仁
徐在華　胡大鵬　鄭元杲

杜永言　馬道洵　程明材
王錫砡　金紹伋　王　琮
沈應禹　夏日炳　郝維誨
方先智　胡　梓　汪宗柱
程　晰　胡大鴻　金繪爵
彭正文　傅　澗　蕭大仕
胡中熚　方宗恒　余良泮
鄭同昌　傅作楠　彭其和
胡延詩　鄭一皐　胡華珽
王繼定　徐大正　馬道淇

程明林　沈承宗　余延墢
段祚楷　姜　詵　傅作濵
杜興淇　王　璣　段召臺
彭正宗　陶　鼎　蕭方瑛
胡延炳　余良宜　沈書林
聞兆昌　程光汜　鄭一堅
馬道洁　胡中灼　程明榮
傅作棫　段祚烈　葉榮澧
沈書田　劉學熙　張世祚
段祚詠　王從封　方衍濟

傅士極　彭正本　蕭方炅
馬世昌　姜　謨　程明懷
金紹信　胡延松　徐大譽
鄭一沛　杜興禮　余良宗
傅士煒　金序璜　劉得仁
段祚論　鄭一瑞　胡應鳳
蕭方煥　程明榜　段祚英
馬道澄　金序河　蕭大炳
傅士棋　李　傑　余明善
彭正綱　江文達　程明楷

傅作涇　王從契　熊啓爵
徐大格　郝維詮　胡如玉
沈書森　鄭一翹　傅作浙
鄧可煩　蕭大林　聞兆晨
張光燦　彭其名　段祚華
程明榕　方衍璜　鄧昌鏵
沈書洲　姜一秀　蕭方蜀
杜興信　胡　楫　彭其漢
金序琰　段祚藍　余　蛟
馬道淵　蕭大觀　余扶爵

徐道讓　鄭一璋　蕭方琇
段肇全　程明楙　杜再華
彭正道　余寶善　徐大穩
李世炯　彭正榜　程明桐
余震善　金序珩　傅士格
姜曰標　段祚怡　蕭大極
段祚訏　馬道潤　曾在宜
沈承誨　金役爵　杜再珙
劉　鋭　彭正經　程行灼
蕭方熣　傅士梅　聞兆昱

王錫蒲　汪正本　蕭方晨
胡應龍　沈書泰　王之栢
傅士李　胡延熾　沈書誠
馬道漣　金任爵　彭其泮
姜曰棟　方衍模　蕭方璟
鄭一文　程明檽　余良宸
傅作榮　王從伊　金序渭
胡應棟　段永浹　蕭方爍
彭正色　沈承講　程行烺
王從椿　彭其德　胡華月

沈尚庠　傅士釆　汪　傑
余善章　段祚梓　余良浩
鄭本文　馬道瀚　胡應俊
王之松　彭其福　李　溶
余良宅　徐大緒　段祚師
胡　鎮　劉中渭　蕭正詠
聞兆昇　胡應旦　馬際梁
徐大楷　段祚枚　杜興貴
沈承諭　鄧大泮　鄭元臨
王從藻　徐在明　彭其溶

胡華伸　李　震　段永源
胡華銳　徐道楷　程行灼
鄭本桂　傅作楷　鄧大堉
胡應曙　沈尚貢　胡華佑
王從伯　徐道樸　徐　珠
鄧　鉅　段祚檜　葉榮淮
余良鎮　杜興榮　徐在新
傅士柱　余善啓　胡應傑
胡華瑞　彭其祿　徐道佺
徐道標　杜再昺　段祚煒

鄭元春　蕭方球　余良贇
鄧大坦　姜曰梁　胡華謨
傅士梁　徐道淵　熊啓璋
彭其桐　方衍泮　徐道緯
鄧昌鏈　彭其庶　胡應普
沈聖智　胡可遵　蔡元淳
杜再晨　徐大維　胡華易
蕭方鼎　李芝基　吳世銘
余　賓　傅士楫　余延溶
鄧大堦　胡應昂　段肇定

劉　昂　方衍强　王　韶
胡顯堂　蔡元咸　徐在易
徐大咸　徐在詩　徐大鑑
徐惟琮　杜履實　程明枋
王從綱　杜興貴　胡延誨
王佳章廣西太平府經歷　鄧可燦袁州府經歷
王天祿　程光沃縣丞　程賢臣經歷
沈詩融經歷　段　鵠吏目　馬世達經歷
方　俊典史　沈書升吏目　胡延誠典史
彭正璋　鄧可耀經歷　李常謙經歷

王民便　段肇勳　郝文俊

馬道法州同　沈　兆典史　段祚煜經歷

李　遠經歷　方宗漣　程明誠吏目

鄭元儉典史　段　瑀經歷　劉　裔

閔其睿　舒其翼　沈書鼎經歷

程明相經歷　沈書盤州同　杜興義經歷

李　智經歷　沈承恩經歷　傅作漢經歷

方衍舉　余　龍州同　余善經經歷

金序琢新田縣知縣　段荃芳布經歷　王治安布經歷

彭應軫州同　余維謙州同　余維肇理問

余維菁州同　余維芝州同　彭常炯理問

馬道澄州同　余維正縣丞　余維慶照磨

葉夏忠布經歷　葉夏恕浙江鹽運使參軍攝穿長龍頭松江袁浦等場

余維大兩淮鹽知事　金序昌理問　金宗謹理問

胡應鳳州同　鄭一樸理問　鄭本祥州同

鄭昌堃州同　楊　炳理問　鄭　昭理問

彭正南州同　傅以坪主簿　王善士州同

王善行衛千總　王　綱衛千總　馬道洁衛千總

葉　超衛守備　王從繩理問　王從清布政司經歷

金光顯議叙縣丞　王善翥府知事　王之松州同

沈國定貢生　金　震府州判　金　謙縣丞

段騰光州同　段祥光布政司　湖謹提州同

段肇伊考授湖北江夏縣丞

武科

宋段玨　甯宗嘉定庚午科解元

國朝程鼎　康熙二十年辛酉科援開懇例候補參將

封廕

宋段文聰　以子朝立貴贈知縣

明張禧　以子子貞貴贈右參政　劉　以子會貴贈主事

張德　以子翀貴贈知縣　金禮新　以子中剛贈太常寺卿

聞尚德　以子朝中貴贈州同知　聞朝中　以子一言貴贈戶部主事

程永爵　以子謨貴贈知縣　沈文幹　以子大川貴贈州同知

劉一龍　以子世芳貴贈知縣　黃海　以子敬貴贈知縣

鄭邠　以子孔鸞貴贈學正

國朝沈再祠　以子惟芳貴贈知縣　程鑑　以孫明標例贈奉直大夫

程光泚　以子明標例贈奉直大夫　聞世英　以孫兆暹敕贈儒林郎

聞學誠　以子兆暹敕封儒林郎　馬世祿　以子道法例封承德郎

程光湖　以子明桂例封修職郎　程光淳　以子明梁例封修職郎

金天爵　以曾孫光悌貴誥贈光祿大夫刑部尚書

金紹偉　以孫光悌貴誥贈光祿大夫刑部尚書

金序珽　以子光悌貴誥贈光祿大夫刑部尚書

金序瓖　以姪光悌貴貤贈儒林郎內閣中書

金序璪　以姪光悌貴貤贈朝議大夫　金紹傳　以子序瑑貴貤封修職郎

聞兆鼎　以外孫金光悌貴貤贈奉直大夫宗人府主事

段祚炳　以子永封貴贈修職郎　鄭同旦　以孫一崧貴封奉政大夫

鄭元譜　以子一崧貴封奉政大夫　沈書庠　以子承愈貴貤封儒林郎

沈書瑞　以立子承愈貴貤封儒林郎　余延藩　以子龍例封承德郎

鄭同龜　以子元昆貴贈奉政大夫　余善緒　以子維謙例贈奉直大夫

楊啟珠　以孫炳例贈儒林郎　楊道禮　以子炳例贈儒林郎

王道璜　以子之松例贈儒林郎　王天鐸　以孫之松例贈儒林郎

段永謝　以子芳玉例贈儒林郎　段芳玉　以子騰光例贈儒林郎

出身無考者附錄

宋杜萬鼎歙縣知縣　杜百朝淮陽教授

段振大理評事　張梓桐柏縣丞

元方千十大理評事　沉有恭總管府推官

聞德巡檢

明方武伯朝奉郎

續修英山縣志卷之十三

英山縣知縣樂陵李文泉續修
英山縣教諭古歙汪時育
訓導合肥阮華林編纂

武備武爵武功附

自古久安長治之世曷嘗不嚴武備哉蓋兵可千日不用不可一日不備此詰爾戎兵張皇六師古聖賢所以尤惓惓也英邑之在今日彈丸黑子耳況我

朝禮陶樂淑兵革不試迄二百年而儆戒無虞綢繆未雨雖窮鄉僻壤莫不規模整飭防守嚴密蓋以詰姦慝衛善良用意至深遠也故能銷不軌於未萌陳懿德於時夏可不謂有備無患者乎吳楚邊邑山林峻密守土者所當慎也志武備

英山在前代屬六安衛分鎮至崇禎十五年始設副總一員千總一員把總一員

國朝順治二年設駐防守備一員兵一百名康熙十三年增防官兵二百名置都司一員後裁去今定屬六安營參將額設分防英山縣把總一員領步戰守兵九十三名內公糧九名養廉六名字識一名弓箭三十五名鳥鎗三十四名籐牌

八名乾隆十八年奉　文洆撥茅草畈兵弓箭一名鳥鎗三名十九年知縣李春明詳請增馬兵四名已經奉　文准撥共額設馬兵四名步兵八十九名

乾隆十八年六安營分撥駐防茅草畈千總一員領步戰守兵三十名

營守署今爲把總署　在北門中爲堂三楹左廂房一間後住宅四間前儀門樓一座又前頭門三間左營書房一間馬屋一間查營共係　國初黃崇琇之都司

千總署在茅草畈中爲堂三間後住宅三間左右

廂房各三間前官廳三間外牌樓一座乾隆十八年署縣李天璽建

演武場小教場東門外大教場南門外

茅草畈營房二十間乾隆十八年署縣李天璽建

又營房十間二十年知縣張海建

東鐵爐坳汛營房三間烟墩三座牌樓一座守兵五名

西落梨河汛營房三間烟墩三座牌樓一座守兵五名

南鷄鳴河汛營房三間烟墩三座牌樓一座守兵五名　以上三汛俱係城守營把總分撥

扯界嶺汛營房三間烟墩三座牌樓一座守兵五名

新添爛柴溝汛官廳三間營房三間烟墩三座牌樓一座守兵五名

新添草盤地汛官廳三間營房三間烟墩三座牌樓一座守兵五名　以上三汛俱係茅草畈千總分撥

駐防

明張惟月副總

葉之俊千總　陳佐周把總

守備

國朝吳羽聖　李煜

薛應魁　劉世魁

高舉　張國祚以上順治年任

褚得勝　李尚德以上康熙年任以後裁改

都司

閻煌直隸宣化人進士康熙十三年任以後裁改

把總

國朝馬元山東人行伍　祝貴陞六安人行伍

高得標　張志山松江人行伍

金鼎　　郭祿六安人行伍
陳永立　　張敬先六安人行伍
潘得華　　甯提六安人行伍
張瑜六安人行伍　　段章江甯人行伍
郭甯山東人武舉　　陳騎山山東濟甯人武舉
徐炳銅山人武舉　　鐵世雄江甯人行伍
馬魁乾隆三十一年任　　王自新乾隆三十六年任
朱枚四十七年任　　馬洪五十四年任
江琢五十五年任　　吳廣仁五十六年任
黃占魁嘉慶元年任　　邱元二年任
蔣大彪六年任　　賈炳山上元武舉七年任
王立綱十一年任　　薛源達十二年任

毛洪義十五年任　　江謨十六年任
周明十七年任　　劉正邦道光二年任
吳文選二十年任　　王松年道光九年任
朱兆璠道光十七年任　　楊天福壽州人軍功候補府道光二十二年任
千總駐防茅草畈乾隆十八年新設
徐邦慶浙江人舉人　　周邦壽州人行伍
哈驤江甯人武舉　　徐炳把總陞任
楊嵩山乾隆二十二年任　　張殿英二十五年任
楊春三十年任　　劉維藩三十四年任
雷正宗三十八年任　　楊錫仁四十二年任

黃景武四十三年任　　李威五十四年任
壽加豹五十六年任　　潘宣五十九年任
王印嘉慶元年任　　徐金標八年任
強治平十一年任十二年奉文將千總裁歸潁州營以六安城守把總移駐
茅草畈外委
郝凌雲嘉慶十三年任　　祁占得二十年任
劉正邦二十四年任　　薛繼達道光三年任
丁雲鵬行伍道光十年任　　朱清標行伍道光二十年任
雞兒河外委
王登科乾隆二十年任　　張廷標二十一年任

曹大任五十年任　　薛士沛五十八年任
傅光輝五十九年任　　柏正邦六十年任
劉文科嘉慶元年任　　李清泰七年任
毛洪義十一年任　　祁占得十四年任
洪廷樑二十年任　　祝應芳二十一年任
何正邦二十二年任　　王廷春二十五年任
胡交泰道光二年任以後裁
武爵武功附
明　龔蜿縣志作龔婉明初官元帥　　江百萬隋曆中將軍
按明太祖初設各官統軍元帥正三品同知元

帥從三品未久尋罷改都督府爲之者類皆元勳宿將其後遇大征討則總兵官掛諸號將軍印旣事納之今止泛稱元帥將軍不著其爵位勳業未足爲據前志因之而府州志皆未及辨存疑可也

沈元完成都府守備

汪有勳明崇禎十二年從黃得功勦流寇有功授昭義鎭參將尋以條陳戰守事宜忤主將不合遂辭職歸

國朝程萬卷廣州府都司

馬騰雲康生思元子也年十四爲流寇所掠有義僕二人日辛午日小八亦遇難相隨奔四川從軍營順治六年以功授夔州府都司年五十給假省親其子遂留雲南舟次楚江時思元年七十餘無子聞其尚存棄家尋訪同泊舟次騰雲識鄉音具問所由乃其父也相持大慟計離家三十六年矣歸復娶妻生子數歲而卒子城後入邑庠

龍占春本籍英山人由行伍屢次隨征有功累官以遊擊管雲南鎭標左營千總康熙三十五年隨運噶爾咀車輛議叙加四等錄用候選三十七年以老歸籍又二年而卒

傅崧武庠生嘉慶元年隨陝撫秦勦捕教匪斬賊無算獲六品職銜後血戰數十次追賊至興安府賊駐江北崧駐江南領兵渡江賊衆畏其驍勇皆退避焉秩加守備銜現年七十告病里居

英山縣志卷之十三終

英山縣汛把總楊天福

軍功執照

欽命揚威將軍協總理營務翼長楊容

爲給發執照以杜假冒事照得本翼長勘得此次進征定海攻剿苦戰右膀鎗傷右額刀傷餘慈設伏防剿偵探出力不避艱險始終勤奮實堪嘉尚應行賞給六品軍功頂戴以示獎勵除彙總報明

揚威將軍外合行札仰該弁即便遵照須至執照者

道光二十二年九月二十三日給

續修英山縣志卷之十四

英山縣知縣樂陵李文泉續修
英山縣教諭古歙汪時育 訓導合肥阮華林編纂

名宦

古之以良吏稱者類皆所居民樂所去民思而嚴威斷立聲譽者不與焉然史傳所紀代不數人英山雖元明來始立爲縣其地不過分屬於蘄羅而唐宋以前令長之見於各志者蓋亦無聞焉豈莅斯土者果無可紀歟抑偏州下邑採風有所未及史氏亦多遺落歟何循吏之不概

見耶前明始置名宦祠從祀聖廟郡邑各有志乘於是才猷政績卓然可紀者莫不壽之梨棗報以俎豆非若故老傳聞終歸澌滅也志名宦

元段朝立邑三吳鄉人少有六志能文章寶祐間隨父文熜選入太學元兵南下知宋運將終遂謀歸保鄉里聚豪傑據仙人臺立堡樹栅盜不敢犯端平中檄爲沿江制置使久握兵權未嘗挫衂德祐三年朝立以羅田東直河鄉地遠請改爲英山縣即授知縣明年公辭成以良吏聞

按宋理宗十年甲午改元端平歷嘉熙淳祐至

二十九年癸丑始改元寶祐恭宗德祐元年正
月元兵下蘄州知州管景模降隣近州縣已望
風款附二年二月元兵入臨安帝以三月入朝
五月至上都降封瀛國公傳中年代舛謬若此
且以朝立爲宋臣皆誤今畧爲辨正無從改定
也
明隋贇字從禮山東人洪武元年由茂才授主簿
擒賊潘文友王玉二等以功陞知縣復有異政
除虎患擢通判袁州府
孔善山東曲阜人舉於鄉授訓導造士有方進教

諭父祥卒葬於英留其子彥綸守塋遂家焉
黎九清江西人景泰中知縣忠信明決吏不敢欺
民汪老無子買二童一爲嗣一爲僕汪歿以爭
産訟莫能辨閱其牘一名童一名美悟曰童首
從立乃嗣子也美首與義同乃義養之僕耳安
得與童爭兩人俱服
董廷秀山東長清人宏治間主簿嚴毅廉潔緝奸
宄勸農桑自奉儉薄不以累民民爲建去思祠
李瑄北直元氏人宏治間由舉人知縣事明敏清
介甫下車即疎滯獄囹圄頓空抑豪強鄭里甲

尤重學校修舉廢墜爲諸生嚴立課程時加考
校給燈油筆劄以內艱去士民感泣祀名宦
徐杰浙江上虞人弘治間主簿從政剛果除盗有
方境內屏息邑人思之祀之土地祠後請入名
宦
李鳳廣東番禺人進士嘉靖中知縣爲政寛平簡
易聽訟洞悉民隱歲歉請賑親詣鄉堡而察餒
瘠山中有大盗數十年莫能捕治鳳皆窮其巢
穴徵斂以時修學訓士三年陞大理評事歷官
左布政使

陳儁福建長樂人舉人嘉靖間由壽州學正擢知
縣事專務德化講學課文舉行鄉約風俗丕變
以叔爲郡守當調英民赴闕保留不允改知奉
新尋行取主事
高維崧江西廬陵人舉人隆慶中知縣布衣蔬食
輿蓋不飭除窩訪清吏弊舉行鄉約修建學宮
日聚諸生課藝行取御史民爲立祠
胡咸賓浙江德清人恩貢萬曆初知縣秋介慈和
留心學校祀名宦
姚際可山東舉人萬曆間知縣單車赴任居常蔬

貪自甘勞心爲民罰贖一槪屏絶去之日行李
蕭然
劉光啓北直無極人舉人萬曆間知縣實心愛民
禱雨禱雪隨念立應
張淇字原嶺無錫歲貢萬曆間教諭學術醇正師
範端嚴以親老歸里顧端文公兄弟感出其門
申文定公尚書彙編其所輯也
吳維聰浙江烏程人舉人萬曆間教諭立會課士
捐俸以濟貧生攝縣篆清積蠹賊盜屏息豪
猾畏之若神

向文謨湖廣漵浦人舉人萬曆間知縣詳請裁革
主簿省冗員之費改折鳳倉米麥免運兑之勞
善政甚多邑人爲建生祠
徐時鼎浙江舉人崇禎時知縣有惠政八年乙亥
正月悔流寇至邑原無城池可守焚燬縱横殺
戮盈野爲乞師淮楊兵至賊已去矣三百年縣
治一旦煨燼目擊喪亂憂懣病卒邑人痛之按
鼎未得入名宦當削去
高在崙四川舉人崇禎十二年任知縣時値變亂
築新城於章山砦聚士民以守十四年五月賊

襲城勢危甚或勸之出避曰吾職守土與城俱
亡耳忼慷駡賊死賊去邑諸生鄭萬合斂其遺
骸面如生邑人哀感爲之營葬表其墓曰忠烈
高公　按明史忠義傳崇禎十四年六月流賊
賀一龍左金王等襲陷英山知縣高在崙抗賊
死
邵起浙江恩貢崇禎十六年任知縣舊治邱墟駐
添樓鄉戸口萬餘至是僅存數十多方招集給
以牛種土著流移咸仰頼焉以卓異超擢知廬
州府晉河南大梁道辭歸居英卒葬胡家河坪

國朝申種霍直隸舉人　國初知縣治添樓鄉茅齋
草具自奉菲薄繼赴縣治斬荊棘經營結搆爲
殘民請命漕糧得免五載以興史沈光圖爲楚
賊所執坐累罷官行李蕭然士民無不哭送
史良植河南洛陽人進士順治四年知縣事年甫
十八雖老成無以過之問民疾苦蠲剔奸弊隆
禮學校五年二月楚賊程孟頡來侵單騎入郡
乞師過霍邑爲土賊所執尋釋之遂僑治廬州
六年八月領兵來英至地名石頭柴突遇賊衆
兵敗被執不屈遇害邑人爲之營葬十五年奉

本道孫檄移廬歸洛士民捐資爲助道旁祭奠
不絕
楊金鼐（州志作鼎誤）華亭貢生順治中教諭綽有師範
諸生日以文藝請益或有事爭執據理折之無
不稱平陞教授
陳震先浙江錢塘人進士康熙八年知縣事革火
耗減雜用輕漕費百務從寬建學養士請廣文
武生額士服其教民懷其澤
方孟璉浙江人任典史清理保甲捕緝盜賊克稱
厥職以忤縣令馮罷歸輿論惜之
劉五壠山西吉州人副榜任知縣痛革積弊減除
漕費捐俸修學編纂邑乘於康熙二十三年刻
行歷陞知府
李澍字用霖山東招遠人舉人康熙三十一年任
知縣邑苦宣船鹽頭兩弊爲詳上官革除嚴重
練達人不敢擾暇則集士課文藝且勉以實行
歷任八載卒於省闈邑人感之
吳之騄字耳公歙縣舉人任教諭嚴課程飭行檢
一循白鹿洞規條倡議改建學宮在任十五年
陞鎮江教授著有經解及詩文集如干卷

趙宗炅字麗天貴州平越人由經魁知英山十年
政簡刑清愛民育士創凌雲書院兼置義田清
漏澤園修舉廢墜善政頗多晚因州牧李勸令
報畝不能持正後邀　恩諮免亦未致永累云
董良璐號守齋浙江烏程人由舉人知英山縣四
年清廉慈惠愛民如子其砥礪士行振興學校
多方造就不遺餘力故士氣鼓舞文風駸駸日
上至今士類戴之
徐曰紀字松圃浙江桐廬人廩貢生乾隆三十五
年任縣事勤政愛民尤以造士爲急務英距金
陵道遠應鄉試者艱於資斧徐集紳士議舉興
賢會且捐廉俸以倡其事置田建館大小試稱
便士子德之
張著樸字素園山西洪洞人拔貢生嘉慶二年由
教授知縣事禮士愛民抑豪强剔奸弊忠信明
決吏畏民懷年餘卒于任扶櫬歸里士民哭奠
者遮道

續修英山縣志卷之十五

英山縣知縣樂陵李文泉續修
英山縣教諭古歙汪時育 訓導合肥阮華林編纂

人物

英山自元至元間始立爲縣故宋以前賢士大夫無得而稱焉然斷碑殘簡故老所傳後世猶有能言之者雖曰無徵不可謂非幸歟前明三百餘年即未見有絕德殊勳著聞天下卓然爲一代偉人者而因時樹立列於庶位固亦多矣顧明季兵燹之後戶口僅存譜牒淪亡傳誌散

佚甲子志乘無從搜輯遠際太平日久子姓蕃衍欲表揚先代之美亦不能舉其時代事蹟之詳僅與宋元以前世遠人湮者徒得髣髴於大槪良足慨矣今遍加諮訪及當代文行可紀者咸著於篇且亦使後之人無憾焉志人物

明張子貞字彥誠洪武中由貢生授兵部車駕司主事進本司員外郎因言事謫戍海南衛尋起刑部員外郎永樂三年陞江西按察司僉事以內艱去服除補山東按察司僉事切直不容於時謫隸苑馬寺題詩龍江衛上見之復起兵部車駕司郎中陞浙江右參政歷官四十年清介忠勤寵辱不以介意戶部尚書蹇義謂人曰做官不能遠法古人近效張子貞可矣爲時所推如此其龍江衛詩云清晨辭帝闕薄暮過龍江父子情難捨君臣義莫忘吳山雲渺渺楚地水茫茫但得身康健他鄉即故鄉祀鄉賢祠

王南英宋烈士玠五世孫祖文聰別有傳南英由恩貢任鳳翔府推官後奉命賞邊有功陞山東巡按涖治清平盜賊屏跡致仕歸東民以金銀贈行麾之弗受止金鴨一枚童僕匿歸南英出

金置庭悉分鄉黨至今土名金鴨冲

蕭儀字來鳳少穎悟年二十補弟子員受業咸南軒之門嘉靖朝以歲貢授浙江秀水縣丞旋以母老乞終養建志學書院置義田母歿廬墓三年著有五倫指要

金中剛本名印字殿邦嘉靖登賢書館閣臣徐階即爲撰重五表帝嘉之召見賜名中剛累加太常寺卿掌內書造局專值紫皇殿嘉議大夫賜一品服孫元鳴歲貢生睢寧訓導元音號爲神童八歲補諸生十歲食廩餼

閆朝中字霽宇萬曆壬辰選貢同知湖廣興國州署州事盡祛宿弊時礦事方殷委曲調劑民尤德之子一言一本

閆一言字文石萬曆壬子舉人知福建寧德縣潔躬愛民卹災興學擢光祿署正轉南戶部主事晉郎中監稅蕪湖剔弊興利擢知黃州府還告歸立宗祠置義田軫卹姻黨汲引後進崇禎中寇亂憂憤而卒年六十四有鶴鳴軒詩集

閆一本崇禎時由恩貢生爲福建福安縣丞戢奸撫懦邑人德之遷貴州思南府經歷尋告歸與

兄一言白首相依子可賓可實能世其業遇寇亂俱守正以死

沈再祥字建華少穎悟弱冠補諸生食廩餼兄弟八人甚友愛祥無嗣盡出所藏置祭田以萬歷壬子拔貢授宛平縣丞未仕卒

鄭萬合字和卿明歲貢生少聰穎博通經史搆別墅於蓮花山麓教授生徒出其門者多佳士性和厚常受宽終不與較工草隸年八十三卒

閆可宗字範伯歲貢生戶部一言子穎異嗜學明末寇亂辟地授徒講學著有古潛山房詩文集行世

程子俊字傑士伊川二十六世孫性孝友博覽經史由歲貢生授六合訓導課士有方各憲嘉之署縣篆年餘惠愛士民興利除弊卒於任子三人天祜天祐天禧俱入邑庠有文行扶柩歸士民焚香祖奠至今有餘澤焉

國朝蕭汝藿字孝思順治四年歲貢任海門訓導課士有方移海州學正秩滿陞湖廣興寧知縣多惠政卒於官

蕭汝榮字茂公順治八年歲貢訓導潛山遷教諭修學宮勤課業秩滿陞河南通許縣丞奉檄署

丈陳州屏絕餽遺剔釐諸弊陳人德之

沈惟芳字蘭若順治十一年貢生崑山崇明訓導遷靖江教諭陞江西豐城知縣潔已惠民歲荒詳報太守力沮之惟芳堅請得免賦二萬捐俸修壞隄八處撫軍宋公器重之面諭保舉辭以疾乞休優游林壑三十載壽八十六子三璋三璋三璋字章玉恩貢生博學能文著有詩經直解選東流教諭未任而卒

金奉爵字滌頤幼貧奇穎篤學嗜古年十四補諸

生食饑後抱沉疴臥床九載手不釋卷著有三
易演符圖說韻學思問編各若干卷年三十九
卒

鄭同甸字禹山拔貢生博通經籍著有春秋題義
括柿葉草堂近詩及詩餘選子元啓乾隆元年
恩貢家貧嗜學授徒以養著作甚富孫一蘭邑
廩生

傅有寬字綈象邑廩生生有異質經史過目成誦
工爲詩古文辭多有裨名教素敦友愛族有兄
及姪廢疾者養之終身縣令旌其堂曰一家文

行遺稿如干卷藏於家

傅有宣字帝懷歲貢生天資敏捷讀書一過掩卷
不遺年十五能文章尤好古著有四書詳解並
詩文集若干卷藏於家性孝友善岐黃子貢生
作椅亦工文

沈三璋字章玉貢生喜讀書自制藝及詩古文辭
皆研求精奥族有孤女撫如已出擇婿嫁之里
有富而無嗣者欲立異姓子以多金囑爲成其
謀拒弗納

傅有鐸字天木邑貢生力學工文善草書旁通岐
黃精詣青烏兄有錦沒撫姪如子歲歉指囷周
急時稱長者有錦字天衣亦歲貢生穎異善學
尤精音韻不隨俗俯仰

馬坦字龍山孝友篤行倡建宗祠置祀產父墓在
蘄復置墓田由貢生試用湖廣初攝郧縣篆府
中豪吏或假遷不得禮坦重懲之一時皆斂跡
授知郧西地僻俗敝多所興革農時親履田間
勸民力作嚴立會課諸生皆知向學獄有死囚
三人坦疑其寃覆訊得實自詣諸憲白之囚皆
得釋自是他縣大案多見委鞫曲全者甚多在

任八年以足疾乞歸士民祖餞數十里不絕年
七十而卒

馬塏字眉山坦弟少孤育於兄嫂穎悟自立博通
經史工詩賦以明經任合肥訓導督課雖嚴而
善於體恤諸生無不悅服廬守朱深嘉重之素
性孝友事兄如嚴父性坦易喜賓客不屑屑計
家人生産子三人世鎧世欽入邑庠世銘國子
生

李修字知三歲貢生學醇品端諸生出其門者皆
有聲譽子世炳世煌皆邑廩生好學能文章士

林重之論者謂其淵源有自云

鄭元功字次立少孤事後毋孝性頴悟博聞强記歷代史鑑手自批閱者數四未弱冠補弟子員蒔花種竹肆意詩酒晩年築竹林草堂耿介自許以明經終鄉黨矜式焉

程明柱字砥木父庠生光溥素號端方其族叔斯家道中落病劇托以老母二子光溥事育十餘年未嘗少懈明柱性嗜學早年食廪餼敦行孝友足跡不履城市時咸目爲忠厚長者乾隆壬中舉恩貢逾二歲而卒從弟明棠字召木亦弱

冠補諸生食餼品端學博工詩古文辭邑令延爲凌雲義學師屢入棘闈不售制憲黄閲其試卷檄奬之年未四十遂歿士林皆惋惜焉

鄭元昆字明若由太學生銓縣丞壽授山西大同府同知少孤事母張以孝聞兄弟多早喪撫諸姪如子敏達嗜學工書法族中子弟能讀書者聚之家塾延師助膏火多所成就生平慷慨好義嘗捐田備闔邑試卷凡歲祲必竭貲賑卹有司屢旌其門卒於官著有敦本堂詩集子舉人一坊貢生一增

蕭和讓字允恭少頴悟性友愛析居時辭多受少捐田置祀產周濟族鄰由貢生任石埭訓導嘗委署縣篆年八十卒從弟和聖字介侯少孤事母兄孝友由貢生任桃源訓導嘗攝教諭及阜寧縣事年八十二壽終子姪俱多入邑庠

余良采字晩成幼貧窶勤學入邑庠食餼教授所得置田里與弟均分以歲貢任蘄縣訓導教士有法蕭地濕鹵奉檄查災發賑按籍詳核吏胥不得爲弊貧民均沐其惠府憲甚器重之解組歸田宅一無所增年八十而卒

金序珽字紫指性孝友方正寢食經史詩文膾炙人口兼工書法中式乾隆丁卯科十七名舉人己丑科第六名進士補安府教授爲江左名宿以子光悌貴　誥贈光祿大夫

馬道澍字卿雨由乾隆丙子副榜中辛卯北闈舉人壬辰聯捷進士性敏嗜學守道安貧掌教凌雲書院奬勵後進邑人士多所成就制藝推倒一時遠近爭傳誦之

金光悌字汝恭號蘭畦乾隆戊子舉人庚子　恩科會試進士由內閣中書洊陞至刑部尚書前

任刑部二十餘年用法平不枉無告亦不縱有
罪蕪志載藝文

鄭一坊字宇平號懷雲由歲貢生應丁丑壬午
召試中式丁酉科舉人揀選知縣爲邑中名宿
歷操選政父元昆任山西大同府司馬卒於官
署扶櫬歸里哀毀骨立事繼母孝待弟友愛有
能人所難能者元昆前捐田課爲合邑生童卷
資坊復補捐樊家冲田課六十石花課五十觔
以承父志受邑侯陳託以百金營息買置田課
四十三石花課三十觔爲書院生徒膏火事詳

明倫堂與賢育凌雲書院各碑刻晚年主講凌
雲書院士林多所玉成著有培元堂文集長子
本超廪貢生名噪士林年二十九歿亦著有柿
葉堂文集

黄遵良字塒軒歲貢生家貧嗜學爲文力追史漢
博物洽聞著作甚富於四子書尤多所發明人
品醇正樂引後學士林猶宗仰焉

聞興瑯字玉齋　恩貢生敦孝友崇古道研經史
無間晨夕性好提奬後學邑中知名之士皆出
其門著有課徒草及清遠堂詩文集年六十四

卒子詩可廪生詩賦庠生詩教增生

段永鎧字金聲乾隆庚子舉人穎敏嗜學工於制
藝辛丑會試歸閉户論道足不履公庭生徒出
其門下成就者不勝指數

沈樸字素園乾隆戊申舉人揀選知縣公正廉直
篤志力學幼孤事母劉氏克盡子道友愛其弟
不私已財先疇數畝以延師讀書費盡課讀家
塾子弟之貧者資以膏火生平足跡不履公庭
房師馮極器重之子二人盛名邑廪生

金庠琢字璧兆敦行孝弟秉性正直優於經濟由

例監銓縣丞補知縣歷任湖南臨湘衡陽耒陽
宜章新田清泉士民爲立德政碑並忠廉仁恕

匾額

金光恒號以軒蘭畦之堂弟也丁酉拔貢　朝考
二等以州同用改補教諭在宿松有奇績詳見

傳

傅以城字屏憲號翕齋乾隆乙卯　恩科舉人
揀選知縣任蕪湖縣教諭少穎悟篤志積學居
心醇厚立品端嚴教育生徒不遺餘力遠近受
其甄陶成名庠序者無算從弟舉人以堦舉人

余維燿皆出其門下著有憶夢樓詩文如干卷待刻

李芝畹字澥紋弟芝崴字靜菴兄弟友愛自幼以詩書相勵畹屢薦未售名列明經崴由拔貢登庚申鄉榜俱有著作見稱於時人以爲二難焉

傅以堦字堯蓂號玉平乾隆壬子科舉人春闈屢薦未售著作甚富壬戌會試卒京邸士林惜之妻鄭氏變産囑夫弟廩生以培扶櫬歸里安葬苦志教子文蔚習舉子業纘乃父風

張鰲嘉慶庚申　恩科舉人性孝友篤志詩書爲諸生時肄業賡颺書院數載薪水不給自甘

淡泊人以爲有志竟成云

段永封字御勅歲貢生博通經史事父母孝選授天長縣訓導教士勤謹卒於官子芳鑑邑庠生

鄧昌鍇字秉陽拔貢生性孝兩任銅陵教諭勤訓課不計束脩士之貧者並資以膏火銅士愛戴之如其父兄焉

彭中文字暢林歲貢生博通經史詩字名一時性廉介館霍邑劉令署試士閱卷某以千金請託正色拒之樂引後進力崇實學門下多名士

人物補

金岸塘字宇三歲進士性孝友撫孤姪如已子俾皆成立家居嚴正處鄉里亦如之凡有紛難一經排解衆皆感服戚族貧困者量力賑卹力不足則醵金拯之修葺橋梁寺觀慨然解橐於文昌宫剏立文會爲閤邑倡扶公仗義類多如此子光惲增生光怡廩生孫五一歲貢生一州判三人成均

聞詩白字雪軒增貢生弱冠失怙事母氏李年至八十終身不匱篤友愛薄貲財迎養孀姊總理

祠務閤族讀書膏火應試斧資悉經籌畫幼聰慧九歲能屬文年十三童試拔前矛十七舉茂才屢試優等南闈不售絕意進取專以課讀爲業品端方公事非邑令廉正不輕與聞晚年監修　文廟梧村翟父臺嘗有爲人公正之稱著有破甕居詩草子立慎廩生立息庠生立慈增生立性監生孫禮福禮祜禮禧俱庠生

金光惲字爕亭兩事繼母俱以孝聞壯年失偶鰥居四十餘年恬如也管公祠增置祀產督建支祠以綿血食堂兄光悌歿歷卄外家事每相倚

重嘗謂其勤儉忠厚可爲家[illegible]法里中有借貸難償者數家召還其券凡親族婚喪無貲罄囊佽助家雖中落弗衰焉恒以詩文自娛著有壽峰詩草卒年八十六子誥歲貢生諸太學生

鄭本書字香齋副貢生學問淵博肄業國子監聲名隆隆動公卿間授教職不樂就壯志迄不稍衰猶於南闈膺薦入次性謙和品端正不違俗亦不隨俗家居雍穆孝友可風晚年以授徒爲事遐邇奉爲儒宗門下士指不勝僂若蘄州陳光鉽拔貢太湖李南叔學士國杞其最著者

蕭正善 恩貢生性醇樸敦倫紀攻苦詩書至老不倦凡生平所習經史必經手錄細加詮釋書有四書集講制藝別裁傳授生徒人品學問足爲士林楷式子如政如炘俱庠生孫曾繁衍

王成泮字魯林 例贈徵仕郎秉性端方中懷坦白孝事父母服勞喻志終身不懈弟素病嗣以次子敦睦宗族任卹鄉鄰里人有負苦賣子媳者邀鄰友贖完之生平慷慨有爲邑中公事與同人集議持正不阿晚年適志林泉手卷不輟戒子讀書循分勿妄榮華想子性彬拔貢生候補直隸州州判

方之灼 恩貢生候選教職家貧績學骨月間敦雍穆襟懷冲澹得失渾忘十五舉茂才屢膺鬮薦品行端方足式後學遊於門者成就無數

彭中棠邑廩生號古山性端嚴學淵博年十四補弟子員南闈屢膺房薦 邑侯劉延居西席數載一時列膠庠登賢書者多出門下子元熙庠生

蕭如普 恩貢生性孝友砥節力學淹通經史家貧藉館穀以奉高堂甘旨豐喪葬於昆仲無所

推諉胞弟如遇食廩餼經一手課成其門下遊庠中式者更多佳士著有藝林塾課花樣集詩草待梓子宗衢廩膳生孫多文學

續修英山縣志卷之十六

英山縣知縣樂陵李文泉總修
英山縣教諭古歙汪時□
英山縣訓導合肥阮燕□

忠烈

自古仗節死義之士孰非出於天性哉語曰疾風知勁草板蕩識忠臣每觀前代縻爵或高爵厚祿蒙面喪心而疏抑末僚窮鄉下士反能充其沛然之氣挺節不汚忠義奮發身家俱碎而未嘗稍悔至今凜凜猶有生氣矣顧或白孤忠於當代或昭大節於來茲而匹夫庶士干戈擾攘之餘子孫不振其行雖與日月爭光其身竟與草木同朽豈不痛哉明季寇亂英吏民死者多矣獨高尸一人獲見正史今悉著其可知者而無考者亦過而存之毋使遂泯滅焉志忠烈

宋王玠高宗紹興二年蘄黃鎮撫使孔彥舟橫暴不法朝廷將以兵執之彥舟率所部叛時玠守蘄州率衆背城血戰不勝同妻馬氏妾李氏田氏罵賊投磯死事聞敕贈蘄黃鎮撫使建烈士廟於龍眼磯頭州志

按蘄州志玠字介玉長洲人徙居鄂州孔彥舟

爲舒蘄鎮撫使聘玠爲幕屬彥舟有異志問計於玠玠烈士也正色諭以順逆凡數百言彥舟囚之數日復問仍責以義且曰誠欲反幸先殺我孰謂王玠而從賊耶彥舟怒竟沉玠於龍眼磯與妻子俱時紹興二年六月十三日也郡人悲其志立廟磯上具有石記其說甚詳與此頗異玠事不見正史疑蘄志所紀較爲得實但本非英人英事後其子孫家於英故六安志首載之今亦附錄焉

明沈論堂洪武間以功累官都督府僉事鎮守廣西軍律嚴明遼東賊起奉命往征兵敗被執不屈而死

張禧洪武戊辰進士建文時官御史燕王反殉節葬廣里古墳

以上二人未見正史各志亦復不載今無所考姑紀其畧

劉會字嘉會正統乙丑進士官戶部主事十四年上北征同年友羅紳嘗扈從毋病難其行會乃請代土木之變車駕被圍會扶上乘馬出旣敵衆大集遂遇害景泰初勅建忠臣廟廕其子端

儀入監讀書舊志稱其臣管友誼皎若日星雖千載猶凜凜有生氣也祀鄉賢

劉世芳字穎玉天啓五年拔貢歷任盧陵宛平縣丞陞新河知縣時流氛縱橫閭井蕭條防禦撫卹辛勤備至殘黎賴之直指衛公有憂國如家視民如子之薦超擢山東濟南僉事未至任甲申三月賊陷京城得報仰天大慟以頭觸柱嘔血數升而卒子焆邑庠生年八十四舉鄉飲賓

蕭時霖字澤及天啓時副榜崇禎末流寇破縣治被執百計誘降不屈罵賊而死

宋禎崇禎時武學生十三年流寇躡邑禎奮不顧身率衆夜襲賊營失利被執不屈慘死知縣高在崙憫其忠烈申請上憲廕子弘入武學

程子鰲邑廩生與知縣高在崙同守章山砦城破高罵賊死子鰲率姪天禧僕丙秃巷戰殺賊數人被執而死

鄭萬善字仁卿邑廩生與從弟庠生萬齡讀書七星坪崇禎十三年爲流賊所執罵不絶口萬齡罵尤厲全家被害萬善妻黄氏赴人死

段七段八失其名皆有勇力屢殺劇賊賊甚畏之衆寡不敵俱爲賊所害

英山縣志卷之十六終

續修英山縣志卷之十七

英山縣知縣樂陵李文臬續修

英山縣教諭古歙汪時蒼　訓導合肥阮華林　編纂

孝弟義行 鄉飲賓附

人莫不愛其親而以孝稱者不少概見焉毋亦庸行之常無以自見者多耶東坡有言以孝取人則勇者割股怯者廬墓蓋譏其非正也而近世所稱爲孝類多如是執筆之士蓋有取焉推肥讓産雖不過友愛之一端乃末俗澆漓亦足以生其愧勵蓋孝弟之實難盡而名多僞托此

英山縣志　卷之十七　孝弟　一

循端所以宜責實也至於扶危周急慷慨好義之士類多能之但緩急人所時有流離饑饉之餘所濟豈淺鮮哉長民者欲激勵囂薄道民歸厚烏可不急爲表揚乎志孝弟義行

孝弟

宋段璋大理評事振之次子幼以文學著名性至孝父卒哀毀踰禮廬墓三載有芝生於墓側後其山遂以芝名

明段宏仁嘉靖中貢生父病湯藥必親嘗及卒哀毀骨立既塟廬墓朝夕擗踴毒虺遠避暴漲湧柴山積鴉鸛羣繞止宿墓側不驚時謂孝感正德元年奉詔旌表　按明史孝義傳英山段宏仁宏治間旌

張翀嘉靖朝東光知縣父德卒廬墓三年縗絰不去身朝夕哭奠有枯樹復生之異縣尹以狀聞勅建孝行坊

傅得年字古敦庠生父明陽母江氏方十齡失恃繼母葉嚴酷時遭鞭撻和顏受之葉卒再事繼母謝如事葉族里舉實以聞縣尹向文謨額其庭曰孝行可嘉

英山縣志　卷之十七　孝弟　二

馬應乾字維元邑庠生幼失怙事節母徐氏以孝聞母病二十餘年就臥寢側未嘗一夕離封股二次不令人知母歿廬墓三載縣尹屢旌之

段孟塤性淳樸未嘗學問早喪父力田養母必竭其誠母歿廬墓三年哀號不絕不避狼虎宗族鄉鄰咸爲感動

黄道南字有夏廩膳生明季寇禍負母避蘄州徙黄州屢被賊執感其孝並釋之後歸里家徒壁立自食苦菜勉備甘旨奉母

胡昭祖字元覺歲貢生任遂寧知縣擢漳州府同

知致仕歸州人立碑紀其德政父殁廬墓三年
里人建有孝子祠
王子允字敬承貢生事繼母劉孝明季流賊蜂起
負母避亂遇虎泣以身當虎不爲傷又借族衆
伏處衆乏食盡出所貯活人甚多
國朝傅繼訓字箴若歲貢生八歲父得年卒同兄繼
相奉母張氏避寇朝陽砦疫作砦例疫者棄野
外張病繼訓兄弟露立守護不離及卒舁葬先
塋如禮兄被賊執涕泣請代不許則請同死賊
義之俱釋免子孫著庠序

金秉鑑字覺先由諸生入太學父元鳴雖寧訓導
卒於任諸生德之賻甚厚秉鑑堅辭不獲於治
喪之暇悉以完父修學未竟之業事繼母孝與
弟庠生秉貞相友愛弟殁撫其子教之咸列膠
庠
金秉衡字權可廩生元音子三歲失怙恃與堂兄
秉鑑同處愛若同胞未逮事親逢祭必泣終身
不改由諸生入太學居鄉耿介喜施予儉歲周
急不一而足里人德之
金天爵字理源少嗜學早餼邑庠事親盡色養親

[illegible]如初喪以是終其身
愛兄子適己子而督率甚嚴以宅讓弟初因艱
嗣妻傅爲買妾楚中甫及門詢知係宦裔流落
急令別處備奩嫁之鄰火毀百餘家助以粟而
隱其名標於市曰有粟願貸於是貸者紛紛後
竟不取償其他建祠卹族佽助婚喪皆行之無
倦諸子以文行著孫孠珽成進士
金奉聖字理常國學生性孝友父病恒涕泣不能
飲食善撫孤姪且成嫂節弟璋既析產復合食
多年後璋以產讓弗受遇貧寒推解不吝醫藥
義塚施舍不倦年七十足不履公庭

傅有宸字綿予太學生兄弟七人同居宸主家政
尺縷寸帛不以私終身無間言好施與族貧不
能嫁娶者助數十金不惜鄰里被火捐穀活數
十家
傅有宗字鼎彝邑廩生父繼訓母汪氏遇疾調治
衣不解帶及卒廬墓三年羣燕來巢鳳倅王[illegible]
楨式其廬額曰孺慕兄弟七人食指百餘同居
二十載無私蓄無間言縣改建學宮任勞三年
始竣士林服其公且勤

傳有錠字天掌國學生少孤[illegible][illegible]氏盡孝卓然
自立族中貧乏者多賴以成就

傳作彩父庠生有守母余氏母遇疾危彩刲股入
藥愈後以憂成疾輾轉十年勉力奉養未嘗困
病稍懈迨病革而死惓惓以父母爲念命其子
斂以麻衣

程光洛字伯者拔貢生父鼎疾籲天請以身代及
卒擗踊幾絕營葬畢偕弟浚等廬墓三載友愛
無私蓄縣令張顯遇深重之

程光浚字叔潢邑庠生事兄光洛如嚴父兄病極

意調治及殁哀感路人撫姪如子事母汪竭盡
敬愛族人舉爲族長知縣趙宗炅以誠能睦族
旌之妻黄氏亦孝

汪錫我母病三載親嘗湯藥祈禱及殁哀毁擗踊
願從地下不逾月亦卒

夏之正字宗寅庠生幼孤力學與諸兄弟異母曲
盡友恭析産不較厚薄事母孝有妹適劉氏少
寡迎養於家撫兩甥爲婚娶然後歸之

鄭同鼎字夏燮庠生少孤撫於節母蕭讀書勵志
粹德不倦居平至誠待人於族中煢獨尤力爲
經紀勿令失所一切皆體親志用相怡悦年八
十餘無疾而逝子國學生元景元禔孝友娱親
兄弟析産互相推讓終身無一間言

鄭同鼐字壹友少孤事母孝喜讀書與兄友睦殁
齒無間歲歉常捐廪囷以助貧乏時嘉其行子
庠生元晟貢生元旻國學生元昱元杲大同府
同知元昆傳詳人物

金伯爵字亞侯性淳謹重然諾嚴取與遇人渾渾
不見圭角伯兄嫂殁遺子襁褓復遇危疾殫心
調治得生與仲兄同居友愛下帷攻苦至老不

倦子紹倓字鍾奇生有異質弱冠入邑庠食餼
親卒後築廬墓側呫嗶無間寒暑賫志以殁所
作詩文甚多

葉自秀字子茂兄蚤殁三子俱幼嫂傅氏苦節自
守撫姪若子教之讀書嘗就學數十里外爲親
賫薪米兼考課程家計不以紛姪心後俱列庠
序均畀以田宅時稱長厚

胡自南字來薰歲貢生　國初隨父廪生文貴避
兵主簿寨兄弟五人皆死於難自南奉父[illegible]諸
溪坪舊址居焉及殁廬墓下忽生[illegible][illegible]葵山環

[illegible]泣火遂滅

程[illegible]字蔚章邑庠生性孝友胞兄弟早逝撫孤姪蔚女如已出堂兄萬卷被掠在外四十餘年責産遍訪迎兄姪歸所有田產皆均分仍多撥己業百餘石子三人光潤出繼伯父蒔光治邑庠生光濂貢生

沈宗洛字聖水太學生事親孝父病亟嘗糞甘苦及歿哀毀中禮順治八年黃岡大饑士民就食者四百餘家宗洛計其戶口散穀七百餘石後為大盜所誣逮至黃士民奔府具保者一日千

餘紙太守知其孝義遂釋之二子四孫俱著庠序

段肇濂邑庠生母病三載湯藥親嘗朝夕不離仍刲股以進疾遂愈臨財廉或橫逆相加恕之不與校年八十足不履城市族黨咸稱譽焉

段肇仁字士愷太學生考授州同年十五失怙事母孝撫弱弟肇伊友愛甚篤捐貲置祀產言行愍質族黨敬憚之肇伊字商佐太學生考授縣丞少孤力學事母兄孝謹兄弟各生三子皆能世其家云

沈榮字卉木事親孝親病刲股二次及歿哀毀骨立兄榮卒撫孤姪如已出子詩觀如皋訓導詩名邑庠生詩用國學生

沈詩和字[illegible]諧貢生事親孝母鄭年九十餘老病不能行親負出入備奉甘旨及歿哀毀不茹葷廬墓三載足不履庭戶子典謨訓詁多列庠序

程光潤字僑言邑增生幼繼伯父時嗣母王年少矢志事之盡孝及母歿潤年已六十有一哀思無異孩提三年內不飲酒茹葷杜門不出邑人稱之

江漢文字豈湖邑庠生孝養父母善事伯兄父年老病篤醫藥不效急嘗其糞齋戒祈禱隘左股剜肉二勺入藥中次日遂愈兄漢彥字次路考授縣丞職里人李思孝戶絕田施月明寺彥言於官令寺僧修其墳墓歲時奉祀焉

鄧炯字尚旃歲貢生年八歲嗣父沐楨歿哀禮兼盡母病湯藥不假他手侍寢側者四年母嘆曰立子如此親生者當愧形無地矣及歿倚柩哭泣足不出幃廬墓三年憂思成疾親友始勸之歸郡縣皆額旌焉

胡天經字孝緒邑增生貢生自南子少孤年十五
刲股愈母疾敦孝友析居後猶分已産與兄天
裔子三人如玉國子生駿驄皆邑庠生
鄭元譜字緣九苦心積學雍正十年拔貢肄業國
子監以母老告歸兄弟同居白首無間言諸姪
少孤者撫之如已子親歿移居墓側顔其堂曰
依依著有依依堂詩集生平足不履城市子二
人一崧舉人一鏞歲貢生
段再逵樸實少慾幼而嗜學年十八補諸生兄弟
四人逵居長父遺産業悉讓於弟貧苦筆耕生

平多善行子肇端應童子試學使衡文夜將半
見其卷面異光疑陰德所致招覆時問之肇端
不能對則曰吾父行善數十年理或然也
段再聖邑庠生性長厚田産多與本支耕歴鄉鄰
貧乏者出家厫周之製良藥濟人不索值足不
履公庭族人推爲家督訟端衰息母病刲股和
藥醫之知縣　旌其門曰善蓋一鄉
杜有律字維聲國子生縣丞兑典次子父疾刲股
兩次尋醫霍邑去家百四十里自負藥囊與醫
王訟者同歸日暮虎譟醫與有律後至祝之虎即

舍去時稱孝感父歿同兄有言廬墓三載母蕭
染寒疾焚香告天請以身代及卒置廬墓側朝
夕哭踴者復三年事庶母王如所生兄性躁用
奢産業半爲所廢不忍分析毫無怨意自少講
學無疾言遽色知縣李嘉其孝行屢欲請旌固
辭乃止子興洪國學生
段再麒字毛伯幼穎慧號神童十五補弟子員康
熙戊辰膺歲荐著述甚富邑士多負笈門下弟
庠生再麟分居後家業漸廢老而益貧再麒與
以已田二百石族黨貧乏者周之子召昌亦列

膠庠
沈應大字輝士邑庠生母病癱瘓醫藥不效立願
祈禱日夜虔誦大士神咒數千遍刊刷勸世所
患漸減晝則負以出入夜則侍寢其側十餘年
乃卒泣血三年妻傅亦孝湯藥親嘗滌汚不假
他手始終無怠子尚經尚紱尚瑞俱邑庠生
鄧焜邑庠生性孝友母汪病篤刲股救之而愈適
憂感成疾幼子大綸亦刲股以救焉
鄧昌錯拔貢生母閻氏病篤刲股食之立愈詳人物
胡學旦字公碩國學生父守祉字近山武健多力

明季賊猖獗聞名輒避之力弱者多托庇焉學旦性孝友豪俠好義弟學炳繼母出也幼失怙恃旦撫教成立與其子克讓同入邑庠及析居田廬視所欲悉與之立宗祠置祭田皆捐貲購入妻子凋殘無倚多收字焉凶年瘟疫出穀帛棺木周濟者數載年七十舉鄉飲大賓臨終[illegible]三子將時人所負債券悉面焚之妻章亦樂善予康熙乙酉丙戌間數凶歉每歲出穀千石施粥濟貧餓給醫藥棺木盤費藉以生全者甚衆修橋建寺所費亦千金有餘年八十四乃卒

讓字允恭孝友有父風每遇歲饑施粥解衣豈黨多沾其惠次子延調字和公由監生任昌平州吏目改覇州居官廉勤各憲待之甚優竟卒歸優游詩酒訓課子弟無疾而終

鄭奕坤字子餘奕延字子際坤年十歲延九歲同入邑庠性聰慧善屬文父歿同廬墓三載子孫孫曾多列庠序

鄭元度字兩如邑廩生善成父志事母孝治家有法弟元兆字古占增廣生早孤事兄惟謹不與外事肄業心蓮寺隆冬與兄對雪吟咏不輟著有周易題解藏於家從弟元瑚字最白生三月失恃繼母王撫之甚篤入邑庠以麟經膺薦者三會兄元亮病革隱憂成疾臨終囑弟元春曰吾母養未終不能瞑目幸爾孝事承歡傾寺及兒兒女爲弟累耳後元春教養兼盡鄉族稱之

夏之時字寅斗邑庠生幼奇穎與父避兵山谷猶手不釋卷五經子史多其手錄教諸弟之日之玉之正皆列庠序授徒講學所成就者甚多

彭應正字鼎璜由庠生入國學考授州同專親孝兩弟早逝撫諸姪成立遠近稱其孝友有十丈

夫子常戒以有智勿用盡也嗜子史所著稿集多彷莊老時藝亦古雅邁俗

沈詩用字方介國學生事親孝兄弟同居數十載毫無間言析居時出其私產奴婢公分終身不入公庭設藥局修橋路知縣鄭重旌之曰德可風

段肇球字振九二歲失怙事節母夏極孝妻方亦善事孀姑時人稱之球有疾知不起囑其子曰汝祖母苦節不及送終罪大矣我死殮以衰絰及卒殮用吉服不瞑其子哭曰祖母在而用[illegible]

經若之何乃瞑
余道高字集成邑庠生喜讀書怡情邱壑有五子延渾入邑庠延深延泓延溶延藩俱國學生延泓字維舟幼失怙常總家事與弟延藩甚相友愛母年八十餘奉命維謹分産未嘗爭論邑有公役咸襄助焉各憲屢額旌之
聞學訓字傳仁候補州同知少孤事繼母吳氏克盡子職撫諸弟友愛無間言邑侯林嘗額其庭曰敦行不匱
聞學謙字懷樸邑廩生嗜學能文清直自守父歿

與諸兄弟友愛無間孝事繼母都人士咸推重焉
余維正字位中捐縣丞職少孤孝友恪遵兩世荻訓兼撫孳季成立生子時選時可時遂年六十五卒時可繼立胞弟維大維大字堯階自幼嗜詩書著有松筠堂詩箋乾隆四十二年由附監銓兩淮鹽政廳抵任未半載抱沉痾妻劉事奉湯藥刲股救之不得卒於任撫子扶柩歸時祖母暨母猶在堂內外整肅孝友可風士林咸稱頌焉

段祚譜字牒菴庠生性嗜學生平孝友好義父鵠染疾適連雨水大聞城有傳醫即涉險渡南門河推桴至蕭公潭下衆駭異譜冒危尋之偕歸調治得愈後母胡氏病服藥不效醫灸艾火母畏懼譜即灼艾分痛爲母導先母依此治之果愈妹丈鄭四依早逝與兄庠生祚誠憐妹青年矢志礪節捐貲買鷄鳴河與東樹灣田百餘担奬之圻邑程吉仁之子年七歲被拐鬻於太湖余倉林爲僕年十五逃至譜家譜究所從來實程人被拐子也余人尋至公捐金五兩贖歸程

踵門酬謝辭不受譜四子長子國學永源次子庠生永清三子永湘字晴嵐附貢生克承先志孝事父母友愛兄弟尊祖敬宗鄉黨無間胞弟永淋夫婦早逝遺姪春芳甫四歲廷芳僅二歲撫恤猶子延師課讀春列國學廷入膠庠其子荃芳例授府經歷芬芳業儒鄉里稱之
段肇濂母病湯藥親嘗刲股即愈前詳州縣志並家乘
夏念達孝行篤實其祖日炳年邁染疾勤服侍精湯藥厥後事父光旦亦然父病刲股救之立愈

人以爲積誠之所致生子二瑚入邑庠
王從徐附貢生係邑庠錫稜長子年甫弱冠與胞
弟從梁同入文庠事繼母袁氏朝夕奉養較事
生母尤加倍焉重建宗祠勤置祀產弟梁早卒
姪善熾善琮俱貢生樸庠生姪孫亦監生徐生
子善煋善煒善炳善焯俱監生卓拔增生孫十
一長孫安疆庠生惟焯經管興賢館事童出入
督建老宗祠不辭辛苦鄉里咸稱之
裴萬驤字雨龍監生少孤事母孝與弟庠生萬春
友睦皓首無間不趨城市不入公庭男六人世

啓世南入邑庠母年四十餘時染痼疾驤每晨
虔誦經文爲母延壽並梓作善良圖板印送百
本母獲延年卒年六十七
馬際楮早失怙無遺產而於手足間友愛特真成
童時次兄際奎中麻瘨病楮經營百端往霍山
請醫調治未愈續聞江浦縣滕姓夙精岐黃家
製丸藥能治是疾路隔千餘里楮不避寒暑往
返兩次貲用不給艱苦備嘗怡怡如也兄病遂
愈後十餘年而卒
段祚評字唐秩國學生嗜學善文孝弟立身待兄

弟友愛撫孤姪同居數十年毫無間言族中貧
窮者多沐其惠子永澤永蘐永濰永滂俱入膠
庠
沈盛鳴字梧岡孝友篤行幼孤父沒時所設几杖
終身不忍易其處孝事母金氏家貧甘旨不具
妻金氏賣簪珥以給用母以壽終哀毀如禮爲
祖與父各置祀產兄早逝無出遺嫂胡氏敬事
之爲立後性正直不隨俗年六十六大司寇金
光悌其妻兄也重其品學援例授登仕郎子四
人德本邑廩生

段永澍字淮獻國學生孝友可風理户事修宗祠
捐祖墓生平行事族黨罔不敬服子芳玉貢生
沈書庠字周士歲貢生孝友篤行睦族恤鄰建公
祠置祭產子五人承震歲貢生承巽承秀國學
承愈由拔貢任沛縣教諭歷授沙河縣知縣庠
邀封典孫一芝邑庠生
沈承緒邑庠生母病三年親奉湯藥嘗刲股調羹
以進母稍愈適届院試緒不欲往母促之就試
補弟子員歸母乃卒人謂其孝心所感
段祚誠字敬菴年十九入泮天性孝事父母愉悅

敦本睦族督修宗譜捐貲近千金子永凝永嶠俱入庠

胡可龍附貢生性至孝與諸兄弟分析後將自置産業分田課三十担以給胞兄朝夕友愛人無間言並素好義捐田課二十担與法華菴爲文昌會里人咸推重焉

殷光錫字戩之國學生父國學芳紳早逝與兄光銘事母順承旨意母方氏命捐水田四十担入户祠崇祀典光宗緒遂欣然繼其志云

蕭方鑑字準衡少嗜學父殁與諸兄弟友愛無間

四房分析後兄弟家業不足復將自置田産再析均分每房與以已田課四十五担治家勤儉訓子義方享年八十六卒

段永淞字季峯國學生天性孝友讀書礪行幼失怙事母純孝凡事曲體親志鄉鄰不耽者多方訓誡子芳標入庠芳欒國學

胡應龍生子四可鎰可鉅可鎭可符恪遵家訓耕讀爲業勤儉治家兄友弟恭五世同居九十餘人共爨後因鎭房人衆分田課三十担鉅理務辛苦多分田課十担老幼諧和四子年俱八旬

沈世塘字彩雲事節母盛氏極得歡心病則湯藥親嘗侍臥寢側妻汪氏亦殫心奉事朝夕罔懈子盛秦國學生盛泰盛春拔貢生任江蘇如皐縣教諭

王善長字元者太學生天性孝友治家有法俾兄弟肆力於學敦倫睦族修理宗譜子五人次治安由太學生授布政使司經歷少孤與兄事祖母繼母孝生事喪葬如禮撫諸幼弟極盡友愛事諸父如嚴父叔抱病家居二十餘年治侍湯藥靡懈倡建宗祠添置祭産並捐田入族祀有

父風焉

沈承露邑庠生性孝友多善行兄弟二析居時恆業四十畝悉讓於弟器物亦無所取後數十年弟憐其貧貲以百金始受焉

沈承震字犖園歲貢生事母至孝自幼以文學著應南闈十次四膺薦士林惜之神峯山舊有彌陀禪院震建文昌閣於峯頂延師課讀爲邑中名勝子四人盛元盛亨國學生舜卿棻俱邑庠生

沈承章字達齋歲貢生事母盡孝母病刲股救之

獲兪恭兄友弟篤學老猶不倦從遊者多成就

沈德深字娟川國學盛典子經歷承恩孫事親至孝母劉氏病亟刲股救之父卒廬墓三年雖大風雨不廢歲除弗歸旁祖無嗣墓失獨備資遠訪得之爲立石入譜牒歲旱齋戒誦經祈禱雨獨匝居地林家冲降以彰感應子自強郡學生

聞學謨字承典太學生著作入載邑志事繼母以孝著兄弟五相友愛端方守正敏達有遠識置田畝爲子孫祭考備子四兆景增生兆昱兆昇兆昆皆入國學孫曾入庠食餼者十餘人讀書

應試皆取資公田邑人羨其詒謀之善焉

聞與郊字樂齋增生兆景三子事母氏杜至孝母病中風郊兄弟自昇舁與代步博史學工書札撫堂姪孤成立捨藥焚券人咸義之子詩白貢生孫立忠立愼立悳立慈立性俱列庠序

王繼祚庠生友愛弟繼祜析爨後分潤甚多撫諸姪逾於已出睦宗族置祀產自奉儉約待人不吝解推終身與物無忤族黨翕然稱之子學善歲貢生制行亦無忝厥考云

金序瓌號驥北邑增生品學端方孝友尤篤弟序璉歷走名場席不暇煖瓌友愛之代理家務分多潤寡終身不衰以姪光悌貴　貤贈儒林郎內閣中書子光愷廪膳生光恒丁酉科拔貢選授五河縣教諭光忭邑增生光炘邑庠生光顯由監生議叙河源館紀畧供事以縣丞用

傅繼相邑庠生　本朝勅祀明孝子傅得年之第三子也明季流寇橫行携幼弟繼訓避難圻邑百計保全子孫秀發人以爲孝友之報云

傅有可名列太學監生傅有宸生員傅帝謂之同母兄也兄弟同爨食用浩繁三十餘年不辭勞

瘁鄉黨稱友于焉

傅士瑩字玉亭少孤孝事繼母張氏母病卧五載不能舉動瑩親負出入朝夕不離母歿哀思倍切瑩妻段氏亦孝承夫志瑩歿遺子二長以墀次以超俱幼氏教以義方母兼父道墀入成均超入邑庠

傅士鑣歲貢生聰敏工文爲人和厚御物端嚴孝友之聲達於里巷年登古稀族黨敬服

傅士焜字凌霄歲貢生少穎悟歲試冠軍生平孝友好義樂施戚里有急難傾囊以濟子以坊例

貢生長孫文銘蚕歲食餼

傅士燕字聿修太學生事父母孝與弟士煦相友愛積善濟物奮志詩書屢困未遇生子五訓以義方長以城登賢書官蕪湖教諭次以墫以封俱增生以玲以址俱入成均孫文錦文才食廩餼文鐘文銹列成均

傅作楊字仰震邑庠生學該古今天性孝友居心剛正倡立社倉爲胡烈婦請　旌俱製文鐫石何江甫先生有闔邑欽仰之稱且目以爲澹臺再世子三長士𤓰太學生端方正直次士熤

積學未遇三士熢才識兼優邑中倚賴孫以坪銓補縣分廳忠信誠慤以垓早卒以理入國學皆仰震之裕乃後也

聞與鄰字德齋號漱芳幼失怙恃終身若孺子慕兄五人事之如嚴師積學未達山居頤志名不入案牘足不履城市有古君子風著習靜齋詩集子詩禮著有退學詩鈔六卷

金光樂字播安邑庠生篤志詩書事親孝敦友愛變私產以償兄債兄遠遊厚待其嫂喪葬盡禮鄉里有貧苦者多方周濟人皆德之

徐大敏字普周邑庠生天資穎悟寢食經史爲文筆力幾能扛鼎孝友性成髫齡時父輩析居即願讓田產一百餘石與世父盛生在華管業辦公以成乃父友愛之志治家本於勤儉處事出以公忠終身守正不阿爲族鄰所敬服嚴課子孫多列庠序

蕭大林字文翰太學生年十六失怙事孀母孝撫兩弟友生平明大義薄貲財樂施與廣交遊敦本睦族排難解紛鄉里咸欽之子方薰亦疏財仗義孫正繼蚕歲補弟子員頗宗先志

徐道朗邑庠生性至孝父歿哀毀骨立廬於墓側三年號泣不已宗族稱之

李朝棟字滋亭邑庠生秉性醇篤孝行堪誇祖父寢疾三年晝夜服事無閒輟書不讀惟以祖父之疾爲憂祖父未沒一月赴試入泮人以爲孝之所感厥後事奉父母年至六十而於問視之禮不疏

姜新址字麟芝登仕郎少失怙事節母孝與弟監生新堂新垣友愛甚篤家不越中人產頗能分潤貧族遇事恭謹接人忍讓饒有古風

鄭本嵋字玉峯附貢生性篤實事父母孝兄早逝
敬事孀嫂視姪猶子延師教讀俾克成立
金紹僑字東村歲進士品學並重子五人國學序
球庠生序璿歲貢生序璈歲貢序瑭貢生序玳
皆秉父教藹然和樂共敦孝友
沈尚成字虞簫邑庠生十三歲失怙事母極虔母
病百計調治得愈教學成就最多亦不失爲道
學中人
葉榮淮字金陵太學生兄弟三父早逝家道中微
勤儉謙讓漸致豐裕事母氏鄭極孝兄弟友愛

不忍分爨待鄉里宗族義行甚多終無德色子
三夏芳夏蓁夏忠忠出繼弟榮濃爲嗣　例授
布政司經歷芳蓁俱國學生孫四超字承恩邑
武生　例授守備府鳳翔邑庠生鳳翥例貢生
皆金陵之詒謀遠也
余良淳字思文邑庠生性渾厚質樸敦崇實學與
弟登仕郎良浮邑庠生良濟極相友愛日以古
道相砥礪尊師重道于三善吉邑廪生善祥善
福入國學姪善昌善瑞並入邑庠孫曾入庠食
餼列明經登鄉榜者十餘人皆善承家學邑人

咸羨其穀詒之遠焉
葉夏忠字行之　例授布政經歷天性穎悟任事
勤謹爲生父母所器後與堂弟夏恕同繼胞叔
榮濃禋祀事立母鄭氏甚孝居鄉温厚每歲底
輒捐穀石賑濟貧寒子五人瑞麒瑞麟瑞青瑞
彩時雍四入邑庠雍　例授州同
傅以珂字鳴軒太學生性聰穎工詩文少孤事母
孝兄早逝敬禮孀嫂以子嗣之姊氏家貧爲甥
延師課讀成名堂姪幼孤撫如己出族里善之
彭豫元邑庠生事父母能以色養居母喪確遵古

禮人稱其孝
沈盛福少孤事母孝母病侍湯藥始終不懈胞兄
盛祿析產後貧窘將田課七十石分潤之屬義
舉尤樂捐貲
聞兆昇字東奎太學生敦本睦族事父母繼母孝
兄弟四人相友愛嘗倡置孔家坊渡田又率族
營置十義祭[illegible]今族中祭考義舉皆賴焉子與
邠邑庠生慷慨有父風孫詩雅入國學
鄭元漢號松圃太學生夙負奇氣遇事敢爲兄弟
七人爹早逝以子一樸繼長兄後與弟元濵相

友愛推田讓產翕無間言經理祠事舉廢交飭族人服之

楊道禮字士烈　勅封儒林郎兄弟四序居季生時諸兄先已分析兄體親志將重分產業固辭遂止生平勤儉自持家漸饒諧孝親敬長篤族賑貧邑人稱之子六長焕次鼎五炯俱監生三炳例授布政司理問四潤附貢生六藻庠生孫昌泰昌業亦列庠序禮年七十八歲卒

聞與郃字相齋太學生孝友性成極得父母大父母歡心兄弟白首無間晚工岐黃術活人甚多

葉夏芳字本望讀書敦行以孝友稱捐田課十石入雷鎮東嶽廟子鳳翱邑庠生鳳翥例貢生

金序璈字夢亭幼穎異大父光祿大夫天爵鍾愛之年十七與胞兄序壚同歲入泮甫及壯偕胞弟序瑭前後舉明經終身讀書修德不倦嘗署聯座右云此身合付詩書管些事須防天地知尤篤友愛析居時璈念長兄貧病乃以已名肥業易其荒瘠者時人比於漢薛包云子光標登仕郎光憲光慶俱國學存心立品鄉里稱有忠厚家風孫諒鎔俱庠生

聞詩和字稼軒明經詩白胞兄與白善事老母教子弟嚴肅無敢越其家範胞姊儒童傅以埰室埰早逝無嗣和兄弟體親意迎歸以堅姊志子立忠以縣試第一名入學孫禮信庠生

鄭昌衢字堯康太學生性孝友嘗自鬻其產爲戚族償逋負家遂中落性耿介人咸服其正直居恒教子讀書爲務次子光藜成立後命過繼亡弟昌霽爲嗣凡關倫常事多所曲全晚年移居十八桃花別墅過門者輒指曰此忠厚孝友人家也子光蔚光藜俱廩生光蕙庠生

沈舜卿字左軒庠生性嚴正事母獨能色養族黨紛難多方排解咸敬服之

鄭本楫庠生年十四孤事孀母克盡孝道性謹愼處世謙和閉門課讀不輕履公庭享年七十七次子昌廸增生孫光大增生光典太學生光燃庠生

鄭光大增生光典太學生俱儒士昌邁子庠生本楫孫少孤善體祖訓事孀母克盡子道兄弟友愛出入必偕事胞叔孀如事父母惜皆不永年

金諒字友三庠生少孤力學事母彭氏至孝母有

怒恬然受之甚則號泣請罪必得親歡而後已
銷兄弟愛堂兄弟如同胞年三十無嗣卒
聞立慈字柳溪增生貢生詩自三子也少穎悟倜
儻不羈著有瘦吟窩詩草處骨月有眞性情理
家務能代父兄分任姊氏許字庠生鄭光蔚未
嫁病篤慈方童年侍姊疾衣不解帶數十日歿
後雖七十餘年每歲春秋上墓必爲泣然淚下其
篤於手足如此
傅以增字薦馨增生讀書立品靄然儒者氣象於
天倫最篤孝友達聞明大義宗族皆所顧惜子

文錦監生
傅以封字汝康增生少孤事母金氏愉色婉容以
孝著與兄孝廉以城增生以增各守一編怡怡
友愛居地鹿溪入其家頓覺太和在室處世無
彫飾光風霽月品望卓著士林子文才歲進士
卽補訓導文欽庠生孫守藩庠生
沈盛名字師白歲進士性孝友父病嘗糞甘苦刲
股和藥以進立愈母病復刲股救之父母歿喪
葬盡禮與弟盛業分析已久復將自置田產分
給之宗黨皆稱其賢

沈盛時太學生週歲失怙恪遵母教能以色養捐
田爲祖父母祀產戚族多所周卹督修金家鋪
東嶽廟慷慨捐貲凡遇公事類皆如此子五驥
德鶴德人成均
沈盛品太學生幼失怙事母孝創業成家與兄盛
廸盛堂友愛無間言共捐田稞數十石爲祖父
祭產子四長子濬入國學
沈德純性敦篤崇古樸父早逝奉母孝事伯父如
父供奉甘旨胞弟德淮殁遺孤二撫養成立捐
百金入私祭以勷祀典子一錦太學生

段永鋒字玉良父祚珍早卒鋒事母氏趙以孝稱
每侍疾衣不解帶妻匡氏亦賢淑生子五幼子
希芳篤友愛與妻黃氏甘淡泊將遺產業悉讓
諸兄自以筆耕爲生活人咸稱之
金光愈字亦韓庠生性純孝雖年逾七十逢父母
忌辰猶淚泣思慕接人溫恭居鄉無私曲耽吟
詠著有留情草子宗誠職員信庠生
金亭璟字廣平增生孝友篤行忠厚可風幼善屬
文弱歲游庠屢膺房薦不售士林惜之子光崐
監生孫宗權監生宗斌庠生

金紹機庠生監生掄爵子性孝友弱冠游庠膺房薦不售齎志無嗣歿掄爲捐田入祠享祀邑令劉題聯云文章未盡生前志俎豆猶留歿後名

金光愷字汝寬弱冠食餼工楷書制畧觀風評爲銀鈎鐵畫弟光忻庠生亦工書性孝友以仲子宗勍嗣之勍性敦篤工文未售孝事繼母立母居喪哀毀相繼卒里黨惜之

徐廣庠生幼失怙母染病三十餘年湯藥扶持無稍懈姊寡居無嗣家壁立迎歸與母相依爲釁衣斂獲數十金竭立營息並爲立嗣戚族稱其孝友

胡華炳太學生性孝友胞兄太學華聲卒姪應有應烈俱幼視猶己子撫孤成立有入成均烈入邑庠分產後責成戒敗之念每飯不忘常云若得兩姑聽訓慰兄靈於地下吾願足矣子四次英庠生餘皆業儒卒年六十八合族感慕將公共吉地立據安葬以嘉孝友

裴承連耆壽性友愛敦厚有識力遇里中紛難多所排解雖累費貲財亦弗恤同懷四瑛弟早逝連撫孤與弟監生璐怡怡無間教子姪以義方次子萬騏三子萬象孫世楷相繼入泮卒年十八

劉才淳少孤貧母張氏患疾二十餘年竭力侍養與弟才浩友善協力成家析產不較厚薄浩亦恭謹無間言捐有會家巖渡橋里黨稱善子榜華監生

王企傑庠生性友愛幼失恃父歿泣血廬於墓兄企偉試歸七日卒傑慟哭氣盡復甦課姪承裕承露俱入庠子承欽業儒

王企儀性謹厚輕貲財父輩三儀以長房後承繼二房田產應三股分乃因兄弟眾多分產多所推讓友愛可風子承裕庠生

鄭昌珣廩生字克三性孝友週歲喪母逢母忌辰登壟流涕爲人正直族里式型成就後學不少

鄭昌晃增生字尚周篤性情敦孝友存心立品敎授生徒出其門者多成就

蕭如瓚庠生少失恃事繼母能盡子職妻胡氏克體夫志雖家貧菽水曲盡其歡弟媳金氏孀居無嗣體恤倍至以全其節諸子亦事之如母門內雍睦可風子惲宗增生

殷芳蕭例贈修職郎性嗜詩書克敦孝友事父母色養服勞終身不懈與幼弟析箸分多潤寡不

訃有無他如置祀產建宗祠竭盡心力族黨翕然稱之子光鑑辛卯科舉人現選教職

方之焦增生本增生德孫子出嗣伯父庠生振後與胞兄庠生之薰太學生之炙分產析而爲三養生父孝而事立母彭氏尤誠懇篤摯忌日哀如新喪子訓廪生範庠生論者以爲純孝之報云

方一位治家有法弟多病極力調護督率子姪勤苦力作所創產業與弟平分子姪有入成均者

鄭貢三取份生未遇例授太學生六十年色養不

懈父母稍不悅長跽請罪母歿哀毀踰禮愛兄至篤析產後代兄籌畫不恤貲財兄病泣侍榻前情深灼艾孝友篤行鄉里推重

金紹栗字鳴岐太學生與胞弟太學生紹棣髫年侍父疾湯藥親嘗事孀母始終無閒篤友愛出入必偕父母忌辰焚香泣拜至老猶然壽均八十餘卒栗子庠琪附貢生庠敬庠澳國學棣子庠澗國學生

余維薰字春芳性孝友母病數年奉養不倦管理祠務督修家乘延師課子俱費經畫子時新庠生

段永澤字雨滋太學生秉性溫和事父母孝事後母尤孝兄弟間能敦友愛人皆稱之子芳紀太學生孫光映光昕光辰太學生曾孫昭坦職員

段廷芳庠生敦孝友少孤事伯父附貢生永湘伯母鄭氏如父母胞弟國學生春芳歿撫孤姪貢光猶已子延師課讀例入成均族黨稱之子光炤亦入成均

王人傑庠生太學生善長三子生有至性事父母以孝聞旋出嗣庠生善貢事之孝敬倍篤曾爲

嗣父頭風買舟下蕪湖購百益酒中流遇暴行舟多覆歿大風橫折傑舟觸岸泥濘而止孝所感也生平勇於爲義焚劵貸捐橋梁修道路其所施者無算且好古年六十餘手錄朱子綱目一百二十部星經地志數十部家藏之子修篆庠生修月廪膳生

王修朝家貧未學生有至性事父母能以色養生子四次子樂材孝養倍至冬溫夏清二十餘年不懈朝病刲股以救朝歿柴毀幾絕葬復廬墓聞者嘆爲賢父之子焉

段芳枝字喬松太學生兩世卑承一經恪守和平公正族黨中有不協者輒以溫言解之事節孝壽祖母節孝母生則致養沒則盡哀鄉里咸稱孝子順孫云子一馨庠生

王森庠生明經堅善長子年十五父命董家政恢擴先業仍手不釋卷屢試冠軍出嗣胞伯堃善胞弟三人食指浩繁父命析爨產業當作兩股平分森性友愛將近居析爲五而受其二餘俱作四股分堂孀貧苦迎養於家三十餘年生事死葬如已母戚族之匱乏者極力周恤至其約

已恕人秉公守正經理祠務贊襄邑公事婉導人善多行方便皆出自至誠饒有古君子風子熙性庠生惇性監生懋性庠生恬性職員怡性廩生愷性業儒孫會蕃衍九葉書香

王安宇庠生爲人慷慨磊落仗義輕財居家孝友胞弟起鳳早逝遺子修勤生僅月餘宇引爲已任孀婦孤苦宇體恤之稚子丁零宇撫字之迄勤成立著有恩伯記載家乘卒年四十七子修嘉太學生修琄業儒

王修綬廩膳生字梅溪秉性溫和愼交遊寡言笑規行矩步緯有先正風嗜學工書事親以孝著子樂松業儒

王從繩　例授儒林郎慷慨好義少孤事節母張安人孝敬倍篤族黨稱之

王善士　例授儒林郎秉性端方不隨俗亦不違俗事母最孝有安仁風宅旁建綺春園手植奇花異卉花時爲母捧觴上壽融融如也

黃光烈字東輿歲貢生傳家孝友學問深醇年逾七旬猶耽經史著有四書講義敦本堂文稿待梓子輅庠生孫炳庠生

汪福熾性純孝母病思肉食及肉至氣已絕熾遂終身不食肉孫榮祖庠生

余善本字蘭墅太學生幼孤事母孝兄三人先本析居因兄輩俱故家計中落復同居十載並以三兄所生子承祧長二兩房不忍伯仲無嗣後分析將已私業推出均分性聰慧八歲時尹制軍勾當公事來英適自塾歸奇其狀令背經書氣和聲朗喜贈銀牌二年十五何明府觀風取第一因足疾不便違試例入成均幼即工詩老猶不輟會和杜律五百餘首著有益愛堂詩集

多遺失锡傳以珂收存二百餘首待刊

傅守金監生士桂曾孫祖母鄭病逾年服侍無倦病篤時跪禱曰母如數盡願得見曾孫封股和藥進頓愈後一月果生曾孫閱三月乃卒

金光怡字如亭廪生性孝友當其家仕宦勢隆獨祟本實嗣後家道多落墓田祖宅賴以保存爲一門砥柱子誾屢試不售有誘以捷徑者正色拒之曰吾家衣衿世代清白何得辱我先人也其剛正類如是妻彭氏亦孝事繼姑助夫勤儉現年八十二子宗謹州司馬誾與宗鑾俱監生

余澗字玉山庠生性孝友幼孤家貧好讀書尤善獎勸後進性剛正尚敦睦生平品行卓著

義行

明王文聰字子章段庭竹字伯堅明初紅巾賊犯英山文聰庭竹募鄉兵戰于陶家坊賊潰追至黃岡獲渠魁四十八人解赴京師洪武二年授以官職辭不受太祖親給衣帽綵帛賜楚祿二百二十石勑命優獎並許于已事情得親自面陳

余子旺景泰六年英大饑捐穀一千石助賑勑賜冠帶榮身

傅月敦景泰六年捐穀一六百石助賑有司以聞詔賜義官

徐滄海捐穀三千石助賑奉勅建坊旌表

傅武蹟月敦子居羅家田沿河田六百畝通族[illegible]倚每患水漲爲捐貲築隄濶五丈長八里鄉人義之名曰傅家壩萬曆四十八年蛟水潰隄遂廢

姜宣鄭顯忠等萬曆九年饑共捐穀四千石助賑

余文福余文義等皆鄉民值流寇之亂捐貲立寨

陽砦保障一方居民賴之

江永壽明末流寇盤踞英邑永壽出家貲修砦保障地方有貢生劉某避難羅邑士人誣執爲賊永壽力救護免咸高其義

方義貫景泰時人性仁厚好行其德嘗捐修三通橋凡邑中大創建傾貲助費碑石俱存

國朝程天申字聖明邑庠生諳韜略饒膽力　國初土寇充斥奉檄爲練長馭鄉勇數百人廿苦與共訓練多方人皆樂爲之用賊魁[illegible]悉爲鹵掠邑罹其害出奇計擒之餘黨悉平

馬騰衢字雲逵邑庠生少孤撫於兄嫂奉事惟謹性豪俠好義戶外屨常滿與人交不設城府晚年施槥瘞骸賑粥救饑設渡濟行人皆德之

程鼎字允士康熙辛酉武舉少刲股愈父疾與兄鑑同居稱友恭族中孤弱者撫之爲助婚嫁資誦讀夏逆之變蘄水李令聞鼎義俠託以妻子鼎厚待之嘗拾遺金訪還其人

王道大字叔智貢生天性孝友動必循理蘄水程鄭兩姓因貧鬻媳爲捐貲贖還黃州太守薦入學使幕中諸生梅三畏等十六人以後期誤考

被褫爲懇補試得免後三畏等知之踵門酬謝辭不受

李天錫字瑤木歲貢生性淳樸足不履公庭康熙壬戌鄉里荒歉捐米穀賑之家財幾傾

鄧林植字翹生庠生事兄林楨甚恭謹雖析産不以自專兄歿撫猶子及孫姪無異已出性儉樸粗衣糲食至篤族賑貧則解囊不吝年七十一卒

程明材國學生好義急公與從兄明楷友愛尤篤嘗助田六十石楷歿三子俱幼撫以成立乾隆四年

恩詔天下報除荒畝明材以英邑沙壓水冲久受其困自備資斧與弟明榮赴藩憲具稟邀例豁免邑人德之

李常豫字建侯邑庠生謙恭篤厚有里人遇難鬻子夫婦哀泣捐金贖之兼給衣食鄉鄰有不軌者多方勸飭卒歸善良縣尹高其行贈曰德可型俗

段鵠字羣宗臨財不苟康熙三十一年蘄水涂楚占於滾石山坳失銀五十兩爲鵠所拾即以還

之子祚誠祚譜俱入邑庠

金元碧字石美國子生少孤家道中落能自刻苦以致豐裕性樸儉與人謙退以緩急告者賑貸不吝未嘗責償郡縣皆旌之年七十卒子秉璜庠生秉瑜附貢生秉璉國子生秉瑚少時嘗刲股愈母疾以孝聞早卒

金秉璜字半玉邑庠生聰穎能文屢試優等卒二弟讀書不與外事一時咸重其品年三十六卒士林傷之

沈榮字武木邑廩生居家孝友人或加之非禮亦

不與辨鄰民有鬻妻償債者櫱以巳產質金五十贖歸其夫知縣劉給匾旌之子孫多列庠序

馬世鋭字利菴二歲失怙母余矢志撫之性孝友捐置祀田數百石又承母志亦捐田數百石於余氏祠又修西門外石橋約費數百金懿行甚多郡守州牧皆額旌焉

翟光治字舜也邑庠生康熙丁酉拾遺金一囊於城隍廟側空門下曰此必賊所匿也訪失主盡還之嘗助兄光潤田二百石銀一百二十兩與幼弟光濂友愛尤篤邑中改造聖宮隍廟皆督

領捐助士民無不推服

沈詩倰例貢生考授縣丞少孤事母鄭盡孝捐置祀產三百石建菴宇二座又捐銀一百五十兩修禿涼亭險道數里親鄰無告者推衣食周之子八人孫二十四多以文名

李犖字士渾國學生事親孝奉後母尤謹賙給宗族調護里黨人多思之子四世烱世燿世煒俱入邑庠世烱國子生

彭佳彥字嵩望少孤避寇至湖廣後歸故里爲邑庠生援例入監考授州同睦族恤老集無告者養之嘗曰財爲用物慎勿爲守財奴歲歉輒散之以濟貧困

方先興庠生性渾厚邑稱長者年三十無子行善益勵年饑盡出所有穀給鄉里全活甚衆時修橋梁道路孤苦貧困者有求輒與後有四子宗時國子生宗隆庠生宗曦亦國子生

方宗曦端厚有父風見人過嘗面折有急則恤周之未嘗一入公庭敦本睦族倡修宗譜置義田縣尹學師屢額旌焉

姜志隨字公望國學生考授州同少失怙恃孑然

自立好施與邑舊有赤腳丁貧民多受其累志隨具呈獨任後遇丁隨田辦始免置義田八十八石爲通甲公費至於贖人子婦恤孤幼助婚娶施棺藥義行甚多邑人稱之

鄭同發字郃錫邑廩生慷慨有氣節工書法生明季艱苦自立率二弟同爽同旦發憤讀書後皆入庠食餼克振其家同爽字棠錫孝友重意氣兄姪相依暮年始析其產皆令各成條段毋起爭端爲人謀事未嘗有所畏避英邑建儒學同發同爽用力爲多同旦字魯錫潛心經史尤精

於易邑令屢延爲塾師亦耿介能濟人急諸孫多以文學稱者

彭正璋年十二父母俱歿能自力家業饒裕恤匱周急諸姪貧者各爲婚娶仍給以田二十五石有子五人四列國學一食廩餼焉

金晉爵字友侯邑庠生性篤實事親孝兄弟友愛撫孤姪如己出合爨數十載無間言濟孤寡施藥餌存活極多終無德色年八十三卒子七人孫二十八人多以文學稱者

金璋字士宜庠生秉衡少子鍾愛焉歲試迫强之

就道父病私以所蓄命婢付璋妻及父卒營葬公議貸費妻告以前事出示二兒曰此父遺也同居十餘載不營私積析產未嘗爭肥樂施濟貧年七十餘子紹伋國學生能承父志孫七人皆列衿監

沈楷字魯木豪俠好義蘄水劉雲采借本貿易被盜無以償情急投水楷見之問所負曰子母合百二十兩楷即爲代還朋友戚族貧乏者每捐財穀濟之子詩融考授經歷詩三邑庠生

杜永言字孝思國學生倜儻好施與族戚以窘迫告者必給以錢穀雍正乙巳歲饑窮民欠券數百金悉焚之有武昌胡吉壽州劉子友麻城王有玉皆世家後耄耋無依至英永言養於家没則葬祭之終身不倦子孫俱以文名

程光泗父鑑考授縣丞與弟鼎相友愛年至七十猶不忍分析生平不與外事光泗由庠生援例入貢任南北城兵馬司副指揮聽斷明允達官多稱其才致仕歸遇歲歉捐衣食濟人粟米減價平糶長子明標官雲南同知例封奉政大夫

鄧林棟歲貢生樂善好施常收讀書貧士捐貲教

育歲暮施粥施衣每冬約費百金里人稱之子可灼亦貢生事父孝友愛諸弟內外無間言可煜邑庠生析居時捐産百石弟可炫早逝爲弟婦張立嗣理家事全其志節邑令旌之曰文行足法

方宗隆國學生恂恂鄉黨無間言尤慷慨好義族里貧者冬給錢米春給種穀婚葬事解橐不吝康熙己丑邑大饑有穀六百餘石悉爲給散年逾五十所有積券悉焚之六十二而卒

王守邦字懷萬好善樂施明天啓二年捐置西門

外義塚地子正世字𢿱之明季兵亂獨存有子三天牒字扶旦天愷字扶宣鐸字扶晨皆有文行世其家牒鐸爲邑增生學自邑庠援例入國學考授縣丞牒子珽字聖三歲貢生好學窮經史年六十餘晝夜膝下丐精歲薦老父猶及見之云

劉士登字瀛升邑庠生嗜學善書明季兵燹猶手不釋卷敦孝友親族中孤弱貧困者悉撫助之四子俱列黌序工文詞邑令常餽金帛旌以匾額固辭不受年八十二無疾而終

余延瑞字聖兆貢生早失怙克遵母訓每祭痛父早亡輒感泣數行下伯父庠生道源早逝伯母劉苦節無嗣乃以其住屋改爲公祠所遺田産半附公族奉祭半擇本支親者爲立後慷慨輕財有古烈士風

段鴻邑庠生少孤事節母孝嗜學善文性尤好施族里貧困者多沐其惠城中每大興作捐貲不吝子祚論亦倜儻慷慨有父風

張可信字存樸邑庠生性耿介任事雍正九年報畝墾科邑受其累偕程明榮等赴藩憲呈禀題請豁免士民賴之

徐在鑛字鍾南嗜學能文幾售復失尤敦行睦族率族衆大楷大椿道淵道煌等捐義田柒拾三担以贍貧窮縣主董批令勒石鐫譜以垂永遠坐落廣里土門口等處族衆賴之

胡學旦 已見孝弟

江蘭日字淵若增廣生年六旬猶逮事父母承歡色養弟早歿孤纔兩月弟婦堅守撫之同居數十年俟其成立方析箸戚黨張某幼失怙恃撫於家爲之婚娶舉鄉飲介賓

彭佳章字斐士歲貢生力學尚氣節明季兵燹避皖猶手不釋卷及歸縣尹陳迎爲義學師舉鄉飲大賓曾孫其春廩膳生性敏悟嗜學工詞賦築環松堂與弟其倬閉戶讀書達旦早卒教諭陳詥捐俸爲刻環松堂集

劉焻 已附見忠烈

沈宗洛 已見孝弟

程明櫰太學生光伊第五子敦行孝友父沒析産兄附貢生明稜以食指衆不給櫰聞即以田課百石讓兄季弟椕因舊居狹隘欲更塽塏櫰助

以田課百石銀三百兩不足復給以穀三百石
而屋始落成英邑向例輪充户役安里二甲鄉
民多不願充樓捐田課三十石存公爲每年户
役之費其孫庠生步雲亦捐志費有乃祖風

王從龍字宗允年十五入泮食餼少孤事節母孝
性好施與屢出貲財以濟人急每歲六月發粟
賑貧於族黨尤加厚焉乾隆壬申小醜竄入英
境曾捐金助縣主募鄉兵捕賊由是寢息伯死
遺孤未滿五尺代爲撫養成立兄庠生從夔早
喪爲之建祠宇置祀產人咸善之

開世鼎順治十年捐田課四十担建栗林菴雍正
二年開世選學讀等復捐田課八十担重立施
約稟請縣印改名善教菴嘉慶二十一年開詩
和詩禮詩綿等重修有碑

段桂邑庠生篤志窮經有言必踐豪俠曾捐置倉
廒貯穀以備荒歉邑令童有好義足風之旌柱
中年病故其妻程氏力撫諸孤辛苦備嘗卒恢
先業詳載州志

沈承銘太學生性忠厚樂善好施里黨多沾其惠
捐貲二百金置田課十五担設筏於金家舖渡
口濟人往來

沈自桂國學生性醇謹好施與捐百餘金置田課
八担於金家舖設義渡

馬道法例授州同乾隆三十二年捐乾塘坳田課
五十五担花課九十觔正米四斗二升入南河
渡又南河渡安里衆姓捐南門外基屋一所納
租六錢又捐張家灣田課二十一担魚塘二口
納課二担又捐觀音庵花地一所納課三十斤
又捐長冲田課五担花課二十五斤又捐高家
橋田課七担附於此云

杜興洪太學生幼失怙恃負經濟才敦本睦族倡
置祀產義渡撫族孤保護周至善書法工吟咏
著有步草堂詩集年七十三卒子三俱列庠序

段祚論字書升太學生孝友傳家尤樂善好施鄉
里推重以事上州路遇州城同知程曰庠自潛
歸仝宿離草塢是夕旅次火公與程各攜行李
以出次早公憐主家火災傾所有給之又於途
拾得川商遺金三百兩反之狀聞刺史金宏勳
協鎮苟天保同命入見携手極贊賞之子四永
浹永潞永澍永浙俱入宫墻

沈德鴻字孔昭國學生孝事繼母性忠厚樂善好義睦族黨恤孤苦橋梁道路多所施捨鄉民有鬻妻償債者爲設湊贖之有王姓老人無依養之數十年臨沒囑其子善視之

王正世仝男天曦天曨天鐸康熙三十四年建立圓通庵施課三十担奉香火粮未過割曦等代完至嘉慶三年天曨孫繼年復捐田課五担後正世支下公捐銀壹百五十兩重修廟宇

傅士柱字雲波太學生喜誘掖後進因族衆多寒士捐課四十担入祠以作考試之費

王善行例授衛千總嘉慶十八年在圻州買婢女方女本鄧自賢兒媳善行查知給還原字令鄧夫婦團聚并給鄧錢四十兩以爲衣食資方鄧兩姓愛戴之十九年捐建繼志木橋於吳家河在城南四十里并捐田課十石以作看橋人工食現又捐錢壹百壹十兩作闔邑修志及改建奎星閣等費

傅作浤字乾山太學生早失怙恃事繼母孝樂善好施減價以糶貧苦者輒不取償嘗有山樹被竊值數十金家人鳴里正浤言搜緝以示警可耳葢欲其藏匿不忍令受惡名也其和厚類如是年七十三卒子四人士棟邑庠生士鰲廩生士桃士桐俱太學生

葉夏蓁字玉庭性渾樸鄉里稱爲長者捐田課七担三斗補修土門潭橋梁

傅以芹字香澗太學生讀書能文幼失怙事母和順喜施與族戚不能嫁娶者貲助之鄰里困乏者周卹之修橋建寺捨藥諸舉皆不吝解囊與弟太學生以藻互敦友愛年五十一卒

楊煥字國彩監生性孝友親歿哭泣喪明嘉慶十

六年捐田課二十担入武廟供奉香火道光三年捐錢一百串助修縣志

段芳玉字玉堂貢生慷慨樂施捐水田二十担入縣南門渡以濟行人子攀光庠生騰光國學生

安正邦監生詩賦詩錦之祖也慷慨尚義乾隆二十一年丙子因合里漕務不均編立花户成甲續於二十五年將曾祖紹宗所置紅絲冲田課五担捐入甲內有碑嘉慶六年賦父德三仝兄詩咏復捐錢七十兩邀仝甲內人等置大間冲義田課五十担一切義舉不避勞瘁癸未夏修

志鈇費詩賦樂捐錢一百串
段祚調字和五附貢生積學好義尤精地理醫卜
遇貧窮施方捐藥濟人甚多鄉黨無不欽慕子
永冲永潭永洄永沂俱列宮墻
傅作濱字象山太學生性耿介喜施予捐銀八十
兩以成本里義舉邑令趙旌以額曰英偉不羣
段有泰字中行庠生好施與捐田課七十餘石建
置騎龍菴
沈盛福與監生袁平富柯萬根陳灼德等公捐稟
樹壪田課二十石在縣北栗樹嘴造天星橋每

年課項積爲修理之貲行者賴焉
汪正煌字如裳太學生性篤厚儉樸喜施與平糶
糴時遇荒歉穀價仍照豐歲不多取人錢鄉里
皆德之年七十三卒
段永湘字晴嵐附貢生醇厚務德凡建橋設渡輸
金不惜有佃民因歲荒鬻其子媳給穀勸止之
族有家貧不能赴試者助以資斧並卹其家遂
以是年入泮鄉黨高其行焉子荃芳府經歷捐
田助祀有記次芬芳業儒慷慨有父風
王善養字庠者邑庠生敦行好義督修家譜慨爲

捐貲尤敦友誼友人金序琢赴任湖南厚爲餽
贐邑中建立興賢館贊襄厥事與有力焉
傅士煦太學生字曙修孝友性生植品端方宅必
忠厚敦倫睦族捐貲立祠有懿行焉
余延藩字造周邑庠生　誥贈承德郎子龍字雲
昭候補州同　封承德郎俱品行端正刻己濟
人鄉黨推重
余善經字天申號遜齋由增貢生候銓府經歷長
才博學名動一時爲善于鄉事跡甚夥邑侯丁
應鑾爲之傳

傅士燮　恩貢生字東會博通經史立品端方兼
善岐黃活人無算子二以增以壇俱庠生
葉榮浦字南濱太學生少孤事母鄭氏孝母年百
歲時浦已八十猶割股救母生平端重坦易捐
葉家舖田課廿三石入秀祠每歲底分給同族
貧丁鄉鄰窮乏者亦多周卹捐粟十六石爲竹
筏以濟渡捐粟十六石與葉海慈菴爲敬惜字
紙費與妻匡氏俱九十一卒
段永藻字文甫邑庠生性慷慨任事修宗祠培祖
墓族有因貧鬻妻鄰邑者捐金贖歸宗黨義之

余善福性忠厚喜施與族中貧乏者隨分以濟之姪妻傅氏曲全其志內弟沈盛杠十二歲而孤其子亦三月而孤俱撫養以成婚至監修文昌宮城隍廟明倫堂置祀產置義田生平所爲人多善之 以上舊志

金紹僑字東村歲進士品學並重律身清儉而遇善事無吝色最著者有某負其多逋遠逃不以爲恚轉常周濟其家得以生活後某載積金還償其夙欠感戴終身晚年多刊善書印佈流傳先是其母 誥贈一品夫人傅氏夢緇衣踵門

寤生僑蓋有夙因云子五 序球監生序壚庠生序瓛序瑭序玳俱貢生

鄭昌寶字璞齋附貢生弟昌齡字桃溪附貢生均廩貢生本超子兄弟少孤友愛孝事節母讀書立品表式鄉鄰周恤寒畯乾隆二年其曾祖原任山西大同府同知元昆捐合邑生童試卷田稞六十担各大憲贈義及菁莪匾額後田被水傷其祖乾隆丁酉舉人一玏換捐樊家冲田稞六十担棉花稞五十觔近因應試人多寶兄弟克承先志於道光十年續捐樊家冲田稞四十担前任翟贈有壺惠士林匾額

鄭光耤字文田太學生附貢生昌齡子性慷慨嘗捐百金助修公祠又捐數百金爲房叔置立祭產歲荒疫施棺百餘具又延醫爲貧兒種痘數百不取藥貲出粟濟貧輸金培士助婚助葬平糶免逋不一而足鄉里稱善人焉性嗜吟際與其父昌齡共著有吟窩合編

余維煌太學生少孤貧成家立業教子時偕以義方撫姪時亨猶己出兄弟分多潤寡鄉鄰貧乏者多賙恤人咸義之

葉超衞千總慷慨好義父夏蓁嘗捐田稞修土門潭橋粱前已載入邑志超復捐田稞二担五斗超次子監生方勉於道光戊子年續捐錢一百零十兩補修幾闕行人德之

金紹杰字學南性聰穎工詩文磊落不羈善養親志尤喜吟著有怡園詩集子祖勲玉堂俱庠生勲與胞弟序莊捐金家舖板橋並捐田稞八担爲修理看管費又捐錢四十兩爲金鎮東嶽廟僧續摘典田十一担爲香燈費有碑刻

葉時城字錫如性淳樸品端方子光輝監生慷慨

好義道光丙申年捐修金家鋪上街頭橋梁一
道續捐金家鋪街頭田稞五石爲看管費
胡延邺職員性好義家有餘糧減價出糶梓里咸
慕其德贈額曰厚德載福聯曰義種心田德培
根本惠周梓里福蔭子孫卒年七十三子三華
聯業儒華第職員華捷州同卒後輩仍守先人
遺風迄今弗替
段永燦字明照太學生勤儉持家取與不苟族有
因事鬻産者糾衆買之及贖歸仍以巳私分存
公又督建祠宇捐基址三重族中咸頌之子芳

塏　例貢生凡族中公舉慷慨有爲亦能纘承
先志
蕭正鰂幼失怙恃克自成立由勤儉興家管族事
數十年多置祀産焚借券不令人知鄉鄰多慕
義焉子如煥列成均孫多俊秀
李芝彬太學生少孤性豪俠好義孀族中俊秀者
教讀之孤弱者撫恤之輕財重義排難解紛人
稱其德
姜新澤太學生爲人豪俠重義輕財好施與重交
情貧者借貸多不取討廣施棺木瘞葬貧斂買

山培祖墓捐田建公祠族黨咸頌德焉子思楷
庠生孫曾蕃衍
杜紹烈太學生豪俠好義遇邑公事踴躍趨赴先
世倡捐沙河嶺義渡續捐竹料有年又倡捐雷
鎮東嶽行祠燈棚會局置田稞十石花稞二十
觔勸有碑子芳增芳城俱入庠
張道和力學未就性厚樸喜施與鄉里稱貸多不
索償遇公事輒努力趨赴多所賠累倡修茶園
嶺路暨涼亭至今賴之子孫昌熾孫鵬萬庠生
楊國彩太學生與安在廷胡鵬遠等昔年倡首勸

輸在廣里五里牌建立茶亭置田稞五十六担
名廣善義局後有監生徐光遠陳思宏徐光濱
徐元棫等將義局公置田稞內分派穀担復倡
首勸捐在東庄畈續建茶亭二亭相距二十餘
里山路險阻行人息肩解渴多所賴焉
安詩璣詩南俱國學慷慨好義多行善事捐楊樹
溝六斗斛田稞四十一担花稞十六觔在北風
嶺新建瓦屋三間永遠施茶現稟請立案勒石
安　仁庠生性孝友品行端方言語謹愼有古君
子風好學善書著有日新集課子姪輩遊庠者

數人尤慷慨好義捐田入祠且與兄弟叔姪捐南閭巷田施茶義產邑中咸欽頌焉

蕭正增太學生性質樸敦友愛遇族黨有事故者必勸釋不惜貲費遇貧困者多所賙恤暨道路橋梁多所資助孫多俊秀

姜思勝字添一古樸士也爲人忠厚謙讓捐置祠宇廣修寺觀親鄰貧乏者多賙恤壽八十四子明堂太學生孫典紋曾孫文忠俱登仕郎

吳世銓力學未售鬱志成疾臨卒命妻張氏捐田稞三十担存祭族以節義流徽頌之

杜一枝武庠精醫好義施藥活人善書喜吟子四從龍雲龍占鰲孫承恩俱武庠

蕭正覩性渾樸兄弟四人幼失怙恃諸弟賴其教訓成立皆能節儉持家凡定親婚嫁一手經理至修橋路累費數百金鄉里以好善樂施稱之妻劉氏賢於內助一切善舉與有力焉子五長顯謨列成均孫曾蕃衍

劉天保字慶廷太學生性孝友篤志好學遇公事輒能勇力里中社倉及邑輿賢館俱與胞兄天柱踴躍捐輸子德大登仕郎躍鵬萬鵬俱武庠德輝太學生幼子賢舉儒士

方衍洛字書也太學生生平公正力行善事捐置義田嘗以棺木予族之貧者子振庠生採增生孫曾多入庠序

黃宗榜 恩賜登仕郎居城市存古風忠厚傳家和族睦鄰恤貧資乏其姪幼失怙恃撫養成立四世同堂卒年八十子德廉太學生循分守已仗義疏財人以爲無忝厥考云

彭中壽字鑑堂太學生管公捐貲輸產與祭族黨貧乏者多受其惠子履元國學綽有父風

段芳玉字玉田由貢生 例授儒林郎好善樂施克承父志曾捐南河義渡田稞已載前志今又捐田七十二担入本族大祠祀祖與賢周恤族鄰貧苦感激者多父承澍 例贈儒林郎母王氏 例贈安人妻王氏朱氏均授安人子攀光庠生騰光州同廸光國學祥光都司督建文昌宫於里捐錢一百串全光瑩光俱國學

段芳榜字華林太學生賦性耿介祖遺薄貲經營累積置祀產建祠宇督理親兄弟家計取與不苟族黨咸羡服焉子光偉光灼光均俱列膠庠

方之橋字有甫庠生孝友性成疏財仗義有友程某鄉試病卒身任殯殮與族兄貢生之灼護柩歸里邑人義之子焱庠生

郭序瓏太學生慷慨好義與弟序瑛友愛同建宗祠置祀產創修廟宇凡有公事皆不辭勞鄉里咸稱懿行焉

段芳鑠字紫芝　例授州同性孝友撫姪光纁如已出教養成立俾入國學及析居田產視所欲丞與之邑中建興賢館修縣乘首倡捐助宗祠家譜不惜財力建修鄉里咸重焉子光緒列成

均

段芳瑹字殿廷太學生耿介篤厚鄉塾歸拾遺金三百餘兩訪還之督家政大有興創姪烈光生甫兩月失怙撫之入國學烈早卒二子俱幼復撫之成立族有女聓家貧欲鬻之倡議捐貲贖回士艱貧斧輒樂助之慷慨好義類如是夫婦八十齊眉子光熙太學生聯廪生

段　準字司衡庠生幼失怙恃事父孝養備至性醇謹待人正直重然諾嚴取與耄猶好學不輟幼弟歿撫姪猶子督率成名子星池太學生光熙貢奏廳登職員

王善焯字蘭泉太學生為人慷慨靈敏遇事能斷族黨中排難解紛雖猥子戾夫無不讋服經理興賢館事量入為出圭撮不爽督建宗祠司膺役賦工之事鄉里咸稱之

王治安　例授布經歷好善樂施曾捐田稞五十担入祠以贍族族以范希文擬之嘗買范氏女為婢給金三十兩後偵知故雄尚在即反女贈之金俾完婚事又買婢蘄邑聞女父在庠不忍以讀書人女等於厔養亦反之有乞婦子甫四

齡婦病歿瘞於義山畜其子於家教之如已子尋其親屬則龔姓也既長而後歸之其姪太學生修紱將治所捐田稞經管多年漸有贏積後因族事愈繁度支莫繼紱復自捐田稞二十五担二斛以為合族祀事興文之助

傅天杞字夏傳性耿介事母孝母久病調養不倦慕義急公嘗捐屋一座為重修祠宇費子寶貴庠生

傅寶炷字霞照性樸儉幼失怙恃耿介任事敦倫睦族族黨貧乏者屢有周濟並倡修宗譜祠宇

捐貲不吝生平不入公廷子孫蕃衍

段永淙字吉人太學生好善樂施方藥濟人輒驗不索值散粟以周貧乏買山以瘞無歸生平不入公廷鄉里咸稱長者子芳楝庠生

王成蔚太學生明經堅善三子性孝友好義以兄董家政食指浩繁一切無不曲體兄意待姪逾於己子教入庠序者多至造橋濟人倡首捐置田稞八担積金二百餘兩垂之久遠人多羨慕

汪正朝字國棟慷慨好義樂施與屢焚逋劵鄉鄰多陰感之者年六十八卒

汪家典字效前登仕郎性醇厚樂善循理先世累以忠厚傳家父正煌減價平糶與遵行益力鄉里號稱長者子大觀羲俱稟父教觀入成均羲以儒生教學子孫悉肄詩書焉

金探爵字選士太學生性溫厚愼交遊正直不阿乾隆五十年大旱煮粥以救餓者全活無數其子孫衣衿相繼咸以爲德之報云

余維焯字禹疇庠生卓犖不羣冠軍入泮董理興賢館事監修邑乘性好施與排難解紛人皆善之

陳汝義捐田稞十六担入廣里二甲辦公子孫多遊庠序

鄉飲賓附

明鄭萬憲庠生　鄭永和庠生

鄭永明庠生　鄭洪陽庠生

鄭顯華貢生

沈三接字晉康歲貢生性嗜學樂成人美子弟貧乏者捐貲教之又捐銀一百兩修石橋二座年八十六舉鄉飲大賓

段孟楨字熙明事親孝弟早逝撫姪如己出舉鄉飲大賓邑令旌以匾曰德馥芝蘭年八十四卒子再僴等俱入邑庠

沈宗遠字自邇年九十一舉鄉飲賓

方先耀性渾樸足不履城市年八十九弟先輝壽九十三平日友愛起居必偕皆兩舉鄉飲子孫多列庠序

余道德由邑庠入國學年八十三舉鄉飲介賓邑令屢給匾額子延堯邑庠生

段富樸字去靡邑增生秉性純厚舉鄉飲大賓年八十五終身不履公庭邑令林旌曰黌宮宿彥

徐道洛字禹錫性淳樸至孝友當身親見六代現今四世同堂年八十二歲猶嗜學課子足不履

公庭處鄉鄰尤樂善施義道光元年　恩賜修
職郎三子十孫長子允梓國學生次子允鯤邑
廩生

壽士附

余維憲字敦仁現實年一百零一歲親見七代精
神弗衰
傅作浙字屏山太學生力崇古道讀書敎子年九
十目及七代五世同居子五士榭士祀太學生
士棠增生士槐士林俱邑庠生
沈浩字孟元武庠生精堪輿星學親見四代卒年

八十七子盛瑱盛超孫德煜德魁俱入庠
胡可鈞國學生素習詩書敦行孝友娶李氏夫婦
年逾九旬親見八代五世同堂族鄰呈請各憲
道光二年奉
旨旌表八葉衍祥
段永增道光二年歲貢生號華峯爲人公正因獲
高年五世一堂
彭中春　恩賜修職郎現年八十四歲親見六代
妻王氏同庚尚齊眉焉子元第邑庠生
王銘善　恩賜修職郎現年九十親見七代四世
同堂
王志龍字泉瑞至性淳樸持家有道敦族睦鄰存
心慕義其居里有近水古塚輒具棺以扦葬之
里人多稱譽焉四世同堂現年八十五歲子企
傑孫承愈俱入邑庠
馬世銘邑庠生敦倫睦族壽八十四歲親見六代
子孫多列庠序
杜蛟字周貧　恩賜修職郎少失怙特卓然自立
生四子長一株三一枝俱入武庠孫十餘人三
列武庠四世同堂現年八十有七

段永源字映奎太學生傳家孝友處世公平尤樂
慶惠族黨贈有匾額現年八十有二親見六代
四世一堂妻彭氏八十齊眉子芳榜芳榛芳柱
芳株並列成均有父風
舒珉庠生傳家孝友壽八十四親見六代
傅作樑國學生性慷慨任事鄉里服其公正於祠
祭尤加謹慤年八十一卒
劉崑國學生壽八十五
劉早增生弟鼎　恩貢生天性孝友早壽八十四
鼎壽七十一早子國學天朗現年八十鼎子國

學天保現年八十一
段永樹現年八十二
郭永謨　恩賜修職郎現年八十四
蔣芳榮　恩賜修職郎性情渾樸持家孝友季弟芳全早歿撫弟媳熊守節撫孤居鄉排難解紛嘗焚逋劵妻王氏賢淑克成夫志壽八十二子孫蕃衍
姜新泮　恩賜修職郎性渾樸孝友足不履城市夫婦齊眉現年八十子孫蕃衍四世同堂
翁光明蘄州籍寄居英山現年九十一　恩賜修

職郎四世一堂孫夢飛州庠生
段祚珽應　賜登仕郎現年八十親見六代
龍遇鸞字文傳少孤自立孝養其母敦本睦族捐修橋梁現年八十一四世一堂
傅以忠嘉慶元年　恩賜登仕郎壽九十一
徐全利字國正　恩賜登仕郎性情渾樸勤儉傳家現年九十撫姪忠瑜入國學
余凝盛現年八十五子三孫七曾孫四親見七代四世同堂
段肇取庠生經明行修教授生徒多所成就子孫克世其家壽九十八
李興憶蘄州籍監生寄居英邑生平好義南河義渡及　武廟東岳廟諸修飭贊襄厥事不辭勞瘁現年八十二妻陳氏現年七十六　以上舊志
沈盛衡性豪邁好義捐住屋三間捐立祠堂壽八十四
沈盛美與弟盛全孝友一堂俱年登八十餘子孫蕃衍
余維烈鄉耆性純靜忠厚傳家現年八十二夫婦齊眉親見六代四世同堂

金紹波字蘭亭登仕郎品行端方尚敦睦族鄰咸仰之現年八十
段祚逵字鵬翥績學未遇例舉鄉飲大賓終身不入城市教讀教耕子孫蕃衍曾孫光鑑幼時決其興宗尤加篤愛五世同堂親見七代卒年九十六子永濟永洲永渙俱登上壽
段祚倓字維烈　恩賜修職郎性醇謹睦宗族親見七代四世同堂壽八十一妻劉氏壽八十子永峯永岑孫芳卿俱太學生芳芭芳貞曾孫光準俐授登仕郎光淳太學生元孫昭衢庠生

段芳卿字圭田監生品行端方修宗祠敦孝友現
年八十親見七代四世同堂子光準例授登仕
郎光淳監生孫邵衢庠生
王從性字汝義性節儉耕讀傳家卒年九十三長
子善魁庠生三子善推監生性端厚足不履城
市里黨重其品行現年八十孫安啟監生春藻
以成俱庠生曾孫葆修庠生
段永芝年八十　恩賜登仕郎性淳樸足未履城
市閭里稱其品行
王錫善　恩賜修職郎道光十七年壽登百歲邑

英山縣志　卷之十七　壽士　六十四

尊翟詳請　旌表建坊
御賜昇平人瑞匾額並賚銀兩綴疋後一年無疾卒坊
在城內舊興賢館後街北向
方玉燕爲人端厚五世同堂卒年八十六妻段氏
亦八十九
方德庠監生現年八十二妻施氏八十一恤食周
貧人咸重之子二信監生
馬際梅字春魁監生秉直公正勤儉成家隆師教
子經理祠務規畫必當協襄邑中公舉一乘至
公現年七十八親見六代四世同堂子三長純
吉廩生次純澡職員三鎔鏵庠生
鄧昌宗字輔周庠生性恬靜足跡不履公庭輕財
好義盡焚逋劵卒年八十七
鄧大堪太學生字壽山樸實成家和睦宗族勸耕
教讀親見五代卒年九十四
鄧昌茂　登仕郎字如松安分守已不履囂塵
子來勳庠生來鳳太學生卒年七十八
鄧昌恭　登仕郎字敬懷勤儉持家忠厚與人
勸戒子弟敦孝友勤耕讀行檢足式子來藻錫
林孫斌俱庠生卒年七十九

英山縣志　卷之十七　壽士　六十五

鄧來勳庠生字銘翰安貧樂業教子義方現年八
十
鄧來寶廩生純心績學不計貲財教讀專嚴手錄
經史子集老猶不輟至誠待人行端品正可爲
後進楷模卒年七十五子伯英庠生
段玠字以聘監生忠厚和平不較非禮不輕入城
市曾代佃戚周償債完婚耄年誦讀不輟妻彭
氏孝事翁姑八十齊眉羅邑潘明府煥龍贈以
比案常珍額卒年九十一子鎧錞鍊光瑩光熒
俱監生孫海江俱庠生

段永渙字世華　恩賜登仕郎勤儉持家課讀嚴
密長孫光鑑就傳時親延名師自負薪米於館
以助其勤鑑游庠猶親見之及舉孝廉先十年
卒年八十二
段瑰字錦山庠生性嗜學尚氣節樂成人美族有
貧乏者常周濟獎進後學多所造就讀書力行
老猶不倦卒年八十二妻彭氏性至孝姑病刲
股獲愈子光祿光芬皆監生芝賓皆庠生
王武昂字正國例贈登仕郎性淳樸敦孝友妻李
氏善成夫志好善樂施五世同堂親見七代卒

年俱八十九子全信監生孫忠猷忠庭忠盡俱
監生忠尚職員
馮從超字高俊監生善岐黃術以丸藥活人甚衆
卒年八十室嚴氏相夫興家存心淑慎現年八
十八猶紡績子相廩生
唐天秩與弟從虎持家有道孫子皆就範圍秩年
八十五虎年八十二
蔣克梓字辛木勤儉持家克惇孝友現年八十一
皮福有字用志親見六代四世同堂現年八十一
妻蔣氏現年七十六

皮福書現年八十八妻段氏現年八十五親見九
代
皮康國現年八十二親見八代五世同堂妻彭氏
現年七十八
蕭方璨　恩貢生品行端方學問淹博遊其門者
入庠食餼數十人選授教職不就妻李氏亦享
大年嘗自題聯云五代一堂聚首九旬二老齊
眉卒年九十李氏卒年九十二子孫蕃衍入膠
庠成均者數人
徐道洛耆壽修職郎性孝友居家淳樸課子孫庭

訓諄諄不少倦孫曾蕃衍五世同堂壽九旬學
師余吉輔題贈年高德邵匾額梓里亦贈壽額
曰松鶴綿齡卒年九十四子三梓監生鯤廩生
俱屢膺房薦譜業儒孫愷庠生
徐元材耆壽爲人樸實正直年七十五無疾終妻
鄧氏性孝謹勤儉持家現年七十五子煥字光
遠入國學堅字光明庠生孫俊秀
蕭如芬性温厚敦友愛遇族黨紛難多所排解現
年八十三
姜新燦爲人正直温和子孫蕃衍持家以勤儉爲

本四世同堂與妻龍氏同庚現年俱八十二
徐允績耆壽爲人謹厚卒年九十子元吉孫光怡光楷俱入國學
徐元極性謹厚持家儉樸教子義方與妻杜氏俱卒年八十四五世同堂子光濱職員光法孫宗成俱入國學
徐道衡耆壽性淳樸耕讀傳家卒年八十二親見六代孫光燿廩生
蔣正伊勤儉持家爲人正直現年八十子如友入國學

李朝幹監生性沉潛謹守不與人忤倡修九龍山佛寺三次不辭勞瘁現年七十三
裴萬偉耆壽少孤貧卓能自立有古樸風妻聞氏同庚內助勤儉子四俱能遵訓守成曾孫蕃衍四世一堂卒年八十二
鄭永祿爲人渾厚足不履城市名不入官司父母早逝與諸弟合志成家撫孤姪家春成立入國學妻胡氏齊眉婣於內助四世同堂現年八十三
吳中柱與妻張氏同庚渾樸勤儉孫曾蕃衍四世一堂現年俱八十子良學入成均
鄭衍玟耆壽性孝友居心正直慷慨好施族黨稱頌妻程氏同庚俱現年八十五子世遠太學生生孫曾蕃衍四世一堂
黃能哲耆壽性渾厚敦孝友儉樸自安教子耕讀孫曾蕃衍四世一堂
江宗鍊字東木耕讀傳家正直處世子五孫十坤山庠生曾孫十四卒年八十二
汪方浩耆壽性渾厚有古風子孫衆多四世同堂現年八十三

胡可觀職員性醇謹精岐黃遊皋城有年州尊牛題有濟世活人匾額丁参府亦以耆英景福贈之卒年七十八妻馬氏孝事翁姑夫病刲股數次卒年七十六子允俊入邑庠
徐允森耆壽敦友愛居家儉樸卓有古風卒年七十六子元士入成均孫曾蕃衍
張光緒庠生爲人正直謙恭少孤貧苦志芸窗事母孝教子嚴子明璧庠生現年七十
李芝富增生穎異好學耄年不倦出其門者多佳士生平耿介自守卒年八十一

鄭嵩庠生勤儉寬和端方正直卒年七十七妻徐
氏性貞靜助夫成家卒年八十二子家銓監生
玉庠生鑽登仕郎
鄭峒監生戇直遵俗勤儉持家事先至孝祭掃必
與至老不懈曾作勸孝文訓世本邑南闈試燭
已捐五次卒年九十親見六代邑尊李贈三星
永曜匾額妻姜氏懿德素著卒年八十一子甲
恩貢生艮監生昭候選理問英廩貢生休寧
教諭孫保生甲辰舉人保太監生保元廩生保
定增生保和附貢生候選訓導曾孫俊秀

鄭永岸庠生年十二失怙恃事胞兄嵩峒藹道待
人和厚鄉里無間言卒年七十二妻姜氏勤苦
相夫卒年七十二子家環監生家玥登仕郎
王積善字魁英佾生忠厚正直家貧淡泊恬如也
與胞弟椿善事親以孝聞壽八十二子孫樸實
善承先志
段永滂字翁亭增生寬厚和平兼優品學古道可
風性嗜書善文詞老不釋卷常以法言箴後進
里中咸奉爲楷式多以匾額序文頌之卒年八
十六子芳紱太學生

段永潞字晉源號鳳林庠生性恬靜嗜詩書終身
不入公庭親見五代晚年課塾猶嚴壽八十二
子理琛璿準珩俱入邑庠
王從卿太學生隱居善畫每歲種菊數百株以供
粲玩現年九十二
王廷安字躋臨太學生善長子窮年積學弱冠補
弟子員道光已亥年重遊泮水招邑中文士數
十人歌詩祝嘏族黨咸羨爲人性情恬退儉德
可風常勖子孫曰儉者德之基奢者貧之漸
小子勗之卒年八十七子修綬廩膳生修紱太

學生
吳載彬字懷智太學生處心公正立品端方族戚
有急施予弗吝現年八十二
王善葵文庠生讀書積學品行端方卒年八十三
子安楠文庠生安中安儲歲貢生鯤文庠生安
仁業儒
王政增廣生弱冠遊庠道光辛丑年重遊泮水現
年九十
徐允剛太學生兄弟三序居次兄早世弟幼孝事
孀母並撫弟廣姪元春成立均入邑庠管理公

祠事數十年勤愼無稍懈卒年七十八子霖庠
生
胡允滋庠生與妻程氏俱年八十一夫婦齊眉長
子奉麟早歿媳吳氏守節奉
旨旌表次奉珏奉塏孫順清俱入國學孫曾蕃衍
王善述庠生爲人積學不倦守正不阿卒年八十
二子賓安浩中安俱庠生
彭宗堯字添叙耆壽性孝友品端方妻陳氏亦賢
淑夫婦齊眉親見四代堯卒年九十一陳卒年
九十二子祖與入國學子孫繁衍

鄧昌義　恩賜登仕郎持家勤儉與人忠厚教子
義方耕讀爲業族黨重之卒年八十子桂林庠
生茂林庠生孫曾蕃衍
周文棟　恩賜登仕郎素性樸實處世忠厚鄉里
重之卒年九十一
潘靜和字東山大冶軍籍寄居英邑幼事親孝養
兼至年十五失怙侍喪祭盡禮弟幼和甚友愛
獨任家務辛苦備嘗能以貧苦興創現年七十
一夫婦齊眉四世同堂長子安敬入國學著有
孝友尋源待刊

朱秀琳字采其太學生慷慨好義兄弟和睦弟歿
產業無存撫姪延師教讀成材宗族喜之現年
七十
胡永耀居心忠厚爲人正直不阿仗義疎財鄉鄰
多所周恤現年八十與妻高氏夫婦齊眉親見
五代四世一堂子三長昌泰監生孫曾蕃衍
聞興組儒士廩生學謙孫性渾厚謙讓勤儉起家
現年七十七親見七代四世同堂子詩玲監生
蕭正烈字靜交歲貢生博通經史舉明經四十餘
年例選教職不樂就以授生徒爲事遠近俊秀
多出其門壽九十六子庠生如駿壽亦七十

胡華能太學生性孝友品端正素精醫道凡患疾
者請視無論寒暑即步往診視多方求痊並備
製丸散療病不取貲夫婦同庚現年七十子應
齊太學生應樞武庠鄉閭感其惠濟贈匾曰醫
功益算
黄宗極　恩耆好義嘗捐貲二百餘金修廟年七
十六妻張氏賢於內助年七十八尚齊眉焉子
德修國學生
沈德筠字松年孝親睦族廉潔自持積學功深不

圖仕進肆志山林抄書賦詩以自娛現年七十
二猶手不失卷子一喆邑庠生
耆壽董年楷字周南性忠厚好善樂施現年八十
八精神康健親見七代四世同堂子孫蕃衍成
立者多
耆壽夏克政爲人忠厚處世溫和妻段氏亦能勤
儉相夫成家子必高必德政年九十四卒氏年
七十八卒
王文熙少孤自立教子成家性誠篤敦孝友重然
諾年七十五子運新

張桂亭武昌籍居英邑慷慨好義道光丙申間蝗
蝻勃發督工助資捕滅一方賴安　邑侯翟贈
善行可風匾額以嘉其義卒年七十二

杜紹揚耆壽修職郎性孝友與弟天秩白首怡怡
治家有法與弟俱享年八十六孫若陵庠生
胡應煌性孝友堂兄弟五原係三房析居恒產應
作三股派煌曰自祖視之皆孫也乃作五股分
耕讀傳家現年八十三子可準增生孫允久松
濤皆庠生
蕭如琬庠生性溫厚不干外務兄歿遺孤子宗翰
視猶己子教讀數十年受業者多入庠著有維
新課草待梓卒年七十五妻黎氏克盡婦道現
年八十子宗智庠生孫多俊秀

王卓援增廣生生平積學垂老不倦教子皆成立
現年八十四

壽婦附

鄭氏職員葉敷桂妻孝養祖母舅姑夫歿後教三子勤儉持家嘉慶三年壽躋百歲五世同堂各憲題請旌表建坊例書貞壽之門並七葉衍祥匾額賞給銀兩緞疋

王氏太學生彭正綱妻壽九十二四世一堂子孫多列庠序媳段氏現年八十四四世一堂三子並列成均孫兩入邑庠

汪氏沈承龍妻事姑孝四世一堂親見七代壽九

十四

孔氏庠生徐大敏妻性貞靜子道濬國學道洛恩賜修職郎道深例授登仕郎孫多列庠序目見七代五世同堂卒年九十三

姜氏鄉耆聶新才妻課子撫孫多入成均四世同堂卒年九十

詹氏胡華時妻佐夫興作教子義方子應巨應煐入成均五世同堂親見七代卒年九十二

鄭氏太學生　貤贈奉直大夫宗人府主事聞兆鼎妻　貤贈太宜人卒年九十六子四皆入庠

序孫二十四目及曾孫數人

方氏國學生段永冲妻性温順勤儉相夫延師教子長恂庠生次芳悌列成均卒年八十六親見六代四世一堂

段氏庠生李朝棟朝業母親見七代五世同堂卒年九十二

馬氏盛永忠妻卒年一百零四歲子三孫三曾孫六

匡氏裴紹湯妻勤儉治家教子世學成立年九十

八卒目及元孫三人

葉氏熊金昌妻中年夫故事姑鄭氏孝撫孤子廷標延鉦漸奎俱入邑庠親見五代享年九十六

傅氏監生蕭方煥妻生子五俱列庠序親見六代四世同堂現年九十

余氏監生徐道標妻敬事公姑撫孤兄早及孫元奇俱入邑庠四世同堂卒年九十二

龍氏監生姜新澤妻服事舅姑曲盡婦道相夫能敬教子成立長子思楷入邑庠四世同堂現年八十至今猶勤儉持家紡績不懈

萬氏監生胡方標母年八十康強弗衰

劉氏國學生鄭元漢妻現年八十六聰強如舊

傅氏太學生金序瓌妻年八十五四世一堂子孫多列庠序

周氏徐大受妻性賢淑四世同堂現年八十五

張氏歲貢生余維焜妻性温順相夫勤儉子三時憲庠生時忠廪生時恕職員孫思訓增生親見六代四世一堂現年八十六

鄭氏太學生沈盛堂妻卒年九十一賢淑前已載入邑志

李氏庠生沈浩妻親見七代四世同堂夫婦俱年

八十七子盛璜超孫煜德魁俱入庠

汪氏沈承龍妻孝養翁姑相夫教子家産倍增親見四代壽九十五

黄氏王世德妻家貧紡績孝養翁姑壽八十三

許氏余時貴妻性貞淑相夫勤儉寒素興家夫歿教子如法思婷入成均餘皆成立族黨貧乏者多所周恤人皆賢之現年七十

胡氏奉祀生程義里妻子庠生惇典承繼夫兄義路典係一子雙祧路早逝氏事孀嫂金氏極和順現年八十二康健如常撫子課孫恪循家法

族戚以爲貞淑之報云

閔氏儒童段永翽妻監生芳瓊母庠生榮光祖母現年八十親見四代

段氏方德斾妻治内有法撫立子如已出卒年九十二子之勤監生孫元鏞監生元煜庠生

段氏監生方德烺妻卒年九十四子之坊監生之塝庠生

段氏方德炷妻相夫賢淑教子義方戚里贈額曰淑德延齡卒年八十一子之基之起俱監生

段氏庠生方德漕妻相夫勤儉延師課子極其誠

敬卒年九十四子極監生之橋庠生孫入庠者二

張氏方之芹妻内助稱賢現年八十一子元清監生

施氏儒童馬道海妻節孝已載前志現年八十五康健如常媳段氏年六十八亦能承繼姑志孝養無虧孫純珏例授登仕郎

王氏廪生洛安胞妹庠生段芳鑑妻子觀光監生自光庠生現年八十親見六代五世同堂

陳氏 恩賜登仕郎黄宗榜妻親見六代四世同

堂現年八十九猶持家務康健弗衰子德廉監
生孫鎮緒增生孫會蕃衍
陳氏劉立敔妻躬勤紡績茹苦成家事親孝撫下
慈五世同堂宗族稱賢子孫蕃衍年八十八卒
王氏馬道元妻性柔順持家勤儉現年九十五精
神弗衰親見七代五世同堂次子際廷亦年七
十五子孫衆多
吳氏蘄水周廷光妻治家勤儉教子義方現年八
十子楷國學生
段氏儒士鄧大詔妻奉姑至孝事夫相敬如賓教

子姪有法卒年九十一
胡氏鄧昌鐸妻家貧節儉夫歿撫子成立辛苦備
嘗族里咸重之卒年八十八
郭氏高河妻性情渾厚孝事翁姑具年八十六卒
家貧勤儉歲歉嘗節食以濟飢子進庠生氏現
年九十
鄧氏段旂琥妻秉性渾厚教子義方現年八十八
子鑑庠生孫六
程氏陶如備母年九十猶勤紡績閭里賢之年九
十八

劉氏貢生胡可錄妻佐夫賢淑教子義方媳蕭氏
郝氏俱守制氏現年九十二子兆樹庠生兆楷
庠生
蕭氏太學生徐大臣妻淑慎慈惠相夫成家現年
八十六四世同堂子道彰列成均孫會蕃衍
夏氏庠生蕭正蔚妻秉性淑慎孝事翁姑氏年六
十餘姑老病衰扶持伴宿八年弗懈卒年八十
八子如晉
恩貢生如遇廩膳生孫宗鬻廩膳生
余氏太學生徐兆炳妻佐夫賢淑中饋無愆子元

榜元良俱國學年七十六
徐氏儒童胡可鎮妻年三十六夫歿家計維艱紡
績不懈教子成人現年八十一
徐氏杜履謨妻劉氏杜履鰲妻賢能內助事上以
孝撫下以慈五世同堂卒年俱九十六
蕭氏太學生杜興洪妻性貞淑慈惠善持內政約
已豐施子再鷂鳴鳳孫履芝蕙雲鰲俱列庠序
五世一堂卒年九十一
余氏安詩詠妻性純淑樂施與相夫成家子四俱
入國學孫會衆盛年八十六浙江學政李國杞

題贈五世同堂匾額
胡氏柯道鴻妻敬禮舅姑相夫和婉慈下恤鄰子
進源業儒孫盈昌庠生氏現年八十二歲孫曾
繁衍四世一堂
張氏王之俊妻生子六夫早歿撫養諸子毋兼父
道内主中饋課耕教讀勤儉持家孫曾昌
世一堂現年九十三
郝氏庠生裘萬驥妻事公姑有順德夫弟庠生萬
象夫婦相繼卒氏撫遺孤如已出皆有成立夫
歿長子世楷承訓入庠諸子亦恪遵家法四世

同堂現年八十一
張氏吳啟潤妻相夫成家淑慎自處夫歿慈教如
嚴卒年八十七
蕭氏姜添一妻性賢淑相夫成家壽八十三夫婦
齊眉孫曾多賢俊
鄭氏太學生胡可銑妻相夫有道明大節生子二
克繼先志孫四長鵬搏庠生現年八十四
吳氏徐元彬妻溫恭成性勤儉持家夫病刲股救
之不愈夫歿教子維嚴子二光泰業儒孫六現
年七十八

明氏外籍楊懷明妻性賢淑好善樂施夫歿後施
東門樓華祖廟香火田稞五担東門河義渡田
稞十担請示勒碑在案現年七十三
胡氏姜繼炳妻性和順孝事舅姑姑病刲股救愈
夫病亦刲股救愈現年七十
王氏庠生善訓女庠生段永濩妻性慈惠治家勤
儉相夫有道夫歿子芳縉芳紳俱幼教之成立
均入太學晚年抱病長孫光齡刲股救愈四世
同堂卒年八十二
彭氏庠生其部女國學生段芳縉妻性溫順寬柔

閑家正則夫歿時氏年三十八毋兼父道教子
治家一歸禮法事孀姑孝養不懈撫諸幼課讀
慇懃七十壽辰族姪舉人光鑑祝以慈竹風翔
匾額現年八十子光齡太學生光錫光鉞早入
泮食廩餼屢膺房薦
方氏太學生段永澤妻德操內政恭儉孝慈一門
咸賴姆教夫歿教育獨子克繩祖武例入成均
鄉里贈德符歐柳額卒年八十五子芳紀大學
生孫光燠光辰俱入國學曾孫昭坦職員
金氏邑庠生彥淮女增生傅以封妻孝事孀姑持

家節儉現年八十子文才候補訓導餘皆成立

段氏天長縣訓導承封胞妹太學生程行燦妻性温和事繼姑有順德卒年九十子步雲增生孫曾蕃衍

段氏太學生祚評女儒士傳士瑩妻孝事繼姑夫歿子幼教養兼盡操作起家撫夫姪暨姪孫如己出有餘波及親隣無德色壽九十五歲子以塤入成均以超州試一名入學塤兄弟謹承慈訓克盡孝養釐理祠務不憚勤勞捐錢數百金爲祠完宿負族論賢之

鄧氏郝周易妻相夫能敬治家勤儉夫早歿撫子成立孫曾蕃衍四世一堂現年八十三

匡氏增廣生王栒妻秉性温恭孝翁姑和娣姒持家勤儉內助稱賢夫歿教子義方母兼父道現年八十一神明不衰子修錕廩膳生

段氏王善宏妻勤儉成家克修內政夫歿教子慈不廢嚴俾其成立卒年八十

彭氏庠生王善槐妻勤儉持家克修閫職卒年八十六

段氏庠生王鼎妻秉性温恭持家儉約夫歿教子有成卒年九十一

林氏丁承仁妻夫歿家貧勤儉自持教子成立四子應發入國學卒年七十

鄭氏太學生聞詩綿儒士詩緯母賢淑載舊志壽八十餘綿兄弟曲體慈意友愛至老愈篤從兄詩白顏其書室曰怡怡山房

胡氏陶開第妻孝事孀姑歷久不怠治家勤儉姆訓維嚴鄉里稱賢媛焉子文博邑庠生文選廩膳生現年八十五

周氏馬際貞妻年二十九夫歿勤儉治家撫子成

立現年九十六猶康健弗衰戚友顏其室曰節壽之門孫鳴鑾入武庠

司氏大治張鳳彩妻孝事孀姑教子義方四世一堂現年八十六

陳氏李輿憶妻卒年八十二持家勤儉孝事舅姑人無閒言孫樹滋庠生

續修英山縣志卷之十八

英山縣知縣樂陵李文
英山縣教諭古歙汪時
訓導合肥阮華

隱逸流寓

自古聖王在上曷嘗不有肥遯之士哉逮乎三代以下膏肓泉石累徵不應者固多矣而廢興之際潔身高蹈之士韜光晦跡或亦有托而逃焉後人概以隱傳之若乃賢士大夫倦遊所至樂其風土人情或徙而家焉英邑僻處萬山中遊者葢鮮而明季戶口散亡鄰近占籍十常六七類多草野耕甿無可稱者志隱逸流寓

隱逸

明張宗能參政子貞第四子性孝友工吟咏隱居滿溪不近流俗時稱高蹈

蔣宗成化中貢生授蘄州判不樂仕進致政居幽谷授徒講學以終其身

國朝段一定舉人繼明之後天性孝友家學淵源四方之士負笈從遊者衆明季喪亂族中女子多流離失所爲捐貲贖歸三十餘年絕跡城市晚進之士咸仰其高風

余有珩字行玉崇禎中貢生[illegible]穎異諳象緯知世將亂隱居天花坪讀書不輟福藩在南中有珩當需次教職避不就壽至八十餘

胡正南字佑秩歲貢生林泉嘯傲有隱君子風築別業黃金岩怡情花木塵囂甲末閒足跡也嗜飲酒酣論千古人物獨具卓識年六十四臨卒閱執友鄭魯錫所贈詩末云兒女債完書債了醉翁何日不神仙朗吟而逝論者謂得生寄死歸之眞意云

流寓

宋程祿官大理寺丞進士程端中十二世孫端中知六安軍金人寇六捍禦不克死之勅葬霍之撞山子孫散處英六間英邑代有奉祀生

明孔彦繪父善至聖五十八代孫洪武中以鄉舉訓英進教諭善父祥卒於英卜壵焉乃留子彦繪守塋遂爲英人代有奉祀生

邵起浙江餘姚貢生崇禎時累官鎮蘄水縣賊破蘄水僑居於英奉檄知英山擢知廬州府晉河南大梁道解職歸卒於英武砦

穎　失名福建人崇禎時爲英[illegible]典史十四年賊破

新城巷戰受重傷絶而復甦後家於英子泰淮

歲貢生

流寓補遺

宋彭青江西樂平人高宗紹興間吳璘守蜀青爲屬將三十一年金人攻黃牛堡璘遣青率兵至寶雞渭河夜刼磧頭寨大破之遂與劉海曹休等收復秦隴洮三州解官後家英卜居南鄉之彭家畈

隱逸補

聞詩禮字退學少積學倜儻不羈不求聞達隱居皋陶山麓工古文詩詞精楷法篆刻重道義交馬星槎學博贈句有云慷慨詩多餘傲骨應酬禮簡篤交情生平於此可見子立陔庠生

金偉罸字雪巖好讀書不求聞達天性誠慤每夙興香一爐善書一編衣冠虔誦飲食效古禮必祭暑月不袒口無戲言目無邪視善訓蒙今其族之遊庠序登賢書者多從遊焉

段承堦原名墀積學未售傲岸不羣精書畫篆刻

以蒔花種竹爲樂其祖肇伊任江夏縣尉家固殷厚墀性揮霍仗義疏財雖貧無卓錐地落落不攖懷抱閭里敬之

金誥字鳳卿太學生素積學隱居又一村處父兄閒藹藹熙熙自少至老如一性磊落慷慨不衫不履有莊列風嗜飲貪吟句多從性情流出著有栗園詩草

聞詩律好讀書工制藝聲噪士林卒蹟名場與弟廪監生詩可庠生詩賦增生詩哉授徒爲業咸稱名師律隱居皋陶山不干勢利澹泊可風

胡顯澍字靜菴太學生積學敦行隱居松山誘掖後進不倦年九十能作蠅頭細字著有願軒日抄摘錄世紀水道樂律諸書並圖說待梓子勝璐監生勝琦廩生

王善艮庠生素有隱德泮遊後頻年抱恙屏門謝客幾三十年惟於經史子集悉加考訂而岐黃諸書亦嘗肄業及之平時以藥濟人概不索値鄉里受其惠者無算

續修英山縣志卷之十九

英山縣知縣樂陵李文泉續修
英山縣教諭古歙汪時育 訓導合肥阮華裕 編纂

仙釋

天下名山勝景莫不有高僧羽士棲眞養性於其地而學士大夫游憩往來或欽慕高風捉麈談論逮至閭閻者庶咸奔走焉又檀施喜舍崇飾梵宇琳宮而異跡昭著者舉俎豆之盛雖窮鄉僻壤往往然矣英邑仙釋已列前志近世如洸正罡輩奇蹤異術士民無不嘖嘖稱道呼吸

風雷顛倒造化覺古人所傳未爲誣也志仙釋

明張大悲添樓鄉人居縣西香爐崕自幼好神仙術語人未來事及晴雨輒中父母怪之令牧牛晝地爲圈牛與羣牧不能出嘗作泥丸自食坐臥處往往有雲氣洪武初游方外莫知所終居民於香爐崖立祠肖像水旱祈禱輒多應驗

周和尚正統時居山溪坳號爲天下第二僧

徐謙三吳縣人善符籙能驅風雷郡邑旱請禱立沛太守龍詰贈詩云心上眞機旋造化掌中神術滚風雷

成化時八偕二子於縣東北五里漆衝[illegible]
結茆以處煮石爲羹逾數歲白日飛昇土人立
婁漊菴祀之
蕭泗得異人傳書符咒降八洞眞仙至則山鶴鳴
繞異香滿室判事不爽後晤八仙於椴皮嶺面
授修煉法遂仙去
夏則英嘉靖時人世居火麻坪[illegible]松花爲[illegible]
能致眞仙兄弟強之娶逃入[illegible]山學道[illegible]年
辟穀役風雷言人禍福輒應[illegible]塑像祀於太
乙觀
國朝沈正罡漆樓鄉人少讀書中歲遇異僧留宿舍
載授以書遂能驅役風雷歲旱祈禱立應鄉邑
皆奔走焉盧郡太學太守劉請以從午至薄暮
時雨至期甘霖滂沛四野霑足太守喜贈以匾
聯今邑中發雨禱[illegible]二百若遇正罡故得
名常以絲茅書符籙農民播種或人工不足迨
日暮及夜行乞得符輒見火光照耀無異白晝
工畢抵家夜漏盡矣鬧至村塾戲童子曰食我
使汝早散學倏忽黑雲瀰漫似將大風雹塾師
急遣諸童歸比至晴霽如故臨終語家人曰吾

今日當仙去如期而逝居民立眞人廟祀之[illegible]
應甚異
釋通如號慧融幼守僧祇律戒行清苦修理梵宇
募建入寺分處支派論者謂其得宗門衣鉢以上舊志
指月菴有僧號文素字繼成勤修淨業得衣鉢眞
傳兼善青烏之術時人稱之

英山縣志卷之十九終

續修英山縣志卷之二十

英山縣知縣樂陵李文泉續修
英山縣教諭古歙汪時肯
訓導合肥阮華林 編纂

列女

女子之行莫大於節孝葢無非無儀職在中饋其常道也不幸死亡患難而節孝乃見焉嗟乎從一而終雖曰古今通義要非清貞堅苦之操未易歷久而不渝也若乃零丁孑立五夜力作養遺老於桑榆延宗祀於一綫抑或寇盜出沒寧寸磔以潔身強暴侵逼蹈白刃而不顧雖烈

丈夫何以加焉至於甘心同穴絕粒投繯六禮未終誓心從死斯亦賢智之行也惟是
國家德教洋溢不遺幽隱建坊設祠著之令甲而窮鄉僻壤子孫不振遂致荼蓼終身貞徽掩抑所當廣爲搜訪列諸簡編匪獨旌揚可待而彤管垂芳亦庶幾幽光有耀矣志列女

明牛氏段賢可妻元末盜起賢可率族丁三百餘避難仙人臺盜至下山赴敵死於鋒刃賊復攻氏抱孤子伯隆匿石穴中以免尋夫骸葬之時年二十二矣志終身子孫至今蕃衍

李氏生員蕭尚豫妻夫歿親持家計內外肅然萬歷十七年大饑捐穀一千石助賑復捐穀助輸邑稅淮撫疏聞勅旌表

高氏廪膳生黃甲科妻夫病八載嘗湯藥調飲食始終不怠及夫歿柏舟自矢三十餘年撫姪孝宗黃氏賴以不墜歷任縣尹俱有旌獎

馬氏貢生鄧我榮妻崇禎八年乙亥爲流寇所逼極口大罵被殺甚慘

王氏生員段再振妻崇禎九年丙子秋避賊羊角山被執不屈罵賊死時年十九

曾氏生員胡學樂妻同夫避流寇至張家冲爲賊所執欲殺其夫曾紿賊願以身從請釋夫賊許之度夫去遠引身投崖死賊支解之

國朝劉氏明僉事世芳女年十七適生員余道源夫歿無子堅志守節時年二十九利其產者百計撼之不爲動久之有以旌獎請者劉曰吾遂吾志耳破產博虛名何如存產以廣先祀乃即所居爲祠堂以近祠產爲祭田利其有者雀角橫起鼠竊乘之遂致貧困既老竟以窮死然至今歲時祭掃余族莫不先祀節婦並及其夫與舅

姑焉

張氏農家女年十六適王廷賜生一女廷賜貿易歸染病勢不起氏遂不食誓以死從及夫歿其翁涕泣勸解且命廷賜姊與同處以慰之防稍懈張先縊其女乃自投繯死時年二十有七康熙丁亥六月事也縣尹林弼親詣奠之塟數年翁爲遷地棺已敗而面如生里人莫不嗟嘆按從一而終惟以守貞爲貴事舅姑撫孤乃節孝之大者必以死殉已屬賢知之過無故先縊其六歲之女逆理甚矣好奇者每亟稱之因附辨焉

王氏女父母早喪依伯叔以居長嫻女訓許字葉

生年十八將于歸而生卒女聞之不食七日死

蕭氏明經選太和教諭鄭萬綸妻年二十九夫病刲股以救及歿痛絕復甦孤同鼎同鼐俱幼蕭甘操作敬事孀姑年六十九卒

張氏劉一舉妻生子昌夫歿張年二十五潔清守志拮据承家卒年六十有八

傅氏余良玿妻年二十二夫亡子幼苦守三十四年卒

鄢氏方尚選妻夫歿鄢年二十五截髮毀容誓告柩前堅志苦守教子成立年七十有二

段氏王民禮妻夫歿段年二十九節操清苦教子補諸生卒年九十

周氏段再衽妻年二十五夫歿撫孤守志孝事其姑六十三歲卒

杜氏適馬騰雲生子一夫歿家計蕭條氷霜自厲敬事庶姑如母五十九歲卒

陳氏鄭永和妻夫歿陳年二十從一自矢孝養翁姑教子成立卒年四十六

張氏劉濟妻年二十而寡奉姑誠敬紡績成家義方訓子八十歲卒

方氏年十六適傅啓璣生子再錫夫善病家徒壁立方灌園紡績供湯藥不懈年二十六夫亡舅姑皆老病不起方敬事殷勤歿喪塟如禮年六十九卒

王氏黄正珩妻夫歿王年二十六遺孤二茹荼集蓼嚴於教子長遵典食廪餼早殤撫幼子遵謨紡績不倦苦節四十五年

周氏程大灼妻夫歿周年二十二苦節三十二載縣尹張顯遇爲之請旌無子僅二女長適庠生金秉璜年二十五秉璜卒亦辛勤守節氷操凛

然次許字余生未嫁生卒不食而死皆無忝於其母云

余氏太學生劉興仁妻興仁瘵疾委曲調養及歿余年二十二無子爲祠祀憂託族戚勸翁納妾常私祈禱翁年已七十八竟得子後余自以經嗣年至七十乾隆十四年具題建坊旌表

程氏太學生金奉獻妻年二十九夫死遺孤復殀立姪紹傑嗣遍濟族中之困乏者改建先祠重修祖墓不留餘貲姻族賢之卒年六十八

程氏生員馬世錫妻年二十六夫歿三子俱幼事

繼姑委曲承順始終無間朝夕課讀三子俱成立及諸孫皆列膠庠程年七十四而卒

潘氏太學生陳維翰妻年二十五翰歿勤紡績禮葬舅姑撫子大倫力學成諸生年六十五卒大倫復夭媳胡氏苦節如其姑

劉氏吳世宗妻夫歿劉年二十二遺腹生子振玉夭死守志年五十四卒

金氏適沈應重年二十二夫病瘵茹苦嘗辛供湯藥不怠夫卒栢舟自矢上奉老姑下撫幼女憂勞倍至姑歿附夫於姑塋年五十三卒

傅氏王錫駒妻明經道大子婦也夫殞傅年二十三慟欲身殉時翁姑衰齡諭止之乃忍泣承命奉翁姑盡孝養教兩孤兒不以慈廢嚴俱補諸生年七十五臨歿謂子從龍曰吾嘗早死浮生數十年爲爾兄弟也今幸得從爾父地下言而卒三日入殮面如生

鄧氏程光浩妻夫亡鄧年二十一子二皆稚甘荼苦勤紡績四十年如一日

杜氏徐惟永妻家貧事舅姑孝紡績以營甘旨年二十八夫歿撫三歲子在喬成立娶媳胡氏在喬早亡胡年二十四乃共撫其孫大基及長又

娶於胡年僅十九大基亦死遺腹子道鎮邑令旌之曰一門三節後杜年八十一胡年五十六相繼卒道鎮援例入國學生子允楨而歿妻李氏年二十六四世冰蘖一息僅存姑胡現年六十與李相依爲命焉

吳氏聞世英繼妻前沈氏生子學訓等四人吳生子學誠甫兩月世英卒吳年二十悉以家務付學訓紡績以鞠幼子長加課督苦節四十一載學訓等亦能孝事之

夏氏段再卜妻夫歿夏年二十六矢志不移家貧孝事繼姑甘旨皆出自女紅教子列膠庠雍正三年蒙　恩例賜粟帛年八十一卒

聞氏生員段肇禧妻夫亡氏年二十二子方數月矢志靡他撫子入成均年五十七

傅氏太學生段肇俠妻年二十四夫歿守節奉姑撫子入成均年六十五卒

余氏貢生有鼎女適馬騰衢子庠生埈年二十五埈歿孝養翁姑修宗祠置祭產及義田年五十一而卒遺命諸子重施與善繼先人志乙巳歲歉子世銳捐穀數百石邑令張顯邁旌曰義表慈訓

張氏太學生鄧可茲妻夫亡年二十四無子以姪承夫祀守節五十七年子孫皆入邑庠現年八十一

鄭氏增生沈詩羣妻庠生同翀女少時嘗刲股愈父疾年二十一夫歿無子以姪書虞書序嗣勤紡織教子成名時出橐資修橋路歲歉減食濟人廬墓側五十五載年七十六卒乾隆十五年建坊旌表孫承文承章俱入邑庠

[illegible]氏童一明詩妻二十二歲而寡孝事孀姑喪葬以禮子甫三月撫以成立年四十二卒乾隆二年旌表

吳氏湖廣羅田縣胡國良妻二十一歲于歸隨夫奉翁姑居英邑佐夫耕作以生六閱月夫故絕粒啼泣翁姑知其欲殉也謹伺之則從容告曰翁姑老叔幼不敢死也防稍懈輒雉經死乾隆十一年建坊旌表

傅氏生員程明棪妻年二十于歸生二子長二齡次甫半歲明棪卒傅年二十四貧苦甚矢志事孀姑家人罕覩其面現年五十有二

余氏儒童金紹文妻年二十五紹文歿子序琪甫四歲零丁孤苦家貧如洗紡績資生葬翁姑撫孤成立苦節三十二年臬憲崔額旌曰節勵冰霜

沈氏余延煌妻延煌卒沈年二十二撫弱女適金氏立姪良忠承祀奉翁姑家貧苦節年六十二卒

[illegible]氏段肇熙妻年十九夫歿子祚泰止半歲家[illegible][illegible]苦孝養翁姑撫孤子苦節四十二年現年大

十三歲

胡氏儒童段肇吁妻年十九于歸舅姑早逝二十四夫歿子祚梓甫二週家貧苦節撫孤年七十猶甘淡泊不出庭戶宗族賢之

蕭氏傳士栻妻性淑愼事親孝年二十適傳生子以爛未週歲夫歿蕭年二十四勤紡織艱辛課子列宮牆年五十二而卒

吳氏庠生余道烈妾道烈娶程氏無子妾彭氏生子延峙方七月而道烈歿程氏亦卒彭性庸愚吳視延峙爲已子竭力撫養家業益裕娶媳劉

氏生子良椿甫九月延峙又不祿劉亦青年抗節與吳同志撫孤吳今年踰七旬猶初終一致也

沈氏庠生金元春妻孝事舅姑四年而姑歿家徒壁立鬻賸僕治喪且爲翁繼娶黃氏元春染瘋疾目復瞽欲自殺沈強顏慰解屢遭鞭撻含淚跪受怒釋方起數歲元春死沈粧匳亦盡然斂葬必盡厚逾二年翁文貴歿厚殮如其夫勤女工延師敎子又能課家人盡農圃利雖屢困厄而積勤數年輒能自給仍償舅及夫積逋百餘金贖其凶喪所質田産年二十七矢志七十而卒子秉鉞好義廣交時謂得母訓云

程氏儒童金秉鐸妻年二十九夫歿勤紡績撫孤三十五年子恆爵扶爵入國學現年六十四歲

金氏儒童鄭同玗妻年二十七夫歿家計蕭條徒四壁立金矢志紡績教子元儉成家年六十七卒

龔氏儒童汪兾時妻夫歿龔年十九子漢英僅兩月事舅姑撫孤不墜先業孫庭梓早年入泮年七十三卒

馮氏吳有玉妻年二十適吳二十七夫歿雖有伯叔皆貧廹不能自存馮晝爲人針黹易粟暮紡織達旦不休苦節四十年卒年七十六

王氏歲貢生斑女太學生馬道潮妻道潮卒王年二十四遺孤甫一週孝孀姑撫孤守節二十九年現年五十三子際樂弱冠入邑庠

匡氏沈宗召妻年二十六夫歿家貧子幼立志苦節七十二卒子正權植俱著庠序

劉氏庠生沈書孟妻夫歿劉年二十三子甫週歲孝翁姑撫孤勤苦成家年五十八而卒子孫宗

國學生

馬氏庠生夏燧妻子甫二齡燧病篤謂馬曰我死惟以吾母及祖母皆年老未得終事爲憾馬泣曰在予一身勿憂及歿晝夜紡織事葬皆如禮無何子死孫年十餘又歿迄今馬年七十餘媳高氏亦年將五十僅守遺腹一孫時人嘉其節而憐其遇焉

劉氏太學生段再紳妻年二十六夫歿治家勤儉教四子甚嚴後四子皆成名卒年七十三

胡氏儒童沈詩作妻年二十四夫歿子甫二齡家

貧如洗忍饑寒勤紡織撫子成家苦節三十七年現年六十一

蕭氏庠生大柱女儒童沈尚誥妻年二十五夫歿子世蕃甫二週家業凋零紡織營生撫子娶媳生一孫媳死孫殤無力繼聘母子二人相依爲命知縣鄭重旌曰松心自勗苦節三十五年現年六十歲

吳氏吏目沈書升妻年二十四夫歿孝翁姑撫孤卒年七十九子承誨承講俱國學生

沈氏儒童余元善妻年二十六夫歿家貧無子孝事孀姑立嗣承祀苦節三十七年現年六十三

蕭氏儒童沈尚介妻年二十二夫歿子世洵甫五月家貧茹苦事翁姑撫孤苦節二十九年現年五十一

王氏年十八適廩監程時二十六夫歿姑疾篤刲股救之得愈子光濟入邑庠又撫姪光潤爲子光濟竟無出乃以潤次子庠生明梓嗣焉壽九十二乃終

夏氏儒童劉啓祚妻年二十六夫歿撫二子依舅氏讀書婚娶至成立始歸年七十餘卒

周氏年十九適縣丞馬道洵三載夫歿無子朝夕依孀姑撫姪爲子現今守節二十五年

馬氏廩生李世煌妻年二十八夫歿無子立姪爲嗣守節二十五年現年五十三

徐氏年十九適職吏李智二十九夫歿子世烈甫周歲孝事孀姑撫孤成立生二孫俱幼世烈又亡徐撫孀媳弱孫艱辛備至現年六十五歲

胡氏生員彭正己妻年二十六夫歿孤子甫半月撫之成立事姑以孝聞治家嚴肅現年六十歲

查氏年十八適彭正學逾年夫歿子甫一月事公

姑惟謹教子成立歿年五十七子其與大學生
方氏年二十四適彭正鵠逾二年子甫週歲夫歿
守節撫孤子年二十得痰疾家務皆方曰經理
卒年六十七子孫蕃衍中鰲庠生本湘庠生
段氏年十八適職吏陶九思伶仃失怙段孝事孀
姑年二十六夫歿子鼎纔週歲撫以成立為國
學生守節三十年而卒
田氏胡鐸妻年二十六夫歿子甫週歲撫之成人
現年六十六苦節四十年
李氏庠生段再招妻年二十五夫歿家貧子幼公

姑老且病養葬盡禮教子入邑庠年七十二而
卒
傅氏童生胡其塏妻生一子中楚年方三齡其塏
歿傅年二十六事舅姑撫孤成立有二孫現年
五十三歲
徐氏貢生姜一詔妻年二十九夫歿二子曰棟曰
梁年僅三五歲撫以成立列國學復相繼早逝
徐撫養孤孫課讀不倦年六十七卒
李氏儒士杜興祚妻年二十四夫歿姑年七十子
幼家貧值歲饑藜藿不飽勉力姑膳未嘗稍懈

年七十餘卒
姜氏曾惟憲妻年二十夫歿有子國林教以詩書
子歿復撫孤孫教以成名苦節四十餘年卒
徐氏庠生維明女適蕭和璜年二十四夫歿教子
大利入邑庠苦節四十八載現年七十二
曾氏儒童杜以德妻生子有鼎有儀有容年二十
八夫疾刲股救之不得夫歿後勤苦自甘三十
餘年卒
胡氏國學生杜興榮妻子再瑜再璵年二十三夫
歿事姑孝謹教子成立守節三十餘年卒

張氏羅邑同知光會女經歷杜輿義妻年三十夫
歿敬事公姑撫孤再晨列國學守節二十九載
現年五十九
杜氏張之傑妻年二十二夫歿子幼家貧苦節三
十年卒
劉氏庠生曾國玟妻年二十七夫歿一子在宜守
節二十五載現年五十二
劉氏汪一麟妻年二十四夫歿一子太和守節五
十三載現年七十七
王氏[illegible]妻年二十四夫歿一子禰祿苦志撫

之成家歷三十餘年而終
陶氏方衍江妻年二十三夫歿矢志撫前子及巳子中年二子俱殀復與兩媳撫其孫現年五十八
段氏庠生再彥女年二十適方衍儀逾三載夫歿子甫週歲矢志撫孤現年七十子殀孫幼貧苦自甘
方氏適職吏舒其翼夫歿方年二十三無出立姪爲子子復歿與媳段同撫其孫及曾孫舒瑄入邑庠生年八十五卒

曹氏職吏劉裔妻裔歿曹年二十五守志撫孤現年六十八
龔氏庠生維周女年十八適胡桐未逾歲桐死越月生一子伯叔逼之斷髮誓守撫子成家孫顯璚入邑庠年七十三卒
唐氏庠生段肇忠妻肇忠歿唐年二十八子甫半歲撫以成立復死無後氏亦尋逝年五十三
龔氏年二十一適唐陞巖逾三載生子甫兩月夫歿茹苦守志現年五十四
閔氏唐必達妻年三十夫歿撫子陞崑陞嵩俱入邑庠年八十六卒
張氏經歷劉一舉妻子昌甫二歲夫歿張年二十三苦節事姑年七十三而卒昌妻裴氏年二十七亦夫歿矢志現年六十三
劉氏程太雍妻夫歿劉年二十四親族逼之改適誓志堅守立姪以嗣縣學廩旌之現年五十三
王氏徐在嶽妻性至孝于歸後繼曾祖妣甄氏病劇刲股救之年二十九夫歿二子幼甘貧守志年八十而卒
吳氏經歷鄭榮名妻生一子貴瑛榮名往京師歿於義邱吳年二十五痛哭絕粒幾死哀屬其叔榮暹渡河尋尸歸葬鄉里苦節五十一年卒

徐氏姜一仁妻生二子夫歿徐年二十五家極貧苦節五十年卒年七十五
徐氏孔傳禮妻年二十三夫歿無子立姪以嗣姪復早死與媳朱甘貧撫孫現年七十八
張氏裴大有妻夫歿張年二十四有一子家甚貧苦節五十年卒年七十四
馮氏庠生徐一致妻年二十四夫歿子甫歲餘矢志撫孤年七十三卒

徐氏蕭東山妻夫歿徐年二十六家貧甚依母氏傭繡紡績苦節三十四年現年六十

胡氏朱時庵妻夫歿胡年二十五歲守節撫孤現年七十

張氏徐在錦妻年二十九夫歿子幼舅姑衰老守節奉養年七十二卒

張氏儒童程光濵妻年二十三夫歿家貧相依母氏紡織撫孤成立現年六十五

金氏儒童江庭鶚妻夫歿金年二十五子元聰僅週歲事翁姑撫孤守節三十年現年五十五

陳氏年二十一適闞成周逾年夫歿無子以姪永達嗣家計蕭條紡績度日孝事舅姑歲饑藜藿不飽而菽水無缺歷三十載子旣成立家亦稍裕現年五十一

趙氏適儒童江庭鸞子文達甫一歲夫歿趙年二十五孝事孀姑撫孤成立入國學歷三十四年現年五十九

張氏儒童匡四游妻年二十二夫歿子五福僅六月事孀姑撫孤苦節四十三年現年六十五

黃氏庠生段選妻年二十五夫歿家貧矢志紡績教子現年八十五

傅氏儒童余良銓妻廩生有寬女幼誦女訓年二十五夫病革囑曰吾親老子善啓甫三歲弟良鎮亦幼未了事爲我承之遂卒傅孝事舅姑教子成立遭家多難絕無怨言善啓亦娶傅氏年二十餘又夭遺子維寧姑婦同志依其叔良鎮鎮亦旋殞無子妻鄭同心撫養維寧三世四寡一孤煢然人皆敬而憐之

聞氏庠生汪宗模妻年二十八夫歿父母憐而欲嫁之投繯自經嫂力救乃免守節歷三十年

正燧邑庠生正焱入太學現年五十八

鄭氏庠生熊清泰妻年十九夫歿痛絕復甦越三月遺腹生子風時紡績奉姑至年六十風時亦歿又撫孀媳汪及孤孫雲賂俾其成立守節歷五十八年無疾而逝

郗氏儒童鄭一朝妻年二十九夫歿氏事孀姑沈最孝撫孤本桂列國學卒年八十四[illegible]

段氏廩生鄭萬祜妻年二十四夫歿矢節撫孤同周周生二女亦逝立姪孫爲嗣捐田爲闔族祀

産復捐田建萬壽菴般若菴卒年六十八歲時
祭掃族人皆禮祀節婦並及其夫

鄧氏太學生鄭元杲妻年二十三夫歿以姪爲嗣越七月遺腹生子一堅矢志守節事孀姑張孝毋歲捐貲備棺木藥餌以濟窮鄰年四十七卒

龔氏庠生沈詩賦妻年二十九夫歿敬事翁姑撫孤書田成立列國學守節三十一年卒年六十

沈氏鄭元凱妻事舅姑孝年二十四凱卒撫孤成立子一朝國學生次一棟邑庠生年七十七猶勤紡績諸孫皆克承其家云卒年八十八

程氏邑庠生鄧烒妻年二十八夫歿矢志事姑姑病藥必先嘗衣不解帶者五十餘日里人賢之現年七十三

渦氏儒童沈書政妻年二十七夫歿子承龍甫周歲家貧甚紡績孝孀姑撫孤苦節三十五年現年六十二

蕭氏儒童沈詩言妻年二十八夫歿矢志事孀姑撫孤出奩資修橋路年七十二卒

段氏生員王天鐸妻年二十九而寡勤儉致富子三人俱援例入貢監鄰里貧困者不時周濟年九十無病而卒

段氏庠生簡女王之舉妻年二十五夫歿子繼禧甫一齡矢志奉姑撫孤門出紡績所餘周鄰婦急困年七十四

岑氏王之弼妻年二十一夫歿止一女陳氏王之吏妻年二十夫歿無出姒娣同心守節伯叔分其產毫無怨言岑依女家陳依母氏完貞四十餘年

段氏王道瓊妻年二十九夫歿家貧子幼孝事孀姑撫孤成立入國學現年七十

段氏庠生肇昌女監生王之榛妻夫歿遺腹生子從照撫以成立夫弟之枋亦夭無子妻顧氏立

姪從熙爲後時稱雙節段現年五十五

程氏王從瓏妻夫歿程年二十四子善紀甫二齡遺腹生子典家貧守志孝孀姑撫孤鄰家失火屋幾燼程出拜火遂滅時謂節孝所感現年六十四

徐氏儒童蕭和瑞妻生子大典和瑞歿徐年二十一礪志勤儉孝事翁姑子復殤以姪大櫳爲嗣夫弟和瑀無子捐已租給瑀娶妾知縣張掄甲

區曰松筠偕茂年五十二卒
沈氏童生蕭和恂妻年二十適恂逾二年夫歿無
子以姪大炳嗣矢志守節紡績教子入國學現
年五十六
王氏監生鄧可煥妻年二十九夫歿守節事孀姑
二十載曲意承順教子大邦入邑庠
傅氏生員鄧大慰妻年二十三夫歿矢志奉翁姑
二十餘載置產二百石養子成立現年五十歲
鄭氏儒童蕭和忻妻節孝徐氏之媳也年二十二
和忻歿二子繼殤以姪大劍爲嗣事翁姑孝姑

徐年八十餘病臥兩載親湯藥操滫瀡未嘗廢
離勤儉有家法現年五十八子大劍屢欲請旌
鄭不許
沈氏儒童蕭和怡妻節孝徐氏之媳鄭氏之娣也
生子大縉大紳年二十八夫歿事姑孝與鄭同
心服勞終始不怠現年五十八
傅氏余良銀妻年二十七夫歿矢志撫二子成家
現年五十六
劉氏生員段宗禹妻宗禹家貧劉紡織忍饑寒供
讀書資年三十夫歿家益窘苦節無怨言現年

九十二蒙　恩例賜粟帛兩次
劉氏太湖監生大禹之女儒童蕭和純妻年二十
二生子大悅方三月和純歿矢志孝翁姑教子
門庭肅然娣姒皆以爲法末年有孤燕巢梁間
鄉里比之衛仲瑜妻王氏年七十二卒
夏氏監生蕭和澤妻和澤死祖母八旬生母六旬
三子皆幼夏年二十六事二姑撫稚子勤儉持
家後因哭姑損一目現年五十一子大林國學
生
陳氏柯有德妻年三十夫歿有二子矢志教子幸

苦餘積捐修橋三座共用銀二百三十兩現年
六十一
汪氏鄭元哲妻年二十五夫歿子方三歲汪矢志
養姑三十餘年姑壽八旬乃歿子孫成立汪卒
年八十九
吳氏儒童馬世鑅妻夫歿吳年二十八矢志守節
無子以姪道河嗣家貧紡績教子成家現年六
十二
胡氏職吏馬世鉅妻夫歿年二十六矢志撫孤孝
事孀姑教子道潤入國學年六十一卒

胡氏王湘妻夫殁胡年二十十子保元甫六歲家貧如洗依夫弟漪自勤紡織矢志撫孤苦節三十二年現年五十九

程氏張啓誼妻年二十四夫殁子亦夭捐田三十石入祠守節四十二年現年六十六

徐氏年十九適庠生胡華旦二十四夫殁以姪爲嗣生一女子又死紡績養孀姑撫孫女姑殁乃依其兄嫂年七十九而終

程氏鄭榮旹妻年二十八夫殁甘貧苦守紡織教讀歴年六十卒子寛孫之倫後皆列邑庠

鄭氏余延周妻年二十四夫殁家貧矢志孝事孀姑撫孤成立現年七十八

傅氏余良寧妻年十九于歸逾歲夫殁遺腹生子善佑孝事舅姑撫善佑入太學有四孫善佑年二十餘亦殁妻鄭青年矢志敬順孀姑現年四十八臬憲崔旌其門曰雙節齊名

樂氏庠生程巇妻年二十八夫殁子光清光渭俱幼越五月遺腹生子光淑矢志撫孤家貧紡績以資膏火清渭皆早逝光淑後入邑庠年八十七蒙　恩例賜粟帛壽九十二而終

程氏彭寧一妻年二十五夫殁家貧苦節年八十四卒子孫皆入邑庠

張氏鄭元直妻年二十夫殁二子俱幼孝事孀姑後二子繼逝復撫兩媳兩孫卒年七十九

張氏鄭一鑑妻年二十三夫殁孝翁姑撫孤成立卒年五十九

李氏王正世妻年二十夫殁子天塏甫二歲孝事翁姑教子成立年八十一卒

蕭氏余良珺妻年二十八夫殁撫子成立婚娶子媳繼逝又撫兩孫勤苦成家現年五十

黄氏國學生葉生玉妻年三十夫殁守節五十餘年蒙　恩例賜粟帛年八十四卒

徐氏胡延紳妻年二十夫殁子華靖甫四歲矢志守節現年六十

胡氏徐會趾妻年二十九夫殁子大燦大煥俱幼守節教讀年七十一歲子大煥孫道越俱列邑庠

胡氏徐大綬妻年二十七夫殁撫孤道宣成立守節現年五十七歲

李氏年二十二夫聞增祥故撫子顯貞守節四十

八年現年七十
鄭氏吏目程明棫妻子行灯甫一週而明棫歿氏
年二十三孝事舅姑舅歿姑年七旬抱疾飲食
湯藥不假他手好義樂施邑有大興作捐貲不
吝教子有方因年例未至先附錄焉
鄭氏太學生傅士松妻年十四刲股救母二十復
刲股救夫夫歿撫兩孤以煩以熵矢志守節孝
事孀姑年例未符附錄
鄭氏太學生胡華伸妻夫歿鄭年二十六事繼姑
孝撫兩孤應龍應鳳俱列國學伸兄華佑夭婦

早喪三子旋亡三媳及諸姪孫皆鄭撫之守節
二十一年例未符附錄
聞氏儒童鄭一鎬妻年二十四夫歿無子矢志事
祖母戴繼姑朱曲盡婦道卒年五十五年例未
符附錄
杜氏監生程明楷妻年二十九夫歿有二女一子
撫以成立躬親紡織守節二十年現年四十九
例未符附錄
以上係舊本中載未符例與現年者今未
考姑仍之

英山縣志卷之二十終

續修英山縣志卷之二十下

英山縣知縣樂陵李文泉續修
英山縣教諭右歙汪時育 訓導合肥阮華林 編纂

列女

鄭氏
誥贈奉直大夫余善緒之妻孝廉鄭一坊之女也幼
遵閫訓授女史大義輒能了了年及笄歸緒未
六年而緒卒遺孤維謙甫三歲女未一週氏毀
瘠絕粒誓不欲生氏舅州司馬余龍毅然以親
老子幼相責氏乃揮淚御悲冰霜自勵足跡弗

踰閫閾氏固介婦綜粟出入諸惟姒婦是聽而
事堂上以孝撫膝下以嚴鍾禮郝法不啻過之
葢數十年如一日也維謙思爲顯揚計援例授
州同加二級需次待選封父母如其官諸姑娣
咸爲氏慶而氏自淡如且日好善爲之未亡人
何以名爲享年六十而卒三學諸生現欲公呈
籲請 旌表
金氏程義路之妻金序瓌女也年二十四歲夫歿
矢志守節立夫弟義里之子惇典爲嗣上事舅
姑下撫弱媳茹荼啜蘗前後四十餘年胞弟六

六安學正金光恆採入州志嘉慶庚申年堂弟
大司寇金光悌代請　旌表建坊
施氏儒童馬道海妻年二十適馬事孀姑段至孝方四載夫歿生子三月自誓守節嘗云姑撫氏夫不能終養氏欲以身殉姑誰相依於是以婦代子維持家道撫子際崧成立入國學得孫三姑年九十八以爲一門雙孝嘉慶十六年請
旌建坊年六十前邑令楊公壽詩云茹荼心自苦啜蔗味方長有子貞騏驥文孫小鳳凰良不虛云至今年近七十猶勤儉慈惠精神不衰

胡氏儒童裴萬驥妻于歸匝月夫病夜拜北斗籲以身代夫歿親事殯葬畢自縊殉節詳請　旌表邑令嚴克任輓聯云一月婚姻男別女千秋節烈死猶生人競傳之
鄭氏監生余善佑妻青年矢志敬順孀姑撫孤子維正維大維光維明俱成立有八孫享年五十八守節三十二年長孫邑庠時可等仰體父志於嘉慶二十二年請　旌建坊
金氏金庠璉女許配儒童彭申檜未嫁檜以病瘵亡氏聞訃悲不自勝遂於是夜沐浴更衣投繯而死其夫家迎柩合葬焉嘉慶六年奉
旨旌表建坊
鄧氏生員葉榮濃妻生員可焯女持躬淑慎年三十夫歿無子誓從地下絕粒三日孀姑鄭諭以事姑立後大義而止嘉慶八年詳請　旌表建坊立子二夏忠布政司經歷夏恕浙江鹽運使參軍

以上請　旌表者七人

程氏胡華夏妻年二十九夫故子甫二齡家徒壁立苦節堅心紡績撫孤教讀成立卒年六十有

二
王氏增生李世焜妻年二十九歲夫歿子芝彬年甫三歲苦節自矢勤儉成家卒年七十八歲
徐氏武庠胡應掞妻夫歿年二十一歲生子可翼甫及二月矢志守節持家勤儉教子成立援入成均卒年七十四歲
傅氏邑庠生傅作梓之女年二十適儒童馬道澐爲繼室澐已抱病氏奉侍周至甫三月澐故撫養前子際時如已出生孫純熙逾年子與媳相繼沒氏撫弱孫以養以教恩義兼盡卒年六十

九歲其姪婦杜氏馬際運之妻夫亡守制與傳相依度日卒年五十五歲一門雙節

胡氏儒童馬道洙妻年二十三夫故志冽冰霜守節四十七年卒年七十三歲

王氏馬際權妻年二十九歲夫歿子純璜甫歲餘矢志撫孤家貧紡績教子入庠膳苦節自守卒年七十八歲

徐氏胡九濃妻年二十六歲夫故子甫三齡孝事翁姑撫子成立卒年六十二歲

以上入州志者七人

王氏太學生劉學明妻年二十九苦節撫子道全道璋成立璋爲諸生五十餘年品學兼優鄉里推重咸以爲母氏節孝之報卒年九十六

李氏裴文煊妻夫早歿家貧勤儉自持延師課讀目及四世孫十五人四入邑庠苦節四十年卒年八十七

楊氏庠生郝維爵妻夫亡氏年二十五家貧紡績自給撫孤成立孫郝桂中憲俱入泮卒年六十有四

余氏監生姜名熺妻性至孝姑病篤氏刲股進羹而愈後夫復病氏籲天願代刲心以救浹旬復甦姑勸慰曰汝捐生奈藐孤白髮何氏怵然奉命孝養備至教子新址新堂俱入成均年六十三終

徐氏儒童裴承瑛妻夫歿徐年二十九生子二孝事孀姑撫子成立長萬驥入太學次萬春入邑庠孫世啓世南入邑庠苦節三十八年卒年六十七

鄭氏儒童李朝翰妻年二十五歲夫得癈疾氏敬戒無違越三年夫歿氏矢志守節撫子成立卒年六十三歲

傅氏儒童鄭本鏜妻監生王嫌次女也生子二年二十九歲夫歿家無立錐依舅氏以坪紡績撫孤潔清守志卒年六十九

劉氏姜名極妻年二十一歲夫歿遺腹子新輝氏孝養孀姑苦志撫孤年七十六卒

劉氏鄭之華妻年三十夫歿紡績課讀撫子成立孫驥曾孫馥俱入太學苦節四十八年卒

劉氏汪天堂妻年二十夫歿家貧子殤氏孝事公姑立夫弟子必德承祀苦節四十一年卒年六

十一
鄭氏庠生李朝宗妻年二十六歲夫沒苦節撫子
成立卒年五十八歲
段氏方宗豫妻于歸二載夫歿氏年甫二十歲生
子衍槐僅八月苦志守節教子成國學孫德焰
邑庠卒年八十五歲
王氏庠生彭其樂妻庠生王理女年二十四夫卒
齧蘗茹荼翁姑壽均九十餘孝養六十餘載子
中琦國學生卒年七十三歲
馬氏彭其椅妻郧西縣知縣馬坦孫女年二十二

夫卒家貧守節紡績事翁姑撫二子成立卒年
七十二
馬氏庠生世銓女太學生彭其名妻年二十八夫
歿矢志守節立姪太學生中露爲嗣卒年八十
有四孫元珽邑增生
李氏彭元程妻年二十九夫卒無子立姪爲嗣孝
養翁姑紡績度日教子成立卒年五十四
段氏儒童王璟安妻于歸後夫故無嗣恪志守節
事孀姑田氏孝敬兼至立子敏修撫養課讀氏
卒年六十有一

段氏祈請女適儒童馬際會會卒無子立夫兄際
時次子純輝爲嗣守節十七載卒年三十六歲
段氏王樂善妻年二十夫歿二子繼亡苦節守志
立堂姪成豫爲嗣卒年八十
盛氏儒童沈尙序妻羅邑監生廣勳女年二十四
夫歿氏柏舟自矢奉孀姑委曲承順撫六歲孤
子世塘成立卒年八十四
彭氏鄧昌傑妻年二十于歸甫七月夫歿遺腹生
一子矢志苦節撫子成立卒年七十三歲
張氏段永興妻年十七歲夫亡生子一苦節五十
一年教子芳霞成立卒年六十八歲

鄭氏儒童聞興都妻太學生同昌女二十六歲夫
卒無子立姪詩鏵早逝撫孤孫三人成立守節
三十一年卒年六十六學師任贈柏節萱榮額
傅氏聞興焯妻二十六歲夫卒子詩淦甫一週矢
志撫養舅姑在堂代終子職守節四十六年卒
年七十二歲
彭氏沈承詩妻夫歿氏年三十矢志不移家貧無
子以姪盛堂爲嗣拮据成家堂入成均卒年八
十四

沈氏儒童聞詩槐妻太學生承譜女年二十七槐卒子立德生甫半月苦節三十年卒

鄭氏儒童聞與俊妻庠生一試女俊穎慧工文年二十一赴州試卒客邸時氏于歸僅五月劇不欲生既念有身翁姑年老強留以待生子詩幹宗緒不墜年六十一歲卒守節四十一年

余氏儒童傅以烶妻年十五于歸十八夫歿子文學甫數月事孀姑孝支持家計文學年十九亦逝與媳劉氏共守始終不渝卒年六十有九親見曾孫四人

金氏太學生余善綱妻貢生庠塘女年二十三夫卒子維芝僅一周守節數十年持家訓子內外整嚴芝例授州同亦能以孝聞之

鄧氏彭端岩妻邑庠生柳溪母也氏自于歸後事翁姑相夫子一切中饋紡績之職皆身親之年未三十而端岩早逝又無子撫棺泣淚死而復生時柳溪年甫髫齡孺人愛其賢也擇而立之而柳溪孝友睦婣任恤尤能力行慈訓云

蕭氏儒童鄭本初妻年二十四夫故誓死不變敬事公姑苦節四十餘年　與孀媳二人紡績自給族咸稱之卒年七十四歲

汪氏汪萬選妻年二十三歲夫歿苦節撫子志遠方二歲及成立娶媳熊氏志遠早亡熊年二十僅遺孤子克體姑志同勵冰操汪現年八十九熊現年五十六

段氏儒生陶天楷妻年二十二歲夫歿子開第年甫週歲苦節自守勤儉持家現年八十七

馬氏進士馬道泂女適方德滙夫歿氏年僅二十五歲越兩月生子之楷入國學楷歿氏率媳王氏同撫幼孫原燁現年八十三

張氏胡可亨妻年二十五歲夫故遺腹子允璜家貧紡績苦節撫孤現年七十二

徐氏儒童裴萬從妻夫歿家無立錐徐年二十五子一早喪遺孤孫二孀媳呂氏克踐姑志備繡紡績艱苦備嘗徐現年七十八呂現年五十五四世同堂

金氏王元顯妻年二十三于歸無嗣越二年夫故立志守節敬奉公姑立子德安教讀入泮現今同堂四世年七十五

鄭氏彭中玉妻庠生一律女于歸數月夫病刲股

以救越四載夫歿撫嗣子元錦入成均事孀姑
以孝卒年六十四
傅氏儒童彭中琅繼妻監生士㠶長女年二十適
琅五載夫歿家貧無子矢志守節孀居四十餘
年卒年八十九
段氏王癸善妻年二十八夫歿無子堅志守節立
胞姪成楷爲嗣現年七十二
王氏外籍陳起輪妻年二十六夫歿子一撫孤守
節現年七十三
葉氏方德爍之妻夫歿氏年甫二十歲立德淮之
子之純爲嗣苦節自守現年六十九

朱氏方德漢妻夫歿氏年十八歲立德江之子之
統承祀矢志守節現年六十二
傅氏儒童龍國棟妻生子一文明氏嘗刲股愈姑
疾夫病復刲股救之不得年二十六夫歿家貧
苦節撫子成立　例授登仕郎現年六十三歲
閔氏蕭正翥妻夫歿年二十一歲生子數月夭亡
堅心自矢紡績持家依夫弟正馥之子馥復旋
亡僅一子承繼兩房氏現年八十三
劉氏傅文學妻年二十夫歿誓不欲生念兩世孀
姑無人奉養涕泣圖存克盡孝道遺腹生子守
約國學生氏現年六十六
胡氏儒童鄭本金妻生子二年二十七歲夫歿紡
績持家潔清自守現年六十一
傅氏聞詩柏妻太學生士松女柏卒氏年二十七
無子誓以身殉因姑已先卒翁僅生柏一人勢
將絕祀勸翁禮聘庶母生子五人勤苦教育現
年八十歲守節五十三年
金氏徐允卓妻夫病刲股二次夫歿氏年二十七
歲苦節撫孤子元春列黌序卒年八十一

鄧氏國學鄭本莊妻任銅陵縣教諭鄧昌鍇女年
二十五夫疾篤刲股救之不愈立姪昌璉爲嗣
守節五十六年現年六十
李氏蕭方鏄妻生子一年二十五夫歿孝事舅姑
義訓孤子苦節守貞現年八十二
匡氏王星善妻年二十六夫故苦志守節現年六
十
蕭氏胡允杰妻夫故年二十三歲生子奉泮甫一
週矢志守節孝事翁姑紡績不倦現年五十
彭氏庠生鄭本獅妻年二十一夫喪於永春州署

無子矢志不二立夫堂弟之子昌瑚以繼後嗣
苦節五十七年現年七十八歲
王氏廩膳生彭元英妻貢生王堅善女年二十三
夫卒家貧勤紡績以奉翁姑撫二子成立苦節
三十餘年現年七十六
聞氏蕭方旗妻年二十六夫没甘貧守志勤儉持
家卒年六十二
方氏舒元綱妻夫卒氏年僅二十一歲苦志守節
立胞姪敬業爲嗣現年五十七
趙氏監生趙正壁女年二十適儒童馬純熹越五

載夫歿氏志如金石守節三十年現年五十五
彭氏儒童段芳珩妻夫歿彭年二十二子烈光僅
半月矢志守節孝事翁姑教子義方入國學子
媳復相繼俱亡貽孫昭緒昭繼年俱幼彭撫之
艱辛倍歷卒年六十六現奉詳請
金氏傅文詩妻庠生光祠女年二十三夫歿翁姑
繼逝氏兄憐其貧苦欲留與老母相依氏念兄
亦寒窶仍歸傅族借屋居住紡績度日教養子
女現年五十一
劉氏庠生王起鳳妻年二十三夫歿遺孤甫兩月

矢志冰霜撫孤修勤今已成立入國學氏現年
五十一
聞氏儒童傅以珠妻年二十二珠歿後八年夫胞
弟國學以珂生子文綵始立爲嗣愛育如己出
現年五十二
傅氏彭中毅妻太學生士桃女嘗刲股以救夫病
夫歿氏年二十六家無擔石寄養母家苦節
十餘年
吳氏儒童裴萬寶妻于歸未週夫歿吳年十七無
子誓志守貞後夫兄邑廩膳生萬川生子過繼

爲嗣孝事翁姑養生送死克兼子職現年七十
一苦節五十四年
范氏儒童馬道泰妻夫歿年二十六家貧守節立
姪際昌爲嗣現年五十三
徐氏儒童鄭本衡妻年二十七夫故無子立夫兄
本權之子爲嗣撫育成人甘貧守志現年七十
八
金氏儒童傅士焜妻夫故氏年二十五零丁孤苦
紡績度日撫立子以垣入泮年七十八卒
朱氏庠生鄧大措妻年二十八夫歿甘貧守節教

子成立卒年八十二
胡氏儒童徐允題妻夫歿氏年二十七甘貧守節
撫孤成立幼子元琪列成均年六十五卒
金氏儒童傅士然妻年二十三夫故子二以墉以
壙家道蕭條孝事孀姑義方教子後墉入成均
壙承先志皆金氏之苦節爲之也年七十六而
卒
彭氏太學生其越女適庠生方振年二十一夫歿
堅志守節立姪庠生之炰爲嗣卒年七十六
徐氏蕭大醇妻夫歿氏年十九無子以姪爲嗣矢

志守節事公姑全無懈怠年七十而終
鄭氏儒童傅士熯妻熯亡氏年二十三遺幼子以
璽撫育成人娶媳蕭氏璽旋亡蕭年十九無出
亦勵志與姑安貧守節均有孝行鄭現年八十
五蕭現年六十一
傅氏段祚星妻年二十于歸僅七月夫歿無子苦
志守節孝事翁姑立夫姪二視如已出長永炳
次永烱國學年七十無疾而終
傅氏太學生蕭方煋妻夫卒氏年二十七事孀姑
孝謹二十餘年不懈訓二子一入邑庠一列成

均嘉慶三年具題建坊　旌表詳載州志
余氏儒童傅士烴妻烴亡氏年二十八無嗣甘心
守節事舅姑孝推遺產勷祠祀年六十八卒
金氏庠生天祥女庠生馬世鎬妻夫歿年二十七
苦志守節撫子道洸道濤成立卒年六十一
周氏儒童傅士杰妻年二十九夫故甘心守節子
孫昌熾闔範垂型年七十而卒
胡氏蕭方振妻年二十四夫歿善事舅姑遺孤僅
八月教育成立入邑庠卒年五十八歲曾孫鳳
翔亦入邑庠

金氏監生序河女年十八適監生傅以均二十九
夫歿無嗣孝事翁姑立堂姪文鎔文麒爲嗣年
七十卒
胡氏儒童馬世鏌妻夫歿氏年二十苦志守節卒
年七十三
張氏儒童徐道極妻年三十夫歿敬事舅姑甘貧
守節教子允炳列成均卒年六十八
金氏庠生序漢女年二十適儒童傅以壎善事翁
姑姑沈病篤刲股和藥以進夫病亦如之事繼
姑范亦孝年三十夫歿訓子成立現年六十六

舒氏庠生舒玨女劉德勳妻二十八歲夫歿苦志守節現年六十二媳蔣氏年十八夫歿繼志守節事姑孝謹現年四十二

劉氏儒童張世瑚妻夫歿氏年二十五甘貧守節孝事其姑撫子成立卒年六十一

胡氏儒童傅以莊妻氏年二十五夫歿堅心守制辛苦備嘗撫子文鎮成人現年六十

段氏庠生肇得女儒童夏念楷妻年二十八夫歿遺腹生子存進苦志守節撫孤成立卒年七十八

金氏國學蕭正時妻時卒氏年二十二能順舅姑立子如璐教訓入成均媳金氏生子一甫三歲璐復卒姑婦同志共撫其孫六年六十九

汪氏監生傅以瑞妻年二十二夫故子文鏕甫二歲堅心守制辛苦備嘗教子成人現年五十七

查氏太學生繼芳女庠生馬際春妻夫歿年二十八食貧守節卒年六十二

杜氏庠生徐元琳妻子一光昭甫二歲夫歿氏年二十二矢志守節甘貧教子現年六十

金氏儒童傅以珽妻年二十四夫歿善事繼姑紡績度日教子鋼苦讀現年五十九

李氏舒元傑妻年二十二夫歿苦志守節現年五十五

張氏蕭正躍妻年二十二生子一夫歿家貧苦節撫子成立卒年五十九

余氏儒童傅以璉妻年二十三夫亡遺子文鑑文鍛矢志柏舟飢寒備歷年五十四卒

熊氏蔣芳全妻年二十七夫歿生遺腹子矢志守節依夫兄芳榮姒王氏撫子成立現年七十二子孫衆多

李氏蕭正超妻生子一夫歿年二十六守節甚孝謹撫子成立娶媳楊氏子復夭媳年二十五立子宗城矢志事奉孀姑守節三十年現年八十二

蕭氏儒童金序璞妻年二十五夫亡無子欲以身殉緣夫曾刲股救母乃撫姪光昇爲嗣成夫孝志以綿宗祀年五十九而卒

吳氏余義和妻年二十七夫歿無子矢志守節立姪作楨爲嗣辛勤紡績教子成立現年六十一

金氏儒童傅以堅妻年二十夫故子文鎔甫二齡翁姑已逝井臼親操苦節艱貞教子成立現年五十二

王氏監生繼定女馬際芳妻年二十九夫歿守節卒年六十六

蕭氏胡可旭妻年二十八夫歿撫子成立貞苦節三十八年卒年八十六

孫氏農民黃耀貴妻年二十五夫故生子一不惟紡績亦事耕耘苦節可矜鄉鄰共恤現年五十

吳氏與國籍寄居英山佘承珠妻年二十八夫歿堅志守節立姪長記爲嗣謹事翁姑慈撫嗣子現年六十三記妻熊氏亦孀居守節不愧其姑云

徐氏蕭如漢妻年二十三生子宗鰲甫四月夫歿立志守節撫子成立現年五十九

胡氏羅邑江廷華妻寄居英邑年二十三夫歿氏投繯殉節庠生傅作楊白當事邑侯何表其墓轉詳請　旌

鄭氏監生佩女監生程明棣妻年二十八夫故子行肅旋故守節四十五年現年七十三立族孫義載爲嗣

吳氏蕭如松妻生子二夫歿氏年二十九家貧苦節撫子成立卒年六十八

傅氏國學生金紹楫妻于歸五月夫歿氏年十八矢志守節立姪序蒲爲嗣茹荼集蓼撫孤成人現年七十

陳氏黃光德妻生子二夫卒年二十六氏投繯者數次家人亟救得免守節奉姑撫子成立年近七旬猶勤紡績

華氏劉異壽妻年二十適劉越二歲生子禮安二十四歲夫故矢志守節紡績度日養子成人現年七十九卒

鄭氏陳序淮妻年十九生子永言越三月夫歿氏矢志守節撫孤子紡績成家孫二現年五十一

聞氏增生兆景女廩貢生鄭本超妻性貞靜明大義年二十九夫歿事舅姑極得歡心嚴課孤子昌賓昌齡皆入庠苦節二十四年卒年五十三

詹氏儒童鄭昌遇妻夫歿氏年二十八孝事翁姑

撫孤光大光典成立光大入邑庠年四十五卒

王氏儒童鄭昌鉞妻夫歿氏年二十八家貧矢志孝事舅姑教子成立卒年七十

張氏聞永和妻年二十一夫歿矢志守節孤子之興時甫二週教之成立入國學現年七十二四世同堂

聞氏儒童傅以琛妻琛歿氏年二十五無子守節苦供菽水舅姑夫弟繼歿依弟聞詩和詩白以貞其節前邑尊丁贈匾曰堅貞自矢學師戴贈匾曰松竹同貞卒年七十二

傅氏余維經妻年二十二夫歿無子勵志守節甘貧食淡勤紡績以營生居積餘貲建立翁姑及夫墓石現年五十八

彭氏歲貢生彭正時女儒童段祚蔚妻夫歿年二十三生子一永昌冰霜苦志敬事翁姑卒年八十有八嘉慶十年奉

旨旌表

彭氏儒童段永昌妻夫歿年二十三歲生子一芳枚矢志守節孝事孀姑姑病刲股救愈延師課子名列成均卒年七十一

王氏儒童段覲光妻于歸一載夫歿氏十八誓以身殉姑金氏涕泣慰解冰霜自厲敬事翁姑無子以姪嗣現年五十五

胡氏儒童段永炳妻夫歿氏年二十八歲冰霜勵志竭忱以事孀姑無子立姪芳俊爲嗣教育成立氏年五十五卒

李氏沈應富妻年二十八夫歿家貧子幼茹苦自甘撫孤成立年六十二卒

彭氏庠生其泮女儒童金紹杰妻夫病年餘湯藥親嘗衣不解帶姑病亦如之夫歿氏年三十子四俱幼氏躬行節儉教以義方俾各成立現年

六十二

傅氏國學生士熑女儒童金光檀妻氏年二十八夫故矢志冰霜母兼父道延師課讀競爽當時長子鼎入國學倜儻不羣經管興賢館公項正直無私次子宗均亦克成立氏現年五十六

劉氏廩生金序源妻年三十夫歿苦志守節孝事孀姑立子光業爲嗣勤劬教育親見四代現年八十六

張氏增生王從梁妻年二十七夫歿貞靜自守敬事翁

姑並繼姑治家勤儉撫孤成立現年九十二並
載州志
胡氏儒童傳以玹妻年三十夫故撫子文錝家貧
紡績度日現年六十三
傅氏儒童鄭昌泰妻年二十八夫歿家貧矢志孝
事孀姑教子成立卒年六十四長子光紫復夭
紫婦汪氏年二十六苦節一如其姑現年六十
八
鄭氏監生一梅女廩生金光愷妻愷故氏年二十
六僅生一女舅姑在堂氏立夫弟光忻子宗劼

爲嗣劼復早逝撫二孫成立苦節三十八年嘉
慶十六年請
旨旌表
王氏儒童馬際榮妻年二十八夫歿勵志守節卒
年七十二
李氏馬純輝妻夫歿年二十八堅志守節現年五
十二
黃氏監生國新女徐軼羣妻夫歿氏年二十九紡
績營生立嗣承祀現年五十二
汪氏儒童鄭昌發妻年三十夫歿立姪爲嗣翁姑

年俱八十餘氏紡績供膳始終不渝目見曾孫
卒年七十九
馬氏庠生夏念彩妻夫沒氏年二十二堅志守節
年八十卒
夏氏光暹次女段祚垣妻夫沒氏年二十七遺腹
生子堅志守節現年七十
沈氏鄭元漣妻夫歿氏年二十七矢志苦節卒年
六十立胞姪例授州同一樸爲嗣
夏氏蕭正訓妻年二十九夫歿子幼苦志守節卒
年六十

段氏陶天楷妻年二十二夫歿子開第甫一週苦
節自守勤儉治家孫文博文選同入邑庠氏現
年八十七
杜氏監生段永煒妻年二十五歲夫歿立子年幼
清操自守孝事翁姑卒年七十八
徐氏儒童胡應模妻夫病刲股以啖獲愈夫歿年
二十九撫孤子可挹成立苦節三十五年現年
六十四
馬氏夏自發妻年二十九夫歿矢志守節立姪爲
嗣現年五十四

續修英山縣志卷之二十

英山縣知縣樂陵李文泉續修

英山縣教諭古歙汪時育 訓導合肥阮華林 編纂

列女

吳氏余維傑妻年十九夫歿篤志守節以兄子嗣教養成立現年五十六

蕭氏余思孝妻生子一年二十六夫歿貧苦守節紡績課子族皆憫之現年五十八

金氏儒童張能蘩妻夫歿氏年二十四冰霜自失紡績爲生偕娣姒服侍翁姑能得歡心現年五十九

沈氏彭常熠妻年二十三夫歿冰蘖自茹禮法兼盡現年五十三子守訓

余氏善棠次女沈盛駉妻年二十一夫歿姑病寢食弗離刲股救之數十年操井臼勤紡績苦節自貞人咸難之立姪怡德爲嗣義訓成人現年五十一

閆氏庠生興鄴長女鄭昌琳妻夫歿年二十九貧苦守節備歷艱辛現年七十七

陳氏汪伯昌妻年二十四夫歿守節事夫嫡母庶母善承意旨竭力餐膳喪葬如禮撫孤子志龍讀書成立年六十九卒

彭氏州同常炯女國學葉方進妻年十八夫歿冰霜矢志孝養翁姑立夫弟方勉子振綱爲嗣延師教誨辛苦持家現年五十

余氏儒童沈自來妻年二十二夫病刲股夫歿無子以姪周宰嗣矢志堅貞甘忍饑寒紡車度日現年五十七

王氏沈自槐側室年二十二槐歿無子偕嫡余氏柏舟自矢以槐胞姪周熊周官嗣現年六十五

唐氏儒童龔方坫妻夫歿氏年二十五遺孤隆運甫五齡矢志撫養教之成立入邑庠守節十三年卒

蕭氏儒童沈盛驤妻夫歿年三十家貧矢志松筠姑老病竭力侍奉勤紡績教子耕讀爲業次子春霖從學夫兄廩生盛驊氏和丸助苦得以縣試第一名遊庠現年六十四

彭氏監生中栻女儒童金宗灼妻年三十夫歿貧苦紡績矢志冰霜立子承繼夫嗣卒年六十一

蕭氏鄭本偉妻貢生方燦女年二十九夫歿翁姑

在堂苦節孝謹旋翁歿姑瞽其子昌平繼亡媳
蕭氏亦盡孝佐姑以事大母姑歿親屬無依遂
遷舅家載鄭氏三代木主藏於私室每逢生忌
焚香哭泣聞者心酸卒年七十三
秦氏胡可焯妻年二十二夫歿矢志守節立夫弟
子允垠爲嗣孝養翁姑紡績度日教子成立入
國學現年六十二
郝氏庠生胡允楷妻年二十四夫歿孤子奉浩甫
四齡氏撫孤教育紡績成家現年五十四
鄭氏儒童胡允祥妻年二十四夫歿孤子奉麒週

歲家無立錐紡績度日教子成人孫二卒年六
十五
杜氏徐道本妻年二十五夫歿苦節撫孤子允熺
熺卒復撫孫成立貞淑可風現年六十五
石氏徐允照妻年二十六夫歿甘貧守節撫孤子
元第成立現年六十一
王氏庠生徐一清妻年二十九夫歿苦志守節立
夫弟子光偉爲嗣現年七十六
王氏胡允慶妻年二十六夫歿生子三家無擔石
氏貧苦守節孝事舅姑撫孤成立現年五十八

李氏胡其誌妻年二十六生子中南甫週歲夫歿
氏矢志冰霜操持井臼撫子成家孫四現年六
十一
徐氏儒童胡大善妻于歸一載夫病刲股以救年
二十一夫歿遺腹子其芹矢志守節撫子成立
入國學敬事翁姑又嘗刲股以愈姑疾四世一
堂卒年七十二
張氏儒童胡大瀛妻年二十三夫歿遺腹子其薰
矢志苦節教子成人孫二現年六十四
馬氏李世品妻夫歿年二十八生子二俱幼有欲

奪氏志者氏誓死不移保孤完節現年六十八
彭氏李朝賓妻年二十二于歸夫即病氏嘗衣供
藥始終不懈氏年二十九夫歿無子以姪繼夫
嗣操持家計内外肅然姻族賢之現年六十六
石氏李朝貴妻生子一氏年二十八夫歿遺腹又
生一子家貧柏舟自誓灌園紡績教子成家現
年六十
徐氏蕭方海妻年二十九夫歿苦節自貞立夫兄
子正爊爲嗣現年六十二
劉氏蕭方珩妻年二十九夫歿立夫兄子正來來

復歿立夫姪正潤子爲孫氏撫孀媳訓孤孫若
節自貞始終無間現年六十八
胡氏蕭如光妻年二十三夫歿撫立子宗颺苦節
自貞現年六十二
龍氏蕭如璐妻年二十九夫歿子幼孝事孀姑持
家節儉現年七十九
徐氏蕭如鑑妻年二十六夫歿撫孤子宗翼守節
自貞教子成立現年六十七
余氏蕭正堃妻年二十二夫歿矢志守節孝事翁
姑撫立子成立現年六十五

何氏蕭如民妻年二十四夫歿孝事翁姑紡績成
家撫孤子成立卒年七十一
張氏蕭正馥妻年二十八夫歿生子準夫在已過
繼孀嫂閔氏爲嗣後與嫂閔氏共撫準教讀成
立紡績勤苦現年六十八
胡氏儒童徐光文妻年二十夫歿逾三月生遺腹
子宗德苦節撫子成立孫五曾孫一現年六十
三
杜氏儒童徐光棠妻年二十四夫歿甘貧守節孝
事孀姑無子以姪爲嗣現年六十五

胡氏蔣萬利妻年二十二夫歿孤子如聲甫二齡
撫孤成立現年六十五
蔣氏郭相勳妻年十九夫歿孝事翁姑躬勤紡績
撫孤子承政成立現年五十三
段氏儒童王企偉妻年二十九夫歿孤子承露甫
二齡氏恪守閨門敬事舅姑勤紡績悲夫屢試
未售教子承露入邑庠現年六十五
柯氏黄光連妻年二十八夫歿孝事翁姑紡績成
家撫子顯才顯志俱入國學孫七三入邑庠曾
孫九元孫五鄉贈五世同堂匾額卒年八十六

鄭氏李世香妻夫歿年二十一生子二俱少殤苦
志守節紡績度日撫立子芝根成立卒年六十
五
蕭氏鄭昌平妻年二十五夫歿哀毁過甚姑力止
之後與姑依舅家共凜冰霜家貧姑歿喪葬大
費苦心現年六十四
余氏丁應昌妻年二十二夫歿孝事翁姑矢志守
節家貧茹蘖撫子時泰成立現年六十二
陳氏劉有志妻年二十九夫歿矢志守節撫養二
子成立現年六十

裴氏黃德耀妻年二十四夫歿遺腹生子堅志守節孝事翁姑現年五十四

徐氏庠生胡奉曾妻刲股愈姑疾夫病又刲股獲痊年二十九夫歿撫二子成立又皆相繼而逝僅存一孫零丁孤苦相依爲命家貧紡績營生現年六十三

吳氏儒童胡奉麟妻年二十夫歿逾三月生遺腹子順清矢志守節孝順舅姑教子成立入成均道光十九年請

旌建坊卒年五十六

段氏儒童胡華聯妻年二十二夫歿矢志守節孝事舅姑撫子應檠應椿成立檠入成均椿授職貝兩子繼逝長媳又亡氏與次媳孫曾輩相依爲命勤理家政玉潔冰清現年六十八

王氏太學生程有棠妻年二十九夫歿矢志守節孝事舅姑孤子郁南甫四齡撫養成立入國學孫曾蕃衍現年七十八

龍氏儒童杜芳鉅妻年二十四夫歿矢志守貞勤紡績撫二孤子成立孫曾昌盛卒年七十六

陳氏杜履塏妻年二十夫歿家貧變賣器物葬夫斷髮誓守生子紹岳甫三月紡績易食撫養有成卒年五十二

余氏庠生蕭如海妻年二十二夫歿矢志守節教子耕讀現年五十三

余氏儒童徐允楠妻年十九于歸甫半載夫歿孝事翁姑苦志守節翁年九十二姑年七十四氏皆竭力盡養立夫兄次子掄元爲嗣現年六十五

余氏姜恩震妻年二十三夫歿矢志守節孝事孀姑孤子繼慶甫週歲撫養成人授室生孫現年五十三

匡氏儒童姜繼燠妻夫歿氏年二十生子典均甫八月氏矢志貞守茹苦含辛上事舅姑下撫孤嗣最以父書卒年四十

張氏胡允馨妻年二十八夫歿矢志守節紡績勤苦現年五十八

徐氏胡允秩妻年二十六夫歿撫孤子守節勤苦自持現年六十二

劉氏胡奉璐妻年二十六夫歿守節自貞撫子成立現年五十六

徐氏儒童楊昌霖妻年二十八夫歿生子一震年
十二殤震媳韓女自幼隨姑撫養震歿韓女十
四未婚依霜姑徐氏勤孝養徐氏撫媳節而慈
韓女事姑節而孝徐氏立夫兄昌泰子春蔚爲
嗣徐現年五十八韓現年四十一栢舟共誓始
終不渝
徐氏太學生楊昌業妻生子二一珪一璋年二十
八夫歿氏苦節撫孤冰霜自矢舅姑老多病氏
侍湯藥始終不懈育子成立現年六十四
胡氏儒童楊昌昶妻年二十二夫歿生子一堦甫

週歲矢志守節孝事舅姑撫孤慈持家儉子已
成立現年五十四
徐氏儒童裴世第妻年二十五夫歿生子昌言遺
腹子昌鋭家貧矢志苦節敬事翁姑存歿盡孝
教子耕讀現年五十六
譚氏儒童陳永南妻年二十夫歿生子甫週舅姑
隨逝氏依其父華松紡績撫孤卒年五十六
王氏儒童明　睿妻年二十九夫歿家貧子幼氏
矢志守節孝翁姑勤紡績茹荼食蘗撫子成家
現年七十

龍氏王之㓗妻年二十八夫歿矢志苦節生子三
可登可望可臨俱幼夫囑弟監生之奇照管氏
撫養成人受室生孫服事翁姑存歿盡孝現年
七十八
胡氏陳繼榮妻年二十八夫歿勵志守節撫子成
立現年九十二長子思標現年七十二孫步青
入邑庠
胡氏黄德楷妻年二十九夫歿子幼氏苦節撫孤
矢志靡他現年六十五
鄧氏大學生大容女儒童葉夏健妻年二十九夫

歿生子一時寶氏屏鉛華忍辛苦雞鳴盥漱菽
水承歡午夜篝燈熊丸教子卒年五十七
范氏浙江上虞廪生范烜女大司寇金光悌子太
學生嘉妻二十三歲夫歿誓笑不苟足不出閨
門冰霜凜凜事姑丁夫人並生姑劉均盡孝道
守節二十四年故
程氏金宗時妻二十六歲夫歿家貧矢志紡績撫
孤守節十三年故
杜氏金宗詡妻二十四歲夫故矢志堅貞茹辛忍
苦撫養遺孤守節二十八年故

傅氏庠生以地女儒童金劼妻劼以庠生光忻子出嗣胞兄廪生光愷氏事本生繼姑承嗣孀姑曲盡婦職夫亡氏年二十四冰霜自矢遺孤二長僅四齡次僅數月家極貧艱苦備嘗教讀成立幸子庠生瀨遠為姑鄭建立節孝坊族論賢之現年六十八歲

余氏金光麒妻十九歲夫歿冰霜自矢紡績度日撫孤成人現年六十二

程氏應湖女金宗選妻二十四歲夫歿家貧矢志孝事翁姑撫三子成立現年五十五

黃氏應瑚女大冶縣胡大宗妻年二十四夫歿孝事翁姑矢志守節姑病刲股救愈染癱緩症氏朝夕侍養克代子職子光照光燧教養有成現年六十四

陳氏蘄水籍王九達妻年二十五夫歿守節三十一年卒

左氏蘄州軍籍儒童朱才祿妻年十九夫歿無嗣立夫弟子仲玉為子撫養成立苦節稱貞歿年七十一

彭氏添瑞女寄籍黃天禮妻二十三歲夫歿艱苦備嘗矢志不改撫孤成立卒年六十五

吳氏寄籍農民馮青遠妻二十六歲夫歿家貧志堅松柏賴女工以撫遺孤守節六十一年故

張氏鄭昌泮妻夫歿氏年二十九家貧矢志不二性貞靜寡言笑族咸敬之苦節二十一年卒

周氏儒童段永爐妻年十八夫歿子芳彩生甫數月矢志自守孝舅姑勤紡績苦節能貞現年六十八

李氏庠生道楷女儒士段光洽妻性貞靜明大義年二十二夫歿矢志守節立次兄子昭衢為嗣延師教讀入邑庠現年五十二

程氏王善修妻夫歿氏年二十三子安偉甫六歲矢志靡他奉姑撫子卒年七十七

李氏世勳女段芳堂妻年二十四夫歿茹荼飲蘖矢志自守撫養一子依舅家度日卒年七十五

胡氏方之棫妻年二十六夫歿安貧守節立姪元續為嗣卒年七十七

舒氏劉德勳妻年三十夫歿矢志自守撫子永廸成立治家有法子孫蕃衍卒年六十八

蔣氏劉永達妻年二十三夫歿矢志柏舟孝事孀

姑始終盡禮立子中向撫養成立卒年六十一
彭氏太學生獻兆女儒童鄧昌杰妻年二十一于
歸甫兩月夫歿矢志守節撫遺腹子成立闔族
賢之立節孝傳載家乘卒年七十一
程氏王命坤妻年二十七夫歿勤苦守節孝事翁
姑現年六十六子吉光入國學孫六曾孫二
傅氏儒童馬艮讜妻年二十七夫歿善事舅姑遺
孤三齡教以義方撫養成立現年六十七
段氏國學胡中杞長子顯驥妻年十六于歸甫二
載僅生一女夫歿欲以死殉舅姑勸慰乃祇承

孝養立胞姪勝垣爲嗣苦節十二年卒
程氏胡顯城妻年二十六夫歿無子柏舟自誓紡
績終年撫嗣子勝宗成立
傅氏庠生胡大鵾三子其杞妻年二十六夫歿守
節遺子中春旋卒無嗣其媳段氏年二十二孝
事孀姑稱雙節焉段立子顯榜入國學榜長孫
時炯其妻段氏侍祖父母疾各刲股以救而五
孫媳趙氏亦青年矢志人以爲先世節孝所感
王氏段芳杞安年三十夫歿矢志靡他撫子光炳
成立入邑庠現年六十八

王氏儒童段光海妻年二十七夫歿苦節撫孤事
姑盡孝現年六十一
方氏廩生德椿女段芳鑅妻夫故氏年二十九矢
志守節盡孝事姑現年六十二
王氏庠生善照女適儒童段芳鏡年二十四夫歿
矢志自守撫子長青入邑庠卒年六十二
段氏儒童舒樹業妻夫歿年二十苦志守節立胞
姪中愷中忻中恒爲嗣現年五十二
沈氏國學生盛品女舒元長妻年二十六夫歿家
貧守志孝事孀姑撫孤事業應業成立現年五

十六
劉氏宋承和妻夫歿年二十九勤苦守節生一子
撫養成立現年八十二
韓氏儒童王紹書妻于歸六年生一子僅二歲夫
病篤割股救之未愈夫歿氏年二十五家貧苦
節撫子成人現年五十五
彭氏儒童段芳珩妻夫歿年二十二子烈光僅半
月矢志守節孝事翁姑教子義方入國學子媳
復相繼俱亡貽孫貽瑞貽繼年俱幼氏撫之艱
辛備歷卒年六十六現奉詳請

鄧氏庠生段芳標妻夫病割股以救夫歿年二十七遺腹生子光繡業郭翁姑撫子成立入國學孫五現年八十

段氏　勅授州同芳玉女儒童彭元鉅妻夫歿氏年二十九矢志守節教子本淮本濂成立現年五十九

王氏庠生善槐女太學生彭復元妻年二十九夫歿子一旋亡嗣姪承祧家貧茹苦堅志守節現年五十九

段氏胡勝庸妻年二十二夫歿矢志柏舟勤紡績甘淡泊孝事公姑歷數十年不懈撫遺孤熹成

立入國學現年六十三已見曾孫

段氏胡顯輝妻年二十二夫歿遺孤勝彩甫三歲氏食貧茹苦矢志守節現年六十四

鄒氏陳吉良妻年二十二夫歿冰霜自矢負苦守節撫孤成立現年六十一子守元國學生

吳氏佘永珠妻節孝前志載六十三今查實卒年七十七又其嗣子長記妻熊氏年二十九記歿矢志守節現年六十二

氏段青芳妻年二十九夫歿誓志自守教子有

成當夫之病曾割股以救卒年八十有五子光愷光恪

周氏段芳瓊妻年二十二夫歿遺孤僅六月撫孤守節課讀訓農常勤紡績以濟貧乏卒年五十有六

王氏儒童段光盱妻夫歿氏年二十四苦志守節孝事翁姑立夫胞弟太學生光辰長子昭塏爲嗣教以義方現年六十

王氏段芳楷妻夫病割股醫之未愈而卒氏年二十六子二歲矢志冰霜茹苦撫孤現年五十有六

胡氏儒童段銑光妻夫歿氏年二十矢志守節立夫弟叔光長子昭述爲嗣現年五十八

王氏儒童段覲光妻節孝載前志現年五十五

匡氏羅邑優貢生匡鼎胞妹儒童段光敏妻夫歿氏年二十四矢志守節紡績營生姑病多年晝心湯藥晨夕不懈立夫兄子昭炯爲嗣撫育成人現年五十四

倪氏劉世俊妻年二十八夫歿撫子永慶成立矢志苦節卒年六十二

鄭氏王善讓妻夫歿氏年三十誓志守節無子立夫兄子庠生繼安爲嗣卒年七十九

張氏太學生王安楨妻夫歿氏年三十矢志守節勤苦家務撫嗣子成立現年五十八

程氏王偕樂妻夫歿年二十四苦志守節人無間言現年五十

程氏王修諒妻夫歿氏年甫三十家貧無以自給親屬勸其再醮乃剪髮以自誓卒年七十五

彭氏王安朝妻夫歿氏年三十子甫四齡有欲奪其志者氏歎曰嗟乎彼不知從一而終之義乎

遂誓志守節撫子成立卒年五十五

段氏王坦安妻夫歿氏年二十六立志守節孝事公姑慈撫二子現年五十七

傅氏程義選妻年十九夫歿撫遺腹子敦信教養有成苦節彌貞事孀姑喪葬盡禮現年五十一

段氏王安廷妻年三十夫歿誓志守節教子修脯修德成立現年七十六

曹氏傅雲燦妻夫歿年二十八剪髮苦守親操井臼勤紡績撫二幼子教以義方族黨咸稱卒年五十八

李氏王禧安妻夫歿氏年二十三遺孤甫三齡誓志守節孤子修茂稍長教以義方慈嚴並至現年五十三

段氏邑庠生王樂忠妻夫歿氏年二十五遺孤義平甫四齡苦志守節卒年五十七

傅氏儒童蕭如珏妻年二十六夫歿子宗信甫週歲孝事舅姑勤勞紡績辛苦備嘗撫孤成立現年五十六歲

楊氏黃洪鉞妻夫歿年二十三矢志守節勤紡績孝事翁姑撫一子先沅教養成立現年六十五

劉氏庠生王起鳳妻節孝已詳前志卒年五十四

杜氏傅以讓妻年二十九夫歿矢志守節撫子文聲文忠兼有創守現年七十八

胡氏羅田籍爾臣女年十二喪母遵父訓淑慎寡言及長適江廷華家貧舉案和樂夫歿氏年二十三投環殉節太學生傅作浤同兄庠生作楊稟請邑侯何公贈貞烈可風匾額復贈碑文墓誌俱爲刊石墓前

蕭氏徐光譜妻年二十一夫歿柏舟自矢立胞兄子宗續爲嗣撫孤成立現年五十三

王氏儒童段芳錮妻年二十于歸數月夫歿矢志靡他奉翁命立長房次子二房三子承祧勤儉持家教子訓孫一歸於正現年五十三

吳氏黃岡籍陳道正妻年二十二夫歿矢志守節撫孤子六歲孝事翁姑勤苦紡績現年六十二子媳亦孝著代有孫

易氏李雲桂妻年十六夫歿守節三十二年卒

鄧氏郝寔鉞妻年十九夫歿苦志守節繼夫兄之子爲嗣卒年五十

鄭氏蕭正堦妻年二十九夫歿矢志栢舟孝事翁姑撫孤成立現年七十

沈氏金宗芷妻年二十八夫歿子振遠甫三齡氏矢志守節紡績度日撫孤成立現年七十

年例未符者附錄

鄭氏年十九監生馬純煇繼室越二歲夫歿僅遺一女矢志守節立夫兄純陞次子庠生良恕爲嗣現年四十二

余氏儒童徐允楠妻年十九歲于歸半載夫亡孝事翁姑苦志守節立夫兄次子掄元爲嗣現年六十二

傅氏監生彭蔭元妻太學生以坊女年二十九夫歿無嗣立姪承祧不幸夭亡茹苦守貞現年六十一

鄭氏儒童傅文型妻型歿氏年十六未婚守節孝事孀姑立姪爲後現年三十九

彭氏傅文苑妻二十一歲未婚夫歿死而復甦矢志守節孝事舅姑紡績以供菽水及今二十三年如一日也

傅氏余善繡妻年二十九繡卒子維菁甫三歲辛苦教育克體母志能自成立候補州同

王氏儒童葉時顯妻年二十二夫歿誓以身殉旣念孝養未終子方鼎生甫數月強留其身以代終孝事舅姑嚴課孤子現守節二十二年

皮氏儒童龍國栫妻年二十二夫歿甘貧守節謹
事翁姑撫孤成立現年四十八
金氏儒童傅文鋭妻年二十二夫歿遺一子甫週
歲甘貧守義以節孝聞四十五卒
金氏儒童傅文鈹妻鈹亡氏年二十六堅心守節
生子二守滇守湘教以成立
胡氏儒童徐光文妻年二十夫歿逾三月生遺腹
子宗德苦節撫孤教讀成立現年六十四
胡氏馬純文妻夫歿年二十六遺腹生子良昇紡
績守節現年四十二

蕭氏傅文鑑妻夫亡氏年二十一堅貞守節甘受
辛苦教子守澤漸及成人
王氏庠生彭駿妻年二十五夫歿堅志守節謹事
翁姑撫孤成人現年六十五
杜氏儒童徐光紫妻年二十四夫歿甘貧守節孝
事孀姑無子以姪嗣現年六十五
姜氏劉中全妻十六歲夫歿遺腹生子立志紡績
守節現年四十二
徐氏馬純煒妻年二十六夫歿生一子甫週歲堅
志守節孝事孀姑現年四十二

張氏儒童鄭昌鏶妻年二十九夫病刲股以救及
沒痛絶復甦撫孤光沂矢志守節沂繼殤立姪
光源爲嗣孝事舅姑現年七十歲
段氏庠生彭培元妻年二十五夫歿無子
女堅志守節現年五十七
余氏貢生余維焜之女葉方璧妻生子一夫歿年
二十三矢志守節教子成立現年四十一
王氏銓補縣分廳傅以坪側室年二十六夫歿敬
事嫡室鄭氏貞堅一致立堂姪文鏔爲嗣延師
教讀現年四十

李氏沈承巽側室夫歿李年二十三歲立志守節
年四十二卒
田氏庠生段芳鉢妻年二十九夫歿堅守節立姪
太學生光淙爲嗣卒年四十八
楊氏大冶縣胡正清妻寄居英邑夫歿氏年二十
七孝事翁姑喪葬以禮撫孤子大品入國學苦
節二十五年現年五十二
蕭氏大治縣潘靜美妻夫歿氏年二十三矢志守
節立兄子安明爲嗣撫養成立現年五十一
胡氏傅文銓妻年二十五夫歿蕭氏文鋒妻年二

十二夫歿甘貧守節娣姒一心人嘉其志
方氏金庤中妻段氏庤麟妻俱二十六歲夫歿娣姒同志守節方卒年六十六段現年六十三無子以姪光祖嗣焉
以上係舊本中載未符例與現年者今未及詳考姑仍之

年例未符者附録

汪氏余時和妻年二十四夫歿生子思珍未逾周歲矢志守節及子長延師課讀事翁姑孝翁亡事孀姑尤謹族人敬之現年四十二

傅氏儒童余焰妻年二十四夫歿堅貞守節孝事翁姑以胞姪爲嗣現年四十二

金氏
勅授奉直大夫余維謙次子儒童時獻妻夫歿氏年二十六冰霜自勵孝事翁姑和穆娣姒立夫胞兄時修次子庠生思球爲嗣現年四十八

趙氏儒童余思毅妻夫歿氏年十八矢志苦節持家勤儉敬事翁姑以胞兄思齊次子爲嗣亦教之有法現年三十九

湯氏儒童余永泰妻夫歿氏年二十六立志苦節翁姑繼亡堅貞愈懍立胞弟永吉子爲嗣現年五十

劉氏儒士道傲女太學生聞與燦三子儒童詩賈妻夫歿氏年三十家式微紡績度日矢志堅貞同宗人憫之助金爲撫孤計現年四十七

傅氏以爕長女增生聞立慈妻夫歿年三十子禮

褘甫三齡傳痛夫以少年名秀才不壽哀毀不欲生家人以堂上年高遺孤待哺大義勸止之後傳以婦代子職曲盡孝道教孤讀書宗黨欽其清節兼仰母儀焉現年四十四

陳氏桂朝經妻年二十八夫歿氏矢志貞守事翁姑曲盡孝道僅一子教之成立現年四十

柯氏桂安亭妻年二十二夫歿氏青年矢志孝事舅姑遺孤二撫之成立現年四十六

葉氏例貢生鳳翥女舉人余維耀子時輔妻于歸三載夫歿氏年二十二遺腹生子堅志守節孝

事孀姑延師課子現年四十

金氏儒童余思瀾妻生子三年二十四夫歿紡績貞守嚴課孤子現年四十一

余氏太學生鄭昌穀妻年二十九夫歿家貧撫孤成立現年五十五

鄭氏太學生昌儁女增生傅秉清妻年二十八夫歿氏孝事孀姑教育孤子苦節稱貞現年四十一

陳氏鄭光傑妻年二十九夫歿矢志柏舟躬勤紡績撫子成家現年五十二

余氏貢生維馥女儒童葉方明妻年二十一夫歿矢志金石同堅遺孤振海延師教讀和丸助苦貞節可風現年二十八

李氏歲進士芝畛女沈盛珏妻年三十夫病刲股夫歿遺孤德顯甫弱齡家貧紡績針黹營生人咸憫之現年五十三

傅氏庠生文峯女太學生沈鶴德妻年二十六夫病刲股夫卒之三日遺腹生子自嵐矢志貞守事繼姑孝撫孤子讀書現年三十八

余氏儒童沈德華妻年二十七夫歿子自炬甫二

齡氏苦節自持孝養翁姑撫孤成立現年四十九

彭氏儒童傅守業妻年二十八夫歿紡績苦節教子義方現年三十五

宋氏沈盛富妻年二十四夫歿子甫數月氏撫養矢志不移現年四十八

余氏太學生善楷女太學生金序茂妻夫病數載衣不解帶夫卒氏年二十五遺子二俱髫齡奉姑撫子孝慈兼盡子光節光策同科入邑庠現年五十五

傅氏監生以玗女儒童金序蓮妻夫歿氏年二十三氷霜自矢孝事孀姑撫立子光箕如已出現年四十二

沈氏儒童金宗堃妻夫歿氏年二十二孝事孀姑遺子懷抱夙訓嚴肅現年三十七

蕭氏監生葉時烜妻二十五歲夫歿氷霜自矢辛苦備嘗教養遺孤讀書成立族黨賢之現年四十九

金氏監生光慶女儒童余維藩妻二十八歲夫歿以身殉家人以二齡孤女無依泣留之乃生爰

立夫兄子承繼禋祀忍苦茹辛撫如己出現年三十八

陶氏太學生胡應桀妻年二十六夫歿守節事姑至孝遺孤子可臥甫三齡毋兼父道撫養成立氷霜矢志勤苦成家卒年四十九

楊氏太學生昌業女許儒童胡名祥祥遇繼胞叔爲嗣應試卒於邸氏年十八未婚歸覲舅姑絶粒數日誓願節守舅姑哀其志命立夫堂兄子爲嗣飲蘗茹荼紡織度日現年四十七

傅氏太學生楊昌溥繼室元配安氏生子一讓安氏早逝傅氏年十九歸溥甫匝月溥沒矢志守節撫元配子如親生教養匪懈現年三十五

徐氏儒童楊一渠妻年十九夫歿未生子誓願守節從一而終現年三十二

黄氏陶文進妻年二十五夫歿遺孤甫二齡遺腹又生一子誓死守節撫孤承祀現年五十

傅氏儒童蕭如昶妻年二十三夫歿苦志守節孝事孀姑姑老染疾手足難自隨左右扶持夜不安寐始終無懈現年四十二

徐氏儒童安從周妻年二十二夫歿柏舟矢志孝

事舅姑立子學濬爲嗣勤劬教育現年四十三

蕭氏儒童安從理妻年二十三夫歿貞節自守事姑孝敬立子學蔚爲嗣教養成立現年四十三

蕭氏儒童安從獻妻年二十七夫歿矢志守節奉翁姑以孝稱內外皆無間言現年三十二

吳氏儒童安從謙妻年十九夫歿氷霜勵志翁病刲股和藥翁卒哀痛毀形事姑盡孝立子學鈺爲嗣教養以成夫志現年三十

余氏儒童安從魁妻年二十四夫歿誓欲身殉翁以夫遺命立子承繼諭之柏舟矢志時凜氷霜

奉翁姑咸以孝稱現年三十二

裴氏舉人余維耀子時弼妻庠生萬川女夫病刲股救之夫歿氏年三十矢志守節敬事後姑宗族無間言現年五十

李氏儒童王性樸妻年二十四夫歿矢志守節孝事翁姑和睦娣姒撫子成立現年四十三

汪氏羅邑理問名烜女縣丞必筠妹太學生段廸光妻年二十六夫歿矢志守節撫孤子昭煥教以義方孝事翁姑不虧禮法現年四十有一

黃氏儒童馬純炳妻年二十六夫歿勤苦紡績孝

事孀姑和睦娣姒生子一貝城教之讀書貞節自守族戚無間言現年四十二

王氏儒童方典妻年二十八夫歿僅遺一女苦節能貞孝事孀姑現年四十五

方氏太學生之楷女州同段騰光妻例封安人夫歿氏年三十事翁姑孝謹毋兼父道恪守家箴撫孤子昭泗等漸次成立現年四十有一

鄒氏儒童方昭妻年二十九夫歿矢志守節孝事翁姑撫子讀書現年四十三

胡氏寅回緒妻年二十七夫病刲股以救及歿堅貞自矢事孀姑至孝撫子成立現年四十九

田氏蘄州太學生義俊女文庠生兆嵩妹國學段全光妻生子二氏年二十八夫歿事翁姑孝謹治家訓子必以禮法現年三十八

施氏儒童姜福銘妻年二十六夫歿矢志守節孝事孀姑撫立子壽樸讀書成立現年三十八

姜氏太學生段光祿繼妻生子二夫歿氏年二十九矢志孀姑撫前妻彭氏子如己子教之成立事繼姑孝勤紡績以佐甘旨人多善之現年五十四

鄧氏黃繼緒妻年二十六夫歿矢志守節孝事孀姑撫子教讀成立現年四十二

黃氏王山佐妻年二十八夫歿冰霜自矢足不踰閫藉紡績爲生雖艱苦備嘗弗悔撫子成立教以義方現年四十二

王氏增廣生段賓繼妻年二十二夫歿矢志守節親持家務事舅姑孝謹撫前妻蕭氏子昭華如已出教以詩書俾至成立現年四十八

葉氏岳元順妻年二十八志節堅貞持家有道撫二孤子起能起茂皆能承先子孫蕃衍現年五

十二
姜氏劉永泮妻年二十四夫歿冰霜自矢孝事孀
姑克代夫職生子中蕤教養成立戚黨咸無間
言現年四十六
王氏彭元紹妻年二十八夫歿勵節撫孤慈嚴並
濟現年四十八
李氏庠生段𢢵芳妻夫歿年二十八家貧守節孝
事孀姑慈撫孤子現年三十六
陳氏唐文魁繼妻年十九夫歿矢志守節孝事孀
姑子運得遺腹生教以成立現年三十五

張氏太學生段光繡妻夫病刲股以救夫歿氏年
三十事孀姑鄧孝養弗衰治家教子一秉禮法
現年五十一子昭煐
姜氏段光恪妻年二十八夫歿守節紡績營生事
姑極孝立夫兄光愃子昭虔爲嗣現年五十
王氏庠生段芳楝妻年二十九夫歿矢志守節撫
孤子三延師課讀紡績不倦以備家貲現年三
十三
方氏庠生之彪女廩生方訓妹儒童段光純妻事
姑極孝夫病刲股以救夫歿氏年二十一無子

矢志守節治家有方立兄子爲嗣撫養成立人
嘉其志現年三十六
毛氏儒童段芳桐妻年二十二夫歿無子艱貞守
節立夫兄芳楝子爲嗣現年三十三
彭氏儒童段昭豫妻年二十一夫歿遺腹生子大
成誓志守節事翁姑愛養兼該撫孤嬰艱辛倍
至現年三十一
余氏太學生王朝材妻年二十三夫歿氏痛欲投
繯絕粒數日姑曲諭之乃强進溢米矢志冰霜
無子以姪嗣

胡氏儒童王潤修妻年二十九夫歿痛欲身殉瀕
於危者屢矣以孤子故冰霜自勵人無間言現
年三十八
段氏吳錫圭妻夫歿年二十二子之純甫入月撫
養教誨孝事翁姑勤紡績以供甘旨苦節自貞
現年四十五
鄧氏王修恕妻夫歿氏年二十九苦志守節教子
樂吉樂　成立現年五十二
李氏庠生王繼安側室夫歿氏年二十七苦志守
節教子有成現年五十五

傅氏葉時文妻年二十六夫歿守節事姑曲盡孝
道教養二子成立現年四十六
余氏葉時瑞妻年二十四夫病服侍彌年迄勢危
急氏於夜靜跪禱北斗刲股以進乃卒不愈遺
孤纔三月氏矢志堅守孝事孀姑治家勤儉教
子嚴以濟慈現年三十六
余氏庠生鄧斌妻年二十五夫歿遺腹生子受祿
矢志守節紡績營生現年四十
陳氏監生鄭一桂四子本炘妻年二十四夫歿堅
貞守節茹苦食茶孝事孀姑立夫兄四子昌達
爲嗣現年四十
楊氏夏自剛妻夫歿年二十八矢志守節孝事翁
姑生二子撫養成立現年四十六
張氏庠生蕭人偉妻庠生張綸誥女于歸七月夫
歿氏年二十一苦節事舅姑立子宗錦爲嗣現
年四十一
余氏庠生蕭文炳妻于歸僅期月夫歿氏年十九
守志事舅姑姑病刲股醫之立姪宗偉爲嗣現
年三十八
匡氏段光信妻年廿四夫歿苦節立姪昭坤爲嗣

賢淑

夏氏監生徐道修妻秉性孝謹善事舅姑夫病刲
股獲愈及夫歿持家勤儉教子義方年八十一
卒子允剛國學廣與孫元春俱列邑庠
鄭氏附貢生段永湘妻秉性慈惠孝事翁姑相夫
勤儉教子詩書撫孤姪春芳廷芳猶已子一入
邑庠一入成均鄉鄰沭其施惠者多現年七十
有八
汪氏國學生沈承銘妻性貞靜明大義事翁姑孝
夫卒子盛時僅一歲無伯叔依助氏苦志紡績

延師課時不稍假以詞色命時捐田附公祠爲
翁姑以下祀産時成立入國學亦以孝行著
馬氏舒元銳之妻事公姑極孝姑病刲股兩次病
愈七十八歲卒
鄭氏儒童程行照之妻青年夫歿無子矢志守節
孝事舅姑深明大義捐田課入公祠又捐田課
入私祭以爲春秋享祀之費氏茹茶飲蘖辛苦
倍嘗殆節孝而知義者
段氏武庠沈自椿妻椿病亟氏刲股救之妾劉氏
亦刲股以救之

金氏廩生沈德本妻能盡婦道翁姑篤愛之翁病亟氏刲股入葯以救

胡氏太學生杜桂徵妻性貞淑孝事舅姑嘗因姑疾刲股和藥救之而愈

夏氏姜曰榜妻性至孝曾刲股愈姑病復刲股救夫夫歿無子困苦而卒人悲憫之

曾氏王三楚妻施建柳林菴廟捐田課四十五石山一所廟在城南四十里黑石寨又施建鳳凰寺捐田課四十六担山一所廟在城南三十里

徐氏邑庠胡其珍妻段氏邑庠胡其珠妻娣姒也

嘉慶十六年囑子監生中楷庠生廷標中樞監生中本中杞等置田四十石入朝陽菴永爲香火之資徐氏段氏現年俱八十有五

沈氏監生余善福之妻性純篤孝翁姑睦如姒內助尤賢培養子孫蜚聲藝苑撫胞姪維燿輩如已出鄉里貧乏者多蒙周恤有厚德焉

杜氏壽耆徐道洛妻孝事翁姑自甘勤儉教子甚嚴存心至厚每遇貧急者給以錢米於乾隆五十年饑荒善行尤多至今鄉里咸稱頌之年七十一而終

馬氏儒童夏念淵妻舅姑寢疾虔心服事十年未嘗就枕夫歿守節甘貧教子書入邑庠現年八十

馮氏劉永琮妻翁姑病篤刲股救之得愈復刲股愈夫疾子炳邑庠生

鄭氏職員聞興琳妻賢淑有士行孝事舅姑勤相夫子中年夫歿無伯叔兄弟佽助教孤子詩綿詩緯成立綿入國學

聞氏貢生鄭一瑩妻性淑慎明大義事父舅姑委曲盡孝相夫成家中年夫歿課孤子三人成立

現年七十四

馬氏　誥封儒林郎世祿女國學傳士嫌妻貞淑慈惠通曉大義姑早逝事舅相夫曲盡婦道戚黨中有孤苦者極力撫捄與弟婦程氏和睦無間程無出以次子國學生以理爲嗣恩義並至燕翼兼優程亦以賢淑稱

周氏邑庠生傅士樋妻事翁姑孝樋兄弟應試臬城適姑病篤氏親侍湯藥刲股以進病立愈越三載姑恙復發氏仍剪肉和藥投之夫歿後氏治家教子有方喜施與二子以芹以藻俱監生

氏卒年八十五
蕭氏姜名璉妻家貧夫病篤刲股救之踰年夫歿
嚴課二子長維新入邑庠現年六十九
王氏姜名斑妻年三十斑歿無子捐遺產勷祀事
推任屋建宗祠宗黨賢之現年五十
金氏太學生傅士燕妻性慈惠喜施與族黨多沐
其惠夫歿後教子尤嚴子五人以城内孝廉官
蕪湖學博餘皆有聲庠序
段氏舒存謙妻慈和淑慎夫早逝以耕讀嚴課四
子令各成立長元度入邑庠四元型食廩餼有

聲黌序
段氏庠生杜一枝妻姑病篤氏刲股救之孝養倍
至四子三入武庠
黃氏生員傅以馨妻孝事翁姑姑病刲股以救侍
奉湯藥三年不懈
胡氏庠生徐廣琎妻秉性孝謹善事衰姑姑常疾病
氏刲股二次每獲愈後二十年姑始歿
段氏彭其和妻年三十一夫歿教子慈嚴兼盡家
道豐盈書香繼起子中順中裕中炳俱太學生
孫鼎元培元俱邑庠生

李氏朱正璜妻夫病刲股以救獲愈及夫歿奉事
舅姑克盡婦職立夫胞兄正璋子錦坤爲嗣教
之成立入成均卒年七十六
方氏朱正璋妻孝事舅姑姑病刲股以療卒年九
十五以上舊志
李氏儒士沈德深妻深至孝氏能體夫意得翁姑
歡姑病侍湯藥衣不解帶者月餘翁繼娶兩姑
氏皆委曲承歡始終不懈性寬和雖臧獲輩從
無凌訶晚年茹素掃地焚香終日默坐享壽七
十八歲無疾卒合族敬之子自强國學生孫振

綱亦入國學周丙入邑庠
金氏庠生廖璜長女鄭本豐妻孝事孀姑姑病刲
股以救夫歿子昌稷甫九歲撫以成立後氏病
篤稷亦刲股以救得延壽人以爲氏孝之報云
傅氏監生鄭本睿妻性孝謹善事姑相夫起家克
勤克儉教子必以義方存心至厚鄉里貧乏者
多所周恤子昌曜入國學
沈氏歲貢生承震女太學生鄭昌備妻性慈惠翁
姑歿後撫育幼年姑叔至婚嫁畢乃已助夫行
義而家益貧尊敬子師紡績以供子讀子光蔚

光黎俱廩生光蕙庠生

鄭氏附貢生本㟭女邑庠生沈詰妻性愠厚事兩孀姑曲爲將順夫與母弟二皆少孤體姑意存恤家貧就傭力籌薪水以勸讀俾皆成立族共賢之

馮氏聞興健妻賢淑有士行事舅姑以孝聞中年夫歿持家勤儉教子義方卒年七十茂子三長詩國次詩全幼詩書全習舉能文國援例入成均

段氏貢生聞詩白妻邑安里江夏縣丞肇伊曾孫

女儒士永堦原名墀長女事翁姑有順德夫姪庠生立忠兄弟姊妹幼失恃撫之如已出佃婦某氏嘗供其指使婦老病歿囑子代買棺木給甃費聞者德之

鄭氏國學生聞立性妻舉人一㘭曾孫女貢生本㟭孫女國學昌霽次女年十六于歸值翁姑衰病隨夫侍湯藥衣不解帶翁姑歿哀毀如禮夫兄增生立慈早卒遺孤禮偉爲翁姑素所愛憐體恤備至視若已出宗黨賢之而惜其不壽

沈氏國學生承巽女歲貢生金謌妻子歸時姑已卒氏督理內政無愧冢婦弟姒傅氏卒遺一女年未及週撫養成人待如已女至以勤儉相夫義方訓子慈惠馭下淑德徽音不一而足族論賢之子燿遠舉人熙遠庠生

沈氏國學盛知女國學汪家風妻夫病刲股和羹以進夫歿撫孤大承成立備嘗辛苦年八十卒

匡氏汪家魁妻夫病刲股年三十四夫歿家貧女紅自給以撫遺孤年六十九歿

黃氏國學汪大啟妻羅邑庠生學秀女性端淑夫早歿撫子際會等延師教讀喜周濟鄉里多懷

其惠

李氏汪正顏妻性溫淑孝事舅姑夫早歿撫子家楷家彬教訓嚴肅楷入成均

汪氏女名淑貞性至孝未嫁侍父正顏病數月衣不解帶父沒悲號絶食竟於父甃之前夕沐浴斂衽而逝

聞氏庠生與鄒女增生鄭昌廸妻孝事翁姑服膳必如所欲翁姑病侍奉湯藥歷久不倦撫孤姪光大光典如己出歲荒嘗減食以賙鄰里有黃梅災民挈眷乞食氏見不忍留之三年厚贈以

歸享年六十子六孫六次子光燦庠生

鄭氏太學生沈盛堂妻孝事孀姑姑老不能行走背負出入五十餘年絕無難色夫歿子幼慈嚴兼盡撫之成立享年九十一

葉氏國學榮洙女歲進士沈承震妻震本書庠子承繼伯父氏事立姑盡孝數十年如一日相夫鞠子慈儉可風享年八十五子四兩孫成均兩入邑庠

王氏羅邑太學生道坦女監生金光慶妻勤儉性生物力絲毫必惜然喜濟人急鄉鄰求假靡弗

應待下人不徒有恩而兼有禮歿後佃婦僕媼猶念之流涕若其事夫必敬教子義方恤孤姪如已出賢聲尤卓著云子二長庠生鎔次宗諧

金氏進士　誥贈光祿大夫庠拔女登仕郎沈盛鳴妻事孀姑至孝家貧典簪珥以供甘旨性仁厚有媼身寒戰慄解所衣衣與之卒年八十二

傅氏國學以鵬孫女國學沈周炳妻夫病刲股兩次救愈迄夫歿婦代子職孝事翁姑教子復有和丸遺風

石氏沈承念妻孀居無子可立有夫胞兄子煥父母俱逝無依撫養成立並煥子及孫三世皆承蔭庇族論賢之

程氏增生步雲女候補訓導傅文才妻性溫淑事翁姑有順德族論賢之年五十三卒子守藩庠生

段氏徐道浚妻事上孝待下慈以勤儉助夫成家子允偉入國學彬入邑庠卒年八十六

李氏鄭本醇妻家貧薄事翁姑孝朝夕不懈中年姑歿夫故撫子成立翁姑藉紡績供奉卒年八十一

朱氏庠生楊藻妻性慈惠明大義夫早逝教子慈嚴兼盡子昌旭太學生昌時增生卒年六十四

余氏徐元韶妻夫歿家貧紡績勤苦撫子成家卒年八十四子光祿光崇俱入國學

黃氏儒童張成銀妻秉性溫恭夫歿時子俱幼撫養成童嚴而有法儉約自持慈惠馭下族里咸德感之卒年七十四

鄭氏王錄善妻夫性廉介行端方氏相以愉穆姑歿以冢婦持家內則可型尤能率眾婦以孝事翁性慈惠樂施與嘗戒子孫家無論貧富濟人

之急不必己之有餘吝則刻薄矣長子成泮邑
庠生婦金氏敬守姑範不墜儒素家風鄭年八
十餘朝夕侍不離左右病則湯藥必親及卒子
婦哀毀盡禮族戚嘆孝之獲報點滴不差孫性
彬拔貢生每逝祖庭泫然泣下里黨稱兩世淑
德焉
魯氏修職郎段芳羔妻　例贈孺人年十四因姑
病來歸奉侍調治湯藥得姑歡心姑即命之主
持內事家中咸無間言年十九姑歿時適長子
光鑑始生猶哀毀盡禮克襄大事喪畢事壽翁

孝謹益篤爾時夫之弟妹均甫髫齡氏爲完姻
理嫁咸如禮節生平尤勤紡績相夫無違督課
子姪嚴慈兼至族中稱女丈夫焉子光鑑辛卯
經魁即選教諭
胡氏庠生鄧大儒妻青年苦節孝事翁姑撫孤子
昌宗嚴於教訓學成遊庠承繼書香孫二長太
學生曾孫佳英庠生
黃氏　例封修職郎蔣克昌妻孝謹溫恭慈和勤
儉治家教子咸中禮法族里稱賢舒城縣知縣
鈕福疇爲立傳　傳載藝文

段氏天長縣訓導永封女增生程步雲妻性溫厚
孝事翁姑持家勤儉教子義方閤族敬之子惇
紀登仕郎登第入國學
方氏姜朝堦妻夫歿年四十一僅一子逾三載子
又歿氏與媳施氏相依爲命立孫壽樸承繼兩
代捐建公祠一座費錢千餘緡又捐通戶公祭
田稞十担捐祚緯私祭田稞三十担勘碑祠內
閤族咸欽仰焉
金氏太學生彭中坤妻夫歿自持儉
約教子義方體夫志命子捐田稞二十担入祠

內承爲祀祖應試之資子元鎔元度俱入國學
程氏縣丞衔灯女儒士彭中權妻秉性溫和善事
翁姑夫歿長子旋亡次子元灼甫七歲又次元
俊遺腹生氏深明大義痛夫志未遂自勤紡績
囑伯叔延師課子督責綦嚴待子若孫慈嚴並
至鄉黨稱賢焉子元灼國學生元俊庠生
王氏生員佑超女儒士彭中新妻孀姑段氏年老
目瞽氏侍奉不懈姑病刲股和藥獲愈姑性慈
惠氏克體姑心推解不恤里黨皆德之子元桂
庠生

彭氏庠生王淼妻柔順恭懿孝事舅姑禮嫻内則
姑李孺人勤儉持家嚴明教子壼範垂型氏克
嗣賢徽相夫修職内外肅雍一家長幼近百口
調和撫育慈惠勤勞不遑自恤且隆師勗學周
貧濟乏宜其子孫衆多以爲淑德之報雖輿其
夫繼殞族黨猶稱道焉
段氏文庠生方德栻子媳至性淳淑在室因姑病
刲股救姑歸里夫病又刲股救皆愈翁姑年俱
八十氏窶貧孝養而子輩亦化於勤艮年七十
一

徐氏段芳芝妻于歸日姑早逝事翁孝謹翁病刲
股救之愈氏相夫教子勤苦持家子光鎔庠生
段氏胡其睚妻天性純篤爲夫病刲股夫歿姑病
癱痪竭力事奉遭遇迍邅艱辛萬狀僅一子中
淳教誨成立早入邑庠氏中年病劇淳妻張氏
亦刲股醫愈卒年八十八
鄧氏庠生王懋性妻孝事翁姑姑病刲股救愈性
婉嫕任勤勞謹遵姑範立夫姪爲嗣撫育如已
出和睦娣姒内外無間言姑歿殮殯族人皆嘆
悼之

方氏文庠生德採女太學生段芳梈妻性柔順嫻
禮儀于歸時即以姆道自任督率諸娣姒總以
孝事舅姑調和内外爲要諸娣中有患目瞽者
膝下多男代理之視如已子有生異議者勸解
之俾無間言晚年雖抱寒勞疾猶不憚勤苦爲
衆婦先子太學生光灼奉施棺濟貧以益算卒
年六十有六族黨韙之
段氏庠生王人傑妻性靜專事舅姑恭順謹恪即
一淳糜一蔬菜必手瀹以供舅姑歿奉祭如生
養然氏庶姑陶氏年甫十七守節終身氏事之

敬亦不懈氏嘗抱疾旬日病篤幾不起夢寐間
有青衣婦人與藥一丸吞之即醒病亦漸愈人
以爲孝之默感神明也
鄭氏理問王從繩妻稟性恭順事尊章無不敬凡
箴管榫楲諸事罔有不飭其次媳金氏衛千總
善行妻恭儉靜專克守姑訓夫歿教子成立長
安吉　例授州同次安定太學生耽吟　例授
衛千總德琇太學生
匡氏庠生王廷安妻性慈惠明大義視前子如已
出持家勤儉刀尺之聲常戛於耳米鹽之瑣不

漏於目凡雍爨饎爨諸事罔有不躬其長媳段
氏恭順儉約皆有姑風夫歿教子樂松成立鄉
里咸稱羨焉

張氏傅天梓妻年二十九遺腹生子寶春氏善事
舅姑親操井臼教子義方春妻段氏舉人光鏞
姑母春卒氏繼姑志撫孤子元聯克守家箴書
香不絕元聯妻庠生段芳蘭姊庠生文光姑母
孝養其姑姑病刲股以救夫卒撫二子創業興
家延師課讀不替前休

段氏增生王卓拔妻秉性温和事尊章無不敬與

人媞媞自下族黨賢之其次媳彭氏太學生陞
安妻孝事舅姑持家勤儉夫歿守節撫子修懿
修德成立綽有可風三媳胡氏增安妻事親持
家克守姑訓夫歿青年守節人無閒言撫子修
治教以義方

金氏鄭本焰妻監生金泮林女夫病刲股二次救
之未愈夫歿年三十三生子二矢志撫孤孝事
孀姑姑病亦刲股救之長子歿嚴訓幼子成立

王氏羅邑庠生王文煜孫女儒童沈周銘妻姑病
危刲股救之立愈

鄭氏沈木德妻能盡婦道繼姑周病篤刲股救之
立愈

周氏監生胡大晶妻姑楊氏苦節病急刲股救獲
享高年夫病又刲股救之不愈夫歿年二十九
矢志守節撫孤子光前光甲戌立現年五十一

續修英山縣志卷之二十一

英山縣知縣樂陵李文泉續修
英山縣教諭古歙汪時□
英山縣訓導合肥阮華

藝文

詩文之盛自兩漢迄乎唐宋作者林立而英屬楚黃六蓼之分邑故鴻篇鉅製莫得而紀焉顧設縣以來五百年間積學能文之士固爲不乏雖未必與唐宋以前卓然成家者抗盟樹幟分道揚鑣要各極一時之選亦自有逈出等夷者乃明季流賊盤踞十餘年荼毒焚燬百不存一而邑中著作復鮮付諸梨棗布在四方徒掇拾於灰燼之餘宜其所存無幾也

國家文治日隆興材鵲起庶幾彬彬乎質有其文今擇有關志乘者著於篇志藝文

藝文一

誥命

奉

天承運

皇帝制曰盛代酬庸之典申錫命於五章良臣報本之榮極推恩於四世載嘉舊德爰沛新綸爾金天爵廼刑部尚書加一級金光悌之曾祖父善以貽先業能昌後之經垂教發詩禮之菁華奕世貽休表弓裘之矩矱欣逢慶典特賁天章茲以覃恩贈爾爲光祿大夫刑部尚書加一級錫之誥命於戲秩崇報渥邀寵澤於中朝源遠流長樹風聲於來禩欽承顯命用闡幽光

制曰朝廷布榮綍之褒禮求其始彝典錫重闈之澤恩逮所生嘉命載頒徽音益遠爾傳氏廼刑部尚書加一級金光悌之曾祖母柔嘉維則淑慎其儀矩法嫻明夙協宜家之化風規表著式昭啟後之模集介福於曾孫邇芳型於累世茲以覃恩贈爾爲一品夫人於戲龍章煥采猶傳珩瑀之聲鳳誥增華益煥笄珈之色尚承寵渥永賁泉庥

奉
天承運
皇帝制曰貽厥孫謀介德克傳爲家範服乃祖訓
殊恩用錫夫朝章俾服皇庥曲成臣孝爾金紹
偉廼刑部尚書加一級金光悌之祖父德能垂
後業足開先積行累仁越再傳而滋大流光篤
慶歷三世而彌昌旣克佑乎後人宜崇褒其往
烈茲以覃恩贈爾爲光祿大夫刑部尚書加一
級錫之誥命於戲源遠流長實啟造家之澤根
深枝茂益昭報國之猷寵綍欽承幽光用顯

制曰良臣奏績溯積累於先型壼教垂休逮恩榮
於大母聿徵內德式煥王綸爾沈氏廼刑部尚
書加一級金光悌之祖母慈著含飴教先詒穀
閫儀克備流風垂女史之規門祚彌昌介福啟
孫謀之報徽音旣茂淑行攸嘉茲以覃恩贈爾
爲一品夫人於戲譽美崇班用錫重闈之慶榮
膺寵命常敷奕葉之光被厥殊恩彰茲世德

奉
天承運
皇帝制曰位列崇階作忠由於移孝業隆嚴訓資
父所以事君念茲堂構之貽厥有絲綸之賁爾
金序珽廼刑部尚書加一級金光悌之父躬裕
懿修世推淳德澤流弓冶裕家學於庭幃慶衍
門閭亮天工於邦國令名允稱殊典肅加茲以
覃恩贈爾爲光祿大夫刑部尚書加一級錫之
誥命於戲一經廸後式傳報國之忱七命沾恩
益著象賢之美欽承休寵丕佑來昆

制曰職重朝班宜溯源乎內訓功崇王國尤歸美
於母儀式獎芳規俾承休寵爾葛氏廼刑部尚
書加一級金光悌之母名成令善質秉柔嘉七

誡早嫻流徽著於婦職三遷足法荇慈教於鄉
材令問夙彰洪施宜沛茲以覃恩贈爾爲一品
夫人於戲鸞書錫慶伸烏哺之恩私象服增榮
慰熊丸之勤苦欽予寵命昭乃遺風

奉
天承運
皇帝制曰五辟具聽詰奸首尚廉明三典昭垂勅
法務存欽恤茲惟弼教是用推恩爾刑部尚書
加一級金光悌秉志寬平律躬敬慎典司邦禁
允推折獄之良恪守王章克佐好生之德權重

輕而議律澤逮圜扉謹出入以讞疑恩流嘉石
式逢慶典庸獎成勞茲以覃恩授爾爲光祿大
夫錫之誥命於戲民以不冤懋爾平反之績刑
期可措成予惇大之休尚祗服於訓詞益勉修
乎淑問
制曰職重上卿地道合含章之譽禮崇內則家人
彰順位之功爰嘉壼範之修用晋國恩之錫爾
刑部尚書加一級金光悌之妻丁氏克勤懿德
式贊良猷合志相成奏公忠之茂績同心交儆
樹廉正之休聲含軌攸昭褒章載沛茲以覃恩
封爾爲一品夫人於戲風著素絲佇助良臣之

閫閱芳流彤管欽承宸陛之絲綸嘉爾德音欽
茲寵异
誥命
嘉慶十四年正月初一日
之寶

藝文一

詔勅

明太祖賜王子章段伯堅楚祿勅 洪武二年

王子章段伯堅爾本布衣之民乃能捨死爲我國家
擒拏作亂奸雄親解赴京眞義士也朕念爾勞苦授
爾官職爾乃再辭不受只願歸去保障地方給爾衣
帽緞帛酒肉歸家莫分爾疆我界倘有餘黨未靖與
我一名一名拏來那時還有大塊金銀賞爾子章欲
將疆外祖產并爲一處供租於今天下成法已定難
以更改賜爾楚祿二百二十石止納斬蝦秋糧應當

英山差役那裡官司里老毋得生事擾害但有干已
事情許爾親自來說故勅

明英宗賜義民徐滄海勅 正統六年

勅江南廬州府六安州英山縣民徐滄海徐滄游徐滄淵國家施仁養民爲首爾兄弟能輸粟三千三十餘石自運助賑有司以聞朕用嘉之今特賜勅奬諭勞以羊酒旌表義民徐世安之門仍免本戶雜泛差役九年尚允蹈忠厚表勵鄉俗用副朝廷褒嘉之意欽哉故勅

贈封戶部主事劉會勅 景泰四年

戶部司養民之政其任非輕故置屬詳於諸部苟非其人曷稱任使爾戶部貴州清吏司主事劉會發身科第擢屬地官比以隨征陷於戰陳勞苦可憫良切朕心茲特贈爾階承直郎職如故銘之勅命以示旌褒於戲人孰無死惟死於國事者爲最榮也爾尚祇服隆恩永慰冥漠

記

重建儒學記　　明禮部尚書歐陽德泰和進士

英山儒學舊在縣治西北隅地勢僻仄風氣涣漫不足以孕靈毓秀令數患之葉君邦榮爲縣進吏民語曰令以阜民興賢爲職而儲賢之地若是夫尼邱毓聖崧嶽降神沃壤毓靈苗斥土萎佳木地道也不徙不可乃相得稍東寬平環會之區勾稽得積逋餘千金請諸當道而成之閲數月廟廡堂齋廨舍門垣嵬然秩然既完且美山擁川廻獻祉發祥士學於此意氣勃如咸相謂侯盡心學德育我於成思周慮遠靡

所不至宜有紀載以志事始且俾休嘉後可考見於是學生程謨奉學諭簡君宗儀狀謁記予既諾之葉君去爲安吉而縣令歐陽祥龍增修加葺與今學諭張黼申予舊諾並請有言以訓諸士予惟人生而善天之性維氣質不能無清濁厚薄之殊而聖愚賢不肖漸以分焉學者一以聖賢爲準則必期盡踐乎其寔而不徒習爲其説襲取其故則未有積而不光者若本之不務而末是圖而以材之成與否諉諸土地之興廢然則申侯孔子不世出豈崧嶽尼邱遂失其靈也耶孔子之好學也發憤忘食樂以忘憂不知老之將至夫軀命莫切於食情莫甚於憂而老者死生之際三者能忘則無所弗忘用志精一如是是以德成道充周不器之川而曰地之靈爲之也無乃誣聖人且自誣矣乎雖有沃土種之嘉穀然培壅灌溉之不繼而以天澤地利爲足賴人未有不誚其惑者土之沃矣而嘉種不播日規規而望之曰粒食産乎是則其惑也滋甚嗟乎入斯學者務修其身以成德嗣爲斯縣者務修其教以成人之德上下交修庶幾勿壞前人之績不負茲山之靈也歟學徒於嘉靖癸未春二月既望成於是年秋八月二日

重修儒學記

明侍讀學士　陶大臨　會稽進士

聖朝稽古建學制極宏遠歷年既久乘時修葺以宣布聖天子德意則存乎良有司賢師儒英山縣儒學今文廟門廡乃其故址於時士以文學顯者常不乏人爲好事者徙置東隅旋即摧折嘉靖中羣議復舊而當事難之賴教諭張黼抗疏得請適前令少梧李鳳大舉修建功成而令以遷秩行其後適時不葺遂使芹泮蕩爲芻牧學官出僦民居有心者徒懷慨嘆而已隆慶二年龍泉葉令至見之憮然遂建白於巡按御史王督學御史周郡守張咸可之三年己巳教

諭漆星繼至令喜有所屬乃相與經營規度始事於是年六月自文廟以及門廡僅仍其四壁而梁棟榱桷悉皆更易又以明倫堂舊址幽僻改建於今向明之地立敬一亭於其後名宦祠附於東教諭宅依之建啓聖祠於文廟後計所修建凡十區採木於山運沙石於河垣墉塼埴工匠鱗集再越春秋甫及竣事工費十倍於所請咸出令區畫及捐俸助給且時輯而屬省之故百工用命漆子亦屈力殫慮日夕勞來以是人忘其勞用克底績乃今聖賢妥靈師儒奠居有司時得課試而多士彬彬然日進於文教之中蓋舉數十年之廢墜而振起之葉令之功於是爲大而漆子亦與有勞焉國子程生來金陵持漆子狀徵予言爲記予於葉令有鄉誼於漆子有年誼且幸二子能不失乎教學之意宜直書以昭示後來使臨政者圖難於其易爲士者去舊以即新庶無負聖世作人之意亦無負父師作興之功也是爲之記隆慶五年夏六月

重修學宮記

明按察使雷逵　豐城進士

廬州府西七百里爲英山縣舊學歲月既久先時犯
因循懈弛作以故文廟卽漸頹圮亦置弗省嘉靖辛
亥予守廬州知縣潘維藩以葺理請未果又二年癸
丑盜起蘄黄流刼英霍閭驚呼騷動而縣令適缺予
以弭盜安民非得賢令不可乃移文銓曹乞於進士
內選補令尹李子賓膺命而至首以興起學校爲已
任具狀以聞轉白於巡撫少司馬海鹽鄭公巡按侍
御德州李公提學　江山趙公咸允自嘉靖三十
三年六月鳩工始事至次年一月告成殿宇之崇嚴

堂廡之宏敞重門之壯麗啓聖有祠師生有舍丹堊
規制煥如也尹傑　完報而又偕學諭鄭茂寬訓
馬元俊請識日月且用訓多士予適膺蜀臬之命念
與諸生日益疏遠也因進而告之曰稽古建學之義
布諸經傳可考也諸生朝吟而暮誦之宜罔弗尸耳
習盍亦思所以實用其力乎夫學以明人倫也君臣
父子夫婦昆弟長幼朋友之彝天之所以與我人生
日用恒必由之非有奇端異說高不可幾及者循之
則爲蹈道爲君子元凱之所以嚮用於唐虞也悖之
則爲不肖爲小人四兇之所以迸竄而禦魑魅也

之降　吾人得之以有生亦非有輕重多寡
若冰炭之不相近然而或爲法於天下或未免爲鄉
人念不念之間而已英地雖僻在山谷其所賦受豈
不逮人然而道德科目之士邈焉可以自省自勵矣
昔東吳未知有聖賢之學自言游依歸聖人始以文
學顯其後風氣日開人文宣朗遂彬彬然與中土埒
今聖天子文教昭晰道化汪濊諸生沐浴德澤非一
日矣誠　其所誦讀者而厚以自揚焉無或暴戾恣
睢以忝厥德則父　子夫夫婦婦兄兄弟弟宗族
稱孝執友歸仁不出戶庭萬理咸備因元凱之徒也

達之而居廟廊邦國之所以安富尊榮也斂之而在
山澤子弟之所以　忠信也豈終見棄於山川不
能自別於蒋潰市井者耶吾行矣方樂聞諸生之有
成而克光於上之人作新之意也諸生勉乎哉李尹
名鳳番禺人以癸丑進士補縣令嗚呼觀是勒者其
亦有徵於絃歌之風矣乎

高侯生祠記

明戶部尚書　耿定向

高侯任英五年以清操惠政聞於朝徵授臺諫行英民思之不已欲建祠祀之請於代任胡侯侯曰盛舉也祠成邑之季生來請言以紀其事余惟上下感應一機也上以慈下下以忠上情所自然遂嘉其意而紀焉高侯諱維崧號景南廬陵人隆慶六年任初見其民凋敝愁苦如恫瘝在身即自矢惠養元元以行其所懸於念庵者於是單騎敝衣省刑恤民清冤獄滌奸弊作新學校　黔黎宦戚逾久清操逾堅是以英邑弊除利興士奮民諴　知上之未知則憂相謂曰胡爲不知我侯也至萬歷五年侯以銓曹考最去又憂相謂曰胡爲　侯去我民也寇不克借而思之思之不已而建祠祀之所以繫甘棠而永瞻依是英民於侯可謂交相愛者矣蘇子瞻不云乎守令者斯民之保乳赤子不忍離其保乳人情大抵然也然公之自修初非有求於民而英民愛慕之誠且久則更有出於祠像之外者噫是祠也英民報德之厚胡侯成人之美胥見之矣余與高侯素同志是不徒爲侯慶而實爲念庵之學爲天下萬世愛而思慶也季生唯唯作去思碑記

縣尉董公去思祠記

明邑令　胡咸賓

初宏治間長清董公廷秀由胄監作尉英邑惟遵法守不以一米一繒取諸民也民咸以慕慈母者慕之浚井則曰董公泉建堂則曰董公廳祈永久也乃甫二載即引年求歸民泣留不允竟持虛囊以行去之日猶在之年也爲列諸賢令祠生祀之萬歷辛巳英罹蟲眚當道檄霍山董尹來檢灾狀至則先簿董公裔孫也不惜山谿之險遍歷荒土愀然惻惻英民戴之且感今追昔擁　留者三日跋送之後即詣邑請建去思祠於西城阜仿見山紀功頌德焉余悉從民請伐木採石運土鳩工既咸備爲門堂者一扁曰明邑佐董公去思　廳事者二扁曰奕世流香黝以丹漆圍以棘垣巍然廟像經始於陽月之壬戌落成於是月之丙午倡其議者庠舍諸生供其役者三鄉耆老督其成者邑佐張徐二君暨邑博士項王二君至於始終經畫併紀其事於石以垂不朽者則咸賓實殫厥思也工甫畢遂屬之司戶俾無傾圮於樵牧云

縣尉董公專祠記

明 知縣 劉世光

明興設官分職縣自令而下有丞有尉司一職以佐其治於長令者也是故無專制之權而有繁猥之務任是職者葢亦囏哉而非有果斷之才明敏之識莫與也英自有官以來以尉著聲者洪武初則隋公賛嘗以功晉別駕秩流芳郡乘炯炯不磨宏治間長清董公起明經作尉是邑初至境上廉諸邑人曰斷木者引繩則直立政者用道則治乎今者倀倀然而無從也尉之設有年 溢政者孰賢曰皆賢孰可法曰皆可法國初隋公其至哉乃 之舊思所以

襲其芳而步之嚴毅堅直政務酌於民心緝封內奸宄而詰其法一時 晏然尤厪於農桑曰是民命也每春和則循行阡陌惰者有罰勞者勞之藹然有古先王勞民勸相之意且也食無兼味衣無重采曹無宿務庭無候吏車無停轍委無暇晷去之日民攀號而送之者如嬰兒之失慈母至今望其庭汲其井者必曰董公董公志慕也諸感其德者既祀之列諸賢令祠矣萬歷辛巳公之曾孫觀吾公以進士爲令霍山令尹老承檄來覈此地災狀英之民思先公而不得見得見公之裔如見公也是故老人傴僂

踴躍童子歌謠而來者聯屬不絕夫法以防民仁以愛之故威衍而惠立宜其係民之思永永不忘如此也先是德清胡公至民以公未有專祠也請於公公乃筮西城阜拓地建祠奉公之木主於中而以去思名之今歲癸未余小子適至適觀厥成瞻拜祠下竊寅王君率諸弟子相與告曰封南國之棠者思召[illegible]之政泣峴山之碑者追叔子之德先生其盍有以[illegible]之余惟公去英百二十載而今日諸縉紳諸父老[illegible]諸子弟邈乎聲容 相及也乃油油然而思之[illegible]之不足又乞祠之又寄其思於厥裔也有遺愛矣名

之曰去思厥稱矣哉因系以詩俾四時歌以祀公詩曰有斐君子古良臣兮來尹英麓政何仁兮除苛禁暴經濟神兮良法美意劑調勻兮四民寧宇樂利均兮閭閻寒谷生陽春兮於穆廟貌山之陰兮百千萬禩永無垠兮曷以報之在後昆兮黃扉紫閣早致身兮

兩河口舊文昌閣碑記

明 邑令 劉光啓 無極人

萬歷庚戌之冬學博吳君甫至英詡英庠科第之稀謂地不之才或形勢未完謀創文閣於西陵助宣文運光啓暨二三僚友欣然樂從遂誅茆鑿石集材鳩工經營其役自辛亥冬届壬子秋落成搆文昌閣一座真武殿三楹右爲廻龍寺樓閣參差溪山獻秀秋闈獲雋地靈人傑洵不爽哉天府儲駿閶闔蓄藏廼千載創見之業亦千載士民之遺矣是役也光啓與吳君捐俸首倡糧廳沈君拮据其勤捕廳秦君與有助焉鄉宦高撝謙鄧郜鄭孔洙聞朝中李時春王宗

儀等生員王鼎臣李魁春程子鰲李牧等樂助勤劬舉魁春之功居多自僧圓堂不恡已私集徒供役勞勤爲最士民施金者例得並書當與珉璞共垂不朽云歲歷甲寅署教諭舉人烏程吳維聰書

重建公館記

明 金中剛 邑舉人

易取諸大壯作宮室以待風雨禮以有司所授舍作公館以待賓旅邑侯朴齋葉公始立政胥邑賓客之館曰毀宮壞室曠無寧所其如賓旅至者何八年冬十月迺謀營始捐俸完客所館以楹計者正爲寢三中爲廳三翼爲序二其材孔良越十二月丁丑既成賓從有所賓至如歸無屑榭侈觀從朴也費不斂民惇惠也作以昏中時便也是故舍之弗葺是謂傷禮重之以殘是謂傷仁假之以壘是謂傷廉是故傷禮則慢上傷仁則賊下傷廉則汚已是謂疵政君子曰

賦役戕也是故無然姑息以全禮無然勞罷以全仁無然封殖以全廉廉以守仁仁以基禮禮以體政是故政成而民聽君子曰厥役善也惟我賢侯哉侯以功落成乃告諸僚丞劉公善賦適觀厥成簿劉公希賢賦庶民子來尉唐公憲賦適子之館兮朴齋公亦賦君子攸芋

雷家店東嶽行祠碑記嘉靖二十一年　闕名

凡名山之列於天下也能奠方域産財用興雲雨者皆有神以主之立廟以祀之英山雷家店距縣東四十里許其山名風波嶺峻拔聳秀山巒崒嵂佳氣冲融歲旱而雨雲氣族山頂峩然爲一方之勝自宋而來有東嶽廟在焉元末兵火殘毁惟存一楹甚儆僅爲神禝故老相傳有制誥古碑皆被煨燼斷砥碎礎湮瘞榛莽間無復見者故神蹟莫考迄我國朝初居民仍舊址爲之肆新其祠而神靈如故洪武三年麻埠賊潘友文洪武五年羅田賊王玉二皆叛掠英邑東南界隋侯贇時爲主簿兩禱於神皆獲擒滅謂非神陰翊之功而何歲頻水旱虫螣祈禱罔不立應閭里遠近或疫癘有作廟週廻數里民皆無恙近虎狼爲患一禱遁跡神威顯著歷有可徵宏治乙卯居民謂祠宇弗稱乃恢擴舊制更修前殿後寢各三楹殿南立拜廳一楹正德丁卯建二門三楹邑尹李公諱全者又建鐘鼓樓三楹於拜廳之內又建十王殿東西各五楹於正殿兩旁丙子歲拜廳之東西建兩序皆鼓樓屋各一楹嘉靖丙戌始立坊碑於鐘鼓樓前垣墉四周神器悉具而殿中鐘鼓爐瓶猶先邑尹周

公茂才之所置於是人感神而隆乃敬祀神佑人而宣乃福澤君子曰有其誠則有其神無其誠則無其神理固然矣夫五嶽之在天地其尊同也非天子之公侯不得以主其祀禮曰諸侯祭山川季氏之旅孔子以爲僭斯民於東嶽獨加尊信者無乃道家者流謂爲五嶽之宗神靈之府人之生死禍福皆其所司故各據其山川之勝而祀之謂之行祠若兹山也兹神也素能對於禱祝化荒爲稔易沴爲和厥功彰明烏可泯没時有居民率諸大家爰立兹石蓋欲紀靈神功傳之永久俾萬世之下咸有聞是爲記

重修城隍廟記

明黃巖縣丞　鮑軫　邑貢生

治天下者必幽明協贊而後政通人和故我聖祖登極凡名山大川神之聰明正直紀諸祀典者咸秩祀之京畿而下悉建城隍廟錫以封爵冀其蔭多方而奠若民生也洪武二年正月勅封英山縣城隍鑒察司民顯佑伯以主是邑越三年麻埠盜潘友文叛殺六安州判官餘黨掠入英山火官民廬舍殺邑民若干主簿隋公贊禱於廟率民兵汪文軸等追破於陶家坊盜平越五年冬王玉二以妖術聚衆出没蘄黃勢甚猖獗寇掠英南境燒三吳東嶽廟遠近騷然隋

公禱於廟率義士夏仕仁等逐至黃陂木蘭山黃岡感化村破之擒玉二并偽官余羊保親解赴京師上嘉主簿累功陞英山縣知縣凡應敵者賞賚有差七年虎晝食人於郊民胡高五罹虎口訟之官隋公理其狀於廟曰陰陽各有所司今虎噬人神之職也王法殺人者死願神坐以法未幾虎死噬人所弘治十年春固始羣盜張玘等攻西門時知縣陸公玘典史李華禱於廟討之盜望風奔潰追至德勝山擒獲鞠問盜稱初見衆擁一官紅袍烏帽乘白馬騰雲而至遂迷不知所爲嗚呼幽之所以爲鬼神也此神之所以顯佑也故曰顯則威靈丕著佑則德澤溥施夫神與人相依人賴神而受福神效靈而享祀廟之修也豈徒然耶故自更始受封迨今邑境肅然安堵神之力也正德改元邑民李友富等以廟宇神像久而頹廢各罄誠捐財鳩工修繪之爲寢室爲正殿爲兩廡閱三月訖工不惟妥神之靈而協贊政化我聖祖崇封之意亦慰矣英之賴其庇者將未艾也是爲記

烏雲山記

明 程穩 邑貢生

烏雲山古彌勒堂也遺址榛塞嘉靖乙酉道人元成元俊結廬於上掘得匙爐皆奇古罕有穩自壬子居萬峰丙辰春移烏雲見俊老且健能言昔時事多感慨往往遇海外高人接語亦多省悟山不甚高而一峯獨出上多峭石左右懸崖下視可悸諸山羅立出纖獻巧一矚千里亦天下之奇觀也豈徒一方之巨鎮而已齊雲百尺未如山麓信然嘉靖戊午五月望淮西程穩識

儒學題名碑記

監察御史 朱賢 六安人

成化丁亥春朝廷慮師道不立眞材無所自出特簡命廷臣之負文德重望者出以陶範人英於是監察御史臨海陳先生選自山西道出而南畿之士有所賴焉越明年冬先生下郡之屬邑蒞英山課士謁文廟禮成咨英之由科第進者未題其名心甚闕然遂命有司立石明倫堂乃悉其先後士之可紀可待者屬予爲記邑之尹石首周公茂材遂踵成之夫吾道之在天地間大經大法之所本也詎可無一日作興之術乎我朝垂統以來百年於茲矣天涵地育神道設教而所以培植作興斯道者一以堯舜禹湯文武

是法養士於學校而漸進其名於科目斯亦已至猶慮無以光振先後又勒石國學俾四方萬國來遊之士咸得覩華索實有所感發而興起外而郡邑亦聽以此示勸於學嗚呼誠億萬斯年不磨之典也士而得與於斯何幸如之邪雖然名云乎哉將以侚其實也名實相須如形影然登名茲石垂之千萬世而不朽當思循名責實以勸以懲二三子學古有獲於庠序朝夕瞏視其下能無所動於中乎朝廷以唐虞三代之所以待士者待我輩我輩宜何如重其禮報乎

夫爵位在外者也固自有義命不可必吾心所主務期名登於斯足俾當時後世慕其實必如此庶幾明體達用爲時眞材而陳先生之教行矣如或以孔孟書爲魚兎筌蹄有所獲而亟舍之豈不大失教者之所望乎時余辱承命用書之石以爲英麓士君子重實勸於是第其歷科進身若張熺等十八之名與其所有官於下方尤虛其左以俟將來是爲記成化五年秋七月立

東嶽行祠記

邑令 周茂材

東嶽嶽之最尊者宋大中祥符許天下作行祠祀之者名爲羣嶽之宗萬物始交之處非諂也端平二年英山制置使王彥四創行祠於所居之三呉鄉凡水旱災異祈禱於此立有感應人敬信之迨元末寇賊聞復生雷旗殺主簿張懋搶縣印敎諭樂仲禮段廷竹誓於神率衆討復之洪武元年二月六安州麻埠賊稱樊元帥統集舒法明等殺縣官欲刼固始假道七引店縱燒民廬時五月六日王文聰與段廷竹敗其賊於大埠寨下餘黨皆散未幾復來焚祠獨朱總官神像不能毀賊蹵乏文聰會主簿隋贇殺樊元帥

於陶家坊捷報朝廷遣人詔收餘黨十一月其黨復焚廟祠廟祝詹勝一報於贇郎日會文聰廷竹劉世傑汪朝鑑十八人追至黃陂黃岡等處默禱於神生擒徐玉二舒法明首從四十有八人縛送奏請太祖嘉贇陞知縣授文聰主簿爵勞賚甚厚勝一則賚銀十兩酒二瓶明有隋王衆士之謀勇幽有神靈禍福之至公此所以殄強賊而受恩惠也歟成化丁亥秋予知英山耆士段九昆王極先輩俱告行祠歲久滋敝予令其鳩錢購財以圖維新經營於戊子仲冬告

成於已丑孟春閱五年致仕平度鄉判王稽賓慶經衛搜紀諷余求言刻石垂諸永久余弗辭乃書其所具事實爲之記明成化十年立石

續修英山縣志卷之二十二

英山縣知縣樂陵李文泉續修
英山縣教諭古歙汪時育 訓導合肥阮華林編纂

記藝文二

重修文廟記

邑令張　海

古者建邦設都辨方正位立城郭宮廟與學秩祀既協之於人謀又申之以卜筮如詩所云爰契我龜卜云其吉者葢將以臨民出治造士育材其道誠不可不愼也况

先師聖靈之所妥多士風氣之所開尤不可不加之

意乎顧自卜筮之用隱而靑烏之術興於是拘忌者則動多觸碍溷畧者又槪置弗論是二者所爲皆過也英邑　文廟自有明以來不知幾遷矣康熙辛巳前令莆田林公始定今制多士猶譁然弗善也余乾隆甲戌承乏茲土竊聞餘論然素不習陰陽家言唯念廟漸頽敝思以時修葺而已乙亥冬多士既勷成志乘而樂輸有餘復以修廟爲請余乃集紳士於明倫堂公議之僉謂陰陽之理通諸人事

先師所居必先正位向端拱中坐然後可以萃四方之和氣開一邑之文運且古者視學釋菜合樂卽羣

聚黌序師弟子敷教講學陳常惇典故曰庠序學校皆所以明人倫也今乃曠不相屬岐廟學而二之可乎所居未得其地故蛾子羣飛穿楹穴栱榱題剝落非一爲更易胡以垂諸久遠余乃偕多士經營相度蠲吉鳩工移崇聖祠於後與明倫堂相接奠正殿於祠基處勢高敞瞻望端肅文子鷄鳴山前後屏列巍巍翼翼自祠廟兩廡梁棟毀蝕者易之缺畧者補之丹雘堊茨覆瓦甃石凡用工若干三閱月而竣爰揖多士而進之曰諸生前所言者旣有徵矣繼自今勉學敎行將來文章事業炳耀史策固未可量顧念學

問之道綱領條目之詳載在經籍而發明於先儒者諸生聞之熟矣獨是聖門諸賢親承至教成德達材各以實學傳聞百世後人或弗考其精蘊無以見諸行事而徒習爲大言蔑視一切不知掇拾詞章之陋習剿襲儒先之緒論同歸殊塗其無實學一也故爲學不在多言觀力行何如耳苟不以聖賢之言實驗諸身心踐履之地而徒崇飾宮墻輝煌俎豆遂謂尊聖人爲依歸而坐收功於地靈人傑是務其外而遺其內也吾願諸君子宏此遠猷毋使後之人復歸咎而識遺焉是爲記

新建學宮記

邑教諭　吳之騄　歙縣舉人

英地界連羅蘄無城郭少宮室百爲草創明啓禎來饑荒寇掠民靡孑遺而學宮亦屢遷屢廢聖人之居迄無定所

聖天子體乾出治重道崇儒自宣尼夫子暨顏曾思孟嘗親爲贊康熙三十九年林君築巖守茲土於時生齒漸繁人知嚮學爰咨詢紳士又詢於司鐸吳之騄相視形勢於鷄鳴峯下得高敞地百餘丈衆水環抱諸峯拱峙因其地之高下爲聖殿爲東西廡爲大成櫺星門其瀦地爲泮池殿後爲明倫堂堂之西北爲

啓聖祠費凡千五百緡經始於辛巳之秋而告成即於壬午之冬適太守見陽張公爲民事來英復以捐助罰贖補工費之不及故英雖僻陋而學宮負山帶河其巍煥嚴翼幾甲於淮南焉於戲盛矣夫氣運之興必有其時有其時必有其人今幸邑侯林君毅然爲之倡諸紳士翕然爲之和又得太守張公臨涖而玉成之而如騄者素餐斯土竊附於相陰陽觀流泉之說遂據英土之第一區爲春秋享祀之所學成特

聖天子頒御製訓飭士子文次年又頒平定朔漠告成

太學碑文天語煌煌文事武備各極其至不啻日星

垂耀而雲漢流光雖太平盛世四海所同而英學告成適逢其會爰進諸生詔之曰若輩生太平之世雖深山窮谷皆聞皇極敷言以近天子之光尚念父生之而作孝君食之而作忠師教之而傳習日摩切於君臣父子夫婦昆弟朋友之大義以毋負
聖天子之治不亦盛乎昔魯閟宫成史克作頌曰新廟奕奕奚斯所作言董役也今英學之作董役最勞者爲廪生傅有宗增廣生傅有宣太學生馮時大亦與有力焉不可不紀其紳士之捐貲助力者例得書名刻石旹康熙乙酉七月二十日

新建淩雲義學碑記

邑教諭　程耀先　太平副榜

子程子之言曰古之成材也易而後世之成材也難豈其性之有殊抑亦教之無法耳我
國家加意作人凡學臣暨教職必慎其選蓋欲訓士者董率生徒羣佩服於聖賢之教以備朝廷異日之用而天下士沐浴德化爭自濯磨彬彬郁郁稱極盛焉允念寒素之家亦有秀良既不能負笈從師又不能講學會友遷延歲月坐廢半途復於各州縣設立義學何其憂之深愛之切而成就天下之人材者至廣且大也然吾謂不難於立義學而難於實心舉行義學之人不得其人則雖以深思遠慮之美政卒致名存實亡毫無裨益即義學亦往往有之惟邑侯趙公以黔越名經魁來宰是邦絕苞苴杜請託釐奸剔弊踰年而賢聲藉藉乃新文廟闢雲路濬泮池凡所以振興文教者悉本諸至性至情英之士既咏歌而稱道之則又鼎新義學蓋自下車之始見邑西舊社學制隘就荒爰卜吉於東南郊外捐俸購地創立學舍二十間置義田二十四畝以其歲租爲師生薪水資擇文行兼優者主其事邑之秀而貧者召使受業焉顔其堂曰敬業名其學曰淩雲隱示夫膏之飫者光

必遠積之厚者發必盛公之用意良深而公之作人
誠不減古之菁莪棫樸矣夫何地無義學何人不知
有義學若如公之委曲周詳可久可大上不失朝廷
創法之意下以成單寒無力之士實政偉績洵千載
一時也二三子體公之意服公之教鼓舞不倦不難
各成其材行將爲鵬飛爲鯤化由雲路而步天衢俾
英之科第與大江南北齊驅並駕是又公之所惓惓
屬望者予幸躬逢盛典忘其謭陋握管而誌其美雍
正十一年冬十月

重建儒學記

英山教諭　方超　桐城

乾隆二十一年丙子某月日英邑多士重建儒學既
訖諸生合辭言曰學宫成矣願有記余曰郡州縣學
天下所同也何以記爲將原學校所由興前人論之
詳矣其深於經術而得先王禮樂教化之本者曾子
固之宜黄學記其尤也襲其說則爲陳言將明先聖
之道與德所謂乾坤之容日月之光不可繪畫也諸
生曰雖然是役也起於　塽齋艾師張公而生等佐
之不匝歲而工成公之蒞茲土也政簡刑清士和民
悅先生所親見也英邑儒學自明迄今凡四遷矣新

建之學邑庠生劉早所定其相度形勢合古格否余
曰書有卜宅營洛詩有相陰陽觀流泉周官辨方正
位載籍可稽自後世溺於風水以求多福習是術者
遂分離乖隔而不通是學也來脉正而不偏朝案平
而不欹藏風得水經營完善矣諸生誠由此而深其
德造則學校之興正子固所云始於起居飲食之節
而其究極乎修身爲天下國家之大務成其材以待
世用可也抑知先聖之道與德郎是而在形家之說
姑存而不論焉若夫　張公振興文教而士民樂之
與諸生之踴躍赴公尤余所亟稱而不輟者不獨是

後爲然也乃不辭而爲之記其廟堂門序東西兩廡
之屋若干
大成至聖先師之主與從祀　先賢先儒之主已詳
載邑志矣故不復贅云

邑侯陳公去思碑記康熙八年　闕　名

夫澤足以及斯民之身而不足以得斯民之心甚德
無可思事足以利一時之衆而不可以垂一時之模
其政無可紀惟我邑侯陳公其才其學固宜待詔金
馬而但以旬宣司牧是公之驥足未伸而英之亳鴻
有慶矣英以蕞爾邑僻處萬山中自流氛殘破亡後
穴居野處鵠立駘行而民不得養家無斷簡里之塾
師而士不得教剏當邵侯申侯史侯以還望治愈切
而善政愈無聞焉英之爲英也僅矣自公下車甘雨
隨之憂勤之政方切而撫字之意入民已深不數月

問仁聞遍於郊野彼曰寒谷回春此曰父母孔邇數
年以來正供之外無苛斂稅云薄矣笞杖之餘無苛
責刑益省焉至於勸農桑罷役作息訟獄卹災荒申
讀法之訓重學校之規其教養之善固歷歷可睹也
何幸以土瘠民貧之墟而得此化日光天之治也乎
且也英之所素苦者漕米不産於其地至期覔於兌
所價恒倍焉公力爲申詳而易紅爲白之請已允銓
選之典既嚴歲科之額亦減公屢詳學憲而益五爲
八之數已加孰非一時萬世之利也歟況復加意作
新一舉而明倫堂成再舉而義學建台今以始無論

咸人小子咸得以集而愛治焉凡此皆君之可以垂奕世與德之足以得民心者何莫非公之大有造於英也英之人咸思召公之長留孰意寇君之難借嗟乎公去矣而其德之浹於民心者不可忘也其政之惠於民之子若孫不可泯也倘後之撫英者覩其治推其行即此日之所以爲教爲養者擴而充之與公媲美於千百世則公之所學者無窮而民之思公者愈不能已矣於是爲之記以鑱諸石其亦如甘棠之民藹甘棠而思召伯也乎

邑侯劉公釋漕累記

豐城知縣沈惟芳邑貢生

英自明末殘毀煢煢孑遺藉以安全之者惟良有司是賴　興朝定鼎四十年來官斯土者凡幾輩其間非無父母斯民治績茂異者然未有若我劉公之公明慈惠勞心撫字宏作養崇禮教而士習端禁慆淫抑奔競而民風厚且也刑維減矣棘木之下無冤民賦從寬矣惟正之供無旁費以及補偏救弊汰冗除苛罔不深中時宜仁心仁政更僕難數至漕糧一事英僻處山陬去水次獨遠其間買米幾何交兌幾何每歲約費八百餘金經承解戶盡皆破家蕩産我公

下車以來目擊時艱心惻殘黎因約紳衿耆老而整之陞廟剔除一切諸弊竭己囊以獨任其勞不數月而糧務告竣其裨益於英又何如父老咸曰我公蘇數百年之積弊於今日即億萬姓之藪澤自今始奚事屬殊恩宜垂永久俾後之人率而行之爰勒之石以誌典型於不朽云時康熙癸亥仲冬月

英邑均丁役碑記

鄧問旦 邑庠生

事有經久而無弊者每樂於因仍事有更張而永利者宜急爲通變英自明季兵燹以來招徠安堵甫見生聚戶口寂寥人丁希少守土者不能獨理例設人役每苦乏人充應不得已而議照丁輪當一歲一更凡承役者類非諳練不免覆餗之憂而最重困者戶糧二役徃徃至於傾家廢產逃徙流亡而莫可補救是英民傜差相沿之累歷數十年於茲矣邑侯李公甫下車即集諸紳士耆老諮詢興革事宜實心釐剔百度維新侯深以山陬僻壤第一擾害者莫傜役若

倘仍踵舊習不爲更張民困其奚蘇乎亟謀所以善全之術籌畫至當無如均丁一法諭以五年更替每役朋丁若干名每丁輸資若干數以贍本役本年口糧三里丁册的以五年編役爲率或有欺公枉法作奸犯科者一經首發革黜另補不待五年期滿猶慮輿情未愜飭行公議三里士民無不踴躍從事爭相慶幸從此耕者得畢力於畎畝讀者獲卒業於詩書官無僉點之煩役免枵腹之憂公私稱便閭閻勿擾而民始獲有安居矣益徃時丁費率皆衆指故胥設報換不常小民失業者什居八九而且首尾茫然事多叢脞動頻駁詰侯洞悉此弊盡革陋規毅然以大公無我之心行千年不弊之政德懌所被如出湯火而登衽席英民忍一日忘侯哉第恐時異事殊輕議更改爰特勒石儀門以垂永久則今日之變通正樂有後日之因仍矣是爲記

重修東嶽廟記

金文爵　邑庠生

自古王者報功告成首隆岱宗之祀鄉邑之祀東嶽似非禮也然而東方者萬物之始東嶽爲羣嶽長以其神司萬物之循環終始故又隨地祀之不必秦觀吳觀望見長安會稽乃據其勝也則祀之未始非禮也英麓金家舖之有東嶽廟由來舊矣其地北連衡霍西通三楚南近灊太之區四方禱求者衆故其神視他地爲最靈雖生死迴輪及十王牛鬼蛇神之說儒者不道然先聖所云體物不遺非謂鬼神即具於人心乎但世遠年湮廟貌傾圮神所憑依幾不蔽風雨夫土木之華金碧之飾巍巍煥煥者神之所重固

不在此而居頹壞之下既驚瓦墜復駭榱摧人心寧有未安以故人之快重興者無異志也庚寅秋住持僧淨浪以其事謀於余余爲度其地之方廣若干磚木瓦石若干工若干食若干共爲費若干令其募衆咸勸果不數月而聿觀厥成如聚腋爲裘合錦成章功之順且易誠莫踰此僧復丐余言爲記余曰余何能爲僧言抑余每見僧之有所求而人不之應者必其自爲而托於爲神也不則其淫祠也必其始勤而終怠也不則自居於逸而以誘之持梆聲佛之行腳也必其說之荒唐詭幻而多所不經也僧今者奉岱宗正直之鑒觀一感以人心自有之鬼神無惑乎人之鼓舞而樂助之以有成也夫始終萬物而爲羣嶽長其神既靈其廟貌既肅則雖下邑窮山無異培塿而靈爽所憑不且與大小諸天門屈曲而上必經五十餘盤者巍然同峙於千古也哉是爲記

新建儒學記　　　　傅有宣 邑廩生

英邑學宮之設肇自至元戊申知縣段朝立創建於縣治之西明興因之二百餘年時修時廢遷徙靡常大約皆故宮前後左右間也天啓癸亥改遷於北門外崇禎辛未復遷於城中縣治小北門規模未就旋遭寇燹蕩焉無存　國朝定鼎仍建於西是時　朝廷首重文教加意學宮而英僻處萬山孑遺無幾間有一二賢尹時或補葺不過就簡因陋從未有思深慮遠確然創千百年不拔之基者也新安吳先生之蒞司鐸於英諳陰陽術卜吉於鷄鳴山麓計費甚巨

忍而未發庚辰冬莆田林侯來守茲土下車之日諸生晉謁增生傅有宜首以改建學宮請並舉吳師所相地侯慨然許諾辛巳春謀改建之費除捐俸外以廩生鄭同興金天爵程光洛爲募首遍募三里經始於是歲之秋董其役者廩生傅有宗太學生馮時大於是鳩工庀材衆技具舉日不下數百人晝則圖度經營夜則持籌會計明年夏工成中爲正殿旁立東西廡前爲戟門爲名宦鄉賢兩祠爲櫺星門爲泮池周繚以垣後爲明倫堂西北爲啓聖祠孟秋中元甲子恭迎至聖先師四配十哲諸先賢儒神主於新廟一時神安人悅衣冠濟濟地踞縣治之巔俯瞰南山諸峯聳秀俯視溪水環帶一泓聚山川之靈秀於眉睫間於是而知事之成也雖曰天工豈非人力哉英之設學三百餘年矣狃乎故不能鄙乎新茲地也前之日荒烟蔓草樵夫牧豎上下徵逐一旦輝煌壯麗遂甲淮南微侯與師之力不至此夫英邑自前明天啓後仕籍不彰名望不著與茲地昔日之荒烟蔓草等倘翻然浡然棄故就新行見文章德業超越前人亦猶茲地之忽而改觀赫赫人耳目間也顧吾黨自力何如耳侯不求名竟未鐫石久將失傳爰是爲之

記侯姓林名簡莆田人壬子拔貢生時康熙甲申夏六月

新建學署記

傅有宣 邑廪生

古今論治者首重人材學校爲人材所自出師長爲人材所由成二者與賢造士之本務也英邑學宫自遷建後將三十年矣荆梁趙侯涖宰斯土益加修葺而又改泮池闢雲路學宫之輝宏壯麗較淮楚名都無少絀獨師長公署迄無定所前明隆慶時學宫規模大備殿左爲儒學門堂寢室齋亭廳圃具極全美迨後兵燹之餘悉成灰燼　國朝以來師至皆僦屋而居嗟乎師尊則道崇今乃託人宇下褻越孰甚焉尚云尊師而望士之有成耶金壇李先生振鐸於英

始則寄寓蕭寺後則問舍街衢思構室於學地而青氊座冷朝饔夕飧且不給丁未秋始以所得俸減膳爲學署計時舊學之正殿張侯前已改文昌閣閣後昔爲啓聖祠左爲明倫堂材木朽敗僅存楹棟與斷瓦頹垣耳師鳩工庀材重加創造改建學署雖不及他邑之美輪美奐亦足以蔽風雨免悉索且爲後來者托足也宜於請業之時間亦登堂擬爲文以記之師曰是烏足記余曰昔尼山師弟樹下可以習禮陋巷可以卜居師固能自崇其道者也今而後以吟以詠杖履優游羣弟子執經問難亦與有宏宇矣事之關於人材者莫大於是功豈出趙侯下耶後之秉鐸者踵事增華要知自公此舉始是爲記師名宜瑞金壇人康熙丙子副榜時雍正已酉季夏

義學田記

鄭元圭　邑貢生

荆梁趙公來涖英以古者興賢育才教學是務首稽英之所爲義學者則荒烟茂草闃其無人及索殘碑讀之不禁悵然曰有學無田學寖廢宜也君子固不謀食而許衡以治生爲先寒儒力不足以致師雖有美質何所取資修脯筆札之需可勿圖於久遠乎姑勿言學且先議田踰年捐俸置田七畝在城南二里曰徐家塝復置田一十九畝在城南十五里曰王家壠與大畈河接壤而凌雲義學即建於徐家塝之庄側士來受業者亦若家之有塾賢父兄爲之敦請良

師而子弟得以從容講肄於其中也自有此田修禮以耕之陳義以種之講學以耨之苗而秀秀而實則書田之菽粟正未有涯由是學中之士登龍門搏扶揺凌雲直上霖雨蒼生我公興學育才之意庶其有慰自非然者不知公之延師在於造就人才師之立教在於講明義利徒以學得所依田供所取足爲貧士之助其負公之高義者不既多乎或曰學久固易曠田遠尤易侵柰何余曰此二田者公皆一一清其丈畝記之册籍廣延人士以識其界一邑將共守焉且公淡泊明志治行彰顯四方聞之莫不嚮然嚮風雖循良奏最有時而去後至者踵其高義必當持之益嚴課之益力况若經公口授指畫親炙而感戴者宜忍負公也哉公諱宗炅字麗天平越人康熙乙酉經魁雍正七年五月

新建義學記

傅作楫 邑庠生

英邑義學頹敗久矣荆粱趙東陽先生丙午宰斯土首崇學校樂育人材闢雲路葺學宫置義田甫三載百廢俱興今年夏進諸生於明倫堂而語之曰菁莪棫樸作人雅化余愧弗逮然心竊向往之英之義學破瓦頹垣風雨不蔽且其地囂雜弗善也擇土啓宇余不辭身任其事而卜吉允臧爾諸生當共圖之諸生唯唯詢其處則縣東之溪南公已捐俸售地矣越次日偕諸生陟山降原相厥陰陽經營籌畫而義學之規模乃於是乎定地當偏而益妙境以靜而彌幽

且羣峯爭勝列壑競奇實鍾天地秀靈之氣方春夏時鳥啼花發木茂草榮至於秋冬風霜高潔水落石出四時之景無窮而居此者其所得當亦無窮也爰命工匠弁手偕作四閱月告竣入其門櫺星昭然升其堂榱桷煥然循其墻繚繞矗然師生有舍庖湢有次崇閎壯麗遂成英邑之大觀維時人士咸謂鼓鐘聿新他日生徒口講手畫揣摩有得掇巍科登甲第羣沐公賜於弗朽矣公乃殊不謂然曰余之期於英人士者非徒工鉛槧弋科名已也將與父言慈與子言孝與臣言忠處則正直剛克柔克出則有猷有爲有守以上副我　國家興賢之典於諸生實有厚望焉然則聆公之言尙其體公之志顧名思義觸類引伸以造就於無已勿爲訓詁辭章之學僅僅弋取科名庶不負公崇學校育人材之雅意也夫楫不敏與程子光潤王子挺愛命鳩工稔悉公德重矣深矣懼其久而弗彰也爰是爲之記時雍正己酉孟秋月既望

重修公署記

程光濂邑貢生

葢聞利不百不變法功不十不易器故曰法古無過循禮無邪春秋用民力必書變古則譏之葢二者皆守土所當愼未可觭輕觭重於其間矣英邑公署自前明迄今幾四百年中間傚而修缺而補者不一然未有易移而變置之者非獨改作勞民亦謂前人爲之必皆經營相度非不得已固未敢輕議動搖也故以余等耳目所逮 國家定鼎以來邑少大案囹圄時空官有遷擢之榮民享無事之福雍正丙午黔陽趙公始移基改向自是而後案牘較紛長吏間或遷

左據陰陽家言審曲面勢不及原基且歷二十餘寒暑多傾頽湫隘不足以肅觀瞻亦一邑之累也乾隆癸酉署篆沔陽李公因紳士呈請議復原基公乃計費所需樂輸里甲不數日而辦於是庀材鳩工而以其事屬余自大門至三堂其間遊亭庫室椽曹班舍垣墉甬道莫不燦然一新復還舊觀始自十月廿三臘月晦告竣所云民庶攻之不日成之何以加焉夫事不闗興要則趨事者必不勇至公署所在乃一邑之利弊因之固不獨君子攸芋也我 朝富庶之象徧於海隅英雖蕞爾咸樂與更新用昭丕變繼自今政簡刑清民安耕鑿士習詩書羣食太平之福當亦更盛於昔是以民之樂爲公用而不知改作之勞也是爲記

分建社倉記

馬世欽 邑增生

乾隆乙亥邑侯張公分建社倉於山溪坳之西偏命余董其役庀材鳩工五閱月而竣公復親履其地驗省厥成於時鄉父老皆忻喜私相謂積貯爲歲凶計顧何獨公計慮周詳乃爾公因集而言曰社倉之設重民命也蓄不饒則饑歲無所資不得蓋藏之地與善藏之人積久則粟紅腐侵漁爲患國計又奚裨焉今分建玆地擇殷實老成人司其出入所貯漸贏遇荒歉卽發貯賑貸此予之責亦諸百姓意也於戲分建之意美矣法良矣向立於大竹廟山民賴以甦者

已數十載玆復置山溪坳者蓋其地潤厰可闢以營建且居里甲之中支給甚便數定而收儲不勞盤查亦易爲厰三楹貯穀可數千石異日者蓄積充裕有備無患所謂水旱不能爲災者必於此乎得之昔朱文公知崇安夏受粟於倉冬加息計米以償隨年歛散小歉蠲息之半大饑盡蠲之雖遇凶年人不缺食公殆彷此制而大爲恢拓者與夫藏於府不若藏於民欲廣其藏則新置所藏之地以耑責於藏之之人皆事之不可已者也余不材董其成卽不敢沒覩成之由與[illegible]求成之實也爰爲之記

重修關帝廟記

程光濂 邑貢生

英之關廟向在西門正街地旣褊狹歲月遷延漸次頹壞己巳夏邑侯王公瞻拜之餘揖諸生進之曰國家禮隆關聖春秋祀典與文廟並重英雖山僻素稱急公獨此因陋就簡幾成古寺荒涼毋亦守土者之責乎厥明偕諸生相度形勢見城北文昌宮之東地勢高厰慨然曰此武廟基也旁有劉將軍土廟三間亦就毀耶爰捐清俸命遷劉廟於西建關廟於此諸生曠若發蒙踴躍樂輸越三月廟成遷位致祭循奉劉將軍入西之武廟輝其棟宇新其題榜一舉而

得關聖之神安而劉將軍之神亦安矣夫俗尚之淳澆人事之興廢視主持風化者爲轉移公下車甫數月興利除弊政簡刑清卽此明作有功廟貌隆而靈氣聚以視侈淫祠圖觀美者相去曷啻什伯哉是役也余實首領其事鳩工庀材之下竊嘆公之作新者正鼓舞者神而人心之好善亦於玆可見一斑也因濡筆而爲之記

遊九井記　　邑廪生傅作楫

多雲山去縣治百二十里爲廬鳳安黃諸郡龍脉之源迴環數十里形勢嵚崎林木茂密蛟龍窟其內虎豹穴其巓大石嵯峩星布碁列田地狹隘居民鮮少卒視之若絶徼足弗前也山有九井遇旱禱雨立應昔王荆公曾至其地紀之以詩鐫下井石壁間余每思遊之未果今夏天中節始與家世父麇峯黃君埙坪暨仲季輩往遊焉是日也天氣清朗緩步隨行仰視絶頂雲氣籠罩緑葉披紛瀑布飛瀉泝流西上至荒馬潭潭水正黑土人言時有巨魚出没潭際不知

其誤擊之則倏忽晦冥雷電交作疑蛟龍所變化云潭上兩壁對峙仄徑僅容一足俯視髮竪立然爲禱雨者要道過此爲風井或下以石狂飈經旬不歇曲轉龍井形如甕東面可容五六人相傳荆公詩刻在東壁歲久磨滅殊可歎惋倦而少憇忽聞濤聲甚急若萬馬奔騰爲之心動乃瀑布也復緣徑下度萬松上楓香嶺下香木棚茅屋八九間殊幽曠其人形貌都古絶不與外人通旋涉澗澗水澄徹望瀑布纔數尋其下亦有潭潭失名盤曲而上抵龍井四圍可席可憑可眺仰觀二面壁縫間虎茨秀麗恍若畫屛回視下井九形曲折水勢濆湧久坐頓忘煩燠眞勝境也余欲直躋峯頂觀所謂上井者土人云上井在黃七嶺明季沙淤止一栲栳地盡白沙虔禱則沙開水湧爾較中下井爲稍和去此尚四五里同遊者皆興盡而返遂憇於龍王寺荆公所請勅建者也余惟先君子之言地以人傳斯地也若當通都大邑遷客騷人遊記眺咏其焜赫當不知如何乃僻處萬山中荆公而後名公鉅卿罕有至者朝暮所往來不過樵夫牧豎輩居其地不能知其勝卽知之亦未能言之匪惟九井不傳卽多雲亦僅存其名耳則天下可傳可

紀之境其湮沒於窮荒絶域與流俗人耳目者豈少也哉同遊各賦詩一章余更援筆記之

獨山墩記

問學諸生邑[illegible]

余居宅左行不下五六十步有山焉曰獨山墩是山也以其不與羣峰伍又不得士大夫携酒賦詩往來其上幾培塿等爾故又命之爲墩余嘗率二三子弟遊於其前指而異之曰古所稱祭天禱雨之舞雩臺童冠風咏者殆其形似歟遂拔草攀蹬登而上之謂其頂箕踞而坐則凡山之岈然洼然若穴若垤者去嘗不在衽席間也東望眾林菴在山坳山在松陰是山是松竟不復辨聞木魚鐘磬聲與松濤相間山境益覺幽寒其西則曰稱峰古剎聞舊有石人慧業其

中邑大令因建廟宇愈奇矣豈古頑石點頭之夙宗歟北眺羊角聳青繚白奇峰插天或曰老子憩寉於其上五千言遺訓猶有存者南俯河戶斗折蛇行明滅可見慨然太息思川上之歎而吊其不絕如縷也然後知茲山之不與羣峰伍者以羣山之封人日而未得茲山之真趣也昔柳子厚謂蘭亭也不遭右軍則清湍修竹蕪沒於空山矣今以獨山墩而觀其信然哉於是獨自歌曰獨山之墩兮可以解吾之襟溫兮山源凌麓四望其空兮猶使萬載千秋知余之衷兮歌闋下余舍此曷其有歸兮

遊擂鼓巖記

傅作楫邑貢生

擂鼓巖界吳楚間與余家相拱向起居飲食未嘗不接也絕頂高廠目極數百里中有古寺樓閣崢嶸神靈赫奕禱祀者踵相接焉春杪侍家君暨諸昆季始遊其地入山野花夾道時鳥變聲一時塵囂頓靜稍前行石埌繚繞如垣主人曰此石城也强半天工昔尤陡峭今漸崩圮矣歷階而上將踞其巔舉目惟懸岩絕澗怪石林立所謂高廠處古寺樓閣渺不可見復行數級樹林隱隱中豁然開朗則已直抑僧門矣僧出迎仍衣重棉不及入門問訊立啜茶畢拉僧同

遊前峯南瞰羊角山老子騎鶴上昇處東則樓子石巃然直出如髻其後爲潮廣羅田地千巖萬嶺都不得名極西爲塔山羅邑之鎮山也相距百數十里了了眉睫間俯視二邑溪流縈繞環映如帶如練因有吳山凭欄楚水入座之句彼此相顧此處當去天不遠矣哉觀乎僧曰未也今日烟霧不能遠眺倘天朗氣清大江之西杳焉漠焉不知其涯際矣乃入廟禮佛復自角門曲徑而上至最高處爲娘娘殿或曰娘娘即麻姑儷也或曰昔娘娘擂鼓東遊至此鼓墜眾立廟祀 今猶在山後依微有墜鼓蹟說者無據但

山形峻峻廟貌巍峩宜神之赫奕而禱祀不絶也旁有靜室坐其中毛骨悚慄僧謂盛夏亦然於是家君呼小子詔之曰是山也日與余家相對竟未一登其境覽其勝余之負山多矣今幸遊歷已遍復不綴一言不幾重負山乎爾其志焉小子受命爰爲之記時雍正戊申三月既望

洪鋪太平橋記　　余延渾 邑庠生

邑治之北百里許有溪曰洪户英之孔道也南通荆楚北達州治官士吏民及四方商賈行旅輿馬負擔日夕絡繹不絶其山勢自界嶺陂陀蔓衍星聯肺腑東鄰霧豹之層巒西近多雲之聳峙溪界其間斜迤磬折西流而會於兩河口以達於江每遇霖潦暴漲山濤洶湧則瀰漫險阻而不可渡舊嘗跨石爲梁以便行者乾隆某年忽圮於水尋是壅湍齧蝕兩岸愈闊欲議修復其措置愈難而糜費且數倍之將涉者益病焉余忝著此土不敢憚獨力之難成而聽其臨流浩歎也爰捐金六百有奇爲之經營相度式廓舊

制平分兩翼以洩其怒高大水牖以安其流石以尺計者幾萬灰以斛量者幾百工以日計者幾千三閱歲而橋成既堅且碩洵往來之利涉而一邑之鉅觀也因題其柱曰太平夫周禮司空不以時平治道路稻人掌稸下地以止水洩水所謂歲十一月徒杠成十二月輿梁成蓋關王政焉橋之名始於商而尤著於周秦漢而下或以地著或以水稱名雖不同要必民康物阜而後百廢俱興余也幸際

國家重熙累洽世飲和食德登諸袵席故得竭力傾囊勉

成此[illegible][illegible]功橋也若蝃蝀飲澗水光山色之間相爲映帶行者襍踏歡呼永無滅頂沒脛之憂所謂王道平平共享太平之福於無暨也至若結善緣廣福田之說此猶有流俗人之見者存也余謂於義無取焉是爲記

太　山記

雷天鐸 羅田翰林

英之西偏有山曰太乙其麓蓋扶旦王先生書室而余自康熙己丑歲授徒其中前後凡七載山雖不高登之可以望遠兩溪環抱合流淺者空明深者紺碧遇石而齧則噴洙怒號響振林谷有時淙淙若琴聲故其山得水而益韻山半亂松數株盤曲如偃蓋九龍崎前香爐倚後鷄鳴列左文子環右其他諸山之不知名稱者或遠或近若揖若拱四時之景千態萬狀不可形似躋巔而望縣治半隱半現似即似離樵夫牧豎歌吟上下點染益工余酷愛之授徒之暇日益登眺以爲常每會課緩步其上廓如曠如大於文思有助雖工拙不計不自知何以援筆立就也是果余之有情於山乎抑山之有情於余乎都不可解乙未歲解館歸里嘗神馳其下即夢寐間猶若陟之而心曠神怡焉其眞於茲有宿緣者矣夫古人寄情山水凡遇名勝輒作詩歌以紀之余雖不文又不甘寥嘿山林矣因畧書大概以誌不忘

烏雲山記

吳起鳳 蕭岡庠生

烏雲山英之巨鎮也在縣治北萬山叢集一峯獨出蔚然深秀有樹踞於其巔望之扶疏直立者長相傳青二仙結廬於上未詳何代旁有泉井滃然仰出[illegible]列棋石井上勒有碑銘字漶漫不可識壬申重九[illegible]容遊訪遺跡循樵牧路緣麓盤行至半山中無復[illegible]徑攀木步躋自西南橫達仙址寬廠幽閒墻階猶[illegible]手披荊蔓但見鸛起兎走皆有驚駭狀繞階東行十[illegible]數步泉井在焉雖淤而泥猶濕索其碑乃自然石壁字在形似間以垒垒之朗然明白得知此山爲古[illegible]

字本末詳悉形勝盡括嗚呼自明迄今不過二百年勒堂明嘉靖間道人元成元俊共建石室文僅百餘而人莫識者不肯一至其地以致湮没古人耳讀畢復趨行北轉約高丈餘則絕頂也峭石踞疊如虎豹露爪森森欲搏人左右懸崖下視可悸最上一石中裂樹生甘棠殆非人力所植雖不甚高大而枝幹蜷曲蔭被數尺與遠望迥異故越兩朝無剪伐之者山下平出一石可坐五六人鐫有枰行則二仙對弈處也力既倦因坐其上已而清風徐來披襟當之東望太湖西望羅峯南蘄陽北霍岱諸勝蹟皆在指顧間亦天下奇觀也他若支出之九龍文子諸山培塿耳遐瞻俯眺不覺心曠神怡寵辱皆忘回顧從行則止井側呼之莫上予亦悄然悲肅然起自後絕壁如始來狀相與共返行未里許遇一老叟虬髯蒼顏衣履古樸立於道左笑揖予曰探奇索秘斯則樂矣無乃勞乎詢姓字不答諸客生長茲土亦弗識焉

凌雲書院碑記

邑教諭　程耀先

子程子之言曰古之成材也易今之成材也難豈其性之有殊歟抑亦教之無法耳我

皇上加意作人學臣必慎其選司鐸必嚴其條盡欲訓多士者董率生徒羣佩服於聖賢之教以備

朝廷異日之用而天下之士沐浴德化爭自濯磨彬彬郁郁稱極盛焉尤念寒素之家亦有秀良既不能負笈從師又不能講學會友復於各州縣設立書院何其憂之深愛之切而成就天下之人才者至廣且大也然吾謂不難於立書院而難於實心舉行書院

之人不得其人則雖以深思遠慮之善政卒致名存實亡毫無裨益惟邑侯趙公以黔越經魁於丙午歲乃宰是邑諸如絕苞苴杜請託鋤奸剔弊踰年而賢聲藉藉未巳也新

文廟闢雲路濬泮池凡所以振興文教者悉本諸至性至情英之士咸歌詠而稱道之其大快人心者莫如鼎新書院一事下車之始見邑西舊學制隘就荒爰卜吉於東南郊外捐俸購地創立學舍二十間復置義田二所共計二十四畝以其歲租爲師生薪水資擇一二行兼優者主其事秀而貧者召使受業奮志時敏務從容漸進於大成焉顏其堂曰敬業名其學曰凌雲公之用意良深而公之作人誠不減於古矣如公之委曲詳慎可大可久上不失

朝廷創法之意下以成單寒無力之儔實政偉績洵千載一時也二三子體公之心服公之教鼓舞不倦不難各成其材德將見爲鵬飛爲鯤化由雲路而步天衢俾英之科第與大江南北齊驅並駕是又公之所惓惓屬望者予幸躬逢盛典志其謭陋握管而志其美於左

建造興賢館考棚記 后條規列 邑令徐曰紀

夫使事爲一時創見之事有不適合乎人心之所同方其經始之時已多強勉安望欣欣然各挾一無窮之意踴躍奮興俾其力愈用愈舒而規模漸增漸備以垂之久遠而弗替頃邑中興賢會已萃邑人士之心力以成前此難成之舉矣而彭生其漢旋以捐置號桌號櫈請程君行灴偕弟行厯踵以園房捐爲館舍請王生鵬以田課捐給館人請余因念邑中歲科兩縣試雖歷在縣署而科房淺狹墻垣低薄種種未善今拓館舍基地頗可治作試館爰集邑人士與謀

英山縣志 卷之二十三 藝文 四十

皆是予言傳生以煉余生善舉遂共捐面南門基鄭生一藥捐擴西南棚廠基閻生興坊興炳等捐門西屋園以闢門徑馬君道浩捐西路八尺以達西街基址又加恢廓矣爰庀材鳩工卜日興事前爲門三楹門內爲龍門一座龍門內爲東西文場各四楹兩廊上爲捲棚三楹捲棚上爲堂三楹堂後小室三楹堂西書房三楹廚房二楹又西爲館人住屋八楹週圍繚以垣墉門外東西各設柵欄臨街各爲木坊一座門內外階塗咸甃以石經營周密規模整齊是役也一舉而衆善備焉蓋由興賢會復藉邑人士而踵以起者也嗟夫世俗之習靡而趨異也梵唄聲中盡是千霄殿閣鶯花勝處無非拾翠樓臺而於倫紀風教之地膜然過而不問脫有所事欲求其寸椽片瓦有不可得者茲何以各挾一無窮之意踴躍奮興以成是役耶傳曰人之好善誰不如我夫好善爲秉彜之良我邑人士固心理同而風俗厚矣余不敏承乏茲土邀上天之福屢歲豐和地方晏如得與吾民優游偃息於其間而又藉手以觀是役之成也謂非余之幸也夫爰爲之記

一興賢館專爲試士之所現據諸生稟請備案須

英山縣志 卷之二十三 藝文 四十一

念初時創造維艱後來修理不易凡文武衙門辦理差使不得借作公館四方山人墨客不得借作寓所開往來雜遝之門以致屋宇損壞物件散失使良法美意不能保其永久弗墜

一興賢館交館夫看守旁門鎖匙館夫收掌不時洒掃照應供奉土神香煙有滲漏處卽通知値年董事及時督工僱葢其鎖匙交給齋長收掌無事不得擅開

一興賢館每年修理屋宇墻院並添置什器等費値年董事在興賢庄公項取办

一興賢館現存桌櫈什器造具清册董事存貯俱交館夫看管取

具領約一切公項並官民人等不得借用除人損壞董事發價修整外如有私相借用無論有無遺失損壞責令館夫倍償賠償並將館夫逐出　一每逢縣試在棚場試士一切供應照燭俱係本縣自備辦考經承毋許在館辦備飲食借端派費致滋擾累　一正考初覆在棚場考試桌櫈毋庸諸生自備至再覆人少或在縣署招覆若聽其搬運易致損失若概令自備又恐艱於借貸着令禮房照數另向借備歲考年有武童覆試着令兵房借備值年董事給該房銀八錢科考年五錢以作搬

運之費　一每逢試期除本縣自帶家丁外只許館夫一人在大堂旁專伺茶具每童各給錢八文其餘巡風胥役並貿易人等無許擅入　一每桌一張櫈一條共坐四人遵照坐號無許參差　一石屋溝王鵬捐出田課五担每年付館夫收租以為館內土神香煙之費外軍師嶺田課二十担歸入與賢館以為修理考棚房屋之費　一鄭義田為闔邑生童試卷之費試卷不取分文原捐施家湖田課六十担花課拾斤今變價另置坐落樊家冲田課六十担花課五十斤庄銀七兩二錢付經

户辦卷緉粮尚多花課四十斤歸入與賢館付值年董事變價存貯辦公　一與賢庄係英山縣士著應試士子樂輸置產刊載碑摩各董事具有甘結凡外鄉寄居置產捐監者概未收費日後不得藉有公產領費冒考　一館夫只責令看守屋宇什器等項其餘一切公事不得派令供役毋逢試期聽候本縣撥差眼同在城保甲打掃棚場並辦備一應需用器具胥役人等不得藉端苛派館夫致干察究

義捐興賢館基地桌櫈記　邑令徐曰紀

計余髫齡應童子試縣考之上一日父兄遣人排列桌櫈携子進大堂示之曰汝明日坐此及次早點名時見同考紛紛携負桌櫈擁擠喧嚷殊失體制余心竊憐之而私衷竊喜謂同一應試人余賴有賢父兄得安閒若此其托蔭庇也甚矣由是而府院兩試均側身棚廠號桌全備較縣試稱便此余之親歷其況者也殆後秉鐸婺州金華爲附郭首區縣考例得借用試館所需桌櫈與院試無異此金邑童生求不知携負桌櫈之苦者也庚寅夏余以司訓秩滿奉

恩命除授茲土見都人士習俗醇謹文風雅秀閱月季考多士雲集目覩諸生童亦各携負桌櫈而至余恍然二十年前親歷之況回思昔日父兄遣人爲余排列桌櫈爲愛惜子弟故也余今忝爲民牧在在有父母斯民之責能不爲之循分以籌哉維時因興賢會一事尚未舉行姑置緩圖辛卯季春集諸紳士於明倫堂議舉興賢會甫有成竹同里彭生其漢慨捐銀一百二十兩爲置備號桌櫈請噫彭生其實獲我心者矣既而思之有其器而無其所以藏之非善策也即有所以藏之而不獲其人以經管之亦非久計也候補縣尹程君行灴偕弟行燦請將西關程家廠瓦房園地一處捐作興賢館以爲存貯桌櫈及會內公事集議之所嗣據衿士王鵬愿將石屋滯田五担捐入興賢館以償館人經管之資李生杰亦捐樹十株以助考棚木料之用是以有其器有其所並獲其人矣噫英之紳士何其急公義而策之善計之久也默念浙水吳山迢遞千里童年應試事猶如昨他日歸告桑梓聞英人士之風必有踵而行之一勞永逸如父兄之愛惜子弟者不禁慰望交併而爲之記

重修東河石隄記

邑令　呂占建

善者天下之公理好善者人心之同然欽惟我
皇上久道化成重熙累洽薄海內外莫不引養引恬咸登
壽宇職司民社者仰承德意凡地方一二有利民生
之務苟以善念相從未有不宜倡率而修舉者然必
僚友之同志乃能相與有成而垂諸久遠歲丙午余
膺
簡命來英五載於茲勉勉焉時以潔己愛民有所竭蹶不
逮是懼至於邑之利病尤計之切而慮之殷英雖山
邑每當時雨滂沱沙河汜溢蕩析民居為禍滋烈戊

申夏目覩其狀心竊憂之乃為度觀形勢見治之東
河岸有石堤焉則前令同鄉劉公所倡捐而剏建者
也自有斯堤故近歲陽侯之災差減余不禁慨然曰
善哉此舉也不及今增修而鞏固之致令日久漸頹
所為好善者安在先民有言善作者不必善成善始
者不必善終爰捐廉偕邑人謀重葺之又因簿書旁
午未暇躬親幸督捕陳搏齋幹濟才長力肩其事為
之經營督理又得三國學呂成夔王德修馬純炭暨
文學程步雲等不辭勞勩踴躍贊襄而闔邑紳商士
庶亦莫不樂輸貲費鳩工庀材諏吉舉事培其基址
根深而蒂固也加其丈尺繼長而增高也且於小東
門外添設附隄以資保障至周且密行見一勞永逸
民居免澤國之憂而安衽席之樂者諸君子之力也
斯役也余不過觸於一念之故不沒前人之善且以
彰諸僚友之善而因以俟後之好善於無窮也是為
記乾隆五十五年正月吉旦

建修文昌宮記　　　邑令諸穆圖

嘗攷天官會通斗魁戴匡六星卽天之六府爲文昌宮昭回天上權衡八間司命司祿天象之最顯著者也攷英之邑志城西北爲儒學故址厥後遷黌宮於城之東北而藏經閣三楹獨未徙其舊卽供奉文昌帝君神像於其上爲文昌宮體制簡略幸在昔工程完固未就傾頹蓋百年於茲矣余於下車伊始朔望行香心殊陋之欲爲增修改作而埶掌簿書鞅有志而未逮也我

皇上文教覃敷化洽郅隆豐功偉烈巍乎煥乎復

宣諭各直省府州縣春秋祟祀典禮加隆余職司茲土亦思恢宏舊制無如民貧地瘠惟慮繁興土木事滋紛擾然仰承

聖天子棫樸作人之化俯察邑紳士黽勉向善之忱不憚創建之勞因升閣周覽度其形勢相其陰陽川抱山環兼擅其勝闔邑樂輸千金卽於閣之前鳩工庀材擇吉從事增修門樓享堂後宮廂房官廳計共一十七間

帝君金身其赤白之漫漶不鮮者亦爲振新之時値嚴冬祇見雨雪應時無連綿陰翳之患晴霽積旬役夫工作踴躍趨公兩閱月而規模告竣天時地利人和三善兼備雖事之廢興成毁若預有數存其亦

帝君在天之靈實護佑之歟嗣是人文蔚起甲第聯翩姱修私淑者圭璧持躬奮志觀光者天衢翔步余於邑之多士有厚望焉

由六安赴英山記

六安州同萬年淳

正月初三日由蓼城至霍天氣清明粉紅嫩綠已有幾分春色而山川景物歷覽不一次在籃輿中無意留連手持周易一卷坐視而已是日至霍晚入城市民皆持燈燭相照若欣覩余之再至者益足徵民情之愛我無已也初四日在霍署留飯時徐明府因公出余郎於午刻起程沿淠水而西南行一路平坦而四山之嶙峋嶁溯夾岸而來者已猙獰然漸欲逼人矣是日行三十里抵落兒嶺借茶戶棲宿頗覺安適初五日尋嶺而上至瀾泥坳由坳而上路漸陋出入

谿谷中此日尚晴明遠近皆見其背面愈行愈高愈險愈危其山似厭與地近氣欲冲霄與雲霧爲朋其山似不欲作山勢每多作禽鳥龍蛇虎豹之狀直者若柱排者若坐行者若逐踞者若傲立者若侍嚮者若迎冲若飛廻若翔急若鬭張若囓崎嶇頓折曲如行牛角中碎如履破窰尾肩輿旋轉反側俯視萬丈汗溢兩手眞不下王陽九折坂也行至老阿彌兩山壁立如門以門塞其間行僅容一人一騎此扎口也不數里至南口其形亦如之中有塘汎以司啓閉洵有一夫當關萬夫莫開之勢不亞劔閣之雄行一日抵漫水河宿從者曰此尚未足爲險也復行一日則險盡矣余心更危焉初六日渡河而南雲霧四布前後不見有人安知有山不知有山並忘其險但見輿者出没高下如在太極圈中混混沌沌不知此身在何處危坐輿中又惱又喜惱其一無所見喜其幸一不見若獲全見不知心膽幾碎是夜宿石頭嘴人夫衣履俱濕燎火終夜將睡時北風大作屋瓦皆震至黎明開戶視之則劃然一幅袁安卧雪圖矣踏雪而行風勢逾緊柳絮隨飛鵝毛亂滾又一混沌世界與前日在雲霧中者更別有一境而其朦朧不見遠近

峯巒則一也終日冒雪而行路漸陵夷山勢皆降相爲拱揖似欲有所滙而結爲縣邑者然至近邑時已晚不見其形勝而一片皓晶中燈火輝煌鼓吹引導不啻人從天外飛來也

王治安捐田序　主事 陳 詩 湖北

宋范希文置義田以推恩錫類收族和宗後人多慕而倣行之我鄰邑王治安字熙階號策拾策拾之爲人余知之舊矣余家居蘄與英邑毗寺前最爲密邇亘族先輩諸聞人夙皆耳熟厥後余奉歸養復理曩日經笥舊業庠生王廷安策拾胞兄也品學兼優亦偕族弟安行輩負笈從予遊予見而異之因於講授餘閒從容訪問安行言策拾少年老成卓有先正風範其犖犖大者執親喪則孝感蒼烏敦友誼則棣輝花萼他若董理興賢館事人無異詞更且

敦本睦族尊祖敬宗諸凡懿行未易更僕數余乃歎世祿之家代生偉人義方之訓必大有造於介族者也今歲治安慨然捐田課五十石花課二十觔以爲同宗祀事之助兼作子姪輩觀場之費如此義舉與其伯及其令尊勷建興賢館規模其詳審精密無不及者作述相承世濟其美闔邑人稱頌興賢之功不衰闔族人亦歌舞捐租之德不朽矣

段荃芳捐義田碑記　邑令 李 湘

嘗攷宋范文正公置義田以贍族姓子孫沾丐無窮培本敦倫意至周法至善矣徧是踵而行之如我國朝清浦張文敏公亦有義田之舉人皆嘖嘖稱羨焉余蒞任蘄春留心訓俗方欲以此爲闔邑勸不謂候補府經歷段君荃芳先得我心也段姓原本京兆於邑稱鉅族祀事聿興人文蔚起則捐田以繇血食并給茂才賓興資斧皆義所當行荃芳捐銀肆伯有奇買置義田分別數目上供闔族祭用而有志科名路費亦於是取給覩彼囊橐自私忘培本敦倫之討

者相去遠甚余心竊喜之且以盼京兆氏之積厚流光其聯翩藝苑者將不一而足也是爲記

南河義渡記　馬純吉 邑廩生

造舟橋以濟渡義舉也義舉恐其就湮必有所藉以傳諸不朽英邑多水東西兩河流懸湍迅而東河爲尤甚寔屬吳楚通津乾隆戊子吉叔祖候補州同道澄道法遵其父世祿遺命悼此水之徒涉維艱也捐田課伍拾伍石花課玖拾觔勒碑于南門外修補之費取于是渡夫之工食資于是自是行李往來如履康衢如歷坦道舟子之招應聲而集利涉者稱歎載道今年春重修邑志首事諸君採訪至此咸愕然曰碑之立不過數十年而字蹟幾不能盡識竊恐先德之久而湮沒也爰囑吉追記其事云

續修英山縣志卷之二十三

英山縣知縣樂陵李文琭續修
英山縣教諭古歙汪[illegible]
英山縣訓導合肥阮華[illegible]

序　藝文三

題楊公政績序

明　宋之楨 六安進士

吾郡惟鷹山號巖邑蓋雞鳴羊角形勢嵯峨其俗尚勁戾其胥役扞罔弄墨倚據社城至令有所不必行而課萬不能及額坐故從前跅䟡者視若傳舍計日待遷瑣委者望若苦海慼無緣卸脫以去歔邑若斯之難也楊公受符慨然無難色謂天下不患有疲地而患無治人入署條格一新百廢俱舉外政似嚴也而陰以成寬隱衷任恩也而陽以肅教不期年而郵馬遞練兵農清包攬飭屬吏備廥庾洗滯究裁陋規楚那借種種皆爲百千世利其塞漏於蟻穴而剔蠹於蠶漁也見公之才其燭奸如火而執法如山也見公之識其湔滌欸欸經心而彀字人人戴德也見公之恢張其能爲無米之炊而預澄欲波之水也見公之神力政成人和薦剡滿牘臺使者曰枳棘非棲鳳之所揭調曲陽而泮果主爵者曰青萍豈小劇之器疏調盬瀆得俞旨矣士民繫戀徘徊歌蔽芾而顧慼

借者萬戶一聲余得之道路之口碑聞孝廉之稱經
無間言也因是而慨吏治之浸陵爰怪耶凡登仕版
者濁則刻消以自潤清則緣飾以爲名於所厭薄之
鄉常虩然有所不屑不屑則躁否則懦惟高賢大良
不擇地而安安則百凡振刷不競不絿以從事公心
境圓通襟度朗豁搜剔塵滯鎔鑄士民皆較然原本
於至誠誠則士樂於震啓而天光露民安於拊循而
頑囂格胥役懾奪於電霆而雖羈潛蹤所謂精忠貫
金石中孚化豚魚則公之謂矣嗟吁使諸邑令皆若
公則疲劇無困氓使天下邑令皆若公則世路無九
折最爾鷹山昔爲羊腸今夷易矣從此而缽池磬石
之間公直以湖中了之耳公成畫具在敬以此爲後
事之師

向侯實政序

明布政使司　周廷光　鄖[illegible]進士

循良傳始自漢史遷後世競仿焉意蓋欲與龔黃諸
賢不朽而不知古以實今以名矣古循功今效媚矣
若然即飾廟勒石寧不爲後人姗笑之資惟我向則
侯楚南潊陽人也其言議施爲悉本於性凡有注厝
咸期於民共久遠而怨勞無避焉誠一時未有之勳
名世不朽之業雖更僕未易數也不欲爲蕪詞以攄
侯實政姑舉其最関切於民者謹鑱之石以誌思云
一本縣土瘠民疲每苦於多主簿一員侯請之上題
准裁革錢糧減派三百有奇一快役走差原派里夫
一名侯今革之歸於申復夫馬內不干里甲矣一額
審田稽稻石昔係里甲富民易買侯今設處春夏積
銀秋積穀不干里甲矣一本縣無城侯相機度宜建
子城一所於治之內費雖不貲皆出之捐處英人賓
嘉賴之一本縣原不行錢侯自捐俸買錢乘賑以濟
由此倡之錢法疏通矣一本縣科舉遞減侯請之學
臺徐公復三名再請之按臺田公轉請之學臺周公
又外加一名而人文近藉以復振一本縣泮池櫺星
門頹圯不堪侯措磚石命匠結砌覺氣象巍峩而功
高覺序[illegible]一每遇當年除僉解錢糧外餘糧聽折今

皆均解錢糧民免折銀矣一本縣原額二十五里消乏者欲苦於催辦倹揀其单寒者並爲一里庶多寡平而貧民其有瘳矣一本縣原無夫馬差舍至輒索之民間不勝其煩騷倹請之上編官馬十匹往來者得安行就道而畜騎者無叫嚣之苦矣一英俗近刁動輒假人命告累用是傾家者數數倹下車以來毎虛心推勘得其情反責逐之自是圖賴不聞而保全實多矣一徵收錢糧爲司牧者陽禁火耗而陰實倍之倹直一絲不染平等平收六載如一日英民咸尸祝焉一舊倉稻逋負甚多十載求完倹清其弊賫逋

者樂輸且首捐己俸倡建義倉於預備之西庶儲積饒而英民藉以無恐矣

重修文昌閣序

邑教諭陸志點山陽人

英邑文昌閣舊址在縣治之西南相去二里許覽其山川形勢實爲一邑之砥柱予來英司鐸數閱月矣嘗怪夫英之人士讀書而應科舉之選者艱於一第力農自食及工賈牧監之徒多迫於饑寒議者謂文教之不宣乂安之未遂運數爲之而不知非也予觀夫一邑之中聚族而處者環縣治之左右人烟稀少不滿千家寥寥如村落而又無城郭以爲關鍵其尤甚者西南當水口扼要之區溪流奔赴長逝莫挽及今而不謀所以砥柱之方將山川之靈氣終散而不復聚矣予以是說詢之邑人僉曰吾邑之盛也其在

有明之中葉乎自萬歷辛亥年於水口廻瀾處建閣凌霄巋然獨峙供奉文昌帝君以爲一邑之仰瞻下刘眞武殿三楹爲遊人憩息之所閣成之明年壬子榜發闈一言地靈人傑確乎不爽其鐫之石碑者至今班班可考也當是時城中烟火萬家道路輻輳士多醇朴之習民鮮詐僞之行官斯土者增秩高遷而縉紳仕宦亦復冠蓋相望宛然一名都上國也迨崇禎末兵燹狼籍此閣遂蕩爲坵墟故宮禾黍慨焉傷嘆越今六十餘載生聚教訓歷年不少而風氣頹落

如故方之前日事事不堪同首雖盛衰之不齊亦此
閣之興廢相去懸殊矣予曰盛衰者天也廢興者人
也古之宣文教而開氣運之隆者莫如文昌帝君魁
會郡邑有學宮之壯麗炳耀寰區必崇建文昌閣以
贊助之是二者相爲輔主而不可以缺一者也況英
之仰藉斯閣者匪獨文教振興實一邑之民物乂安
所藉以爲門戶關鍵者也疇昔之可頌而可傳者業
已彰彰如彼矣今值
聖朝崇儒右文海隅蒸蒸向化英雖彈丸僻壤禮陶樂
淑仍然比戶可封英人士因吾說而力新之分衆人

之錙銖成一邑之巨觀聚千載之間氣收無窮之美
報吾知落成後田野之鷄犬桑麻宮墻之詩書羽籥
彬彬雅化克臻上理彼山川之効靈於往昔者數過
之可不旋踵而勃發於今茲矣是爲序時康熙己亥

興賢館序

邑令 徐曰紀

凡創一事慮始難圖成難既成而傳諸久則又難夫
傳諸久者固不可無良法以爲遵循也然亦不徒恃
法而恃遵法之人必使歷千年而常如一日斯可卽
一日而垂諸百年故曰傳諸久則又難英邑處萬山
中距金陵省城千有餘里應試者艱於資斧聞從前
曾議舉興賢會而未果歲在辛卯春 太守徐公行
部至英山首捐廉俸倡其事而屬余以圖其成凡三
閱月而三里紳士共捐制錢壹千陸百貫有奇此誠
州尊之德澤入人者深故上下之相孚如響斯應而

紳士之勇於爲善益遠出尋常也余因邀紳士之董
其事者售得田稞三百三石設立規條俾後人可遵
而可守向之所謂難者茲幸半載而告成其時會適
然歟何其難者不難也然又有難焉者其在經理之
人必得眞誠老練辦公事如家事者則得其人而法
雖久不敝是固然已而與斯會者顧名思義品學兼
修讀書積善克副
聖朝賓興大典而直追古者三物興賢之遺意且傳諸久
而不替是則余所願相與共勉之

重修石堤序

邑令嚴克任

余叨列仕版履安省十餘年歷宰鳳盧太霍舍諸劇邑而霍與英尤爲唇齒素聞俗尚耕織戶曉詩書牙角不崇鄰無終訟蒸蒸然有古遺風苟得良有司從而振之以漸即於仁壽之域不難也淸和月杪來蒞茲土見夫閭閻蕭條市井寂寞心竊訝之督捕搏齋陳君告余曰邑處萬山中邇年來春夏之交山水湍發良田千頃悉付波臣華屋萬間盡屬澤國而且奔瀉起於井竈通衢大都竟爲魚鱉之鄉衙署蕩滌倉庫震撼五月初余親覩其狀細叩顛末前任劉君創

造於前呂君復踵武於後東河近岸築有石堤二道城內民房亦藉護衞柰堤短力薄水勢雖爲稍殺而波流仍循故道終不能有備無患余亟欲增修鞏固爲一勞永逸之舉旋奉檄聘分校南闈往返三四月抵署之暇即約原董事三國學呂成爕王德修馬純嘏文學程步雲等量度形勢計估尋丈較前二公所修更欲大其制而遏其流諸君咸踴躍從事絕無前郤之意客有起而難余者曰士君子勤勞王事休養小民當計萬全揣力量估貲費方能徹始終而歷久遠邇來湍水所激不湧於西則滙於東東非公亦子民乎柰何欲西鄙之民咸登衽席而東土甘罹陽侯之災也且前兩君所建較今日所議功未及半而且曠日持久公欲跨而過之駕而上之告厥成功果左券握乎公曷小其式而速其成於斯民不無小補否則吾恐迄無所就轉爲因陋就簡者所竊笑也余曰客何言之迂也天下事當計利害之小大人民之衆寡而圖之始克有濟即禹之治水疏瀹決排不知其幾萬里也其間壞廬舍廢坵邑又不知其幾千萬區也使必萬全無害將疏瀹排決之功不施而懷山襄陵之害不除千載而下民其爲魚又安能

至今頌神禹之功於不衰況東土有山可依西民無嵎可恃客何勿一較其形勢之輕重也矧余所議既不同精衞之御石而敢自誘於以蚊負山以蠡測海也哉此所以勉循父母斯民之責未敢告瘁云爾乾隆五十八年歲次癸丑七月吉旦

移建奎星閣序

六安州同萬年淳

淳嘗讀新宮詩集傳以竹苞松茂爲宮室之鞏固而心不慊然蓋此詩首言山水形勝尙未及宮室秩秩斯干者水也幽幽南山者山也如竹苞言水之環抱而有條理承上秩秩言如松茂言山之蔽疊而作拱衛承上幽幽言有如此之形勝而後可以言相好無相尤也二章方言君子先營宮室宗廟爲先三章方言起工四章方言宮成此其序也雖然淳嘗存此一竹苞松茂之形勝於胸中足迹幾半天下而未見眞有如是之形勝者今年春初至英邑適有餘暇升高

而遠矚見其水之環抱而有條理眞所謂秩秩者見其山之蔽疊而作拱衛眞所謂幽幽者淳雖未至南山想南山當作如是觀矣雖然英邑之形勝誠得之矣而所謂奎星閣者乃天上之文星人間之秀氣最大有關於地方風水者今巋然高峩反在白虎之方此形家之所不宜者聞之諸紳士言自作此閣邑中未有列鄉會榜者淳與余守之王澹園兩學博及諸紳士謀所遷置之處惟城東隅尙有隙址爲營汎圜地再謀於城守劉公乃懽然慨然毫無滯遴之意亦可知地氣有轉移人謀亦有協心也雖然建置之地則得之矣而尙需石料以立其基淳又嘗以文廟前不宜有戲臺俳優乃聖人所揮況復在白虎方乎而戲臺係別廟舊業前經構訟有案乃諸紳士復謀之於衆衆亦懽然慨然共欲售之廉其價二百金耳卽日買得之乃擇建巳之月拆而建奎星閣之基於東隅而於是遂有不日觀成之勢矣是月也需雨彌旬不然則已竣再晴十數日斷可落成他日與諸位先生登鷄鳴山而望之見高閣起於六秀之方皐水滙於雙河之口八魁照耀三能憑臨千峯邐迤四勢分明風氣一轉文則龍馳爭輔武則熊羆効力殆不僅

如新宮之詩之所禱而祝也已

重修明倫堂序

六安州同萬年淳

人倫有五而無師生師生亦在朋友中也記曰師無當於五服五服弗得不親原師生與朋友皆在五服之外者同類爲朋同心爲友士農工商各有朋友而士之友則有友事之友有師事之友子思則師之顏般則友之故曰師生亦在朋友中葢師也者可上可下者也上之則曰師父與父埒者也下之則曰師友與友埒者也古者師與父皆稱先生傳曰先生者猶先醒也有先醒者有後醒者有不醒者先醒後醒卽先覺後覺不醒不覺此不得先生教誨之益者故曰

五服弗得不親也古者先生合稱至漢人始分言之言生如伏生董生之類言先如公卿言鄧先鼂錯受書於軹張恢先所是也今人稱生則薄之稱先則訝之矣不知此二字皆係尊稱今乃并先生而薄之改稱夫子雖原孔門稱師之辭乃至幕下之士亦冒斯稱此則師之別泒亦在朋友中者要之惟師儒之師始可稱先生始可稱夫子英邑學博余守之先生品學兼優齒德俱長爲闔邑諸士所欽敬而佩服之者淳於今春正月始獲接見貌如其心藹藹然春風在杖履中也詢其年則已近古稀矣詢其德配則舉案齊眉矣詢其世兄則列膠庠矣詢其孫子則繞膝成行矣詢其所居之署及明倫堂之所以煥然一新者則皆衆門生之所貲助而勷成之者矣嘻先生眞可爲人師哉淳觀先生之福綏固可以知先生之德之卲觀先生教行茲邑纔數年耳而令士類懽騰衆心鼓舞如此大建置非千金不足以濟而乃鳩工而工鳩具材而材具輝煌炳赫卓然大觀由其平日教誨之澤漸漬之深所以能鼓動羣情踴躍而惟恐後也古人所云五服弗得不親吾今而知親之之教行而親必自師始其弗可解也夫淳與守之先生常裕往

還必經明倫堂過或左之或右之皆其與諸生講說處淳乃楷書二匾一曰模範垂型所以尊師也一曰棟梁充選所以嘉諸門生皆有大用之材也他日若登仕版知必以明倫爲治世之本尊師爲崇教之方而先生之澤又將不止行於彈丸之區而已也

興賢館序　六安州同萬年淳

自古不乏賢良之吏為地方除害滌蠹修新振廢凡有利於民者罔不興凡有害於民者罔不革親民事如己事而喜慼歡憂與民無間其師儒之選一以整飭學校董正士風為心與邑宰共勤成勞者亦不乏人蓋無所為而為者其所為必實而堅久而益信有所為而為者其所為必虛而脆不久便為人所厭苦虛實誠偽之辨公道之在人心洵不可沒也夫英邑之有興賢館也本古人鄉黨賓興賢能之意以濟一邑貧而無力之士使之得以乘時奮興不阨於巖阿

誠盛舉也其意肇於州刺史趙公其功成於邑之賢明府徐公其經理則集於邑之首領數十人一轉瞬而三百石田稞聚焉一轉瞬而五百石田稞聚焉又一轉瞬而七百石田稞聚焉於是勤為規條先設立考棚聚邑之子弟而小試焉其進於學以及與鄉會試者列其等而加焉若者給一分若者給兩分若者給半分於是每年之所入乘除盈朒新舊加補一登於簿而無有絲毫侵欺挪移存於其中既又慮其久而生弊其首領之人又三年一更與三年一賓興同其期限豈非行之千百年而可垂永久之盛舉哉其

一時創建之長吏與首領之士豈非以實心為實政毫無所欣幸於其間者哉然而時有醇漓人有賢否傳之久而邀以為利傳之又久而虧公以肥私於是有開花賬者有影指射者有扯東話西者有明知簿不可對而匿焉不出者有戀棧而不肯交者有勾通下手而私相授受者喑弊誠不可枚舉矣夫人為善於三年中其美譚有傳之子孫而猶存者為不善於三年中其穢行亦有傳之子孫而猶存者此三年中一瞬息之頃耳其美惡乃終身被之而不能脫以及於其子孫嗟乎人亦奈何不慎慮於瞬息之頃也乎

且不獨此也英之為邑也小向無公館以待往來交接新舊之官偶然無所棲止則必向興賢館之首領而借托焉此亦緩急之常非必不可假易之事也乃或有獷悍之徒非惟假借之而乃若實已有之非惟若實已有之而乃若己成之而己毀之旋且碎之焚之鬻而予之價而售之嗚呼世豈有如是之官長乎抑其手下虎狼之輩絕滅天良者為之耳而官長不能早為禁禦以視古人雖一日必葺其墻屋去之如始至者不誠相去懸隔萬萬哉試靜夜間坐仰屋而思思昔之創始而新起焉者不誠赧然汗顏也哉時

余於卸事之日假館於此補修邑志其爲日也久恐自己或亦有不能禁禦之事故揭其不公不恕不平不法之弊相與共警惕之亦不必實有是事也雖然余爲我輩慮爲邑之首領慮又且爲諸生慮焉矣間嘗觀他邑未有興賢館義舉者每當大比之年其富而有力者無論矣其貧窶無貲者或借貸於人或典質於人或求助於人多方張羅其所得亦復無幾乃持此無幾之貲奔走數百里不憚風雨跋涉之苦甚或易衣而出并日而食止求僥倖於矮屋以償其窮苦以視英邑之士藉興賢館之公貲不至竭蹶無聊

者不誠天淵懸隔也乎嗟乎英之諸生其亦思所以自勵哉臨場之際衣非盡吾有也食非盡吾有也行囊盤費亦非盡吾有也想疇昔賢令長之經營及前後首領之善舉乃不克奮憾取功名自躋於賢能之列以報前人德意之深豈不愧煞無地也乎吾願與諸生共勉之

重修明倫堂銘

訓導　余道謙

英山學宮卜築雞鳴尖下基位爽塏甲於他邑其後東隅爲明倫堂堂後爲學署年歷久遠風雨蕩搖鳥鼠剝啄葺修曠闕漸就圮傾歲戊寅于鐸茲邦敗屋四五間民居襍沓莫可棲止爰進紳士而謀之紳士曰是則然矣抑亦不可猝圖也請少待閱三年辛巳諸同人酌量釀金木料之費百金有奇磚瓦倍之匠工薪水又倍之時余子善福馬子際栴徐子允梓王子森經紀厥事不動聲色四月而落成而明倫堂遂煥然改觀焉廼系以銘

銘曰維皇陰隲畀性錫倫得靈最秀厥號唯人渙渟濛澒觸類絪縕堯明峻德九族以親舜之烝乂四門可賓禹湯文武列聖相承堯舜既歿書吐玉麟參天應地過化存神上下蟠際宇宙彌綸顏曾思閔至德傳薪子輿繼起醇乎其醇拒楊拒墨言義言仁聖經賢傳次第引伸譬彼作室水滙山峋陰陽既相垣墉駢臻宗工哲匠採蘭披榛根柢鞏固美奐美輪俗儒汩沒要道沉淪明倫之建覺世牖民親義信別謏爾諄諄何云肯構全素葆眞何云安宅滌垢洗塵升堂入室扶翼斯文我有靈珠我有席珍毋狃積習毋憚

艱辛學古有獲時乃日新撰詞紀事言末雅馴勗哉
多士承貞諸珉

葉心如歸養序

鎭海縣令魏右曾

英山葉心如先生於嘉慶四年冬以鹽運司參軍分發來虎林公天姿英敏學品兼優初謁見
上憲詢以鹺務公甫入官應對明捷若夙諳習於是上游器重謂鹺務中又得一能事也歷委攝穿長龍頭袁浦鹽經歷各篆公下車各地洗手奉職凡商竈之疾苦靡不恤也疏引裕課稽煎緝私之利弊無不一一條舉行之力爲釐剔也上敷下洽鹺政大治實惟公是賴嗣因請假回籍省親公之僚友商灶等乞余一言以表公之善政余不敢以不文辭公署穿長龍頭首余治境內與公往來話言晨夕不倦公每述　庭訓官箴之美莫過於廉官箴之戒莫甚於貪公之咸能恪守鮮不以廉自律克著清白之操者也迹公歷攝各篆雖處脂膏之地未嘗以纖毫自潤方古廉吏何多讓焉公嘗告余曰國資於鹽鹽資於商商之休戚課之盈虛繫焉今之首舉者惟應利商以利國否則無補也蓋操利權者貴導而布之不貴專而持之導而布之者利若在下而其究在上專而持之者利若在上而

其弊在下易曰損有孚元吉無咎言損之爲益也至於管子以鹽筴興齊而其言亦曰夫知與之爲取者政之寶也凡後有司鹾之任者循公言而措施之惠澤流於無窮矣且公昔日每嘆山川修阻迎養惟艱今暫歸依予舍具慶一堂撰鳩杖奉板輿進康爵春媚冬愛融融洩洩此古人所謂不以公易一日之養者此也是爲之序

旌表節烈金氏序　彭中楡未婚妻　前署令　魏紹源

金氏許字儒童彭中楡未奠雁而楡亡氏聞訃櫛沐更衣投繯而死嘉慶四年三月二十九日事也余下車伊始其伯父原任湖南臨湘縣大尹金公序瑑偕戚族具呈投案余取兩學移文共詳　上憲嘉慶六年蒙
皇上天恩俾得建坊用垂不朽可不謂鉅典歟迨者余由英承乏廬州之巢邑適彭氏重編家乘彭生中棠來謁且請余爲文余曰嗚呼金氏之大節士民交口稱之余又奚贅焉雖然微文大義簡

冊於以增輝也顯微闡幽又有司之所有事也况余嘗躬親茲役乎夫絕鼻斷脰前志有之類皆時窮勢極不得已而以死繼之不則悲静好之難再爰地下以相從痛遭遇之維艱呼所天而偕逝凡此堅金石而凛冰霜固久炳於星日要未有如金氏之未入壻門未親夫面而大節卓卓如是者猗歟隆哉清門詩禮挺奇士而更產名媛
聖化涵濡多忠臣而不少烈女爰爲之序以歸之庶幾發潛德之幽光得金氏而女子咸知慕義學士

競尙敦倫余於邑人士尤有望也

傳

明邑侯高公傳　吳之騄

高侯在崙四川成都人也弱冠登賢書赴禮部試不得意授英山令甫下車釐剔奸弊愛民禮士嘗慕宓子賤之爲宰慨然曰十室之邑必有忠信英雖僻在萬山中獸無可師事友事者乎時有鄭生萬合者居石溪以明經儲德隱侯造其廬相見恨晚所有政事皆諮訪焉崇禎末流寇蔽荆楚而下將據英爲巢穴英故無城郭縣治鷄鳴山之陽憑高則俯而闞之史公可法開府皖江來相英土築城於縣北十里之章

家砦以屬高侯聚避難之民守之未幾賊數萬入英界憚高侯得民不敢攻然瀰漫山谷民不得耕城潰食且盡父老子弟環泣於堂下強侯出城以免禍侯正色曰吾守土之臣誓與城俱碎耳旣賊衆壓城衆復泣請曰事急矣不去懼及徒死無益侯曰吾願死於賊不死於法且史公屬我城義不可負史公及城陷罵賊延頸受刃顏面如生賊退城砦焚燬爲墟而侯前所交鄭生者匍匐尋侯死所斂其身首爲一處具衣冠葬於城之北門外爲文祭奠哭之極哀是時日落風急空山無人暴骨橫岡燐光點碧恍聞山鬼

悲常與哭聲相和按侯死時年三十餘耳余獨悲夫
史公之顛沛流離義不負國而高侯之不負史公與
鄭生之不負高侯有同美焉
聖朝五十年流民稍復舊業無能詳其事者幸鄭生之
子同且從余遊得其略而紀之他年議名宦祠者必
將有取焉

段孺人賢淑傳　敎諭王燮坊

癸未春初予來司英鐸上丁前一日入廟襄事接見
馬子際崧偕邑中譽髦敬修祀典燈彩交輝文明會
啟尊
聖若斯固祀事中所僅見者也邑搢紳輩旋舉曠典
葺學宮建奎閣修志乘馬子又力襄厥事大爲捐輸
不屑作守虜狀其人可不謂賢乎邑中諸老宿咸進
於予曰際崧雖賢於公事早賢於家事盍其祖母賢
故其母賢而子亦賢其賢於母之苦節也固嘗請
旌建坊以慰母心矣而於祖母段孺人之苦節尚因

年例不符欲請
旌而未逮其心至今猶歉焉予乃詢知孺人生平蓋
卒時壽已九十方其年三十七時生孩四月遽失所
天翁年白髮家世清貧菽水承歡婦終子職熊丸垂
訓毋作師箴紡燈績月數十年之艱苦備嘗啟後繩
先千百世之箕裘永賴毋之賢也人共欽之洎年五
十七時子又永棄生孫三月媳共孀居庭前素月兩
世相依砌下芳蓀一孤誰託惟姑與婦鞠育恩勤詒
謀燕翼迨孺人暮年而際崧已卓卓人傑矣雖然以
際崧之賢而賢其母早賢其祖母卒以未獲

旌揚其祖母爲憾此非際嵩之不賢於家事而徒賢於公事也冟年例限之耳予參纂邑乘責在闡幽因樂得孺人之賢而表彰之故亟爲之傳

金以軒先生傳　余維馥 邑增生

我　朝一百八十餘年吾邑惟蘭畦金公以進士累官大司寇爲名臣於　睿皇帝朝人以英山羣峰控聳蜿蜒磅礴之氣盡萃於蘭畦公一人而不知其從弟以軒先生亦所謂鄉先生沒而可祭於社者也先生姓金氏名光恒以軒其字由乾隆丁酉拔貢生　朝考二等第一充四庫館謄錄議敘州司馬改補五河教諭以內艱起復待銓歷署六安鳳陽青陽潁州宿松諸學正齋事方其在宿松也値發帑賑卹水災饑民近萬人繞郭呼號城門不啟者一晝夜武

弁某欲請兵上游急裝而出先生曰吾不能效傅介子入樓蘭稱千古第一奇胆而量此嗷嗷鴻雁當不至挫吾舌鋒也率生徒四以二門斗導前入鳩形鵠面亂隊中大呼曰金先生來饑民大駭皆相顧却立勢如波開先生曰縣官恐負　聖天子子惠元元至意辦此賑事束書役如束濕薪伊等形同鬼蜮敢啟弊端有國法在汝曹啜啜欲何爲言未既有頎而長者直前曰　聖天子活我先生此言更活我先生休矣我等不敢不改先生同至城闉而蜂屯蟻集之衆已閧然去其半也撫軍陳公用敷聞而嘉

之擬破例奏請以本班應陞之缺陞用緣謅任不果當是時大江以北咸笑且頌謂先生如小范老子胸中有無數甲兵門下士如牛坤石葆元諸庶常亦相與雀躍不置謂吾輩日坐春風而不知先生乃能如是潁州廩生某入法網禍且不測其閨人痛欲投繯先生曲爲保全終賴以釋他所歷亦皆以實學教弟子有胡瑗治經義齋之風年四十七宦廬江暴疾卒先生文章器局皆不亞蘭畦公而一則敭歷中外位至正卿一則宕落閒曹且不永年以沒天之報施才人謂何哉顧究得早登仕版遇盤根錯節以別利器

遇不遇又何論焉今先生遠矣回憶二十年前與先君子爲莫逆交坐曠怡園老梅花下酒酣以往筆墨橫飛爲丁卯詩爲香光字風流文采照耀山城曾幾何時遂成往事茲當重修邑乘恐珠光劍氣湮沒不彰謹撰次其生平付梨梓以垂不朽至先生居鄉口少雖孝弟睦婣猶存餘韻事未核實宜付闕如但其孫源遠茂才年未三十已嶄然見頭角重意氣而能文章知先生身有隱德正不獨著績宦途已也

余遜齋傳

邑令丁應鑾

士不必仕宦以用其才而爲善於鄉激昂慷慨使身殁十餘年而天下之知其人者依然愛之重之想像其言論風采惜此才不曾盡用謂爲國效命能卓然以才自見者彼其才不過如是而或並不能如是是其人亦大可思矣吾於英麓得一人焉曰遜齋先生先生姓余氏名善經字天申遜齋其別號也生有異質年九歲日誦書數千言當尹文端公之督兩江也以勾當公事至英從徒兒數人過先生所居之金圭河先生自塾歸適值馬頭垂髫肅揖問讀何書以毛

詩對命講鹿鳴一什聲朗朗如宿儒公大奇之即造廬囑其祖承德郎名延藩者教以名師勿常兒視兼贈短章有日長年老身無事臥聽諸孫頌古詩之句里人艷焉未弱冠補博士弟子員從江藕顧孝廉遊歸省外不輟業者十載三十後由貢生候銓府參軍需次多時金中丞鉷以鴻博薦道病不就試歸盡棄其所爲時文益肆力於史漢歐蘇之學詩宗香山長慶集築曠怡園以自娛家僅中資恆自刻苦積金以濟貧乏故人子沈藝成孤無所依先生爲聘宗女割田二十畝以贈邑少尉陳君化鵬卒於官先生撫其

遺孤築廬延師至成立乃已有以女鬻爲婢者已給金廿餘兩矣徐知其有未婚壻卽反女贈金俾完婚事每歲冬杪散穀約五十石以助親友行之垂四十年月給米以養窮孀歲捐金以培秀士易西華之練祁瘞野棠之旅櫬爲杜陵之廣廈作洛陽之長衾待舉火者七十餘家雖晏大夫亦難逮之至其季弟奉直大夫善緒早卒先生撫三歲姪以詩禮振其家仲弟善淮子維肇候補布政司理問豪宕自喜家事中落先生代清宿逋無南北阮貧富之異尤其犖犖大節非他人所能及者治家整肅閨門內言笑不聞訓

子尤嚴長嗣維馨少年司鐸日使僕記其言動以驗其可爲師否其再任潁州教授也大吏檄辦亳州賑事廉幹有聲寔先生遥導之次子維馥房薦不售於案頭書天上碧桃一絶先生怒其躁進手書昌黎進學解以示且誨之曰汝但爲天下第一等人遇不遇聽之命焉毋庸慼也年五十七封公卒毀瘠甚又十三年先生卒年七十三先生長身玉立鬚眉偉然初猶自負其才如方山子怒馬獨出精悍之色見于眉閒晚乃務爲恬退若未嘗有一知半解者余始聞呂君占建述先生爲巳佐幕功並述先生爲數能吏佐幕功及履任蘄春商確公事益信人言爲不謬道光辛巳余再過先生家笛感山陽哭君再世惟次嗣一人獨存而酒奠莒碑有與余同墮峴山之淚者嗚呼今之古人哉

余見山傳

嘉慶戊寅孚奉　刑部員外 戴宗沅

命典試中州出都後晤湖南撫軍陽湖左中丞偶道及前在安徽泗州從安撫胡公往亳州履勘水災辦賑郵事有署潁州教授來亳分辦之余見山者明幹不羣盡瘁從事當是時黃流初退一片沮洳泥深沒踝見山驅疲馬行積淖中一日夜往返三百餘里查戶口大小察保甲隱射諸弊如照水犀無一得遁至今猶想見其爲人余聞之不覺狂喜喜吾故人名動公卿而先君子賞識爲不謬也見山英山人姓余氏名維馨字蕙圃以見山顏其所居之讀書齋遂因以爲號焉方先君子之秉鐸英麓也見山已由廩貢生候銓訓導猥自謙抑執弟子禮所作制義及一切古文詩詞請下雌黃無虛日先君子毎語人曰見山年未三十磊落英多所謂良工不示人以璞者也觀其文可知其人見其人益信其文一盤苜蓿當不久餐此矣父遜齋公督之嚴其一署黟縣教諭兩署潁州教授毎以册授僕者使日記其所爲見山謹遵庭訓曲斂其才敬老成而獎後進兩郡交頌師範卓然事親孝侍適母沉痛人疾衣不解帶兩月有餘請以身代及

遭大故虞祭後淚猶涔涔也與弟梅岑友于極篤梅岑好手錄羣書見山居會埔六年於聽鼓應官之暇歲代錄寸許以寄讀蘇眉山風雨對床之句毎謂吾兄弟才名爵位雖遠不逮古人而來生兄弟結未了因誰主輪迴辦香禱之性慷慨好施佽助親友一如遜齋公薄田數頃歲收穀不過千石因邑小歉時止佃輸租自借貸以濟家用阜陽連孝廉鼎燊贈詩有詩壇不及債臺高之句已巳春闈見其從兄鶴齡先生入都會試言見山捐館已二年僅春秋四十五予聞之驚悼不置憶余侍先君子宦英久交見山而深知之使天假之年必能於守牧班中另踞一席如先君子之所預期而纔覩曇花遽聞薤露生是才而不必用是才茫茫天意可勝測哉余不能生芻一束遠置墓門而回首黃壚音容宛在記曰名譽不彰友之過也爰敬述其梗概付鶴齡持寄梅岑待采風者表而彰之以無負左公與先君子拳拳契重之至意且兼慰梅岑人琴之感云

疏引

募改建學宮疏文

邑令 林弼 莆田拔貢

天地山川之氣必無一發而輒盡常有蘊奇蓄異遲之數千百年之後而乃獻其物華吐其光焰以效靈於承平昌明之世然其間氣運之轉移剝不極則不復遯不極則不壯將飛者翼伏將噬者爪縮故當兵荒流離人民凋落刼灰蕩然絶續一綫苟其地靈之所不存則已若夫懷眞抱璞遲久未發則天將興之必故抑之尺蠖之屈所以求伸况於大聖人之憑依如水行地中無往不得其安土者哉余承乏英邑入

其境見其山高水清亦與亦曠以爲是必有異旣而訪問風俗與邑中諸賢彦訂交或以儒雅相親或以氣誼相許師事友事未始無人獨是縣治荒凉不及一大郵落無城郭宮室之美無金玉錦繡貨財之聚卽先師廟堂規模粗具屢遷之後愈失故步於是廣延衆議無不以學宮舊址急宜改正爲請因謀之學博吳君乃吳君久屬意於此以爲時有未可耳及聞余言遂躍然而起挽余同至其地曰是間得其地矣未得向也其遷也固宜今宜改用癸丁旣又曰是間得地矣且得向矣然學後横塘鑿傷氣脉必須據横塘爲泮池升高五尺退後百丈斯可快然而無憾余登視之則見高阜而平衍擁鷄峯爲翠屏俯平山爲玉几羣岫拱揖百川環繞宗廟之美百官之富無不具足恍如尼山聖人冕旒而王而七十子與三千之徒冠裳玉帛疏附後先等於江漢之朝宗四海之會同者美矣大矣因意余家閩海宦游澎湖臺灣間與海波相上下嘗以不見三神山爲悵不意於深山窮谷之中庶幾遇之夫禮莫隆於尊師化莫先於學校竊嘗讀君子學道愛人之訓以爲上不負天子下不負所學舍尼山之性道文章他無所適從焉敬捐俸

以爲之倡率舍其舊而新是圖尚賴邑中諸君子共成斯志以附於私淑諸人之列英之興也庸可量乎是爲疏

募修仰山廟引

邑令　趙宗昊　平越人

英北距城三十里有仰山廟祀東嶽聖帝於中歷年久遠不知建自何代誠古刹也丙午春余涖茲土而田糧之載於徵冊者所餘頗堪修葺自僧不守清規廢田逃遁而廟將圮矣余因踩勘之際親履其地漫患頹落之狀不可勝言不興工另造煥然一新非所以妥聖靈仰神威也若住持不得其人而香烟仍爲斷絕抑何福田之不廣歟方今功令森嚴檢存廟淫祀者毀在典者修正守土司牧之責也東嶽爲五嶽之首好生大德號與天齊世之仰之者在九州不爲多在一方不爲少益有功於國家甚大縱不能如通都大邑美輪美奐而風雨侵蝕於鐘鼓尾桷危墮於佛像明知仰食於神而自見棄於神善良君子得勿惻然念乎茲爲廟幸踩田七十石可奉一瓣香意爲合邑公刹不第鄉保士人得而守之十方檀那共得而守之亦欲傳無盡燈之微忱也爰命僧人佛進以爲住持並得手持此疏以助余清俸之所不及以此僧頗篤實老成可卜廟貌若善緣共勷功果不日觀成僧其依廟民其仰神在斯舉矣詩有之高山仰止合邑居首與士民共仰泰岱焉

募修西門橋引

吳之騄

有持簿索余募疏者曰西門橋將圮於水願得君疏以鼓費而新之余固辭則又索之不已因作而嘆曰余之固辭也非謂橋爲可緩也往歲俞大中丞檄各州縣地方便宜余謂英之大政橋梁爲急緣英地多山山盡出泉淫潦泛漲則徒涉傷人後格於異議事不果上未數月大水以無橋梁故傷人卒多不救不獨病涉又凡橋梁大半在水口水城不固則財聚易散逆福難久亦術家之屢驗者故闔邑之建橋則舊文昌閣基當水口之衝河東而狹可以爲橋此爲最急而合鄉之宜橋而無橋者殆不可枚舉如西門橋其最小者一善士成之有餘焉用疏爲雖然民貧土瘠非盡儉嗇之謂也第念天理猶存人心猶古設有好善不倦者同心捐助使橋工不日可成而余僅以鄙瑣疏言得附於諸善士之末未始非幸也故强爲之辭以爲募橋者之發端焉

重修東嶽廟引　吳之騄

東嶽廟山為英之第一勝境有懸崖激灘蒼藤古木蓊然鬱然晴雨風雪四時之景無不宜又其神亦嘗示靈於人之夢寐籤卜故過之者無不生欽敬心獨門戶逈向無一合陰陽之理邇來又改旁門愈覺怪誕剝致僧饑乞食冷落香烟而偷兒因盡廟中之所有而取之不忌嘻亦太甚矣此豈有道之世其鬼不神乎抑此邦之人所以事神者太畧頹廢之甚遂至於此也天下事廢之則竟廢興之則竟興廢興視乎人之情視乎人之志視乎人之誠而誠即為神所憑依人感之神應之則雨暘時若厲疾不降一切禦災吉祥無不有賴於是焉余籍新安新安人不忘汪越

國保障之功歲時蒸嘗所以崇奉之者甚備至我朝張督師入境夢越國語之曰此方皆吾保障汝能不殺吾當讓汝入關迄過嶺時瞻其廟貌悚然立誓不妄殺一人假令英於流寇入境之日有神告之如是賊雖兇悍敢輕肆其殘戮乎英當剝極而復之會今英人之居已不啻天地定位矣仍於神祇舊址一加意而敬禮之則履太平享安全亦何不可之有夫所謂敬禮之者非淫祀也非演戲酬願之謂也非立神會聚飲食之謂也必也相其陰陽正其庭戶置田飯僧使一歲三百六十日中香一炷常爇燈一盞常明捍門一二頭陀常在官斯土者與合邑之紳士男女舉念常有東嶽之神如在其上而降福於我斯真降福於我矣願諸同志其誠心恊力以圖之

公呈

難後士民申請　　明　聞可宗　邑貢生

爲僻邑亘古大變難民慘殺異常懇賜撫勦急救殘黎事英邑界處萬山死賊蹂躪八載於兹往在舊縣因無城郭屢經殘破崇禎十年蒙皖院史創立新城居民獲有寧宇高知縣涖任捐俸加垛練兵守衛堵禦兩載屢獲奇功不意死賊自去年三月至英盤踞一年有餘於今五月二十八夜三更時分乘狂風驟雨數百人由東門突進大肆焚殺時守禦練總各自星散典史賴統兵力戰身受重傷高知縣同吳守備統營西門與賊死戰不勝以致守將被擄知縣抗節

身亡一時殺死者男婦千有餘人燒燬者官民一朝而盡士民逃奔於山原老稚輾轉於溝壑惟望賊去苟延餘生豈意乘機土賊四起三鄉各立營目有花馬南營新營之稱羣兇擁立帥主分大王二王老營隊之號晝夜打擄千百成羣器械豬牛旣剽掠以無遺衣物稻糧復搜括之殆盡此情此苦比之流寇受害更深又於六月太湖楊監軍差陳某到縣兇徒亡命假名投兵播毒四海是英之百姓慘殺於流寇者更剝於土賊刼於投兵自崇禎八年以來未有如今日之慘者也念四地蕪矣蝗螣遍矣已難復西成之想然廬址存焉墳墓在焉尚深切首邱之思英雖僻土俱屬王民百姓不忍去之他鄉上臺豈忍置之度外懇憐異變速賜救援選才能署官兼行撫勦庶無王之衆勢不至於逃亡而羣起之蜂變不滋於合寇矣爲此激切痛哭具呈

籲上臺賑恤

明 閻可宗

爲懇憐賜賑以救殘黎以全廢邑事英自崇禎八年連遭寇亂縣治久墟役蒙皖院史遷立章家砦孳稍集遺黎不幸去歲賊薰南營盤踞一載有餘牛種盡擄東作俱誤復於五月二十八夜襲破砦城殺死士民無算并殺知縣高在崙擄守將吳斌致縣無印吏土賊橫行刧掠之慘十倍於寇又兼蝗旱交害顆粒無收疫癘爲殃人民半歿下情蜩螗日沸苦於道阻難通上臺賑恤縱慇抑亦鞭長不及鄉兵因而肆虐士庶無以聊生或入[illegible]或行或自削髮或乞丐他邑或

傭工遠方甚至殺人相食易子析骸之慘處處皆然又有扼吭自絕捨生就死之情人人欲涕遂俱堅移食之思已無復生還之想今幸新任縣令鄭加意招集百法撫摩但還土之民枵腹鳩形無以延喘數月且春耕之際牛之種缺何以自給秋冬欲軫民依亟求上恤思縣治無久廢之理則耕田納稅斷有藉於民生而難民無自全之謀則給牛發種實仰祈乎賑貸況時當耕作播種方興若復半月羈延難治一方生命懇憐奇阨急救倒懸賑發粥食以延餘生量給牛種以圖秋穫庶俶載有備遺黎得冀秋成之想而稼穡可期殘土不爲荒廢之區矣具書上呈

請留賢令江公上揭

明　聞可宗

爲懇恩久任賢良以甦民困以全廢邑事英自崇禎八年以來疊遭兵寇士庶逃亡百里并無人烟田地荒廢俱盡於十六年十月蒙督院馬委監紀通判邵某署篆一載招撫流移漸次開墾乃於去年八月陞授廬州府知府英民初聚如失所天幸蒙憲臺鈞委江某署篆復題請實授英山知縣本官自涖任以來一味清苦百法撫摩續招流移千餘人給散牛種開墾荒田數千畝時勤勸課懼民無所趨避則修舊縣立寨堡不辭拮据之勞慮民內有奸漁則編保甲均

徭役以免欺凌之患官日與民習既歷久而就輕車民漸與官安亦輸誠而願樂業四境咸歌召杜萬姓共戴龔黃忽聞部選另除新令英民皇皇籲天無路恩此廢邑殘疆惟賴循良久任前令一載忽去已不無怙恃之悲今令數月復遷何以甦離鴻之困况一主屢易殘區浩費難堪而棄舊迎新愚民驚皇莫定敢匍匐冒死叩天保留念英民均屬王民英土非比他土與其取此予彼使良吏再見勳猷何若留舊移新俾難民無失父母懇祈俯順輿情軫念殘土改新令别縣仍將江公加銜久任以竟厥績庶流民永依故土而嚴邑不致邱墟矣痛關切膚事係保疆爲此激切上呈

英山縣志卷二十三終

革除夫馬杯盤陋規告示　教諭李聲震

竊惟設帳談經造士在於秉鐸興利除弊教職亦所關心當此新進斐聲自當選吉謁廟奉
朝廷之大典荷學憲之甄才珠光月朗桃李盡出公門鎖院颯清珊瑚皆歸鐵網此日黌宫序列他年玉筍班聯方謂入泮以爲榮誰知汎費而受累本學蒞任伊始英有夫馬陋規此大江南北所未聞抑各府州縣所罕見始疑前任作法於貪繼訪劣生作俑於始册聲名於庠序似鷦鷯借栖一枝競奔走於衙門如狡兎善藏三窟户無上中下錢湊五百千富者傾囊

揭債破財則轉喜爲憂貧士典衣質田無產則因名受累藐矣三里之城傷哉一邑爲禁前憲牌文赫赫費已革於一年今憲面諭諄諄議又息乎羣喙纔除夫馬重費幸沾豁免之鴻慈旋議杯盤多金何殊贓汙之狼藉且夫馬假公營私猶畏懼而弊易革杯盤則用下敬上無忌憚而害難除人如得隴望蜀將來無已而有加議似驅虎進狼竊恐極盛而難繼前者議漕議月全仗夜作爪牙今茲采藻采芹何勞又効犬馬宵小入武城之室喋喋至此言公新生望矣予之墻紛紛逝將去汝城狐獻媚自覺議論生風社鼠乘權令人進退維谷念此剝膚殊深切齒祇惟是觀旂泮水行禮不亦宜乎若所謂寶璧盤飧非義斯辭已矣學長原無心於此縣尊豈有意在茲本學家傳清白代有科名悉攻書之辛勤憫寒儒之艱苦新生但謁
聖而勿費多錢師長祇論文而無煩載酒雖束修以上父師不必矯廉但贄實而來多士毋乃傷惠既代新生憐轉爲劣衿勸弊纔革而永革害一除而盡除英邑水旱洊至竊歎甚矣其憊後進苟泒不開庶幾貧也非病該生速宜歛迹無滋弊端倘敢横議陋規以

至阻撓功令稂莠弗除嘉禾不植本學惟指首名以通詳勿謂予言之不豫

重修明倫堂學署序

邑廩生　徐允鯤

儒學學所植也明倫堂學所興也英邑舊有明倫堂暨學署自宋迄明凡數遷康熙辛巳邑令林公莆田教諭吳君之驗卜吉於北門鷄鳴山麓明倫堂居聖殿後學署依之越數十年錢塘張公復加修葺規制寖備迨後歷年既久風雨震凌堂與署漸就傾圮邑人士欲起而新之未果道光己卯學師余公守之司教於英寄居書院遂慼然有動於中爰謀於諸生倡首修建諸生咸躍然贊襄其成於是鳩工集材琢石陶甓建造輿作經費幾以千計閱數月正堂兩廡並

學舍俱煥然一新是役也非余老夫子倡首之功不至此而余老夫子尤有厚望焉乃進諸生言曰今幸矣堂成矣此非徒崇飾宫墻輝煌俎豆侈厥觀美已也諸生皆國家有用之材異日黼黻廟廊其文章事業實自庠序基之從此明經修行互相濯磨庶於是學之修乃爲有光諸生其勉乎哉生等聞言深佩栽培盛德不能一日去諸懷今年春州司馬萬公祖來攝縣事首崇學校親題匾額於明倫堂一曰模範垂型以嘉學師之教一曰棟梁充選以勵多士之成又復修英志增撰序記諭諸董事人勤勤懇懇吾共之士凡與有勞者共記之毋略予因是而爲之序是役之興其總理者學師余公守之也其協助者監生余善福監生馬際椽也其司出納而主督率者生員王森鯤之兄允梓也經始於辛巳之冬告成於壬午之秋輸貲樂助名目例刻於碑陰

光祿大夫刑部尚書金公墓誌銘

吳江　郭　麐

嘉慶十有七年十二月十二日刑部尚書金公薨於位越明年二月其孤勇自京師走書狀三千里告其友吳江郭麐曰勇不天遘禍酷毒摧隕無所惟是先人之清節醇德顯服一世苟不有旌紀以垂永久不肖百死不足以贖吾子以文學重於當代不肖兄弟又獲私於吾子載筆之責所不當辭敢泣血以請麐自念居卑行汙何足以焯著先烈發揚盛美顧惟不腆之文公實知之亦庸以藉手報知己於萬一謹按

狀而序之公姓金氏諱光悌字汝恭一字蘭畦先世自宋南渡由江右遷英山有諱印者明嘉靖間爲太常卿公九世祖也曾祖諱天爵祖諱紹偉隱德弗耀考諱序班乾隆己丑進士三代皆以公貴贈光祿大夫妣皆一品夫人公中乾隆戊子科舉人己丑會試取內閣中書庚子成進士歸中書班補宗人府主事轉刑部員外郎郎中俸滿留部緣事降調仍由員外郎郎中歷陞光祿寺少卿內閣侍讀學士出爲山東按察使遷布政使內擢刑部侍郎出巡撫江西內擢刑部尚書公以書生明習法令用心平恕爲

上所深知故雖敭歷中外主持文衡三十年間始終不離刑部自始爲郎阿文成公奇重之事無巨細必得公亭擬方畫諾公亦竭心力不避勞苦嫌怨嘗以疾在告文成使范公叔度視之公方伏枕批閱秋審冊范公奪而投之曰饔飧不給而日服葠苓凡以爲疾也何不自愛乃爾治爰書精明洞達目張心開宿胥老奸不敢以毛髮出入相嘗試然一依於法務持大體舊例監守盜限內完贓得分別減等後一切不減公曰吏以贓故得罪若完而不與減誰肯復完者上官慮法重必多爲隱蔽是宜失官物也奏復如舊

阿克蘇錢局章京侵用餘錢吏議擬絞情實公駁奏以爲官員侵欺不得比引平人竊盜之條以虛斬爲實絞請改如律

上覽奏曰盜竊平人尚有嚴律盜竊官物何反輕耶公免冠謝曰律意深微傳以盜臣爲輕於聚斂古人制律之意或如是也

上竟從公議在山左事上字下必以誠信歲旱步禱泰山雨應祈而至江右地四衝流冗雜處因緣爲姦吏治亦多弛易公甫下車立條教飭武備肅紀綱芽蘖薙陰闔陽開誅大猾歷政所不能致者黜吏之

尤無狀者民用革面吏用洗心淮揚之民以水災淵
江而上者幾萬人公於章江夾沙立棚以居之塗巷
井井飲食之資畢給殘黎賴以全活而居民無所擾
公嚴冷峭直意所不可唾若泥滓媛姝突梯之士望
而却走以故謗怨叢積江西之政連劾五十餘官然
後卒稍稍奏復之所謂仁必爲質必要其終而後見
者也家綦貧而甚介不可干以私爲郎時有暮夜餽
金八千者公峻却之愛賢樂善惟恐不及名人魁士
無貴賤必致其愛敬張翰林思言何太守南鈺張大
令青選皆公門人公一以友朋昆弟待之不長老自

爲也內行淳至於友愛最隆即有過當識者歸仁性
不飲酒而喜觀人飲無他嗜好亦不常爲文章而一
篇之工一句之奇流連嘆賞不啻口出風貌秀整兩
頤著黑子如豆毫數十莖長與鬚等飄飄然如神仙
圖畫慶乙卯應京兆試館公家公禮之有加下第南
還執手勗勉無以一跌自棄後見公於江西所以敦
訓之者尤厚從容言君厭棄科舉他日朝廷復已未
丙辰之科豈猶不出耶慶雖媿負不敢當然琅琅之
音未嘗一日去耳也嗚呼孰謂公遽厭世而去而蓬
蒿一世之士乃執筆而銘其幽也耶公娶丁氏封一

品夫人孝順慈惠能成公之道子三人長宗邵乾隆
壬子科舉人內閣中書協辦侍讀先公十三日卒次
嘉太學生側室劉出先公二年卒次即勇嘉慶庚午
科舉人女子二人長適太學生李同次未嫁卒孫男
三人震謙孫女四人銘曰昆玉秋霜惟清故潔莫邪
干將不缺則折材惟天生亦惟天成不撓不屈遭時
之清凜凜我公神鋒巖然始終一節莫敢犯干爲天
下平姦蠹弭伏爲御史中丞貪暴音縮疾惡如風飛
言如雨
帝曰往哉惟朕知汝弗與人争善全功名公拜稽首

淚落階庭既隆其遇既獲其時胡嗇其年俾不憖遺
千秋之後恩怨俱盡讀此銘詞不媿言信

續修英山縣志卷之二十三

英山縣知縣樂陵李文泉續修
英山縣教諭古歙汪時有
訓導合肥阮華林 編纂

記 告示 傳附 續補藝文三

永禁傳詞碑記

英山知縣李文泉

國家設官原以爲民余承乏茲土懼無以稱父母斯民重任爰是興利務舉其大除害務去其尤英邑地僻民醇古稱易治而傳詞一事最爲閭閻大害下車後即行申禁僉以辦公不敷爲詞蓋詞不按期當堂投遞胥役既暗中需索署內諸色人等亦各得有陋

規錮習相沿牢不可破卒然禁革頗覺爲難然此弊不除在官人役之身家則肥矣而小民身家之受害伊于胡底耶且衙役之在經制者每年所得工食贍家而外儘敷辦公署內諸色人等一飲一食俱仰給本官斷無憂其匱乏但向來經制銀兩諸役未經領出不免有身家之慮固難責以謹慎辦公余於經制銀兩概行給發署內諸色人等火食亦各給予從優俾若輩無所推委於是不恤人言毅然禁止半載以來頗各凜遵行之有效矣然而天下事務其大尤貴務其遠圖其始尤貴圖其終況若輩惟利是視十數年後安知不再有以藉詞辦公蠱惑官長復萌傳詞之故智乎倘若是積弊雖除而未除閭閻之困何時蘇乎余心實深憫焉適據邑衿聞君詩可馮生相王生熙性等合詞呈請刊碑永禁等情余喜諸君之意深合余心爰刊其原委於左將後之君子覽焉俾知英邑傳詞之弊起於無力辦公惟經制各役工食銀四百餘兩本官既不絲毫沾染彼自辦公寬然有餘無所藉口而勾結架訟之風可息庶積弊永除閭閻安堵後之君子諒亦有同志也是爲記

附錄告示

英山縣正堂李爲出示勒石載志永垂事道光二十五年正月初一日奉 州憲牌開據稟監生聞詩可舉人鄭保生等呈稱英邑地瘠民醇陋習總頭值日代原告傳詞又歸叫票搭抬包案權弊無端買養地痞做成圈套誣姦飛賭墳山賬項多牽被証包痞審打和撩債分差禮叫票多帶散役動步索錢接路盤剥入城押店非給差禮不許呈訴等情到州據此合行批詞檄飭爲此仰縣官吏文到立即遵照是諭該生等照案立碑永禁嗣後如有前項不法之徒仍蹈前轍該生等鳴同三里各甲據實即赴該縣指稟提

案重究仍俟該縣修志時纂修入志以示永禁毋違切切等因到縣奉此合行出示諭知爲此示仰闔邑三里各甲人等知悉嗣後卽照　州憲檄文勒石衝繁處所以垂久遠以示彰朋如有前項不法之徒仍蹈前轍許卽據實指名赴縣稟請提究名宜凜遵毋違特示

道光二十五年四月初三日給

嚴禁閉女告示

英山知縣　李文泉

爲諭禁事照得好生惡死均本人情而育女養男更闔名教詎於本年十一月十三日據生員金鎔拔貢生蔣槐午廪生蕭如遇舉人金燿遠職貢生王性彬生員閻立惪等以保赤子等事稟稱英有閉女惡俗不惟鄉愚貧戶卽讀書殷富之家亦蹈之視骨肉如寇仇輕人命猶草芥置無辜於死地習慘戮爲家常倫常之變天理之絕人心之亡莫此爲甚昔喻仲寬知順昌作戒殺子文召父老轉勸所活者皆以喻名其子漢賈彪爲新息長不案盜賊而先案母殺子者曰盜殺人常事母殺子逆天首致其罪人呼爲賈父東坡與朱鄂川書亦於此惓惓盖事關人命較之施棺放生諸善事功德尤大百倍故昔賢皆以爲急務　國家不忍殺一不辜在民間爲子女在　國家亦蒼生故設無故殺子女律現在羅邑示禁森嚴生等慕義倣行爲闔邑嬰兒請命於臺前賞示嚴禁准約保族隣呈告照律治罪毋許容隱庶人知懼而惡俗除卽此一事澤及無窮公侯萬代矣上叩等情到縣據此除飭差查拏外合行出示諭禁爲此示仰闔邑諸色人等知悉嗣後務須以仁存心以義制事勿

謂我不負啣豈類於虎猛虎尚未食子何况爲萬物之靈勿謂我非走險豈等於鹿野鹿亦且痛兒烏可無大生之德倘敢仍蹈故轍復犯前非其如幼吾幼何真是父不父也一經告發或被訪聞本縣惟知明刑弼教斷不能屈法原情可不戒而凜之哉毋違特示

道光二十五年十二月十五日給

掩埋路斃乞丐告示

六安州正堂吳爲遵飭給示以彰善舉事嘉慶十七年八月初八日奉　按察使司廣批據英山縣生監金光普金勤原籍大冶生員尹立誠等呈稱生邑土瘠民貧覔食者接踵向年一經路斃奸胥因而居奇故斃獨尸身殷實無敢收瘗久暴甚爲慘目泪見震者萬漢昭等施地請縣賞示勸石縣諭凡有病斃許同約保隨時收斂示現勸石遠近頂戴有生同志金光普金勤金光怡與生等置有義山備有棺木並募義存息廢地買山依山建屋使流丐病有所棲死有

所瘞屢請縣示房皆捺擱續稟州主蒙批獎勵殊縣房拂慾仍不甘據情具稟須發稿生等於行旅客商及有故身尸櫬不敢與惟乞丐病斃隨給棺地斂埋原嵩爲貧苦而設已經纏悉呈明乃吏懷貪慾難望樂善以成美舉惟　憲台鈞示自克風行而草偃謹惟抄呈全卷恭叩　大人恩施鈞示嗣後貧丐病斃聽捐地施棺者憑保立時斂埋庶僵骨免久暴之慘孤魂無不瞑之悲而合邑咸免驚虞生等不勝頂祝上稟等情奉批該生等埋胔掩骼肯買山不惜金錢借舍棲流俾仰屋無廣土處在死者既免於暴露而

病軀復得所依歸凡此公施洵成義舉仰六安州即彰明示用勸貞珉並嚴察奸胥惡棍之阻撓以成全善士仁人之意志等因到州奉此查此案前據該縣生監金光普金勤等赴州具呈當經批飭該縣給示在案茲奉前因合行給示勒石為此示仰英山縣屬官吏軍民諸色人等知悉嗣後遇有貧民士丐病斃或尸親無力領埋及孤獨流丐無尸親領埋載明年貌豎立路牌俱聽捐地施棺樂善人等遷保立時收斂掩埋義地俾免暴露倘有奸胥惡棍藉端阻撓許鄉地人等赴該地方官衙門稟究各宜凜遵毋違特示

嘉慶十七年十月十二日示

嚴禁差擾告示 道光十四年十二月給

署江南直隸六安州英山縣正堂加十級紀錄十次胡　抄奉

欽命江南分巡鳳廬潁六泗滁和等處地方兼管水利驛傳兵備道督理鳳陽鈔關稅務周　為嚴禁差擾以安良善事照得英山縣貢生沈蘭生員蕭如珪監生金序澧生員金祖勳生員余詠生員余維焯等聯名稟稱該縣地僻民稠凡戶婚田土事故不無雀角鼠牙近來惡習莫甚於訟經訊結後若把門聽事門子單牢及站堂大

二班一黨惡役約至四五十隨即蜂擁原被寓所於訟勝者要喜禮錢訟輸者要照應錢定要三四十千文之多少則異口同聲百端詈辱加與惡等言情即扛扭扛毆如遇命件索錢更甚原被兩造受累莫鳴公叩賞示勒石永禁等情具稟前來查衙署設役以供差遣若藉端索詐大干法紀除批示外合行飭禁為此仰諸色人等知悉自示之後如有前項不法衙蠹藉端詐擾許即指明稟究倘挾嫌誣捏亦必照例反坐本道言出法隨決不寬貸各宜凜遵毋違特示

興賢館給辦童生考費碑記

爲稟請定案以垂久遠事英邑文武童生縣州院三試各費浩繁向係禮房照名收費承辦今三里公議在興賢館酌定幫出考費文童三試幫八十錢一百六十串武童三試幫八十錢七十串州院並試或遇分試上房各費一並在内文童縣試屆期幫出八十錢六十串武童縣試屆期幫出八十錢三十串餘俟州院考試臨期一總加數幫出承辦禮兵房不得另取分文嗣後三里考試各費承辦者不得加減此係三里考試公事理合稟請臺前批示勒碑定案以垂

森廩生段芳杰監生黄德爺而例封修職郎蔣克昌尤爲出力云所有捐費勒石

文廟

興賢館考棚暨凌雲書院議復舊規記

英自邑侯　徐公曰紳倡立興賢館考試稱便有年
矣道光辛丑夏被洪水傾圮試期近猝難修理遂將
凌雲書院暫作考棚此一時遷就原俟復修非敢遽
廢而忍沒舊規也且書院之設關乎學校昔置膏火
田產院內碑記昭然此造就人材之鉅典而其舉尤
不可廢邇來雖未延師然章程具在尚可遵循若聽
兩地混淆勢必寖久俱廢茲值邑志重修公議將館
院撰志分別列入將來仍當率舊建置俾書院爲書
院考棚爲考棚庶兩舉各得名實俱存而先人經營

創置之善亦守弗替此則闔邑之所深望也夫是爲
記當日公同踩明興賢館舊基界址開載於后
東自沈陳毗連古街向北曲轉直上至北街心由北
街心直下向西抵　關聖會公共乾溝直下向南抵
程人塘裡岸直下抵嚴人屋後滴水曲轉至楊人屋
山頭滴水曲轉抵楊人公共閉墻直出抵甬壁外滴
水横過抄東爲界存熟磚舊屋十一間
其有西門老奎星樓基址前抵街心後抵蔣家橋右
抵蔣家橋乾溝左抵樂人山頭爲界

西關外義山記　　王性彬邑拔貢

爲善非以望報亦非以爲名而其事有不得不
志者所以激凡有心人之好善樂施也彬二世
祖諱守邦於有明天啟二年捐施西關外義山
一所周圍約二里許凡鄉邑無所歸骨者咸瘞
焉當時請於官勒有碑記
國朝康熙甲子年邑志載入義行歷年既久古塚
纍纍續瘞者幾月無虛日每從憑弔之餘未嘗
不慨然於荒烟野蔓之間走燐飛螢之地昔之
生前烜赫者至於死與無主之鬼餒而之魂同

其穴藏爲可惜也抑死無所歸者所在多有而
瘞於茲土猶得免屍骸暴露之慘則又幸義塚
之設澤及枯骨焉夫掩骼埋胔聖王著爲仁政
火葬之俗仁者必代爲之謀然則吾祖之捐置
義山雖不能廣施博濟而因其力之所及以行
不忍之心仁心爲質義行光昭矣特後人之力
更不逮不能踵事推廣之恐年久湮沒爰追述
而爲之記

安氏捐南闈卷田記

徐家纓 邑廩生

我邑自乾隆年間邑侯　徐公日紀首倡創立興賢館以來邑人士或捐基址或捐田産咸踴躍急公以爲興賢助嗣鄭司馬蓮汜公并其後裔前後共捐生童卷田一百担南闈卷費仍各自備道光十二年安德三公全詩詠公兩房支下共捐己業楊樹溝六斗斛田棵四十四担花棵十八觔隨田庄屋山塲在内正米四斗四升另立安德本堂由名稟請邑尊　翟公立案蒙批嘉尚勒石定案每科備貲在金陵分發卷費無異迴因觀塲士人較多安氏復於道光廿五

年加捐滿溪坪田棵二十二担一斗花棵二十二觔正米一斗玖升亦入安德本堂由內前後共捐田棵六十六担一斗花棵共四十四觔稟請邑尊　李珠浦父台書立捐約付三里董事領管除完粮外該田存貯每屆南闈備貲付金陵照名分作卷費不得開銷別欵蒙批崇尚斯文准其勒石載志茲際邑志纂修所捐卷田應遵批刊載後有慕義而起者傾囊樂輸疊增鏖戰之需激切鵬摶之志庶我邑人文蔚起上副

聖天子賓興賢能之鉅典是則我邑之所厚期也

雷家店東嶽行祠重修記

姜思楷 邑庠生

邑東雷家店風波嶺側有東嶽廟其神靈顯赫前見於明洪武時邑丞蔣隋貲禱祠除賊西獲奇功他若水旱虫蝻疫癘諸故有所禱祈無不輒應此歷年邑令撰記碑記與前邑志確有可徵也自是以來經今數百載凡四時詣祠焚香者迄無虛日每秋九月會期隣縣士民紛來幾致稽首無餘地而福善有常禍淫更顯益惟其祠爲最古故神爲最靈第歷年既久形勢敗壞昔在嶺側今在河濱其中提緣募修者不知幾

何至我

國朝重修施主則惟杜汪姜曾劉張六姓迨乾隆三十六年邑侯　徐諭僧興禪募衆姓修之其首事杜興洪與姜思楷之父新澤公也十二年邑侯　諾倡捐諭衆於祠西新建佛堂額曰仁風禪林楷與興禪又督其工二十四年興禪徒孫容海以嶽殿低濕不久就淹復謀於楷募衆增修以爲長久計至道光二十一年山洪衝哭祠宇摧頹巨波及帝履容海跪叩請命雨止水消謂非無邊神力足挽狂瀾乎壬寅歲欣逢

仁憲珠浦李父師蒞英期月興利除害政績休明倡捐廉俸示諭勸輸是以先爲審度地宜讓開水路嶽殿增高丈餘佛堂移置殿後鳩工踴躍數月落成　憲諭云福田廣種邀神福以無窮嶽德永垂繼前徽而不朽其在斯乎爰計其規爲前後三重各三楹左右各六楹前壁三門額左曰震旦右曰仁風中曰東嶽行祠神靈數百年重修數十次因記於志庶昭明不替也夫

先賢程子後裔居英記　葉齊雲 庠生

邑尊李公珠浦父台賢宰也其善政宜民歌謡載道茲謹即重視斯文培植寒素之一端述之英程氏先賢程子伊川先生後裔也先生長子名端中於宋建炎中知六安軍捍寇不克　勅封忠烈十二世孫祿官大理丞遷英代有奉祀生至祿裔孫義里亦曾承襲里子惇典向受知於前憲梧村翟老夫子試列卷首補博士弟子員典雖贊序蜚聲而清貧仍舊其子仁方年近弱冠回貧而可妻者也今春赴縣試　縣尊取置前列閲卷謁見詢及家世里居惻厥子之有鰥念　先賢之後裔爰諭三里紳士與胡程二姓作冰言以前歲荒歉所收養胡女判合仁方爲婚並捐廉資代置賀家礄田課二十二石以爲仁方讀書資斧勉其圖進毋墜先烈斯舉也不但胡與程感戴無已即合邑亦推稱惠心仁術之善爲曲全也是爲記

傳

節孝傳

邑監生 傳以珂

士有席豐履厚處順安常誦詩書談忠孝似亦足稱爲完人無可議迨至勢窮力屈廹於無可如何之時卒能不降其志不辱其身保堅貞而全節義儒林中未易覯也况巾幗中哉若吾姊氏有足嘉焉姊賦性聰慧靜一端莊伯父母最鍾愛之聘受名門不數年舅與姑相繼謝世姊丈彭公中𣪍年尚幼主持乏人家產萬金銷磨罄盡及成人入贅予門姊氏敬而禮之齊眉舉案媲美孟光僅二年病染沉痾醫藥罔效

遍詢方求救而不可得夜深人靜籲天祈代刲股肉和藥以進嗟乎婦心盡而夫數已終不可爲矣斯時也夫家無一瓦之覆一壠之植以庇而爲生又無期功強近之親爲之經營搶地呼天形單影隻哀哉吾姊何所恃而能自守耶而乃柏舟自矢之死靡他不遽從良人於地下者以尚有孀母可事也遂依母以居夏則扇枕驅蚊冬則烘衣温席雖母家使用有人而一飲一食必親自檢點以奉慈幃怒則怡順愛之病則湯藥調之終其身不少懈兄有三皆早逝接孀嫂能敬且和視諸姪如已出護寢處調饑寒保抱提攜珍如拱璧雖慈母之愛憐少子不是過也丙戌春伯母棄養日夜哀泣幾不欲生遂染病不起未期年而歿

贊曰嗟吾姊氏賢淑誰似口無妄言目不邪視何處于歸歸於故里夫不逢辰歲適在巳膏肓已深盧扁難起命薄桃花心清井水食柏餐霞摧肝嚙指貞節堪誇孝慈莫比依母爲生與母同死生也誰憐死也誰誄宇内完人閨中君子採之輶軒應標青史

蔣母黃太孺人傳　舒城知縣鈕福疇烏城拔貢

甲辰暮春同年蔣君槐午遣其弟槐斗茂才以其母黃太孺人行狀來乞傳於余余聞敬姜承逝嶽流紡績之音歐母云殂淚灑瀧岡之表況夫奉輿迎養安仁之望盧捧檄承歡毛義之願左烏私未遂熊丸空存其辭意之哀迫有不可以不文辭者因就其狀而次第之謹按　太孺人姓黃氏英山之廣里人恩者新懷先生之長女也毓粹洪族含芬綺年肄德象女師之篇達恭儉均一之旨其歸我

封君濟川先生也摽梅三實不失其時夭桃九華能

宜其室戚黨稱以知禮尊章稱其歡心善心爲竊則庭戶春多祥女入門則臧獲冬愛獨綜陵雜之務歷勤卤嘉之儀以菽水之貲料宗綏族以鹹齏之積匡困貧無靡不照察周詳仰承委任乃以君姑之遺屬彌篤夫子之刲股惟誠誓斷郤庖之膏長貧庾圃之菜　濟川封君之馨烈卓行固天性之肫摯亦太孺人有以成之也迨至說經之席羅列生徒通德之門巷有車轍又必手潔供具精鑿酒漿人無間言幸過所望井臼夕膳雅善相夫機杼秋燈惟勤課子宜其養成令器克紹書香互挺雅材遂稱競爽漢詔異等

次君膺拔萃之科會領泮官少子與采芹之選方冀名題雁塔聯步鵬程以

花誥之榮封慰荻畫之劬念何圖京華滯迹悲耗遥傳奔喪之路數千呼天之踊三百栝棬口澤鮮民之痛深筐笥征衣遊子之心苦此槐午昆弟所錐心泣血者蓋太孺人以道光癸卯二月初六日卒於里第年週花甲頻萎金萱驪雛朝飛和莊缶而增慘慈烏夜泣漬萊衣而成斑嗚呼哀哉固宜感慈竹而傷神奠生芻而隕涕也疇與令子槐午廣文連轡名場角藝京邸夙仰嶽孅之則具聆琴華之眞今當宵魄寢

輝秋霜告肅斷機遺訓足補鑒磁之書截髮賓賢永留煒管之烈能不導揚惠問闡發徽華也哉據事直書竊附班馬之信史以文勒石愧無徐庾之雅裁子七某某孫十某某

金節母彭孺人傳

英山訓導　阮華林

余於道光戊戌夏秉鐸來英接見都人士皆能奮志芸窗不干塵俗更有超然物表者惟金子祖勳其人焉每於花晨月夕詩酒綢繆詢其學業所由來人品所由立則對曰惟母教是賴孺人爲邑庠生彭公其泮女廩生中棨妹及笄于歸克順舅姑無違夫子子四俱弱齡而夫儒士紹燕公即世孺人矢志冰霜親操井臼和丸畫荻教子成名閲四十餘年矣性慈惠慷慨自奉淡泊宴如也辛丑水灾後饑饉荐臻孺人糶米爲食於路全活無數嘗有葉姓吳姓婦因荒擬

拆婚孺人憐給錢穀俾各團聚平時奉祖敬神掃地焚香始終無懈至其捐資成祭以綿血食尤巾幗中所罕覯焉夫慶由善積壽以德增孺人之行誼彰彰如是宜親身見其諸子雁序黌宮孫曾芝蘭並茂固不獨年過古稀爲世所欽仰也孺人之節孝前已載入邑乘現辦彙請　旌表建立總坊旁搜博采期無遺佚而孺人之食蘗茹茶好善樂施尤素所深悉者聊撮其大概爲之傳亦闡幽之意云爾

聞拙菴公傳

英山訓導　楊振

公姓聞氏諱興郊字樂齋號拙菴爲蘄陽處士初余戾茲土見萬山環拱林麓深秀意必有隱君子出其間既而聞士林月旦評咸嘖嘖稱在昔聞拙菴先生爲磊落士惜余未及見其人也其嗣君雪軒增貢生一日來謁余始悉其生平行誼敦孝弟遇事磊落有胸次並詳其有捨藥濟人焚借券數十類皆迥殊瑣瑣者之爲余聞之而有感也今夫事親敬長非矜奇行然求之士夫往往多慚公寒素家風獨能菽水養志和樂壎篪以順其親爲難能也若夫疾痛顛連雖

行路之人咸生惻惻及謀其補救之術非欲爲而無力即有力而莫爲於斯而體好生之德順時而節宣之公殆見義而必爲者歟至通有無憑券約目前勢不克償姑存之以俟諸異日大類皆然而公悉付之一炬何豁然獨見其大也聞之仁者博愛澤被諸草木蟲魚矧在同類今觀於捨藥焚券不吝所有則仁心爲質流其緒餘有子謂孝弟乃爲仁之本此非其明效大驗與彼夫齷齪者流涼薄成習孳孳競利析及毫末間聞公之風其亦知媿矣使以襟期之浩落如公而復處裕大豐亨之境將見錫類推恩措諸設

施以周貧困其規爲之宏遠當更何如惜公之豐於德而終嗇於遇也余意此間山林隱逸當遇君子其人今於公想見之歟

鄭和卿傳 補遺

徐文珩

鄭萬合字和卿號石溪其先在宋有名進者官至平章世爲英山人萬合性穎異弱冠補博士弟子員是時祖明經洪陽公尚在父丞聘兄萬善皆餼於庠文學冠一邑咸以偉器目君君一試即食餼下帷攻苦於有明一代作者之文無不究探顧數奇不售未四十應明經當懷宗殉國福藩南渡多從仕進或爲君勸駕怏然曰銅駝行見荆棘中吾豈褰裳就之乎英故僻處萬山流寇恃爲巢穴邑中廬舍悉煨燼居人他徙避賊君之族亦播遷多棄田舍墳墓去君獨慟

念先世暴露急擇地七樹埋瘞父母兄嫂凡五匶史公可法開府皖江別創英城於章家砦屬縣令高公在崙守之高公耳君名以禮延致凡政治悉諮而後行君辭歸挈家依先人邱壟甫三日而城破高公殉焉君聞之急往尋公死所斂其身首以瘞爲文哭之論者謂高不負史公君不負高公云無何元配郝夫人卒君遂浮游江漢館武昌朱孝廉家孝廉兄仁卿門人也是時寇益深眾以乩卜欲之磐湖避亂乩仙鄭半月獨與君酬酢爲詩數十篇因示以處君即辰往東方山夜半武昌城潰得不與難越三日渡江歸

又葬其外祖金公外舅郝公族黨之暴骨於原者悉瘞而識之事定復之武昌旋歸懇故原楦居於城東滿溪坪蓮峯之側讀書其中著有石溪吟東皐草堂集　國朝定鼎檄就銓凡二次堅卧不起君雖儒者然於世故無不通曉邑政所宜興革令先後至輙諮詢君君皆剴切言之邑人受庇焉繼娶段又娶陳生子三同發同旦同奭邑後進經指授者皆成名士君性狷介有鄉暴占其佃爲僕以多金來賄君正色拒之事得寢嗜飲善談論酒後耳熱語驚四座年七十登山必躋其巔不假扶老濟勝之具惟諄諄庭訓不

少倦三子亦敬承皆儁於庠諸孫復有文名元章元度元音元圭元譜元功元臣元亮元識元璐稱最云

贊曰績學丁年葬親亂世守身揆道報知媿義蠖展耐老皐比造士太邱貽謀二方繼志

英山攷辨

金燿達 邑舉人

州縣舊志考證英山屬郡並英羅分合次第綦詳然皆漢以後事尚未詳英之名所由昉也尋據春秋楚人伐英滅英氏以爲英所從來又以兩英疑之而迄無定論今按劉向列女傳及路史俱云皐陶子三長伯翳次仲甄次封偃繹史少昊世系以淮奄江黃系柏翳下以舒庸舒鳩系封偃下而以六蓼英系仲甄下今江黃在英西南淮奄羣舒在英東北六卽今六安蓼卽今霍邱地皆密邇獨英非古之英乎水經注窮水出於安豐窮谷楚與吳師遇於窮卽此也在今

英山縣境左氏傳楚人救潛沈尹戍伐吳與吳師遇於窮註引之路史有窮羿邑楚地卽今安豐由此觀之以其地論則窮與潛近以其氏論則羿偃姓與羣舒同亦皐陶後也烏知非滅羿後並而爲英乎夏禹封仲甄爲英伯周武王封少昊後爲英子又雜見於諸書今六蓼皆有皐陶墓英之文子山亦有皐陶墓各立祖墓以示毋忘此確証也則英卽古英國夫復何疑若夫爾雅再成英疏云卽今英山此概指山而言耳然或山之名英最早而古卽取以名國亦未可知也請附辨於此以質博物之君子焉

珠浦李父師建城記　沈周丙𡷊庠

自古垂史策載簡編以良吏稱者代不乏人其以實心行實政宣勞著績加惠斯民今則惟我父母　李公也英自元始置縣迄今六百餘年未有城垣每當時雨滂沱沙河氾溢水患難防道光二十一年蛟水暴發衙署蕩滌倉獄奔瀉科房民居俱被沖陷　公於二十二年莅任時河之東徙修三壩　公首捐廉勸輸由東而南而西疊石成堤森森屹立水汎可無虞矣　公益節度支省冗費蔬食敝衣輿蓋不飾集邑中紳士曰英為吳楚邊邑我

朝禮陶樂淑兵革不試者二百餘年民生其間莫不含哺鼓腹共享承平然必未雨綢繆則有備無患諸紳士咸首肯焉　公復捐廉三千兩邑中殷實者均踴躍捐輸　公乃庀材鳩工經營籌畫寢食不遑未二年而厥功告竣共計七百餘丈周匝完固規模整飭於以防奸慝衛善良謂非一時萬世之利乎且下車伊始如勸農桑重學校疎滯獄抑豪強種種善政未易更僕數而其與建城最為利民者則莫如禁傳詞一事英邑舊有三班總頭值日代原告傳詞門丁書役各有陋規以故勾結架訟每年不下數百案　公毅然嚴行禁止用胥役必擇醇謹遇案則立時判斷而報呈坐呈各規費一概革除五年以來訟簡刑清視荀巍令榆次劉曠令薛鄉無多讓焉則蠹弊之除其功亦與雉堞之興並可永垂不朽矣用是敬書其事以刊諸志

英山縣志卷之二十四

英山縣知縣樂陵李文泉纂修
英山縣教諭古歙汪時[illegible]　英山縣訓導合肥阮華[illegible]　同編纂

藝文四

賦

溫泉賦

傅有寬　邑庠生

粵惟皋陶就封英土茫茫星分斗女地界荆揚多雲
迤邐而東走羊角蜿蜒以南翔昆止雞峯坎繞文昌
西北各有溫泉焉瀉出於其旁甃泉水之變態堪遊
觀以徜徉其噴諸池也呼呼淪淪如沸如嗔恍爐中
之集炭與釜底之積薪其潑諸淵也炎炎騰騰燠氣
上升如盛暑之酷烈與亢暘之薰蒸其注諸溪也廻
廻蹇蹇或近或遠引澗水以旁洽調水性之冷煖上
則層巒疊嶂嵯峨峭壁碑銘苔綠松楸葉碧下則帶
水縈廻古橋狹窄平岡起伏繡壤絡繹旁有修竹瞭
林清風歌舞茆舍草廬皆堪指數中有怪石嶙峋可
坐可觀芷蘸夾岸婆娑水滸時則春風和煖天日晴
明蕙風拂而倉庚載鳴嫩柳垂條新桃鬬英彼都人
士緩步徐行祓除不祥羣歌水清衣裳楚楚笑語盈
盈謳唫雲遏議論風生待其洗浴既罷日影遲斜身
輕氣爽意與悠然迎素月含遠烟吹玉笛於谿下聽

蛙鼓於星前情發如飈身輕若偃聞麗譙之聲催踏
始盡而言旋至於時當溽暑節屆朱陽氣燥益烈水
熱愈狂濯身難以指手浣衣易於成行鋪素練列雉
裳枝掛紅白條披元黃繡色錯接錦麗成章俄頃暑
乾於烈日步歸聲侯乎晚涼若乃蓐收整輿少昊司
晨紫燕去鴻雁賓金風薦爽玉露凝曛碧雲黯淡紅
葉繽紛被秋色於陌上滌浮垢於池濵或上或下爛
膩除煩寓目成趣即事多欣已而元律窮寒氣至嚴
霜零瑞雪墜羨焦溪之不涸誇湯谷之獨異沸潭涌
飈堅冰不試衝寒得朋携酒遊戲冷氣不生炎風時
值汲水沿濯陶然盡醉斯足畢四時之行樂而學士
之所快意若夫朝霞燦燦浩氣橫山暮雲藹藹水光
盈灣望車馬之過從看飛鳥之往還雨則烟雲蒲溪
晴則爽氣盈關辭所不能盡惟玩賞者神會於行間

龍潭賦并序　　胡華　祝生　邑庠

余家麓溪面隔層巒外復有澗沿翠屏而西石
日曬谷均曰龍門嶒嶝硊碕層層抱住忽聳石
岸下臨無地澗水轟衝如倒銀漢如走霹靂怒
躍於其潭潭之深不知其幾尋丈也中有龍因
名龍潭四圍皆石圓如鑿成周遭百尺口束似
瓶沫霰交飛風濤激撞時而水精山鬼相出沒
時而陰雨嵐氣相回向要非以山水爲性命者
弗肯探矣至今夏旱欲雨數日前潭底雷聲殷
然遠震余益信潭之得名有據而深山之勝境

無涯也惜乎險窄無徑人跡罕到以致名湮於
山澤事絕於佳篇因不掩其固陋聊賦短章
夫何潺潺噴雪磕磕振天犇駛齊怒騰沸狂顛界兩
崖以直下倒百尺而橫彈冷暘谷之日色咽碧落之
烟撼虛空於粉碎繪山色於漪漣況太穹嶂蜿蜒
三門拱向飛鳥驚顧而翅低漁翁抱竿而神喪潑天
際之晴霞斂鏜鎝之逸響壓巫峽之倒流賽禹門之
躍浪余將表而出之曰此龍潭也鑿山根以穴海混
元精而守珠春秋不知律歲月幾爲虛葉公非所好
許君未敢驅喜自韜形於山麓有時霖雨於江湖故
其蕩春風沛瀠澮榛杞盤鬱鸂鴻交媚鰋鯉哺涎蘅
芷薆萃楊柳拖其陰穠蝦蟇助其鼓吹爾迺赤地塵
飛青禾潺蒸霈靈液以潤涸據神淵而嘘雲震九泉
以雷動驚百里而山聞靈霽集兮乾坤黑滂沱驟兮
鷗鷺羣嘶汩澎濞兮散暑氣於絪緼放川濟洲兮快
霖澍於耕耘若夫商飇激越勝氣霾星草迷沙白峯
失螺青山光半紫影射潭心至於風回葱嶺雪灑塵
襟鷹摩空而偷眼鼠跳石而如猜流乍落而聲細天
慘淡而欲沉固有抱蕙才人逃榮逸士携松醪着芒
屨溯沙灘扳石背路幽昧以險隘巖層叠而迤邐避

世途之溷濁遵仙源而至止解纓盤桓傍石從倚相
顧惶愕莫敢向邇髮竪肌栗足酸心弛如聞虎嘯復
驚龍起嘆逝者之何涯羨一泓之無底狂哭阮籍之
窮途濤比莊周之秋水從此塵土胃腸霍然爲之一
洗既而荒林落照古岫啼猿霞霽遥天月上高墩興
盡各相催酒在不遑吞衣濺寒霏鎮日如覩瀑布人
倚暮靄何能久戀桃源遥謝山靈之警覺待展飛見
於高騫凛乎其不可久留悠然共返夫龍門

多雲異井賦（以井谷幽深風雲噫氣爲韻）　鄭一坊（甲戌歲試）

瑞應甘泉祥開靈境符星宿以輝騰濬海源而瀾靜象含閶闔之珠光數叶崑崙之玉影吐青靄而貫蒼崖噴朱霞而冲碧嶺通九仞於沉淵滙百川以結景維名山之靉靆厥號多雲繄古蹟之神奇廼稱異井蓋其地產無雙天生使獨清侔珠露之堪揚皎若丹砂之可掬曉光千片白飛來霓采繞峯巒夜色萬層明湧出月華烘草木循乎節候判冬夏之溫涼相彼風光分春秋之澄淑洗淨塵氛之泒髣髴桃源渾涵烟水之津依稀菊谷是以嵐隨霧起翠自潭流招天

人以爲友結麻姑而作儔羊角岫摩霄幾見蜺騰水面鷄鳴峯槩日何曾露瀼溪頭豈文子龍潭得擅名區秀麗卽仙人獅石難超此地清幽若夫天光晴靄樹影陰森微漠漠忽沉沉連萬壑擁千林五色花舒而出岫千層翠卷而罨岑施先春之甘澍沛大旱之時霖青響松濤倏訝風狂雨疾紅翻桃浪羣驚蛟吼龍吟登以呼之莫通其消息俯而汲也孰測其淺深至於河中石黑崖上硃紅香爐紬巧筆架非工過淵深於五字奪峻拔於九公遙睇紫臺仰冲霄之翥鶴下臨黃土瞻漸陸之飛鴻秀分東澗廻波詎羨寒巖繚水靈比南衡出雨不侔南岸清風況當縹緲亙極繽紛英英兮若繪郁郁兮成文映烟光兮爛熳凝嵐采兮氤氳紫滿函關之氣祥飄太極之氛稽司命於鬱林精華罕見徵洪涯于豫水光燄稀聞斯誠神顯雖卯飫乘風而興霧奇兼少室亦噓氣而成雲乃有逸興高騫孤懷超邁鳥雲聳峙無斯變化文章積雪盈峯少此輝煌圖畫泉流山下知非潛室諸潭采耀澗中信是谷簾一泒噏噴瀛之脉聚羣竅皆鳴感大塊之息吹長歌忽噫所爲渟毓元精涵濡品彙色秀矣而可餐聲泠然以無沸佳哉葱鬱原殊海市蜃樓

宛爾空明獨表雲蒸霞蔚翠屏山自合無須擬瑪瑙之奇丹穴水常清不待品琉璃之味煥日星而光天德常昭宇宙之亘華應川嶽而效地靈允協扶輿之元氣

續修英山縣志卷之二十五

英山縣知縣樂陵李文泉續修

英山縣教諭古歙汪時育　訓導合肥阮華林　編纂

五言古　藝文五

登九龍崖　　明　夏煾

陟彼龍崖巔龍山在深谷崔嵬白日翻遠近淸嵐續紬拂空翠凉路轉羊腸曲會此極勝遊縱我登臨目仰止天宇寬一笑超塵俗

旱旣甚因詣皖求蠲租暨賑救諸條欵復奉委勘英山事竣漫記　康熙十八年　知州王所舉　陽城舉人

已未七八月斗野旱無雨惟六災更奇有萬稱且仆山上白石焦山下川流涸十室九空矣俯仰何所措三秋旱啼饑入冬那有袴市米湧如珠耕牛販似鶩救死恐不贍奚暇問正賦鄭俠圖難繪元結心倍瘉執熱謁中丞垂淚而縷訴代小民言情請發倉與庫行行復行行英霍始分屬界嶺早起望天光稍豁露叱馭下層坂循麓穿峪樹暗水響危磵疑是簷溜注極目山下田偪側無餘裕源泉溫地脈拮据爭車戽灌溉什一耳誰家場納秔父老叩馬前疾苦敢上籲凶荒特未有丁男多狼顧翹首朱幡來瘡痍望煦嫗縱橫淚盈把悲風滿太素溫語相勸慰勉作饑能度旦夕漁王居愼勿棄墳墓遍踏東南畝蹙額憂農務僻壤阻舟車謀生孰傭僱魃虐秋益甚大地紅爐鑄蟲蟲無了時何以蘇婦孺歸署速麗恩繕冊續燈炷忽傳地震變臣心益滋懼

雪霽登鷄鳴峯頂　和前令高公在崙韻　　吳之騄

寰宇一淸曠春風送餘閒遠岫明寒光晴溪響幽潺出門無所適乃見鷄鳴山透迤循仄徑絶頂窮躋攀勝從天地別秀拔吳楚間浩氣無阻抑虛空任往還披雲叫閶闔虎豹尚九關豈有神仙藥爲我駐朱顏五嶽願未了何時遂疎頑

九日登鷄峯下小山

秋光媚九日晨起欲何之眷言茲山秀造化鍾靈奇褰裳陟其巓曠然慰所思羣峯紛兩列左右若奔馳大川夾長虹滙流無復遺乃識聖人居如有帶礪私席草坐已久閒花發幽姿迢迢塵世外獨步少追隨即此已足樂下土莫相疑

遊縣北龍王寺　　前　人

寒風激溪流涉水復上嶺蒼松布巖列孤秀欻虛景前望多雲山迢遞與天廻層岡勢廻合古剎歷年永

此中有蟄龍湫潭齕空影時或作雲雨人間茂禾穎禱祠合荆吴神力不可泯我生偶一遊少定烹山茗誰布長者金象教兼龍井

尋瀉水崖瀑布　前　人

朝尋瀉水巖崎嶇度前嶺霧露不肯收馬足沒禾穎忽看白練垂噴沫玉龍醒幽壑自擅奇荒徑絕人影千山盡搖動一壑混朝暝莫謂前路窮佇立發深省

諸生西郊餞別　前　人

伯樂善知馬一顧空其羣緬邈山中人玉石殊未分我來竟二載閉戶讀皇墳相賞乃不孤蘭杜集芳芬

樽酒西郊外衝寒意殷殷擁爐不解凍古誼高如雲况復走遠郊白沙涉河濆贈言各努力吾道在斯文

七言古

九井　宋　王安石

沿崖涉澗三十里高下犖确無人耕捫蘿挽葛到其趾仰見吹瀉何崢嶸餘聲投林欲風雨末勢捲土猶溟阬飛蟲凌兢走獸慄霜雪夏落雷冬鳴野人往往見神物鱗甲漠漠雲隨行我來立久無所得空數石上菖蒲生中官繫龍沉玉冊小吏磔狗澆銀瓶地形偶爾藏險怪天意未必司陰晴山川在理有崩竭

壑自古相虛盈誰能保此千世後天柱不折泉常傾

英山行　美史公也在今討賊之臣史公一人而已　明　劉　城　貴池人

英布既封國都六此山得名千載獨高深綿亘盤曲多大藏劇盜小蛇蝮起自秦關古戰場斬黃汝潁徧欃槍制府尚方徒在篋元戎彤矢但藏房二三貴臣不肯戰椎牛釃酒與賊燕乞得孫恩一紙書馳奏盧循皆革面其實此曹都自若戲砍人頭醉酥酪數過村市見不鮮笑向山巖差得樂幾年誰與賊爲讐誓申天討楽吴鈎生長幽并心是水往來行伍氣如秋横草霜中無樸樕茹粗道上只乾餱病同士卒創常

吮義激偏裨手執桴飲冰不寢丹心苦擐甲壺家白髮愁舊稱兵備臬使者至今開府節旄假從昔精鏐鑄作身何時枕戈不宿野郎如英山藏豺虎白骨如麻齒爛腐横噬飽臥罔敢攖河上翱翔誰適主惟公厲志薄秋旻短衣匹馬齒齗齗引兵日黒猶酣戰割級篝林谷井堙豈無中車率禁旅亦有節度號虎臣何人犄角能同力背指愚忠嗢苦辛噫吁嘻司馬門高未可呼六城堅小夜啼烏愛錢怕死兩不著辦賊惟有史大夫嗚呼辦賊惟有史大夫

登石人山　灊山訓導　胡美廷　邑貢生

石人壁立何亭亭烟雲擁衛山之靈狀貌離奇高九尺側耳垂肩靜裏聽秋空木脫谷風吼爽籟風生石人肘泉滴元精沿海脉猿吟夜月當山口山多隱怪居人稀茅庵鐘鼓扣斜暉冷上心頭林氣黑樹影搖動儼神威石人相對亦仙耦導我上天摘星斗暮稚儷我暫歸來同視石人如拱手

打虎廠　李修 邑貢生

打虎廠橫長七里虎視眈眈何時已幽巖斷壑無居民倀鬼發嘯深林起行旅約伴方敢過尤復挺杖互相呵恐膏虎吻心欲碎經行十步九蹉跎笑問僕夫可前聞吾家昔有李將軍射石沒羽雄名在挽弓一發絕虎羣於今惠政潛驅率我亦安然無武勳

遊九井　傅作楩 邑庠生

插天千仞多雲峯就中靈異潛九龍九龍出沒那可測竟日寄雲迷山蹤我聞龍噓氣成雲山若無龍何氤氳山高崒嵂不可上俯瞰崖際白紛紛側身睇望多瀑布轟轟如雷掛古樹溜石穿谿變換殊層層落井生烟霧遊人到此欲見龍但聞井水聲淙淙安得九龍翻井出大家騎上多雲峯

五言排律

趙侯新闢雲路並建義學　合肥訓導馬塏 邑貢生

盛代昭文物仁風裛秀良何緣棲枳棘偏得遇鸞凰召父甘霖足馮君惠澤長而猶念追琢可以成珪璋建學開圖史操觚盡激昂設科三物重敷教一琴張舊有宮牆煥諸生躑躅望砌雲芟蕺草闢路示周行驅策驊騮出吹噓鷹隼翔作材須杞梓在爵有衣裳下邑文明炯公門桃李香延佇試一看士氣已飛揚

五言律

溫泉　邑令趙宗旲 平[illegible]舉人

黍谷宜吹律茲山藉兩泉補天遺煉爨浴日斷寒[illegible]

莫漫愁龜手須知坐煮鮮年年春倍暖童寇盡歡然

英山道中　吳之騄

日出心同競風來體欲扶水田雲種玉晴樹葉垂珠禾穎新延綠榴花乍點朱幽禽如我友山徑漫相呼

又

小草逢春夏乘時幸託生但能依雨露焉敢競敷榮徑仄心常坦山高氣亦平屏除身外物不使夢魂驚

羊角尖鶴跡　巡檢魯文彬 蕭山

絕頂攀雙角相攜半入雲風來旋客席日近望仙羣跨鶴容留跡驅羊渾不聞明公自瀟灑翻愛此辛勤

英布墓　前人

千載英豪骨春芳故故遮依棲惟客路部落幾人家
楚漢都非矣江淮尚在耶陪遊陳一滴應悔昔驕奢

新建義學　李修

爲愛山庄僻旋成一畝宮郊原沾雨化童冠坐春風
敬業鷄聲鶴凌霄雪裏鴻作人歌壽考教養獲全功

同前　傅作桂

山家吟嘯隔邇乃坐團團此地一爲聚高樓百尺竿
誦馴窗下鶴紘撥嶺頭鸞爲有洪厓煉都成九轉丹

過紫金禪林　傅有宣

此地一爲別重來七載更感僧情故故憐我意盈盈
落日寒山色空庭脫葉聲座中詢往事回首不勝情

伽藍寺　閆學訓 邑監生

近午日初暖尋幽山徑微嶺前聞虎嘯溪外見僧歸
金像棲岩古高藤帶葉稀臂鷹牽犬客遠見血沾衣

指月庵　胡華祝 邑庠生

月上千峯寂禪心一指間幽光領不盡淸夜夢常閒
樹色森青靄鐘聲冷碧灣高僧誰作伴兩袖納雲山

春登羊角尖用杜茶村金山韻　金序琔 邑進士

峯起雙羊角勢如萬馬奔晴雲盤石出宿雨帶烟吞
壁斷痕猶濕春深氣亦溫山靈人意靜縹緲有誰論

二

一望山皆小悠然俯大荒天連春草碧風捲嶺雲黃
野鶴名仙跡殘營古戰場舉頭看尺五獨立倚蒼茫

三

奇峯絕地起犄角挿天生劈立分仙掌橫空斷雁聲
靜含虛白渺直上翠微平山色供圖畫無窮遠眺情

四

快此登臨意尋春放浩歌巖叢翻月窟石乳接天河
寺破僧居少山深虎穴多虬松垂絕壁宛轉施藤蘿

五

高突孽峰頂仙盤汪上流孤鴻千載意春樹萬家樓
所向空無際臨深實可憂好風來兩腋吹散一天愁

六

山鐘何處寺天半一聲聞吳嶺飛來合楚江入望分
披襟舒嘯傲寄詠屬同羣烏石鷄鳴迹都成下界雲

遊文子山　馬道澍 邑進士

挹秀壯城南參差曉日含珠光融畫靄劍氣透朝嵐
路複頻疑誤峰迴不厭貪鳴鐘何處是忽接小蒲庵

二

爭攀絶頂處曲屈走虬龍古寺留荒徑山僧伴老[illegible]
文光新已故烟景淡逾濃會憶庭堅墓殘碑憾覽[illegible]

三

是否皐陶墓空留冢草青雯翻低嶺畔翠靄排山[illegible]
得意堪忘倦怡神轉獨醒流連圖畫裏勝讀種魚經

四

最愛嘉名錫高吟響遏雲崖懸臨岸住潭映隔溪聞
鳥送琴邊趣花餘座上芬誰堪持贈者蒲日綻霞氣

七言律

玉虹泉　宋　何汝錫 舒潛人

百尺雲巖佛閣前曉鐘疎葉思悠然岸邊酌酒和清
露石上題詩惹翠烟半嶺泉鳴通古澗數峯秋淨隔
寒川西風似欲吹人起去逐騎鯨汗漫仙

過英山　明　陳　嵩 嘉定進士

一入英山指太湖恍疑身世在蓬壺寒流百折通江
漢雲樹千尋擁畫圖采得民風歸諫草收將景物付
奚奴萍蹤已半周寰宇那有長才賦兩都

英山道中　明　王　邦

獨宿郵亭對燭紅此宵風味與誰同巘崖影轉三更
月老樹聲搖半夜風別墅鷄鳴來枕簟連山曙色厭
簾櫳欲催倦僕扛行橐三五疎星尚在東

玉虹泉次韻　明　張明道 進士

玉虹飛下翠岩前便似廬山瀑布然無復危亭如往
日空遺斷礎浥輕烟泉聲自是鳴千古險語何當墜
百川鼓缶再歌聊注目高風常憶子喬仙

九日登鷄嶺　明　邑令　郭　郛 肥鄉進士

山色週遭此最中巍然不與衆山同地從南北分吳
楚人向雲霄列冠蓋杜甫有情懷宋玉黃花無賴冒
秋風何時了郤公家事三徑從容作醉翁

弔淮南王墓　明　劉世棠

君王帶礪起干戈應悔輕隨謁者何何處飛雲山吐
納當年猛士塚嵯峨韓彭葅後勳名在英六行來[illegible]
慨多靈爽祇今誰復見牛羊落日下前坡

鷄峯擁秀　明　程永爵 邑庠生

遙遥自北聳奇峯巨鎮巖巖萬古雄百里盡收千[illegible]
外藹城如在一壺中氤氳佳氣通雲漢蟠踞元形[illegible]
岱嵩別是人間眞樂土更教何處問崆峒

潤塘秋水　前　人

半畝方塘號潤洲長天共色浸寒流樓臺波映千[illegible]
鑑林藪烟騰一徑秋淡月疎星光上下青山綠樹影

沉浮幽人時或閒來往幾度投竿起白鷗

温泉　　邑令張顯遇 新會舉人

城北城西兩得名一泓澄澈至今盈濕雲時度如蘭氣冬日人思百沸羨玉女不投殊惠澤楊妃曾浴出華清無魚肯受人間訾也有温和逹衆情

英布墓　　前人

千巖萬壑鎖窮邱故老遥傳土一抔梟將本來臣事楚黥王終不受封劉前車已覆聞葅醢後事憑誰數髑髏欲訪殘碑共斷梗蕭曹高塚在泰州

羊角尖　　前人

怪石崢嶸映碧空高懸千尺俯羣峯觸雲已入黄平隊跨鶴還隨李老蹤誰倣豸冠誇折角要緣風勢絶攜笻紛紛詞客停車望回首山僧響暮鐘

烏雲朱字　　趙宗炅

烏雲隱隱横天路有字三行萬古珍赤篆依稀成烏跡蠻蠍彷彿辨秦文年經雨洗垂虹氣一任風翻帶夕曛除是仙人誰把筆鍾王顔柳總迷津

登九龍山　　吳之騄

方寸之間懷五嶽假君上駟助躋攀染成霜葉村村樹捲起纖雲處處山有路可能通帝座無心却合

禪閣蒼然失楚都難辨木落天高雁未還

登仙人臺絶頂　　前人

一簇凌空據楚天仙臺高出紫雲巔海風吹夜濤千丈石屋餐霞壽萬年鸞鶴閒來如問訊虬龍偃臥鎖安禪紅塵白浪何時靜穩坐峯頭玉井蓮

羊角山鶴蹟　　鄭同旦 邑庠生

飛昇跨鶴昔仙羣異跡長留石上紋指爪空寒千古月彼紛不亂萬山雲洗開秋雨縱横合照入殘霞深淺分一望丹岩風起處依稀清唳至今聞

同前　　金天爵 邑庠生

亂雲飛盡矯清空一角當天石作峯岐路安從追往跡扶搖於此溯高蹤尋仙惟見鶱孤鶴濟勝何須倚短笻有約相携登絶頂寺懸碧落一聲鐘

仙人臺　　夏燧 邑庠生

仙人縹緲白雲端漸入峯頭十八盤烟氣空濛晴亦雨泉聲幽咽暑猶寒岩高險處難舒步洞到深時怯整冠楚水吳山憑一望空明頓覺此心寬

同前　　彭正時 邑庠生

絶巘深松護法臺躭幽躡屐破蒼苔巖頭瀑水沿溪去天際陰雲雜雨來午磬纔移開士定戒香初爇博

山灰藥爐茶白流連晚小立階除數鶴回

登擂鼓巖　傅有宣

八徑纔通路幾盤梵宮矗立白雲端地分吳楚成佳勝目極河山縱大觀怪石藏林疑虎踞楂松繞屋似龍蟠焚香靜聽談經後百刼俄驚指一彈

春日英山道中　黄自芳黄岡廪生

春風客意雨淸閒看盡晴光著好山處處水從千丈落家家人在數峰閒漫教詩思添鄉思自識吳關亦楚闗馬上桃花爭傍臉奚兒笑指作紅顔

英山道中　本州刺史　邵大業

一行輿蓋入崚嶒出險升高萬象憑絶澗寒松青歷歷亂峰殘雪白層層玉蘆霜老空留幹石斛風翻欲貯冰二十年前楚語熟比隣風景覺吾曾

九江遺跡冷山邱雲物蒼蒼接歲週凍瀑日臨明縞帶斷藤砂壅露金鉤黄茆埜店聞鷄犬白草荒灘散馬牛自是太平無事日却慙琴鶴負風流

英山八景

温泉春景　張海

霏霏烟草古城隈挹得華清一綫開疑是陽烏經浴後信非刼火洞燒來雨餘山郭人修禊花滿林塘客泛杯何事更吹鄒衍律四時和氣已潛回

鷄鳴效靈

何日鳴鷄遠報人青山名遂古今振諸天縹渺渾無路歷刼蒼茫但有塵上界鐘聲千谷曉近城樹色萬家春年來宦跡飄流遍塊爾長爲屏翰新

懸崖風雨

南樓纔見斷虹霓又聽瀟瀟隔檻低楚樹雲來千樹合吳天日落萬山迷空濛曙色連孤邑黯淡秋聲入遠溪但得和膏成稔歲披襟載筆日同題

羊角嵯峨

每思芻牧盡微能望見山光意倍增北接青霄雙濈濈東迎紫氣獨矜矜夕陽疎雨從朝暮秋草寒烟歷廢興欲喚初平齊叱起好隨五色共相乘

烏雲硃頂

危峰卓立倚蒼蒼何日磨崖在緲茫八部龍文盤造化三天鳥跡啓洪荒筆揮魍魎眞無地機動雷霆自有光我欲雙鈎揚萬本烏雲深處意空長

九峰晴嵐

簇簇芙蓉拔地栽東南望氣實佳哉三吳雨盡輕陰散六蓼天空積翠來樹影參差臨睥睨烟光斷續映

樓臺風塵踪迹雙眸倦幸有青樽對爾開

仙人壁立

古壁凌虛跡到稀望中氣象信仙機千秋洞鑿闢黄
落五夜星辰接翠微桃熟上池人已去月明華表鶴
常歸策筇可許頻相憶手把芙蓉叩玉扉

麻姑仙踪 按神仙傳麻姑有二一係王方平之妹曾降靈於吳門蔡經家一係麻秋之女在黄州城北石橋飛昇

山谷晴開對夕曛麻姑消息舊傳聞一時幻跡隨青
鳥千載遊心望白雲雨過幽蘭遺雜佩春來野蝶化
仙裙如何寂寂桃源洞無復胡麻共我分

八景詩

温泉春景 邑教諭 方超

冰鎔寒谷挹春回好似天池沐日來芳草萋萋森四
野雲烟裊裊暢三垓氤氲淑氣湯能熱鬣沸坎泉水
自溫寄語山中修禊客休將碧澗染塵埃

鷄鳴效靈

聞道天鷄向日啼何年山谷亦鳴鷄千秋挺峙鍾英
秀霄漢凌空現紫霓曉徹五更遠岫伏俯臨萬戶近
城低幽來盤踞真雄峻還取詩人識筆題

[illegible]風雨

江天望盡楚天遥四面濃陰樹樹烟噫氣鼓吹幽谷
響甘霖傾倒石巖穿嶔崎古壁洪濛裏錯落高峰霧
露邊疑是蛟龍蟠造化祈羊好致祝豐年

羊角嵯峨

遍覽奇山汗漫行幾回容易訪初平雙峯巉屼超塵
世獨面崢嶸仰太清自具薪蒸寧遠取不需芻牧亦
長生岡巒翔舞如能語歷劫滄桑久播名

烏雲硃蹟

天曾痌瘝勒高岡自是靈墟流衍長劍落蒼苔留古
跡斑斕蝌蚪映山光銀鈎難別烏龍體玉畫空傳赤

烏章獨上危峯思宛委探奇此地即吳鄉

九峯晴嵐

東南簇擁秀諸峯形勝蜿蜒佳氣鍾燦爛朝暉螺黛
薄晴明夕照翠烟濃楚山極目瀟湘遠吳地回眸霍
六封雨過風定後天容杳靄淨芙蓉

仙人壁立

泰岱曾傳有丈人那知峭壁亦仙真掌伸天際多承
露足躡雲根迥絕塵孤鶴已飛華表在羣羊應化石
林新飄飄忽起摩空思夢到三山閬苑春

麻姑仙踪

手姿綽約白雲隈縹緲香烟似欲來玉簡曾留青鳥下金環遺贈蕊宮開高唐神女徒虛也洛浦名姝亦幻哉爲問仙蹤何處是仰瞻銀漢自昭回

温泉　　鄭元昆

聞道驪山久著聲此山亦得占芳名水中有火温常在雪後無冰暖自生大塊獨噓陽氣盛扶輿應結地爐成臨流不泛胭脂色誰動池邊弔古情

乙亥陽月塤齋張父師偕同寅率諸生登鷄鳴山議修　文廟恭咏以紀　　鄭一坊邑庠人

今聞鳳翽昔鷄鳴星旆春臨曉色晴多士步雲隨杖

履列官捧日擬蓬瀛高山登登凌千仞流水悠悠繞一城仰止素王宮闕近期同閶闔勢崢嶸

不携絲竹入山鳴知異開遊太傅情岳峙應時開景象羽儀隨地煥文明雲中雙袖清風送天半三峰秀氣迎萬户弦歌歸路滿冰衙靜處聽書聲

八景詩

温泉春景　　鄭一增邑貢生

英峰八景首温泉三水惟東第一傳似火炎常煎地底無冰凍不解春前澄波沐浴人皆煖靈沼陽和氣獨全西北郝嫌多沸洌浣懷未及此悠然

鷄鳴效靈

曾傳仙句咏鷄鳴天木星光照五更勝地仍留香火蹟譙樓今應鼓鐘聲乾坤秀豈因禪刹山水靈原結邑城試聽梧岡催曉露朝陽鳳早翽風清

懸岩風雨

百丈陰巖碧落端蕭蕭頻訝振林巒纔來壘嶂迷天陣忽作銀濤湧地觀龍虎穴封山色老鶴猿巢撼樹聲寒蒼茫面目難圖畫直待晴開一嘯看

羊角嵯峨

聳出羣山百丈長雙峰如角觸天閶已傳丹石仙騎

鶴還訝金華容牧羊縹緲連綿嵐漠漠嵯峨對峙色蒼蒼知分上下排空意半掛朝陽半夕陽

烏雲硃蹟

一峰千丈秀凌虛文筆當天插宛如巨石霞端開翠壁仙人字蹟現丹書風雷神護何能朽日月光分信有餘古篆祇今人莫識無由得問子雲居

九峰晴嵐

山城秀氣地靈鍾蟠翠東郊峙九龍每獻金鱗開夕照如吞珠彩合丹峰興雲叠煥凌雲士出雨頻膏望雨農得列日邊驂六御應符陽數化雷封

仙人壁立

臺高雲漢聳仙人勢與雞鳴咫尺親拔地直通天上界仰山如見洞中眞晴空縹緲遙還近峭壁莓苔古亦新萬仞丹梯從此躡世間何事羨劉晨

麻姑仙蹤

是否仙蹤世上無人傳過此有麻姑爪垂自見曾如鳥米擲宜逢得似珠何被天風吹去疾却教今日探來殊盛朝不沒千秋蹟下里應賡八景圖

九日登金華巖　杜有律 邑監生

登高携酒興何賒醉倚長松感歲華壯志不因秋色

淡綸巾一任午風斜黃花冒雨迎遊子白雁飛霜寫落霞眼界放開千里潤應將茲地等龍沙

英山八景　杜與洪 邑監生

春風撲面浴溫泉奕奕仙崖望儼然羊角矗成山外畫雞聲喚出月中天丹書燦爛烏雲合峭壁奔騰夜雨懸欲覓麻姑眞信息迭晴直踞九峰巔

宿興蓮菴　前人

嵯峨衲地類興蓮古鉢殘雲別有天花雨滿臺誰說法竹林半日我逃禪遠公社結千杯酒香積厨通一道泉欲向西來問大意鐘聲斜掛嶺頭烟

遊仙人臺　方衍泌 邑廩生

超然仙蹟出凡塵臺上雲眠月作鄰寶座石封藏豹穴香邑水繞護龍津雙杉今古傳兄弟半壁精靈泣鬼神俯視楚吳天忽近泠泠不羨御風頻

遊玉虹泉　汪淅 邑庠生

懸流直落小橋前吳楚分疆勢劃然字沒苔痕摹石刻人披草際拂雲烟晨鐘暮鼓遺空蹟萬壑千崖瞰大川我亦臨風頻弔古問他何處挾飛仙

蠟屐遊春瀑水前足音空谷喜蛩然零星校正如椽筆補綴重光落紙烟片石定殊新歲月雙靈應逐舊

山川一樽再奠先生酒風止雲迴憶謫仙

五言絕句

過英山　孫鼎

百曲入深山溪深恍桃水花裏見人家雲中隱仙子

其二

千山萬山雲飛泉照寒雪驄馬馱茅堂清虛若鉛[illegible]

其三

流深響成雷花發明如錦僮僕行悠悠並掬清泉飲

其四

老樹若蟠龍溪石半蹲虎伊誰泛小舟傍花出前浦

避難鄰邑聞子規　　闕可宗

坐斷三更月啼殘幾樹花聲聲歸去好何處是君家

七言絶句

英山道中　　明　戴珊

絶澗懸崖草木殷觀風僕僕到英山中秋萬里團圓月馬上何妨獨自看

萬峰晚鐘　　明　張明道

嶺昏注目邀殘月路險尋溪聽晚鐘僧徑無人黄葉滿蹇驢驚犬觸松風

湯泉　　明邑教諭　簡宗儀　新喻舉人

何處青山好問津水温花暖自含春於今便是桃源

路更説桃源有主人

送余函六旋里　　明邑舉人主事　聞一言

君今南去我猶北相視依依嗟意結歸家若問我還期勒馬西風吹落葉

八景詩

温泉春景　　闕名

積翠峰頭曉日暉崖前波湧霧雲飛泉流咫尺分炎冷知有何人握化機

鷄鳴效靈

何處尋芳預晰微一聲報曉洩元機始知千古興衰事數定先天不可違

懸崖風雨

千尺嶔崎人跡稀青峰項上白雲飛從來風雨多靈感時有寒烟鎖翠微

烏雲硃蹟

一望漫漫洞壑空烏飛不到盡玲瓏就中消息渾難識丹篆年年映日紅

羊角巉峨

一峰迴接一峰開石上藤蘿繞徑來跨鶴仙人何處

去空留遺蹟長蒼苔

仙人壁立

巍然高峙接雲端雨沐風梳紫氣漫靈異不因時代改舉頭天際合同看

麻姑仙境

幽林一帶鳥空啼山自蒼蒼草自萋欲覓麻姑探[illegible]處桃源不許外人棲

九龍夕照

層巖疊嶂碧苔茸最好龍山第一峰乘興不知歸徑晚夕陽還照紫雲封

長春菴 在鷄鳴山陰　吳之騄

三面還山一面開半林修竹幾株梅毒龍暫貯池塘水日暮人間有迅雷

仙人臺　鄭元昆

晴崖陰壑白雲封仙客曾留去後蹤臺畔虬松千尺老不知何日化蒼龍

神峯山四時絶句　沈書庠 歲進士

直入烟蘿第幾重花宮千載白雲封春來雨露無深淺茶展新旗簭起龍

夏木千章入翠微爐烟潤逼瀑雲霏炎蒸不到棲禪

處衲子還穿十月衣

葉底西風白露傳楓林好處借秋看空濛色相原無定萬樹蒼黃一夜丹

鳥路猿棲無處尋峯頭積雪淨禪心山僧邀客閒煨芋冷入蒲團笑夜深

英山縣志卷之二十五終

續修英山縣志卷之二十五下

英山縣知縣樂陵李文泉續修

英山縣教諭古歙汪時育 訓導合肥阮華林 編纂

詩

遊瀑布龍潭　胡延煌 邑貢生

天漏銀河下翠微四時風雨共雲霏刻開地骨千尋坼衝破雲根百尺圍絶壁晴光分竹影虛崖香霧濕苔衣塵襟豁處寬蘭佩同挹清流坐碧磯

前題次韻　蔣雍植 懷寧

梅雨纔收落照微清泉噴薄影霏霏雙流合勢趨三

疊片石憑虛瞰四圍爆竹砰訇驚地軸酒痕淋漓上苔衣探奇細繹幽人句不數漁村舊釣磯

再遊瀑布龍潭　胡延煌

石壇携榼坐空冥野客重來眼倍青洞咽雷聲疑豹乳潭翻水氣帶龍腥更無古樹存丹岫惟有流砂走碧垌消息人前多變態勒移我欲問山靈

前題　蔣雍植

雷動雲飛不暫停長懸匹練界青冥枕流漱石寧無意潤物為霖似有靈指點層巒看夏木商量側版搆虛亭十年塵海勞魂夢此日摩巖愧勒銘

新城　鄭一嵩邑舉人

士名章家砦明季邑侯高公名在嵩遭寇亂里眼左金王等破邑城移治章家砦築新城賊復大至高公殉節死先曾大父殮葬高公于新城北門外爲文哭奠事詳志乘及明史忠義傳

邑小民孱節愈貞知人閣部屬專城時史閣部可法來相英士命高公遷章家砦以新城屬之三年喋血生磨盾五日揮戈死結纓墓重衣冠收卞壺恩深文字哭田横謂先曾王父祭葬事山頭蕭寺靈旗雨猶聽啼鵑傍古塋

三君子詠

吾邑自壬午迄丙戌有揭陽陳雨庄先生步青爲山長杞縣何乾齋先生揚牧爲邑父母盱眙李退庵先生開進秉鐸名人正士薈萃一時風化之盛至今傳爲美談用志大畧俟采風者覽焉

正學昌黎郡星芒接太卯十年甘晦迹兩字揭藏修時邑人爲先生築精舍於講堂之側先生題額曰藏修温潤崑林玉高寒碧漢秋鱣堂封講樹人在鳳麟洲　陳雨庄

經術何休古循良重老儒吏憎冰照冷草愛露敷腴馴雉依桑見陽鱎入境無南州留有榻相望在蓬壺　何乾齋

冷署春盈座都梁一瓣香教人擔道義稽古擁羲黄師弟千秋業文章月旦長可憐重蘂桂清夜祝霓裳

乙酉鄉試揭曉前先生以案頭餅中桂花已落祝其重蘂以卜諸生科名數日果重蘂纍纍先生爲記

李退庵

九峯晴嵐　聞興瑯邑貢生

九峯矗霄漢逸勢森如削海日上孤輪晴暉透林薄雨餘靄景新嵐氣紛緲溟濛濛幕山腰聚散時揮霍觚稜數點青半隱輕綃幕亭午日色佳稍復辨崖壑我欲躡危巔梯雲呼鸞鶴此味與誰同悠哉謝康樂

過打虎㕔　蕪湖傳以城邑舉人教諭

石磴盤雲阻且長吳關楚岫此分疆穴山虎已無餘餤度險人應不戒傷絕巘層層凌白日寒烟幕幕匝斜陽登臨頂上山俱小回首雞鳴隔一方

玉虹泉歌　方之灼邑貢生

誰噴江泉出清流擬玉虹玉虹鐫石名字古風攢雲樹水潛通我欲添清酌點滴與心融翹首崖愁吸天露玉膏玉酒如相逢蒼苔隱隱萬壑瀉憑崖倚樹飲和風泉下漣漪橋一帶太平來往須盤龍至德隆醴泉馥走滹河潤英麓何人思湧萬斛珠廉讓之間是我屋幾卷遺書對月讀

遊擂鼓崖　余維焯邑庠生

官銜曾記驟聲聲催向名場逐隊行思我有誰如將帥斷崖權亡問行程雲中蓦喚何人醒架上宜將石鼓評漫慮霜寒音不起漁陽撾到更堪驚

温泉春景　嚴宗智 邑增生

地志温泉有歷年昔賢猶未信爲然細流不擇朝于海大冶原來造自天北接雲山千古刹西連城郭萬家煙臨風澡浴無邊景霞蔚雲蒸到處全

皐陶山　聞詩禮 邑儒士

緬維明允四千年履跡衣痕何處傳曾否棲遲依木石肯教名字重山川斷雲影落層霄外牧笛聲沉夕

照邊十笏花宮踞林麓瓣香慳一不奉庭堅

登羊角山　聞詩禮 邑儒士

界破朝陽夕照邊嵯峨直與萬峯連山麓有萬峯寺羚羊挂角森奇石老鶴遺蹤憩古仙顧我有情翹碧落同人覓句問青天西風黃葉攄遥矚羅列兒孫鎖暮烟

神峯山　傅文銘 邑庠生

四望峯如幄週遭晚照明月輪浮水至雲勢挾山行草颭新鑽火波翻舊鼓聲聽濤松下立蒼翠落衣輕

雞鳴效靈　王性彬 邑庠生

扶輿靈秀結山城效應天雞候曉鳴兩戒關河星磊落萬家烟火氣清明飛來不礙雲霞影登處頻驚風兩聲雄峙名區常作鎮麟郊鳳藪萃菁英

温泉春景　前　人

胸無塵垢那須湔性抱中和愛此泉噴沫跳珠初浴日蒸雲煉火暗生烟却疑黍谷常吹律不信桃源別有天春晚恰逢修禊會好將韻事繼前賢

奎閣落成登臨紀事　聞立慎 邑庠生

登臨同我輩禮拜奉神靈好際風雲會同沾俎豆馨水收三面碧山送一樓青勝地人文起珠聯接紫扃

麻姑仙踪　余維馥 邑增生

何年不入蔡經門踏此雲峯醉一樽飛鳥至今摹爪跡後人無背惹鞭痕山頭花草香如故世外裙釵艷合存趣此滄桑猶未換可來重步月黃昏

烏雲朱蹟　金源逵 邑庠生

誰從石壁戲鎸華博得雲從頂上遮擬借赤城霞對起照他丹篆幾行斜

羊角嵯峨　前　人

曾聞馬耳屹雙尖不道山頭角又添好避方平來叱去長從雲嘯露纖纖

麻姑仙蹤　　余時中 邑庠生

背養而今尚有人難將鳥爪認全身曾聞此地留遺跡要向名山問夙因明月冷愁環珮遠白雲間護野花春神仙果否能長在看徧滄桑恐未眞

仙人壁立　　前　人

生成峭壁是何年顧影眞堪作地仙此處得盤應怨露至今揮手欲凌煙摩空好稱雲爲袖結伴難教石比肩我輩到頭皆卓立不須攀汝問眞詮

烏雲硃跡　　劉維峻 邑庠生

絶壁無人到誰鐫字數行跡分丹篆古紋異綠苔荒

彩筆書何事烏雲護自怭天池思一借徙倚到斜陽

秋日過善教庵訪友人讀書處次唐張祜惠山寺韻　　聞立悳 邑庠生

深山尋舊雨踏破白雲過靜室吟聲遠禪房秋意多鳥喧當户竹蟲咽護階莎有髮僧三兩迎人笑語和

遊溫泉二首　　沈宸桂 香巖

瑟瑟秋風警客身此泉游泳若三春天心似厭炎涼態長注溫和養世人

錦繡驪山夢一塲翠華西去轉淒涼何如冷落蘄春道風景年年不改常

前題次韻　　教諭 王爕坊 澹園

不信如來是後身西方水性怎生春應教爕律通寒谷直作咸池浴世人

歷盡人間冷煖塲嗤他世態着炎涼何如此處湯河水總是溫溫率厥常

九日偕登雞鳴峯小坐七星坪　　前　人

雞鳴山上翠微涼惹得遊人引興長九九風狂烏帽落三三徑滿菊花香幻將綠蟻開詩窖醉把茱萸入錦囊却笑登高高絶頂芒鞋踏破七星光

八景絶句　　知縣 倪存讓

溫泉春景

紫氣氤氳地脉長泉流山下洩春光宰官欲借湔民垢不讓滇南第一湯

雞鳴效靈

山勢蜿蜒自霍來雞鳴秀結拂雲堆清聲喚起鍾靈氣桂杏芬芳取次開

羊角嵯峨

角峰雙起插天空觸決藩籬出碧籠幾欲乘風登極頂嵯峨未許俗人通

懸巖風雨

風雨無端巖壑間知時協律應期還蒼生久已懸懸
望切莫遲留在碧山

烏雲硃蹟

萬仞峣巉標六書何人遺跡躡空虛箇中點畫誰能
識猿鳥無心任捲舒

九峯晴嵐

城闉遙峙九重山巧障東南碧落間最愛晴空飄遶
景嵐光片片弄幽閒

仙人壁立

奇峰隱約似仙人淪落塵寰未了因獨立不阿持表

率山間遞見四時新

麻姑仙蹤

曾何山中採藥來偶遺雲跡印莓苔蔡經釀熟姑知
否滄海桑田幾度回

補遺

英山道上　李漁笠翁

輕帆摇颺客心閒漸覺移來尺幅間晴態纔時呈雨
態雲鬟媚盡露烟鬟都堪下拜無頑石便不知名亦
好山覓句十年無着處却從此地載詩還

續修英山縣志卷之二十五

英山縣知縣樂陵李文泉續修
英山縣教諭古歙汪時有　訓導合肥阮攀林　編纂

詩

道光乙巳奉檄司鐸蘄春見其山川平曠人物
阜安感前賢之遺烈猶存知斯地之淳風有
自撫今追昔不揣固陋用賦六百七十二字
以記之　三江全韻　英山教諭汪時有

羅州夙昔號名邦秉鐸深慚寸莛撞苜蓿初嘗甘效
鄭蓬蒿肥遯恥師逢清吟果遂情先暢勝境纔臨意

乍雙近列九峯俱業業交流五字復瀧瀧麻姑洞邃
留丹竈處士河寬疊石矼月照鹿溪紋瀲灩霧迷龍
井勢嵏峗仙人屹立長盤磬榜子歸來早繫樁窗網
投淵痕隱隱小車過市響跫跫烟薰艾葉籠蘄簟滾
暖桃花載畫艭界屬荆揚雄地軸星躔牛女隔天杠
道淳益見存心厚俗美何妨稟性悾釣客每欣蒼蘚
潤樵夫慣躡翠巖從晨炊淘米供三飯夜織穿梭對
半釭白莧紫茄隨處產烏秔碧麥順時穋淒涼遲墓
豐碑蝕警覺禪庵暮鼓撞累粽端陽原弔屈執箕元
夕好迎姥春融戊社斜輕燕宵息庚郵靜吠尨藥圃

緗詳菱與芡豆觀問話釜鼐亘最宜吉貝家家熟共嬉回氏日日瞪百里引恬平雀角萬民康乂慶鴻雁童侔逸少誰遺炙壽婉華佗豈食邪我武孔強干是比斯文振起筆能扛蟾宫巍煥容身入鰲背嵯峩許步躋御史行垣冠岌岌尚書束帶玉瓏瓏漢儒推董惟醇茂宋學宗朱免雜哤博涉藝林窮兎册旁搜經庫註雞窗揮毫成賦才偏捷擊鉢敲詩韻並樅爭羨裴諏居北府亦多漫叟住南淙節安茅屋忘胸塊孝感桑門療目眊箍桶出言殊重鼎賣漿招飲合開缸罝䔢渾似姑蘇范為黍相期濮汚罷衡恨鶯分咸詠

鴿資生馬磨或驅駞盂機竟斷差堪法姜被同眠未必惓顯宦紆青聲赫赫村農守黑願龐龐畫符老衲頻飛錫記曲嬌娃偶擲鞭履盛詎懲山遠鎮防危須患水橫洚野無曠土羣于邾邑有慈君莫用梯此際築城希接鳳當年破砦痛餘蛛獨懷賢宰勤思治既作將軍誓不降幽國孤忠懸竹帛張巡竭力試予鋋可憐香骨埋荒塚頓使寒泉咽怒瀧從古邱陵悲宿草而今溪澗採芳茬久更歲禽興庠序瀟瀟雲梯樹戟幢得譽正騎借藻騾摛辭陸海更潘江孰搗蠡戔邀紅友聊放漁舟掛綠蓑菊部徵歌都掩袖梨園陳戲畢尋橦涵濡　聖澤魚跳迅翔治仁風烏度雙毓秀鍾靈昌運啓披圖一覽樂盈腔

登羊角尖尋老君鶴跡　金　鉻 邑庠生

一峯到頂兩峯擘勢欲觸天尖影碧疑是巨石叱未成只萌頭角倚雲崢叉疑中有土羊藏崷崪突出立青蒼相傳李老君控鶴駐山頭鶴爪至今留石上老君不知何處遊我來呼石問仙狀石不能言徒悵望手撫古跡心悄悄神仙過後祇雲烟況復人生百年咎雪泥鴻爪尤偶然何為萬劫紛紛相縛束如絲繩瀟太局促道德經清淨籙孤負仙人度世苦衷曲可

惜我來遲仙去已多將仙如再來界請將鶴借我愁腸解脫挂此間騎上鶴背雲頭坐好趁絶頂扶搖風一日遊徧金台玉樓七寶宫俯視下界角立雄我心坦坦一太空

神峯山寺讀書即事　沈周丙 邑庠生

間遊老衲坐雲房日影遲遲春晝長我不通禪偏愛靜垂簾相對一爐香

禪堂寂寂佛燈青夜半僧猶誦梵經聽得一聲清磬響不知塵夢幾人醒

偕友遊九龍山訪聞交石戶部讀書處

鄭光藜 邑廩生

曾聞此山井有九一井一龍井底守歲旱禱雨山之巔汲以井潔急且走須臾黑雲奔逐人風邪雨耶聲哮吼潛龍久抱濟時才時未濟兮心徘徊一旦驅雷役電來禾甦麥活羣花開我來奇想天外落手持一樽與龍約要共香山九友儔一齊跨上龍身遊輕如揚州之白鶴健如函谷之青牛朝遊月波臺暮戲岳陽樓拓我生平未開之眼界消我胸中萬古之閒愁繼思神物不可羈我欲來山伴龍讀古寺陵剎難爲居白頭老僧言額覺縱免闍棃鐙晏敲安得希文僉

早築憶昔有賢真健者虎榜不登山不下三百年來雲棚封書聲誰復聞蘭若

仙人臺晚眺　　鄭光藜 邑廩生

疎林吐新月清氣遍樓臺仙鶴幾時返白雲空際來萬山心共遠一磬首重回多少三生事蒼茫問古梅

踞人石　　傅文欽 邑庠生

不識何年化此身無言獨自倚河濱腳根立定搖難動閒看隨波上下人

歲癸卯西成大熟回憶辛丑水厄數年疾苦命得復甦喜作刈稻打稻舂稻嘗稻七律四首

聞立悳 邑庠生

黃雲壓隴曉晴天幾處腰鐮唱下田競喜殘軀逢轉運得從全熟遇豐年登場最愛紅蓮早到正爭誇玉粒圓畢竟我
朝多雨露降康已在麥秋前

爲怕餘糧不接炊隔宵場圃已先治柳聲攙夢來何急課務逢秋納勿遲草爲多儲牛亦喜糞猶未歇鳥頻窺持籌報向家人道慎莫輕忘食樹皮

野碓連村婦子歡舂聲高振暮雲端家貧笑爲然糠老帖好長書乞米難敢後異族精八鑿聊稱脫粟備

三餐志高不礙身居賤廡下吾猶有伯鸞

夢爲維魚早叶祥薦新兼味覓泚塘艱鮮續本宜通奏辛苦勞原已偕嘗肯播未妨繁食指飽餐端不負詩腸山妻慣識田間趣笑說今年飯更香

辛丑蛟水砂隄城中廬舍坍圮　　李珠補父師

沿河疊石爲隄沿隄植柳居民賴以安集恭賦七律二章以紀盛舉　　汪際琥 邑廩生

一聲鼙鼓聽鳩工遠勢連蜷作偃虹楊柳禹條陰覆綠桃花三月水流紅從今集雁安之子太息其魚想我公徵發不煩民氣靜錢王早奏射潮功

屋上曾瞻水汎鷗末先民樂巳先憂不教雀鼠穿墉
入豈許蛟龍繞郭遊公道可從登岸想婆心誰忍付
河流論功合比江都埭他日名應召伯留

齋中秋晚望神峯山　汪際珍 邑庠生

五字河西控上游溢空山色捲簾收白雲細補高僧
衲紅葉深藏古寺樓石氣偶經新雨洗濤聲欲並暮
鐘流相看塔影凌殘照舊識穹碑有字留

英布墓　汪際珍 邑庠生

綠波流恨九江空碧血千年瘞此中漢鼎巳經消刦
火墓門猶自起靈風番陽有女髯礙遶下計無成作

鬼雄聞說淮陰未收骨釣臺[illegible]倚夕陽紅

登雞鳴尖　閆立性 邑監生

誰持燈火聽雞鳴留得鷹峯萬古名地似桃都通上
界月分茅店照山城嘯歌風雨思同調喚醒英雄是
此聲漫說登臨爲幽興一鞭起舞奮前程

英山尖懷古　劉維峻 邑庠生

千古崇巒倚莽蒼我來不見九江王英雄事業終黃
土故國河山賸白楊到此縱能空眼界撫心未免感
滄桑可憐衰草寒烟外翁仲欹斜卧夕陽

四顧墩晚眺　金信 邑庠生

四顧山光接水光小山平立水中央網收漁唱千潭
月橋斷人呼一葦杭村落幾家開罨畫河流五字認
微茫尋詩我快登臨近遮莫躊躕付錦囊

遊仙人臺 七排　段光鑑 邑舉人 現選教職

尋得仙人駐法臺層巒聳翠壯崔嵬兒孫頭角環雲
起吳楚河山拂面來一洞風烟曾煮石幾聲鐘鼓訝
聞雷蒼杉迴迴棲青鳥白象森森貼碧苔尺五天遲
峯突兀大千世界路紆回新詩有句多粘壁老眼無
花任落梅萬里長江歸目極三乘妙道費心裁等閑
平步凌霄漢脫却紅塵點點埃

自皖垣之英山　程鈺 鄱陽人

肩輿簇擁向前途漫比王喬舃有鳧回首家鄉山色
裏幾年卓午走分租

上憑石壁下波瀾入險翻愁出險難却訝蟻穿珠九
曲平平周道一般看

一片喧闐爆竹聲淳風想見此間情寄言父老休相
避我欲琴如宓子清

不住官衙住書院知儂本色是書生他年況友如相
問報道書窓火尚明

曉登龍潭河虎廠　金光懌 邑增生

虎厥名留往事空興來重上緑蘿叢晴開曉逕雲烘日冷入秋林露帶風望眼直超青嶂外唫懷又付碧流中莫將無限溪山景輸與灘頭一釣翁

過龔元帥墓　金　誥 邑貢生

萬木林中弔古墳當年虎帳坐將軍何人更墮英雄淚此地長遊麋豕羣半倒石門餘鐵鈕亂敧苔碣斷魚文至今舊事雖零落猶指寒山共識君

讀書神峯山　金耀遠 邑舉人

天之作山如作文一峰未斷一峰生文於我乎得其趣山於我乎得其情去年東[illegible]起今年西落神峯裏神峯兀突撐青空衆山[illegible]孫子脉目西拱一綫來中分萬馬羣奔雷或植或豎或欹側到此鬱結成巍巍始陟山之麓棘行愁卻曲既踞山之巔昂頭尺五天背指江黃面潛霍齊州九點烟痕着孤雲野鶴同高飛翛然不揀紅塵腳吁嗟人心各有無形山可以高並崑崙巔俗埃萬斛徒紛然坐使魂磊羅胸前一聲清磬凌空語忽醒大夢今來去丈夫落落有何奇只須立腳從高處

輓烈婦江胡氏　傅士璘 邑廩生

閨箴自幼凜冰霜鸞鏡初開淺淡妝春日迎暉操井臼秋風吹夢拆鳥鴦不辭一死甘同穴肯戀餘生稱未亡幸有士林公論在好憑彤管擷幽光

牧豎歌唫到墓門青青塚草悵黃昏蒼梧竹染湘妃淚梓木枝連貞女魂如古賢媛姚史册即今正氣驫乾坤採風爲慰重泉下應有崇坊荷　國恩

山中重午用東坡和林子中待制韻　余善甲

悃愊無華道闇然山林小隱志彌堅涼生楊子一區宅近買松風五月天擊汰汨羅悲正則避人元亮走斜川盤推秀黍從兒鬧醉夢歌詩了百[illegible]

重遊擂鼓崖即景感賦　傅以珂 邑監生

閒居遊興動杖策到禪宮行路歎威駐登山冷氣通已看三夜月未斷一天風處處濤聲起身疑海島中

四十年前客遊觀每悔遲居高心益下履險足忘疲蟬噪情何極魚遊樂自知此間禪味永參透數攀危

山中嘗美木斤伐未全亡幹老龍騰甲枝摎廡釀香慣霑新雨露知飽幾風霜更有千年物翹然峙道旁（路旁有根皮樹一株大數十圍）

石滿山前後嵯峨最有神低眠行畏虎高立望疑人聽法頑頭點圖形怪像眞米顛如過此下拜定頻頻

興廢原無定何須嘆刦灰亭臺曾壯麗棟宇漸傾隤
古佛如神在高僧自遠來佇看重煥彩郎此陷輪迴
此處昔爲名勝後漸衰頹時黃梅僧性徹來住持頼復舊觀
心安神自暇郎景句因留到面山高聳凝眸水遠流
名區分兩省幽意足千秋樂處尋無盡重來玩不休

遊擂鼓崖　　沈自強 邑監生

梵宮高出白雲隈無數松杉雜古梅人爲利名求偶
去我緣風景得詩來一爐香火塵襟淨萬疊河山眼
界開烟雨南朝多少寺恐應無此好樓臺

遊擂鼓崖　　金祖勳 邑庠生

神仙蓬島此間逢吳楚東南對一峯樹高低晴入
畫白雲來往暮搖鐘心頭魂礙消千古眼底河山拓
萬重求佛儘多名利客笑輸老衲臥磐松
三過漫笑禰衡痛也勝闍黎飯後鐘苔長石疑周鼓
伏蕾含門聽水簾衝頭空色界凡塵擾未了蒲團睡
夢濃我欲排雲呼震旦殿前先拜禮從容

戊子秋秉鐸蘄春未一年也旋奉　大府檄飭
交卸赴部需次述事感懷幸成長歌二十韻
留別　諸君子　　前任教諭 吳毓金 吳縣舉人

人生如寄耳聚散無常局將聚忽將散翛同飛鳥速
伊余捧檄來千里遠馳逐扁舟托江流肩輿躋山麓
到此未一年不才慚教育差喜塵事稀洵知士風淑
文字結貞心雲山助遊目或置一樽酒清言屑霏玉
或貽一卷詩香露猶盈掬頗有翰墨緣稍占清閒福
同官四五人臭味殊不俗及時佳興同隨遇眞想屬
安之已若素習焉亦漸熟芳訊探池荷奇種分籬菊
言此小勾留知止郎知足迺爲成例拘期限相迫促
前路空茫茫勞人嗟碌碌官冷不嫌貧裝輕且漫束
我行果何之天意未可卜臨別發長歎聊以訴心曲

已丑和吳有庚毓金廣文留別原韻　　王性彬 邑拔貢

造物默司權人生有定局顯晦固殊途際會分遲速
神駿籋雲衢駑駘息追逐健翮舉扶搖滯羽棲林麓
物理任自然順時覩化育卓哉命世英鍾氣獨清淑
地望著延陵照耀賢豪目吐氣如虹霓揮毫落珠玉
古今寄懷抱萬物盈一掬生天本夙分占盡人間福
郎今振鐸聲已謦聾瞶俗從此拓經綸赴部銓知縣乾生靈
皆繫屬儒以道得民古訓聞之熟種徧河陽花言采
酈泉菊延齡報春暉祿養隨時足郎君見頭角倜儻
與局促競爽脫穎出餘人啼碌碌愧我徒蹉跎塵網

牢縛東翹首倚石期願將歡會卜離前寫別思河流
縈九曲

疊前韻卽申餞贈

從古稱大才恢宏先器局察理既深沉赴機尤敏速
慮定事不攖中情何紛遝吳會一文星應度臨英麓
鱣席擁皋比因人施教育弟子列兩廡禮樂資陶淑
大匠運風斤所見無全目答問如撞鐘琢磨如攻玉
師巖道故尊溫容殊可掬不作廣文官必造蒼生福
循吏本醇儒到處移風俗將展濟時策華想非所屬
那肯修溫卷硜硜將生紙熟[illegible]將心固清如

冰趣猶淡如菊取次歷崇階聯步躡[illegible]足多士願淹
留無奈簡書促況勸記前言勉旃無碌碌何時副期
望奮跡謝羈束公獎想風流台鉉預為卜祖餞共舉
觴緩唱驪歌曲

懸崖風雨　迴文　段　海　生員

青山着色暮天連細雨綠垂碧嶂前鈴動響風斷陣
陣澗添新水滴涓涓玲瓏竹嘯一溪隔上下雲回幾
壁懸聽罷客愁空寒濕星流似火野凝煙

九峯晴嵐　迴文

輕煙紫氣瑞凌脊水接山迤四望遙晴日映霞紅靄
靄曉天連樹綠迢迢行人傍霧雲衣濕澹影橫橋柳
絮飄明月照前峯九九清風送雨障殘消

水口塔落成同友人賦　王熙性　庠生

安排砥柱在中流舊址重修勝跡留同上高樓憑眺
望開懷擬到廣寒遊
手捫星斗踞層巔彩煥文昌勢接天從此青雲欣有
路靈鍾甲第繼當年

登兩河口塔　蔣槐斗　增生

雲梯直上接晴空呼吸真堪帝座通咫尺儘收山遠
近回環恰對郭西東半天高聳形成雁二水交流氣

若虹幾度登臨為搔首好將感會叩蒼穹

登水口塔　黃鎮緒　增生

登臨步步繞晴霞仰視三霄俯萬家一帶川原堪入
畫滿城桃李正宜花影翻紅日看無極梯比青雲望
更賒翹首星河俱在眼何年破浪泛仙槎

偕友登九龍山　黃鎮緒　增生

我來九龍山之麓常欲擔書入山讀高賢緬昔獲我
心好友相招幾尺牘偕遊把袂躋崚嶒巖巉突兀與
烟凝鳥道紆回曲復曲但見古寺雲飛騰俄焉舉步
到龍井井間石勢何嶙峋雷驅電掣攝魂魄兩腋疑

挾天風升離奇縹緲出危岫虬松怪柏仍如舊一林
遺址粉飛墮瀑布泉奔鳴玉溜梵唱樵歌隱入巖茶
烟靄靄盈衫袖趺坐莓苔天籟生凡塵頓去心澄透
巇嶮谽谺峯外峯拓開眼界盪吾胸同人立脚最高
項路接雲霄幾萬重我入雲霄如風度雲霄擁我猶
乘龍

登仙人臺放歌　王修月 廩生

萬嶺嶔崎都邐迤一臺高壓英蘄界羣峰勢欲接天
高此臺高立青天外傳聞此地降仙真留得金剛不
壞身白石巖前然法炬至今仙跡絕浮塵我從臺下

遊結伴窮層巔複道如螺紋盤旋十八曲險去敢停
車狹處僅容足步雲撥霧陟山巔上視下視何巍然
四山八面羅眼前如獅如象如蜿蜒丹砂青黛含蒼
烟屏風九疊相鉤連疑是開闢之時仿佛太白廬山
篇倘使泠泠御風上安知不挹浮邱之袖與拍洪崖
肩何必三乘傳妙道此遊我已如登仙可奈天風吹
飛雨衣裾濕冷雲滿口吞凜乎難久立鬬黎引我去
留我宿上方須臾雲氣淨皎皎月如霜麈埃掃已盡
胸次都開張發言將毋笑我狂欲取天梯放置臺中
央高摘萬有一千五百二十明星光

雞鳴效靈　金源遠 廩生

江南埭八重雞鳴又有輿圖近郡城從此着鞭人早
醒中宵齊起聽聲聲

九峯晴嵐　金源遠 廩生

分得齊州九點烟龍山寺院夕陽邊名登雁塔山巍
下曾有書燈伴昔賢

麻姑仙跡　金源遠 廩生

指爪長時髮滿頭蔡經家那肯重遊桑田此地還依
舊一像天然古寺留

懸崖風雨　金源遠 廩生

銀河倒瀉水聲潺界破青蒼嶂不關安得詩人如太
白高吟瀑布勝廬山

遊行與菴　金熙遠 庠生

不與市喧接菴門臨野塘竹深藏洌井石曲抱禪房
法鼓達僧飯風旛護佛香徘徊花界久歸路踏斜陽

大水行 道光辛丑年　傅文銘 貢生

歲在重光赤奮若野老迎春祝安樂陽侯豈料作淫
威麥麰已死禾漂泊五月十一水可怕屋溜如川鯨
倒瀉金蛇玉虎破空行大樹小樹連山拔登高試向
中河望民物昏沉天掐浪土門潭忽化龍潭夾鋪走

蠢蛟宫上人騎屋脊鬼伯催招手摇頭悲萬灶田廬
眷屬餓頃空水後浮屍誰橐瘞我聞中古洪水横神
禹疏瀹天下平白馬衝突錢塘岸越王射潮萬鏑鳴
英麓地不界河海毋乃蛟蜃怪烝生世人心地波瀾
起慾壑深深杳無底釀成水患速迴頭天降康年一
彈指賢侯捍患大堤標鎔金聚石固桑苞功成四野
咸忭舞水族猶敢縱雲巢我將快厲澹臺劍跳高赤
面以斬肆虐之老蛟

麻姑仙蹤　王修勤 監生

縹緲仙區何處尋麻姑聞到此尙今登臨應倩霞爲

佩飛去愁看月滿林風墮玉釵芳草護石懸絲網落
花侵只將爪跡遺千載留得閒雲鎖倍深

新堤卽事　方元焱 庠生

閑步新堤石徑斜幾行楊柳護人家曉來雲氣噓青
壁夜靜波聲息白沙十里垣墉資保障五年風雨駐
公車訟庭晝永閒無事手植河陽滿縣花

鷹太砦　安準 庠生

峭壁摩天俯萬重兒孫羅列孰追從高空風鼓如聞
虎大壑濤飛欲走龍曉日紅將千丈瀑晚烟白處一
聲鐘安排杵臼雲中擣雞犬焉知下界蹤

溫泉春景　楊昌時 增生

不獨華清紀瑞泉此間溫煥徹中邊空明合印千潭
月醞釀蒸成萬井烟水滙一泓舒氣母山圍四面護
靈淵等閒邀客烹香茗正是春光欲暮天

羊角嵯峨　段江 增生

崢嶸頭角認兒孫雨柱擎天劈石根羊自幾時歸澗
曲鶴從千載立苔痕層巒宿霧臨牛渚排闥疎煙鎖
鹿門曾是老君休沐地東來紫氣望猶存

仙人壁立

看到江南第一峯白雲穿破石芙蓉客來僧定疑無

主仙去臺空尙有蹤銀水瀑成千尺布龍鱗種得萬
年松深山採藥人何在終古煙霞此梵鐘

文子山阜陶墓　傅守藩 邑庠生

不見削瓜色來遊文子山千秋詩學創二典律文訓
英蓼鮮神胄松楸留古顏蒼茫搔首去夕照墓門閒

秋日登仙人臺　鄭光蕙 邑庠生

葉落見秋色西風吹石臺頻年走塵世曠代憶仙才
刲梧紅羊換雲疑白鶴來詩情渺天際高詠立層嵬

鴨山頂　鄭光蔚 邑廩生

乙巳冬杪雪霽偕閩得園金朗山沈南山登雞

連朝玉戲鬧天公風捲黃雲日射紅莫笑先生履將
敝瓊瑤猶自踏玲瓏
一笑登臨豁遠眸萬家烟火望中收山城畫稿新描
就官柳千行夾石頭邑向無城自辛丑水患後珠浦李父臺鳩工築城石腳屹立內外皆植楊柳
層巖嘉樹鬱蒼蒼幾度成春著手忙寄語樵人休剪
伐他年樹樹是甘棠山樹亦李父臺所植
風雨從來易感情今朝攜手快同行何人先把鶯入
句當作天雞唱　聲

續修英山縣志卷之二十六

英山縣知縣樂陵李文泉續修
英山縣教諭古歙汪時有訓導合肥阮幸林編纂

雜紀　祥異　兵變

蓋聞堯湯有水旱之災高宗成王有雊雉風雷之異惟能疇咨修省妖不勝德故堯湯無捐瘠之民而高宗成王卒致中興之美空國之隆也夫人之行事美惡之極乃與天地相流通洪範所傳休徵咎徵各以類應不可誣也春秋備書災異史志因之兵戎寇盜無代無之若乃疆宇

分裂草竊盤踞民生其間備罹荼毒幸際太平之盛以恬以熙幾忘帝力不知今所見爲山高而水長者皆昔之巖疆虎穴縱横出沒而莫可嚮邇者也畧考前代並著於篇志雜紀

祥異

漢景帝二年衡山雨雹大者五寸深者二尺

中元年衡山原都雨雹大者尺八寸

南北朝梁元帝承聖元年蘄春晉熙廬江等處大饑死者什七八以魯悉達爲北江州刺史招集之

唐武氏垂拱元年九月地生蒼白毛長尺餘淮南在在有之

宋度宗咸淳七年二月饑疫是歲淮浙江西告饑命官賑濟

元武宗至大元年八月旱蝗饑疫江淮民採草根木皮爲食

明景帝景泰六年饑官勸義民出賑

孝宗弘治五年九月大雪至次年三月方止深丈餘中有如血者五寸山畜枕籍而死

武宗正德四年饑民食蕨多流移外境

五年霪雨横流泛溢山石崩裂田疇覆壓房屋漂流人畜溺死甚衆

世宗嘉靖二年春夏旱秋霪雨禾稼盡腐朝命賑濟兼勸義民出賑

七年八月大雨四日自午至未平地水丈餘是月蝗虫北來落地尺許食穀無遺

十一年秋虎入城民捕獲之蝗自北蔽天而來食禾且盡

十二年十月八日丑時星落如雨

十七年夏大水傷田疇蛟起山石崩壓死者七家

十九年夏蝗秋七月朔日食無光六畜驚走漸暝暗如黑夜行人莫辨久之始復

二十四年大饑

神宗萬曆十二年二月初六日地震房屋盡折

十七年大饑死者盈野災連數千里

四十八年八月十三未申二時蛟水忽漲平地深七八丈刈禾積稻頃刻漂没沿河田地崩頹沙壓遺沙糧數百頃英民自是逃散

光宗泰昌元年秋九月朔日食無光星盡見冬大雪自冬徂春四閲月不止居民往來不通人畜餓死者不知其數

莊烈帝崇禎十二年夏青虫食禾冬十二月除夕新城火發官民廬舍俱毀次年三月初三新城復大火

十三年夏大旱飛蝗蔽天草根樹皮俱盡飢死者屍盈道路

十四年春大饑疫三年之内旱蝗頻仍疫癘大作父食其子夫啗其妻每飢民在道息猶存而肌肉已盡又或行路遇操刀亢人健者逐不及得脱弱者即時斃刃下合境逃散百里無人烟

夏大旱蝗

國朝順治元年難民歸一望荒野遍生黍子大粒可
食民賴以甦

九年春三月地震瓦聲格格欲墜秋大旱饑

康熙四年春有黑子往來如梭與日相盪

六年六月地震蝗冬彗星見

十一年蝗蝻遍生蔓延數百里

十八年大旱五月不雨至於八月

十九年秋大稔

二十年冬十二月冰雪雷電

二十六年夏蝗入境至秋大盛忽降霖雨數日

俱盡

三十一年秋旱署事廬倅崔涵擊至城虔禱得
雨不成災

三十三年旱

四十一年五月十八夜山水暴漲溺死居民二
十餘人田地俱爲沙蹟至今多成廢土太守張
純修親驗發賑

四十年五月大水

四十七年夏五月大水秋蟲

五十九年七月朔日食既晝晦見星

雍正二年饑

三年大有年

四年旱三月不雨至五月

乾隆十年冬十一月大雪樹竹凍死甚多

十五年五月大水蛟起山石崩裂傷沒田疇

二十四年閏六月大水縣署科房倉廒倒壞倉
穀霉濫傷沒田疇甚多

五十年大旱數月不雨貧民饑斃者甚多至五
十一年夏麥熟始稔

五十三年五月大水傷沒田疇甚多　以上舊志

嘉慶七年大旱

十三年夏秋大疫

十九年大旱

十年夏大風拔木覆屋

道光五年春大風壞民房拔折竹木無數

十五年秋蝗蔽空而來遺子入地十六年春蝻
子徧生邑侯翟率僚屬居民撲滅幸不爲災

二十一年五月十一日蛟水暴發平地深數丈
縣署科房倒壞東西二河廬墓市鎮多被冲壓
溺斃居民數十餘人河邊田疇沃壤悉變爲沙

磧窮民開懇甚艱

是年冬十一月大雪平地數尺陰窪處深丈餘至次年春二月雪始消民多凍餒死竹木亦多凍壞

二十二年夏蟊麥生蟲類蝨蠕蠕麥子傷盡穀價昂貴升麥錢五十六文飢疫交作民采草根樹皮爲食死者無算至秋禾熟始甦

二十三年有異獸類驢過境傷人旋即遁去夏秋大熟

二十四年大熟

兵變

周襄王六年楚成王二十六年楚人滅英

九年魯僖公十七年春齊人徐人伐英氏齊爲徐伐英氏以報婁林之役

南北朝梁太宗大寶元年九月邵陵王綸奔齊昌侯景兵襲之綸自江夏奔武昌管巴水今巴河屯於齊昌今蘄州任約遣叱羅通襲之

陳宣帝大建五年四月將軍吳明徹將兵擊齊取江北數郡自歷陽合肥廬江西至高唐齊昌英時爲齊昌地

十一年十二月周取陳江北地時江北之地盡沒於周英亦沒

五年冬羅田賊王玉二掠英南境燒三吳東嶽廟達近騷然陷復寧義士夏仕仁等逐至黃岡感化村破之擒玉二並僞官余羊保親解京師

孝宗宏治七年盜起英山夏朝彰擒之送京師

十年春固始賊張圯等攻西門知縣陸玘典史李華追至得勝山擒獲之

十二年盜起主簿徐璋承檄築土城

穆宗隆慶三年海寇二十七人由江浦入六安走霍山西遁英山境霍人王國祥兄弟子姪共百人追戰於羊角尖斬首五級生擒一人餘皆遁

神宗萬歷 年黃州賊劉汝國侵英山尋滅

莊烈帝崇禎八年正月三十日夜流賊破縣治焚殺擄掠僵屍盈野

十年四月流賊由英歷霍至潛七月復由潛太去湖廣

十一年十二年流賊不時掠英野

十三年三月流賊南營至英踞北鄉石壁鋪西程燦增賊老回回左金王治世王曹操革裏眼五營由蘄黃英霍入潛太時各郡饑賊乏食陽欲就撫適職方監軍楊卓然至堅意撫之安揷蘄太故南營盤踞於英播毒甚[illegible]

十四年五月五營賊叛二十八夜南營賊[illegible]

風雨襲破新城知縣高在嵩死之擄守將吳斌焚殺三日　六月土賊四起各立營日晝夜打擄殺人爲糧時貢生聞可宗避難鄰邑及歸家中僕婢十餘人爲賊殺食殆盡　九月練總肆虐先是巡撫鄭二陽立團毬法一家被盜九家護救一家爲盜九家連坐奈縣缺正官暴民遂藉此殘賊良善妄行殺戮焉　英邑流寇蹂躪至是七載民無廬舍恒立砦堡然英砦山山連接處處可通且多無水易於破滅每一砦破多者數千人少亦五六百人殺戮之慘古所未有

國朝順治四年楚賊程孟顯倡亂侵英殺戮異常

五年春二月英山土賊將發知縣史良植往郡乞師邑人程元竊據

六年八月程元敗知縣史良植領兵歸英至北鄉石頭嘴遇顯賊伏發被執不屈遇害尋顯賊亦爲楚寇所滅